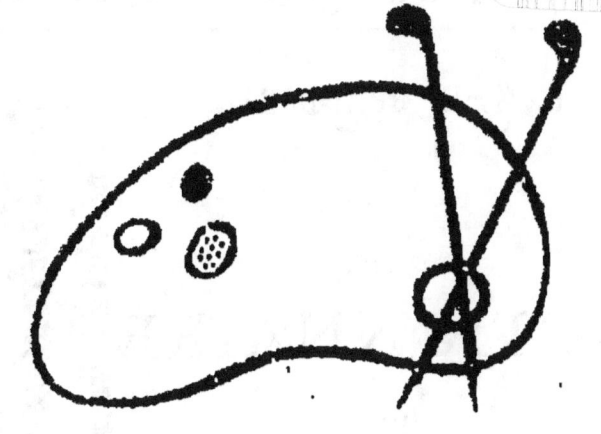

Début d'une série de documents en couleur

L.-M.-E. GRANDJEAN

DICTIONNAIRE
DE
LOCUTIONS
PROBERBIALES

1722

Ouvrage publié par les soins de la Municipalité de la Ville de Toulon (Var)

TOME PREMIER

TOULON
IMPRIMERIE RÉGIONALE
ROMAIN LIAUTAUD & Cie
56, Boulevard de Strasbourg, 56
1899

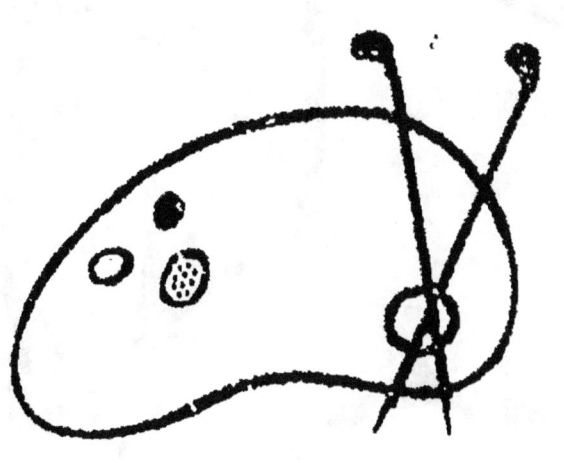

Fin d'une série de documents en couleur

Couverture inférieure manquante

DICTIONNAIRE
DE
LOCUTIONS PROVERBIALES

IMPRIMERIE RÉGIONALE Romain LIAUTAUD et Cie.
56, Boulevard de Strasbourg, 56

L.-M.-E. GRANDJEAN

DICTIONNAIRE
DE
LOCUTIONS
PROVERBIALES

Ouvrage publié par les soins de la Municipalité de la Ville de Toulon (Var)

TOME PREMIER

TOULON
IMPRIMERIE RÉGIONALE
ROMAIN LIAUTAUD & Cⁱᵉ
56, Boulevard de Strasbourg, 56

1899

NOTICE

EXTRAIT DU TESTAMENT DE M. GRANDJEAN

Je soussigné, Grandjean (Louis-Marius-Eugène), né à Toulon (Var), le 3 septembre 1811, déclare par ce présent testament olographe, léguer à la ville de Toulon tous les biens que je laisserai après moi.

La ville de Toulon fera imprimer, aux frais de ma succession, dans un délai de dix ans au plus, à dater de l'ouverture du présent testament, des manuscrits déposés en ce moment chez M. Charles Ginoux, susnommé, contenant des notes de philologie *(Dictionnaire de locutions proverbiales)*, auquel j'ai travaillé pendant plus de soixante ans, consistant en sept volumes manuscrits petit in-18, mesurant 148 sur 114 millimètres, dont deux volumes seulement sont mis au net, et cinq sont formés de petites bandes de papier écrit et collées sur des feuilles reliées comme les feuilles des volumes mis au net.

D'autres volumes manuscrits de notes, maximes, étymologies géographiques, dictionnaire d'argot, etc., devront être imprimés aussi, si le *Dictionnaire de locutions proverbiales* obtient du succès en librairie, et si la vente peut servir à augmenter le capital de ma succession.

Fait et écrit entièrement de ma main, à Paris, le premier du mois d'avril mil huit cent quatre-vingt-neuf.

Signé : GRANDJEAN.

C'est pour exécuter les dernières volontés du généreux donateur, que la ville de Toulon a fait faire la présente publication. (Délibé-

...ration du Conseil municipal du 6 janvier 1897, sous la présidence de M. Ferrero, maire.)

BIOGRAPHIE

Avant de rien dire de l'ouvrage, il nous a paru convenable de présenter aux lecteurs une notice biographique sur M. Grandjean ; et nous avons pensé ne pouvoir mieux faire que de l'emprunter entièrement à M. Ginoux, exécuteur testamentaire du défunt et son ami, qui a bien voulu nous y autoriser. Nous le prions d'agréer nos remercîments.

Voici donc *in-extenso* ce que nous trouvons, concernant M. Grandjean, dans l'intéressant volume intitulé : *Peintres, sculpteurs, architectes et autres artistes nés à Toulon (1800-1893), par Charles Ginoux, peintre, correspondant du Comité des Sociétés des Beaux-Arts à Toulon, officier de l'Instruction publique.* — In-8°, Paris, Charavay, 1895.

Grandjean (L.-M.-E.), né à Toulon, le 3 septembre 1811, mort à Paris, le 3 septembre 1889. Il était fils de Nicolas Grandjean, officier supérieur d'administration de la Marine, chevalier de la Légion d'honneur. Entré à douze ans au lycée de Nîmes, Marius Grandjean en sortit à l'âge de dix-huit ans, après avoir été reçu bachelier. Il n'avait pas négligé l'étude du dessin, aussi était-il devenu un des bons élèves de cette classe, comme il l'avait été dans les autres.

En 1830, il se rendit à Paris, en compagnie de sa mère, et, après trois mois de séjour dans la capitale, il prit sa première inscription de droit ; mais, au bout de quelque temps, changeant de résolution, il se fit inscrire à la Faculté de médecine. Il passe ses vacances de 1831 et 1832 à Toulon, où son père meurt en décembre de cette dernière année. Après la mort de son père, le jeune Grandjean, que Raynaud, chirurgien en chef de la Marine, avait, dès le mois d'octobre 1831, fait inscrire comme élève-chirurgien de l'hôpital maritime, fut chargé, en février 1833, d'un service au bagne de Toulon. Il avait pris, en juillet 1832, sa sixième inscription de médecine à Paris.

Pendant les années 1833-1834, notre élève chirurgien fréquente, en amateur, les ateliers des peintres *Sénéquier* et *de Cluchantre*, et la peinture devient sa passion dominante. En mars 1834, il quitte Toulon pour se rendre à Paris, où, en juin, il entre à l'Académie de dessin tenue par *Boudin*, qui servait de modèle aux peintres, et, le 18 août, se fait inscrire à l'École des Beaux-Arts pour le « concours des places ». En janvier 1836, après en avoir reçu l'autorisation de sa mère, il s'adonne entièrement à la peinture. En mars 1835, il avait fondé, avec *Jules Duval-le-Camus* et *Guerry*, l'atelier *Drolling*, qu'il abandonna peu après, ses ressources pécuniaires ne lui permettant pas de contribuer aux frais d'atelier. En septembre 1836, il revient à Toulon, où il s'occupe de peinture pendant quelques mois. En avril 1837, il repart pour Paris en compagnie de Ch. Ginoux, qui va continuer dans la capitale ses études de dessin. Après avoir occupé, en commun avec ce dernier, un logement dans la maison n° 8 de la rue des Marais-Saint-Germain, il prend pour lui seul une chambre rue Poupée, 11. La pension de 800 francs que lui fait sa mère, étant insuffisante pour vivre et se livrer à l'étude, Grandjean, afin d'augmenter ses revenus, a recours à des travaux peu rémunérés, qui absorbent la plus grande partie de son temps ; en 1837-1838, il fait des dessins d'histoire naturelle pour M. de Mirbel, directeur du Muséum du Jardin des Plantes ; il peint un *Baptême du Christ*, pour une église de province, et un autre tableau représentant *la Cène* pour le curé de Pospoder, qui lui est payé 400 francs. Mais ses études souffrent de ces ouvrages de peinture anticipés et du peu d'heures qui lui reste dans la semaine pour copier le modèle vivant dans l'atelier d'élèves de *Paulin Guérin*, où il est admis gratuitement.

Revenu à Toulon, après un séjour de près d'un an dans cette ville, du mois d'avril 1839 au mois de mars de l'année suivante, il retourne à Paris et sollicite, au mois de juillet, une place de dessinateur au Ministère de la Marine. En attendant qu'une vacance se produise, M. Bernard, inspecteur général des Travaux hydrauliques, l'envoie à Toulon pour travailler dans les bureaux des dessinateurs de cette direction et se préparer ainsi à l'emploi qu'il a sollicité. En janvier 1841, il est de retour à Paris, et entre, le 20 de ce mois, au Ministère, où une place va se trouver disponible. En effet, en mai, il reçoit de l'amiral *Duperré*, ministre, une lettre qui lui annonce sa nomination à cette place, à la paye de 1.200 francs par an, paye qui est portée, un an et demi après, à 1.500, puis, en 1845, à 1.800 francs. Au mois de juin 1843, aussitôt après avoir été prévenu que sa mère est très malade, il demande un congé et part pour Toulon; mais il arrive trop tard, sa mère était morte la veille. Revenu à Paris, il reprend ses occupations habituelles au Ministère, et, pendant ses moments de loisir, il fait, comme auparavant, des aquarelles d'après nature et d'après les maîtres en ce genre.

A la mort de sa mère, se trouvant dans une aisance relative, et depuis longtemps désireux de voir l'Italie, Grandjean, après avoir obtenu un congé, part, le 1er août 1845, accompagné de son ami Zoppi, pour Rome, où il arrive le 14. Après quinze jours de séjour dans cette capitale, les deux amis se rendent à Naples, puis à Florence et à Pise. Ils vont ensuite à Livourne, où ils s'embarquent pour la France et sont de retour à Paris le 23 septembre de la même année. Nous retrouvons Grandjean à Toulon en 1852, à l'occasion de la mort de Jules, son seul frère et son aîné; et encore en 1853 et 1855. En 1856, il fait un voyage circulaire en passant par Bordeaux; il vient jusqu'à Marseille. De retour à Paris, sa vue ayant beaucoup faibli, il demande une retraite proportionnelle pour ses quinze ans de services au Ministère de la Marine; et, en septembre, cette retraite est fixée à 607 francs. En janvier 1860, il apprend par dépêche la mort de sa belle-sœur, et part immédiatement pour Toulon, où il arrive à temps pour le convoi.

Complètement libre depuis que sa retraite a été réglée, et possesseur d'une jolie fortune, son frère en mourant lui ayant laissé en nue-propriété une somme de 40.000 francs, dont l'usufruit vient de s'éteindre à la mort de sa femme, somme qui, ajoutée à celle à peu près égale venant de la succession de ses père et mère, et à d'importants bénéfices et économies réalisés par lui, Grandjean se décide à louer un petit appartement dans la maison portant le n° 81 de la rue de la République, où son camarade Ginoux habite depuis une dizaine d'années, et prend possession de cet appartement le 3 mars 1860. A partir de ce moment jusqu'en 1880, notre artiste, qui a conservé à Paris son ancien logement de la rue Hautefeuille, a un pied à Toulon et l'autre dans la capitale; il habite alternativement ces deux villes. Il s'occupe, pendant cette période, de peinture et de littérature ; il complète des ouvrages manuscrits commencés depuis longtemps. En août 1881, il fait, à Paris, un premier testament olographe, par lequel il laisse tous ses biens à la ville de Toulon, à la condition qu'elle servira des pensions viagères, s'élevant au total à 5.000 francs, à sa sœur et à ses deux nièces, à sa gouvernante et à un camarade et ami qu'il n'a cessé de fréquenter pendant cinquante ans.

A partir de cette année, on ne le voit plus à Toulon ; il a renoncé à se déplacer, paraît-il ; mais ce renoncement n'est pas définitif, puisqu'il a conservé dans cette ville son logement jusqu'à sa mort, arrivée huit ans après. En 1889, il fait un second testament olographe, sans rien changer aux dispositions principales du premier, par lequel il lègue à sa ville natale une somme d'environ huit cent mille francs, dont les revenus, après avoir servi lesdites rentes viagères, seront employés pour les arts et la littérature. Cinq mois après le second testament, il meurt. (Ch. Ginoux.)

LES TRAVAUX DE M. GRANDJEAN

Plus de soixante ans de travail ! Voilà ce que, dans son testament, l'auteur affirme avoir consacré à son ouvrage. Cet aveu, mêlé d'un certain orgueil bien légitime, suffirait à faire comprendre combien de patientes recherches il lui a fallu pour assembler les matériaux de son dictionnaire.

Et ce n'est pas une exagération d'auteur. Dès sa plus tendre jeunesse, Grandjean a eu l'amour de l'étude, et aussi l'amour, poussé jusqu'à la minutie, de l'ordre et de l'économie dans le sens le plus large. Cet ordre, cette économie qui lui ont fait amasser la fortune considérable que nous savons, il les a apportés dans ses travaux, dans ses lectures. Année par année, il a noté tout ce qu'il lisait, et la liste détaillée s'en trouve dans ses papiers, depuis 1825 jusqu'à 1871. Il recueillait ainsi une ample moisson qui devait s'emmagasiner dans les divers ouvrages qu'il a énumérés dans son testament.

Les romans, les œuvres de nos poètes, anciens ou modernes,

surtout des grands classiques, les écrits historiques, et particulièrement la *Revue des Deux-Mondes*, forment sans doute la très grande majorité; mais nous trouvons, en outre, dans sa liste les titres de nombreux ouvrages de philologie qu'il a, pour ainsi dire, feuilletés nuit et jour. Les grandes bibliothèques de Paris n'ont guère eu de lecteurs plus assidus.

On trouvera ci-après l'indication des ouvrages auxquels il a fait, dans son *Dictionnaire*, les emprunts les plus fréquents.

Il nous semble le voir, au retour de la bibliothèque, reprenant tous ses extraits, les reportant aux divers articles, rédigeant jusqu'à *sept fois* ce livre, toujours trop imparfait, trop incomplet à son gré, et laissant encore cinq volumes de nouvelles recherches à ajouter aux premières.

Son travail ne paraît pas s'être prolongé au-delà de l'année 1877. La fatigue et l'âge, sans doute, en furent la cause.

C'est aussi vers cette époque que s'arrêtent les notes où il avait consigné jusqu'aux moindres particularités de son existence : événements de famille; logements divers occupés par lui à Paris; voyages exécutés avec sa mère, avec quelque ami, ou sans compagnon; jusqu'à la constatation, deux fois par an, de son poids et de sa grosseur. Nous sommes en outre renseignés sur toute sa parenté, soit dans la ligne paternelle, soit dans la ligne maternelle, avec les dates de naissance ou de décès, professions, alliances.

A côté de cet amour minutieux de l'ordre, il nous faut signaler chez M. Grandjean, auteur, une certaine complaisance à s'arrêter sur les articles qui ont rapport à ses anciennes études, notamment sur les questions de physiologie et d'art.

Constatons encore chez lui quelque tendance à la gauloiserie. C'est un fervent admirateur de Rabelais; il suffit d'ouvrir, à la première page venue, le présent ouvrage, pour trouver quelque citation du *Gargantua* ou du *Pantagruel*. En conséquence, il manifeste souvent la répulsion que lui inspirent les bigots, les bégueules et les gens superstitieux; toutefois, ses sentiments religieux ont survécu.

L'homme si passionné pour le joyeux curé de Meudon, l'homme qui s'étend avec un plaisir évident sur toutes les questions que Rabelais aimait à remuer sans cesse, cet homme ne saurait assurément avoir été un esprit morose, misanthrope et se refusant, par amour exagéré de l'économie, les petites douceurs de l'existence. Il connaissait *l'arithmétique des plaisirs*. Ce n'est point en *liardant*, c'est par « ses conceptions financières et son esprit d'économie bien comprise qu'il est devenu millionnaire. J'ai dit d'économie bien comprise, parce que Grandjean ne se privait de rien. D'allures modestes, de goûts simples, il avait limité ses besoins là où commence le superflu. » (Paroles de M. Azan-Geoffroy à la cérémonie du 21 août 1898. — *République du Var* du 22.)

« Il y a des gens riches, mais indifférents, qui passent pour avares, parce qu'ils n'aiment ni l'argent ni la dépense. » (*Dictionnaire de locutions proverbiales*, au mot *dépense*.)

Il serait superflu d'ajouter que Grandjean aimait son pays d'origine. Les faits le disent assez haut.

« La Municipalité a déjà employé une partie des ressources du legs à quelques acquisitions d'œuvres d'art, notamment des œuvres d'artistes toulonnais, et bientôt elle pourra posséder l'œuvre maîtresse du statuaire Hercule, un de ceux qui portent aujourd'hui si haut le renom artistique de la cité qui a eu l'honneur d'être la patrie d'adoption de P. Puget.

« Bientôt aussi une école de dessin sera créée, et, là encore, les revenus du legs Grandjean viendront atténuer les charges de la Ville. » (Allocution de M. le colonel Pastoureau, maire de Toulon. — *Journal cité*.)

Tous les Toulonnais ne peuvent manquer de garder à ce généreux donateur un éternel souvenir de reconnaissance.

En terminant, nous croyons devoir avertir le lecteur que nous nous sommes renfermé aussi exactement que possible dans notre rôle.

Quand nous avons rencontré quelque erreur ou quelque faute matérielle, nous l'avons corrigée. Si nous nous sommes trouvé en présence de quelque assertion trop contestable, nous l'avons signalée par un point d'interrogation (?). Très rarement nous avons cru pouvoir nous permettre une petite note.

Toulon, le 3 septembre 1898.

H. A.

OUVRAGES LE PLUS SOUVENT CITÉS

Hymne de Saint Honorat, Bibliothèque du Roi, fonds LA VALLIÈRE, n° 152.
La Crusca Provenzale, BASTRO, Roma, 1724.
Elucidari de las proprietaz..., Bibliothèque Sainte-Geneviève, manus, n° 1323.
Nouveau Testament en Provençal, Bibliothèque du Roi, manus. n° 8086.
Philomena, Bibliothèque du Roi, fonds BALUZE, n° 658.
Quatrains moraux en Provençal, Bibl. du Roi, fonds LA VALLIÈRE, manus. n° 152.
Sermons en Provençal, Bibliothèque du Roi, fonds L., manus. n° 3548 B.
Vices et Vertus, Bibliothèque du Roi, manus. n° 7693.
Statuts de Marseille, Bibliothèque du Roi, fonds DE SILLERY, manus. n° 310.
Vie de Saint Honorat, manus. Cabinet RAYNOUARD.
Vie de Saint Trophime, Bibliothèque de l'Arsenal, manus. n° 140.
Proverbes et Dictons populaires, Paris, CRAPELET, 1831.
DENINA, *La Clef des Langues*, Berlin, 1804, vol. in-8.
LE DUCHAT, *Rabelais commenté*.
RABELAIS, *Commentaire d'Éloi Johanneau*.
RABELAIS, *Glossaire, par Debudnaye*.
Rabelaisiana.
MERCIER, *Tableau de Paris*.
D'AUBIGNÉ, *Baron de Fæneste*. Paris, 1731, 2 vol.
BÉROALDE DE VERVILLE, *le Moyen de Parvenir*.
BONAV. DES PÉRIERS, *Contes, Cymbalum*.
DU FAIL, *Contes d'Eutrapel*.
H. ESTIENNE, *Apologie pour Hérodote*.
LA FONTAINE (Édition Walkenaër).
NICOT, *Trésor de la Langue Française ancienne et moderne*.
ROQUEFORT, *Glossaire de la Langue Romane*, 2 vol. in-8.
SALVERTE, *Essai sur les Noms d'Hommes*, 1824.
CHEVALLET, *Origines et Formation de la Langue Française*. (Paris, Imprimerie Impériale, 1853), 3 vol. in-8.
FR. MICHEL, *Études de Philologie comparée sur l'Argot*.
F. GÉNIN, *Variations du Langage Français depuis le XII° Siècle*. (DIDOT, 1845.)
— *Récréations philologiques*.
P. P., *Glossarium eroticum Linguæ Latinæ*.
SOUVEIRAN, *Dictionnaire des Termes techniques*.
Lexiques romans divers.

ERRATA

Le présent ouvrage n'est pas destiné aux enfants. Le lecteur s'apercevra donc aisément que quelques vers ont été cités dans le courant du texte, tandis que trois ou quatre citations de prosateurs ont été, par mégarde, isolées comme des vers.

Page 50, 25ᵉ ligne. — Après *cheval entier*, ajouter *étalon*.
— 62, 30ᵉ ligne. — Lire *laudare*, au lieu de *landare*.
— 66, 36ᵉ ligne. — Lire *pour*, au lieu de *par*.
— 248, 26ᵉ ligne. — Supprimer *de*.
— 315, 32ᵉ ligne. — Lire 340, au lieu de 40.
— 398, 12ᵉ ligne. — Lire *bas*, au lieu de *beau*.
— 402, 14ᵉ ligne. — Lire *auscultare*, au lieu de *ausculture*.
— 404, 2ᵉ ligne. — Lire *ses*, au lieu de *ces*.
— 446, 21ᵉ ligne. — Lire *du perroquet*, au lieu de *de*.
— 458, 24ᵉ ligne. — Supprimer (*Régnier*.)
— 471, 26ᵉ ligne. — Lire *tundere*, au lieu de *tondere*.
— 483, 27ᵉ ligne. — Supprimer *donne*.
— 552, 21ᵉ ligne. — Lire *des*, au lieu de *les*.
— 581, 3ᵉ ligne. — Lire *manuscrits*, au lieu de *monuments*.
— 609, 19ᵉ ligne. — Lire *pipeur*, au lieu de *pripeur*.
— 649, 37ᵉ ligne. — Lire *imagination*, au lieu de *indignation*.

PRÉFACE DE L'AUTEUR

L'histoire des mots et des locutions proverbiales est, en quelque sorte, l'histoire de l'humanité.

Les proverbes sont la force et la grâce de la langue populaire, qui, dans sa naïveté, les perpétue d'âge en âge, et les transmet presque sans changement aux générations de l'avenir. C'est pour cela qu'ils affectent les formes surannées du vieux langage, car le langage du peuple change moins que celui des savants et des poètes : il est toujours en retard sur ce dernier, et telle locution, sortie de la langue littéraire depuis des siècles, persiste souvent longtemps encore dans l'usage populaire.

Cette mystérieuse tradition rend souvent obscures certaines formes du langage : à ce sujet, beaucoup de personnes font de la prose sans le savoir, et seraient étonnées si elles apprenaient le sens véritable de certaines locutions les plus usuelles, de certaines phrases toutes faites, qui ont la fortune colossale de se dire à la fois dans tous les temps et dans tout l'univers.

Un recueil de proverbes est un véritable code du bon sens et de la raison. Les mots meurent, les langues et les idiomes disparaissent à leur tour ; mais les idées formulées en proverbes et en maximes morales sont éternelles, comme l'esprit de l'homme, et c'est à l'aide des recherches les plus profondes que l'on peut arriver à retrouver les fossiles linguistiques, pour rétablir la série des étapes que l'humanité a parcourues sur la grande route de l'intelligence.

Lorsqu'une langue meurt ou se transforme, le proverbe, c'est-à-dire la pensée qu'il exprime, survit et se traduit littéralement dans le nouvel idiome.

Napoléon a dit : « Il y a une filiation dans les idées, comme dans les hommes. » C'est cette filiation, cette généalogie de l'idée, que l'on retrouve en remontant aux époques les plus reculées de l'histoire d'un pays, et en comparant les divers idiomes qui ont contribué à en former la langue.

Pour la langue française, les principales origines sont : le celtique, que parlaient les Gaulois ; le grec, importé par les Phocéens, fondateurs de Marseille et de nombreuses colonies sur le littoral de la Méditerranée ; et le latin, introduit par les Romains dans les Gaules. Aussi Varron appelle-t-il Marseille *Trilinguis*, parce qu'on y parlait ces trois langues.

Dans les temps les plus reculés de la tradition historique, la France était occupée, au centre, par les Gaulois, et dans la partie méridionale, par les Ibères et les Ligures, peuples venus d'Espagne.

Plus tard, vers 600 avant Jésus-Christ, des Grecs, pour éviter le joug des Perses, s'expatrièrent de Phocée et vinrent s'établir sur le littoral du midi de la Gaule.

Les Gaulois parlaient la langue celtique (indo-européenne), dont une des variétés s'est perpétuée dans le bas-breton actuel.

Les Celtes, nos ancêtres, ont eu pour berceau, il y a quatre ou cinq mille ans, les hautes montagnes de l'Asie centrale. Hérodote signale leur séjour entre l'Oxus et l'Iaxarte, fleuves qui descendent de ces montagnes et vont se jeter l'un dans la mer Caspienne, l'autre dans la mer d'Aral.

Par suite de leurs relations d'origine et de voisinage avec les Indous, qui parlaient le sanscrit, la langue des Celtes possédait une multitude de racines sanscrites, dont la prononciation et la signification se sont à peine altérées pour arriver jusqu'à nous, à travers un si long espace de temps.

Dans leur migration d'Asie en Europe, les peuples celtiques parcoururent, depuis la Crimée jusqu'à l'extrémité des Iles-Britanniques, une ligne de 1.300 lieues, laissant sur tout ce long trajet des traces ineffaçables de leur idiome.

Mais c'est surtout dans les langues anciennes, grecque et

romaine, que l'on retrouve les origines de la langue française, celles de ses mots et de ses locutions populaires.

La colonie grecque de Marseille, trop faible pour soutenir une guerre contre les Ligures, appela à son aide les Romains, ses anciens alliés, qui, profitant de cette occasion, s'emparèrent de la partie sud-est de la Gaule, qu'ils appelèrent Province romaine transalpine (150 avant Jésus-Christ).

Un siècle plus tard, Jules César, nommé proconsul de cette province, soumit toute la Gaule, après une guerre de dix ans. Dès lors le latin s'introduisit dans les Gaules, par l'administration, les lois, les institutions, la religion, le commerce, la littérature, le théâtre, et surtout par l'obligation de recourir au magistrat romain pour obtenir la justice, car le préteur devait rendre tous ses décrets ou arrêts en langue latine.

Au ve siècle, la langue latine était parlée avec la plus grande perfection dans les Gaules, et le celtique était relégué dans les pays montagneux, ou dans ceux qui étaient éloignés des principaux centres de population et des grandes voies de communication.

Plus tard, un nouvel élément s'introduisit dans la langue gallo-romaine. Lorsque la Gaule fut envahie par les nations germaniques, les Francs apportèrent le tudesque ou le principe germanique.

Ainsi les éléments de la langue française ont leur origine dans le sanscrit, par le gallo-celte; dans le grec et le latin, et en résumé, dans la langue d'oc, ou *langue provençale*, qui est la première transformation de la langue latine, imposée par la domination romaine, qui a été la première forme de la langue française, et qui conserve bien mieux que le français les voyelles sonores de leur mère commune. C'est cette *langue provençale*, si vivante encore, si féconde, si méprisée par les ingrats enfants du Nord, que *Mistral* vient de réhabiliter et d'imposer à l'admiration des esprits les plus sceptiques, par ses belles poésies.

Les citations sont inévitables dans le cours de cet ouvrage : car le sens primitif des mots est souvent l'idée matérielle et visible d'une chose dont le sens actuel présente une nuance vague et abstraite, mais facile à justifier. Pour en bien connaître la valeur, il faut retrouver dans les langues-mères les racines et les idées primitives qui ont servi à les former, de même qu'on trouve dans les écrivains de l'antiquité les locutions proverbiales et les expressions les plus familières usitées de nos jours.

On ne peut donc éviter les citations en langues étrangères, qui sont d'autant plus indispensables qu'elles deviennent la preuve des faits énoncés, les témoins qu'il faut entendre, et, en quelque sorte, les pièces du dossier.

DICTIONNAIRE DE LOCUTIONS

A

A, première lettre de l'alphabet dans presque toutes les langues. — Préposition, s'emploie quelquefois pour *de* : Le fils à Martin, le denier à Dieu.

Ab. Parmi les mots commençant par *ab*, les seuls qui redoublent le *b* sont abbé et ses dérivés : abbaye, abbatial, Abbeville, etc. — Ab au commencement des mots signifie quelquefois *éloignement* ; comme dans abject (*ab*, loin, *jacere*, jeter) ; qui est rejeté ou digne de l'être ; ablatif (de *ab*, *latum*, porté) ; abroger.

Ab Jove principium : Commençons par Jupiter. Cette locution antique correspond à notre proverbe : « A tout seigneur tout honneur. »

Abbé, en hébreu, en syriaque, en chaldéen, signifie *père*.
Le moine répond comme chante l'abbé. Le bedeau de la paroisse est toujours de l'avis de son curé.

> Comme chante le chapelain,
> Ainsi répond le sacristain.
> (XVIe Siècle).

> Ce que chante la corneille,
> Si chante le cornillon.
> (XVIe Siècle.)

> *Regis ad exemplar totus componitur orbis.*
> (HORACE.)

> Lorsque Auguste avait bu, la Pologne était ivre.
> — Monsieur l'Abbé où allez-vous ?...
> (Chanson satirique à l'adresse de l'abbé Dubois, ministre du Régent.)

Able (*ible*), suffixe venant du latin *abilis*, propre, apte à : aimable, favorable, mangeable, misérable, stable, louable ; noble, nuisible, possible, risible.

Ablette, du latin *albus*, pour albette, par métathèse : petit poisson du genre *able* (poissons blancs), dont la chair est peu estimée. L'ablette a une écaille nacrée, nommée essence d'Orient, qui sert à la fabrication des perles fausses. On trouve *albette* dans Rabelais.

Abois, du vieux mot *boise*, qui signifiait ruse, adresse (?), ou de *aboyer*, dont il est le substantif verbal, aboi.

Être aux abois, extrémité où est réduit le cerf avant de mourir. Cette locution cynégétique indique le moment où le cerf, manquant de forces pour courir, obligé de s'arrêter, est entouré des chiens qui aboient autour de lui et le déchirent.

Abondance, du latin *ab unda*, débordement (*copia*).
Abondance de biens ne nuit pas.

Le superflu, chose si nécessaire.
(VOLTAIRE.)

Abonner est pour *aborner*: c'est mettre des bornes dans les terres des vassaux, et aussi racheter les droits féodaux. Diez le tire de *bon*, exprimant une bonification de prix pour celui qui s'abonne.

Aboyer (*ad baubari*); c'est le cri du chien.

Aboyer à pleine gueule. *Latrare aliquem* (Plaute), injurier, crier contre plus fort que soi. Aboyer à la lune. *Latrare nubila* (Stace). Tous les chiens qui aboient ne mordent pas. Le chien aboie, mais la caravane passe (prov. turc). Le chien qui veut mordre n'aboie. Garde-toi de l'homme secret et du chien muet.

Ab ovo, locution latine de *ab, ovum*, œuf : Dès le commencement.

Abreuver, en provençal *abeurar* (*bibere, bevre*); autrefois gayer.

Tantost après on veut tirer
De l'eau pour gayer les chevaux.
(COQUILLART.)

Abréviation. Les abréviations sont aussi anciennes que l'écriture. Elles ont pour but d'économiser le temps et l'espace qu'il faudrait pour écrire certains mots sans en rien retrancher. C'est dans ce but qu'on emploie les signes, les monogrammes, les chiffres; — les notes tironiennes, écriture abrégée dont on attribue l'invention à Tiron, affranchi de Cicéron; — les sigles (*singulæ litteræ*, ou plutôt *sigla*, petits signes), représentant par des lettres isolées des mots entiers, comme faisaient les Romains dans leurs inscriptions; — les apocopes. Les rébus, les emblèmes, les symboles sont aussi des sortes d'abréviations.

On abusa tellement des abréviations, du IXe au XVe siècle, que Philippe le Bel, en 1304, rendit une ordonnance qui les proscrivait dans les actes judiciaires. En 1552, le Parlement bannit également les *et cætera* des actes publics, car ils entraînaient aussi de graves inconvénients.

Lacurne de Sainte-Palaye, pour aider à déchiffrer les anciens textes, a fait un recueil des anciennes abréviations latines qui se trouvent dans les traités de Diplomatique des Bénédictins.

1° ABRÉVIATIONS :

A. M., assurance mutuelle, *Ave Maria*. — B. (marqué au), bancal, boiteux, borgne, bossu, etc. — Brevet S. G. D. G., brevet d'invention sans garantie du gouvernement. — C.-à-d., c'est-à-dire. — Chap., chapitre. — Cie, compagnie. — Déc. ou X^{bre}, décembre. — D. O. M., *Deo optimo maximo*. — D. M. S. *Diis manibus sacrum*. — Dito, D°, ce qui a été dit. — D.-M., docteur-médecin. — Em. (son), Éminence. — E., Est. — Exc. (son), Excellence. — Etc., et cætera. — F°, folio. — H. J., *Hic jacet*. — Id., idem. — Im., *Imperator*. — J.-J., Jules Janin, Jean-Jacques (Rousseau.) — J.-C., Jésus-Christ, Jurisconsulte. — J. H. S., *Jesus hominum salvator*. — M^e, maître. — Mme, madame. — M^s, MMSS., manuscrit, manuscrits. — Max. Pont., *Maximus pontifex*. — M^r, Monsieur. — MM., Messieurs. — N^t, négociant. — N., se met pour un nom inconnu. — N., nord. — N.-B., *Nota bene*. — N.-D., Notre-Dame. — N.-S., Notre-Seigneur. — Nov. ou 9bre, novembre. — N°, numéro. — O., ouest, zéro. — Ob., *Obiit*. — Pat. Pat., *Pater patriæ*. — P. C., *Patres conscripti*. — P. P., port payé. — P. P. C., pour prendre congé. — P.-S., post-scriptum. — Proc., proconsul. — Q. S., quantité suffisante ou *quantum sufficit*. — R°, recto. — R. S. V. P., réponse, s'il vous plaît. — R. P., République, Révérend Père. — Req., *Requiescit*. — R. I. P., *Requiescat in pace*. — S. M., Sa Majesté. — S. S., Sa Sainteté, Sa Seigneurie. — S^t, saint. — S^{te}, sainte. — Sal., salue. — S. P. D., *Salutem plurimam dicit*. — S. P. Q. R., *Senatus populusque Romanus*. — S. E. T. L., *Sit ei terra levis*. — S. A. R., Son Altesse Royale. — S. E., Son Éminence, Son Excellence, Sud-Est. — S., Sud. — T. S. V. P., tournez, s'il vous plaît. — T. F., travaux forcés. — Chez les Grecs, le *Théta* marquait condamnation comme étant l'initiale de *Thanatos*, mort. — V°, v., verso. — Vve, veuve. — Vte, vicomte. — Vol., volume. — V/c., votre compte. — X, croix de St-André, croix de Bourgogne. — X..., inconnu.

2° SIGNES :

Accents : aigu ´ , grave ` , circonflexe ^ . — Astérisque * . —

Annuel (botan.) ⊙. — Bisannuel ⊙⊸. — Cédille ¸. — Degré de chaleur °. — Égale =. — Guillemets « ». — Minute ′. — Moins —. Once (poids) ℥. — Paragraphe §. — Parenthèse ( ). — Plus +. — Point . — Point d'orgue ⌢. — Seconde ″. — Tierce ‴. — Tiret —. — Trait d'union -.

Abriter, de *abri*. Vient du vieux mot *abre*, pour arbre, à cause du refuge que les arbres fournissent contre les intempéries ; ou du latin *operire*, couvrir.

Vient du latin *apricum*, exposé au soleil. Dans l'adoption du mot par la langue romane, on lui a donné le sens de : se mettre à couvert du froid, parce que les plantes placées au soleil sont garanties du froid.

Absent, du latin *ab*, hors de, *sum*, je suis.

« Les absents ont tort. » Ninon répétait ce mot à chacune de ses infidélités.

C'est une maxime de droit qui peut s'appliquer surtout aux contumaces, qui prennent la fuite pour se soustraire à un châtiment mérité.

Il arrive aussi que, lorsqu'on parle d'une personne absente, on se montre peu charitable et qu'on se plaise à la dénigrer.

Un axiome de l'ancien droit disait : « Les morts ont tort », par suite des combats judiciaires, qu'on appelait communément jugements de Dieu, et où les vaincus étaient condamnés comme coupables, tandis que le vainqueur était réputé innocent. Il se faisait blanc de son épée.

C'est à cette époque que fut créé le proverbe : « Les battus paient l'amende. »

Les os sont pour les absents : *Tarde venientibus ossa*. Point d'héritage pour l'absent : *Absens hæres non erit*. Absence prolongée équivaut à mort : *Absentia longa et mors æquiparantur*.

> L'absence est à l'amour ce qu'est au feu le vent :
> Il éteint le petit, il allume le grand.
> (Bussy-Rabutin.)

> L'éloge des absents se fait sans flatterie.
> (Gresset.)

> Ne mettez pas d'absinthe dans la coupe des absents.
> (Pythag.)

Lâche qui dit du mal des absents et parle trop bien des présents !

On disait à Aristote que quelqu'un médisait de lui en son absence : « Je lui permets, en mon absence, de me donner même le fouet, si cela lui faisait plaisir », répondit-il. Un empereur romain, dont on avait mutilé les statues, dit : « Je ne me sens pas blessé. »

Absinthe, vert-de-gris liquide (allusion de couleur.) Boire un verre d'absinthe : étouffer un perroquet. A la hussarde, en versant l'eau goutte à goutte. En purée, en mélangeant l'eau et l'absinthe brusquement, moitié par moitié. Suissesse, absinthe et orgeat mélangés, boisson qui est plus douce que l'absinthe ; s'appelle aussi bavaroise aux choux (allusion de couleur.) Panachée, mélange d'absinthe et d'anisette.

Abstinence. Latin *abs*, loin de, *tenere*, tenir.

S'abstenir et souffrir. (Épictète.) S'abstenir pour jouir. (Épicure.) Toujours du plaisir n'est pas du plaisir. (Sadler.) Il est plus facile de s'abstenir que de se contenir. (Fonten.) L'abstinence des sexes se confond quelquefois avec la sobriété (?). Le grand jeûne, dit saint Augustin, est l'abstinence des vices.

Académie. Ce mot vient d'*Académos*, dans les jardins duquel Platon rassemblait ses disciples. Il sert à désigner toute réunion qui se propose d'encourager et de propager le travail intellectuel.

Le jardin planté d'arbres, où les philosophes s'abritaient, a fait dire à Horace (Epist. II, 2, 45) : « *Atque inter sylvas Academi quærere verum.* » C'est de là que Rabelais (Liv. II, C. 12) appelle l'Académie une forêt : « Penses-tu estre en la forest de l'Académie avecque les ocieux veneurs et inquisiteurs de vérité ? » C'est la traduction du vers d'Horace. Quant à cette qualification d'*ocieux*, elle a été prise volontairement par plusieurs académies, notamment par celle de Bologne, dont les membres s'appelaient *oziosi*. (Johanneau.)

Académicien se dit d'un membre d'une société savante ; académiste, de celui qui enseigne les exercices du corps.

L'Académie française, aréopage littéraire de quarante membres, a été instituée, en 1635, par le cardinal de Richelieu, pour perfectionner le langage. Sa devise est une couronne de laurier avec ces mots : « A l'immortalité. »

Le cardinal d'Estrées, devenu vieux et infirme, demanda qu'on lui permît de faire apporter un siège plus commode que les chaises alors en usage à l'Académie. On en rendit compte à Louis XIV, qui, pour ne pas attenter à l'égalité des quarante immortels, fit apporter du garde-meuble quarante fauteuils.

Piron disait plaisamment, en passant devant le palais de l'Académie française : « Ils sont là quarante qui ont de l'esprit comme quatre. » Fontenelle dit, après sa réception à l'Académie : « Il n'y a plus que trente-neuf personnes qui aient plus d'esprit de moi... »

L'Académie pourrait répondre à toutes les critiques qu'on lui adresse :

> Quand nous sommes quarante, on se moque de nous,
> Sommes-nous trente-neuf, on est à nos genoux.

Académie des Jeux floraux. (Voy. *Floraux*.)

Acagnarder (s'), devenir paresseux, s'acoquiner; du lat. *canis*, chien.

> Je m'acagnarde dans Paris
> Parmi les amours et les ris.
> (BOISROBERT, Épîtres.)

> Je m'acagnarde au cabaret
> Entre le blanc et le clairet.
> (MAYNARD.)

Accent, du lat. *accentus* (*ad cantus*); manière particulière à chaque peuple de prononcer les mots : *sonus vocis*. Les deux accents les plus prononcés en France, sont le normand et le provençal.

On appelle accents aigu, grave, circonflexe, des signes de grammaire qui indiquent un son plus fermé ou plus ouvert, ou une contraction, une suppression de lettre dans un mot.

Les peuples asiatiques chantent; les Allemands râlent; les Espagnols déclament; les Italiens soupirent; les Anglais sifflent; il n'y a que les Français qui parlent. (Bouhours.) Charles-Quint disait : « Il faut parler espagnol à Dieu, français à son ami, italien à sa maîtresse, allemand aux chevaux, anglais aux oiseaux »; pour exprimer que ces langues se distinguent par la noblesse, la clarté, la douceur, la rudesse et le sifflement de leur prononciation.

Accident. Ce qui arrive fortuitement; sert à désigner un fait malheureux de peu d'importance. Quand l'accident est grave, il prend le nom d'événement : un événement horrible, une catastrophe épouvantable, un affreux malheur, en réservant le mot accident pour les cas peu importants.

Accise, du lat. *accidere*, couper; en anglais, *excise*; impôt ancien analogue à nos contributions indirectes. (Voy. *Tailles*.)

Accointance, a perdu son simple, *accoint*, c'est-à-dire familier; du lat. *ad cognitare*, s'accointer.

Accommodement, capitulation de conscience.

> Le ciel défend, de vrai, certains contentements;
> Mais il est avec lui des accommodements.
> (*Tartuffe*, IV, 5.)

Tous les charlatans de vertu n'appartiennent pas à l'Église : il y a aussi les charlatans de morale et de probité ; les charlatans en politique, en littérature, etc., et l'on peut croire que la race de Tartuffe n'est pas près de s'éteindre.

Un Marseillais avait reçu, pour pénitence de son confesseur, de faire le pèlerinage de Notre-Dame-de-la-Garde avec des pois pointus dans ses souliers ; trouvant la tâche trop pénible, il fit cuire les pois avant de partir.

Accommoder. Latin *ad cum, modus*, mesure, convenance ; accommoder les viandes : les rendre commodes à l'usage (*cum condimentis*) ; les confitures, le bœuf à la mode ou à la daube. Provençal *adoubar*, arranger, apprêter.

Accoucher. Littéralement mettre à la couche, au lit. Accoucher se dit par extension pour enfanter. En provençal s'accoucher, faire des cris de Mélusine, pour mère Lucine, *Mater Lucina*, déesse des accouchements, de *lux*, lumière, mettre au jour. C'est le mal joli ; quand il est passé, on en rit.

Accroche-cœur. Petite mèche de cheveux, en forme de crochet, que les femmes se collent sur les tempes, afin de se rendre plus séduisantes et d'accrocher ainsi les cœurs.

Accuser. Latin *accusare*, de *ad causa*, mettre en cause, appeler en justice, blâmer, incriminer.

Accuser réception d'une lettre, signaler... Accuser le contour d'un dessin : dans cet emploi, il ne signifie rien (?). (Il signifie faire ressortir.)

Daguesseau disait : « Si on vous accuse d'avoir mis les tours de Notre-Dame dans votre gousset, commencez toujours par vous sauver. »

Accroupir, *ad* et *croupe* ; croupir s'est dit pour accroupir. C'est proprement s'asseoir sur son derrière, sur son croupion (le derrière sur les talons) ; comme affaissé, de faix, être assis sur ses fesses (!) ou succomber sous le faix.

Acheter, bas-lat. *ad captiare*, fréq. de *capere*, prendre. *Acaptare* se trouve dans les capitulaires de Charlemagne. *Capere* vient, selon Scaliger, du syriaque *kaph*, paume de la main, d'où *captivus*, qu'on a fait sien ; ou du bas-latin *comparare*, qui signifie acheter dans la loi salique et dans les capitulaires, parce qu'un achat est un rapprochement de l'objet et du prix qu'on en demande. En provençal on dit, par métathèse, *croumpar*.

Achille. Le talon d'Achille. Achille n'était vulnérable qu'au talon ;

sa mère Thétis, qui l'aimait tendrement, le plongea dans les eaux du Styx, et le rendit ainsi invulnérable, excepté au talon par où elle le tenait. C'est le symbole de tous les hommes supérieurs, que la loi de l'humanité soumet toujours à quelque faiblesse et rend imparfaits au moins en un point. (Voy. *défaut de la cuirasse*.)

Acide, du grec *akis, akidos*, rac. *ak*, pointe, piquant, d'où acier, acéré, âcre, acerbe, acariâtre, acrimonie, aigre, allègre (*alis acer*), etc.

Acolyte, du grec *akolouthos*, suivant. Il faudrait *acoluthe*. Celui qui, dans l'origine de l'Église, aidait les prêtres dans l'exercice de leur ministère pour les cérémonies du culte. C'était le premier des quatre ordres mineurs. Il n'en existe plus depuis le VIIe siècle (?), et les fonctions sont remplies par les sacristains et les enfants de chœur. Dans le langage vulgaire, acolyte signifie compagnon.

Acoquiner (s'), s'affainéantir. S'accoutumer trop à une chose. Se laisser séduire par :

Mon Dieu, qu'à tes appas, je suis acoquiné !
(*Dépit am.* IV. 4.)

Acrostiche, du grec *akros*, haut, *stichos*, ligne, vers. Poésie dont chaque vers commence par une lettre d'un mot donné (en conservant l'ordre.)

Acteur, de *actorem, agere*. (Voy. *Comédien*.)

Actionnaire. Synon. : naïf, gogo. (Voy. *Niais*.) Semez de la graine de niais, il poussera des actionnaires. Les actionnaires de Graissesac à Béziers, du Grand-Central, des mines de la Mouzaïa, des salines du Midi, ne doivent pas des actions... de grâces à leurs administrateurs.

Ad hoc, loc. adv., signifie *à cela*, spécialement à l'effet voulu. Est fait comme *ad rem* : à la chose ; positivement à la question.

Adieu (s.-ent. : je vous recommande).

Que Dieu vous garde ! Adieu ! dit-on à l'ami que l'on quitte ; c'est-à-dire : Je prie Dieu de vous garder de mal, et de me rapprocher de vous. Les rois de France terminaient leurs lettres par ces mots : « Que Dieu vous ait en sa sainte et digne garde ! »

C'est ainsi qu'en partant je vous fais mes adieux.
(QUINAULT.)

Adieu paniers, vendanges sont faites.
(QUINAULT.)

Adjectif. C'est un mot qu'on ajoute aux substantifs pour les qualifier, les déterminer ou en compléter le sens.

Admiration. L'admiration, sentiment vulgaire, est fille de l'ignorance et marque un petit esprit:

> *Causarum ignorantia sæpe mirationem facit...*
> (CICÉRON.)

L'admiration vient souvent de l'ignorance. *Nil admirari* : ne s'étonner de rien (Horace, Ep. I, 4.) C'est la devise du scepticisme, des indifférents et des apathiques. Lord Bolinbroke l'avait adoptée.

Ne pas faire comme les naïfs, qui s'étonnent de tout. Les animaux aussi se laissent prendre aux lumières : les pêcheurs attirent la nuit le poisson dans leurs filets en allumant des feux à la proue de leurs bateaux ; d'où l'épithète de *mugeou* (mulet), infligée par les Marseillais aux imbéciles.

L'admiration est un sentiment qui ne demande qu'à finir. L'admiration, comme la flamme, diminue quand elle n'augmente pas.

Nous aimons toujours ceux qui nous admirent, mais nous n'aimons pas toujours ceux que nous admirons. (La Rochef.)

S'il ne faut rien admirer absolument, à cause de l'imperfection humaine, il est bon aussi de ne rien trop mépriser, car on peut tirer parti de tout, en sachant trouver le côté utile des caractères et des choses. Les anciens faisaient avec les os des ânes les meilleures flûtes.

Adonis, mot grec (orig. mythologique).

Adonis, fils de Cynire et de Myrrha, cher à Vénus, fut tué par un sanglier, et la déesse le changea en anémone. Ironiquement, par antonomase, on appelle Adonis un homme qui fait le beau, qui prend grand soin de sa parure, qui s'aime beaucoup, s'agenouille devant lui-même.

S'adoniser, se parer avec recherche pour paraître plus beau.

On dit aussi dans le même sens : c'est un Narcisse, d'un homme engoué de la beauté qu'il croit posséder, par allusion à la fable de Narcisse, qui devint si follement amoureux de lui-même qu'il en mourut.

> Que fait notre Narcisse?
> Il va se confiner aux lieux les plus cachés.
> (LA FONTAINE.)

Adorer. Lat. *ad, os, oris*, bouche, parce que les Romains, en priant, portaient la main à la bouche.

Adorer le veau d'or : rechercher avec avidité les richesses. Allusion à l'idolâtrie dont les Israélites se rendirent coupables dans le désert, en l'absence de Moïse. (Voy. *Veau d'or*.)

Adorer le soleil levant : les courtisans sont comme les poules, ils se couchent avec le soleil.

Adresse. Habileté. Le sens propre est mettre droit vers, donner une direction.

Adresse, dans le Berry, signifie direction, sentier qui raccourcit, qui abrège le chemin.

Ceux qui connaissent les adresses des chemins, furent ceux qui échappèrent. (Préf. des *Contes de la reine de Navarre.*)

> ... Seigneur,
> De tes sentes et adresses
> Veuille-moi être enseigneur.
> (C. Marot.)

Mais le truand, qui savait les routes et adresses, se trouva au-devant, prit son cheval à la bride : Mort-Dieu ! dit-il. (du Fail. *Contes d'Eutrapel*, 15).

Un correspondant de *adresse*, adret (adroit) se dit dans le Berry pour lieu, habitation, endroit.

On dit : mener une intrigue avec adresse, servir à table avec dextérité, peindre avec habileté.

Adultère. *Quod aliquis accedat ad alteram.* (Saint Thomas.) Lat. *adulterare*, altérer, gâter une chose en y ajoutant une substance étrangère.

Syn. : conversation criminelle. (Anglicisme.)

Auguste fit la loi Julia contre l'adultère, Lycurgue le punissait comme le parricide.

L'adultère double est celui où les deux délinquants sont mariés. L'adultère est une trinité qui parvient rarement à rester un mystère.

Ad valorem, loc. adverbiale latine ; se dit des droits de douane sur les marchandises, non d'après leur poids, mais d'après leur valeur.

Adverbe, mot qui se joint à un verbe ou à un adjectif pour y apporter quelque modification de sens.

> J'aime *superbement* et *magnifiquement* :
> Ces deux adverbes joints font admirablement.
> (*Femmes savantes.*)

L'adverbe marque le rapport qui existe entre une manière d'être et l'idée représentée par un verbe, un adjectif ou un autre adverbe.

La préposition marque le rapport d'un mot à un autre mot.

La conjonction marque le rapport d'un membre de phrase à un autre membre de phrase.

ADV

Les adverbes terminés en *ment* sont formés de *mente*, ablatif de *mens*, esprit, pensée, manière; *bona mente*, bonnement; *justa mente*, justement; *rara mente*, rarement, etc.

AILLEURS, de *aliorsum*, p. *alio versum*, adv. de lieu; s'est confondu parfois avec *alors*.

AINSI, adv. de manière, jadis *insi*, du latin *in sic*; fait comme ensemble, de *in simul*, envers de *in versus*. De *sic* nous avons tiré *si*, adverbe peu usité aujourd'hui, qui est opposé à *non*. Si fait, si bien; vous dites que non, je dis que si. Les Provençaux disent encore *si* pour *oui* : « Sias de Cassis? — Si. »

ALORS, du lat. *ad horam* — à l'or, avec *s* adverbial, équivaut à en ce temps-là, lorsque. Alors s'applique au temps, *ailleurs* à l'espace.

Mas forsa d'amor m'en rete,
Que no m'laissa virar alhors.
(ARN. DE MARUEIL.)

(Mais force d'amour me retient, qui ne me laisse tourner ailleurs.)

ARRIÈRE, derrière, adv. de *ad retro, de retro*.

ASSEZ, de *ad satis*. En provençal *assas*.

AUJOURD'HUI, adv. de temps. Lat. *hodie, hui*; en provençal *huei*. *Hui* suffirait pour exprimer l'idée du jour actuel; mais, par redondance, on ajouta *au jour de*. Le peuple renchérit encore et ajoute un second pléonasme au premier : au jour d'aujourd'hui.

AUPARAVANT. On a dit d'abord *paravant*.

AUSSI, d'abord *alsi, aliud sic*.

AUTANT, ... *altant, aliud tantum*.

AVANT, de *ab ante*. De *ante*, on a fait *ains*, d'où aîné (ains-né.)

BEAUCOUP, adv.; *coup* signifie abondance, ou grande quantité. On disait jadis : à grand foison, à planté (de *plenitatem*.) On a dit aussi moult, de *multum*.

BIEN, adv., de *bene*, dont le comparatif est *mieux*.

ÇA... là, *ecce hac, illac*. On a dit céans, léans, ici-dedans (*intus*).

COMBIEN, adv., pour *comme bien*. Jadis *quant bien*; *bien* signifie ici *beaucoup*, comme dans : bien des gens. Je vous cause bien de l'embarras.

DAVANTAGE, adv., de *avant*, *age* (suffixe), signifie *plus*; a donné le verbe *avantager* : un père avantage un de ses enfants, en lui donnant plus qu'aux autres.

DÉJA, de *dès* et de *jà* (*jam*).

Demain, adv., de *mane* ; *mane* a donné *main*, c'est-à-dire *matin*. Par une bizarrerie, on l'a appliqué à toute la journée : demain au soir.

Désormais, dorénavant, adv., *ores* ou *or* (*hora*) ; de cette heure en avant, ou davantage. *Mais* vient de *magis*, plus.

Donc, conj., du lat. *tunc*, alors, donc.

En, adv., du lat. *inde*. Il en vient, il en parle.

Encore, *hanc horam*, jusqu'à cette heure.

Enfin, en fin. On dit encore en fin de compte ; à la fin, il en est convenu.

Ensemble, adv., du lat. *in simul*.

Environ, adv., entour, alentour. *Environ* vient de *en* et de *virer*, *gyrare*. Provençal *en virant*.

Entour vient de *en* et *tour* et a donné *à l'entour* et *alentours*.

Guère, naguère, adv., *guère* signifia beaucoup ; *naguère*, il n'y a guère de temps. Le verbe *avoir*, qui entre dans la composition impersonnelle, s'employait sans pronom.

Ici, ci, adv., *ecce hic*. En provençal *aqui*. *Ci* est fait de *ici* par apocope. On se servait souvent de *ici* où nous mettons *ci*. Le peuple dit encore : cet homme ici.

« Emprisonnez ces trois ici. » (Théâtre du Moyen âge.)

Ja, déja, jadis, jamais, adv., de *jam*.

Jà a été remplacé par *déjà*, qui signifie dès à présent. *Jadis* est fait de *ja* et de *diu*, longtemps, comme *tandis*. *Jamais* est formé de *ja* et de *mais*, *magis*, plus à partir de maintenant.

Lors, cf. alors ; de *ores*, heure, avec l'article : à cette heure.

Loin, adv., *longe*.

Maintenant, dans l'instant : la main tenant la chose ; mettre la main sans désemparer. Le pied remplace la main dans les locutions adverbiales : de pied ferme ; au pied levé. On disait aussi : en un tenant. « Trois fois me pasme en un tenant. » Je me pâme trois fois de suite. (Rom. Rose, 1839.)

Mais, de *magis*, plus.

Tu n'en peux mais. Dans la langue osque, il avait la même signification qu'il a en français.

Mal, adv., de *male* ; son comparatif est *pis*, de *pejus*.

Non, nenni, néanmoins. (Voy. ces mots.)

Oui, adv. affirmatif, le signe de l'assentiment. Il était à l'origine *oïl*, dans la langue du nord de la France, « Oïl, Sire. » (Roland.) Dans le Midi, on disait *oc*, du latin *hoc*, cela ; *hoc est*, cela est. C'est à ce mot que la langue des troubadours doit son nom. On disait aussi *ho* et *o*. Cette façon de dire *oui* s'est conservée dans la langue provençale.

On ne me dit ne ho ne non. (*Les rues de Paris.*) Que il ne set ne o ne non. (Rutebeuf.) Toz coiz se tint, ne dist ne o ne uon. (*Chanson de Roncevaux.*)

A cet *o*, on ajouta *il*, comme on l'ajouta a *nen* ou *non*, *nennil*, *nenni*. Oïl est une expression elliptique doublement affirmative, pour : *hoc est illud*, qui équivaut à notre locution *c'est cela*.

Oïl devint ensuite *ouil*, puis *oui*.

— Vels-tu faire mon conseil ? — Certes, dame, ouil. (*Roman des Sept Sages.*)

Plusieurs étymologistes ont aussi supposé que *oui* était le participe passé du verbe *ouïr* ; *oui* signifierait entendu, accordé ; selon la maxime du despotisme arabe : Entendre, c'est obéir. (Voy. *Oui*.)

PARFOIS, TOUTEFOIS, QUELQUEFOIS, AUTREFOIS... Le substantif *fois* avait jadis la forme *feie*, *feiz*, et d'abord *veie*. On dit encore en provençal *fes*. Ce mot vient du latin *vicem*. Dans le livre des Rois, *vicem* est rendu par *feiz* : « A ceste feiz. »

Nous disons : une, deux, trois fois.

PEU, *paucum*. En provençal *poc*, *pou*.

PROU, adv., beaucoup, assez. En provençal *proun*. Prou cessa d'être en usage vers le milieu du XVIIe siècle. Il vient de profit (?) ou bien plutôt de *probe*, honnêtement, comme le savetier dit des gains honnêtes.

PUIS, DEPUIS, adv. *Post*. Provençal *pueis*, après, ensuite.

SOUVENT, de *sub inde*.

TANDIS, cet adverbe ne s'emploie plus qu'avec *que*. Huet le fait venir de *tamdiu* ; mais il vient plutôt de *tant* et de *dis* ; c'est-à-dire pendant autant de jours (?)

TANT, du lat. *tantum*. Il a fait *partant* et *pourtant*. Pourtant c'est-à-dire *par conséquent*. Pourtant a pris un sens adversatif : Il est riche, et pourtant il fait peu de dépenses.

TÔT, adv., de *tot cito* ou *totum cito*. Nous disons *tout aussitôt*, pour *tout de suite*. Les dérivés sont *aussitôt*, *bientôt*, *tantôt*, *plutôt*...

TOUJOURS, adv., autrefois *tous jours*.

Très, adv. ampliatif, du lat. *trans*, au delà, à travers, qui dépasse. Jadis on disait *trestout*, tout entier ; tressuer, suer abondamment. Les Provençaux disent encor *tressusar*. Aujourd'hui, *très* s'emploie seul, et, à part quelques cas, on se sert, pour le remplacer dans la composition des mots marquant une manière d'être portée au plus haut degré, du préfixe *super*.

Adversité, du lat. *adversus*, tourné contre.

C'est une école... non mutuelle.

« *Et mihi res, non me rebus submittere conor.* » (Hor. Ep. I. 1.)
(Je m'efforce de dominer les choses, non d'être dominé par elles.)

Aérostat, de *aer*, *stare*, qui se tient dans l'air. Maintenant qu'on cherche à diriger les ballons et à trouver la navigation aérienne, on a commencé par créer le mot *aéronef*, avant d'avoir trouvé la chose.

Aéronef signifie navire aérien.

Af. Les mots commençant par cette syllabe redoublent la consonne, excepté *afin*.

Affaire. A demain les affaires. (Voy. *Demain*.)

Dieu vous garde d'un homme qui n'a qu'une affaire ! Parce qu'il en est si préoccupé, qu'il en fatigue tout le monde. On dit aussi : Craignez l'homme d'un seul livre. « Il est à craindre, en effet, que si l'on parle légèrement de ce que cet homme possède à fond, il ne dénonce votre erreur et ne la relève d'un mot. Pour moi, je l'aime et le recherche, et j'ai pour lui le respect affectueux qu'il ressent pour l'objet de son étude. » (Sainte-Beuve.)

Il n'y a que le sage qui s'occupe d'une seule affaire. « *Præter sapientem, nemo unum agit.* » (Sénec. Ep. 120.)

Affamer, du latin *famem afferre*; ou bien plutôt de *ad famem*, d'où bas lat. *affamare*.

Pou affamé : un gueux à qui on a donné un emploi, et qui vole pour s'enrichir.

Ventre affamé n'a point d'oreilles. (La Fontaine.) (Voy. *Ventre*.)

Affection, signifie en même temps *maladie* et *amour*. Est-ce parce que l'amour est une maladie mentale ? De même maîtresse signifie amante et la personne que l'on sert.

Affection subite et passagère ; caprice.

Les affections de jeunesse sont les plus durables et s'embaument avec le temps : la fable de *Philémon et Baucis* est l'épilogue de celle de *Daphnis et Chloé*.

Affidé, inféodé, sont des termes anciens du régime féodal. *Affidé* est resté et signifie celui à qui on a donné sa confiance. Souvent agent secret.

Affiner, tromper adroitement ; vieux mot encore usité dans le midi de la France.

> ... Notre maître Mitis
> Pour la seconde fois les trompe et les affine.
> (La Fontaine.)

Un secrétaire pensait affiner quelqu'un qui l'affina. (*Heptaméron*, 28e nouv.)

Affres, frayeur, épouvante, frisson d'horreur.

Affront, insulte faite à la face de quelqu'un. (Voy. *front*.)

> L'affront n'existe pas quand l'outrage est vengé.
> (Saurin.)

Agacer, du grec *akazein*, piquer, d'où le provençal *agacin*, cor aux pieds. *Eglantier*, jadis *agantier*.

Agacé (être), avoir ses nerfs ; autrefois avoir des vapeurs.

Age, du lat. *ætatem* (ou plutôt de *ætaticum*, *eage*, *aage*, qui explique l'accent circonflexe). En roman, *etat*.

> Quan pervenc en la etat
> Que doc esser endoctrinat.
> (Vie de saint Alexis.)

(Quand il parvint à l'âge qu'il dut être enseigné.)

Qui a âge doit être sage. Il a l'âge d'un vieux bœuf (16 à 18 ans). Entre deux âges : entre la soubrette et la duègne. Un homme d'un certain âge... ou plutôt d'un âge incertain.

— Quel âge me donnez-vous ? demandait une vieille coquette. — Vous avez assez d'années, lui répondit-on, sans qu'on vous en donne d'autres.

« Les femmes gardent bien le secret de leur âge, et je crois que c'est le seul », a dit Fontenelle, dans un accès d'impertinence.

La femme, en général, a trois âges bien distincts : l'âge réel, celui qu'elle avoue, et celui qu'elle paraît avoir.

Il y a cependant des femmes privilégiées, qui, grâce à une nature complaisante et à de savantes combinaisons de laboratoire, démentent ces paroles froidement sentencieuses de La Bruyère : « Une coquette oublie que l'âge est écrit sur le visage. »

Facies tua computat annos. (Juvén.) (Les années se comptent sur votre visage.) Telle était cette femme qui s'était arrêtée à 29 ans, sauf à passer tout d'un coup à 60, comme au jeu de piquet. Le chiffre 29 est comme le prix des chaufferettes que tout le monde achète : mettez-les à 30 sous, on n'en voudra plus.

« J'ai juste un an de plus que ma mère », répondit quelqu'un à qui l'on demandait son âge.

— Quel âge a cette Iris dont on fait tant de bruit ?
— Elle a vingt ans le jour, et cinquante ans la nuit.

On dit à une femme qui fait des questions indiscrètes : « Je ne vous demande pas votre âge. »

A 45 ans, on n'est plus un jeune homme, on est un homme jeune encore.

Les quatre âges du monde sont : l'âge d'or, l'âge d'argent, l'âge d'airain, l'âge de fer. C. Nodier appelle le XIX° siècle l'âge de papier, à cause de la grande quantité d'écrivains qu'il produit.

Agenda, fut. part. passif, de *agere*, agir, faire. Choses à faire, comme adage, *adagium* pour *ad agendum*, règle de conduite, précepte à mettre en pratique. Agenda, mémoire de poche ; mémoire de papier. (Montaigne.)

C'est le contraire du registre, de *regestum*, de *regerere*, rapporter.

Agio, en italien *aggio*, semble venir de *aggiungere*, ajouter, augmenter. Différence entre la valeur nominale et la valeur réelle des monnaies ; entre le montant d'un effet de commerce et son produit à l'escompte, etc.

Agnès, du gr. *agnos*, chaste, une jeune fille innocente, simple, timide, très naïve, niaise, sans expérience ; qui tient par la douceur de la nature de l'agneau. Le rôle d'Agnès, introduit en France par le théâtre italien, s'appelle aujourd'hui *ingénue*. Molière a donné le nom d'Agnès à sa jeune fille de l'*Ecole des femmes* ; et le nom est devenu appellatif, comme ceux d'Harpagon, de Tartuffe, etc.

Sainte Agnès fut conduite (303) pour être violée avant son martyre, *in fornicis circi*.

Agonie, du grec *agôn*, combat ; dernière lutte de la vie contre la mort.

Agrafes, les verrous de la décence.

Agréable. Il faut joindre l'utile à l'agréable. *Tuto, cito et jucunde* : sûrement, vite et agréablement.

Ahan, cri de fatigue, onomatopée prise du bruit de la respiration dans certains travaux violents, d'où *ahanner* (XVI° siècle.)

On le dérive aussi du lat. *anhelare* (?) :

> Et dedans un coffret qui s'ouvre avec ahan
> Je trouve les tisons du feu de la Saint-Jean.
> (RÉGNIER.)

Suer d'ahan : « M'a fait suer le front d'ahan. » (*Rom. de la Rose.*)

« O Jupiter ! Vous en suastes d'ahan. De vostre sueur tombant en terre nasquirent les chous cabutz. » (Rabel., prol. du liv. IV.)

Un enfant disait à son père, batteur en grange, dans l'intention de le soulager : « Mon père, contentez-vous de battre ; je ferai ahan pour vous. »

Ahuri, troublé, stupéfait, de *hure*, qui a signifié chevelure hérissée.

Ahuri de Chaillot signifie étonné comme le furent les habitants de Chaillot en 1784, lorsqu'on construisit le mur d'enceinte qui les sépara de Paris.

Aide. Bon droit a besoin d'aide.

Plus valet favor in judice, quam lex in codice. (La faveur chez le juge vaut mieux que la loi dans le code.)

Lamotte a dit que le juge a toujours

> Pour les présents des mains, pour les belles des yeux.

Un peu d'aide fait grand bien. Un petit secours est souvent très utile. Le feu aide le queux (cuisinier).

AIDES, impôt sur les boissons, pour aider le roi à administrer l'Etat. Il se payait par toutes les classes, à la différence de tailles que le Tiers Etat payait seul.

Aller à la cour des aides, se dit de celui qui emprunte à ses amis, ou à une coquette. La cour des aides, fondée par Charles VI (1388), jugeait les affaires survenues pour le paiement de l'impôt des aides ; il y avait 13 cours des aides, comme 13 parlements.

Aide-de-camp, abréviation de aide-de-maréchaux de camp, nom que portaient les officiers d'ordonnance au XVIIe siècle. — A.-de-C., Monsieur va-t-on voir.

Aider, lat., *adjutare* ; en prov. *adjudar*, d'où adjudant ; anc., *adjudha* (Serm. de Strasbourg.)

> Aide-toi, le ciel t'aidera.

La Fontaine a rendu cette locution populaire, en la mettant en action dans la fable *le Charretier embourbé*.

> Quand nous n'agissons pas, les dieux nous abandonnent.
> (VOLTAIRE.)

On aide bien au bon Dieu à faire le bon pain.

Les Lacédémoniens imploraient l'assistance des dieux les bras étendus et non les bras croisés.

Aïeul; on a dit *avieul* de *aviolus*, dim. de *avus*.
Les aïeuls sont les grands-pères; on n'emploie *aïeux* qu'avec le sens d'ancêtres, d'ascendants.

Aigle, du lat. *aquila*, subst. masculin, et féminin en terme de blason. Est ainsi nommé à cause de la forme de son bec, *acus*. L'aigle est le symbole de la royauté (selon Philostrate, pour qui il est le roi des oiseaux).

Xénophon dit que les Perses furent les premiers à le placer sur leurs enseignes.

Constantin fut l'inventeur de l'aigle à deux têtes, pour montrer que l'Empire, quoique divisé, n'avait cependant qu'un corps. Néanmoins, Lipse a remarqué une aigle à deux têtes sur la colonne Antonine.

Dans la défaite de Varus par Arminius, il se perdit deux aigles, l'une blanche, l'autre noire; la blanche échut en partage à l'armée auxiliaire des Sarmates, la noire aux Germains. De là viennent, dit-on, les armes de l'Empire et de la Pologne.

La France impériale a l'aigle pour symbole; la Prusse, l'aigle noire; la Russie, l'aigle blanche; l'Autriche, l'aigle à deux têtes.

Aigrefin, de l'allemand, *greifen*, saisir.
Escroc, chevalier d'industrie.
Ou du vieux mot *affiner*, tromper par ruse, par finesse (?)

Aiguille, de *aign*, *acutus*. De fil en aiguille : de propos en propos. *Ab acia et acu mihi omnia exposuit.* (Pétrone, Sat. 76. II.) Il entra dans les moindres détails. Disputer sur la pointe d'une aiguille, ou plutôt sur une pointe d'aiguille, c'est-à-dire sur des subtilités. (Voy. *disputer*.)

Aiguillette, courir l'aiguillette. (Voy. *coureuse*, *guilledou*). On appelait courir l'aiguillette une course qui se faisait à Beaucaire, le jour de la Sainte-Madeleine, pour les femmes de mauvaise vie, et dont le prix était un paquet d'aiguillettes. Une ordonnance de Louis VII, que la reine Jeanne, comtesse de Provence, fit observer un siècle plus tard dans le Comtat venaissin, voulait que ces femmes portassent une aiguillette sur l'épaule gauche. En voici le texte provençal :
« L'an mil très cent quarante et set; au hueit du mois d'aoust, nostre reine Jano a permes lou bourdelou dins Avignon, et vol que...

per estre connegudos, que portoun uno aiguillette rougeou sur l'espalou de la man escairo... etc, (Ordon. de la reine Jeanne, 1347). La même reine Jeanne fit enfermer, en 1348, dans la même maison toutes les filles publiques d'Avignon, sous la direction d'une abbesse élue tous les ans. Cette maison était constamment ouverte, excepté le Vendredi et le Samedi Saint, et le jour de Pâques. Elle était interdite aux Juifs. Un chirurgien y était attaché, pour combattre les progrès d'un mal déjà connu à cette époque.

Nouer l'aiguillette (c'est-à-dire *penem*), empêcher la consommation du mariage par un maléfice qui réduisait l'époux à l'impuissance.

Les Latins disaient : *nodum religare*. (Voy. *Glossar. erotic. nodum præligare*. Cf. Tibul. I. 8. 3.)

Aiguillette militaire. Le duc d'Albe, pour punir un corps de troupes belge qui l'avait trahi, ordonna que tous fussent pendus. Cette troupe obtint son pardon, et ils firent dire au duc d'Albe qu'ils se soumettaient d'avance au châtiment, s'ils retombaient dans la même faute. Pour faciliter l'exécution, chacun d'eux porterait à l'avenir, au cou une corde et un clou. Par la suite, cette troupe se distingua tellement, que la corde devint une marque d'honneur, et donna naissance à l'aiguillette, qui est devenue un ornement militaire spécialement porté par la gendarmerie et par l'état-major des armées, chargé d'exécuter des ordres supérieurs. (Voy. *pendre*.)

Ail, fait *aulx* au pluriel, comme bail, émail, etc.

Aile, en lat. *ala* ; pour *axilla*, aisselle, l'essieu, le pivot du bras.

Les ailes ont été de tout temps un objet d'envie, un idéal pour les hommes. L'imagination a créé les anges, créatures célestes à forme humaine portant des ailes. S'élever à de grandes hauteurs, franchir rapidement de vastes étendues, se dérober soudainement à la poursuite, sont les désirs qui ont agité bien des cœurs.

Les ailes, selon Platon, sont l'hiéroglyphe de l'intelligence. *Aile* s'emploie dans le sens moral. On dit : élevé sous l'aile de sa mère. Les ailes de la Victoire, de la Renommée, de l'Amour, du Temps, etc.

> Et son âme étendant ses ailes,
> Fut toute prête à s'envoler.
> (Malherbe.)

L'amour est l'aile que Dieu a donnée à l'homme pour remonter à lui. (Platon.)

> Même quand l'oiseau marche, on sent qu'il a des ailes.
> (Lamartine.)

Aile de perdrix, cuisse de bécasse, c'est-à-dire les meilleurs morceaux. « Elle me préférait C..., à qui elle donnait l'aile, et à moi le pilon. »

En avoir dans l'aile, semble signifier être comme l'oiseau blessé à l'aile ; mais c'est une mauvaise allusion à L, qui vaut cinquante, pour faire entendre qu'on a cinquante ans (?).

Aille, est un suffixe, du lat. *aculam* commun à beaucoup de mots collectifs, le plus souvent dépréciatifs. Exprime le mépris, dans canaille (de *canis*), valetaille.

On le trouve dans volaille, autre forme de volatile ; ouaille, dérivé de *oue*, brebis. Fait *ail* au masculin : bétail.

On disait autrefois courir la poulaille, pour marauder, picorer, voler ; plumer la poule chez les paysans. Poulailler est resté et n'a pas vieilli.

Aimer. Lat. *amare*, provençal *amar*.

Aimer, verbe irrégulier qui n'a qu'un temps, celui de la jeunesse. Aimer, c'est admirer avec le cœur ; admirer, c'est aimer avec l'esprit. (Th. Gautier). Aimer quelqu'un comme la prunelle de ses yeux. Aimez-vous ? Voilà toute la science. « Aimons ceux qui travaillent, aimons ceux qui souffrent, aimons ceux qui aiment ; et quant à ceux qui ne pardonnent pas, pardonnons-leur. » (V. Hugo, 16 avril 1876.)

« Je vous aime ! » est une phrase bien vieille, qu'Adam a dû dire à Ève. Il voudrait trouver trois mots qui disent tout, et qui ne soient pas : je vous aime !

Qui aime bien, tard oublie. Qui aime bien, châtie bien. (Voy. *châtier*). Qui aime saint Roch, aime son chien. Qui m'aime me suive. (Voy. *suivre*).

J'aime beaucoup les épinards, et c'est bien heureux, car, si je ne les aimais pas, je ne pourrais pas en manger, et je serais bien privé. (Burlesque).

Qui n'aime point, n'est point aimé. *Ut ameris, ama.* (Martial.) C'est-à-dire que pour être aimé, il faut être aimable.

Aími qui m'aime. (Devise provençale). J'aime qui m'aime.

Une bonté l'autre requiert (XVe siècle). Le seul moyen d'inspirer de l'intérêt aux hommes, c'est de s'intéresser à eux. (J.-B. Say.)

> Les gens qui n'aiment qu'eux, ne sont pas ceux qu'on aime.
> (Barthe.)

> Il faut aimer les gens non pour soi, mais pour eux.
> (C. d'Harleville.)

Le bonheur consiste plus à aimer qu'à être aimé. (D. Sterne.) Tant qu'on hait beaucoup, on aime encore un peu. (Voy. *haïr*).

Aîné, jadis *ains né*, né avant, *ante natus*.

Le cadet, jadis *capdet* ; lat. *capitellum*, petit chef de famille, s'appelait aussi *puisné* et *maisné*, né après, le dernier.

Est fait comme le latin *nepos* (*natus post*).

Esaü, fils d'Isaac, en 1836 avant J.-C., vendit, à l'âge de 40 ans, son droit d'aînesse pour un plat de lentilles à son frère Jacob. Il mourut en 1710.

Le droit d'aînesse, dans certaines législations modernes, accorde à l'aîné de prendre dans la succession, une part plus grande que celle des autres enfants.

Le droit d'aînesse s'établit en France sous Hugues Capet. Il n'était pas en usage sous les rois de la première et de la seconde race ; car les quatre fils de Clovis se partagèrent le royaume ; et Louis le Débonnaire divisa aussi l'empire en quatre parties, qu'il donna à ses quatre fils.

Air, fluide atmosphérique, en grec et en latin *aer*. Platon le dérive du grec *airo*, j'emporte, ou de *rhéo*, je coule, à cause de sa fluidité.

L'air atmosphérique se compose de 1 partie d'oxygène et 4 parties d'azote et d'un peu d'acide carbonique.

Les propriétés de pesanteur, de chaleur et de sécheresse de l'air sont mesurées par le baromètre, le thermomètre et l'hygromètre.

Galilée découvrit la pesanteur de l'air en remarquant que l'eau s'arrête, dans les pompes, à 35 pieds, ce qui correspond à une colonne de mercure de 30 pouces.

L'air, à la surface du sol, pèse 800 fois moins que l'eau. Le mercure pèse 13 fois et demie plus que l'eau.

L'air forme autour de la terre une couche d'environ 80 kilomètres d'épaisseur, c'est l'atmosphère. La pesanteur de l'air diminue en s'élevant dans l'atmosphère. Le poids, ou densité de l'air, en s'élevant au-dessus du niveau de la mer, diminue dans une proportion géométrique. Ainsi, à une élévation de 6 kilomètres, elle est moitié moindre qu'à la surface ; à 12 kilomètres, elle n'est plus que d'un quart, etc.

La pression de l'air sur la terre est de 1 kilogramme par centimètre carré ; le corps d'un homme, qui a une surface d'environ 12.000 centimètres carrés, est donc pressé par une colonne d'air du poids de 12.000 kilogrammes.

Dans les appartements habités, l'air est toujours en mouvement.

Il y a un courant d'air chaud dans le haut, un courant d'air froid dans le bas. On démontre l'existence de ces deux courants en présentant une bougie aux rainures d'une porte ; la flamme, qui est verticale au milieu, est chassée à l'intérieur dans le bas, et vers l'extérieur dans le haut. On en conclura qu'un lit ne doit pas être placé trop près du sol, à cause du courant d'air froid.

Dans un appartement, 10 à 14 mètres cubes d'air sont nécessaires, au minimum, à la respiration, par chaque habitant.

Envoyer quelqu'un en l'air, l'envoyer promener. Si vous m'ennuyez encore, je vous enverrai si haut, que les mouches auront le temps de vous manger avant que vous soyez retombé à terre.

Air, apparence, vient du latin *area*, aire, surface par apocope (ou de air, par influence de l'italien.)

Il a l'air de revenir de Pontoise, c'est-à-dire tout déconcerté.

Il a l'air un peu bête ?... — Il l'est beaucoup plus que cela.

Air moitié figue et moitié raisin. Il en a l'air et la chanson ; il est très bête.

— Sacrédié, mon cher, que vous avez l'air bête ! lui dit quelqu'un. — Alors, nous pouvons à nous deux exécuter le morceau, répondit X...

On dit aussi : c'est l'air, ou le ton, qui fait la chanson ; c'est-à-dire c'est l'accent qu'on donne à certains mots qui leur imprime un caractère bienveillant ou hostile, et qui fait connaître la disposition d'esprit de celui qui parle.

Se donner des airs. Les airs de grandeur que nous nous donnons ne servent qu'à faire remarquer notre petitesse, dont on ne s'apercevrait pas sans cela.

> D'où vous vient aujourd'hui cet air sombre et sévère ?
> (BOILEAU.)

Air (musique), même provenance. Italien *aria*; d'où *ariette*.

Airain, ancien nom du bronze.

Aisance, du grec *aisios*, heureux, aise.

Lieu d'aisance : où l'on s'asseoit (?) — ou bien plutôt où l'on se met à l'aise !

Aisance, fortune honnête. Il n'est pas ici question de la richesse, qui est corruptrice et engendre l'oisiveté, mère de tous les vices. Être à son aise, dans l'aisance : ne manquer de rien, avec des ressources modestes. Être à l'aise : commodément, sans gêne :

> On est assis à l'aise aux sermons de Colin.
> (BOILEAU.)

Vous en parlez bien à votre aise, se dit, par exemple, à celui qui, ayant bien dîné, vous recommande le jeûne.

Autrefois *aiser, s'aiser*. Dans la langue romane, *aise* avait de nombreux dérivés, tels que : *aizir*, accueillir affectueusement ; *aisinar*, arranger.

Syn. : *aisance, bien-être, confort*. Ces mots se confondent quelquefois à tort. L'aisance est l'instrument qui procure le bien-être ou la satisfaction simultanée et complète de l'esprit et des sens, résultant des jouissances d'un intérieur bien ordonné, et que les Anglais appellent *comfort*. Confort a cependant un sens plus matériel que bien-être : il exprime plus particulièrement la satisfaction des appétits et des besoins physiques.

Ajoupa, abri, cabane grossière, que l'on dresse dans les Indes au moyen de quelques pieux, et que l'on recouvre de branchages.

Albinisme. Défaut de coloration de la peau.

Alchimie, de *chimie*, précédé de l'article arabe *al*, peut-être aussi par altération du nom de *Cham*, qui d'après la tradition était l'auteur des premières recherches du grand œuvre.

Syn. : le grand art, la pierre philosophale, la science hermétique, l'or potable.

L'alchimie, introduite en Europe par les Arabes, promettait la richesse et la santé : son but était la possession de la pierre philosophale, mystérieuse substance au moyen de laquelle on obtiendrait la transmutation de tous les métaux en or, la guérison de tous les maux, un terme indéfini pour la vie et le commerce avec les êtres spirituels. (Flourens. Éloge de Thénard.)

On l'appelait pierre philosophale parce que cette prétendue poudre devait devenir solide comme une pierre, en la pétrissant, et que les savants et les philosophes en poursuivaient la recherche. Aujourd'hui, recherche de la pierre philosophale est devenu synonyme de chose impossible.

L'Arabe Artelphe et le comte de Saint-Germain prétendaient avoir vécu plus de mille ans au moyen de l'élixir de longue vie.

« L'alchimie, a dit Bailly, *est ars sine arte, cujus principium est scire, medium mentiri, finis mendicare.* »

Rabelais (V. 22) dit que les alchimistes, qui se ruinent en recherches inutiles, n'ont rien à mettre sous la dent, vident leur bourse et emplissent mal les chaises percées.

Paracelse, le plus célèbre des alchimistes, qui se vantait de faire de l'or et de prolonger indéfiniment la vie humaine, dans un corps exempt de douleurs et d'infirmités, mourut pauvre à l'âge de 47 ans.

Un alchimiste, qui prétendait avoir trouvé le moyen de faire de l'or, demandait une récompense à Léon X. Le Pape lui donna une bourse vide, en lui disant de la remplir de l'or qu'il faisait.

Alcool, article arabe *al*, et *cohol*, poudre fine, d'où *collyre*, eau pour les yeux, composée de médicaments finement pulvérisés (Paré.)

Les anciens ne connaissaient pas la distillation du vin, et ne savaient pas en isoler la partie volatile et inflammable, désignée sous le nom d'esprit-de-vin. La cornue et l'alambic sont des inventions du Moyen-Âge. Vers 1280, Arnaud de Villeneuve, médecin de Pierre III d'Aragon, vulgarisa la distillation, qu'il avait apprise en Espagne, des médecins arabes, et passa pour l'inventeur de cette eau du vin, ou eau de vigne, *aqua vini, aqua vitis*, et lui attribua la vertu de guérir la plupart des maux, de prolonger la vie : de là le surnom d'eau-de-vie. Plus tard, on l'appela avec plus de raison eau ardente, eau de mort.

Guy Patin disait que cette eau faisait vivre ceux qui la vendaient, mais tuait ceux qui en usaient.

Parmi toutes les dénominations, le nom arabe d'alcool a prévalu. Aujourd'hui, l'eau-de-vie n'est plus considérée comme une panacée, au contraire ; mais elle est encore employée en médecine dans la fièvre typhoïde et dans la pneumonie.

Aléatoire, du latin *alea*, jeu de hasard, contrat, entreprise dont les résultats sont incertains.

Alerte, *à l'erte* dans Rabelais, de l'italien *erta*, hauteur, sentier montueux, *star all'erta*, être au guet.

Alfénide, métal blanc, alliage de cuivre 591, zinc 302, nickel 97, fer 10.

Algarade. Faire une *algarade* pour *algérade*, querelle d'Algérien ; allusion aux avanies que les Algériens faisaient subir aux chrétiens.

Ce mot est fait de *al garah* ; en arabe, excursion sur le territoire ennemi.

Algèbre, de *geber*, nom de l'Arabe qui l'a perfectionné (ou plutôt de *al djaber*, l'art des solutions). Diophante, qui vivait à Alexandrie au IVe siècle, est le premier, parmi les Grecs, qui ait écrit un traité d'algèbre, en se servant des découvertes d'Euclide, de Platon, d'Archimède, d'Apollonius, ses devanciers. Les Arabes ont perfectionné cette science. Au XVIᵉ siècle, le Français Viette a introduit les lettres de l'alphabet dans les calculs algébriques.

C'est de l'algèbre pour moi : je n'y comprends rien. (Voy. *Hébreu, haut-allemand.*)

Aliboron, maître Aliboron, ignorant qui croit tout savoir. *Mestrus Aliborus, omnia scire putans.* (Ant. de Arena.) Ce sobriquet, que La Fontaine donne à l'âne dans plusieurs de ses fables, semble dérivé du nom d'Obéron, roi des féeries, mis souvent en scène dans les romans du Moyen-Age.

Huet, évêque d'Avranches, donne ce nom à un avocat qui, plaidant en latin, et voulant nier les *alibi* allégués par la partie adverse, s'écria : « *Non est habenda ratio istorum aliborum* »; comme si alibi eût été déclinable.

> Arrive un troisième larron,
> Qui saisit maître Aliboron.
>   (La Fontaine, Fabl. II. 13.)

Rabelais fait dire à Panurge : « Que diable veut prétendre ce maître Aliboron ? » (III. 20).

Aliquotes (parties). Parties contenues exactement dans un tout : cinq est partie aliquote de quinze ; du latin *aliquotus*.

Aliscamp, du latin *Elysios campos*, cimetière.

La ville d'Arles, sous la domination romaine, avait des théâtres, des cirques, des champs-élysées, ou cimetière, qui, au temps du christianisme, conservèrent le nom et la destination qu'ils avaient eus chez les païens. Ce cimetière obtint même une très grande vogue, à cause des privilèges que saint Trophime y avait attachés.

> E promet à totz los crestiens
> Qu'el semèntèri jagran d'Aliscamps,
> Lo sien regno ses tot destorbament.
>   (*Vie de saint Trophime.*)

(Et promet à tous les chrétiens qui reposeront au cimetière d'Aliscamps, son royaume sans contestation.)

Quand saint Honorat fut nommé évêque d'Arles, les électeurs s'assemblèrent à l'Aliscamp.

> Als vases d'Aliscamps
> Aqui se fel l'acamps.
>   (*Vie de saint Honorat.*)

(Aux tombeaux d'Aliscamp, là se fit l'assemblée.)

Allée, est pour *la lée*, c'est-à-dire *laie*, signifiant chemin (Ducange) dans une forêt.

Allée signifie plutôt l'action de marcher dans un lieu, comme *sortie* signifie l'action de sortir ; d'où par métonymie, le lieu où l'on marche s'appelle allée.

Allégorie, du grec *allos* autre, *agoreuô*, parler ; fiction poétique, qui compare un objet à un autre avec lequel il a des rapports, et qui présente à l'esprit une idée, de manière à en faire entendre adroitement une autre.

L'allégorie est l'expression des idées par le moyen des images. (Winckelmann.)

Allemagne, le Saint-Empire, titre pris à l'imitation des Empereurs de Constantinople, qui se faisaient appeler Saints. (Voy. Ducange : *sacer, sanctus*.)

Allemand. Syn. : Liffrelofre (Rabelais II. 2) venant de *luffre*, ivrogne. Tête de choucroute. — Tête carrée. Une importation de chapeaux ronds en Allemagne serait une fausse spéculation.

« C'est du haut-allemand pour moi », se dit d'une chose que l'on ne comprend point ; le haut-allemand est la langue allemande parlée dans toute sa pureté, dialecte de la haute Allemagne.

No m'entend pas qu'un Aleman.
(Pistoleta.)

(Elle ne m'entend pas plus qu'un Allemand.)

Faire une querelle d'Allemand ; sans motif. On attribue ce proverbe à la puissante famille des Alleman, en Dauphiné, qui était très redoutée de ses voisins ; mais il est probable qu'il tire son origine du caractère querelleur des Allemands, que Ronsard appelle « la gent propre au tabourin », c'est-à-dire la nation bruyante et querelleuse. (Voy. *algarade*.)

Aller, verbe neutre irrégulier, jadis *aler* et *aner*. *Ambulare*, a donné *ambler*, que nous avons conservé pour désigner une certaine allure du cheval. *Aller* ou *aner* viendrait de *anare* ou *adnare* ; provenç. *anar* ; ital. et esp. *andar*.

Aller a emprunté à la forme latine *ire*, son futur *irai*. Les trois personnes du singulier du présent, *je vais, tu vas, il va*, et le pluriel *vont*, sont faites du verbe *vadere*, en roman *vaxar*, d'où les mots évadé, invasion.

S'en aller (V. *ficher son camp, gille*, filer son nœud, faire comme aux noces.)

« Va-t'en voir s'ils viennent » est le refrain d'une vieille chanson. C'est une réponse ironique à une demande.

On dit aussi : « Va-t'en voir chez nous si j'y suis. » Cette locution burlesque se trouve dans la farce de Patelin.

Dans le Berry, on se sert du verbe *désoller*, ainsi on demandera des nouvelles de la santé d'une personne : « Comment ça va-t-il ? — Ça ne va pas ; ça déva. »

Un tel est mal dans ses affaires, elles dévont.

Allitération, du latin *allido*, heurter, *littera*, lettre. Jeu de mots qui consiste dans la répétition affectée des mêmes syllabes. (En réalité vient de *ad*, *littera*, avec un suffixe.)

Allopathie, du gr. *allos*, autre, *pathos*, maladie, nom de la médecine traditionnelle, dans le langage des homœopathes. (Voir ce mot.)

Allumette. Marion de Lorme institua l'ordre de l'Allumette, et prit pour devise : « Nous ne brûlons que pour brûler les autres. »
— Allumettes *fidibus*; longues allumettes en papier roulé.

Dans les Universités allemandes, les admonestations commencent par : *Fidibus* (pour *fidelibus*) *discipulis*.

Les délinquants, qui allument, par forfanterie, leur pipe avec le papier de l'Administration, lui ont donné le nom de *fidibus*.

Alluvions, dépôt de terres meubles laissé par les torrents, les rivières, en se retirant. Ce sont des diluvium localisés, car *déluge* s'entend d'une inondation universelle.

Aloi, du latin *ad ligare*, allier — ou de *ad legem*, car on a dit *aloyer*, mettre les monnayes en conformité avec la loi. L'aloi est l'alliage des métaux précieux au titre voulu par la loi.

Almanach, de l'arabe *al*, article, *manach*, compte. (Voy. *calendrier*.)

Anciennement, et depuis l'origine de l'imprimerie, les almanachs étaient accompagnés de conseils aux laboureurs, d'anecdotes plaisantes et de contes. L'origine de ce mot vient sans doute du double sens qu'on a attribué au mot *conter*, qui autrefois s'appliquait à l'action de compter les jours et de raconter.

Almanach : le miroir de l'avenir. (*Dict. des Précieuses.*)

Faire des almanachs : des conjectures.

Son corps est un almanach : il ressent tous les changements de temps.

Vers 1550, parurent les premiers almanachs annuels. Rabelais en publia plusieurs à Lyon, de 1533 à 1550. (Voy. *Nisard. Hist. des livres popul.*) En 1555, parurent les *Centuries* de Nostradamus. L'Almanach de Mathieu de Laensberg date de 1628 ou de 1636.

Alors, adv., en provençal *ara*, pour *ora*, maintenant, à cette heure.

Per aras et per los temps. (Titre de 1273.) A cette heure et pour toujours.

Alouette, du lat. *alauda*, anc. *aloue*.

La langue latine avait emprunté ce mot au gaulois. *Gallico vocabulo... legioni nomen dederat alaudœ.* (Plin. liv. XI, ch. 37.) *Vocabulo quoque Gallico alauda etiam appellabatur.* (Suet. Cœs. 24.) César, en levant une légion, lui avait donné le nom de *galerita*; mais, comme les soldats qui la composaient étaient de la Gaule transalpine, le nom gaulois *alauda* prévalut.

Alpha et **Oméga**. C'est la première et la dernière lettre de l'alphabet grec, c'est-à-dire le commencement et la fin.

On dit aussi: depuis le cèdre jusqu'à l'hysope, depuis le ciron jusqu'à l'éléphant, c'est-à-dire du plus petit au plus grand; — depuis Pater jusqu'à Amen. *Prora et puppis*, la proue et la poupe.

Saint Jean (Apocalypse) dit que Dieu est l'alpha et l'oméga de toutes choses.

On dit encore Austerlitz et Waterloo, Marignan et Pavie; allusions historiques.

Amadis, homme d'un caractère chevaleresque.

Amande, en lat. *amygdala*, gr. *amygdalos*, de *amuca*, gerçure, parce que l'écorce, c'est-à-dire le fruit, se fend naturellement; d'où *amygdale*, qui a la forme d'une amande.

On appelle *amande*, la semence de tous les arbres à noyaux. Parceval, dans son roman, les appelle les allemandes, d'où on pourrait supposer que l'arbre vient d'Allemagne, tandis qu'il est originaire d'Afrique.

Plutôt mûrier qu'amandier, ou: fou amandier, sage mûrier. La floraison précoce de l'amandier est cause que son fruit est souvent gelé, lorsque surviennent des froids un peu vifs; le mûrier, au contraire, fleurit en automne, après tous les autres arbres.

Amants célèbres, héros légendaires du grand roman de l'humanité:

Abélard et Héloïse.	Béranger et Lisette.
Alcée et Sapho.	Beethoven et Adélaïde.
Alexandre et Roxane, Statira.	Byron et la comtesse Guiccioli.
Alphée et Aréthuse.	Catulle et Lesbie.
Anacréon et Bathylle.	Charles VI et Odette.
Antoine et Cléopâtre.	Charles VII et Ag. Sorel.
Arioste et Orsolina.	Charles IX et Marie Touchet.

Christine et Monaldeschi.
Dante et Béatrix Portinari.
Daphnis et Chloé.
Desgrieux et Manon Lescaut.
Don Juan et Elvire.
Don Quichotte et Dulcinée.
Endymion et Diane.
Enée et Didon.
Faust et Marguerite.
François Ier et D. de Poitiers.
Franç. de Rimini et Paolo.
Gœthe et Bettina.
G. Sand et A. de Musset.
Henri IV et Gabrielle.
Hercule et Omphale.
Hamlet et Ophélie.
Henri II et D. de Poitiers.
Henri III et Renée de Rieux.
Léonard de Vinci et La Joconde.
Louis XI et Marguerite de Sassenage, etc.
Lovelace et Clarisse.
Mars et Vénus.
Marie Stuart et Rizzio.
Médor et Angélique.
Michel-Ange et Pescara.
Ninon et La Châtre.
Numa et Egérie.
Orphée et Eurydice.
Othello et Desdémone.
Ovide et Corinne.
Pâris et Hélène.
Paul et Virginie.
Périclès et Aspasie.
Pétrarque et Laure de Noves.
Philémon et Baucis.
Properce et Cynthie.
Pyrame et Thisbé.
Raphaël et La Fornarina.
Roméo et Juliette.
J.-J. Rousseau et Mme de Warens.
Samson et Dalila.
Le Tasse et Eléonora d'Este.
Tibulle et Délie.

Louis XIV, âgé de 15 ans : Mme de Beauvais, âgée de 45 ans, et plus tard : Lamothe-d'Argencourt, La Vallière, Fontanges, Montespan, Marquise de Soubise; la veuve Scarron, marquise de Maintenon; plus un certain nombre de filles d'honneur de la reine, et de filles de service des cuisines et des basses-cours de Versailles.

Louis XV : Mailly, Châteauroux, Vintimille, la Romans, Pompadour, l'Irlandaise Murphy, la petite bouchère de Poissy, la petite cordonnière de Versailles, la Du Barry, et une centaine de petites bourgeoises, hôtesses passagères du Parc-aux-Cerfs, et dont la plupart sortaient à peine de l'enfance. (Ch. Louandre, *Revue des Deux Mondes*, 1872.)

Amant de cœur: Monsieur Alphonse, Arthur, Desgrieux.

Amante : maîtresse, connaissance, particulière, dulcinée (allus. à Don Quichotte); objet (d'amour). Le mot *particulière*, trivial aujourd'hui, a été à la mode au temps de Louis XIV, c'est-à-dire au XVIIe siècle. On lit dans l'Astrée : particulariser une dame, en faire sa particulière dame, lui adresser ses hommages. Sœur d'amour chez les Allemands.

Amasser, du grec *amad*, accumuler (ou bien plutôt du latin *massa*, masse ; mettre en tas ou en masse). Dans le Berry, on dit *désamasser*, qui est mieux que *dissiper*.

Amateur. Homme curieux de tout apprendre, de tout savoir ; le second en tout, sans être premier en rien. C'est le plus terrible des défauts : agréable pour un homme riche, mortel pour un homme ruiné.

Le féminin *amatrice* n'est plus usité ; il l'a été jusqu'à Malherbe. J.-J. Rousseau l'a employé.

Amativité, penchant qui porte un individu à en aimer un autre.

Ambidextre, du lat. *ambo*, deux, *dextra*, droite ; qui se sert avec la même adresse de ses deux mains.

L'homme serait ambidextre, comme le singe, s'il y était exercé par l'éducation. Dans certaines professions, où l'on exerce habituellement les deux mains, on devient ambidextre : tels sont les chirurgiens, les pianistes, les tourneurs, les prestidigitateurs, etc.

Ceux qui reçoivent des deux mains possèdent cette faculté.

Les quadrumanes (nom donné par Cuvier aux singes à cause de la conformation anatomique des extrémités de ces animaux, et qui sont réputés très adroits), sont doublement ambidextres.

Ambitieux. Ce mot eut beaucoup de peine à s'introduire dans la langue, et les difficultés qu'il éprouva justifièrent le mot de Balzac : « S'il n'est pas français cette année, il le sera l'année prochaine. » — Le verre de l'ambitieux est le tonneau des Danaïdes. (R.-Collard.)

Amble, vient du lat. *ambulare*.

Ambroisie, du grec *a*, privatif et *brotos*, mortel ; nourriture d'un goût et d'un parfum exquis, dont usaient les dieux dans l'Olympe, et qui donnait l'immortalité à ceux qui en goûtaient.

Elle était neuf fois plus douce que le miel. (Voy. *nectar*.)

Ame, du lat. *anima* : ce qu'il y a de plus immatériel au monde, le principe de la vie des êtres.

La science de l'âme est la psychologie ; du grec *psyché*, principe de la vie, de la pensée. Les plantes ont une âme végétative ; les animaux, une âme sensitive ; l'homme, une âme raisonnable.

Les Epicuriens pensaient que l'âme était un air subtil ; les Stoïciens, une portion de la lumière céleste. Les Platoniciens enseignaient l'immortalité de l'âme. Les Cartésiens définissaient l'âme : une substance qui pense.

Les principales facultés de l'âme sont : l'entendement, la volonté, la liberté, le sentiment, la mémoire et l'imagination. En résumé, les deux principes de l'âme sont l'esprit et les sens ; d'où la vertu et le vice, l'héroïsme et la lâcheté, le bien et le mal.

Malherbe a dit des rois :

> Et dans ces grands tombeaux, où leurs âmes hautaines
> Font encore les vaines,
> Ils sont mangés des vers.
> (Paraph. Ps.)

On dit d'un homme très gros : son âme est bien logée. La reine Élisabeth appliquait ce mot au chancelier Bacon, qui était très obèse.

Amen, mot hébreu ; sign. *ainsi soit-il*.

Dire amen à tout : consentir à tout.

M. de Turenne a bien envie de revenir et de mettre l'armée dans les quartiers d'hiver : tous les officiers disent *amen*... (Sévigné.) Lorsqu'il dit la messe, c'est le diable qui dit *amen*... (Sévigné.) Si la femme dit *amen*, le mari dit ainsi soit-il.

Amender, du latin *emendare*, corriger, *menda*, tache.

Amende pécuniaire. On amende un projet de loi, sa conduite, ses terres, en en modifiant la nature, en y corrigeant les défauts. *Amende* a été dit pour faute :

> Si un borgeoiz fet une amende,
> Soixante sols on lui demande.
> (Loc. prov.)

> Jamais cheval ni méchant homme
> N'amenda pour aller à Rome.
> (Loc. prov.)

Le comte de Cilley, adonné à la débauche depuis longtemps, fit, en 1480, un voyage à Rome, à l'occasion du Jubilé. A son retour, comme il ne s'était pas amendé, on lui demanda à quoi avait servi son voyage : « Mon cordonnier, dit-il, a aussi été à Rome, et, à son retour, il s'est remis à faire des bottes. » (Voyez *conversion*.)

Cœlum, non animum mutant qui trans mare currunt. (Horace.)

La Fontaine dit, en parlant d'un pèlerin :

> Prou de pardons il avait rapporté ;
> De vertus, point, chose assez ordinaire.

Ami, l'*amicus*. On disait jadis *amic* :

> Que non fait languir son amic.
> (Flamenca.)

« Aimez votre ami, disait Chilon, comme ayant quelque jour à le haïr. » Montaigne, I. 27. Aristote, Rh. II. 13. Cicéron, Amitié, ch. 16. Diogène Laërce, liv. XVII, attribuent cette maxime à Bias. C'est Aulu-Gelle (Noct. Att. I. 3), qui la donne à Chilon. Sacy l'a combattue dans son traité de l'Amitié, liv. II. On doit préférer la maxime : « Quand tu es avec ton ennemi, songe qu'un jour peut-être tu seras son ami. »

Il est plus honteux de se défier de son ami, que d'en être trompé. (La Rochef.)

Ami de table est variable. On appelle ami de table, convive, commensal, compagnon (celui avec qui l'on partage le pain), *compotor, compransor*. (Cicéron.)

Fervet olla, vivit amicitia. (Prov. latin.) (Tant que bout la marmite, l'amitié dure.) L'estomac peut avoir des angoisses, des remords ; mais il ne faut pas compter sur sa reconnaissance. (Voy. *estomac*.)

Les repas pris en commun sont cependant un puissant moyen de rapprochement parmi les hommes. Les repas ou communions que les premiers chrétiens prenaient dans les églises, s'appelaient *agapes*, d'un mot grec qui signifie amour. Le mot latin *cœna*, cène, repas, vient du grec *koinos*, commun ; repas pris en commun.

Piron a dit : « Les morceaux caquetés se digèrent mieux... » Ce n'était pas l'avis du parasite Montmaur, qui considérait le dîner comme un acte si important, qu'il dit un jour à des convives trop bruyants : « Eh ! Messieurs, un peu de silence ! on ne sait ce qu'on mange. » Les plaisirs de la table sont les plus vifs, et les Romains avaient confondu dans la même expression *frumen*, gosier, et *frui*, jouir, d'où *frumentum*, froment ou fruit de la terre, terme générique de ses produits et des jouissances qu'ils procurent aux hommes.

Dans la société, tout se fait à table : les noces, les baptêmes ; toutes les grandes joies de la vie n'ont pas de manifestation plus éclatante. *Festin* vient de *fête*. Les repas d'inauguration sont, de nos jours, des *cœnæ augurales*, les somptueux repas d'augures dont parle Cicéron. L'amour lui-même ne peut se passer de Cérès et de Bacchus.

> Tout se fait en dînant dans le siècle où nous sommes ;
> Et c'est par des dîners qu'on gouverne les hommes.
> (Delavigne.)

Querelle de gueux, qui se raccommodent à la gamelle.

Ami jusqu'aux autels ; ne faire jamais le mal, même pour obliger un ami : *Amicus Plato, magis amica veritas*. (Cicéron.) (J'aime Platon, mais encore plus la vérité.) *Lucain*

L'adversité est la pierre de touche de l'amitié. (Maxime indienne. — Hitopadésa.)

Pauvre homme n'a point d'ami.

Au besoin on connait l'ami : *Amicus certus in re incerta cernitur.* (Ennius.)

> *Amicus est, qui in re incerta juvat.*
> (Plaute.)

> *Donec eris felix, multos numerabis amicos :*
> *Tempora si fuerint nubila, solus eris.*
> (Ovide.)

C'est-à-dire :

> Heureux, vous trouverez des amitiés sans nombre,
> Mais vous resterez seul, si le temps devient sombre.
> (Poissard.)

Réflexion amère d'Ovide exilé par Auguste et abandonné de ses amis.

Les faux amis sont comme les hirondelles, qui paraissent dans la belle saison et disparaissent dans la mauvaise. (Cicéron.) L'accueil est un thermomètre qui indique le degré de la fortune ;... il descend à zéro devant l'homme sans le sou. Les faux amis sont comme l'ombre du cadran solaire : ils s'évanouissent avec le soleil.

Il faut tenir le pot de chambre aux ministres tant qu'ils sont en place, et le leur vider sur la tête quand ils n'y sont plus. (M. de Villeroy.)

Dans l'adversité de nos meilleurs amis, nous trouvons souvent quelque chose qui ne nous déplait pas. (La Roch.) Le malheur d'autrui rend l'homme plus heureux de son propre bonheur.

Il est bon d'avoir des amis partout.

Evitez de n'avoir pas d'amis, ou d'en avoir trop : *Neque nullis sis amicus, neque multis.*

Ques ami de cadun, l'es de degun. (Prov. prov.)

C'est un assez grand miracle de se doubler, et n'en connaissent pas la hauteur ceux qui parlent de se tripler. (Montaigne, I, 27.)

Vulgare amici nomen, sed rara est fides. (Phœdre.)

O mes amis, il n'y a plus d'amis ! (Aristote.)

Une vieille femme ayant allumé deux petits cierges, en mit un à l'image de saint Michel, et l'autre à celle du diable qui est à ses pieds. Son curé lui ayant demandé pourquoi : « Il faut avoir des amis partout, dit-elle ; on ne sait pas où l'on peut aller. »

Les amis de nos amis sont nos amis. Mme de Sévigné appelait les amis de ses amis, des amis par réverbération. On ne peut pas dire, à l'inverse de cette maxime, que les ennemis de nos ennemis sont nos ennemis, car un vieux proverbe dit qu'on ne hait pas l'ennemi de son ennemi.

L'intérêt est la pierre de touche de l'amitié (Chilon), c'est-à-dire qu'il éprouve l'homme, comme la pierre de touche éprouve l'or.

Les bons comptes font les bons amis. — Ami jusqu'à la bourse.

Le plus sûr moyen de conserver ses amis, c'est de ne les mettre à aucune épreuve. Ainsi, pour vous débarrasser d'un ami qui vous gêne, empruntez-lui de l'argent; ... ou mieux, prêtez-lui-en.

L'amour est plus généreux que l'amitié, car un proverbe grec a dit : « La bourse d'un amant est liée avec des feuilles de porreau. »

Prêter, c'est perdre son argent et son ami. (Coran.)

Deux moineaux sur le même épi ne sont pas toujours amis.

Vieux amis, vieux écus. Ce proverbe remonte à l'époque où les gouvernements se permettaient d'altérer le titre des monnaies d'un pays, et où, par conséquent, les vieux écus valaient mieux que les nouveaux. Il n'y a plus de vrai aujourd'hui que la première partie du dicton, qui est heureusement à l'abri de la perversité humaine.

Un vieil ami est une chose toujours nouvelle.

Ne derelinquas amicum antiquum, novus enim non erit similis illi. (Ecclés.)

Les vieux amis se recherchent, plus encore pour le plaisir de regretter ensemble le temps passé, de critiquer le présent et de se rappeler leurs souvenirs d'enfance, que pour eux-mêmes.

Un bon ami vaut mieux que cent parents.

Ami jusqu'à l'échafaud. (Balzac, *Peau de chagrin*.) C'est un être bien précieux, que celui qui s'afflige, qui espère, qui s'égaie avec nous. (Sévigné.) Un ami est une âme dans deux corps. (Cicéron.) Quand je suis avec un ami, je ne suis pas seul, et nous ne sommes pas deux. (Pythagore.)

Amis célèbres: Castor et Pollux, devenus le symbole de l'amitié fraternelle; Achille et Patrocle; Énée et Achates; Nisus et Euryale; Oreste et Pylade; Saint Roch et son chien; Thésée et Pirithoüs.

Ce dernier, roi des Lapithes, frappé du récit des exploits de Thésée, voulut se mesurer avec lui et le provoqua en combat singulier. Thésée accepta le défi, mais quand ces deux héros furent en présence, saisis d'admiration l'un pour l'autre, ils s'embrassèrent et se jurèrent une amitié éternelle.

Amitié, pacte de sel : *amicitia pactum salis*. Aristote et Plutarque ont employé cette figure pour exprimer que l'amitié ne peut se former subitement ; et Cicéron (*De Amicit*) : « Il faut manger ensemble plusieurs minots de sel pour couronner l'amitié. »

Le temps, qui détruit tout, resserre les liens de l'amitié.

Les vieilles amitiés, dues souvent à des contrastes de caractères, ne sont pas exemptes de dissentiments et d'aigreur, et se conservent à la façon des petits oignons, dans le vinaigre.

Les Romains avaient fait de l'amitié un dieu, qu'ils représentaient la main sur le cœur, avec ces mots écrits en bas : « De près et de loin. »

Amitié, servitude volontaire.

Il ne faut pas laisser croître l'herbe sur le chemin de l'amitié. (Mme Geoffrin.)

Mots d'amitié : Bébé. (Voy. ce mot.) Mon bon (sous-entendu ami), locution provençale. Mon bonhomme : amical et protecteur. Mon chat, ma minette, ma petite chatte chérie. En languedocien, chatonne signifie une jeune fille. Mon chien, chien chéri ; mon gros. Mon petit chou (voyez), se dit aussi aux petits enfants, de même qu'on leur conte qu'ils ont été trouvés sous un chou. Fifi se dit aux petits enfants et aux petits oiseaux. Mon vieux, pour mon vieil ami.

Amour, en latin *amorem*, subst. masc., et quelquefois féminin au pluriel.

Nous plaçons l'amour dans le cœur, les anciens le plaçaient dans le foie.

L'amour est le paradis des fous. L'amour est la fleur de la jeunesse.

L'amour n'est pas un mot profane, mais un mot profané. (Bauer.)

L'amour est la passion des esprits oisifs. (Rabelais.)

En amour, trop n'est pas assez ; on en peut dire autant de l'argent.

L'amour est une passion qui cherche son bonheur dans celui des autres. L'amour est un grand maître : *magister artis amor*. (Mol. *École des femmes*, III, 4.)

L'amour est l'âme de l'humanité. Il est représenté sous les traits d'un enfant, les yeux bandés, pour exprimer qu'il porte à des actes déraisonnables ; mais ses attributs les plus ordinaires sont ses armes, qui lui donnent une puissance invincible, et la plupart des termes qui désignent ses divers états sont militaires, et expriment la guerre, la victoire, la défaite, la captivité, la force, la violence.

— Enjôler, pour engeôler, de l'italien *gabbiola*, cage.

— Attirer, captiver par de douces paroles, comme font les oiseaux captifs, pour attirer les autres qui viennent se faire prendre. Les termes d'*âme*, *maîtresse*, expriment aussi l'idée de domination, de victoire.

Les précieuses disaient : être sous les armes, pour exprimer qu'une femme est parée d'un costume séduisant.

Enchaîner les cœurs, donner des chaines ; une chaine désigne en amour une liaison indissoluble. Les anciens adoraient Vénus *vitrix*, c'est-à-dire qui lie, qui enchaine, de *vitta* lien, bandelette.

> L'amour me fait sentir ses plus funestes coups.
> (RACINE.)

> Vos regards sont mortels ; leurs coups sont redoutables.
> (RACINE.)

> Crois qu'il m'en a coûté, pour vaincre tant d'amour,
> Des combats dont mon cœur saignera plus d'un jour.
> (RACINE.)

> Moi-même à votre char je me suis enchaîné.
> (RACINE.)

Chateaubriand a dit dans ses Mémoires : « Je portais mon cœur en écharpe » ; c'est-à-dire j'étais blessé au cœur.

Ses sourcils sont des arcs, et ses coups d'œil des flèches qui percent les cœurs. (Max. arabe.)

Les Lacédémoniens adoraient Vénus armée. *Nocturna bella*. (En. XI. 735.)

L'amour vénal emprunte ses analogies de la chasse, de la pêche. L'amant dupé est un pigeon qu'on plume, un gibier qui tombe dans le panneau. Manon Lescaut, dans sa lettre d'adieu au chevalier Desgrieux : « Laisse-moi quelque temps le ménagement de notre fortune ; malheur à qui va tomber dans mes filets ! » *Quos nuda allicit, non immerito nudos dimittit Venus.*

> Amour, tu perdis Troie.
> (LA FONTAINE.)

> *Ilion, Ilion,*
> *Fatalis incestusque judex*
> *Et mulier peregrina vertit*
> *In pulverem.*
> (HORACE, Od. III. 3.)

(Ilion, Ilion, un juge adultère et une femme étrangère t'ont réduite en poussière.)

Pour être aimé de cette femme, je brûlerais une autre Troie. (Byron.)

> Amour, amour, quand tu nous tiens,
> On peut bien dire adieu prudence.
> (LA FONTAINE.)

Le premier soupir de l'amour est le dernier de la sagesse.
A battre fuit l'amour : les mauvais traitements chassent l'amour. Ce proverbe n'est pas d'une vérité absolue, s'il faut en croire la vieille chanson languedocienne :

> Lei castagno d'ou brasié
> Pétoun quan soun pas mordudes ;
> Lei filles de Mounpélié
> Plouroun quan soun pas bastudes.

(Les châtaignes éclatent au feu quand elles ne sont pas mordues ; les filles de Montpellier pleurent quand elles ne sont pas battues.)

Une loi du XIIe siècle, rapportée par Beaumanoir, autorise le mari à battre sa femme, pourvu que ce soit modérément.

Les femmes sont comme les côtelettes : plus on les bat, plus elles sont tendres. (Frédéric.)

Amantium iræ, amoris integratio est. (Ter. Andr. III, 6.)

Brouilleries d'amants, renouvellement d'amour. (Prov. ar.)

> Petites querelles et noisettes
> Sont aiguillons d'amourettes.

Ces petites noisettes, ces riottes qui sourdent entre amants, sont nouveaux rafraîchissements et aiguilles d'amour. (Rabelais, III, 12.)

... Et cinq ou six coups de bâton, entre gens qui s'aiment, ne font que ragaillardir l'affection. (Molière, *Médecin*, act. I, 3.)

Ne frappez pas une femme, eût-elle commis cent fautes, même avec une fleur. (Max. ind.)

Boire sans soif et faire l'amour en tout temps, c'est ce qui distingue l'homme des bêtes. (Beaumarchais.) La deuxième partie de cette pensée se trouve dans les *Entretiens* de Socrate, I, 10, et aussi chez Rabelais, I, 3.

> Ah ! que l'amour est agréable !
> Il est de toutes les saisons,

dit la chanson populaire.

On disait à Ninon de Lenclos que les animaux n'avaient qu'une saison pour faire l'amour : « Oui, répondit-elle, mais ce sont des bêtes. »

Piron disait qu'il ne faisait jamais l'amour, qu'il aimait mieux l'acheter tout fait.

Filer le parfait amour, est une allusion à la fable d'Hercule filant aux pieds d'Omphale. C'est nourrir longtemps un amour tendre et passionné.

Il n'y a pas de belles prisons, ni de laides amours ; c'est-à-dire que la passion embellit ce qui est laid.

Quand nous aimons quelqu'un, la passion couvre tous ses défauts : la haine les met en relief. (Malebranche.)

> ... Un amant dont l'amour est extrême
> Aime jusqu'aux défauts des personnes qu'il aime.
> (Molière, Misanthrope, III, 5. — Vers imités de Lucrèce.)

Quisquis amat ranam, ranam putat esse Dianam. (Diane Limnatis, déesse des marais.)

Les Romains adoraient Vénus louche. (Ovide, *Art d'aimer*, II.)

> Cuidatz vos qu'ien non conosca
> D'amor, s'is orba) lesca.
> (Marcabrus.)

(Croyez-vous que je ne connaisse pas si l'amour est aveugle ou louche ?)

On ne saurait imaginer l'amour sans le bandeau.

Tout est prétexte d'amour pour ceux qui aiment, et de haine pour ceux qui haïssent.

On revient toujours à ses premières amours.

Les affections de jeunesse sont les plus durables et s'embaument avec le temps. (Philémon et Baucis.)

Qui aime bien, tard oublie.

> On a peine à haïr ce qu'on a bien aimé,
> Et le feu mal éteint est bientôt rallumé.
> (Corneille, *Sertorius.*)

Le grand charme qui reste du souvenir de Manon Lescaut, c'est l'amour constant de Desgrieux, qui survit à toutes les infidélités de sa maîtresse. Heureuse femme ! pense-t-on, elle fut toujours aimée.

— *Amour* se dit dans le sens d'aimable, de joli : un amour de petit chien, un amour d'appartement. Mourir d'amour : « Elle est morte d'amour... et d'une fluxion de poitrine. » (Parod. de *Werther*.)

Amour-propre, est le corollaire de l'orgueil et de la vanité.

L'amour-propre est le plus grand de tous les flatteurs. (La Bruyère.)

L'amour-propre modéré est une vertu que Jésus-Christ nous recommande dans le précepte d'aimer notre prochain comme nous-mêmes.

L'amour-propre est un ballon rempli de vent, dont il sort des tempêtes quand on lui fait une piqûre. (Voltaire.)

La vanité est l'amour-propre qui se montre, la modestie est l'amour-propre qui se cache. (Fontenelle.)

Son amour-propre le disposait sans cesse à s'appliquer en toute rencontre le fameux bulletin de victoire de Jules-César, résumé en trois mots latins : *Veni, vidi, vici.*

Amoureux. Etre amoureux : être coiffé, avoir un béguin (argot), avoir une toquade (fam.)

— Blondin : vieux amoureux, invalide du sentiment ; amoureux des onze mille vierges. On dit aussi : « Il aimerait une chèvre coiffée », d'un homme trop enclin aux plaisirs amoureux.

Quand une femme hésite entre deux amoureux, c'est le troisième qu'elle choisit.

Amoureux transis, ou de carême : « Lesquelz point à la chair ne touchent. » (Rabelais, II, 20.) Les femmes peuvent les admettre sans danger dans leur intimité, car ils ne dépasseront jamais, dans leurs voyages en plein fleuve du Tendre, le bosquet des petits soins et le hameau des soupirs. (A. Brot.)

Amphibologie, du grec *amphibolos-logos*, discours ambigu : vice du discours, qui peut le faire interpréter dans deux sens différents. L'art des anciens oracles consistait à parler par amphibologies : telle fut la réponse de celui que Pyrrhus consulta avant d'entreprendre la guerre contre les Romains : « *Dico te, Œacide, Romanos vincere posse.* » L'amphibologie dans ce vers consiste en ce que *te* et *Romanos* peuvent être également pris comme sujet et comme complément.

Amphigouri, du grec *amphi*, autour, *gyros*, cercle ; discours composé d'idées incohérentes, cousues au hasard :

Alaric
A Dantzic,
Vit Pégase,
Qui jouait avec Brébœuf
Au volant dans un œuf,
Au pied du mont Caucase.
(Vadé.)

Un jour qu'il faisait nuit, je dormais éveillé.

Amphitryon. Celui chez qui l'on dîne. Se dit depuis la comédie de ce nom, où Molière fait dire à Sosie (III, 5) :

Le véritable Amphitryon
Est l'Amphitryon où l'on dîne.

Boileau critiquait dans ce vers *où*, mis pour *chez qui*.

Rotrou dit : « Point, point d'Amphitryon où l'on ne dîne pas. »

Ampoule (Sainte), du latin *ampulla*, bouteille à col long et étroit.

La Sainte Ampoule, petite bouteille d'huile conservée à Reims pour le sacre des rois de France. Elle fut apportée, à la prière de saint Remy, des cieux par une colombe, pour le sacre de Clovis, suivant quelques auteurs mystiques. Le conventionnel Rhul la brisa, en 1795, sur la place publique.

Amulette, du latin *amoliri*, écarter. On trouve dans Pline *amuletum*, qui semble d'origine sémitique.

Médailles bénites, scapulaires, petits objets auxquels on attribue la propriété d'éloigner les dangers de celui qui les porte. Saint Eloi dit : « Que personne ne suspende des amulettes au cou des hommes et des animaux ; ce n'est pas un remède du Christ, mais un poison du diable. »

Amuser, de l'allemand *muss*, oisiveté.

Qui s'amuse, s'abuse. — S'amuser : se donner du talon dans le derrière. — S'amuser comme un poisson dans une commode. (Voy. *ennui*.) On ne s'amuse bien qu'en mauvaise compagnie.

Amuser, en roman déduire ; d'où déduit, plaisir.

> *Car vil gent e daval compagnia*
> *Segnia trop, e si deduzia.*
> (*Vie de saint Honorat.*)

(Car il suivait beaucoup gent vile et de mauvaise compagnie et s'y amusait.)

> *Val mais solatz, e domneis*
> *E cantz, ab tot bel desdui.*
> (Ramond de Miraval.)

(Mieux vaut plaisir, et galanterie et chants, avec tout agréable déduit.)

Anabaptistes. Sectaires chrétiens, hérétiques, qui croient que les enfants ne doivent pas être baptisés avant l'âge de raison.

Anagramme, du grec *ana*, en arrière, et *gramma*, lettre.

Mot dont les lettres sont transposées ou lues à rebours ; transposition de lettres d'un ou de plusieurs mots pour en faire une nouvelle combinaison, d'où résulte un sens différent. Ainsi les mots *écran, nacre, rance, crâne*, sont des anagrammes.

Daurat mit les anagrammes à la mode sous le règne de Charles IX.

> Sur le Parnasse, nous tenons
> Que tous ces renverseurs de noms
> Ont la cervelle renversée.
> (Colletet.)

Albert.	Bertal.
Aristocrate.	Iscariote.
Benoist.	Bien sot.
Bonaparte.	Bon à taper, Nabot paré.
Calvin.	Alcuin.

César.	Sacré.
Clément (frère Jacques.)	C'est l'enfer qui l'a créé.
Coton (Pierre.)	Perce ton roi.
Dupanloup.	Loup pendu (1868).
Eucharistiæ sacramentum.	*Sacra Ceres mutata in Christum.*
Girard Jean-Baptiste.	*Abi, pater, ignis ardet.*
Henri de Valois.	Vilain Hérode.
Hippocrate.	Pot à ch...
Ingres peintre.	Peintre en gris.
De Lafayette.	Déité fatale.
Logica.	*Caligo* (ténèbres).
Maria-Magdalena.	*Grandia mala mea.*
Marguerite de Valois.	*Salve, virgo mater Dei.*
Marie, Marius.	Aimer, ami sûr.
Paulus apostolus	*Tu salvas populos.*
Rabelais François.	Alcofribas Nasier.
Rabelaisius.	*Rabie læsus.*
Révolution française.	La France veut son roi. Un Corse la finira.
Roma.	*Omar, maro, amor.*
Serment civique.	Qui jure, ment sec.
Touchet Marie.	Je charme tout.
Vigneron.	Ivrogne.
Voltaire.	*O alte vir.*

Certaines anagrammes sont de véritables *palindromes*, car elles se lisent de droite à gauche, ou de gauche à droite, sans déranger l'ordre des lettres : Noël, Léon.

Anarchie, du grec *an*, négatif, *arché*, pouvoir, autorité. État social où il n'y a pas d'autorité.

L'anarchie aboutit le plus souvent au despotisme.

Ance, désinence qui exprime la qualité abstraite; du lat. *antia*. Elle formait autrefois beaucoup de mots, tombés en désuétude, tels que doutance, fiance, nuisance, oubliance, accoutumance.

Ancêtre. Jadis *ancestre*, du lat. *antecessor*.

On dit : les ancêtres d'un gentilhomme, les pères d'un roturier.

Androclès (Le lion d'). Un esclave de ce nom ayant été livré aux bêtes, dans le cirque de Rome, vers le 1er siècle, fut reconnu et épargné par un lion qu'il avait guéri d'une blessure. (A. Gell. V. 14.)

Androgyne. (Voy. *hermaphrodite*.)

Ane, du lat. *asinum*.

L'âne, symbole de la lubricité chez les anciens, était consacré à Priape.

L'âne, pauvre martyr sans palme ni auréole, et qui reçoit, depuis le commencement des siècles, sur l'échine, en vertu de je ne sais quel décret mystérieux, des coups terribles de tous les instruments contondants, compte parmi ses ancêtres quelques héros illustres, dont les noms figurent gravés sur l'airain par le burin de l'histoire. Tels sont :

L'âne d'or, de Lucius de Patras, popularisé dans l'antiquité par le roman d'Apulée, dont... la mère défend la lecture à sa fille.

Le conte de l'âne, écrit en grec, et attribué à Lucien ou à Lucius de Patras, a été imité par Apulée. P.-L. Courier en a donné une traduction.

Les ânes d'Arcadie, appelés aussi roussins d'Arcadie.

L'ânesse de Balaam ; l'âne de la fuite en Egypte ; celui de la crèche.

L'âne de Buridan (!) ; celui de Sancho ; celui de Silène.

— L'âne vit environ trente ans. Il est patient, laborieux, stupide et mélancolique. Il a l'ouïe très fine, à cause de ses longues oreilles.

Les ânes sont très répandus dans tout l'Orient, et Jésus-Christ fit son entrée à Jérusalem sur un âne. On a dit qu'un voyage en Orient est une promenade à âne.

On dit *âne* par manque d'esprit naturel, et *ignorant* par manque d'instruction. Un ignorant ne se donne pas la peine de s'instruire ; un âne travaillerait, qu'il n'en tirerait aucun profit : A laver la tête d'un âne, on perd sa lessive.

Âne : académicien de Montmartre.

Au siècle dernier, on disait parfois d'un ignorant qu'il avait étudié à l'académie d'Asnières, village près de Paris (*a gregibus asinorum dictus*).

Rossignol ou roussin d'Arcadie. (Voir.)

Baudet signifie *âne* en hébreu (?)

Cette universelle réputation de bêtise attribuée à l'âne est un préjugé très injuste, car on fait de l'âne un prophète : s'il se roule dans la poussière, il prédit le beau temps ; s'il dresse les oreilles, c'est signe de pluie.

Un seul âne, depuis que le monde existe, a parlé comme les hommes, c'est celui de Balaam ; mais l'on voit tous les jours quantité d'hommes qui parlent comme des ânes.

« C'est le pont aux ânes. » C'est une chose facile, que tout le monde sait. Allusion aux vieux recueils de questions latines, appelés ainsi, à cause de l'interrogation *an*, qui figurait au commencement de chaque question. On passait sur les difficultés aussi facilement que sur un pont. (Voy. Rabelais, II, 22.)

Un âne couvert de la peau du lion : un fanfaron.

> De la peau du lion l'âne s'étant vêtu
> Était craint partout à la ronde,
> Et, bien qu'animal sans vertu,
> Il faisait trembler tout le monde.
>
> (La Fontaine.)

« Il y a plus d'un âne à la foire qui s'appelle Martin... » Ménage remarque dans ses étymologies, que nous avons donné souvent des noms d'hommes aux animaux. Ils nous l'ont bien rendu; car leurs noms sont presque tous devenus appellatifs, pour désigner des défauts ou des qualités de l'homme.

L'âne de la communauté est toujours le plus mal bâté.
Communiter negligitur quod communiter possidetur.
L'âne de tous est roué de coups.
Quand on ne peut frapper l'âne, on frappe le bât.
Qui asinum non potest, stratum cædit. (Pétrone.)
Un âne en gratte un autre : *asinus asinum fricat.* Se dit de deux sots qui échangent des éloges.
C'est l'âne de Buridan, se dit d'un homme irrésolu.
Pour un point, Martin perdit son âne. (Voy. *point.*)
Quand le soleil est couché, il y a bien des ânes à l'ombre.

Anémie, du grec *an*, négatif, *aima*, sang. Appauvrissement du sang; maladie opposée à la pléthore. Dans l'anémie, le nombre des globules du sang, qui doit être de 127 sur 1.000, tombe à 80. Lorsqu'il diminue jusqu'à 60 ou 50, la maladie prend le nom de chlorose.

Ange, du grec *aggelos*, messager.

Les anges sont les messagers de Dieu, puisqu'ils sont venus sur la terre porter ses ordres, ses volontés.

Isaïe appelle le Messie (IX, 6), l'Ange du grand conseil.

Selon le sentiment des Pères de l'Église et des théologiens, les anges sont distribués en trois hiérarchies, et chacune de celles-ci en trois ordres ou classes :

1re hiérarchie : Séraphins, Chérubins et Trônes.
2e   id.   : Dominations, Vertus, Puissances.
3e   id.   : Principautés, Archanges, Anges.

Ce dernier nom est devenu commun à tous les autres.

Il y a des milliers de millions d'anges. Trois seulement ont des noms : Michel, le rival de Lucifer ; Gabriel et Raphaël. Il est expressément défendu de nommer d'autres anges. C'est Gabriel qui annonce à Marie l'Incarnation ; Raphaël sert de guide au jeune Tobie.

— Ecrire comme un ange. Sous le règne de François Ier, un Grec réfugié, Angelo Vergecio, vint exercer en France son admirable talent de calligraphe. Le nom d'Angelo servit bientôt à désigner la perfection calligraphique. De là est venue la locution. La Bibliothèque nationale possède trois manuscrits d'Angelo Vergèce.

— Etre aux anges, c'est-à-dire très heureux. (Voy. *ciel*) ; être au septième ciel.

Angelus, mot latin qui signifie *ange*. C'est le premier mot d'une prière en l'honneur du message à Marie (Annonciation). Elle se récite le matin, à midi et le soir, pendant qu'on sonne la cloche. C'est le pape Jean XXII, élu à Lyon en 1316, qui l'a instituée.

Anglais, créancier dur et pressant ; dettes criardes (souvenir populaire des guerres et des exactions des Anglais sous Philippe de Valois.)

Mot du XVe siècle. Pasquier fait venir ce terme des réclamations des Anglais, qui prétendaient que la rançon du roi Jean, fixée à trois millions d'écus d'or par le traité de Brétigny, n'avait pas été payée. (L. Larchey.)

> Oncques ne vys Anglois de vostre taille,
> Car à tout coup vous criez : baille, baille.
> (Marot.)

Guillaume Cretin disait, en s'adressant à François Ier :

> Et aujourd'huy, je fais solliciter
> Tous mes Anglois, pour les restes parfaire
> Et le payement entier leur satisfaire.

Angoisse, du lat. *angustia*, de *angere*, étrangler, suffoquer. Tourment, torture ; d'où angine, anxiété.

— Avaler des poires d'angoisse : éprouver grand déplaisir. La poire d'angoisse est une sorte de bâillon pour empêcher de crier, inventé par le capitaine Gaucher, espagnol, au temps de la Ligue. Au propre, c'est une poire âpre, qui tire son nom du village d'Angoisse en Limousin, où elle fut cultivée dès l'origine (?) Cette poire sauvage et âpre, s'appelle en Provence *estrangoulivas*.

Anguille, du lat. *anguicula*, petit serpent, de *anguis*, serpent en général. (Virgile, Egl. III.)

Frigidus, ô pueri, fugite hinc, latet anguis in herba.

Il est comme l'anguille de Melun ; il crie avant qu'on l'écorche. (Rabelais, I, 47.) On représentait à Melun, le mystère de saint Barthélemy, qui, suivant la tradition, fut écorché vif. L'acteur, nommé Languille, qui jouait le personnage du saint, se mit à crier avant le moment où l'on devait faire le simulacre de l'écorcher. D'où le proverbe.

Il y a une anguille sous roche, quelque mystère. Les Grecs disaient : « Le scorpion dort sous la pierre. » Les Latins : *Latet anguis in herba.* (Le serpent est caché sous l'herbe.)

Écorcher l'anguille par la queue ; c'est-à-dire commencer par la fin. (Rabelais, V, 22.) (Voy. *rebours.*)

Rompre l'anguille au genou ; faire l'impossible. Rompre l'andouille au genoil (id.)

Anicroche, obstacle, difficulté ; *hanicroche* dans Rabelais (Liv. IV. Prol.) Arme dont le fer était recourbé en crochet ; d'où anicroche, accroc, empêchement.

Animal, du lat. *animal*, de *anima*, vie, souffle, être animé, qui respire.

ANIMAUX FABULEUX, IMAGINAIRES, HISTORIQUES

(Voy. *Monde enchanté, Revue des Deux Mondes*, 1853 ; *l'Épopée des animaux*, par Ch. Louandre. Voy. aussi *Animaux historiques*, par Ed. Fournier) :

La Baleine de Jonas ; le Basilic ; la Biche de Geneviève de Brabant, celle de Sertorius ; le Bœuf Apis, le Bœuf ailé de saint Luc ; les Centaures, Cerbère, Chafoin (Chat et Fouine) ; le Cheval Pégase, celui de l'Apocalypse ; Bayart, cheval de Renaud de Montauban ; Bucéphale, cheval d'Alexandre ; Rossinante, cheval de Don Quichotte ; les Chevaux de Diomède ; le Chien de Montargis, celui de Saint Roch ; le Chien de Jean de Nivelle ; la Guivre ou Wivre ; l'Hydre de Lerne ; la Licorne ; le Lion d'Androclès, celui de Némée ; la Louve de Romulus ; le Minotaure ; le Sanglier de Calydon ; le Serpent d'Ève ; le Serpent Python ; le Sphinx ; le Taureau d'Europe, celui de Pasiphaé ; les Taureaux à face humaine de Ninive ; la Tarasque ; les Tritons, Sirènes, etc., demi-hommes, demi-poissons, et autres individus de cette ménagerie fabuleuse.

NOMS DES ANIMAUX, NOMS D'HOMMES DONNÉS A DES ANIMAUX

Abeille, le mâle s'appelle *bourdon.*

Alouette, jadis *lairette* ; en provençal, *calandra.*

Le dolz chan qu'au de la calandra. (Raymond de Toulouse.)
Le doux chant de l'alouette, que j'entends.

Ane. Baudet signifie particulièrement l'âne entier, qui sert d'étalon. Bourrique (Voyez), Grison, Aliboron, Martin, Roussin (Voyez ces mots).

Angora : chat, chèvre, lapin à poils longs et soyeux, provenant d'Angora, l'ancienne Ancyre, en Anatolie.

Bélier, du verbe *balare*, bêler ; mâle de la *brebis*.

Blaireau, autrefois *grisard*.

Bœuf, la femelle est la *vache*, qui, jeune, s'appelle *génisse*.

Canard, la femelle est la *cane*. Le canard sauvage s'est appelé *halbran*.

Castor, autrefois *bièvre*.

Cerf, la femelle *biche*.

Coq, la femelle *poule* ; *chapon*.

Chat, le mâle s'appelle *matou*, pour Mathieu (?). Jadis *grobis* ; Minon, minet (Voyez).

« Le vôtre n'est qu'un petit minon ; quand il aura autant étranglé de rats que le mien, il sera un chat parfait. » (*Moyen de parvenir*.) — Greffier-Rodilardus (Rabel., IV, 67. La Fontaine) Rominagrobis. — Rabelais (X, 15) donne ce nom au vieux poète français G. Crétin. — Ce mot existait avant Rabelais et signifie un gros personnage fourré d'hermine.

Chauve-souris, *ratepenade*.

Cheval entier, la femelle *cavale*, *jument* ; les jeunes *poulain*, *pouliche*. Le fils hybride du cheval et de l'ânesse s'appelle *bardot*, celui de l'âne et de la jument, *mulet*. Barbe, cheval de Barbarie. *Bidet*, petit cheval d'Auvergne. *Criquet*, cheval de peu de valeur. *Haquet*, petit cheval.

.Et pensez le petit haquet.
(Coquillard.)

Palefroi, cheval de race, qui servait dans les parades, les carrousels. Dans les romans de chevalerie, les dames sont toujours montées sur des palefrois.

Le *destrier* est monté par les chevaliers ; le *roncin* par les valets.

La *poultre* est une jument non saillie.

Chèvre, *Jeanne* ou *Guionne*.

Chien de chasse, la femelle s'appelle *lice*. Les noms que l'on donne aux chiens, tels que Azor, Médor, Milord, Toutou, Turc, sont aussi variés que la fantaisie.

CHIEN DE GARDE, molosse des anciens, que l'on croit être le bouledogue, originaire de l'Epire.

CHOUETTE, en roman *chavana*.

CIGOGNE, jadis *gante*.

COCHON, s'appelle dans l'Orne, *lubin, goret*. La femelle *truie* et *gore*. Cochon salé, se dit *bacon* en langue d'oïl (spécialement les jambons).

COQ, le petit s'appelle *cochet* ou *poulet*; la femelle *poule* ou *cocotte* (terme enfantin).

CORBEAU, *colas, coucou*, jadis *huian*.

COURLIS vert, *charlot*.

CRAPAUD, s'appelait *bufo* en latin et en roman. (*Per bufo o semblant bestia venenosa*: par crapaud ou semblable bête venimeuse.)

CYGNE, *godard*.

DINDE (poule d'Inde), *dindon, dindonneau*.

ÉTOURNEAU, *sansonnet* (petit samson).

FAUVETTE, *sylvie*.

GEAI, *jacques*, d'où en argot *rejaquer*, crier. Geai apprivoisé, Ricard, Richard.

GRENOUILLE, *raine, rainette*. Le jeune est le *têtard*.

GRIVE, autrefois *mauvis, trasle*.

GRILLON, *riquet*.

HANNETON, jadis *bertal, bertau*.

Mosca ni tavan que vola.

Escaravat ni bertal. (Marcabrus.) Mouche, ni taon, blate ni hanneton.

HÉRON, *Hérode*.

HIBOU, *chouette*: oiseau de la mort.

HIRONDELLE, autrefois *moutardier*. Une sorte d'hirondelle s'appelle *martinet*.

LAPIN, le mâle s'appelle *bouquin*, la femelle *hase*, le petit *lapereau*.

L'ancien nom est *connin, connil*, du latin *cuniculum*; nom que Varron donne à une espèce de lapins d'Espagne, à cause des mines qu'ils creusent.

Jean Lapin. « Jean Lapin pour juge l'agrée. » (La Fontaine.)

Lézard gris des murailles, *Lisette*.

Lièvre, *couart*, dans le roman de Renart. La femelle *hase*.

Mésange, *nonnette*.

Moineau, *passereau, pierrot*.

Mouton, mâle *bélier*, la femelle *brebis*, le petit *agneau*; *Robin*, à cause de sa toison. « Robin-mouton. » (Rabelais, IV, 6.)

Oie, jadis *oë*; le jeune *oison*, le mâle *jars*, mot berrichon qui signifie bancal; oie sauvage *gaus*.

Perroquet et perruche, de *perrot*, diminutif de Pierre, peut-être *perruche* vient-il de *perruque*. Ce serait l'oiseau à perruque. *Jacquot* ou *jaco*, petit Jacques, nom du perroquet cendré, originaire des côtes occidentales d'Afrique; *papegai*, de l'africain *babaga*, oiseau vert qui parle. *Vert-vert*.

Pie, *agasse* pour *agathe* (?). En italien *gazza*, en espagnol *gigaza*. *Jaquette, jacasse, margot*.

> ... L'homme d'Horace...
> N'eût su...
> Ce qu'en fait de babil y savait notre Agace.
> (La Fontaine.)

> L'aigle, reine des airs, avec Margot la pie...
> (La Fontaine.)

Pie-grièche, en provençal *darnagas*.

Pigeon, *colombe, palombe, innocent*.

Pivert, *avocat de meunier*, parce que son cri annonce la pluie, qui contribue à faire tourner les moulins.

Pluvier, *Guillemot*, petit Guillaume.

Poulet, nom que reçoit le *poussin* lorsque le duvet a été remplacé par les plumes. Après cinq ou six semaines, il prend le nom de *coq* ou de *poule*, selon son sexe. Si on lui enlève la faculté de reproduire il reçoit le nom de *chapon* ou de *poularde*. *Poussin* vient de *pulcinus*, dim. de *pullus*.

Rat, féminin *rate, raton*.

> Quelques rates, dit-on, répandirent des larmes...
> (La Fontaine.)

Renard, nom donné au *goupil* dans le roman...; en languedocien *mandre*, d'où *madré* (?).

Rossignol, latin *lusciniolum*; le nom poétique était *philomèle*.

Rouge-gorge, en provençal s'appelle *rigaud*.

Singe, *magot*, la femelle *guenon*, *macaque*, le petit *sapajou*.
Truie, la femelle du porc ; s'appelle *Mère-Michel* dans l'Ouest.

LES ANIMAUX NOUS ENSEIGNENT À VIVRE.

Je me sers d'animaux pour instruire les hommes. (La Fontaine.)

— Démocrite dit que les animaux nous ont enseigné les arts : l'araignée, à faire la toile ; l'hirondelle et le castor, à bâtir ; le rossignol, à chanter.

— On dit : poli comme un ours ; poltron comme un lièvre ; fidèle comme un chien ; courageux comme un lion.

— L'abeille est l'emblème du travail ; l'aigle, du génie ; l'âne, de l'ignorance ; le bouc, de la luxure ; le castor, de l'industrie ; le chameau, de la tempérance ; le chat, de la trahison ; le chien, de la fidélité ; le cochon, de la malpropreté ; la colombe, de la tendresse ; le coucou, de l'adultère ; la fourmi, du travail et de l'économie ; l'hermine, de la propreté ; le hibou, de la solitude ; l'hirondelle, des voyages ; l'huître, de l'imbécillité ; le lapin, de la fécondité ; le lièvre, de la peur, de la lâcheté ; le lion, de la force, du courage ; la mouche, de l'impudence ; le mulet, de l'entêtement ; le papillon, de l'inconstance et de la légèreté ; le pélican, du dévouement paternel ; le perroquet, de la docilité (un peu sotte) ; le rat, de la destruction ; le renard, de la fourberie ; le serpent, de la prudence ; le singe, de la malice et de l'imitation ; le sphinx, du secret ; le taureau, de la force ; la tortue, de la lenteur ; la tourterelle, de la tendresse ; la vipère, de la médisance.

— Les fourmis et les abeilles sont un modèle de société policée et régulièrement organisée. Le grand historien des fourmis, le Genevois Huber, a décrit, dans ses récits épiques, les grandes batailles que se livrent quelquefois les républiques rivales.

— L'ingénieur qui a perfectionné les locomotives destinées à gravir les pentes rapides, en multipliant le nombre des roues, a rapporté publiquement l'honneur de son invention à un millipède qu'il avait vu grimper le long d'un mur.

Les animaux peuvent donc apporter leur contingent à la science, à condition qu'il existe des observateurs bipèdes.

Les animaux, en effet, ne nous enseignent qu'une seule chose, car les castors sont toujours architectes, et la géométrie des abeilles ne se dément jamais.

— Les exemples sont nombreux en médecine. Bazile Valentin, moine chimiste du Moyen-Age, né en 1394, découvrit les propriétés thérapeutiques de l'antimoine, en remarquant que des animaux qui avaient mangé du sulfate d'antimoine étaient devenus très gras. Des chèvres arabes, qui avaient mangé des fèves de café, en révélèrent par leurs bonds les propriétés excitantes. Les animaux, guéris de la fièvre après avoir bu de l'eau où avait séjourné du bois de quinquina, firent connaître la vertu de ce médicament. Une opération qu'un ibis constipé pratiquait sur lui-même avec son bec, a fourni aux apothicaires de l'antiquité la première idée et presque le dessin de la canule.

« Le chien, l'éléphant... ont de l'esprit ; le rossignol, le ver à soie, les abeilles, le castor, ont du talent. » (Rivarol.) On peut aussi expliquer le proverbe : « Les animaux nous apprennent à vivre », d'une façon contraire, et, en prenant *animal* dans le sens injurieux de bête, stupide, dire que l'on mettra à profit l'exemple des bêtes en ne les imitant pas.

Annates, impôt que les papes percevaient sur les domaines territoriaux du clergé. Les rois de France s'emparèrent de l'impôt ; puis la Révolution de 1793 simplifia la question et prit les domaines eux-mêmes.

Annates, signifie revenu d'une année. Cet impôt consistait à percevoir la première année des revenus d'un bénéfice vacant.

Anneau, du latin *annellum*, même sens.

L'anneau du mariage était en usage chez les Hébreux.

L'évêque porte un anneau comme symbole du mariage qu'il a contracté avec l'Eglise.

L'anneau de Polycrate rappelle aux gens les plus heureux que la fortune est inconstante et peut les abandonner. Ce tyran de Samos jouissait depuis dix ans d'une parfaite félicité. Fatigué de cette monotonie, et voulant se préserver de la jalousie des dieux, en se créant une infortune, il jeta son anneau à la mer ; mais il le retrouva peu de temps après dans le ventre d'un poisson servi sur sa table. Persuadé dès lors qu'il possédait un bonheur inaltérable, il se rendit sans défiance chez le gouverneur de Sardes, qui le fit mettre en croix.

L'anneau de Gygès rendait invisible celui qui le portait. Le casque de Pluton avait la même vertu. (Voy. *Colloques d'Erasme*.)

Année, du latin *annus* ou anneau, cercle, parce que dans un an la terre décrit un grand cercle autour du soleil.

L'année est la mesure du temps que le soleil emploie pour revenir au même point du Zodiaque. L'année solaire est de 365 jours, 5 heures 49' 16".

En France, on n'a commencé à compter par les années de J.-C. que dans le VIIIe siècle. (Voir *année climatérique*.)

Annonce, verbal de *annoncer*, du latin *annuntiare*.

La publicité de l'annonce est le seul moyen de répandre un produit. Dieu lui-même a besoin qu'on sonne les cloches pour lui. (Voir *réclame*.)

Anse, du latin *ansa*, poignée, attache.

Faire danser l'anse du panier. (Voir *panier*.)

Un pot à deux anses : un homme qui a une femme à chaque bras. Plaute a dit dans le même sens : *ansatus homo*.

L'amphore était un vase à deux anses (*amphi*, *phéro*).

Antan, du latin *ante*, *annum*, l'année antérieure.

Mais où sont les neiges d'antan ? (Villon.) Comme le chien qui les os d'antan ronge. (B. Desperriers.)

Ni non sui cel que era antan. (Raym. de Solas.) Je ne suis pas tel que j'étais l'an dernier.

Antechrist, *anti* contre, *christus*, *ante*, est pour *anti*.

Nom donné aux adversaires du Christ, qui niaient qu'il fût le Messie. Ennemi de Dieu, que les Ecritures annoncent comme devant précéder le second avènement de J.-C. Il traversera en conquérant toute la terre, et surpassera par ses crimes et son impiété tout ce qu'elle a produit de plus affreux. (Daniel, VII, 7, 19 ; Zacharie, V, 16 ; Math., XXIV, 4 ; Ep. de saint Paul aux Thessaloniciens, ch. II ; Apocalypse, XIII, XVI.)

Ce mot, qui se trouve dans les Pères de l'Église, est souvent *antéchrist* en français, par suite d'une règle générale, en vertu de laquelle *e* du latin devient *i* en français, tandis que *i* des mots latins se transforme en *e*. Ainsi *in* devient *en* ; *inter*, *entre* ; *implere*, *emplir*. Par contre, *legere* devient *lire* ; *fallere*, *faillir*.

L'adverbe *ante* s'est transformé en *anti* : antichambre, antidater, antidéluvien, quoique N. Landais traite ce mot de barbarisme, et que l'Académie ait approuvé cette erreur en adoptant *antédiluvien*. C'est ainsi que notre orthographe fourmille d'erreurs et s'est écartée souvent des règles primitives par les réformes des faux savants, qui ont voulu y retoucher et ont ainsi altéré la pureté de ses origines.

Il résulte de ce tripotage des faux savants que, parmi les mots de même origine, il en est qui sont de la première époque de la langue, les autres de la seconde ; tels sont : entendre et intention ; inviter et envi ; enfreindre et infraction.

Les mots antidote, antipode, antipathie, etc., sont modernes et créés depuis la Renaissance, pour l'usage des savants. Ils sont tirés du grec directement, tandis que les mots grecs de la langue primitive nous sont tous parvenus après avoir subi la transformation latine, et restent soumis à la règle du changement de l'*i* en *e*, comme on le voit par le mot *antéchrist*, qui était latin quand il nous est parvenu, quoiqu'il fût tiré du grec.

Anthropophage, du grec *anthrôpos*, homme, *phagô*, je mange. Philanthrope exagéré.

Ce mot est fait comme *sarcophage*, tombeau antique fait d'une pierre qui avait la propriété de consumer les cadavres en peu de temps.

Antienne, de *antiphona*, réponse, chant alterné, mot grec latinisé. Chant ecclésiastique dont les couplets ou versets étaient dits alternativement par les deux parties du chœur.

Himnes cantant, antifonas, versets. (La Crusca Prov.)

Antigone, fille d'Œdipe, servit de guide à son père, aveugle et banni. Elle est restée comme le type de la piété filiale.

Antinomie, du grec *anti*, à l'opposé...; *nomos*, loi ; contradiction entre deux principes réputés vrais, tels que le principe de la liberté et la fatalité ; ou, la matière est divisible à l'infini, et la divisibilité infinie est impossible.

Antiphrase, du gr. *anti* et *phrazô*, je dis ; contre-vérité, figure ironique par laquelle on emploie un mot, une locution dans un sens contraire à sa véritable signification.

Bellum, parce que la guerre n'a rien de beau. (En réalité, c'est l'équivalent de *Duellum*.)

Bénévent s'appelait, avant Pline, *Maleventum*.

Charon, de *chairô*, se réjouir. *Terribili squalore Charon*.

Euménides, les *bienveillantes*.

Flegme, de *phlegô*, brûler.

Obèse, de *obesus*, rongé (en réalité, qui s'est gorgé).

Parques, du lat. *Parcæ*, qui épargne, c'est-à-dire inexorables.

Pont-Euxin, mer hospitalière, c'est-à-dire dangereuse.

Deux des Ptolémée qui avaient fait périr leurs parents furent appelés *Philopator* et *Philadelphe*.

Rhadamante, facile à dompter, c'est-à-dire incorruptible.
Torrent, de *torrens*, brûlant.

Antipodes, du gr. *anti*, *pous*, pied.

Nos antipodes sont situés au point de la terre le plus éloigné de celui où nous sommes, et qui nous est diamétralement opposé; c'est-à-dire aux deux extrémités d'une ligne droite qui traverserait la terre en passant par le centre. Leur température, leurs jours et leurs nuits sont pareils aux nôtres, mais en sens opposé. Il est minuit pour les uns quand il est midi pour les autres, et lorsqu'ils ont les jours les plus longs, nous avons les plus courts.

Les anciens, qui croyaient la terre plane, circulaire, mais non sphérique, ne pouvaient pas admettre les antipodes. Cependant Pythagore, Platon, Cicéron, et d'autres philosophes de l'antiquité en admirent la possibilité. Platon, dans le Timée, avait deviné l'Amérique, qu'il désigne sous le nom d'Atlantide. Il a l'idée des antipodes. Lucrèce, Plutarque, Pline, saint Augustin, l'ont combattue, et le légat Boniface, archevêque de Mayence, déclara hérétique l'évêque Virgilius, qui soutenait qu'il y avait des antipodes.

Lactance dit : « Peut-on être assez inepte (*tam ineptus*) pour soutenir qu'il y a des hommes dont les pieds sont plus haut que la tête ! »

« Quel est l'être assez absurde, dit saint Augustin, pour croire que les hommes aillent la tête en bas ! »

Je voudrais qu'il fût aux antipodes, se dit d'un homme qu'on hait. « Je suis l'antipode de la cérémonie. » (Théâtre italien.)

Antiquaille (trivial), dérivé de *antique*.
Les Latins, les Hébreux et toute l'antiquaille. (Régnier, IX.)

Antiquaire, celui qui s'occupe de l'étude des monuments, des costumes, des usages des anciens, et généralement de tout ce qui fait connaître l'antiquité.

On attribue à juste titre un grand prix aux objets d'art et d'une curiosité luxueuse, tels que : tableaux, sculptures, reliquaires, manuscrits brillamment enluminés, émaux, ivoires, qui nous viennent des époques éloignées. La vieillesse imprime le respect et la vénération dans les choses comme dans les personnes, surtout quand les choses sont recommandables par la richesse de la matière, la grâce de la forme ou la singularité de l'idée.

Winckelmann, Caylus, Montfaucon, Barthélemy, Visconti, ont été de savants antiquaires.

Antique, lat. *antiquum.*

Pour être antique, il faut qu'une chose ait au moins mille ans; ancienne, deux cents ans; vieille, plus de cent ans. (*Moyen de parvenir.*)

L'antiquité des siècles est la jeunesse du monde; c'est nous qui sommes les anciens. (Bacon.)

Antithèse, du grec *anti,* à l'opposé, *tithêmi,* placer; opposition de mots ou de pensées.

> Et monté sur le faîte, il aspire à descendre.
> (CORNEILLE.)

> Celui de qui la tête au ciel était voisine,
> Et dont les pieds touchaient à l'empire des morts.
> (LA FONTAINE.)

> Brûlé de plus de feux que je n'en allumai.
> (RACINE.)

On a blâmé cette antithèse que Racine met dans la bouche de Pyrrhus.

Antonomase, *anti,* pour, *onoma,* nom; échange de noms. Cette figure consiste à mettre un nom commun, une périphrase... à la place du nom propre, et *vice versa.* Ainsi on dit : l'Apôtre des Gentils, pour saint Paul; le Roi Prophète, pour David; Le Sage, pour Salomon; un Néron, pour un tyran cruel; un Titus, pour un prince bienfaisant, etc.

Anus, mot latin, orifice extérieur du rectum, formé par un anneau musculaire, appelé *sphincter,* et par où sortent les excréments.

Syn. : *Trou fignon,* pour *trou final;* d'où l'argot *fignard.*

Et des deux premiers doigts vous ouvrirez le trou fignon. (*Moyen de parvenir.*)

Août, jadis *aoust,* du lat. *Augustus.* L'empereur Auguste donna son nom à ce mois, qui s'appelait auparavant *Sextilis,* plutôt qu'au mois de septembre où il était né, parce que c'était dans le mois d'août qu'il avait obtenu son premier consulat. (Suétone.)

Se prononce en deux syllabes en provençal. L'Académie veut qu'on prononce *oût,* sans doute par euphonie (?), à l'égard de mi-août; qui ressemblerait à un miaulement.

Aphérèse, retranchement d'une lettre ou d'une syllabe au commencement d'un mot; du grec *apo,* de, *haireô,* j'enlève.

Apocalypse, du grec *apokaluptô*, découvrir.

Révélation que Dieu fit à saint Jean l'Évangéliste, pendant son exil à Pathmos.

Apocope, du grec *apokóptô*, couper.

Retranchement de lettres ou de syllabe à la fin d'un mot. Ainsi on écrit : *encor*, pour *encore*; *grand'mère*, pour *grande*; *font*, pour *fontaine*; *mont*, pour *montagne* (?).

L'apocope est une figure familière aux enfants et aux illettrés, ainsi qu'aux langues qui commencent à se former. L'apocope, en écourtant les mots, supprime la fin, comme l'aphérèse le commencement, en ne conservant que la syllabe tonique, afin de supprimer l'effort.

En réalité, quelques mots cités ci-dessus sont les primitifs, en regard de leurs dérivés.

Apocryphe, du grec *apokruptô*, je cache : d'origine douteuse. Ce mot servait autrefois à désigner tout livre qu'on dérobait au vulgaire. Les livres Sibyllins à Rome ; les livres sacrés des Juifs (?) étaient apocryphes, parce qu'on les renfermait secrètement dans les temples. Aujourd'hui, on appelle *apocryphe* tout livre dont l'auteur est incertain, sur l'autorité duquel on ne peut compter. On dit aussi : un livre, une histoire apocryphe.

Molière s'est moqué des citations apocryphes, dans le *Mariage forcé* et dans le *Médecin malgré lui* (Sc. 3 et 6), en se servant d'une plaisanterie devenue proverbe : comme dit Aristote « dans son chapitre des chapeaux ».

Apogée, du grec *apo*, de, loin de, *ghé*, terre.

C'est le point où une planète, et spécialement la lune, se trouve à la plus grande distance de la terre.

On dit : l'apogée de la gloire de Napoléon, de Louis XIV ; mais il est mal de dire : l'apogée d'une maladie ; ou : ce marchand est à l'apogée de la fortune ; quand ses coffres sont pleins, sa fortune est au comble.

Apollon, du grec *a* primitif, et *pollôn*, génitif pluriel de *polus*; qui est seul, formé comme le latin *sol*, soleil, de *solus*, qui est l'unique (?).

Apollon avait reçu d'autres noms, et selon ses diverses attributions, il s'appelait : comme poète *Aplos*, simple, véridique ; comme guerrier *Ekébolos*, qui frappe de loin.

Favori d'Apollon, poète. Il y a des poètes qui préfèrent invoquor Bacchus. Maimbourg, lorsqu'il avait à décrire une bataille, buvait deux bouteilles de vin au lieu d'une, de peur, disait-il, que l'image du combat ne le fit tomber en faiblesse.

« Icy beuvant... je compose et je boy. Ennius beuvant escripvoyt, et escripvant beuvoyt. Eschylus beuvoyt composant, beuvant composoyt ; Homère jamais n'escripvit a jeun ; Caton jamais n'escripvit que après boyre. » (Rabelais, Prol. liv. IV.)

Fecundi calices quem non fecere disertum? (Horace, ép. 5.)
Coupes fécondes, à qui ne versez-vous pas l'éloquence ?

Properce, dans sa XV⁰ élégie, se met sous la protection de Bacchus :

<blockquote>
Je consacre à Bacchus le reste de ma vie;
Ma cave désormais est un sacré vallon;
Oui, Bacchus, si je versifie,
Tu seras seul mon Apollon.
</blockquote>

Apostrophe, du grec *apostrephô*, détourner ; figure par laquelle on interrompt tout à coup son discours pour s'adresser à une personne vivante ou morte.

Apostropher quelqu'un : lui dire quelque chose de vif.

Apothicaire, du grec *apothéké*, boîte, boutique ; en provençal *bouticari*.

Arquebusier du ponant. (Leroux.)

Syn. : Apoticulifiaire, mot très bien composé par J. Moreau. (Liv. IX du Virg. travesti.)

<blockquote>
Les uns prennent des vomitifs ;
Les autres des confortatifs ;
Bref, les apoticulifiaires
Faisaient de terribles affaires.
</blockquote>

Artilleur à genoux, artilleur sournois ; bachelier ès-drogues ; canonnier de la pièce humide ; carabinier de la faculté (Théâtre de Ghérardi, t. VI, p. 291). D'où le nom de *carabin*, donné aux élèves en médecine ; Monsieur Fleurant (Molière) ; ministre de l'intérieur ; mousquetaire à genoux (Ph. Leroux), allusion au canon des anciennes seringues et à la posture exigée par la manœuvre de cet instrument.

<blockquote>
Il périssait, faute de rendre,
Lorsqu'un mousquetaire à genoux,
Seringue en mains, vint par derrière...
</blockquote>

(Ode attribuée à Piron, à l'époque de la convalescence de Louis XV à Metz, 1754.)

Apothicaire sans sucre, c'est-à-dire un homme dépourvu des choses les plus nécessaires à son état.

Mémoire d'apothicaire, facture exagérée.

Apôtre, du latin *apostolum*, tiré du grec ; envoyé, messager. On a dit *apostoliser*, faire un apostolat.

Faire le bon apôtre : agir en hypocrite, par allusion à Judas qui trahit son maître.

Apparence. Il ne faut pas se fier aux apparences. *Fronti nulla fides.* (Juvén., II, 8.) Rien ne ressemble plus à un honnête homme qu'un fripon.

> Qui peint la fleur n'en peut peindre l'odeur.

La reine de Saba présenta à Salomon des roses et des lis mêlés à des fleurs artificielles si bien imitées que l'œil n'y voyait aucune différence. Le roi fit apporter une abeille qui, dédaigneuse du mensonge, alla sans hésiter sur les fleurs naturelles.

Un défi ayant eu lieu entre Zeuxis et Parrhasius, son rival, Zeuxis fit un tableau qui représentait des raisins qui trompèrent les oiseaux eux-mêmes. Parrhasius ayant montré une toile couverte d'un rideau, Zeuxis impatient s'écria : « Tirez donc ce rideau ! » Le rideau, c'était le tableau lui-même.

Appas. Appas factices : mensonges cotonneux.

Des appas à faire loucher saint Antoine. (Trivial.)

Les appas d'une belle femme nous engagent ; ses charmes nous entraînent. On dit : de grands attraits, de puissants appas, d'irrésistibles charmes.

Appeler ne prend qu'un *l* devant *a*, *o* et *e* fermé ; redoublé *l* devant *e* muet. Du latin *appellare*. Appeler, en provençal, se traduit par crier (*cridar*), dans le sens de réclamer.

Appeler d'une sentence, appeler à minima.

L'appel comme d'abus est un appel aux tribunaux civils, des sentences des juges ecclésiastiques, qui empiètent souvent sur le pouvoir séculier, ou quand ils jugent contre les canons de la discipline ecclésiastique.

Appeler les choses par leur nom. *Vocabula rebus imponere* (Horace).

> Je ne puis rien nommer si ce n'est par son nom :
> J'appelle un chat un chat, et Rollet un fripon.
> (BOILEAU.)

Brossette remarque, dans ses commentaires, que le second de ces vers est passé en proverbe, à cause de sa simplicité. Il ajoute que Rollet était procureur au Parlement de Paris, où on l'avait surnommé l'*âme damnée*. Son improbité était si notoire que le président de Lamoignon disait : « C'est un Rollet », pour désigner un fripon.

Les Grecs disaient : appeler figue une figue, et bateau un bateau. Les Latins : *ficum ficum, ligonem ligonem vocare*; appeler figue une figue, hoyau un hoyau.

C'est le chien de Jean de Nivelle, qui s'enfuit quand on l'appelle.

Il y aura beaucoup d'appelés, et peu d'élus. (Mathieu, XX, 16.)

Appétit, du latin *appetitum*, de *peto*, rechercher; demande réitérée.

Grand appétit : descente de gosier. La maladie du renard, qui mange une poule et un canard.

L'appétit vient en mangeant, mais la soif s'en va en buvant. (Rabelais.) Plus on a de biens, plus on en veut avoir. Ce proverbe qui, en pratique, est une sorte de contre-vérité, car il serait plus vrai de dire que l'appétit vient en ne mangeant pas, est pris au figuré, et signifie que l'avidité des richesses, l'ambition, sont des passions insatiables.

Amyot, évêque d'Auxerre, obtint d'Henri III un petit bénéfice qu'il disait devoir satisfaire toute son ambition ; mais ayant demandé plus tard l'évêché d'Auxerre, le roi lui rappela ses anciens sentiments ; à quoi l'abbé répondit : « Sire, l'appétit vient en mangeant. »

Antoine Duprat, favori de François Ier, avait amassé de grands biens, et ne cessait de demander de nouvelles faveurs au roi, qui lui répondit par ce passage de Virgile qui faisait allusion à son nom : *Sat prata biberunt*. (Egl. III.)

Il n'est sauce que d'appétit : l'appétit est le meilleur assaisonnement. *Pulpamen mihi fames*. (Cicéron.) L'appétit me tient lieu de ragoût.

Applaudir, du latin *ad* et *plaudere*.

Applaudir des deux mains. *Pollice utroque laudare*. (Horace.) Chez les Romains, un signe fait avec le pouce indiquait l'approbation, et les Provençaux ont conservé l'habitude d'exprimer par un geste énergique du pouce qu'une chose est parfaite.

Apprendre, du latin *apprendere*, saisir, étudier, s'instruire ; puis enseigner, informer, faire savoir.

Apprendre à son père à faire des enfants, ... à un vieux singe à faire des grimaces. C'est Gros-Jean qui veut en remontrer à son curé, c'est-à-dire vouloir enseigner plus savant que soi.

Ne sus Minervam : que le porc n'enseigne à Minerve. (Phèdre.)

Au poisson à nager ne montre. Il ne faut pas parler latin devant les Cordeliers.

Indocti discant, et ament meminisse periti.

C'est-à-dire : Ignorants, apprenez ; savants, n'oubliez pas. La Harpe a écrit ce vers en tête de son Cours de littérature. Il l'avait pris à la fin de la préface de la deuxième édition de la Chronologie française du président Hénault, qui le donne comme la traduction du vers 739 de l'*Essai sur la critique*, de Pope.

Apprends, si tu sauras ; si tu ses, tu auras ; si tu as, tu pourras ; si tu peus, tu vaudras ; si tu vaulx, tu auras ; si tu as, tu feras ; si tu fais, Dieu verras ; si Dieu vois, saint seras.

Talleyrand disait des Bourbons, au retour de l'émigration :

Ils n'ont rien appris, et rien oublié.

Apprendre par cœur. (Voy. *Cœur*.) Ce qu'on apprend au berceau, dure jusqu'au tombeau.

Qu'apprend poulain en denture,
Tenir le veut tant com il dure.

Lorsque la vase est à la source, le cours du fleuve est troublé ; c'est-à-dire les vices contractés dès l'enfance ne se perdent pas.

On apprend toujours quelque chose en vieillissant.

Tout habile que soit aucun,
Il peut apprendre de quelqu'un.

En faisant, on apprend ; en forgeant, on devient forgeron.

Apprivoiser, du latin *privare*, priver, rendre doux, faire perdre à un animal son caractère sauvage, et l'habituer non-seulement à ne pas fuir la société de l'homme, mais à la rechercher.

Aquilon, du latin *aquila*, aigle : rapide comme l'aigle.

Vent du septentrion, Boréas des Grecs ; en italien *tramontana*.

C'est le vent des orages, des ouragans et des tempêtes.

En poésie, tout grand vent s'appelle *aquilon*.

Rabelais appelle les pays froids : contrées des régions aquilonnaires. (Voy. *contrées*.)

Arabe. Les Arabes, peuples originaires de l'Asie, se disent issus d'Ismaël. Au Moyen-Age, on les a appelés Sarrazins, c'est-à-dire fils de Sara. (Ce serait plutôt d'Agar !)

Les Arabes ont exercé une grande influence sur le midi de la France. Au Xe siècle, Gilbert d'Aurillac, évêque de Reims, puis pape sous le nom de Silvestre II, alla étudier les mathématiques dans les écoles arabes d'Espagne. L'école de Montpellier fut créée par des médecins qui s'étaient instruits aux mêmes sources, et en avaient rapporté les notions de physique et de chimie répandues chez ces peuples.

La langue arabe, très riche et poétique, est parente de l'hébreu.

ARABE, dur créancier. Cette acception date des Croisades, où les chrétiens étaient rançonnés par eux.

> Endurcis-toi le cœur, sois arabe, corsaire,
> Injuste, violent, sans foi, double, faussaire.
> (BOILEAU.)

Arabesque, vient des Arabes, à qui nous avons emprunté ce genre d'ornements, formés d'un mélange de fleurs, de fruits, et de figures d'hommes ou d'animaux réels ou fantastiques.

Arbre, de *arborem*. Jadis *abre*, d'où *abri* (?).

Arborer le pavillon, le planter droit comme un arbre.

Fragonard disait du paysage de l'Italie : « Le pin ressemble à un parapluie ouvert, et le cyprès à un parapluie fermé. »

Tout arbre qui ne porte pas de fruits sera coupé et jeté au feu. (Mathieu, VII, 19.)

Arbre généalogique. (Voy. du *bois* dont on les fait.)

Arbre sec, potence. Une rue de Paris s'appelle de l'Arbre-Sec, parce qu'il y avait autrefois une potence en permanence pour les exécutions.

On appelle arbre de la croix, arbre de vie, la croix où J.-C. est mort sur le Calvaire.

Au Moyen-Age, on pendait les coupables aux arbres des grands chemins et des forêts, et l'olivier, grand arbre du midi de la France, qui servit souvent à cet usage pendant les persécutions exercées contre les Vaudois, sous François Ier, reçut alors le surnom, qu'il a conservé dans le pays, de *fenabrègue* (fin abrège), qui abrège la vie. « Quant à l'ormeau, il fut un grand chirurgien en son temps », dit Rabelais (III, 51), parce que la potence guérit de tous les maux.

Arc, du latin *arcus* ; *arcere*, chasser (?).

Arc trop tendu, tôt lâché ou rompu...

Neque semper arcum tendit Apollo. (Horace, II, 10.) Apollon ne tend pas toujours son arc.

Avoir deux cordes à son arc : avoir des ressources diverses.

Duabus anchoris niti. (Plaute.) Etre fixé sur deux ancres.

Ce n'est pas le nombre, mais le choix des moyens qui fait réussir dans la vie ; l'arc et la corde ne sont rien sans le trait.

Arcadie (rossignol ou roussin d'), un âne. Locution des Grecs, qui regardaient les ânes d'Arcadie comme les meilleurs. Les Arcadiens avaient une réputation de stupidité et de naïveté.

Arche de Noé, réunion, maison où se trouvent des gens de professions et de qualités diverses, par allusion à l'arche où se trouvaient des animaux de toute sorte.

L'arche sainte, chose à laquelle on ne doit pas porter atteinte.

Archi, du grec *arkhé*, commencement et commandement ; se met devant un mot pour y ajouter une idée de superlatif ; archevêque, archiduc, archifou. Il se prête à la création d'une foule de néologismes de fantaisie. Ainsi, on dira : je suis archiguéri, pour je suis tout à fait rétabli.

Architecture, du grec *arkhé*, *tektôn*, ouvrier, surtout charpentier.

Mauvais architecte : tire-ligne, archibête.

Vitruve, qui vivait sous Auguste, représente l'architecture antique; Vignole (1507-73), la moderne.

Les trois grandes lois de l'architecture sont la solidité, la convenance et l'élégance. *Tuto, cito et jucunde.*

Le goût du colossal, en architecture et en sculpture, est le signe du despotisme.

L'Égypte, Ninive, l'Inde, ont laissé des ruines colossales, de même que l'Empire romain, Léon X, Louis XIV. La liberté vise moins au grand qu'au beau. Voyez les temples de la Grèce et ceux des Romains de la République. (J.-J. Ampère, l'*Histoire romaine à Rome*.)

Ajoupas des nègres marrons. Nom donné dans les colonies à une espèce de hutte portée sur des pierres, que l'on recouvre de branchages, de paille, de joncs.

Baraque, maison en planches.

Cabane, maisonnette, réduit.

Cahute, du danois *cahyt*. Rapprocher hutte, bahut, idée de conserver.

Il y a les *camps* des Tartares, les *carbets* des Caraïbes, les *chalets* suisses, les *chaumières* hollandaises, les *cottages* anglais, les *échoppes*.

Les Arabes appellent *gourbis* les huttes ou chaumières qu'ils dressent au moyen de pans de bois, et qu'ils garnissent ou recouvrent de chaume ou d'alfa.

L'*igloo* est une maison de neige où l'Esquimau passe la saison d'hiver. Pendant l'été, il s'abrite dans une tente de peau nommée *tupic*.

Citons le *kiosque* turc, la *maison roulante* des saltimbanques.

Le *rancho* des Brésiliens ; c'est la hutte primitive du nègre et de l'Indien. Il consiste en quatre pieux fichés en terre, et supportant une toiture de chaume ou de feuilles de palmier. Il suffit de quelques heures pour l'élever et d'un ouragan pour le détruire.

Taudis, du vieux mot *taudir*, se couvrir.

Taverne, du latin *taberna*, maison de planches.

Voy. *Lacustre, Troglodytes*.

Ard. Le suffixe tudesque *hard*, qui signifie fort, véhément, devenu *ard* en français, marque que la qualité ou le défaut exprimé par le radical est porté à un très haut degré. Renard ou Regnard signifie très pur ; Godard, très bon ; Richard, très riche ; Giscard ou Guiscard, très brave.

Ard est augmentatif dans milliard.

Dans les noms communs français, ce suffixe marque en général l'intensité ou l'excès de la chose indiquée par le radical ; or, comme l'excès en tout est un défaut, la plupart des mots en *ard* sont pris dans un sens péjoratif.

Babillard, braillard, cafard, criard, couard, gaillard, goguenard, gueulard, jobard, descendant du vieux patriarche contemporain d'Abraham, qui est le type de la patience humaine, doublée de bêtise ; lombard, usurier ; musard, soulard ; vieillard, auquel la galanterie française refuse un féminin.

Quelques mots en *ard* expriment même quelque chose de fâcheux, de méprisable. Tels sont : camard, cornard, mouchard, paillard, papelard, pendard, poissard.

Outre la raison donnée plus haut, les mots en *ard* ont dû être mal reçus dans la langue française, parce que le suffixe est germanique et a pris une acception peu flatteuse pour l'amour-propre du vainqueur en passant par la bouche du vaincu.

La haine des peuples conquis par leurs conquérants s'est toujours montrée dans le sens méprisant que le vaincu donne à certains mots de la langue que le vainqueur lui impose. Ainsi pour le Gallo-Romain, après la conquête des Francs, la terre de Germanie devient une *lande* ; sa maison une *hutte*, son coursier une *rosse* ; le seigneur lui-même (*herr*), finit par n'être qu'un pauvre *hère* ; et le dédain s'étend même, en haine du maître, jusqu'à la servante du logis, dont le nom *Katchen* (Catherine), se transforme en *catin*, synonyme de fille de mauvaise vie. C'est le nom que Béranger a donné à sa vivandière.

Faire un gros *bacha* (soulager son ventre), expression provençale ; souvenir haineux de la domination des Sarrazins en Provence.

Are, du latin *area*, aire, surface.

Unité de mesure agraire ; c'est un décamètre carré, ou un carré de dix mètres de côté, ayant, par conséquent, cent mètres de superficie. C'est le centième de l'hectare ; il se divise en centiares ou mètres carrés.

Arène, du latin *arena*, sable.

On a donné ce nom à la partie de l'amphithéâtre où avaient lieu les combats de gladiateurs, parce qu'on en couvrait la surface de sable ; d'où les gladiateurs étaient surnommés *arenarii*. Il s'est appliqué, par extension, à l'amphithéâtre lui-même ; mais alors il s'emploie au pluriel : les arènes de Nîmes.

Descendre dans l'arène : se présenter au combat.

Aréopage, du grec *Arès*, Mars, *pagos*, colline. Les séances de ce tribunal se tenaient dans un lieu appelé colline de Mars, parce que Mars y avait été jugé, pour avoir tué le fils de Neptune.

Argent, du latin *argentum*, en grec *arguros*, de *argos*, blanc. Anciennement on disait *auber*, qui se dit encore en argot.

Blanquette (Vidocq), argenterie.

Chez les Latins, le trésor public s'appelait *ærarium* ; les premières monnaies étant de cuivre, *œs, æris*.

Syn. : coquilles, espèces, noyaux, pécule, picaillons, quibus, sonnettes. (Voir ces mots.)

Le *vil métal*... Dans l'*Utopie*, de Th. Morus, l'argent est tellement méprisé, qu'il n'est employé qu'à la confection des vases de nuit.

Pecunia tua tecum sit in perditionem. (Saint Pierre à Simon le Magicien.)

L'amour de l'argent — ou de l'or — est une des passions dominantes de l'humanité. Le Veau d'or, qu'adoraient les Hébreux, et les dangers auxquels s'exposèrent les guerriers grecs pour conquérir la précieuse Toison, sont des symboles qui indiquent que l'antiquité a été, à cet égard, soumise aux mêmes faiblesses que les sociétés modernes. La possession des richesses est la préoccupation dominante, et les personnes peu favorisées de la fortune ont toujours cette idée si présente à l'esprit, que souvent elles désignent l'argent par un pronom. « En as-tu? — Je n'en ai pas. Il faut pourtant que j'en gagne. » Il a de quoi (vivre). On dit aussi absolument d'une personne pauvre : Elle n'est pas heureuse (?).

L'homme attache une si grande importance à l'argent, que l'idée d'argent, dans certaines langues, s'est souvent substituée à une idée morale, et que, d'autres fois, une idée morale s'est substituée à une idée d'argent. Il est curieux de voir, par l'analyse de quelques-uns de ces mots, à quel point est arrivé le cynisme et l'impudeur du vocabulaire financier. Ainsi :

Acquit, vient du latin *quietus*, tranquille, comme acquitter signifie rendre tranquille. De même payer vient de *pacare*, apaiser. On dit aussi : se libérer (acquitter une dette), c'est-à-dire se délivrer des poursuites du créancier.

Aisance, vient du grec *aisios*, heureux, de bon augure.

Bénéfice, de *beneficium*, qui est bien fait.

Bien, synonyme de *bon*. Avoir du bien, n'exprime pas l'idée de vertu, mais celle de fortune.

Capital, de *caput*, tête, chef, qui commande.

Crédit, mot latin, signifie confiance.

Dépense, de *dispensare*, d'où dispenser les faveurs.

Espèces, espèces sonnantes, argument que tout le monde entend.

Estimer, du latin *œs*, monnaie. Comme si la richesse était la vertu par excellence, qui dût servir de mesure à tout ce qui est bien. (Voy. *talent*.)

Finance, du vieux mot *finer*, pour finir, achever, parce qu'avec l'argent on vient à bout de tout.

Fortune, déesse aveugle du paganisme, venant de *fors*, hasard ; bonne chance au jeu. On en a fait le synonyme de *richesse*, et c'est dans ce sens que Scribe l'a employé dans sa devise : *Inde fortuna et libertas*, accompagnée d'un encrier et de deux plumes en sautoir, armes parlantes de son nom.

Honoraires, pour salaire. Quel rapport y a-t-il entre l'honneur et l'argent ? (Voy. *titre*.)

Mandat, du latin *mandatum*, commandement. L'argent, par son pouvoir, est, en effet, le roi des rois.

Moyens, comme *talent*, s'emploie dans une double acception. Avoir les moyens... de se passer ses fantaisies.

OBLIGATIONS, *ob ligare*, lier... à cause de la dette.

OBÉRER, de *ob*, *œs*, pris par la dette ; c'est le contraire de *acquitter*.

PLACER, mot nouveau, signifiant les terrains aurifères de la Californie ; en espagnol, plaisir, délices, la promenade, le lieu où l'on se rencontre avec plaisir.

PRÊTER, latin *præstare*, être supérieur, exceller, fournir.

PRISER, de prix, *pretium* ; mépriser, ne donner aucun prix.

QUIBUS (*finiunt omnia*), ce avec quoi on obtient tout.

RANÇON, latin *redemptionem*, rachat.

RECONNAISSANCE, au lieu de : Je reconnais avoir reçu. Balzac a dit : « Les hommes font entre eux un commerce de services ; le mot *reconnaissance* indique un débet. »

SIÈCLE D'OR (âge d'or), nom donné au temps de bonheur et d'innocence de l'humanité, où, précisément, l'or était inconnu.

SOLDE, solvable, soulte, du latin *solvo*, *solutum*, payer.

SOMME, *summa*, le point le plus élevé, ensemble.

SPÉCULER, du latin *speculor*, regarder les astres.

TALENT, latin *talentum* ; grec *talanton*, poids d'or ou d'argent ; monnaie de convention. Le talent attique d'argent valait 60 mines, ou 6.000 drachmes, environ 6.000 francs de notre monnaie. Le talent d'or valait dix fois plus. Ce mot a été appliqué, par extension aux trésors de l'esprit.

TITRE, qualité des monnaies ; *titulus*, marque d'honneur.

TOUCHER (sous-entendu : de l'argent). Le crédit est fondé, en effet, sur la solvabilité de l'emprunteur, et la confiance en affaires ressemble beaucoup à l'incrédulité de saint Thomas, qui veut toucher pour se convaincre.

VALEURS, du latin *valere* ; être fort, synonyme de courage et de vaillance. Les valeurs financières baissent, c'est-à-dire reculent au moindre bruit de guerre.

Assem habeas, assem valeas. (Pétrone.)

« Argent et sainteté, moitié de la moitié... » Cela signifie que l'opinion qu'on a en public de la fortune et de la probité des gens, perd 75 0/0 à l'escompte.

« Argent frais et nouveau ruine le jouvenceau. » Lorsqu'un jeune homme entre en possession de grands biens ; qu'il est mis, suivant l'expression des livres saints, sous la main de son propre conseil, *in manu consilii sui*, il n'a d'autre désir que de se procurer toutes les jouissances de la vie, et perd bientôt à ce jeu santé et fortune.

L'argent est plat, pour s'amasser. Maxime des avares.

L'illusion des avares est de prendre l'or et l'argent pour des biens, au lieu que ce ne sont que des moyens pour en avoir. (La Rochef.)

L'argent est rond, c'est pour rouler. Maxime du prodigue.

L'argent est pour le corps social ce que le sang est pour le corps humain. Il doit couler sans cesse dans les veines de la nation, pour porter la vie à tous ses membres. Le capital est l'organe essentiel qui donne la vie à la société. Son irritabilité est si grande, que la lésion qu'il éprouve sur un point se communique à tous les autres. (Mollien.)

L'argent profite mieux dans les coffres des peuples que dans ceux des rois. (Vauban.)

L'argent ressemble au fumier, qui ne profite que lorsqu'il est répandu... (Proverbe persan.)

L'argent est un bon serviteur, et un mauvais maître. (Bacon.)

Imperat aut servit collata pecunia cuique. (Horace, E. I, 10.)

On disait de Néron qu'il n'y eut jamais un meilleur esclave, ni un plus mauvais maître. *Nec servum meliorem, nec ullum deteriorem dominum.* (Suétone, 10.)

L'argent cherche l'argent. On ne prête qu'aux riches.

Le bien cherche le bien. A la grange va le blé... L'eau va toujours à la rivière. La pierre tombe toujours au clapier... (Proverbes provençaux.)

Qui chapon mange, chapon lui vient...

Le premier écu est plus difficile à gagner que le dernier million. (J.-J. Rousseau.)

Avoir la paille et le blé, l'argent et le drap. (Pathelin.)

L'argent ne fait pas le bonheur, mais il y contribue.

L'argent est la fausse monnaie du bonheur.

L'argent n'a pas de nom : *non quæritur origo pecuniæ*...

Avoir de l'argent bien placé : « Vous avez de l'argent bien placé », dit Méry à quelqu'un qui, dans un duel, avait reçu une balle amortie par son portemonnaie.

Chargé d'argent comme un crapaud de plumes. (Rabelais, II, 2.)

Celui qui a de l'argent se sent gai et léger, tandis que celui qui en manque a l'esprit triste, deux faits qui sont en raison inverse des lois de la gravitation. On dit aussi : « embarrassé dans ses finances », d'un homme sans argent. C'est ainsi que l'esprit fin et léger l'emporte dans la balance de l'opinion, sur la lourde bêtise.

Le chevalier de Grammont ayant forcé son vieux valet de chambre Brinon à lui donner les quatre cents pistoles destinées à son entrée en campagne, ajoute : « On eût dit que je lui arrachais le cœur. Je me sentis plus léger et plus gai depuis le dépôt dont je l'avais soulagé ; lui, au contraire, parut si accablé qu'on aurait dit que je lui avais mis quatre cents livres de plomb sur le dos, en lui ôtant ces quatre cents pistoles. » (Mém. du chev. de Grammont.)

— Dans certaines locutions, *plume* est équivalent d'*argent* (?). Passer la plume par le bec à quelqu'un ; le frustrer d'un bénéfice. (Voy. *oison bridé*.) Plumer quelqu'un, un pigeon ; c'est-à-dire dépouiller au jeu. Tirer une plume de l'aile à quelqu'un. Plumer la poule sans la faire crier.

Se remplumer, c'est-à-dire réparer ses pertes : *Pennæ renascuntur*. Mon crédit se rétablit. (Cicéron.)

— Très nombreuses sont les locutions qui expriment le manque d'argent :

N'avoir ni croix ni pile. (Conf. *jouer à croix ou pile*.) N'avoir ni sou, ni maille. Être à sec, ou greffé sur martin-sec. Être bas percé. Être brouillé avec le directeur de la Monnaie. Loger le diable dans sa bourse. Tirer le diable par la queue.

Désargenté comme le crucifix d'Asnières : dicton tiré des profanations commises par les protestants dans l'église d'Asnières.

L'argent est rare... L'or est une chimère.

Emporter l'argent. Emporter la caisse. Manger la grenouille. Faire Charlemagne.

Pas d'argent, pas de Suisses. (Racine, *Plaideurs*.) On n'a rien pour rien.

N'a pas homme, qui n'a somme. On dit aussi : Qui a de l'argent a des coquilles.

    Amour fait moult,
    Argent fait tout.

Le bon Dieu est tout puissant, et l'argent est son lieutenant.
Pas de serrure contre un crochet d'or.
Quand l'or parle, la langue doit se taire.
Rien n'est éloquent comme l'argent comptant.

    Qui a de l'argent, on lui fait fête ;
    Qui n'en a pas, n'est qu'une bête.

L'argent est le nerf de la guerre. (Turenne.)
C'est le nerf de la guerre, ainsi que des amours. (Regnard, *Folie amoureuse*.)

Les nerfs des bataillons sont les pécunes. (Rabelais, I, 44.)
Nervus belli, pecunia. (Cicéron.)
Quand on combat à lances d'argent, on a souvent la victoire. (Louis XI.)
Nummus vincit, nummus regnat, nummus imperat.

— Semer l'argent ; jeter l'argent par les fenêtres. (Voy. *manger son blé en herbe.*)

Dans un tournoi qui eut lieu en 1174, à Beaucaire, Bertrand Roibaux fit, par magnificence, labourer le champ du tournoi, et y fit semer 30.000 pièces de monnaie.

Argile, comme *argent*, remonte au grec *argos*, blanc ; couleur de cette terre quand elle est pure. On en extrait l'aluminium, métal blanc et inoxydable, comme l'argent.

Argot. L'argot, appelé latin des voleurs, catéchisme poissard, se compose de termes et d'expressions qui appartiennent à un vocabulaire dont le pittoresque et les hardiesses inattendues sont une révolte contre l'Académie.

Argot vient, selon Furetière et Nicolas Ragot (dit Granval, auteur du poème de Cartouche), d'*argos*. Le Duchat le tire de Ragot, célèbre bélitre du temps de Louis XII, que les gueux du temps considéraient comme leur législateur.

Vergy le fait venir du grec *argos*, qui signifie fainéant, sans métier ni travail. Ch. Nodier pense qu'il vient du vieux mot *narquois*; ce serait le langage des narquois, c'est-à-dire des mendiants.

Peut-être vient-il de *zingaro*, bohémien ; c'est le langage que ces aventuriers ont appelé eux-mêmes *zergo*, d'où seraient venus *jargon* et *argot* (?).

Selon V. Cousin et Johanneau, *argot* répond à *argoterie*, qui s'est dit au XVIIe siècle pour *ergoterie*, *argutie*.

Argot, est tiré par Génin, de *jargon*, *gergo*; en italien *lingua gerga*. Salvini dérive *gergo* du grec *hiéros*, sacré, langue sacrée, secrète, connue des seuls initiés. En effet, les mots grecs commençant par *hi* changeaient autrefois cette syllabe en *jé* : Jérôme, Jérusalem (Hiéronymos, Hiérusalem.)

Argot, d'après Lorédan Larchey, dérive de *argutie*, et signifie ruse, subtilité.

Parler argot, c'est user d'une subtilité de langage, et, à ce compte, les salons ont autant contribué à le créer que les tapis-francs ; les Précieuses en ont usé comme les voleurs. Toutes les classes de la société, en un mot, ont fourni leur contingent à cette langue dont les mots, étrangers aux dictionnaires classiques, se recrutent dans les bagnes et les prisons, comme dans les ateliers, les casernes, les halles, le journalisme et les salons.

— Beaucoup de mots de l'argot sont d'anciens termes de la langue romane, qui ont cessé d'avoir cours ; d'autres, créés dans le XVIIe et le XVIIIe siècle, ont fini par devenir français.

« L'argot, dit F. Michel, idiome âpre et farouche, dont l'énergique couleur a passionné quelques écrivains modernes, et qui s'est formé lentement d'éléments très variés, et d'expressions empruntées aux langues les plus diverses et les plus anciennes, a pour caractère principal la forme métaphysique de ses expressions. Un mot français qui exprime une idée, a souvent son équivalent en argot dans un autre mot qui exprime l'une des qualités, l'un des attributs de cet objet ou de cette idée. D'autres fois l'argot dénature la terminaison. S'il ajoute quelquefois, le plus souvent il retranche, et l'apocope est le trope qu'il affectionne le plus. »

— Lorsqu'un mot n'est pas compris par le peuple, il est transformé par lui dans le vocable qui s'en rapproche le plus par le son ou la forme. C'est ainsi que *ridicule*, sac à ouvrage des dames, a pris la place de *réticule*. La pantoufle de *vair* de Cendrillon est devenue une pantoufle de *verre*. On dit : « être en nage », au lieu d'être en *age*, c'est-à-dire en sueur (age, de *aqua* eau.) On nomme l'architecture gothique de Gott, Dieu en allemand, et non des Goths, qui n'ont jamais eu d'architecture.

Destitué, déchu, vieilli, se traduit dans la langue du peuple par dégommé, pour décomé, de *coma*, chevelure, cela revient à tondu, en souvenir de ce qui se passait chez les Mérovingiens et les Carlovingiens. — Décati, synonyme de dégommé, signifie aussi vieilli dans l'argot populaire.

— L'habitude du travail physique chez le peuple, et les souffrances qu'il endure, expliquent et excusent les licences de son langage et l'amertume des termes dont il se sert. C'est ainsi qu'il a adopté des comparaisons bestiales en appelant la peau, *couenne ;* la main et le pied, *abatis, paturon, patte, arpions ;* le visage, *mufle ;* la bouche, *bec, gueule ;* etc.

Ce langage des classes déshéritées, qui manque d'expressions pour nommer les bons instincts, est très riche en termes flétrissants et injurieux pour l'homme et la femme.

Non a mille formes ; *oui* n'en a pas une. La qualité s'affirme par la négation du défaut. « Il n'est pas déjeté » signifiera « il est bien fait » ; « il n'est pas déchiré » s'emploiera pour « il est beau » ; « il n'est pas piqué des vers » signifie « il est jeune ». « Etre bon » se traduit par « il n'est pas méchant », qui équivaut plutôt à « il est bête, sot ». — Avoir du vice, c'est être ingénieux, qualité nécessaire pour faire des dupes.

En argot, les pénalités infligées par la loi sont comparées à des maladies. L'avocat est appelé médecin ; le plaidoyer, purgation ; être compromis, c'est avoir la fièvre chaude ; le prisonnier est un malade ; le condamné à mort, un incurable. Le libéré est guéri.

— L'argot italien, ou fourbesque, a précédé le nôtre, par la raison que l'Italie a été civilisée avant nous.

L'argot espagnol, ou *germania*, dérivé de *germanus*, contient la clef du langage des voleurs du temps de Philippe II, et peut servir d'appendice aux mœurs picaresques de cette époque.

L'argot portugais s'appelle *calao* ; celui des Allemands est le *tothwelsch*. Les Italiens nomment l'argot *gergo*.

L'argot des joueurs est la *langue verte*.

Les Anglais nomment l'argot proprement dit *cant*, chant, par allusion à la plaintive mélopée dont les mendiants font usage pour attendrir le passant. Ils appellent *slang*, d'un mot *zingari* qui signifie *roumani* (langage bohême), ce langage mobile, changeant et éphémère des familiarités à la mode, qui se rencontre dans toutes les langues des civilisations blasées, langage dont tous les mots jaillissent spontanément d'une source ignorée, d'un caprice ou d'une imagination malsaine ; néologismes vulgaires, nés dans la rue ou dans la haute vie, tantôt en haut, tantôt en bas, d'un roi ou d'un bouffon, et qui vont réveiller, par une loi d'acoustique indéfinissable, mille retentissants échos.

Tels sont en France, les mots : Et ta sœur ? — Eh ! Lambert ! — A Chaillot ! — Vous nous la faites à l'oseille. — Des navets. — Tu peux te fouiller. — Tu t'en ferais mourir. (Pour dire *non*.)

Tels aussi ces ineptes refrains populaires, qui règnent quelquefois pendant des années, et sont entonnés à la fois sur tous les points du territoire avec un ensemble qui paraît une épidémie de stupidité.

Ce phénomène psychologique n'a pas encore de nom en France.

Le *slang* côtoie parfois le *cant*, et s'y mêle ; mais le vocabulaire hybride des malfaiteurs et des classes dangereuses n'emprunte jamais ses expressions à la *cacologie* des salons ; tandis que celle-ci s'alimente constamment, à Londres comme à Paris, des métaphores empruntées au *cant* (cf. Francisque Michel.)

— Vidocq dit, dans son livre *les Voleurs* (1837) : « La langue argotique semble arrivée aujourd'hui à son apogée ; elle n'est plus seulement celle des taverues et des mauvais lieux, elle est aussi celle des théâtres ; encore quelques pas, et l'entrée des salons lui sera permise. »

En 1842, Roqueplan constate l'invasion des salons par l'argot.

Argousin. On a dit *algozan*, de *alguazil*, agent de police. L'alguazil est le bas officier de police en Espagne.

C'est un mot arabe, introduit à l'origine des bagnes en France, où l'on attachait au même banc un Français et un musulman prisonnier. (Lauvergne, *les Forçats*, 1841, p. 404.)

Argus, nom d'un prince argien, qui avait cent yeux et à qui Junon avait confié la garde d'Io ou Isis. Io, aimée de Jupiter, fut transformée en génisse par ce dieu, qui voulut la soustraire ainsi à la vengeance de la jalouse Junon. Celle-ci la confia donc à la garde d'Argus ; mais Mercure, par ordre de Jupiter, endormit le gardien au son de sa flûte, et le tua. Junon sema les cent yeux d'Argus sur l'extrémité des plumes du paon, son oiseau favori. — Argus était surnommé Panoptis, de *pan*, tout, *optomai*, voir. — C'est le symbole de la vigilance.

C'est un argus, c'est-à-dire un gardien attentif.

Régnier a dit d'une nuit très obscure :

Argus pourrait passer pour un des Quinze-Vingts.

Aristarque, grammairien célèbre, et commentateur d'Homère. C'est un aristarque, c'est-à-dire un critique éclairé.

S'emploie aussi ironiquement.

Sous Ptolémée Philadelphe, plusieurs savants furent chargés de revoir les œuvres d'Homère avec la plus grande exactitude. Aristarque, de Samos, né 160 ans avant J.-C., se distingua entre tous par ses observations sages et judicieuses, et son nom est devenu depuis appellatif pour désigner un critique impartial et savant ; de même que Zoïle, qui écrivit à la même époque contre Homère, a laissé son nom aux critiques envieux.

Arguet ambigue dictum, mutanda notabit:
Fiet Aristarchus.

(Horace, *Art poétique*, 449.)

Aristocrate, aristocratie, vient du grec *aristos*, très bon, *cratos*, pouvoir. Le gouvernement des meilleurs, où l'autorité serait confiée aux hommes les plus éclairés et les plus vertueux. Cet idéal n'a jamais été réalisé et la richesse est encore venue ici prendre la place du mérite.

Le mot *aristocrate*, aujourd'hui abrégé par le peuple en celui d'*aristo*, a été souvent employé pour désigner non-seulement les nobles et les riches, mais ceux qu'on suspectait d'être attachés aux idées de l'ancien régime, et dans un sens perfide et injurieux. Ce mot fut surtout très populaire en 1789, après la fusion des trois ordres. On le parodia même d'une manière burlesque. Le comte d'Artois, dont la tête avait été mise à prix, fut appelé *aristocrâne*. Le comédien La Rochelle, du Théâtre français, qui avait un catarrhe, fut appelé *aristocrache*, etc.

— Certaines expressions de la langue révèlent la puissance exercée par l'influence aristocratique de la Féodalité et de la Royauté sur les mœurs et les usages. C'est à la Cour que l'on va prendre les belles manières, la *courtoisie*. Le suzerain investissait le vassal, qui, de son côté, se déclarait son homme, et lui faisait *hommage*. Les *gentilshommes* n'ont garde de comparer leurs nobles sentiments avec ceux des *vilains*, ni les gentillesses de leurs manières avec les manières *bourgeoises* des manants.

Les aristocraties sociales se forment par l'art, le pouvoir, l'argent; c'est-à-dire le principe, le moyen, le résultat (?). Elles se manifestent par la force physique, la beauté, le génie, la fortune, la naissance.

Arlequin. On fait venir ce nom de ce que, sous Henri III, l'acteur qui jouait ce rôle était accueilli dans la maison du président de Harlay; et ses camarades l'appelaient Harlequin, suivant l'usage italien de donner au client le nom de son patron.

Arlequin, qui est resté un des héros de farces populaires, se rattache aux légendes du Moyen-Age. Ce nom vient peut-être de l'Allemand *Eirl-Kœnig* (le roi des Aulnes), personnage légendaire immortalisé par la ballade de Gœthe.

Les traditions le représentent errant pendant la nuit avec une troupe de fantômes, tous punis pour leurs crimes, et désignés sous le nom de *mesnie*, ou compagnie d'Herlequin.

La mesnie d'Arlequin était célèbre chez tous les peuples d'Europe.

— Arlequin est le même personnage que le diable Arlechino, dans l'*Enfer* du Dante (Chant XXX.)

— Une légende de Provence fait aussi mention d'Herlequin, qui apparaissait la nuit dans l'Aliscans d'Arles, avec une suite nombreuse de démons, dont faisait partie Pierrot, avec sa face blême et son vêtement en forme de suaire, représentait le fantôme blanc, tandis qu'Arlequin représentait le fantôme noir de ce cortège infernal.

Cette légende remonte à l'an 57 de notre ère, où saint Trophime, premier évêque d'Arles, purifia la grande sépulture de cette ville pour en chasser les démons. Elle se perpétua pendant plus de dix siècles et s'effaça peu à peu au Moyen-Âge, lorsque le scepticisme tourna en ridicule les croyances naïves des populations primitives.

Lorsque le diable lui-même devint un bouffon dans les Mystères, Arlequin et Pierrot servirent à leur tour de risée à ceux qu'ils faisaient jadis frissonner. Ce terrible fantôme d'Arlequin a eu le sort de ses semblables : il a été travesti, ridiculisé par les siècles plus éclairés ; il est tombé aux tréteaux de la foire, et ne sert plus qu'à amuser les enfants.

L'histoire légendaire d'un mot peut être plus dramatique que celle d'un fait historique ; par exemple, qu'est Denys le Tyran devenu maître d'école, auprès d'Hellequin devenu Arlequin ! (Voy. F. Génin, *Variat. du langage*. — Voy. *Aliscamps*.) (??).

— Arlequin est un personnage de la comédie italienne, que la scène française a emprunté, et qui est devenu au xviiie siècle, le type des rôles à la fois naïfs et bouffons. Arlequin est gentil, aimable et galant ; il est jeune avant tout, et pauvre ; il est l'amant de cœur de Colombine, dont les parents le repoussent. Son costume, qui se ressent de sa pauvreté, est composé de lambeaux d'étoffe cousus ensemble. Les couleurs variées de ce costume signifient l'inconstance de ses affections, et complètent le caractère d'Arlequin, qui personnifie la jeunesse.

Arlequin descend des anciens mimes latins, qui avaient comme lui, la tête rasée, et qu'on appelait *planipèdes*. Son origine, comme celle de *Polichinelle* (Voyez), remonte peut-être jusqu'aux Égyptiens ; mais à coup sûr, il faisait partie de la famille osque des *Sannions* ou bouffons, qui vinrent d'Atella à Rome au commencement de la république, et jouaient des comédies appelées *Atellanes*. Ils avaient, dit Apulée, un habit composé de pièces de diverses couleurs, et, suivant Vossius, le visage barbouillé de noir de fumée. Dans les temps modernes, Arlequin a pris un masque noir, représentant la figure d'un grillon, *grillus*, caricature. Depuis la renaissance des arts en Italie, les descendants des gens venus d'Atella prirent le nom de Zanni, et remplacèrent les Atellanes par la *Comedia dell'arte*.

— Arlequin ne se montra sur notre scène que vers la fin du

xviie siècle, et y fut introduit par les Italiens. Ce rôle, qui exigeait beaucoup de finesse et le don de l'improvisation de la *Comedia dell'arte*, fut joué par des comédiens de premier ordre, tels que Thomassin, Domenico Biancotelli (1675), Vincentini (1720), et le célèbre Carlo Bertinazzi, dit Carlin (1741). Les pièces dans lesquelles ils jouaient étaient appelées *Arlequinades*.

— Le rôle d'Arlequin a disparu aujourd'hui du théâtre; mais on a conservé la locution : c'est un arlequin, pour désigner un sauteur, un homme peu sérieux, et aussi un costume composé de pièces de diverses couleurs.

— On appelle aussi *arlequins*, en argot, un assemblage de débris de viandes et autres débris d'aliments cuits, graillons de rebut, restes de repas, rogatons, qui sont un des profits des laveurs de vaisselle; morceaux de perdrix, de faisan, de thon, de homard, de pruneaux, de tripes mêlées au suprême de volaille et au ragoût de navets. Le négociant s'occupe d'abord de trier les éléments divers de ce tohu-bohu culinaire; il sépare les morceaux, les nettoie et les place sur des assiettes pour les offrir aux clients. On y rencontre du poulet sentant la vanille, et des tartelettes parfumées à l'ail.

On appelait autrefois ces résidus *rogatons*; mais *arlequins* a prévalu depuis que le public a appris l'argot dans certains romans où figurent des voleurs et des héros de cour d'assises.

On donne aussi le nom de *bijoux* à ces morceaux assemblés au hasard, et revendus aux halles de Paris par des marchands dits bijoutiers. « Ces restes, dit Privat d'Anglemont, destinés à la nourriture des animaux domestiques, ne sont pas dédaignés par les malheureux. Les morceaux copieux se vendent un sou la pièce; le seau vaut trois francs. » (Voy. *haricots*.)

Arme, du latin *arma*, ce qui sert au combat, soit pour l'attaque, soit pour la défense; armes offensives (*ad nocendum*), défensives (*ad tegendum*). (Cicéron.)

L'arme causa mainte larme.

Arme s'emploie, au figuré, pour ce qui séduit, subjugue.

> Ce n'est que par des pleurs que vous me répondez;
> Vous fiez-vous toujours à de si faibles armes?
> (Racine.)

Cedant arma togæ, concedat laurea linguæ. Que les armes cèdent à la toge. (Cicéron; Offic. I, 22.)

Se battre à armes égales, vient de l'ancien usage des épées

jumelles, parce qu'elles étaient contenues dans le même fourreau et qu'elles avaient exactement la même dimension.

Aronde, queue d'aronde, pour hirondelle, du latin *hirundo*.

> Sur le printemps de ma jeunesse folle,
> Je ressemblais l'arondelle qui vole :
> Puis çà, puis là, l'âge me conduisait,
> Sans peur, sans soing, où le cœur me disait.
> (Marot).

Arras.

> Quand les Français prendront Arras,
> Les souris mangeront les chats.

Les Espagnols avaient écrit ces vers sur la porte de la ville d'Arras, que les maréchaux de Châtillon et de la Meilleraye étaient venus assiéger, le 13 juin 1640. La ville fut prise le 10 août suivant, et les Français n'eurent qu'à effacer une lettre de l'inscription pour en modifier le sens complet :

> Quand les Français rendront Arras...

Cette inscription rappelle celle que les Flamands avaient placée sur un drapeau surmonté d'un coq, lors du siège de Cassel par Philippe de Valois :

> Quand ce coq chanté aura,
> Le roi Cassel conquêtera.

Arrhes, gage, garantie pour le vendeur, en latin *arrha*, du grec *arrhabon*, denier à Dieu.

Saint Paul (Éphés. I, 14) se sert de ce mot dans le sens que le Saint-Esprit est le gage de notre héritage céleste : c'est-à-dire qu'il a été donné aux hommes comme un gage des promesses de la vie future, et un avant-goût des jouissances du ciel. « Les gains illicites sont les arrhes du malheur. » (S. Grég. de Naziance.)

Arrias, embarras, attirail, du vieux mot *arroi*, train, équipage, qui est resté dans *désarroi*.

Arroser, du latin *ros*, rosée, mouiller avec un liquide.

On arrose les plantes, les rôtis. Les anciens arrosaient les victimes avec du vin ; le peuple avec l'eau lustrale. Les chrétiens arrosent les fidèles avec l'eau bénite.

Les martyrs ont arrosé la terre de leur sang.

Le Gange arrose l'Inde ; le Nil, l'Égypte.

Arsenic, de *arsen*, mâle, en grec, et *nikao*, je dompte.

Syn. : poudre de succession.

Art. Donat, d'après la première scène de l'*Andrienne*, de Térence, dérive le mot latin *ars*, du grec *arété*, vertu, qu'Eschyle dérive de *aros*, utilité.

L'étude de l'art, comme celle de la philosophie, inspire l'amour de la nature, l'enthousiasme du vrai, le mépris de la vie factice et le dégoût des vanités du monde. Pour devenir habile dans un art, il faut le concours de la nature, de l'étude et de l'exercice. Mais les artistes de naissance, qui ont un don, une vocation, sont les seuls qui arrivent réellement.

On dit : les beaux-arts, non parce qu'il y en a de laids, mais parce que l'art est le culte du beau ; parce qu'ils procurent du plaisir par le moyen du beau. On dit dans le même sens : beaux esprits, belles-lettres.

Martial emploie : *belle dicere*, pour parler avec éloquence. Ce nom de *beaux-arts*, ou *arts libéraux*, est pour les distinguer des arts mécaniques ou industriels.

Les arts libéraux sont ceux où l'intelligence a le plus de part, où la matière ne joue aucun rôle.

Les arts industriels, ou arts et métiers, sont ceux où l'intelligence s'applique à modifier la matière et à l'appliquer aux besoins de l'homme.

Les arts libéraux, où l'esprit domine, sont pratiqués par les *artistes* ; les arts mécaniques (*artes vulgares*), qui demandent surtout l'habileté de la main, sont du domaine des *artisans*.

Dans le distique suivant, le premier vers énumère les arts libéraux, le second les arts mécaniques :

Lingua, Tropus, Ratio, Numerus, Tonus, Angulus, Astra;
Rus, Nemus, Arma, faber, vulnera, lana, rates.

— Parmi les arts d'agrément, le piano, la musique bruyante, sont des arts de désagrément pour ceux qui sont forcés de les entendre.

— Qui art a, à tout part a.

— Ce qu'art ne peut, hasard l'achève.

Artaban. Fier comme Artaban, allusion au caractère orgueilleux d'Artaban, personnage d'un roman de La Calprenède, qui eut une grande vogue au xviie siècle. Ne vient pas, comme le croit Littré, de Artaban IV, roi des Parthes, qui s'enorgueillit d'avoir vaincu les Romains, au point qu'il prit le double diadème et le titre de grand roi.

Article, du latin *articulus*, dim. de *artus*, membre; d'où aussi *orteil*.

L'article s'est soudé à certains mots dont il a changé la forme et l'orthographe. (Voy. *lierre*.)

— Les Allemands, dans la construction de leur phrase, mettent le déterminatif avant le déterminé : de Pierre le chapeau. Dans un banquet orné de dames européennes et américaines, un enfant de la blonde Germanie eut la galanterie de boire à la santé « des deux hémisphères du beau sexe ».

Artificiel, de *artificem*; qui est fait d'après les règles de l'art. S'oppose à *naturel*.

Les anciens appelaient le feu grégeois, feu artificiel.

Nous appelons enfants naturels, ceux qui sont produits comme l'ont été les premiers hommes, en dehors de toute règle établie par la société.

Artiste, nom générique qui n'a pas de sexe.

En italien *virtuoso*. Les beaux-arts, qui, chez les anciens, étaient appelés *sagesse*, furent, chez les Italiens de la Renaissance, honorés du nom de *vertu*.

Ce mot si clair, et qu'on croirait aussi vieux que la langue, ne date que du milieu du XVII° siècle.

Avant la création de l'Académie royale de peinture, autorisée par un arrêt du 20 janvier 1648, les beaux-arts proprement dits n'étaient pas classés à part ; ceux qui les professaient étaient assujettis aux mêmes règles que s'ils avaient fait partie de certains corps de métiers. Les peintres et les statuaires, par exemple, quel que fût leur génie, dépendaient de la maîtrise des peintres, sculpteurs, doreurs... Ainsi le voulaient les lois, les règlements, les cours de justice, le Châtelet et le Parlement.

Artiste, artisan. La distinction actuelle, si prétentieuse, n'a pas un sens absolu. Un artisan peut apporter plus d'intelligence, plus de goût dans son travail qu'un artiste dans le sien. En somme, un bon artisan a plus de mérite qu'un artiste médiocre, surtout à certaines époques, où le nom d'artiste est tellement usurpé, qu'il est avili par l'incapacité et le ridicule.

— Pour devenir *artiste*, il faut être millionnaire ou n'avoir pas le sou.

Rabelais dit que maître *Gaster* (le ventre), a été l'inventeur des arts.

Les plus grands artistes sont de véritables oiseaux, dont le ramage nous enchante ; sortez-les de leur art, faites-les rentrer dans la vie privée, ce sont des serins... (Taine.)

— Artiste excellent, virtuose. *Étoile* se dit d'une cantatrice de grand talent.

Artiste idéaliste, artiste ou écrivain qui met l'idée au-dessus de la réalité, dans l'exécution de son œuvre.

Les artistes chinois ont en quelque sorte horreur du vrai dans l'ensemble de leurs compositions. On dirait qu'ils ont pris pour maxime la formule paradoxale : l'art ne doit pas ressembler à la nature.

As, chez les Romains (du latin *œs*, airain), signifiait trois sortes de choses : 1° une unité quelconque ; 2° l'unité de poids, ou la livre, de 12 onces environ ; 3° l'unité de monnaie.

217 ans avant J.-C., l'as fut réduit à une once ; c'est pour cela qu'aux jeux de cartes, il vaut un ou onze. A la bouillotte, l'as percé se dit par corruption de l'italien *asso per se*, l'as qui se trouve seul dans sa couleur.

Asperge. Rabelais (V. 7) fait ce mot masculin.

« Plus tost que ne sont cuitz asperges. » C'est la traduction du proverbe familier à Auguste : *Citius quam asparagi coquuntur*.

Assassin, bravo, coupe-jarret, de l'arabe *aassa*, qui tend des embûches, ou de *Haschichin*, buveur de haschich, nom que l'on donnait, à l'époque des Croisades, à une secte de musulmans fanatiques qui se signalèrent par leurs meurtres. Ils avaient pour chef le Seigneur, ou Vieux de la Montagne.

Les Grecs des îles Ioniennes prononçaient le mot Hachichin en changeant le *ch* en *ss* ; d'où assissin, puis assassin. (Voy. Marco Polo, I, 28 et Joinville, ch. 86.)

On dit que les Druses descendent des Assassins.

— Le haschich, substance qui produit des hallucinations, et dont se servait le Seigneur de la Montagne pour s'attacher ses séides, est extrait des tiges et des fleurs du chanvre indien (*cannabis indica*), appelé en arabe *kif*. On le fume dans de petites pipes ; on le mêle avec du miel, après l'avoir réduit en poudre pour en faire une sorte de confiture.

Les Thraces respiraient la fumée de chanvre pour se procurer l'ivresse.

Le Népenthès, dont parle Homère, et qu'Hélène donna à Télémaque dans un repas, pour lui procurer une ivresse agréable, n'était sans doute autre chose que le Hascnich.

— On fait aussi venir *assassin* du vieux saxon *sahs*, glaive : *quippe, brevis, gladius apud illos saha vocatur.*

Mathieu Paris, dans la *Vie de Henri III d'Angleterre*, désigne les assassins par l'épithète de porteurs de couteaux : *assassinos, quos cultelliferos appellamus.*

Lamartine, dans les *Girondins*, appelle Charlotte Corday « l'ange de l'assassinat ».

La Bible glorifie l'assassinat dans la personne de Judith, qui aujourd'hui serait envoyée en cour d'assises.

— Les escarpes ne se trouvent pas chez les femmes, leur faiblesse ne les porte pas à la violence. Charlotte Corday assassine Marat pendant qu'il est sans défense, malade et au bain. Judith et Jahel tuent Holopherne et Sisara pendant leur sommeil, et c'est aussi pendant qu'il dort que Dalila prive Samson de ce qui fait sa force.

— On disait autrefois *assassin*, pour *assassinat*, comme on continue à l'employer dans le langage populaire.

Louis XIV, le 30 août 1662, écrivait aux cardinaux : « L'assassin commis le 20 courant, sur la personne de mon cousin, le duc de Créqui, mon ambassadeur extraordinaire... »

— L'article 296 du Code pénal qualifie assassinat tout meurtre commis avec préméditation ou guet-apens. Ce crime est puni de mort, sauf le cas de circonstances atténuantes.

Asse, suffixe péjoratif : bonasse, filasse, populace, savantasse.

Asseoir, du latin *ad sedere*, être assis : d'où siège, assiéger, assises, assiette, assesseur, séance.

Assez, de *ad satis* ; en provençal, *proun* ; *prou* signifiait autrefois *assez, beaucoup.*

Si Dieu ne nous ayde, nous aurons prou d'affaires.
(RABELAIS.)

J'ai prou de ma frayeur en cette conjecture.
(MOLIÈRE, *Étourdi*, II, 4.)

— Assez est ce qui suffit à un désir ; suffisamment, ce qui suffit à un besoin. Le sage, qui se contente de peu, dit assez dès qu'il a suffisamment. L'avare n'a jamais assez d'argent ; le prodigue n'en a jamais suffisamment.

Mieux vaut assez que trop.

— Assez est un peu plus que ce que chacun a. (Franklin.) — *Nil satis est*. (Horace, Sat., I, 62.) Rien n'est assez. — *Quod satis est cui contingit, nihil amplius optet*. (Horace, Ép.) Celui qui a assez ne doit rien désirer de plus.

Assignat, du latin *as, signatus*, parce que Servius Tullius fit frapper des *as* avec l'empreinte d'une brebis, *pecus*; d'où *pecunia*, argent monnayé.

L'assignat moderne est un billet-monnaie émis en 1789 par l'Assemblée nationale. Le porteur avait assignation sur le prix des biens du clergé. Cette monnaie fut vite dépréciée.

Astrologue. Les astrologues sont les ancêtres des astronomes, comme les alchimistes sont les prédécesseurs des chimistes.

Athènes (la nouvelle). « Paris représente l'ancienne Athènes. On voulait être loué des Athéniens; on ambitionne aujourd'hui le suffrage de la capitale de la France. Alexandre, au moment qu'il combattait Porus, s'écriait : Que de fatigues pour être loué de vous, ô Athéniens ! Quel peuple était-ce donc que ces Athéniens ! » (Mercier, *Tableau de Paris*, ch. IX.)

Atlas, recueil de cartes géographiques.

Au XVIe siècle, Mercator ayant publié une collection de cartes, dont le frontispice représentait Atlas portant le globe sur ses épaules, depuis, ce nom fut donné à tous les recueils du même genre, et même à tout recueil de planches de grand format.

Les anatomistes ont donné le nom d'atlas à la première vertèbre cervicale, qui supporte immédiatement la tête, comme Atlas portait le monde.

— On a nommé *atlantes* (pluriel d'*atlas*) des figures d'hommes employées en guise de colonnes ou de pilastres, pour soutenir un balcon, une corniche.

Atmosphère, du grec *atmos*, vapeur, et *sphaira*, sphère.

On présume que l'atmosphère a 47 kilomètres d'épaisseur. Les plus hautes montagnes n'ont que 8.000 mètres (?).

Gay-Lussac, en 1804, s'est élevé en ballon à 7.000 mètres. Cette hauteur paraît être la limite où l'homme puisse arriver.

On appelle atmosphère l'unité de comparaison pour mesurer la pression, et particulièrement celle de la vapeur. Elle équivaut au poids d'une colonne de mercure de 76 centimètres de hauteur sur un centimètre carré de surface, soit 1 kilom. 33. La vapeur à 100 degrés a une pression égale à celle de l'atmosphère.

Atome, du grec *a*, négatif, *tamé*, coupure, section. La dernière division possible de la matière.

L'individu est un atome, une molécule de la grande famille humaine.

La doctrine atomistique, qui fut celle de Démocrite dans l'antiquité, et qui fut développée par Épicure, concevait tous les êtres comme formés par un certain nombre d'atomes ou éléments simples, indivisibles, indestructibles, dont les assemblages, faits suivant certaines règles naturelles et variées, constituent tous les êtres animés, de même que les lettres de l'alphabet forment par leurs combinaisons, les mots les plus divers. Cette supposition théorique des anciens est devenue une vérité de la science moderne, qui a reconnu que les trois éléments gazeux : l'oxygène, l'hydrogène et l'azote, par les associations variées, forment tous les corps organisés.

Atout, coup grave. Avoir de l'atout au jeu, c'est avoir de belles cartes. Dans le langage populaire, c'est avoir des poings solides pour battre son adversaire.

La *Gazette de Lorraine*, organe officiel prussien, écrivait le 2 août 1870 : « Tous les atouts sont dans les mains de l'Allemagne ; elle en donne, et n'en reçoit pas. » (L. Larchey.)

Atrabilaire, du latin *afra*, noire, *bilis*, bile.

Bile en excès, qui trouble la digestion et influe sur le caractère d'une personne, en la rendant morose, chagrine, irritable.

Atre, *atrium*, du latin *ater*, noir. L'atrium, dans les maisons antiques, était une salle, un portique couvert où se trouvait l'autel des sacrifices.

Atre est un suffixe qui ajoute aux mots un sens péjoratif. (Vient plutôt du suffixe *aster*, du latin.)

Attendre, du latin *ad*, *tendere*, *attendere* (sous-entendu *animum*), tendre son esprit vers...

Syn. : compter les clous de la porte ; croquer le marmot ; faire le pied de grue ; garder le mulet ; attendre sous l'orme.

— Attendre comme les moines font l'abbé ; c'est-à-dire se mettre à table sans attendre les convives en retard.

Dans les couvents, les moines étaient dispensés d'attendre leur supérieur, lorsque la cloche les avait appelés au réfectoire. Ils invoquaient les vers d'une « prose » gastronomique.

O beata viscera,
Nulla sit vobis mora !

(Loin de vous tout retard, bienheureuses entrailles.)

« Au temps jadis, peu de gens disnoyent comme vous diriez les moynes et chanoines. Aussi bien n'ont-ils aultre occupation ; tous les jours leur sont festes, et observent diligentement un proverbe claustral : *de missa ad mensam*, et ne différoyent seulement attendant la venue de l'abbé, pour soy enfourner à table. Là, en bouffant, attendent les moynes l'abbé tant qu'il voudra, non aultrement, ne aultre condition. » (Rabelais.)

— Les Allemands disent : attendre de la main gauche ; c'est-à-dire pendant que la main droite porte à la bouche.

Un diner réchauffé ne valut jamais rien... (Boileau.)

— Brillat-Savarin a dit : « Retarder un diner pour un convive qui se fait attendre, c'est désobliger toutes les personnes présentes pour en obliger une seule. »

— L'attente tourmente. — Beaucoup ennuie qui attend. — Un plaisir est assez vendu, qui longuement est attendu.

« Il prenait souvent l'almanach, comptait les jours et égrenait, avec une impatience fiévreuse, le long rosaire formé des heures séculaires de l'attente. » (Mürger.)

Tout vient à point, qui sait attendre. — Qui attendre peut, a ce qu'il veut.

Savoir attendre est le secret des gens habiles, et c'est bien souvent le premier élément du succès. C'est par l'impatience que l'on échoue le plus souvent. Aussi Machiavel a dit : « L'empire du monde appartient aux flegmatiques, c'est-à-dire à ceux qui sont maitres de leurs passions. »

Atticisme, d'*Attique*, en grec *acté*, rivage. C'est le langage pur et élégant des habitants de l'Attique, et surtout d'Athènes.

Attice dicere. (Cicéron.) *Atticiso*. (Plaute.) Je parle comme les Athéniens.

Sel attique ; raillerie fine, comme celle des Athéniens.

Attouchement. Le verbe *attoucher* n'existe plus.

Nu à nu le baise et atoce. (Dolopathos.)

« Je tâte cet habit, l'étoffe en est moëlleuse. » (*Tartuffe*.) Molière avait sans doute emprunté cet effet comique à Rabelais (II, 16), où Panurge « quand il se trouvoyt en compagnies de quelques bonnes dames, il les mettoyt sur le propos de lingerie, et leur mettoyt la main au sein, demandant, et cest ouvrage est-il de Flandre ou de Haynault ? »

— Attouchements lascifs, privautés hardies et violentes, galanteries excessives.

— Patiner, toucher d'une façon indécente. C'est le *tractante manu ad venerem titillare* des anciens.

« Ah ! doucement ! je n'aime pas les patineurs. » (Molière.)

Attraper, prendre à la trappe, est synonyme de prendre, de tromper.

Attraper d'un coup de pierre ; attraper la ressemblance ; attraper quelqu'un à la course, la fièvre, un rhume...

Il y a des gens qui ne peuvent rien attraper qu'à la volée, d'autres à la piste, d'autres à l'affût.

Aubaine, de *aubin*, étranger (*alibi natus ?*).

Bonne aubaine, avantage inattendu.

Droit d'aubaine ; celui qu'avait le roi de France à la succession d'un étranger non naturalisé. La Constituante l'a aboli (6 août 1790). Rétabli par les articles 11 et 912 du Code Napoléon, il a été aboli de nouveau par la loi du 24 juillet 1819.

Sous la domination des papes dans le Comtat Venaissin, les Avignonnais possédaient en France des biens exempts du droit d'aubaine.

Aube, du latin *alba*, blanche.

Le commencement du jour, opposé à la brune, crépuscule du soir : Il est parti à l'aube, et ne reviendra qu'à la brune.

Aube signifie aussi la robe blanche des prêtres.

— *Aubade*, dérivé de *aube*, s'oppose à *sérénade*.

Auberge, en latin barbare *heriberga*, hôtellerie, logement des étrangers.

De là aussi *héberger*, vieux mot de la coutume de Paris ; loger les étrangers.

Audacieux, du latin *audax*, de *audere*, oser.

Audaces fortunat juvat. (Virgile, En., X, 284.) La fortune aide ceux qui osent. (En réalité, Virgile avait dit *audentes*.)

Fortes fortuna adjuvat. (Térence, *Phormion* ; Cicéron, *Tusculanes*.)

Virtuti fortuna cedit. (Sénèque.)

Virtuti fortuna comes. (Devise du maréchal Pélissier.)

Fortuna fortes metuit, ignavos premit (Sénèque), a été traduit par Corneille : « Cette lâche ennemie a peur des grands courages. »

À l'homme vaillant et hautain, la fortune presse la main.
Fortune secort les hardiz. *(Rom. de la Rose.)*
Fortes juvat ipsa Venus. (Tibulle.) Vénus même aime le courage.
La crainte fit les dieux, l'audace fit les rois. (Crébillon, *Xerxès*.)
De l'audace, encore de l'audace, toujours de l'audace ! (Danton.)
Voir, c'est savoir ; vouloir, c'est pouvoir ; oser, c'est avoir.
Audacieux et fluet, et l'on arrive à tout. (Scribe.)

Augias (les Ecuries d'). Augias, roi d'Elide, un des Argonautes, avait de vastes étables, qui contenaient trois mille bœufs, et qui n'avaient pas été nettoyées depuis trente ans. Hercule en enleva les ordures, en y faisant passer le fleuve Alphée, qu'il détourna de son cours.

Augure, ou *ornithomancie*, vient, selon Varron, de *avium, garritu*, du gazouillement des oiseaux ; selon Festus, *ab avium gestu*, de leur vol.

Le bon augure résultait du vol des oiseaux à droite ; le mauvais, du vol à gauche, *sinistra* ; d'où présage sinistre.

Cicéron s'étonnait que deux augures pussent se regarder sans rire.

Un Indien, en regardant un derviche, se dit : « S'il croit, c'est un sot ; s'il ne croit pas, c'est un imposteur. »

— Le présage est la prévision d'un événement futur.

L'augure indique le résultat, bon ou mauvais, qu'il produira. Ainsi on tire un augure favorable ou sinistre, un présage certain ou incertain.

— Oiseau de mauvais augure : *avis sinistra*. (Plaute.)

Messager de mauvaises nouvelles. Le hibou, dont le cri est affreux, qui ne voit que la nuit, qui a tous les oiseaux pour ennemis, dont l'aspect est hideux et repoussant, passe pour un oiseau de mauvais augure.

Boileau a dit, en parlant du hibou :

> Des désastres fameux, ce messager fidèle
> Sait toujours des malheurs la première nouvelle.

N'imite pas la chouette et le hibou, dont les cris lugubres alarment le voisinage. Ressemble plutôt à l'aimable rossignol, qui, par son chant mélodieux, nous annonce le retour du printemps.

Les Anglais disent *inauspicious*, d'un mauvais augure.

Avibus secundis. (Liv.) Avec les augures favorables.

Omen accipio. (Cicéron.) — *Omen placet.* (Plaute.) J'en accepte l'augure.

— Repas d'augures : *cænæ augurales* (Cicéron) ; repas somptueux. Aujourd'hui, repas d'inauguration.

Aujourd'hui, au jour de hui (*hodie*) : le jour où l'on est. Le latin *hodie* a donné en langue d'oïl, *hui*, en langue d'oc *huei*. Ces formes suffisaient pour rendre l'idée du jour présent. Par redondance, on y ajouta *au jour de*. Le peuple renchérit encore, et ajoute un second pléonasme : au jour d'aujourd'hui.

> Car hui en ce jor ne manjai,
> Si irai querre ma viande.
> (Roman de la Rose.)

Huei se dit encore en provençal.

> Aujourd'hui ami, chevalier, fleur, marié, en chère, en fleur.
> Demain ennemi, vachier, poussière, marri, en bière, en pleur.

Aulnes. Le roi des Aulnes ou Elfes ; nom d'un génie malfaisant, célèbre dans la féerie allemande.

Aumône, du grec *éléémosyné*, par le latin *eleemosyna*.
Donner l'aumône n'appauvrit pas.

> Qui du sien donne,
> Dieu lui redonne.
> (XIᵐᵉ Siècle.)

> Ferme ta main, tu perds ton or ;
> Ouvre-la, c'est double trésor.
> (Prov. anglais.)

Qui donne aux pauvres, prête à Dieu.
— L'argent du diable, bien employé, devient l'argent de Dieu. (G. de Nerval.)
L'aumône d'un regard, d'un souvenir, d'un regret...
Quand tu fais l'aumône, que ta main gauche ne sache pas ce que fait ta main droite. (Mathieu, VI, 3.)
Sois muet en donnant, et parle en recevant.
L'aumône de l'ostentation est sans mérite.
— Ce distique ancien énumère, dans son premier vers, les aumônes matérielles, et dans le deuxième, les aumônes spirituelles.

> *Visito, pasco, cibo, redimo, tego, colligo, condo,*
> *Consule, castiga, solare, remitte, fer, ora.*
> (Je visite, nourris, abreuve, rachète, revêts, abrite, ensevelis ;
> Conseillez, corrigez, consolez, pardonnez, supportez, priez.)

Aune, du latin *ulna* (?), étendue du bras. Mesure ancienne, qui valait 3 pieds, 8 pouces, 8 lignes ; 1 m. 19.
Au bout de l'aune faut le drap.

— Mesurer les autres à son aune : les juger d'après soi. Ce dicton se prend en mauvaise part ; et c'est ordinairement à un malhonnête homme ou à un fripon qu'il s'applique.

Auspice, du latin *auspicium*, *avis*, *aspicio*, j'examine les oiseaux. Présage tiré du vol des oiseaux.

Sous d'heureux auspices, c'est-à-dire des présages favorables.

On connaît l'histoire de Claudius Pulcher, qui fit jeter à la mer les poulets sacrés parce qu'ils ne voulaient pas manger : « Qu'ils boivent ! » dit-il.

Aussitôt, aussi, tôt.

Aussitôt pris, aussitôt pendu. *Dictum factum*. (Térence.)

Autan, vent du S.-E., qui souffle sur les côtes de la Méditerranée. On ne l'emploie guère qu'en poésie, comme synonyme de grand vent.

Autant, adv. de comparaison, marque l'égalité.

Autant de têtes, autant d'avis.

Autel, de *altus*, haut, élevé. On dressait habituellement les autels sur les hauteurs

Elever autel contre autel : c'est-à-dire opposer puissance à puissance.

Il prendrait sur l'autel ; c'est-à-dire il vole effrontément.

Atqui reperias ita non religiosos, ut edant in patella. Ils sont si peu scrupuleux qu'ils mangeraient dans le plat des sacrifices. (Cicéron.)

Ne sacris quidem abstinere. (Q. Curce.)

Le prêtre doit vivre de l'autel. (S. Paul, I. *Corinth.*, IX, 13.) — *Sacerdos ut altare vivat oportet.* (Saint Augustin.)

Ki autel sert, d'autel doit vivre. (XVIe siècle.)

— Dans les temples païens se trouvait une salle placée derrière le sanctuaire, où les prêtres mangeaient les morceaux les plus délicats des victimes qu'on venait d'immoler, et mettaient ainsi le proverbe en action.

Le mot *immoler* vient lui-même de la farine (*mola*), qu'on mettait sur la tête de la victime avant de l'égorger.

L'abbé Pélegrin vivait du prix de ses messes, et du produit de ses pièces de théâtre ; ce qui donna lieu à ces vers :

> Le matin catholique, et le soir idolâtre,
> Il dîne de l'autel, et soupe du théâtre.

Pro aris et focis ; combattre pour ses autels et ses foyers, pour la religion et la patrie, pour Dieu et pour le Roi.

— Autel privilégié : celui où l'on peut tous les jours célébrer la messe des morts.

Autem (tu). Voilà le *tu autem*, c'est-à-dire la difficulté, le secret, le fin d'une chose.

Certaines parties de l'office se terminent par : *tu autem, Domine, miserere nobis.*

Rabelais, I, 13, dit : « Bientoust en sçaurez le *tu autem*. » Au livre II, 2, le Seigneur de Baise-Cul répond à Pantagruel, qui lui demande s'il a encore quelque chose à dire : « Non, monsieur, car j'ay dict tout le *tu autem*. »

Sando, celui-là savait bien le *tu autem*. (*Moyen de parvenir.*)

Auteur, en latin *auctorem*, du latin *augeo*, j'augmente.
Le féminin *autrice* n'existe plus en français ; latin *auctrix*.
Auteur, oseur. (Beaumarchais.)

— L'auteur est celui qui trouve ; l'écrivain, celui qui donne à l'idée une forme correcte et élégante : Ésope est l'auteur, Phèdre est l'écrivain.

Sans la langue, en un mot, l'auteur le plus divin
Est toujours, quoi qu'il fasse, un méchant écrivain.
(Boileau.)

Autocrate, homme dont la puissance est sans bornes, qui ne relève de personne ; du grec *autos*, même, *kratos*, puissance.

Automédon, écuyer d'Achille, et ensuite de son fils Pyrrhus. Sa réputation comme écuyer était si grande, que son nom était devenu le nom appellatif des bons écuyers. (Cf. Juvénal, satire I.) Aujourd'hui, il signifie habile cocher.

Automne, du latin *autumnum*, de *auctum* ; c'est la saison des récoltes.

Autonome (*autos*, même, *nomos*, loi) ; qui se gouverne par ses propres lois.

Avaler, du latin *ad*, vers, *vallis*, la vallée, en descendant.
Avaler le calice... des couleuvres : faire à contre-cœur.
Avaleur de charrettes ferrées : fanfaron. — Avaleur de lances et de catapultes. (Athénée.)

Avancer, de *avant*, *ab ante*.
— Avancer à son rang de bête ; à l'ancienneté.

Avancer comme un cordier…, comme une écrevisse : à reculons. *Nepam imitari.* (Plaute.)

Avancer comme potiron, c'est-à-dire rapidement. (Brantôme.) — *Ab asinis ad boves transcendere.* (Plaute.) Monter des ânes aux bœufs, c'est-à-dire monter en grade.

Avant, préposition et adverbe, *ab ante*.

De *ante* on fit *ains*, d'où *ains*-né, aîné, né avant.

De *avant*, sont venus *devant*, pour davant, auparavant.

En avant ! Dieu pour tous, et que le diable emporte le dernier ! (J.-J. Ampère.) Maxime américaine.

Avare, du latin *avarus*, de *aveo*, désirer.

Avere a donné aussi *avidus*, avide, qui désire avec ardeur.

Avidité est synonyme de *cupidité*, avec cette nuance que *cupidité* désigne un état habituel, tandis que *avidité* peut marquer un état temporaire.

Le mot latin *avaritia*, conforme à son étymologie, signifiait cupidité, rapacité, et n'avait pas le sens absolu que nous donnons à *avarice*.

Synonymes : Arabe, cancre, chien, cochon malade (c'est-à-dire ladre), escars ou escas (en roman), d'où escarcelle ; grigou, grippesou, juif, fesse-mathieu, malade du pouce, harpagon, liardeur, pince-mailles, pingre, pleutre, pouacre, qui vient peut-être de *podager*, goutteux.

Quatorze en furent goutteux, dix et huit en furent pouacres. (Rabelais, II, 6.)

On dit encore : raplat, rat, vilain ; rascas en provençal.

— Avare comme l'Achéron.

— On dit d'un avare qu'il tondrait un œuf, qu'il écorcherait un pou pour en avoir la peau.

Les Provençaux disent : *esquicho-bougnetto*.

— Les prodigues répandent l'or comme du fumier ; l'avare ramasse le fumier comme de l'or.

Un avare donne la troisième moitié d'une pomme.

On ne doit être avare que du temps.

Homme chiche n'est jamais riche. — L'avare a toujours trop, et jamais assez ; il a tout et n'a rien.

L'avare manque de tout : *semper avarus eget.* (Horace, Ep.)

L'avare ne possède pas l'argent, c'est l'argent qui le possède. (Bion.)

... Ce malheureux avare
Ne possédait pas l'or, mais l'or le possédait.
(La Fontaine, IV, 20.)

Avarum irritat, non satiat pecunia. (Syrus.)

Celui qui n'use pas, est comme s'il n'avait pas : *Frustra habet qui non utitur.* — Posséder est peu de chose, c'est jouir qui rend bienheureux. (Beaumarchais.)

Le pauvre manque de beaucoup de choses, l'avare manque de tout. (La Bruyère.) *Desunt inopiæ multa, avaritiæ omnia.* — *In nullum avarus bonus est, in se pessimus.* (P. Syrus.)

— Beaucoup de choses manquent à l'indigence, tout à l'avarice. L'avare n'est bon pour personne; il est très mauvais pour lui-même.

— Un avare avait acheté une corde pour se pendre si la récolte était mauvaise; la récolte fut bonne, mais il se pendit pour ne pas perdre le prix de sa corde. (Bouchet.)

Un avare imagina de mettre des lunettes à son cheval : « Quand je lui donnerai de la paille, il croira manger du foin. »

M. de Coislin, avare, comme beaucoup de gens d'esprit... (Chateaubriand.)

L'avare meurt de faim sur un tas de blé.

Le prodigue et l'avare atteignent le même but : l'un vit de privations et de misère, l'autre meurt de faim pour augmenter ses richesses (?).

Le chevalier Cuttler, qui était très avare, dit au comte de Buckingham : « Vivez comme moi. — Je le ferai, répondit le comte, quand je n'aurai plus rien. »

Avatar, incarnation, spécialement des divinités indiennes.

Ave Maria, prière adressée à la Sainte Vierge, ainsi nommée des mots latins qui la commencent : *Ave,* je vous salue, *Maria,* Marie.

On l'appelle aussi *salutation angélique,* parce qu'elle renferme les paroles de l'ange Gabriel à la Vierge, lorsqu'il vint lui annoncer l'incarnation. (Luc, I, 28.) Le reste est composé des paroles de sainte Elisabeth.

Aveindre, vieux mot, encore usité chez le peuple. Il signifie atteindre, prendre un objet placé haut. C'est le correspondant de jucher, c'est-à-dire placer dans un lieu élevé.

Il dérive de *venir,* ou bien plutôt de *abemere.*

Avenir, mot composé de *a* et *venir,* comme *adieu,* latin *ad venire.*

Tous les jeunes gens ont un oncle d'Amérique, qui s'appelle l'avenir.

> Ma foi, sur l'avenir bien fou qui se fiera ;
> Tel qui rit vendredi, dimanche pleurera...
> (Racine. *Plaideurs*.)

Nos ancêtres donnaient au plaisir encore moins de durée.

> Tel qui rit le matin, qui le soir pleurera.

Avent, *adventus*, arrivée (du Christ, du Messie). Temps qui précède Noël, ou la Nativité de J.-C.

Aventure, jadis *adventure* ; de *adventurus*, qui doit arriver.

« La bonne aventure au gué ! » refrain d'une chanson que fit Ronsard contre Antoine de Bourbon, père de Henri IV, qui menait une vie de plaisir dans une maison nommée la Bonne-Aventure, située au gué du Loir, près Vendôme.

Aventurière, Gil-Blas femelle.

Avertir, du latin *advertere*, attirer l'attention vers.

> Bon averti, mon enfant, en vaut deux.
> (Fabre d'Est.)

Il est dangereux d'attaquer un homme sur ses gardes.

Autrefois, le mot *verti* signifiait tourné ; un A retourné (∀), valait deux A, dans les signes conventionnels. On pourrait croire que le mot proverbial a un calembour pour origine.

Aveu, homme sans aveu, un vagabond.

Au Moyen-Age, la liberté était si peu pratiquée, que tout homme allait au devant de la servitude et se mettait sous la dépendance d'un seigneur, afin de n'être pas sans aveu, c'est-à-dire sans quelqu'un qui l'avouât. (Voy. *avocat*.)

L'expression signifie actuellement : un homme déconsidéré de tous.

Aveugle, du latin *ab oculus*, privé de la vue.

Aveugle comme une taupe. (Voy. *taupe*.) — Au pays des aveugles, les borgnes sont rois. — Au pays des aveugles, qui a un œil y est roi. *In regione cæcorum, rex est luscus*.

Faux aveugle : Bélisaire de contrebande.

Avignon, du celtique *Aouen*, fleuve, *ion*, seigneur. Ville qui domine le fleuve.

Avenio ventosa	Avignon venteuse
Cum vento fastidiosa,	Avec le vent ennuyeuse,
Sine vento venenosa,	Sans le vent vénéneuse,
Omni tempore odiosa.	En tout temps odieuse.

« Sur le pont d'Avignon, tout le monde y passe... ». Ce qui a donné lieu à cette vieille chanson, c'est peut-être le fait historique suivant, cité par Papon, dans l'*Histoire de Provence* : En 1226, Louis VIII, roi de France, à la tête des croisés, fit le siège d'Avignon, parce que Raymond, comte de Toulouse, qui possédait cette ville avec Raymond Bérenger, comte de Provence, s'opposait au passage de l'armée royale sur le pont d'Avignon. Les légats excommunièrent le comte de Toulouse, et Avignon fut pris après trois mois de siège.

Le pont en pierre de dix-neuf arches, auquel se rattache la légende religieuse de saint Bénézet, jeune berger qui le construisit, fut commencé en 1171 et achevé en 1188. Le Rhône l'emporta en 1669.

Avis, du latin *ad* et *visus*, autrefois *adv̂is*.
En roman on disait *vis* :

> *Tan joios son, qu'adès m'es vis*
> *Que folh'e flors s'espandis.*
> (R. GOCELIN.)

(Je suis si joyeux qu'incessamment il m'est avis que feuille et fleur s'étale.)

Vis li fu k'une voix en dormant li diseit. (Rom. du Rou, v. 946.)

Autant d'hommes, autant d'avis. *Quot homines, tot sententiæ.* (Cic. *de Finibus.*)

Quot homines, tot sententiæ; suus cuique mos. Autant d'hommes, autant d'avis : chacun a sa manière de voir. (Térence, *Phormion*, II, 1.)

Aviser (s'). On ne s'avise jamais de tout.
Quelque prévoyant qu'on soit, on est quelquefois en défaut ; mais il faut remarquer que ceux qui disent qu'on ne s'avise jamais de tout, sont les insouciants qui ne s'avisent jamais de rien.

Avocat, du latin *advocatus*, appelé ; mot récent qui a remplacé *avoué*, qui signifiait défenseur, protecteur, par suite seigneur devant protection à ses vassaux. (Voy. *Aveu.*)

Nostre cher prince avoé... (*Chroniq. de Normandie.*)

> De jeune avocat, héritage perdu ;
> De nouveau médecin, cimetière bossu.

Ce proverbe signifie que le savoir et l'expérience sont nécessaires à l'avocat et au médecin pour exercer avec succès.

— **Saint Yves** (1253-1303), patron des avocats et des procureurs, était un gentilhomme breton. Après avoir étudié le droit à Paris, il se fit l'avocat des pauvres.

On lui avait construit une chapelle au coin de la rue Saint-Jacques et de la rue des Noyers.

La légende raconte que saint Yves s'étant présenté à la porte du paradis, fut repoussé par saint Pierre qui le confondait avec les gens de sa profession. Mais le saint, s'étant glissé dans la foule, parvint à entrer. Saint Pierre voulut le chasser, il résista et déclara qu'il ne sortirait que lorsqu'on le lui aurait fait signifier par ministère d'huissier. Aucun huissier n'étant jamais entré en paradis, il fut impossible d'en trouver un, et saint Yves resta.

Avoine, jadis aussi *aveine*, du latin *avena*.

> *Car qui vol cuillir avena*
> *Primieramen la semera.*

Qui veut recueillir de l'avoine en sème d'abord. (P. Cardinal.)

> Jules, qui pour l'État se donne tant de peine,
> Voulut aussi régler mon foin et mon aveine.

— Gagner l'avoine : bien travailler.

Le cheval ne vaut pas l'avoine. (Prov. russe.)

Avoir. Au commencement du xviie siècle, on écrivait encore le participe passé *eu*. Ménage cite le couplet satirique suivant :

> Comtesse de Crussol,
> La, ut, ré, mi, fa, sol,
> Je veux mettre en musique
> Que vous avez eu,
> La, ré, mi, fa, ut,
> Plus d'amants qu'Angélique.

Avoir la paille et le blé ; le drap et l'argent.

Plus on a, plus on veut avoir. Boèce dit qu'on s'estime moins riche de ce qu'on a, que de ce qu'on n'a pas.

— J'ai du bon tabac dans ma tabatière...

Il y a des gens qui font parade de leurs richesses pour humilier les malheureux. Le bon goût défend de parler de ses avantages devant ceux qui ne peuvent les partager ; mais il y a une foule d'orgueilleux maladroits qui sont toujours pressés de dire aux boiteux : voyez comme j'ai les pieds agiles ; aux malades, comme je me porte bien.

Mal a qui a, pis a qui n'a. Maxime de droit français de Catherinot ; c'est-à-dire celui qui possède peut éprouver un dommage, mais celui qui n'a rien est bien plus à plaindre.

— Quand il y en a pour deux, il y en a pour quatre.

Ce proverbe est faux dans la pratique, à moins qu'on n'entende parler de feu, de chandelle. On pourrait le dire du plaisir, qui se double en se partageant ; dans ce cas, la moitié vaut mieux que le tout. *Dimidium plus toto.*

Quant à l'affirmation paradoxale qu'un dîner pour deux peut servir à rassasier quatre convives, ce n'était pas l'avis de ce gourmand, qui disait que, pour manger une poularde, il fallait n'être que deux : le gourmand et la poularde.

— Tant as, tant vaux. *Assem habeas, assem valeas.* (Pétrone.)

— Un tiens vaut mieux que deux tu l'auras.

Avorter, du latin *ab*, de *oriri*, sortir. En parlant de la femme, on dit : accoucher avant terme, fausse-couche.

Avorter ne s'emploie que dans le cas où l'accouchement prématuré a été provoqué par des moyens criminels..., ou en parlant des animaux.

Avorton, qui est mal venu, avant terme ; par suite chétif, faible, mal fait.

Avril, du latin *aprilis* (de *aperire*, ouvrir).

La terre commence à s'ouvrir à cette époque pour laisser sortir les plantes.

Second mois des Romains, consacré à Vénus, comme venant de *Aphrodité*, et non de *aperire*, comme beaucoup l'ont dit après Macrobe, car dès la fin de février, à Rome, les prés verdissent.

En avril, ne quitte pas un fil ;
En mai, quitte ce qu'il te pl...
(Voy. *Poisson.*)

Azyme (pain), du grec *a* priv. *zumé*, levain.

Pain sans levain, que mangent les Juifs deux semaines avant la Pâque.

La fête des azymes a été instituée pour rappeler la sortie d'Égypte. Les Hébreux s'étaient enfuis précipitamment, emportant la pâte destinée au pain, avant même qu'elle fût levée.

B

B. Méfiez-vous des gens marqués au B. (Ils sont malins.)

> Bègues, borgnes, bossus, boiteux,
> Quatre b qui sont fâcheux.

Ce proverbe est dû à un préjugé ridicule. Les infirmes dont il s'agit méritent de la pitié, et non de la malveillance; d'autant plus que cette méfiance n'est justifiée par rien. Byron et Walter Scott boitaient; Le Camoëns était borgne. Quant aux bossus, il n'y a rien à dire pour les disculper : leur malice et leur esprit naturel sont assez connus pour qu'on leur laisse à eux-mêmes le soin de se défendre.

Les Italiens ont aussi une méfiance marquée pour les gens contrefaits. Ils n'admettent pas qu'une âme droite puisse habiter dans un corps tortu; témoin ces vers macaroniques, passés en proverbe :

> *Nulla fides gobbis, et noli credere zoppis;*
> *Si cæcus bonus est, inter miracula scribe.*

(Ne vous fiez pas aux bossus, non plus qu'aux boiteux; si vous trouvez un aveugle honnête, croyez que c'est miracle.)

Babel, de l'hébreu *babel,* confusion, d'où *babiller.*
La tour de Babylone, dans *Tartuffe.*
C'est la tour de Babel : une réunion où tout le monde parle.
Paris représente l'idéal de cette confusion des langues à laquelle la Genèse attribue l'origine de toutes les grammaires (?).
Hérodote assure qu'on voyait de son temps la tour de Babel à Babylone. Elle était composée de huit tours superposées, diminuant peu à peu de largeur. Au-dessus de la huitième était le temple de Bélus. La première tour avait un stade, ou 150 pas, de largeur et de hauteur.

Babine, du latin *babina,* dim. de *labia,* lèvre (ou plutôt d'un radical germ. *bab,* d'où bambin); de là aussi baboin, singe à grosses lèvres.
S'en lécher les babines.

Babiole, jouet d'enfant (même radical *bab*); en anglais *baby,* petit enfant.

Il ne s'amuse qu'à des babioles. — Son cabinet ne contient que des babioles. — Le reste n'est que babioles. (Charron, *Sagesse*, III, 6.)

Babord, le côté gauche d'un navire, quand on regarde de l'arrière à l'avant. Opposé de tribord.

Babou (la). Jeu de Gargantua (I, 22); c'est encore un jeu de petits enfants en Provence. Babou est un fantôme dont on les effraie. — Dans plusieurs pierres antiques gravées, on voit ce jeu figuré par un petit génie qui se couvre le visage avec un masque hideux. La *moue* est une imitation de ce masque (?).

Babylone formait un carré de 35 kilomètres de côté. Elle avait une superficie de 20 kilomètres carrés (?). (Oppert.)

C'est une Babylone, c'est-à-dire une grande ville corrompue.

Chez les anciens, la dissolution de Babylone était proverbiale; mais d'autres villes rivalisaient avec elle pour cette triste célébrité.

Horace dit, par allusion à la corruption de Rome (Ep. II du Liv. I):
Iliacos intra muros peccatur et extra. (Le vice règne au dedans, comme au dehors.)

Saint Pierre (*Epit.* II) et saint Jean (dans l'*Apocalypse*), désignent Rome par le nom injurieux de Babylone.

Canope, ville d'Egypte, passait aussi pour être très dépravée. Sénèque (*Ep.* 15) en parlant du sage, dit : « Il ne choisira pas Canope pour lieu de sa retraite. »

Juvénal (*Sat.* VI, 84) voulant exprimer la dissolution des dames romaines, dit que Canope même les blâmerait :

Et mores Urbis damnante Canopo.

Et ailleurs (*Sat.* XV, V, 45) :

Sed luxuria, quantum ipse notavi,
Barbara famoso non cedit turba Canopo.

Sous les empereurs, Baïes, près de Naples, fut décriée comme étant un lieu de libertinage, et comparée à Canope.

Marseille, vers le ıı^e siècle, devint très corrompue. Salvien, prêtre de Marseille, a laissé une description de cette dépravation, et Athénée, qui vivait sous Commode, cite le proverbe romain : *Massiliam naviges.* Va vivre dans la débauche... à Marseille.

Massilienses mores. (Plaute.) Mœurs efféminées. (Voy. *Capoue.*)

Bacchanales, fêtes de Bacchus. En Grèce, c'étaient les *Dionysiaques*.

Elles passèrent de la Grèce en Étrurie, où elles devinrent l'occasion de crimes et de débauches abominables. En 186 avant J.-C., les consuls Spurius et Marcius réprimèrent ces excès, abolirent les réunions nocturnes et modifièrent le culte de Bacchus pour empêcher le retour de ces abus. Sous les empereurs, les Bacchanales reparurent avec tous leurs débordements. Les débauches les plus monstrueuses accompagnèrent les cérémonies publiques de ce culte.

On trouve ce culte impur établi dans les Gaules à la fin du ive siècle ; saint Augustin en déplore la licence.

Les Bacchanales étaient célébrées par les Bacchantes, prêtresses de Bacchus (du grec *bacchaô*, être agité).

Bacchus étant le dieu du vin, Pomone serait la déesse des Normands ; Cérès, celle des Allemands.

Bachelier, du latin *bacca*, baie, *laurus*, laurier ; baie de laurier.

Branche de laurier avec ses fruits, donnée jadis au récipiendaire, pour indiquer que son esprit cultivé allait donner des fruits.

Le laurier femelle, qui porte des fruits, est appelé par Pline *baccalia*, d'où le provençal *baguier*.

En anglais *bachelor*, homme célibataire.

Bachelette était synonyme de *jeune fille*. Très ancien dans cette signification.

Bâcler, du latin *baculus*, bâton ; signifie proprement fermer une porte avec un bâton.

Bâcler une affaire, signifie la conclure, la terminer. En Berry, boucler une affaire.

Badaud, flâneur, niais, qui s'étonne de tout ; du latin *badare*, regarder la bouche bée ; en provençal, *badar*, ouvrir la bouche, et *badayar*, bayer.

Bailler aux corneilles, comme un gobe-mouches. Niais comme le béjaune, qui sort de son nid. D'où baie, ouverture, porte ou fenêtre.

Et vos tens ben per badau. Et je vous tiens bien pour niais. (De Gaubert.)

De *badare* viennent badaud, badin, bayer (jadis boyer ?), béer, béant, bégueule, ébahi (?).

Les badauds de Paris. Cette épithète, qu'on trouve déjà dans Rabelais, a été appliquée aux Parisiens pour indiquer qu'ils sont un peu niais, très musards, toujours prêts à s'étonner des choses les plus ordinaires. Voltaire dit : « C'est parce qu'il y a à Paris plus qu'ailleurs des gens oisifs qui s'attroupent pour regarder le premier objet venu. »

Le nom de *cokneys*, donné aux habitants de Londres, et qui a la même signification que *badaud*, justifie l'opinion de Voltaire.

Corneille fait dire à un des personnages du *Menteur*, qui parle de Paris :

> Et parmi tant d'esprits plus polis et meilleurs,
> Il y croit des badauds autant et plus qu'ailleurs.
> (IV, 144.)

A Paris, on est si badaud, que, si l'on disait que le temps passe, tout le monde courrait pour le voir passer.

Le Parisien est à la fois crédule et esprit fort, fils de Voltaire et de Jocrisse.

Un cokney de Londres vaut deux badauds de Paris.

Rabelais (I, 17) dit : « Le peuple de Paris est tant sot, tant badault et tant inepte de nature, qu'ung basteleur, ung porteur de rogatons, ung mulet avec ses cymbales, un vielleur au milieu d'ung carrefour, assemblera plus de gens que ne feroyt un beau prescheur évangélique. »

— Eloi Johanneau dit que ce sobriquet vient du mot *bader*, encore employé dans l'Orléanais, non-seulement pour béer, bayer aux corneilles, mais pour babiller comme une pie, et qu'il tient à la légende de la pie voleuse, fable mythologique du druidisme.

Eh ! Messieurs les badauds, faites vos affaires. (Molière, *Pourceaugnac*.)

Lorsque Ménage fit imprimer ses *Origines de la langue française*, Journel, son imprimeur, refusa d'insérer l'article sur les badauds de Paris, parce qu'il était lui-même Parisien. Ménage fit alors ce quatrain :

> De peur d'offenser sa patrie,
> Journel, mon imprimeur, digne enfant de Paris,
> Ne veut rien imprimer sur la badauderie ;
> Journel est bien de son pays.

— On dit aussi *badin*, pour niais, diseur de bêtises. (Voy. Montaigne, Liv. I, ch. 33.)

On dit encore *pétrousquin* (Voy.) pour badaud, niais, dans la signification de Pierrot, comme pitre, paillasse, niais de saltimbanque.

Bafrer, briffer, manger avidement, (de l'allemand).

Bagage. Baguer est, au propre, lier des paquets avec des cordes qui en font plusieurs fois le tour.

— On lit dans la *Satire Ménippée*, que « les dames de Paris estoyent aux fenestres pour veoir amener le Biarnais prisonnier en triomphe, lié et bagué ».

— On fait aussi venir *bagage* de l'allemand *pack*, paquet, dont on a fait d'abord *bagues*, qui a signifié au Moyen-Age le coffre ou enveloppe de cuir que nous appelons bâche, vache, valise, et dans lequel on renfermait les objets qu'on voulait conserver avec soin.

— Dans les anciennes capitulations, on trouve souvent : « La garnison aura la vie et les bagues sauves. »

— Plier bagage : s'en aller. Madame, votre jeunesse a plié bagage.

Bagatelle, de l'italien *bagatella*, dim. de *baga*, bagage, petit objet sans importance.

— Il ne faut pas s'arrêter aux bagatelles de la porte. C'est la phrase que débitent les saltimbanques pour inviter les curieux à entrer dans leur théâtre forain, après avoir assisté à la parade qu'ils font sur les tréteaux, devant leur porte.

On appelle les eaux de Versailles des « bagatelles grandioses ».

Bagou ou *bagout*, bavardage, dérive de *gueule*, d'où débagouler, parler avec excès.

Elle vint à débagouler mille injures contre le roy. (Brantôme.)

Bague, après avoir exprimé l'idée de bagage, le paquet des hardes les plus précieuses, signifia, par extension, les menus bijoux appartenant aux femmes. D'où *baguenauder*, s'amuser à des bagatelles. Enfin, au XVe siècle, *bague* signifia absolument un anneau que l'on portait au doigt ; d'où la locution : « C'est une bague au doigt », c'est-à-dire un avantage dont on jouit sans peine.

Les Grecs disaient : Si les anneaux sont tombés, restent les doigts.

C'est une bague au doigt signifie : c'est une belle propriété, un emploi lucratif, d'un travail facile. C'est un souvenir de l'investiture de l'anneau. Le nouveau titulaire d'une charge, d'un domaine, recevait un anneau, qui était comme la consécration de ses droits.

Une bague au doigt équivaut quelquefois à une chaîne aux pieds. (De Clinchamp.)

Bail, du latin *baila*, garde, tutelle (ou de *bajulus*), d'où bailler, donner ; bailli, officier chargé de la garde des intérêts publics.

Baïonnette. Cette arme, qui a remplacé la pique, date du milieu du XVIIe siècle. Elle a pris son nom de Bayonne, où elle fut inventée, en 1641, dans un engagement de paysans basques contre des contrebandiers. Après avoir épuisé leurs munitions, les paysans imaginèrent d'attacher leurs couteaux au bout de leurs mousquets, et d'en faire une arme pour repousser leurs adversaires.

Peut-être de l'espagnol *baina*, vagina, fourreau, d'où *bainetta*, le contenant donnant son nom au contenu.

— *Baïonnette* est fait comme *biscaïen*, de Biscaye; *pistolet*, de Pistoie; *mousquet*, de Moscou, etc.

— Cette arme fut adoptée pour l'armée française en 1670; la baïonnette entrait dans le canon. En 1678, on inventa la douille qui la rend indépendante.

— Depuis le défi hautain de Mirabeau, *baïonnette* est devenu le synonyme de : l'instrument de la force contre le droit.

Le duc de Morny, agent principal du coup d'État de décembre, disait : « On peut tout faire avec les baïonnettes, excepté s'asseoir dessus. »

Baisemain, usage féodal.

Le vassal, en renouvelant un bail, baisait la main à son seigneur et lui offrait un présent. On baise encore la main de l'évêque, ou son anneau.

Le vassal était quelquefois tenu de baiser le pied de son suzerain. L'usage de baiser le pied du pape s'est conservé.

— Baisemain et peu d'offrandes. Pierre de Saint-Julien dit de ce proverbe : « Depuis que les rois ont voulu être appelés Majesté, servis à tête nue et à baise-mains, non-seulement les princes, mais aussi les gentilshommes à simple semelle, les nobles de bas aloi, les dames mal damées et les demoiselles de trois vertus, ont voulu être servis à la royale; dont est advenu que nous aultres, gens d'église, avons apprins à dire qu'on ne rend jamais tant de baise-mains et si peu d'offrandes. »

Baiser, du latin *basiare*, donner un témoignage d'amitié, d'amour, de respect, d'humilité, par l'application de la bouche sur la joue, sur les lèvres, sur la main.

— Les Romains appelaient *osculum*, un baiser à un ami; *basium*, le baiser fait par honnêteté; *suavium*, le baiser d'amant.

Plutarque dit que l'usage s'était introduit à Rome de baiser les dames sur la bouche, pour s'assurer qu'elles ne buvaient pas de vin.

— On a appelé le baiser un langage sans paroles.

Cueillir, dérober un baiser.

Le baiser que j'ai pris, je suis prêt à le rendre.
(VOITURE.)

Le baiser est un fruit qu'il faut cueillir sur l'arbre; se dit à quelqu'un qui envoie un baiser avec la main.

— Je lui disais le mot qui résume toute amitié et toute parenté, et ce mot, sans parler, c'est un baiser. (G. Sand.)

— Baiser de Judas; caresse de traître. (Saint-Marc, XIV, 44. Luc, XXII, 47.)

> J'embrasse mon rival, mais c'est pour l'étouffer.
> (Racine, *Britannicus*.)

— Baiser le cul de la vieille : perdre au jeu sans avoir rien marqué.

— Baiser Lamourette. L'abbé Lamourette, né en 1742, fut nommé député à l'Assemblée législative en 1789. Il y apporta un esprit de concorde et de paix, qui se manifesta surtout dans la journée du 20 juin 1792, où il exhorta les membres désunis à se réconcilier. Persuadés par son discours, ils s'embrassèrent les uns les autres; mais cette réconciliation, qui fut ridiculisée sous le nom de « baiser Lamourette », ne dura que deux jours. Le député Lamourette périt sur l'échafaud en 1794.

Charles-Henri Sanson dit dans ses mémoires (t. IV, p. 387) :

« 21 nivôse. Adrien Lamourette, évêque constitutionnel de Lyon, a subi le dernier supplice. Il avait dit dans la prison : « Faut-il s'étonner de mourir ? La mort est-elle autre chose qu'un accident de l'existence ? Au moyen de la guillotine, elle n'est qu'une chiquenaude sur le col. »

« Il a bien montré, du reste, qu'il ne la craignait pas, et il l'a vue venir avec sang-froid.

« On l'a fort injurié dans le chemin, et lui, il les bénissait, sans que son visage trahît d'amertume. En mémoire de son discours de 1792, on lui criait : « Allons, baise Charlot, Lamourette ! allons, baise Charlot ! » Sans être décontenancé, il m'a dit : « Oui, j'embrasserai en toi l'humanité, qui, si folle et si furieuse qu'elle devienne, est toujours l'humanité. » En effet, au moment où l'on allait le boucler, il m'embrassa. »

Baisser, de *bas*.

Vous baissez : vos discours ressemblent aux homélies de l'archevêque de Grenade.

Vos actions baissent : votre crédit diminue.

Bal public : concours de boucherie, où il ne manque que la réjouissance.

Balaam (l'ânesse de). Balaam, devin ou faux prophète, fut envoyé par Balac, roi des Moabites, pour maudire les Israélites qui venaient d'envahir ses États. Pendant sa marche, un ange armé d'une épée nue s'offrit aux yeux de l'ânesse qui le portait. L'ânesse s'arrêta, et fut tout à coup douée miraculeusement de la parole pour lui reprocher sa cruauté. Balaam vit alors, lui aussi, l'ange, qui lui défendit de maudire Israël.

Baladin, jadis *balandeur*, mauvais comédien.

Baladin signifie un danseur, un sauteur, un saltimbanque qui exerce son métier sur les places publiques. Du latin *ballare*, danser; d'où aussi bal.

Balai, du celtique *balanier*, genêt, ou du latin *betuta*, bouleau. En provençal *escoube*, d'où écouvillon.

> Non, et le deust-on vif brusler
> Comme un chevaucher d'escouvettes.
> (Villon, Gr. Testament, 54.)

(Non, quand on devrait le brûler vif comme un sorcier.)

— Les Précieuses appelaient un balai : l'instrument de propreté.

— Je ne vous reconduis pas, le balai est cassé ; c'est-à-dire je ne puis vous renvoyer à coups de manche à balai.

— Elle a rôti le balai, se dit d'une femme qui a mené une vie débauchée.

Vieille sorcière qui a connu les immondes débauches du sabbat. Celles qui fréquentaient le sabbat devaient s'y rendre à cheval sur un balai, dont elles tenaient la tête entre leurs mains. Ensuite le balai était brûlé, ou rôti, dans un grand brasier destiné à faire bouillir la marmite des maléfices.

Balance, du latin *bis*, deux, *lanx*, bassin ou plateau ; d'où balancer, imiter les mouvements des plateaux d'une balance.

L'antiquité de la balance est attestée par sa présence dans le Zodiaque.

La mythologie en fait un des attributs de la justice.

Baleine, du latin *balæna*, grec *ballô*, lancer.

Dans saint Mathieu (XII, 40), on lit que Jonas fut trois jours et trois nuits dans le ventre de la baleine. Le mot du texte, *ceti*, signifie un grand poisson en général, du genre des baleines, dont la science a fait *cétacé*.

M. de Sacy, dans son commentaire sur Jonas, dit qu'on croit que les baleines ont le gosier trop étroit pour avaler un homme entier.

Balivernes, du latin barbare *balira*, nourrice ; propos de nourrice, niaiserie.

— Je n'entends rien à toutes ces balivernes. (Molière, *Précieuses*, sc. 6.)

Balle, du grec *ballô*, lancer ; d'où balistique, l'art de calculer le jet des projectiles.

Ballet, dimin. de *bal*, de *ballare*, danser.
Faire une entrée de ballet : entrer sans cérémonie.
M. et Mme Ballon, célèbres danseurs de ballet, sous Louis XV, ont laissé, en terme de chorégraphie, leur nom à l'art de s'élever du sol, vigoureusement, et de retomber mollement, avec grâce, sur les pointes.

Balthazar (festin de). Balthazar, dernier roi de Babylone, petit-fils de Nabuchodonosor, profana, dans un festin, les vases sacrés du temple de Jérusalem. Au même instant, une main invisible traça sur la muraille des caractères inconnus, que Daniel, mandé par le roi, expliqua, en lui annonçant la fin prochaine de son règne et de sa vie. La même nuit, en effet, Cyrus entra dans Babylone, et mit à mort Balthazar. (538 av. J.-C. — Daniel, V, 1.)

Bamboche, de l'italien *bambo*, enfant, *bamboccio*, poupée ; d'où *bambochade*, peinture représentant de petites figures grotesques, parce que le peintre flamand, Pierre de Laer, qui était de petite taille, et qui fut surnommé Bamboccio, excellait à faire ces sortes de figures, qui furent depuis appelées *bambochades*.

De l'idée matérielle est née l'idée morale : Faire des bamboches, c'est-à-dire des folies.

Ban, de l'allemand *bann*, publication, latin *bannum*.
Dérivés : bannissement, proscription ; d'où banal, qui est publié. De là viennent aussi bannière, autrefois bandière, contrebande.
Convoquer le ban et l'arrière-ban : faire une levée générale.

Banal, qui est public, cliché ; synonyme de stéréotypé. Poncif (Voy.), connu de tous, sans originalité, calqué.

Banban, petite personne aux membres noués et rachitiques. Réduplication de la première syllabe de *bancal*.

Banco (faire). Tenir au jeu tout l'argent que le banquier a devant lui. Terme de lansquenet ; d'où : faire sauter la banque, gagner tout l'argent de la banque.

Au Moyen-Age, le *banco* était la table, le comptoir, derrière lequel étaient assis en pleine rue les banquiers génois et florentins.

Banlieue, de *ban* et *lieue* ; étendue de territoire autour d'une ville, espace dans lequel se faisaient les proclamations des bans et ordonnances de l'autorité.

Bannière, en provençal *bandière*, du gothique *bandro*, signe, enseigne.

Bandon a signifié *bannière*, cri public, encan.

— Cent ans bannière, cent ans civière. C'est la roue de la Fortune, qui abaisse aujourd'hui ce qui était élevé hier. Le mot *bannière* exprime ici une haute situation, parce qu'il n'y avait que les seigneurs qui eussent le droit d'avoir une bannière, sous laquelle ils réunissaient leurs vassaux pour les conduire à la guerre.

— Il faut l'aller chercher avec la croix et la bannière, se dit d'une affaire qui demande beaucoup de démarches préalables.

L'usage était à Bayeux, jusqu'en 1640, que les chanoines se rendissent en procession avec la croix et la bannière chez ceux d'entre eux qui n'assistaient pas à Matines.

Banque, *banquier*, dérivent dans presque toutes les langues, de mots qui signifient *table, comptoir* : *trapézités* chez les Grecs, *mensarius* chez les Latins, *banchiero* chez les Italiens du Moyen-Age.

— Les banquiers étaient, dans l'origine, des changeurs et des prêteurs sur gages, qui étalaient les monnaies sur un banc, pour faire les avances sur les marchandises ou sur les gages. Ils reçurent par la suite de l'argent en dépôt, et lorsqu'ils avaient manqué à leurs engagements, on brisait leur comptoir. (Voy. le suivant.)

Chez les anciens, les *trapezitai* et les *mensarii* pratiquaient déjà les opérations de banque, car dans les *Captifs* de Plaute, Hégion dit :

Ibo intro, atque intus subducam ratiunculam
Quantillum argenti mi apud trapezitam siet.

(Je rentre et vais voir un peu ce qui me reste d'argent chez mon banquier.)

— M. de Rotschild est le roi des banquiers, et le banquier des rois.

Banqueroute, *banco, rotto*, comptoir rompu.

Souvenir de l'acte symbolique, jadis usité en Italie, de briser en public le banc ou comptoir du négociant qui ne pouvait pas payer.

Au XVIe siècle, les Lombards ont introduit ce mot dans la langue française.

De là le dérivé *banqueroutier*.

Rabelais trouve la formation de ce mot ridicule, comme tous les rébus de Picardie, que l'on composait alors pour servir de devises, « qui sont homonymes tant ineptes, tant fades, tant rustiques et barbares, que l'on devroyt attacher une queue de regnard au collet, et faire une marque de bouse de vache à ung chacun d'iceulx qui en vouldroyent doresnavant user en françoys après la restitution des bonnes lettres ».

— L'ingratitude est la banqueroute du cœur.

Faire banqueroute à l'honneur : se déshonorer.

Faire un trou dans la lune, montrer son cul : faire faillite.

Baptême, du grec *baptô*, je plonge dans l'eau.

Dans la primitive Église, le baptême se faisait par immersion, comme il se fait encore dans l'Église d'Orient.

— Le baptême est le premier sacrement que l'Église confère, avec de l'eau et la parole de vie, pour effacer le péché originel, et nous faire membres de l'Église chrétienne. Il est indispensable pour le salut.

Toute eau naturelle est bonne pour le baptême, et Tertullien dit qu'il n'y a point de différence d'être baptisé dans la mer ou dans un étang, une rivière, une fontaine.

— On distingue le baptême d'eau ; le baptême de vœu (*votum*), qui est un désir ardent de recevoir le sacrement, dans le cas où l'on meurt sans pouvoir l'obtenir ; le baptême de sang, ou martyre, est le dévouement que les catéchumènes témoignent en mourant pour l'Évangile.

— Le baptême de la ligne est une mascarade maritime, qui consiste à asperger abondamment ceux qui passent la ligne pour la première fois.

Bar, préfixe péjoratif, *ber* ou *bre*. (Voy. *breloque*.)

— Ch. Nodier dit que *bar* a été pris pour forteresse, puissance, et est entré dans les mots Bar-le-Duc (appelé *Baran* sous Hugues-Capet), qui fonda cette ville pour servir de barrière à la Lorraine contre les incursions des Champenois ; Bar-sur-Aube, Barfleur.

— Le mot *bar* a signifié homme en vieux français ; dans le roman du Midi : *Lo bar no es criat per la femna, mas la femna per lo bar*. (L'homme n'est point créé pour la femme, mais la femme pour l'homme.)

Baragouin, du bas-breton *bara*, pain, *gwin*, vin.

De *gwin*, on a fait le diminutif *guinguet*, petit vin faible, et son dérivé *guinguette*.

Baragouiner, c'est ne savoir d'une langue que les mots les plus indispensables, tels que pain et vin.

Baraterie, du vieux mot *barata*, tromperie, du celtique *barater*, frauder.

On nomme ainsi toute fraude ou prévarication d'un capitaine de navire marchand contre les intérêts des armateurs.

Barbare, du grec *barbaros*, nom que les Grecs donnaient à tous les peuples qui ne parlaient pas leur langue. Les Romains firent de même.

De là vient le mot *barbarisme*, emploi vicieux d'une expression étrangère à la langue que l'on parle.

— Ovide, qui était un des Romains les plus délicats, dit qu'il était considéré comme un barbare par ceux chez qui il était exilé :

Barbarus hic ego sum, quia non intelligor ulli,
Et rident stolidi verba latina Getæ.
(*Les Tristes*, V, 10)

Tous les peuples qui n'étaient pas soumis aux Romains étaient appelés par eux *barbares* ; mais l'Afrique, dont la conquête leur avait coûté si cher, dont la langue et les mœurs étaient si étranges, avait reçu par excellence le nom de *Barbarie*, c'est-à-dire le peuple le plus barbare ; comme la Provence était la province par excellence.

— De *Barbarie*, les Arabes ont fait *Berbères* ; et nous, États *barbaresques*, cheval *barbe*.

— De même pour les Parisiens, tout ce qui n'est pas Paris est la campagne ; un Parisien en province se croit toujours exilé chez les Scythes. On sait combien Mme de Staël regrettait le sale petit ruisseau de la rue du Bac.

— Aujourd'hui, le mot *barbare* exprime surtout l'idée d'ignorance, de grossièreté, de cruauté ; parce que les Arabes ou Sarrazins, qui habitent l'ancienne Barbarie, ont ravagé la France à l'époque où la langue s'est formée, et que les idées de barbare et de cruel se sont confondues en une seule acception.

Barbe, du latin *barba*.

> Du côté de la barbe est la toute puissance.
> (Molière, *École des Fem.*)

Vir caput est mulieris. (Saint Paul, 1re *Corinth.*)
Les cheveux sont l'emblème de la force, témoin Samson.
Vir villosus, aut robustus, aut lascivus.

— Femme à barbe : qui a la tête de Judith et la barbe d'Holopherne.

— Faire la barbe à quelqu'un, ou faire une chose à sa barbe, lui faire la queue, et les locutions être rasé, tondu, sont tirées de l'ancien privilège des hommes libres de conserver la barbe et les cheveux longs, tandis que les serfs et les criminels avaient les cheveux rasés.

Marcher la barbe sur l'épaule. (Prov. espagnol.)

— Sainte-Barbe, patronne des artilleurs, artificiers et de toutes les professions qui touchent à la poudre.

Plusieurs légendes ont couru sur sainte Barbe ; elles ont toutes un rapport assez direct avec l'arme qu'elle protège. L'une d'elles affirme que Barbe était une jeune fille des Flandres, qui avait le bonheur d'être sainte, et le malheur d'être belle.

Un grand prince, on dit même un roi, remarqua la seconde de ces qualités, sans se douter de la première. Ses offres de séduction furent repoussées avec indignation. Pour se venger, il ordonna de remplir de poudre la bouche de la courageuse jeune fille et d'y mettre le feu. Cette jolie tête se trouva ainsi changée en bombe. Mais Dieu fit un miracle pour sa fidèle servante : la tête n'éclata pas, ses dents seules se brisèrent et sa beauté disparut.

Lorsque le 4 décembre, les artilleurs célèbrent, à leur façon, la fête de leur glorieuse patronne, le bon Dieu qui ne peut pas toujours faire des miracles, surtout pour des braves qui n'ont pas les mêmes vertus que la sainte qu'ils chôment, consent à ne pas leur enlever les dents, mais leur permet de perdre la tête.

— Cheval barbe. (Voy. *barbare*.)

Barbiche ou *royale*. Louis XIII rasait bien, et un jour il coupa la barbe à ses officiers, et ne leur laissa qu'un petit bouquet au menton. (Tallemant des Réaux.) De là, sans doute, le mot de *royale* (dit Monmerqué), qui devint *impériale* avec Napoléon.

Barbon, de l'italien *barbone*, homme plus que mûr.

> Mais je suis trop barbon pour oser soupirer.
> (Molière, *Amphitryon*, I, 4.)

Barcarole, composition musicale chantée par les bateliers.

Bariolé, diminutif du vieux mot *barré*, qui se dit encore dans le Berry pour *bigarré*, ou mieux pour *variolé*, varié de couleurs, qui correspond à *vair*, yeux vairons.

On dit plaisamment d'un costume bariolé : vert tout bleu mon habit jaune.

Baron, vient du tudesque *bar*, homme fort, né libre, répondant au latin *vir*.

Il y a un grand nombre de noms propres, d'origine germanique, dans lesquels *bar*, *ber*, entrent comme éléments étymologiques : Barat, Bérard, Béranger. Peut-être (?) du grec *baros*, poids.

— Les Romains appelaient *baro* un homme fort, puissant, et aussi un homme brutal, féroce.

Cicéron appelle *baro* un homme lourd et stupide.

En provençal, *baroou* signifie idiot.

— *Baron* vient peut-être de *barre*, obstacle ; d'où le vieux *barri*, rempart, qui s'est conservé en provençal, et dans le mot *barricade*. Le baron serait alors le gardien des villes fortifiées, de même que le marquis était le préposé aux *marches* ou provinces frontières.

— Les Montmorency se disaient les premiers barons de France.

Baroque, perle qui n'est pas d'une forme régulière, ce qui en diminue la valeur.

Barque, du danois *bark*, écorce ; bateau fait d'écorce.

— Conduire la barque : diriger une affaire.

Deux patrons font chavirer une barque. (Prov. turc.)

Il vaut mieux un mauvais général que deux bons généraux. (Napoléon.)

— C'est un grand art de bien mener une barque, et il y a des personnes assez adroites pour mener plusieurs barques à la fois. Il y a, par exemple, la barque de la dévotion et celle des plaisirs, qui vont souvent de conserve ; il y a toute une flottille d'autres barques, que les habiles mènent en louvoyant et sans avaries à travers les écueils de l'opinion. Il n'y a que les imprudents et les maladroits qui soient capables de faire ce qu'on appelle des folies, et de brûler leurs barques.

Barreau, être cité à la *barre*.

Ces expressions viennent de ce qu'il y avait autrefois une barre de fer (encore visible au Palais de Justice à Paris, en 1463), entre le juge et les accusés.

On a appelé *barreau* le banc des avocats qui était adossé à cette barre, et par extension, la corporation des avocats.

Barres (jouer aux) ; se chercher, se poursuivre, comme au jeu de barres, sans pouvoir se rencontrer.

Le jeu de barres est la *Palestre* des anciens (?).

Bas, mot celtique, qui signifie profond. Peut-être se rattache-t-il au grec *basis*, *baino*, marcher.

— Le vêtement aujourd'hui appelé pantalon, s'appelait jadis chausses. La partie supérieure était le haut-de-chausses ; l'autre le bas-de-chausses. Lorsqu'on adopta les culottes courtes, la partie du costume qui remplaça le bas-de-chausses conserva le nom de *bas*.

On dit que ce fut Henri II qui porta les premiers bas au métier fabriqués en France.

Basane, du latin *bisus*, couleur que le tan donne à la peau.
Visage basané.

Bas-bleu. Anglicisme, se dit par dénigrement d'une femme bel-esprit, pédante, et surtout d'une femme auteur.

Les Latins les appelaient *disertæ*. (Martial, XI, 22.)

— En 1848, on a dit de certaines femmes de lettres, qui ont prêché le socialisme et la république radicale : « Rien n'est plus indécent qu'un bas-bleu sans-culotte. »

— Voyez-la donc dans la rue, trottinant, la tête haute, le regard baissé, un bout de manuscrit sortant de son cabas : voyez dans cette vieille chaussure ce bas qui se déroule. Est-ce un bas bleu? — C'est un bas sale. — Tope-là, vous aurez l'origine du mot ; c'est la grande habitude des femmes de lettres de ne jamais s'occuper de ces minces détails de la vie de chaque jour. (J. Janin.)

La femme parlant latin
Ne fait pas bonne fin.

— Le terme de *bas-bleu* est la traduction de l'anglais *blue-stokings*, qui, de l'autre côté de la Manche, a le même sens. On attribue l'origine de cette expression à lady Montague, qui réunissait vers la fin du XVIIIe siècle, les beaux esprits de Londres dans son salon, d'où elle avait banni l'étiquette, et où un homme d'esprit était reçu, même en bas bleus. (Voy. *Précieuses*.)

Le bas-bleu est l'espèce neutre du genre humain. Mais il faut distinguer entre une femme de lettres et une femme lettrée. Montaigne (I, 14), dit qu'une femme est assez savante quand elle sait mettre la différence entre la chemise et le pourpoint de son mari.

Molière reproduit cette idée :

> Nos pères, sur ce point, étaient gens bien sensés,
> Qui disaient qu'une femme en sait toujours assez,
> Quand la capacité de son esprit se hausse
> A connaître un pourpoint d'avec un haut-de-chausse.
>
> *(Femmes savantes, II, 7.)*

> Laissant inachevé l'hymne qu'amour inspire,
> Il faut vers d'autres soins ramener ses esprits :
> Mettons aux petits pois l'oiseau cher à Cypris...
> Voici l'heure où le gril va remplacer la lyre.
>
> *(Diable à Paris.)*

— M. de Bièvre disait des bas-bleus : « Les femmes qui composent sont à moitié rendues. » Et Napoléon : « Les bas-bleus ne sont pas des femmes comme il faut, mais des femmes comme il n'en faut pas. »

Baser, vient de *base*, grec, *basis*, appui, marche.

Ce mot n'est pas français et n'existe dans aucun dictionnaire. Ceux qui l'emploient font supposer que leur éducation n'est pas fondée sur les solides bases de la connaissance de la langue. Lorsqu'on proposa, à l'Académie, l'adoption de *baser*, Royer-Collard s'y opposa énergiquement et s'écria : « S'il entre, je sors ! »

Basilique, du grec *basilikos*, royal ; plante labiée très aromatique. En provençal *balico*, par syncope.

— Serpent fabuleux que l'on représente avec des appendices en forme de couronne, sur la tête. Pline le nomme le roi des serpents.

— Lancer des regards de basilic. C'est une croyance populaire que les vieux coqs pondent quelquefois un œuf qui produit un basilic, dont le regard est meurtrier.

Borel raconte qu'un homme doué d'un regard de cette nature faisait périr les petits enfants, desséchait les seins des nourrices, corrodait et perçait le verre. Cet homme eût été très embarrassé s'il lui eût fallu porter lunettes !

— Les Italiens attribuent à l'œil fascinateur de certaines personnes la puissance de causer toutes sortes de maux. C'est ce qu'ils appellent la *Jettatura*.

> *Nescio quis teneros oculus mihi fascinet agnos.*
>
> *(Virgile, Egl. III.)*

(Je ne sais quel regard malin ensorcelle mes tendres agneaux.)

Pline (*Hist. nat.* VII, 2) parle de certains enchanteurs « *qui visu quoque effascinant* ».

Basque, du latin *vasco*, par changement fréquent du *v* en *b*. Nom des peuples de la Biscaye.

Les Gascons ont la réputation d'être hâbleurs, fanfarons.

Chez les anciens, la perfidie des Thessaliens était proverbiale ; une trahison s'appelait un *tour de Thessalien*.

Les Siciliens aussi étaient mal notés ; qui disait Sicilien (*Sicanos*) disait fourbe. De là, nous avons fait *chicaneur* (?).

— Le nom de Sicania avait été donné à la Sicile par les Sicaniens, peuple d'Espagne, qui s'y établirent.

— Les Suisses disent : « Trois Juifs font un Bernois ; trois Bernois font un Genevois. »

— On dit : Gascon hâbleur, Beauceron entêté, Normand rusé.

— Basque d'habit (appendice de veste) et basquière, sorte de corset à basques, invention du pays basque.

Bassin, du latin *vas, vasis*, plat évasé (?).

Cracher au bassin, donner un peu malgré soi. « Souvent crachoyt-il au bassin. » (Rabelais, 1.)

Dans les églises de Provence, la bourse n'est pas encore en usage aujourd'hui, et les marguilliers quêtent toujours avec un petit bassin en métal, qu'ils présentent aux assistants.

Bastille, du latin barbare *bastile*, forteresse. En italien *bastire*, bâtir ; d'où bastide, bastion, bastingage.

C'était spécialement le nom d'un château-fort de Paris, bâti sous Charles V, en 1369. Hugues Aubriot, prévôt des marchands, en posa la première pierre, le 22 avril 1369, sur la place qui en porte le nom. Elle servit de forteresse et de prison d'État et fut prise et démolie par le peuple de Paris, le 14 juillet 1789.

— Gratter la Bastille avec ses ongles : faire une chose inutile.

Bastringue, cabaret où l'on danse.

Rabelais (I, 5) dit *landstringue*, de l'allemand : *Landsmann, zu trinken* : Pays, camarade, donne-moi à boire.

Bataillon, partie d'un régiment composée de huit compagnies de cent hommes chacune, et commandée par un chef de bataillon ou commandant.

Bâtard, en vieux français et en provençal *bastard*, fils de bas, indiquant le mépris par le suffixe péjoratif *ard* ; ou de *baston*, barre qui figurait en diagonale sur l'écusson des bâtards ; d'où bâtardeau, barrage, et en Provence, fenêtres bâtardes, ou du rez-de-chaussée, garnies de barres de fer.

On appelait aussi *bastarde*, une grande épée de combat, qui n'avait aucun nom particulier (venant de *baston*), comme on en appelait une autre *brette*; (à rapprocher de *bretelle*).

Toute arme (offensive ou défensive), s'appelait aussi *baston*. De là viennent aussi *battre* et *bataille*. Un fusil s'appelait bâton à feu.

Furetière assure cependant que *bâton* ne se disait au propre que des armes montées sur une hampe, et n'était employé pour *épée* qu'au figuré.

Bateau, origine allemande, *bot*.

— Arriver en trois bateaux : faire beaucoup d'embarras. C'est-à-dire qu'il faut trois bateaux pour porter tout son bagage, ce qui donne à juger de l'importance du voyageur.

> Votre serviteur Gille,
> Arrive en trois bateaux exprès pour vous parler.
> (LA FONTAINE.)

Il n'en vient que deux en trois bateaux, se dit ironiquement d'une personne trop vantée.

Rabelais (I, 16) dit que la grande jument de Gargantua (Diane de Poitiers ?) « fut amenée d'Afrique en trois quarraques et ung brigantin au port de Olone ».

Bateleur, mauvais comédien; du latin *balatro* (?); gens qui font des tours d'adresse et de souplesse sur les places pour amuser la foule.

— Joueurs de gobelets tenant à la main une baguette magique *bastellus*, petit bâton.

On fait aussi venir ce mot de ce qu'au XVe siècle, les gobelets dont se servent les jongleurs s'appelaient *bateaux*.

Bâter, jadis *baster*, de *bât*.

Les portefaix de Marseille ont conservé la tradition étymologique, et portent encore les lourds fardeaux avec une barre de bois.

— C'est un âne bâté! c'est-à-dire un lourdaud.
— Diantre soit de l'âne bâté! (Molière, *Bourgeois*.)

Bâtir, de *bâton*, bois qui entre dans la bâtisse. (Port-Royal); ou plutôt de *bastum*, appui, support, en celtique.

On disait *bastir*; d'où *bastide*. (Voy.) De là est venu Batignolles (petites bastilles), faubourg de Paris.

Qu bastis s'apauvris. (Provençal.) Qui bâtit, s'appauvrit.

Qui bâtit ment. Ce calembour-proverbe signifie qu'un homme qui entreprend une bâtisse, se trompe presque toujours sur la dépense ; c'est dans ce sens qu'il ment.

Bâtir en l'air, sur le sable..., faire des projets futiles.

Bâtir sur le devant... (trivial) ; prendre du ventre.

Batiste, étoffe de lin, très fine, inventée au XIII° siècle par Baptiste Chamby, qui l'a littéralement baptisée. On lui a élevé une statue à Cambrai.

Bâton, en latin *baculus*, que Vossius dérive de *Bacchus*, parce qu'il soutient l'ivresse chancelante (!) et Pontanus de *viaculum*, par le changement de *v* en *b*, parce qu'il soutient les infirmes (?). Nicod le dérive de *batuo*, battre.

— Synonymie : Éventail à bourrique, gourdin ; juge de paix, Martin-Bâton ; permission de dix heures.

> Comme ung faquin porte faix,
> Ainsi le baston la paix.

Il y a, en effet, quelques analogies entre la justice et la police. Le bâton du pèlerin, du voyageur, le bâton de vieillesse, soutient les faibles et les infirmes. La trique, ou permission de dix heures, punit les attentats (?).

Martin-bâton, (Rabelais, III, 3, 12.) L'âne Martin, est conduit par un bâton. La Fontaine a employé ce mot après Rabelais. (Fab. IV, 5.)

— Au mot *bâton*, se rattachent :

Bâcler (de *baculus*), fermer une porte avec un bâton ; bâillon, bastion, bât, bataille, bateleur, battre, bedeau (?), bélître (?), béquille, bretelle, bretto.

— Faire une chose à bâtons rompus, c'est-à-dire à diverses reprises. Allusion à une batterie de tambour, qui s'appelle rompre les bâtons, et qui est le contraire du roulement.

Il a son bâton de maréchal, c'est-à-dire : est à l'apogée de son avancement. On dit d'un jeune soldat qu'il a son bâton de maréchal dans sa giberne.

— Le bâton a toujours servi à désigner l'autorité. On peut citer le bâton d'ivoire des consuls, le bâton d'or des préteurs, le bâton recourbé des augures, qui est devenu la crosse des évêques ; le *pedum* des bedeaux ; le bâton des maréchaux de France, etc.

— Tour de bâton, gains illicites d'un emploi.

— Mettre des bâtons dans les roues. Cette locution s'explique par les mots suivants : barre, barrière, du latin *vara*, pieu, bâton ;

broncher, pour brancher, se heurter à une branche ; embarrasser ; embuscade, de *boscus*, bois ; entraver, de *trabes*, poutre ; frasque, de l'italien *frasca*, branche ; imbroglio, de l'italien *broglio*, broussailles ; trébucher.

Bâtonnier. Dans les cérémonies de la Fête-Dieu d'Aix, en Provence, instituées par le roi René, on nommait le lundi de la Pentecôte, le Prince d'Amour, l'abbé de la Ville, le roi de la Basoche, le lieutenant du Prince, dignitaires représentant les hauts chevaliers qui venaient de tous côtés pour assister à ces fêtes. Ils y étaient les témoins des combats des chevaliers (bâtonniers).

Battre, du bas-latin *battuere*, donner des coups.

Synonymie : affliger (heurter contre terre), assommer (accabler comme une bête de somme), baguette (mener à la), bûcher, calottes (donner des), colleter (se), dauber, danse (donner une), esquinter (argot), échiner. Découdre (en), terme de vènerie. Les chiens sont décousus par les défenses du sanglier. Dans la locution en découdre, *en* est mis pour de la peau. Etriller, flageller, frapper, fustiger, de *fustis* (bâton), gourmer, horions (donner des), maltraiter, peigner, poing (donner des coups de), râclée (donner une), tancer, tanner le cuir. Au XVIIe siècle, on disait faire péter le cuir ou le boudin. Taper, tarabuster : Coquin, si vous me tabustez icy, je vous couperay la teste à trestous. (Rabelais, II, 18.) Tremper une soupe, donner une trompe, donner une tripotée.

— Volée (donner une). On appelait autrefois *volant*, une espèce de bâton appelé originairement bâton-volant.

A belles peyrades et bastons-volants vouloyent séparer le cheval et la jument. (Baron de Fœneste, III, 16.)

Basile, ô mon mignon, si jamais volée de bois vert s'est appliquée sur ton échine... (Beaumarchais, *Figaro*, I, 1.)

— Battre à plate couture, comme plâtre, comme un chien.

Je ne suis point battant, de peur d'être battu. (Molière, *Cocu imaginaire*, 17.) Ce vers, reproduit par Voltaire, est devenu proverbe.

Battre le chien devant le lion. (*Moyen de parvenir*, ch. 16.) C'est punir un innocent pour corriger un coupable.

Ces bons messieurs... ne prendront pas en mauvaise part, qu'étant innocents, ils veulent bien être accusés et châtiés de ce qu'ils n'ont pas fait, afin que les cœurs vicieux aient honte et se corrigent, voyant la bonté de ceux qui portent leur iniquité. (Loc. cit.)

Et Rabelais : Chastier ung petit devant ung plus puissant, pour donner une leçon à ce dernier.

— Battre les buissons, un autre a pris les oisillons. (Voy. *bénéfice*.) Travailler pour enrichir les autres.

Dans une montre, c'est toujours une roue de cuivre qui fait tourner des aiguilles d'or.

— Battre le fer quand il est chaud. (Voy. *fer*.)

A battre, faut l'amour.

Plus on bat le tambour, plus il fait de bruit... Le vaincu ne convient jamais de sa défaite. C'est l'éloquence de Périclès qui, renversé par Thucydide à la lutte, prouva aux spectateurs que c'était lui qui avait renversé Thucydide.

Plus on frotte la cigale, plus elle chante...

— La coutume de Lorris, où le battu paie l'amende.

A Lorris, ville de l'Orléanais, lorsqu'un débiteur ne voulait pas payer sa dette, il pouvait appeler son créancier à un duel à coups de poings. Si le débiteur était vaincu, il payait sa dette et cent sous d'amende ; si le créancier était battu, il perdait sa créance, et payait cent sous d'amende. Ainsi le battu payait toujours l'amende.

— Un homme battu vaut mieux que deux qui ne l'ont pas été. (Prov. russe.)

— Un horticulteur annonçait (mars 1858) qu'il avait obtenu d'abondantes récoltes de fruits en battant des arbres avec un bâton. Ce fait était déjà connu, et Ant. Mizland (*Epitome de la Maison rustique*, 1605) rapporte le vieux proverbe suivant :

> Noyer, asne, femme ont de loy mesme lien,
> Ces trois, cessans les coups, jamais ne feront rien.

Baume, banc de rochers. La Sainte-Baume, en Provence, ne signifie pas une grotte, une caverne, comme on le croit vulgairement, mais une masse de rochers abrupts, comme sont les Balmes près de Grenoble ; les Baux de quatre heures, près Toulon, et les Baux près d'Arles, où se passent les scènes de *Calendau*, poëme de F. Mistral.

Bavard, du grec *bazô*, ou onomatopée.

Synonyme : caillette ; commère ; despote de la conversation ; gazette (ou pie, comme caillette vient de caille) ; moulin à paroles.

En provençal *ba... jague*, de barge (grande bouche).

Les anciens disaient d'un bavard : *Œs dodonum*, airain de Dodone.

— Les femmes ne pensent pas leurs paroles, elles les dépensent. Elles passent pour être plus bavardes que les hommes ; aussi ont-elles fourni la plupart des locutions qui expriment l'idée de bavarder. Telles sont : commérages, tailler des bavettes.

Bavaroise, tire son nom des princes de Bavière, qui vinrent à Paris au commencement du XVIII° siècle. Ils se faisaient servir, au café Procope, du café avec du sirop de capillaire dans des carafes.

On nomme ainsi aujourd'hui un mélange sucré de thé et de lait.

De la même manière on a nommé *palatine* une pèlerine en fourrure, dont l'usage a été introduit en France par la princessse Palatine, sous la minorité de Louis XIV.

Bavettes (tailler des), babiller, bavarder (entre femmes).

Le mot *baver*, parler beaucoup, n'existe plus.

On appelait autrefois *bave* des paroles inutiles.

Coquillard a dit de quelqu'un, qu'il savait

> En disant mainte bonne bave
> Avoir le meilleur de la cave.

La bavette est une pièce de l'habillement des femmes. C'est la partie supérieure du tablier qui part de la ceinture, enveloppe les seins et s'attache près des aisselles.

On l'appelait autrefois *gorgerette*.

Baveux comme un pot à moutarde. (Rabelais.)

Bayadères, danseuses orientales très renommées par la grâce de leur danse et leur agilité.

Béatification. C'est un acte par lequel le pape déclare qu'un mort est au nombre des bienheureux. Elle diffère de la canonisation en ce que celle-ci exige des procédures plus sévères, un plus long délai. (Voy. *saint*.)

Béatitude, de *beatitudo*, état heureux.

C'est la félicité éternelle du paradis. Elle éveille l'idée d'extase, de ravissement.

Beatus, vient, selon Vossius, de *beare*, ou du grec *bios*, vie.

Saint Anselme classe les béatitudes terrestres en deux groupes : les spirituelles et les temporelles, au nombre de sept de chaque part : sagesse, amitié, concorde, honneur, puissance, sécurité, joie; beauté, agilité, force, liberté, santé, volupté, longévité.

Beau, du latin *bellus*.

On disait autrefois *bel*, qui est encore usité dans certains cas. On disait Charles-le-Bel, Philippe-le-Bel. On dit un bel enfant, un bel esprit.

Bel a donné le mot ironique *bellâtre*.

— Le beau s'adresse à l'âme, le joli à l'esprit ; le beau fait naître l'admiration, le joli le plaisir.

« Le beau est la splendeur du vrai. » Cette pensée a été souvent attribuée à Platon, mais il ne l'a jamais écrite, et elle n'est pas dans l'esprit de son système.

Le beau est l'expression de l'idéal moral.

Beau comme l'amour, comme un ange, comme l'Apollon, l'Antinoüs. Beau comme le Cid (voy.). Beau comme Adonis, fort comme Hercule.

— Les Latins disaient : *Nepos Veneris*. (Plaute, *Miles*, IV, 6, V, 5.) Un beau, un bellâtre, *pro molli et effeminato*. (Martial, III, 63, 3.)

— Belle comme la filleule d'une fée.

... Tu mérites le brevet d'invention de la beauté ! Tu es faite pour recevoir la pomme, comme Vénus, ou pour la manger, comme Ève.

Toutes les belles femmes ne sont pas aimées, mais toutes les femmes aimées sont belles.

Il n'y a pas de belles prisons, ni de laides amours.

<blockquote>La faute en est aux dieux, qui la firent si belle.
(LONGEPIERRE.)</blockquote>

Gresset a introduit ce vers dans sa comédie le *Méchant*, en le parodiant ainsi :

<blockquote>La faute en est aux dieux, qui la firent si bête.</blockquote>

— *Beau*, terme affectueux dans beau-père, bel-oncle, belle-tante, etc., pour marquer une amitié tendre à ces personnes, soit qu'on leur parlât, soit qu'on parlât d'elles.

On disait aussi beau sire, terme de politesse et de douce affection. C'est dans ce sens qu'on prenait *bellement, tout beau*, pour doucement.

On employait aussi par déférence beaux frères mineurs, et moines caloyers (beaux vieillards). C'était peut-être par corruption de *beati*, frères bienheureux.

— Qui aura de beaux chevaux, si ce n'est le roi ? — A chaircuittier bonne saucisse.

Beaux-Arts (voy. *art*.) Expression prétentieuse et exclusive ; comme belles-lettres, beau monde.

Les gens du bel air (*Dict. des Précieuses*), gens du beau, du meilleur monde..., et, par une opposition peu polie, la lie du peuple, les petites gens, les gens de bas étage, la populace, la canaille.

— Il y a aussi des nuances injurieuses entre les expressions *monsieur* et *homme*; *monsieur* et *sieur*, en terme de palais; *femme* et *dame*, *fille* et *demoiselle*; c'est un regain des préjugés de l'ancien régime, de la différence du vilain et du gentilhomme.

Un vieux proverbe dit : « Tous gentilhommes sont cousins, et tous vilains, compères. »

Beauce; gentilhomme de Beauce, garde le lit faute de chausses, c'est-à-dire est très pauvre.

Rabelais dit : « Encore de présent, les gentilshommes de Beauce déjeunent de baisler, » c'est-à-dire se contentent de bailler comme les affamés.

— Gentilhomme de Beauce, qui vend ses chiens pour avoir du pain.

Nous étions alors de la noblesse de Cuny, la soupe et le bouilli ; après nos revers, nous sommes passés à celle de Firon-Martin, va te coucher, tu souperas demain.

Beaucoup, du latin *bella copia* ; ou bien plutôt de *beau* et de *coup*.

Coup signifie abondance, et se prend aussi pour une action rapide : un coup de main, faire un bon coup, un beau coup au jeu.

Beaucoup, qui est assez mal formé (?) a remplacé l'ancien *moult*, du latin *multum*, qui a laissé sa trace dans multitude, multiplier.

— On disait autrefois aussi : à grand foison, à planté (de *plenitatem*, abondance), d'où l'anglais *plenty* :

    Amour, dont j'ai si grand planté,
    Me fait être en jolieté.
                        (Tristan.)

    Ben colz soit sainz Augustins :
    Des bons morsiaux et des bons vins
    Ont si chanoine (ses chanoines) à grand planté.
                        (Bible de Guyot.)

    Vivons, Catin, et suivons
    Les plaisirs, que d'une main
    Plantureuse Amour procure,
    Sans que jamais ayons cure,
    Toi et moi, du lendemain.
                        (Pasquier.)

— *Beaucoup*, dans le langage populaire, est exprimé d'une manière pittoresque par les expressions :

Il n'y en a pas *épais*... pas *mal*. — Il travaille *à mort*... — Et le pouce... — Excusez du peu ! expression ironiquement admirative. — Plus qu'il n'y a de pommes en Normandie.

Beauté. La beauté du diable : la jeunesse. Se dit d'une femme qui n'a que la fraîcheur de la jeunesse ; sorte d'euphémisme pour dire qu'elle n'est pas belle.

Le temps de la jeunesse du diable est celui où il était au rang des anges dans le ciel, d'où il fut précipité pour sa rébellion.

Physiquement, elle n'est ni bien, ni mal, on ne se retourne pas pour la voir, on ne se détourne pas quand on l'a vue.

Beauté bruyante... : toilette tapageuse (voy.)

La beauté passe, mais la laideur reste. *Formæ dignitas aut morbo deflorescit, aut vetustate extinguitur.* (Cicéron, *Herennius*, IV.)

« Vous vieillirez, ô ma belle maîtresse... » Ronsard a dit : « Le temps s'en va, le temps s'en va, Madame... »

Beau soulier devient laide savate.

La beauté est une courte tyrannie. (Socrate.)

La beauté est un capital, dont chaque jour voit décroître le revenu. (Rougemont.)

La beauté est un bien pour les autres. (Bion.)

La beauté est une lettre de recommandation, dont le crédit n'a pas de durée.

La beauté est une reine sans gardes. (Carnéade.)

Beauté n'est qu'image fardée.

La beauté est trompeuse : *Fronti nulla fides.* (Perse.)

— La tête de l'Apollon du Belvédère, type de grâce et de beauté, peut arriver, par une suite de modifications progressives et insensibles, à présenter la tête d'une grenouille.

— Beauté et chasteté sont rarement d'accord, dit Juvénal.

... Rara est concordia formæ
Atque pudicitiæ...

(Beauté et folie vont souvent de compagnie.)

Gratior est pulchro veniens in corpore virtus. (La vertu est plus précieuse quand elle habite dans un beau corps.)

Un peu de laideur fait plus d'honnêtes femmes que beaucoup de vertu.

La décence commence où finit la beauté. (A. Karr.)

Les femmes sont vertueuses, ou par leur laideur, ou par celle de leurs amoureux.

Il y a des femmes anguleuses dont les genoux et les coudes semblent destinés à donner le goût de la vertu.

Lady Montagne s'étonnait que l'Apollon du Belvédère, et je ne sais quelle Vénus antique, pussent être en présence dans le même musée, sans tomber dans les bras l'un de l'autre.

C'est grand'pitié
Quand beauté faut à cœur de bonne volonté.
(Marot, 2e épitaphe.)

La beauté sans bonté est une fleur sans parfum. (Saniel.)

... La noblesse de sa figure sert si heureusement de correctif à l'inconvenance de ses paroles, qu'on n'a pas la force de lui en vouloir de sa fatuité.

Bébé, nourrisson, de *bibere*, boire. En anglais *baby*, d'où babiole, jouet d'enfant.

Bébé existe depuis longtemps dans la langue, comme mot d'amitié. « Je compterai toujours sur ton cœur, mon bon bébé, mon ancien et éternel ami. » (Soph. Arnould, 1793.)

Bec, blanc-bec ou béjaune, nom des oiseaux très jeunes, qui ont encore le bec jaune ou blanc.

Au figuré, jeune homme sans expérience.

— Coup de bec, trait satirique.

Se prendre de bec : se quereller.

Avoir bec et ongles : être en état de se défendre.

Passer la plume par le bec. *Linere labra.* (Martial.)

Tenir quelqu'un le bec dans l'eau : lui donner des espérances vaines.

Bécasse, échassier auquel sa tête comprimée et ses yeux placés en arrière, donnent un air stupide qui n'est guère démenti par ses habitudes.

Bedaine, ventre, bedon, bedondaine ; en provençal *bedrou* et *cabedeou*, gros peloton de fil.

La bedaine était la pierre arrondie, ou boulet, que lançait la catapulte, nommée bedondaine. Le mot *bedaine* resta, dans le langage familier, pour exprimer la rotondité. (Ambert.)

Il jectait bedaines et quarreaux empennez d'assier. (Rabelais.)

Pour mieulx tenir chaulde sa bedondaine. (Rabelais, I, 4.)

Peste! il mettrait dans sa bedaine un carrosse et quatre chevaux. (Théâtre italien.)

Bégueule, pour *bée gueule,* qui baille ; italien *badare,* respirer en ouvrant la bouche.

Au propre, c'est un oiseau qui tient le bec ouvert et n'avale même pas sa béquée. Au figuré, fanfaronne de vertu (?).

Faire la bégueule, c'est affecter des airs de discrétion et de modestie, faire la mijaurée, la sucrée, la minaudière, faire des momeries, des singeries.

Béguins. *Béguines.* Ordres religieux fondés par sainte Bègue, sœur de sainte Gertrude.

Religieux des Flandres, dont les capuchons ont été appelés *béguins,* d'où le nom appliqué à une sorte de coiffe pour les enfants, qui s'attache sous le menton.

Beignet, du vieux mot *bigne* ou *beugne* qui a signifié bosse, enflure.

Puis luy enfournoyent en gueule beugnets. (Rabelais, IV, 60.)

Bélitre, du latin *balatro,* bateleur (?), ou de l'allemand *bettler,* gueux, mendiant.

Les quatre ordres mendiants (voy.) avaient aussi le nom des quatre ordres de bélitres. Rabelais cite ces deux vers macaroniques (IV, 18) :

Hic est de patria, natus de gente belitra,
Qui solet antiqua bribas portare bisacco.

Belvédère, mot italien signifiant beau voir, belle vue.

Construction en forme de pavillon, qui domine une maison, et d'où la vue s'étend au loin.

Bénédicité, prière qui se fait avant le repas, et dont le premier mot est *benedicite :* bénissez.

« Il est du quatorzième bénédicité » (Rabelais), c'est-à-dire bête, stupide. Cette singulière expression vient de ce que le quatorzième verset du cantique des enfants dans la fournaise est ainsi conçu : « *Benedicite, omnes bestiæ et pecora, domino* », et que les versets précédents commencent par le même mot *benedicite.*

Bénédictins, religieux de l'ordre de Saint-Benoît, fondé en 529.

On dit aussi *moines noirs,* de la couleur de leur costume.

Vœux : pauvreté, obéissance, chasteté.

Le monastère du Mont-Cassin, en Italie, fut le berceau de cette congrégation, qui a rendu d'immenses services aux lettres et aux sciences.

Les bénédictins sont les seuls érudits du Moyen-Age: ils ont conservé à l'humanité les chefs-d'œuvre littéraires de la Grèce et de Rome.

Bénédictin est devenu synonyme de savant.

Bénéfice, de *beneficium*, profit.

— Terme de droit canonique. C'est une certaine portion des biens de l'Eglise, qui est assignée à un ecclésiastique, pour en jouir.

— Les chevaux courent les bénéfices, les ânes les attrapent.

C'est comme : « Un bon os ne va jamais à un bon chien. »

— On connaît les vers attribués à Virgile :

>Sic vos non vobis... nidificatis, aves ;
>Sic vos non vobis... vellera fertis oves ;
>Sic vos non vobis... fertis aratra, boves ;
>Sic vos non vobis... mellificatis, apes.

De Marolles les a traduits ainsi :

>Ainsi, pour vous, oiseaux, vos nids vous ne dressez ;
>Ainsi, mouches, pour vous les fleurs vous ne sucez ;
>Ainsi, pour vous, moutons, vous ne portez la laine ;
>Ainsi, pour vous, taureaux vous n'écorchez la plaine.

— Il en porte le nom, mais n'en mange pas les chapons ; c'est-à-dire il porte le nom d'une terre, sans jouir du revenu.

Maritus possidet, et fruitur adulter.

Benêt (sans féminin), sot, du latin *benus* pour *bonus* (?) ; d'où le provençal *benesit*, bénit, pour bon enfant.

Benesit sert à désigner un niais, un pauvre d'esprit, à qui revient de droit le royaume des cieux.

— *Benêt* est une forme dialectale de Benoit, il signifie *bénit* en normand.

Ce mot a été pris en dérision par sa ressemblance avec *bénin*.

Benêt a pris ce sens péjoratif comme Blaise ; Claude, dont on a fait Godiche, Nicaise, Nicodème, Nicolas et Colas, qui ont une certaine analogie avec Nigaud (?). (Voy. *noms*.)

— Comment! me prenez-vous ici pour un benêt? (*Femmes savantes*, V, 2.)

Un grand benêt de fils, aussi sot que son père. (*Les Fâcheux*, II, 7.)

Bénir, ancien *bénéir*, *benedicere*.

Le pape, donnant la bénédiction du haut de l'estrade de saint Pierre, prononce ces paroles : *Urbi et orbi* (à la ville et à l'univers), pour montrer l'étendue du pouvoir de l'Eglise.

— **Dieu vous bénisse !** souhait adressé à ceux qui éternuent. L'éternuement, chez les anciens, était un signe augural regardé comme de bon présage.

Les poètes disaient en parlant d'une belle femme, que les amours avaient éternué à sa naissance ; et à Rome, un amant disait à sa maîtresse, pour lui faire compliment : *Sternuit tibi amor.* (L'amour a éternué pour vous.)

Pline dit que Tibère est le premier qui ait voulu être salué quand il éternuait ; mais les Grecs avaient déjà fait usage de souhaits en pareil cas. On disait : « Jupiter soit avec toi ! — Que Jupiter te conserve et t'assiste ! » (*Anthol.* II, 12), formules auxquelles les chrétiens ont substitué le nom de Dieu.

> Ne fût-ce que pour l'heur d'avoir qui vous salue,
> D'un Dieu vous soit en aide, alors qu'on éternue.
> (Gocu im. 3.)

— D'après Montaigne, « parce que l'éternuement vient de la tête, nous lui faisons cet aimable accueil. Ne vous moquez pas de cette subtilité, elle est d'Aristote. » En effet, Aristote dit : « Quand vous éternuez, on vous salue, pour marquer que l'on trouve votre cerveau le siège de l'esprit et de l'intelligence. »

Béotien, habitant de la Béotie, province de la Grèce, située entre la Locride, la Phocide et l'Attique ; du latin *bos.* (Voy. Ovide, *Métamorphoses,* III, 10. (?)

Cette étymologie tirée du mot *bœuf* s'expliquait par la pesanteur d'esprit des Béotiens, qui était passée en proverbe.

Cicéron *(de Fato)* dit : « Le ciel de Thèbes est grossier ; c'est pourquoi les Thébains sont forts et stupides. »

Horace, parlant du peu de goût d'Alexandre pour les œuvres d'art, dit que, si on lui avait demandé son opinion sur un objet d'art, on aurait juré qu'il était né dans l'air épais de la Béotie :

> *Bœotum in crasso jurares aere natum.*
> (Ep. II, 244.)

— C'est en Béotie cependant que la Mythologie a placé le séjour des Muses.

Il y a beaucoup de Béotiens dans Athènes (Voy. *Champenois.*)

Berceau, du latin *versare,* tourner, qui est mobile.

Le berceau vacillant qui reçoit l'enfant à sa naissance, sorte de nacelle où commence la navigation de la vie... (Max. du Camp.)

Tel dans le berceau, tel dans le tombeau. (Prov. russe.)

Ce qu'on apprend au berceau, dure jusqu'au tombeau. (Ce qu'on apprend au ber, dure jusqu'au ver.)

> *Quum semel est imbuta recens, servabit odorem*
> *Testa diu.*
> (Horace, Ep. II, 63.)

Ces proverbes enseignent qu'on doit donner aux enfants des principes et une éducation sérieuse, et que le premier devoir des pères et des gouvernements est de ne jamais l'oublier.

Berger, du latin *berbicarius*, de *berbix*, brebis.

L'heure du berger (l'heure du rendez-vous d'amour). Le moment favorable, qu'un amant ne doit pas laisser échapper.

Le crime le plus irrémissible qu'un homme puisse commettre envers une femme, est d'en pouvoir jouir et de n'en rien faire. (Rousseau, *Confessions*, liv. 5.)

> L'amour carillonne
> Et j'entends qu'il sonne
> Du haut du clocher
> L'heure du berger.
> (Théâtre italien.)

Berlue, de *vario lume*, lumière qui varie.

Avoir la berlue, c'est voir un objet qui n'existe pas.

La bévue consiste à y voir double. Il vaut mieux n'y pas voir, que voir de cette façon.

Le vulgaire remplace ces locutions par l'expression pittoresque : se fourrer le doigt dans l'œil.

C'est un berlu, il agit comme qui a la berlue.

Berner, c'est le mot *vanner*, prononcé à la gasconne, par le changement de *v* en *b*.

De l'espagnol *bernia*, étoffe de laine grossière venant de *Hibernia* (Irlande), pays où elle se fabriquait.

— Portoyt bernes à la moresque. (Rabelais).

Berne est le burnous des Arabes ; mais il est probable que c'est *burnous* qui vient de *berne*, contrairement à l'opinion de du Cange.

— Faire sauter quelqu'un en l'air dans une couverture. *Berne* a signifié couverture, et c'est le sens du mot provençal *vanne*.

Berner est une sorte de jeu, où quatre personnes, tenant les coins d'une couverture, y font sauter quelqu'un.

Les cris affreux que faisait le misérable berné, allèrent jusqu'aux oreilles de son maître. (*Don Quichotte*, 16.)

Monsieur, dit Sancho à son maître, ôtons-nous d'ici, et cherchons un logis pour cette nuit, et Dieu veuille que ce soit dans un endroit où il n'y ait ni berne ni berneurs.

Suétone rapporte que l'empereur Othon prenait plaisir à se faire berner.

Berthe. Du temps que Berthe filait, c'est-à-dire au bon vieux temps. On trouve, dans une ancienne charte, que Berthe, épouse de Pépin, et mère de Charlemagne, filait pour orner les églises.

Les Provençaux disent : du temps que Marthe filait.

Besace, du latin *bis saccus*, double sac.

On trouve *bisacium* dans Pétrone.

Une besace bien portée nourrit son maître.

Aux pauvres la besace ! Ce proverbe signifie que les charges retombent ordinairement sur le pauvre.

La besace est comme une sorte de blason du mendiant ; c'est dans ce sac à deux poches, qu'il recueille les aumônes. Il y a tel mendiant qui ne voudrait pas renoncer à la besace, quelquefois si lourde, et qui préfère les hasards de la charité à la certitude d'un revenu fixe qu'il devrait à son travail. La paresse le séduit plus que la misère ne l'effraie ; c'est ainsi qu'on a pu dire que la servitude avilit l'homme jusqu'au point de s'en faire aimer.

Bésicles, du latin *bis oculus*, deux yeux.

On a fait de même *binocle*.

Vous n'avez pas mis vos bésicles : vous avez mal vu.

On le dérive aussi de *bis cyclus*, deux cercles, ou de *beryllus*, au Moyen-Age, lunette, d'où aussi briller.

Besogne, Besoin. *Besoin* vient de l'anglo-saxon *bysog*, affaire. En italien, *bisogna*, travail, besoin.

Le double sens de ce mot, qui exprime travail et manque, résulte sans doute du rapport naturel qui existe entre un besoin et le travail destiné à le satisfaire.

Besoin, dans le sens de misère, pourrait bien venir de *bis somnium* (?), qui dort double, paresseux.

— Il y a à Gênes la rue *Bisogna*, habitée par la classe pauvre. Toulon possède aussi un grand quartier (la vieille ville) surnommé ironiquement *Bésagne*, peut-être par les Génois qui le peuplaient en partie ; ce serait un souvenir de la patrie absente.

— Besoing si fet vieille trotter. (Rom. de Renart, t. I, p. 183.)

— *Besognes* signifiait jadis, hardes, effets, ustensiles : les objets de première nécessité qui font besoin. Cette manière de s'exprimer est très usitée en Provence, et on applique *besoin* dans le sens le plus absolu, en disant : faire ses besoins, pour aller à la selle.

Aussi bien vous fera-t-il besoin pour apprêter le souper. (*Avare*, III, 6.)

Vous chercherez vos besognes demain. (La Fontaine, les *Trois Commères*.)

Bête, du latin *bestia*, autrefois *beste* ; provençal *besti*.

On dit *bête* par défaut d'intelligence ; *idiot*, par défaut de connaissances ; *stupide*, par défaut de sentiment ; *imbécile*, par défaut d'esprit.

— Synonymie : Agnès, Aliboron, âne bâté, balourd, c'est-à-dire lourde bête ; bécasse, benêt, béotien, bêta, Blaise, Boniface, bouché, brute, bûche, buse, butor, cornichon, crétin, cruche, dadais, dindon, godiche, hébété, huître, idiot, imbécile, Jean-Farine, Jean-Jean, Jocrisse, melon, niais, Nicaise, Nicodème, nigaud, oie, oison bridé, pécore, serin, sot, souche, stupide. (Voir ces mots.)

— Bête à manger du foin. « Quand mon estomach est bien à poinct afféné et agrené. » (Rabelais, III, 15.)

Ces deux êtres ont l'air de manger avec plaisir le même foin au même râtelier. (Molènes.)

— Bête, échappé du massacre des innocents.

Il est si bête qu'il semble le faire exprès.

Il n'a pas inventé la poudre.

Il n'est pas cause que les grenouilles n'ont pas de queue.

Le bon Dieu l'a fait et l'a laissé là... On dit aussi : la nature, en le créant, n'a pas voulu se mettre en frais.

Il est si bon, qu'il en est bête.

Bête comme ses pieds, ... à rendre rêveuse une oie grasse.

Bête à couper au couteau ; à trente-six carats ; comme un dindon ; comme chou.

C'est l'hermine de la stupidité, sans aucune tache d'intelligence. (V. Hugo.)

— La plupart des hommes sont plus près de la brute que de Newton. Montaigne disait : « Il y a plus loin d'Epaminondas à mon valet de chambre que de mon valet de chambre à mon cheval. »

— Un Français heurta un jour un Vénitien sur la place Saint-Marc. Celui-ci lui demanda gravement quelle bête il croyait la plus lourde : « L'éléphant, répondit-il. — Eh bien ! apprenez monsieur l'Eléphant, qu'on ne heurte pas un noble Vénitien. »

— La grand'bête ; animal fantastique dont on fait peur aux

petits enfants dans le Berry. C'est un animal qui ne ressemble précisément à aucun quadrupède, et qui pourtant ressemble un peu à tous. C'est parce qu'il a échappé à toute classification qu'on l'a appelé la grand'bête.

— « Du temps que les bêtes parlaient. » D'après Pythagore et Timée, les animaux ne sont que des hommes transformés, qui gardent dans leur métamorphose le souvenir de leur premier état, et quelques philosophes anciens leur donnent les trois âmes : raisonnable, sensitive, végétative.

Par suite de ces croyances, il était naturel que les fabulistes fissent converser entre eux les animaux. De graves historiens, et Pline lui-même, affirment qu'à diverses époques mémorables les animaux ont parlé la langue des hommes.

— L'homme ne passe pas pour avoir la même aptitude à parler la langue des animaux, et, dans toute l'antiquité, on ne cite que Tirésias, Hélénus, Cassandre, Apollonius de Tyane, et Mélampus qui aient possédé cette science merveilleuse.

Suivant la tradition du Moyen-Age, la science augurale fut fondée par Adam, qui savait la langue des bêtes, et perfectionnée par Noé. De Noé, elle passa à Cham, à Salomon, à Tagès.

Tout parle en mon ouvrage, et même les poissons.
(LA FONTAINE, I, prol.)

— Un homme contrefait entendit quelqu'un dire de lui en le montrant : « Regardez donc cet Ésope. — Vous avez raison, dit le bossu, car je fais parler les bêtes. »

— Être livré aux bêtes. Supplice des anciens ; encore usité dans certaines sociétés de bavards, d'ennuyeux, qu'on appelait *fâcheux* du temps de Molière.

Sous quel astre, bon Dieu ! faut-il que je sois né,
Pour être de fâcheux toujours environné ?
(MOLIÈRE, Fâcheux.)

Chez les Romains, les bestiaires étaient ordinairement des condamnés à mort, qui étaient livrés sans armes aux bêtes. Très rarement il fallait lâcher deux bêtes contre le même homme. Il arrivait plus souvent qu'une même bête tuait plusieurs condamnés. Cicéron (*Pro Sest*) parle d'un lion qui seul avait suffi contre deux cents bestiaires.

Les chrétiens étaient livrés aux bêtes.

— Faire la bête. « L'homme n'est absolument ni ange, ni bête... qui veut faire l'ange fait la bête. » (Pascal.)

— Faire la bête à deux dos. « J'y veids des bestes à deux dos... » (Rabelais, V, 30) id est vir et mulier in copulatione. Coquillard s'est servi de cette expression avant Rabelais.

Shakespeare, dans *Othello* (1604) l'a aussi employée, dans une scène qui n'a pas été traduite dans les éditions françaises :

IAGO. — Têtebleu ! un bélier noir monte sur votre brebis blanche. Allons, debout ! Descendez, ou le diable va faire de vous un grand-père.

LE SÉNATEUR. — Quel profane coquin me parle ainsi ?

IAGO. — Eh ! oui. Sachez que votre fille Desdémona et le More Othello font à présent la bête à deux dos.

Cette locution a été empruntée par Shakespeare à la langue française. Rabelais l'emploie souvent, ainsi que les auteurs du temps.

> Sire Dieu, fais croistre les bledz,
> Afin que ne soyons trouvez
> En faisant la beste à deux d... !
> *Te rogamus, audi nos.*
>
> (*Anc. théât. franç.*, II, p. 121.)

On avait même fait de cette locution le verbe *dosnoyer*, c'est-à-dire *amori indulgere*.

— Quand Jean Bête est mort, il a laissé bien des héritiers.

Que les gens d'esprit sont bêtes !

— *Chose* prend la signification de *bête* dans la locution : Il a l'air tout chose.

Bêtise. La bêtise est l'absence d'esprit, comme la sottise est l'absence de jugement.

Synonymie : baliverne, balourdise, boulette, bourde, brioche, fadaise.

— La bêtise humaine a des profondeurs incommensurables. Elle reconnaît rarement ceux que le génie a marqués au front, et elle monte souvent au Capitole pour y couronner les oies.

Ce dont on se repent le plus sincèrement, c'est d'une bêtise.

La bêtise est une maladie qui ne fait souffrir que ceux qui n'en sont pas atteints.

Il y a des bêtises que les gens d'esprit achèteraient. (Voisenon.)

Beurre, de *butyrum*, *boûs*, bœuf, *tyros*, fromage.

Au prix où est le beurre : c'est-à-dire par ces temps de grande chèreté.

Beurre, en argot, est synonyme d'argent ; banquier se traduit par beurrier.

C'est la mort au beurre.
Ce n'est pas tout que des choux, il faut encore du beurre.
Ces *gueuses* d'épinards, c'est la mort au beurre. (Brazier.)
Il ne faut pas tant de beurre pour faire un quarteron. (Molière, G. Dandin, II, 1.)
Promettre plus de beurre que de pain.

Bévue, du latin *bis videre*, voir double. Ce mot est fait comme le provençal *bessai*, voir double, erreur grossière.

Biais, biaiser ; celtique *biheu*, de travers.
Prendre une chose en biais, signifie entreprendre une chose de côté, et non de front.
Biais est le même mot que *bief*. Le bief d'un moulin est une prise d'eau qui détourne une partie de la rivière. Comme ce canal est oblique au cours d'eau qui l'alimente, le mot *bief* entraîne toujours l'idée d'obliquité.
Ce mot s'écrit *bief* au sens propre et *biais* au figuré, parce que dans l'ancienne orthographe, l'*f* était muette. On prononçait *biais*, comme les paysans prononcent encore le biais d'un moulin, tandis que les citadins, qui ne connaissent la chose que par l'écriture, prononcent l'*f*.

Bibelot, pour *bimbelot*. Objet de fantaisie, de curiosité, dont on décore un petit-dunkerque, ou étagère; joujou de grande personne, comme le bimbelot est un jouet d'enfant.
On nomme bibelots, en style d'amateur, cet inimaginable amas de bronzes, chinoiseries, filigranes, ivoires, porcelaines, médaillons, éventails, écaille, laque, nacre, lapis, poignards, bijoux, qui doivent orner, ou pour mieux dire, encombrer les étagères des femmes à la mode... (Fél. Mornand.)

Bible, du grec *biblos*, roseau d'Egypte; dont l'écorce servait de papier, et dont on a fait *biblos*, livre.
Le livre par excellence. (*Coran* signifie *lecture*.)
— Il existe deux traductions principales de la Bible.
L'une, de l'hébreu en grec, appelée traduction des *Septante*, du nombre des soixante-dix traducteurs. Elle fut ordonnée par Eléazar, grand-prêtre des Juifs, pour Ptolémée, roi d'Egypte, 277 av. J.-C.
L'autre s'appelle la *Vulgate*, c'est-à-dire communément reçue. Elle a été faite de l'hébreu en latin, et déclarée authentique par le Concile de Trente. (Voy. *obscène*.)

Bibliophile, du grec *biblion*, livre, *philéō*, j'aime : amateur de livres.

> Ah ! je la tiens, et j'en suis aise !
> C'est bien la bonne édition,
> Car voilà, pages quinze et seize,
> Les deux fautes d'impression
> Qui ne sont pas dans la mauvaise.
>
> (Pons de Verdun.)

Bibliophile est un mot mal fait, parce que la racine grecque *philé* étant placée la dernière, acquiert un sens passif, et que ce mot signifierait aimé des livres, comme Théophile, aimé de Dieu, tandis que dans Philothée, *phil* a le sens actif, et le mot signifie qui aime Dieu. Philanthrope, ami des hommes.

Bibliothèque, du grec *biblion*, livre, *thékè*, boîte.

La bibliothèque d'Alexandrie fut brûlée pendant le siège de cette ville par J. César.

La bibliothèque Nationale, qui ne contenait, sous Louis XIV, que 5.000 volumes, en comptait déjà à sa mort 70.000. En 1864, elle contient 2 millions de volumes, et 200.000 manuscrits.

— Bibliothèque de Bacchus : cave bien garnie.

Vingt muids rangés chez moi font ma bibliothèque. (Boileau.)

Litterata fictilis epistola (Plaute), c'est-à-dire *epistola fictilis*, volume d'argile (amphore contenant du vin) ; *litterata*, portant le nom du Consul sous lequel elle a été remplie, c'est-à-dire étiquetée.

— Rabelais parle de certains bréviaires en fer blanc, ferrières, servant de bouteilles à vin. (Liv. II, 28.)

Panurge remplit pour soy une ferrière de cuir bouilly, car il l'appelloyt son *vade mecum*.

Quelques seigneurs, amis de Rabelais, lui envoyèrent un flacon d'argent, fait en forme de bréviaire, véritable chef-d'œuvre d'orfèvrerie, dont il parle (V, 46). Cet usage s'est continué depuis, par la fabrication de bouteilles pour contenir des liqueurs avec des titres tels que : « Esprit de Chaulieu, de Voltaire, etc. »

On a même fait des chaises percées, figurant des piles de volumes avec le titre : « Œuvres de Cujas. »

— Quelques industriels cachent discrètement, dans de faux albums, de petits appareils hydrauliques familiers et commodes en voyage. Vous ouvrez, vous vissez... C'est fait.

— P. Pithou appelait des *bibliotaphes*, tombeaux des livres, les bibliothèques de ceux qui ne lisent pas et ne prêtent pas leurs livres.

On pourrait, sur la porte d'une pareille bibliothèque, inscrire : *Multi vocati, pauci lecti*. Beaucoup d'appelés, peu... de lus.

— Bautru disait au roi d'Espagne, en parlant du bibliothécaire de l'Escurial, qui était un ignorant : « Vous devriez plutôt lui donner l'administration de vos finances : c'est un homme qui ne touche pas au dépôt qui lui est confié. »

Une femme d'esprit disait du même bibliothécaire : « C'est le sérail du Grand-Seigneur, gardé par un eunuque. »

— Dans le catalogue d'une bibliothèque de province, on avait classé Newton parmi les médecins.

Bicoque, de l'italien *bicocca*, petit château sur une hauteur. Espagnol *bicoca*. Petite place de guerre mal fortifiée.

Au figuré, une très petite maison.

C'était le nom d'une maison de campagne sur le chemin de Lodi à Milan, où les Impériaux soutinrent en 1522, l'assaut de l'armée française commandée par Lautrec. On appela cette bataille « Journée de la Bicoque ».

Ce feut au retour de la Bicoque, un chartier rompit son fouet. (Rabelais, II, 11.) C'est-à-dire qu'après la défaite de la Bicoque, l'armée française s'enfuit au plus vite.

Bien, adverbe, du latin *bene*. Provençal *ben*. Le comparatif est *mieux*, de *melius*.

Ben siatz vengus. (Aimery de Paq.) Soyez le bienvenu.

Synonymie : Chic, chicard, aux petits oignons, aux pommes, aux truffes (très soigné).

— Le bien vient en dormant. Ce proverbe est en contradiction avec : Nul bien sans peine.

Absque labore gravi, non venit ulla seges. (Les dieux nous vendent tous les biens par le travail.)

Bien n'est connu, s'il n'est perdu.

Rendre le bien pour le mal. (Math., V, 44. Luc, VI, 27.)

Exerce l'hospitalité envers ton ennemi même, s'il vient chez toi : les arbres ne refusent leur ombre à personne, pas même à l'impitoyable bûcheron. (Vichnou, *Sarma*.)

— L'arbre Sandal couvre de son parfum la hache qui l'a frappé. (Maxime indienne.)

— L'homme qui pardonne à son ennemi en lui faisant du bien, ressemble à l'encens, qui embaume le feu qui le consume. (Lockman.)

Bienfaisance. La bienfaisance est la manifestation de la charité (de Gérando). C'est une inclination à faire du bien aux autres.

Bienfaisance indique une action ; *bienveillance* seulement une velléité. L'une est à l'autre ce que l'acte est au désir.

— Ce mot, assez nouveau dans la langue, date de 1725. Il a été créé par l'abbé de Saint-Pierre, qui comprenait et pratiquait si bien la chose. Il fut adopté tout d'abord ; mais, quoiqu'il ait remplacé le mot *charité* dans un grand nombre de cas, il dit moins que lui. La charité chrétienne exprime à la fois un sentiment de sympathie et une idée de devoir fraternel envers le prochain. C'est cette idée qui manque au mot *bienfaisance*.

En 1793, les institutions de charité reçurent officiellement le titre d'établissements de bienfaisance ; et de nos jours ils sont devenus des établissements d'assistance publique, dénomination qui n'exprime plus qu'un fait matériel, dépourvu du sentiment humain et de l'idée divine de fraternité.

— Bienfaisance à la tire : quêtes à domicile, concerts, fêtes de charité ou dites telles.

— Un bienfait n'est jamais perdu... pour qui le reçoit.

Un bienfait ne demeure jamais sans récompense. C'est d'une récompense morale qu'il faut l'entendre ; d'une satisfaction du cœur et de la conscience. Une récompense d'une autre nature ôterait le mérite du sacrifice et en diminuerait la valeur.

Le bien qu'on fait la veille, fait le bonheur du lendemain.

Tout bienfait avec lui porte sa récompense. (Favart.)

Les bienfaits sont des trophées qu'on érige dans le cœur des hommes. (Xénophon.)

Les bienfaits s'inscrivent sur le sable, les injures sur l'airain.

Rien ne s'oublie si vite qu'un bienfait : on oublie souvent jusqu'au bienfaiteur ; c'est pourtant à ce dernier seul qu'il est permis de manquer de mémoire. (Duplessis.)

Les injures pénètrent plus profondément que les bienfaits : *Arctius injuriæ quam merita descendunt.* (Sénèque, *Bienfaits*, I, 1.)

Un bienfait reproché tint toujours lieu d'offense. (Racine, *Iphigénie*, IV, 6.)

Souvent, l'obligé oublie un bienfait parce que le bienfaiteur s'en souvient. (De Malesherbes.)

— Beaucoup de gens savent accorder un bienfait ; peu savent se faire aimer ; c'est pour cela que la reconnaissance est si rare.

Rappeler un bienfait, c'est presque le reprocher : *commemoratio quasi exprobatio est.* (Térence.)

— C'est être usurier, que d'exiger de la reconnaissance. *Demus beneficia, non fœneremur.* (Sénèque, *Bienfaits.*) Donnons, ne prêtons pas à usure.

En matière de bienfaits, il n'y a de bons placements qu'à fonds perdus.

Bienséance. La société de province se tient raide, désagréablement lacée dans son corset de bienséance.

Bienveillance, du latin *benevolentia :* disposition favorable envers quelqu'un.

Les yeux de la bienveillance sont toujours riants.

Synonymie : le devoir prescrit la justice ; c'est la plus sévère des vertus. La bonté est une qualité plutôt qu'une vertu ; elle est souvent accompagnée de faiblesse, et, pour être bon, il n'est pas nécessaire de faire le bien, il suffit de ne pas faire le mal.

La bienveillance est la plus éclairée et la plus douce de toutes les vertus ; c'est un sentiment généreux, plus actif que le devoir, plus universel que la bienfaisance, plus obligeant que la bonté.

— *Bienveillance,* dont le sens est : qui veut le bien de son semblable, est synonyme de charité, dans le sens évangélique du mot, et le divin législateur des chrétiens, pour donner à la vertu, qui est le fondement de sa morale, toute la douceur et la délicatesse qui la caractérisent, a emprunté le nom des Grâces (*Charités*) aux plus aimables et aux plus riantes fictions de la Grèce.

— L'histoire a consacré avec amour le souvenir de Titus, les délices de Rome ; d'Antonin le Pieux ; de Louis IX, le Saint ; de Louis XII, le Père du Peuple ; et de Henri IV, qui se sont distingués par leur bienveillance et un amour éclairé du genre humain.

Bifteck, tranche de bœuf grillé rapidement sur les charbons. On disait autrefois *carbonnade* (Rabelais, IV, 9.)

Bigot, ancien sobriquet des Normands ; du germanique *by god,* par Dieu.

Dévot outré et superstitieux, qui fait intervenir Dieu dans toutes ses paroles et dans toutes ses momeries. (Voy. *fétichisme.*)

— Les Normands qui vinrent s'établir en France au xe siècle, et qui parlaient, dans les premiers temps, la langue qui est devenue l'anglais, juraient beaucoup par Dieu, *by God !*

De là le surnom de *bigot,* qu'on donna pendant le Moyen-Age aux habitants de la Normandie, et qui a passé plus tard à ceux qui ont sans cesse à la bouche le nom de Dieu.

— La bigoterie est la bêtise de la dévotion.

> Un bigot orgueilleux, qui, dans sa vanité,
> Croit duper jusqu'à Dieu par son zèle affecté.
> (Boileau.)

— *Cagot* (voy.), chien de goth ; vient de *cagoule*.

Bijou, signifie en celtique *anneau*. Il est pris dans le sens de *joyau*, en général ; comme *bague*, qui prenait aussi une signification générale.

Peut-être du latin *bis jocare* (?) *bi jouer*, qui brille de plusieurs côtés.

Semble plutôt fait comme joujou et joyau, du latin *jocale*, jeu, amusement, et joaillier (qui vend des joyaux).

— Le hochet, objet sans solidité, qui hoche, est dit par allusion aux récompenses accordées dans certains cas aux pantins politiques (?).

Bilan, du latin *bilanx*, balance établie entre les gains et les pertes.

— Déposer son bilan : se déclarer en faillite. C'est ce que fait le négociant insolvable, lorsqu'il présente à ses créanciers l'état de son actif et de son passif.

Bile, du latin *bilis*, liquide visqueux, jaunâtre, amer, secrété par le foie, et qui contribue au travail de la digestion, par la facilité avec laquelle il dissout les matières grasses.

De là est venu *atrabilaire*, d'humeur noire.

On dit d'un bourru bienfaisant : « Beaucoup de bile, peu de fiel. »

Billet, du latin *pila*, balle à jouer (qu'on envoie), ou du grec *biblion*, petit livre (?).

On disait autrefois *épistolette* (voy. *poulet*) ; en latin *litterulæ amatoriæ*.

Vient plutôt du bas latin *billa*, rescrit, cédule.

« Le bon billet qu'a La Châtre ! » se dit ironiquement pour exprimer qu'on ne croit pas à l'accomplissement d'une promesse. Ninon de Lenclos avait donné au marquis de La Châtre, qui rejoignait l'armée, une promesse de fidélité, par écrit. Un jour qu'elle se la rappela un peu trop tard, elle s'écria : « Ah ! le bon billet qu'a La Châtre ! » Le mot est devenu proverbe.

— *Billet de banque*. L'argot *faffe*, *fafiot*, est fait par harmonie imitative des papiers qu'on froisse. « On invente les billets de banque : le bagne les appelle des fafiots garatés, du nom de Garat, le caissier qui les signe. Fafiot ! n'entendez-vous pas le bruissement du papier de soie ? » (Balzac.)

Billevesées, *billevisées*, ou *billevezées*, comme l'écrit Rabelais : balle remplie de vent.

Au figuré, discours frivoles.

Vient de *bille* et de *vesica*, vessie ; *vezer* pour souffler ; d'où *vèze*, musette, instrument où l'on souffle comme dans une vessie qu'on veut enfler.

Billevesée est le *nugæ canoræ* des Latins.

Tous les propos qu'il tient sont des billevesées. (Molière.)

Billion, mille millions, ou un milliard.

Binette a signifié, à l'origine, une perruque faite par Binet, coiffeur de Louis XIV.

Aujourd'hui, la perruque du grand roi a disparu comme un météore éclipsé ; mais une interprétation maligne a fait passer le nom du contenant au contenu, et on s'est servi du mot pour désigner une tête ridicule, ce que le gamin de Paris appelle « une bonne tête ».

Les médecins, les magistrats (dit Salgues, dans son *Livre de Paris*, p. 352) s'aperçurent qu'une binette donnait de la dignité.

Biribi, jeu de hasard, analogue au loto, que l'on joue avec soixante-quatre boules et un tableau de soixante-dix cases, qui correspondent aux boules.

Bis, du latin *bis*, deux fois, jadis *bezi*, qui est resté dans *bésicles* et *bessons* (jumeaux).

— *Bis* prend la forme *bi* comme préfixe, dans la composition d'un grand nombre de mots, pour leur donner la signification d'une fonction double : bicolore, biconcave, bifide, bilobé.

— De *bis* est venu *biner*, donner à la terre la seconde façon ; et *bisser*, faire répéter un air.

L'usage de bisser au théâtre date de 1780.

Bis repetita placent. (Horace, *Art poétique.*) Quand une chose est redemandée, c'est qu'elle plait.

— *Non bis in idem* (axiome de droit). Ne faites qu'une fois la même chose.

Les Latins disaient : *Age quod agis*. Fais ce que tu fais, c'est-à-dire : sois à ton affaire.

Bischof, mot allemand, signifie évêque ; du latin *episcopus*.

Se dit pour désigner une boisson froide et tonique, composée de vin sucré, de citron, de muscade ou de cannelle, et qui tire son nom de sa couleur violette.

Bise, vent du Nord en général, particulièrement N.-N.-E.; de *bis*, sombre, noir, comme aquilon, de *aquilus*, de couleur foncée.

— Dans les langues celtiques, *bis* signifie noir, brun. La bise, ou aquilon, couvre le ciel de nuages épais et noirs.

— Se dit poétiquement pour l'hiver :

Quand la bise fut venue.
(La Fontaine.)

Adonc vent Esclamar sus son caval mot bis. (*Roman de Fierabras*, V, 347.) Alors vint Esclamar sur son cheval très brun.

— On dit aussi « temps gris », à cause de l'aspect du ciel... froid noir.

Rabelais (IV, ch. 59) décrit ainsi le costume de Caresme-Prenant : « Ses habillements sont joyeulx, tant en façon comme en couleur ; car il porte gris et froid ; rien devant et rien derrière, les manches de mesme. »

— De *bis* on a fait pain bis, noir, de seconde qualité, qu'on appelle en provençal *méjan* (*medianus*), pain de qualité moyenne, entre le blanc et le noir.

— *Basane* (Voy.).

— *Bistre*, couleur obtenue avec de la suie.

Ne pas confondre avec *bis*, deux fois.

Bissextile (année), du latin *bissextilis*, de *bis sexta* (*die ante calendas Martias*), le jour intercalé après le 6 des kalendes de Mars, ce qui fait compter deux fois le sixième, et donne vingt-neuf jours au mois de février, qui d'ordinaire n'en a que vingt-huit.

Tous les quatre ans, l'année compte un jour de plus, pour que les révolutions de la terre autour du soleil, qui durent 365 jours, 5 heures 49' se retrouvent sensiblement égales à l'année civile.

Lorsque le calendrier fut réformé à Rome (46 avant J.-C.), sous Jules César, alors grand pontife, on ajouta ces 5 heures 49 minutes, qui forment tous les quatre ans un jour supplémentaire, au mois de février. Le quantième assigné à ce jour fut le 24 février, et, pour ne rien changer aux noms ordinaires des jours de ce mois, on désigna le 23 février pour les années allongées d'un jour, par *bis sexto kalendas martii*; c'est-à-dire le second 6 des calendes, ou second 24.

— Toute année divisible par 4, sans reste, est bissextile.

Bizarre, de *bis*, deux fois, *varius*; varié, fantasque, extravagant.
Ou plutôt italien *bizarro*, colère, entêté; espagnol *bizarro*, chevaleresque, magnanime.

Blanc, en allemand *blanck*, clair, anagramme de *albus* (?).
Blanc comme cygne,... comme l'ivoire, l'hermine, le lait, la neige.

— *Blanc* est remplacé par *clair* dans le provençal: *clara d'hueù*, blanc d'œuf. De *clara* est venu *glaire*: *Ab clara d'un hueù destrempat*. (Prades.) Détrempé dans la glaire d'un œuf.

— Ancienne monnaie de billon, qui valait six deniers tournois. Le petit blanc ne valait que cinq deniers.

Vers 1845, on supprima une monnaie nommée six blancs, qui valait trente deniers, ou deux sous et demi.

> Un usurier à la tête pelée
> D'un petit blanc acheta un cordeau
> Pour s'étrangler...
> (MAROT.)

— Il n'est pas blanc... Il s'est mis dans de beaux draps; il est dans un mauvais cas. C'est une allusion à la coutume d'exprimer les suffrages favorables par des boules blanches.

— Se faire blanc de son épée... Dans l'ancien jugement de Dieu, par les armes, le vainqueur était absous, blanchi du crime dont on l'accusait.

Le blanc est la couleur de l'innocence et de la loyauté.

On lit dans Perceforest que les rois et les reines de la Grande-Bretagne avaient coutume de prendre, la veille au soir de leur couronnement, des habits blancs, en signe de pureté. C'était aussi l'habillement des novices, la veille de leur réception dans l'ordre de la chevalerie.

Dans les cérémonies de la Fête-Dieu à Aix, en Provence, le lieutenant de Prince était vêtu d'un corset et d'une culotte à la romaine, de moire blanche et argent. Le manteau, de glacé d'argent tout uni.

— *Blanc* est dit pour sans tache, sans souillure:

> *Joachim pres un agnel*
> *Sens taca que ac blanca pel.*

Joachim prit un agneau sans tache, à blanche toison. (Évang. apocryphe.)

Blasé, invalide de l'oisiveté.

Les hommes blasés croient avoir épuisé les plaisirs : ce sont les plaisirs qui les ont épuisés. (M. G.)

Blason, de l'allemand *blasen*, sonner du cor, proclamer les chevaliers dans les tournois.

— La science héraldique, ou du blason, est la connaissance des armoiries et l'ensemble des principes qui permettent d'en expliquer chaque partie selon les termes propres.

L'écusson d'une famille, ou d'une ville, n'est autre chose que son nom, traduit en langage visible, ou le fait le plus saillant de son histoire, peint en une sorte de tableau.

Les symboles des blasons furent souvent des objets faisant allusion à leur dénomination, ce qui constituait des espèces de rébus, ou armes parlantes.

Tels sont : le château de Castille ; la Grenade, du royaume de ce nom ; le calice, de Galice ; le lion, de la ville de Léon ou de celle de Lyon ; la menthe, de Mantes ; le créquier, de la famille de Créqui ; les rinceaux, de Reims.

En Provence : les mains, de Manosque ; le mont fortifié, de Montfort ; les clefs, de Claviers ; le soleil, de Soleillas.

Gémenos (B.-du-Rhône), porte : d'argent à un arbre de sinople, au pied duquel deux petits enfants d'or, assis et s'entretenant. Gémenos, en latin *gemini*, jumeaux ; c'est le cas de dire « armes parlantes ».

C'est à l'époque des Croisades, qui commencèrent en 1069, que les villes de Marseille, Toulon, Antibes, Fréjus, où s'embarquaient des milliers de croisés, adoptèrent la croix simple, qui orne encore aujourd'hui leur blason.

— Les armoiries comprennent trois choses principales : le champ de l'*écu*, l'*émail*, les *figures* ou *meubles*.

Du CHAMP. — Le champ, ou écu, est le fond sur lequel sont représentées les armoiries. Il rappelle la surface du bouclier ou de la bannière, où l'on peignait les pièces.

L'écu porte les *partitions*, les *répartitions*, les *figures*.

Les partitions sont au nombre de quatre : 1° le *coupé*, qui partage l'écu horizontalement ; 2° le *parti*, qui le divise verticalement ; 3° le *tranché*, qui le divise obliquement, de droite à gauche ; 4° le *taillé*, qui le divise en diagonale, dans le sens inverse.

Les quatre partitions donnent lieu aux répartitions suivantes : 1° l'*écartelé*, qui est fait du parti et du coupé ; 2° l'*écartelé en sau-*

toir, qui est fait du tranché et du taillé ; 3° le *gironné*, résumant à lui seul les quatre partitions ; 4° le *tiercé*, résultant du partage en trois parties égales.

DE L'ÉMAIL. — L'émail se compose de deux *métaux*, de cinq *couleurs* (ou émaux) et de deux *fourrures*.

Les deux métaux sont : *or* (jaune), *argent* (blanc).

Les couleurs sont : *azur* (bleu), *gueules* (rouge), *sinople* (vert), *sable* (noir), *pourpre* (violet).

Les fourrures sont l'*hermine* et le *vair*.

En gravure, les couleurs sont représentées par des signes particuliers. L'or est pointillé ; l'argent, blanc ; l'azur s'indique par des lignes horizontales ; les gueules, par des lignes perpendiculaires ; le sinople, par des diagonales de droite à gauche ; le pourpre, par des diagonales en sens inverse ; le sable, par des lignes horizontales et des lignes verticales croisées ; l'hermine, par l'argent moucheté de sable ; le vair, par l'azur, chargé de petites clochettes renversées d'argent.

DES FIGURES. — Les figures ou meubles, sont de quatre sortes : 1° *propres*, qui comprennent les partitions, les pièces honorables du premier et du deuxième degré ; 2° *naturelles*, résumant tous les éléments de la nature, arbres, animaux, etc. ; 3° *artificielles*, figurant les objets créés de main d'homme, tels que châteaux, instruments de guerre, d'industrie, etc. ; 4° *chimériques*, comme les monstres, diables, etc.

— Les pièces honorables du premier degré sont au nombre de sept :

Le *chef*, qui occupe horizontalement la partie supérieure de l'écu. Il a la largeur du tiers de celui-ci.

Le *pal* est formé par deux lignes parallèles posées perpendiculairement au milieu de l'écu.

La *fasce* est la même figure que le pal, mais posée horizontalement au milieu de l'écu.

La *bande* va obliquement de la partie *dextre* du *chef*, à la partie *senestre* de la *pointe*.

La *barre* va obliquement en sens inverse.

La *croix* est formée du pal et de la fasce réunis.

Le *sautoir* se forme de la bande et de la barre.

— Les pièces honorables de second degré sont nombreuses. On peut citer : les *bordures*, le *franc-quartier*, le *chevron*, l'*orle*, le *canton*.

Toute figure placée dans la partie supérieure de l'écu est dite en *chef*; dans la partie inférieure, en *pointe*; au milieu, en *abîme*; sur les côtés, en *flanc*; dans les coins, *cantonnée* en chef, en *pointe*, à *dextre* ou à *senestre*.

— Le blason des gueux, ce sont deux carottes de tabac en croix, avec les mots : « Dieu vous bénisse ! »

— Il blasonne tout le monde ; il critique, médit.

Blé, jadis *bled* ; du latin *bladum* ; provençal *blat* ; en grec *blasos*, germe (semence par excellence).

On dit aussi absolument du *grain* pour du *blé*.

De *blat* vient *ablatif*, ce qui est enlevé récolté. (En réalité c'est le mot latin *ablatum*.)

— Emblaver, semer de blé un champ.

Sans pré, pas de bétail ; sans bétail, pas d'engrais ; sans engrais, pas de grain. (Voy. *Manger* son blé en herbe.)

— Des grains de blé trouvés au Caire dans un sarcophage de momie, ont germé après trente siècles d'existence. Ils ont donné des tiges de la grosseur d'un roseau, de deux mètres de haut, ayant des feuilles de trois centimètres de large, et jusqu'à vingt épis par pied. Ils ont produit par conséquent deux mille grains pour un. (*Moniteur*, 7 août 1854.)

Bleu, en roman *pers*, ancien allemand *blau*.

On appelle bleu (ou noir) un épanchement de sang sous la peau, par suite d'une contusion. (Voy. Avoir un *œil* au beurre noir.)

Mademoiselle X... remettant son costume après le bain : « Diables de galets ! sont-ils durs ! ils m'ont fait des bleus partout : j'ai l'air d'une dinde truffée... »

Y voir bleu : éprouver un éblouissement, par suite d'un coup violent. (Voy. Voir trente-six *chandelles*.)

Voué au bleu.

— Les blancs et les bleus. Pendant les guerres de Vendée, on appelait *Blancs* les partisans de la royauté, *Bleus* les soldats de la République.

Blinde, défense, faite de bois et de branches, afin de n'y être pas vu des assiégés.

De l'allemand *blint*, aveugle.

Ce mot est fait comme café borgne, c'est-à-dire obscur ; comme bruit sourd, salle sourde.

Blond, de l'anglo-saxon *blonden*, enduit d'une mixture colorante.

Les Gaulois et les Germains avaient coutume de se teindre les cheveux en rouge ; et, plus tard, d'une nuance plus douce et plus conforme à la nature, pour imiter la chevelure des enfants du Nord, dont ils se disaient avec orgueil les descendants.

Au Moyen-Age, une chevelure blonde était un des principaux éléments de la beauté physique.

Chez les Romains, les perruques se faisaient de cette couleur.

— Le blond Phœbus ; la pâle Phœbé ; la blonde Cérès, blonde comme les blés.

Bœuf, du latin *bovem*.

Le roi René avait pour devise un bœuf avec les mots : « Pas à pas. »

Un bœuf avec les mots : *Tarde sed tuto*, signifie la prudence.

Henri Farnèse avait pour devise un bœuf à la charrue, avec les mots : *Arte et viribus*.

— Les Egyptiens, par reconnaissance des services que le bœuf rend à l'agriculture, l'avaient mis au nombre de leurs dieux.

Les Romains, moins scrupuleux, offraient des bœufs en sacrifice. Ces sacrifices s'appelaient *taurobolia*.

Les Lacédémoniens avaient les premiers offert des sacrifices de cent bœufs à Jupiter. (Voy. *hécatombe*.)

— Bœuf, l'oiseau de Saint-Luc (Rabelais) : Saint-Luc a pour attribut un bœuf ailé, qui rumine à ses côtés.

— Bœuf saignant, mouton bêlant : viandes peu rôties.

Rabelais (III, 15) veut parler, sans doute, du bœuf bouilli, quand il dit que le bœuf doit être mis au feu de bonne heure :

> Plus y estant, plus cuyct restoyt
> Plus cuyct restant, plus tendre estoyt.

— Bœuf gras. La promenade du bœuf gras est un reste des cérémonies païennes des anciens Gaulois.

Rabelais dit : *le bœuf violé*, à cause des violons qui accompagnaient la marche du bœuf gras.

— Bœuf à la mode, ou en daube.

— Il est de la paroisse de Saint-Pierre-aux-Bœufs, patron des grosses bêtes.

Vers 1830, l'église de Saint-Pierre-aux-Bœufs fut démolie pour le percement de la rue d'Arcole. Le portail, remarquable par les têtes de bœuf qui la décoraient, et qui rappelaient l'ancienne paroisse de la corporation des bouchers, a été détaché avec soin pierre à pierre, et transporté par l'architecte Lassus, pour orner une porte latérale de Saint-Séverin.

— Les condisciples du Dominiquin, l'avaient surnommé « le Bœuf », à cause de sa lenteur à travailler. Annibal Carrache leur dit un jour : « Ce bœuf tracera si bien son sillon, qu'il rendra très fertile le champ de la peinture. »

— Mettre la charrue devant les bœufs. *Currus bovem trahit:* faire une chose à rebours.

> Quand les bœufs vont deux à deux,
> Le labourage en va mieux.
> (S. DAINE.)

— Être le bœuf, être dupé.

Bohémien (on croyait les bohémiens originaires de Bohême), vient de *beaume*, qui habite les cavernes.

Vivre en bohémien, c'est-à-dire en vagabond.

Malheureux sans feu ni lieu, allant où les porte le vent de la misère.

Les bohémiens sont une race antique et nomade, dont les derniers représentants parcourent encore nos campagnes. Ils campent sur la lisière des bois, le long des haies, sous les ponts, avec une petite charrette attelée d'un âne ou d'un mauvais cheval ; exercent divers métiers, surtout ceux de vanniers et de maraudeurs. Ils passent pour sorciers, et disent la bonne aventure.

On les a appelés aussi Egyptiens, parce qu'ils se disent originaires d'Egypte, ce que semblent confirmer le nom de *gitanos*, qu'ils portent en Espagne (corruption de *Egyptianos*), et celui de *gypsies* qu'on leur donne en Angleterre.

On les nomme *zingans* ou *zingari* en Moldavie.

On a dit à tort qu'ils étaient descendants de Caïn, dont la race a péri dans le déluge.

Théophile Gautier dit qu'aucune civilisation n'a pu résorber ces hordes nomades, qui flottent sur l'Europe comme une écume.

On a supposé aussi que, vers le milieu du XIVe siècle, l'Allemagne ayant été ravagée par la peste, les chrétiens s'imaginèrent que les juifs avaient empoisonné les eaux et les aliments. Il en résulta un massacre général de ces malheureux. Un certain nombre parvinrent à s'échapper, et se réfugièrent dans les forêts, où ils se creusèrent des retraites impénétrables.

Ils n'osèrent se montrer aux environs des villes que cinquante ans plus tard ; et, pour dissimuler leur origine, ils disaient que leurs ancêtres avaient demeuré en Égypte, et en avaient été chassés pour avoir refusé de recevoir la Vierge Marie et l'enfant Jésus. Ils s'étaient créé, dans le même but, une langue de convention, ou argot, dans laquelle ils appelaient : un enfant, criard ; un soulier, marcheur ; un oiseau, volant. Cette langue contenait aussi beaucoup de mots hébreux. Ils prétendaient avoir la connaissance de la chiromancie et disaient la bonne aventure.

— Dans le langage familier, on appelle bohèmes, déclassés, irréguliers, réfractaires de la civilisation, des personnages originaux, figures vulgaires et bizarres, dignes du pinceau de Callot et de Rembrandt ; victimes comiques ou funèbres, jetées dans la vie d'aventures par la fantaisie ou la fatalité.

Artiste, littérateur, génie incompris, mourant tout entier, le bohème est voué à la fosse commune de l'indifférence et de l'oubli.

« La bohème de Paris, c'est le stage de la vie artistique ; c'est la préface de l'Académie, de l'Hôtel-Dieu ou de la Morgue... » (Mürger, préface de la *Vie de Bohème*.)

— Suivant une croyance répandue, il y a chaque jour à Paris plus de vingt mille personnes qui ne savent pas le matin comment elles dîneront le soir. Des poètes étranges, des écrivains qui n'écrivent pas, des fantaisistes financiers, forment les compagnies de ce régiment d'indisciplinés qui passent leur vie à envier le tonneau de Diogène.

Boire, jadis *bevre*, *beure* ; du latin *bibere*. La forme latine est plus sensible dans imbiber, biberon.

Le peuple dit : nourri et bu, pour abreuvé (imbu).

Synonymie : chauffer le four, chopiner, se donner une culotte. Mieux vaut s'acheter un pantalon que se donner une culotte. (*Tintamarre*.)

Se dessaler, entonner, gobelotter (de gobelet), flaconner, flûter, se gargariser, hausser le coude, godailler (de godale, bonne chère dans Rabelais), licher (XIIIe siècle), pinter, pomper, siffler la linotte, siroter, soiffer.

— Boire sec, ou rubis sur l'ongle : jusqu'à la dernière goutte. Boire à tire-larigot.

Boire à la grande tasse : tomber à la mer.

Boire à la régalade : la tête en arrière et versant dans la bouche.

Boire le calice jusqu'à la lie : *Bibere mœrorem*. (Plaute.)

Boire le coup de l'étrier (voy. *étrier*), ...le coup du médecin.

Boire après le potage.

Ut vites pœnam, de potibus incipe cœnam (école de Salerne), c'est-à-dire pour vous bien porter, commencez le repas par boire.

Tuer le ver : boire du vin blanc ou de l'eau-de-vie à jeun. L'alcool pris à jeun passe pour causer de vives contrariétés aux ascarides intestinaux.

> Qui boit en mangeant sa soupe,
> Quand il est mort, il n'y voit goutte.
> (Rabelais, II, 12.)

La rime de ces deux vers s'appelle une rime plate (ou plutôt une simple assonance). On cite ce proverbe aux enfants pour les empêcher de mêler dans l'estomac une boisson froide à un potage chaud. Cela s'appelle boire entre deux soupes.

Boire un coup de vin.

Boire par procuration : « Je ne boy que par procuration. » Rabelais (I, 5) veut sans doute faire allusion aux vieilles gens qui mangent la croûte de leur pain amollie dans le vin, et qui ainsi ne boivent que par procuration, le pain ayant bu pour eux.

Boire comme un chantre, une éponge, un musicien, un Polonais, un templier, un sonneur.

Boire comme un Polonais vient peut-être du vers :

> Quand Auguste avait bu, la Pologne était ivre.

— Au XIIe siècle, la culture de la vigne, à Paris, était très florissante. Les tonneaux se faisaient rue de la Barillerie (aujourd'hui boulevard du Palais), et allaient meubler les caves de nombreuses corporations religieuses. Une chanson l'indique :

> Boire à la capucine,
> C'est boire pauvrement ;
> Boire à la célestine,
> C'est boire largement ;
> Boire à la jacobine,
> C'est chopine à chopine ;
> Mais boire en cordelier,
> C'est vider le cellier.

— Après la poire, l'homme veut boire. Après la pomme, boire veut l'homme.

C'est la mer à boire (grande difficulté).

Il boirait la mer et les poissons.

Il ne faut pas dire : « Fontaine, je ne boirai pas de ton eau. »

On ne saurait faire boire un âne, s'il n'a soif. C'est, dit le *Moyen de parvenir*, parce qu'il ne boit que de l'eau ; s'il buvait du vin, il boirait à tout moment comme un bon théologien.

Qui a bu boira : il a un défaut incorrigible.

Quo plus sunt potæ, plus sitiuntur aquæ. (Ovide.) Plus on boit, plus on a soif.

Je bois pour la soif advenir. — Beuvez toujours avant la soif, et jamais ne vous adviendra. (Rabelais.)

« Boire sans soif et faire l'amour en tout temps, il n'y a que ça qui nous distingue des autres bêtes », répond le jardinier Antoine dans le *Mariage de Figaro*.

Le roi boit. On joua *Marianne*, de Voltaire, en 1724, la veille des Rois. Au moment où Marianne prend la coupe de poison, un plaisant cria : « La reine boit ! » Cela fit rire, et il fallut changer le dénoûment.

— Pourquoi se sert-on à boire le premier ? Cette coutume, qui remonte à l'antiquité, signifiait : « Je bois le premier, pour témoigner de la loyauté de mes intentions. »

Les échansons, comme le raconte Xénophon de Sacas, buvaient de tous les vins avant d'en servir à leurs maîtres.

Aujourd'hui, cette précaution a pour but de ne pas exposer les convives à recevoir dans leur verre des fragments de cire ou de bouchon, ou, si le vin a quelque défaut, d'éviter à ses hôtes le désagrément de la surprise.

Bois, en latin *boscus*, grec *boscô*, paitre.

Bois, matière, s'est dit autrefois *fust*, d'où futaie.

> O créateur, ô maître,
> Dis-moi à cette fois
> De quel bois voulut être
> Le fût de la vraie croix.
> (Anc. cantique.)

— A *bois*, pris dans ses divers emplois, se rapportent :

ATTELLES, lattes minces pour maintenir une fracture. On disait jadis *astelles*, de *haste*.

Le provençal *stèle* signifie copeaux menus.

BALIVEAU, jadis bois vieux (?), d'où balivernes (?).

BOUCHON, pour *boschon*, petite boule de bois, cochonnet.

BOULE, d'où bouleau.

BOQUET, petit morceau de bois, d'où bilboquet, où *bil* est pour boule ou bille.

Bouquet ou *bosquet*, de l'italien *boscheto*, petit bois, bouquet d'arbres ; d'où embusqué, débusquer.

Brosse, de *bruscus*, broussailles, bruyères.

Brouiller, brouillon, de l'italien *broglio*, imbroglio.

Brouter, manger le brout, les jeunes pousses des taillis.

Fouet, du vieux mot *fouteau* (hêtre), les fouets se faisaient de ce bois.(*fagus*, fau, fayard).

Lambrisser, de *lambruscare*, couvrir d'un revêtement de bois.

Travée, du latin *trabs*, poutre.

— Donner une volée de bois vert, réprimander fortement.

— Il est du bois dont on les fait, c'est-à-dire il est capable de remplir cet emploi.

Non è quovis ligno fiat Mercurius. (Apulée.) Un tronc de figuier suffisait pour faire la statue d'un dieu aussi grossier que Priape ; mais il fallait un bois plus précieux pour celle de Mercure.

— Le mot *lignage*, qui s'est dit pour parage, parenté, vient de *lignum*, bois, et non de *linea*, ligne, quoiqu'on ait dit *forligner* (Voy.), sortir de la ligne tracée par l'honneur :

Mais fussiez-vous issu d'Hercule en droite ligne...
(Boileau, Satire V.)

En effet, en blason, on appelle arbre généalogique, la suite des aïeux et des parents à divers degrés, issus de la même souche, appartenant à la même race (*radicem*), c'est-à-dire aux racines du même arbre. On dit seigneur de haut lignage, de haute futaie (*fustis*, tronc, branche) ; rejeton se dit pour fils.

On voit par ses nombreuses analogies avec l'idée d'arbre, de plante, que cette locution doit tirer son origine de *lignum*, et non de *linea*, et que lorsqu'on dit : « descendu de quelqu'un en ligne droite, ou collatérale », on devrait traduire par *lignum*, bois, branche ; car on dit dans le même sens : branche aînée, branche cadette.

Boisson. En dehors de l'eau et du lait, toutes les boissons au moyen desquelles l'homme apaise sa soif, sont les produits de son industrie, et la plupart sont des liqueurs qui ont subi la fermentation spiritueuse.

— Les boissons alcooliques employées par les différents peuples du globe sont très nombreuses et extraites de substances très différentes.

L'alcool, pris modérément, est un aliment hygiénique, qui agit à la façon du café. Il remplace les substances farineuses et sucrées, et permet à l'estomac de se saturer avec une quantité moindre d'aliments.

Les alcools prennent dans le commerce les noms d'eaux-de-vie, esprits, etc.

BIÈRE, boisson fermentée, de houblon et d'orge ; en Flamand, *bier* ;

BISCHOFF (Voy.)

BOUZA, boisson faite en Egypte avec l'orge fermentée.

BRAH, vin de cocottier, dans l'Inde.

BRANDEVIN, eau-de-vie de grain.

BRULOT, mélange de sucre et d'eau-de-vie brûlés.

CERVOISE, boisson de céréales fermentées. On l'appelait en Gaule *cerevisia*. (Vin de Cérès ?)

CHAMPOREAU, nommé de son inventeur. Composé de café au lait étendu d'eau, additionné de rhum, de kirsch, etc., mélange très goûté en Afrique.

CHICA, boisson péruvienne, faite de farine de maïs fermentée dans de l'eau. Les femmes araucanes le fabriquent en mâchant du maïs qu'elles crachent dans un vaste pot où il fermente.

CIDRE, jus de pommes fermenté.

CURAÇAO, liqueur venue de l'île de ce nom.

EAU-DE-VIE, résultat de la distillation du vin, de la fécule, etc.

GIN, alcool de céréales fermentées.

GROG, boisson chaude, composée d'une partie d'eau-de-vie et de trois d'eau sucrée acidulée de citron.

HYDROMEL, du *hudôr*, eau, et *méli*, miel.

KIRSCH-WASSER, eau-de-vie de cerises noires ou merises.

KWAS, boisson russe, faite de farine de seigle fermentée.

MARASQUIN (*amara cerasus ?*) espèce de kirsch qui se fait en Illyrie et sur les bords de l'Adriatique, avec des marasques, sortes de cerises ou de griottes très petites.

MARQUISE, mélange de vin blanc, d'eau-de-seltz, sucre, citron.

MASTIC, eau-de-vie de figues de Barbarie, fruit du cactus.

MÊLÉ, mélange d'eau-de-vie et de liqueur. (Vadé, 1775.)

MULSUM, mélange de vin et de miel, que les Romains buvaient avant le repas.

POIRÉ, jus de poire fermenté.

PULQUE, boisson faite au Mexique avec l'aloés.

Rack, alcool de riz fermenté.

Rhum, alcool du jus fermenté de la canne à sucre.

Snap, eau-de-vie danoise.

Sakki, eau-de-vie de riz au Japon.

Sangris, vin de Madère, thé, sucre, citron, cannelle; boisson aromatique des Antilles.

Sorbet, boisson glacée; de *sorbere*, boire, absorber.

Suissesse, mélange d'absinthe et d'orgeat, boisson plus douce que l'absinthe suisse, et destinée aux dames.

Wiski ou *gin*, alcool de céréales fermentées, contenant 54 0/0 d'alcool pur; en usage chez les Américains.

Boiter, manière de marcher vicieuse, due au dérangement de la boite de l'articulation du genou. En provençal *goï*, boiteux, d'où: aller de guingois (?).

Boléro, du latin *ballare*, par l'Espagnol.

Le boléro se danse à deux personnes; son mouvement est moins vif et plus noble que celui du fandango.

Bombe, du grec *bombos*, bruit. Onomatopée du bruit que fait la bombe en éclatant.

Schioppetus tuftaf, bombom colobrina sboronat. (L'escopette part avec des tuftaf, la couleuvrine avec des bombom.)

— La bombe et le mortier furent inventés par Malatesta, prince de Rimini, mort en 1417.

— Arriver comme une bombe : à l'improviste.

Gare la bombe! se dit d'un danger à éviter.

Bon, *bonum*.

A quelque chose malheur est bon.

A quoi bon? *Cui bono?* (Cicéron), à qui cela est-il utile? Ces mots étaient souvent en usage à Rome dans les débats judiciaires, avec le sens de: « A qui le crime a-t-il profité? » Actuellement: « A quoi bon? » est la maxime des Epicuriens, des quiétistes et des ignorants:

> Ci git Louis, le pauvre roi;
> Il fut bon, dit-on, mais à quoi?
> (Epit. satir. de Louis XV.)

Pour être assez bon, il faut l'être trop. (Marivaux.)

Il n'y a que les grands cœurs qui sachent combien il y a de gloire à être bon. (Fénélon.)

Soyez bon, vous plairez. (Gresset.)

Nul n'est aussi bon qu'il se fait lui-même, ni aussi méchant que le font les autres.

> Bonnes gens font les bons pays ;
> Bon cœur fait le bon caractère ;
> Bons comptes font les bons amis ;
> Bon fermier fait la bonne terre ;
> Bons maîtres, les bons serviteurs ;
> Le bon goût fait les bons écrits ;
> Bons maris font les bonnes femmes ;
> Bonnes femmes font bons maris.

— Il est bon comme le pain : il est trop bon. Il est si bon qu'il en est bête. C'est la bête du bon Dieu. C'est une bonne pâte d'homme : il est bonasse.

— Vous croyez bonnement, est pour : vous croyez bêtement.

Qui se fait brebis, le loup le ravit. (Meurier, XVIe siècle.)

Qui se fait miel, les mouches le mangent.

— Bon-chrétien (poires de). Poires apportées d'Italie sous Charles VII, de *Bona Crustumina*, nom d'une ville où on les cultivait. Pline (liv. XV) fait mention de cette poire. (Voy. *poire*.)

— Bon enfant, homme facile à vivre, accommodant.

L'if des jardins, ce pauvre arbre que l'on tourmente, dont on fait des boules, des vases, des pyramides ; arbre bon-enfant qui se prête à tout, et dont naturellement on abuse. (A. Karr.)

Bonheur, de *bon* et *heur*, *augurium,* bonne fortune.

Le bonheur n'est qu'un plaisir partagé.

Il n'y a pas de bonheur pour les honnêtes gens.

Le bonheur est une abstraction, un mirage insaisissable, un fantôme après lequel on court, et qui ne prend un corps que dans nos souvenirs ou nos espérances.

— Le bonheur est dans le repos. Les vents et les tempêtes ne troublent que la surface du globe ; descendez au fond de la mer, vous trouverez le calme absolu. Elevez-vous dans l'atmosphère, au-dessus des nuages, vous trouverez encore le calme, l'immobilité.

Sur notre planète, le séjour de l'homme est la région des orages, et c'est une fiction qui ne manque pas de vérité, que de placer dans l'élévation des cieux et dans les abîmes de la terre, les lieux du repos éternel.

— On appelle volontiers meilleur ce qu'on n'a pas.

L'homme place son bonheur dans les choses impossibles, et son malheur dans les choses inévitables.

— Le bonheur est un rayon de soleil que le moindre nuage intercepte.

L'adversité est quelquefois la pluie du printemps. (Maxime arabe.)

— Le bonheur est une chimère, c'est une idée abstraite et relative, que l'esprit ne saurait définir ni préciser. Les proverbes : « On ne saurait disputer des goûts » et « Chacun prend son plaisir où il le trouve » prouvent bien que le bonheur change selon les circonstances, les tempéraments, le point de vue.

Tout le bonheur consiste à porter de préférence nos regards sur ce que notre situation peut offrir d'avantageux. (Lady Montagne.)

Le bonheur est l'ombre de l'homme ; souvenir, il le suit ; espoir, il le précède. (Petit-Senn.)

Le bonheur est d'avoir beaucoup de passions, et beaucoup de moyens de les satisfaire. (Fourier).

L'élévation a son assujettissement et ses inquiétudes ; l'obscurité, ses humiliations et ses mépris ; le monde, ses soucis et ses caprices ; le mariage, ses antipathies et ses fureurs ; l'amitié, ses pertes et ses perfidies ; la pitié elle-même, ses répugnances et ses dégoûts ; enfin, par une destinée inévitable aux enfants d'Adam, chacun trouve ses propres voies semées de ronces et d'épines... (Massillon, *S. sur les afflictions*.)

Le bonheur est pour les riches, la félicité pour les sages, la béatitude pour les pauvres d'esprit. (Girard.)

— Jouir d'un bonheur sans nuages.

Bonhomme, paysan, homme du commun avant 1793.

— *Jacques Bonhomme*, surnom donné au Moyen-Age, par les seigneurs, aux paysans et aux bourgeois.

C'est Jacques supportant tout : taillable et corvéable à merci.

C'est le cultivateur, l'honnête ouvrier, proie ordinaire des gens de guerre qui vivaient à ses dépens.

Rabelais appelle Jacques Bonhomme, au figuré, un homme grossier, un paysan, un rustre revêtu de la jaque ou jaquette.

Le chef de la Jacquerie, révolte de 1318, s'appelait Jacques Bonhomme.

— *Bonhomme* comme *bonhomie*, vient de bonté, comme prud'homie de probité, ou plutôt de *pros*, bon et brave.

On dit encore, en bonne part : le bonhomme un tel, la bonne femme une telle, de personnes âgées, comme on dit le père X, la mère Y.

— Faux bonhomme, celui qui affecte une bonté qu'il n'a pas.

— Petit Bonhomme vit encore. Jeu de salon, qui est une tradition de la fête des Lupercales (?), où des jeunes filles couraient en se passant de main en main un flambeau allumé, emblème de la vie.

— Si ne peuvent-ils faire qu'il n'arrive toujours quelque désordre par lequel le bonhomme est foulé. (Saint François de Sales.)

Bonnes (Être dans ses) : être de bonne humeur.

Vous ne poviez à heure venir plus opportune, ...nostre maistre est en ses bonnes ; nous ferons tantost bonne chère. (Rabelais, IV, 12.)

Bonnet, de *bon*, à cause de quelque qualité.

On a dit : chapel de bonnet, puis bonnet ; comme chapeau de castor, puis castor. (Littré.) Ou de Saint-Bonnet, nom de la ville où furent fabriqués les premiers bonnets de coton.

— Avoir la tête près du bonnet : être porté à la colère.

C'est l'équivalent de « avoir la tête chaude », parce que la chaleur du bonnet fait monter le sang à la tête.

C'est dans le même sens qu'on dit : « Vous m'échauffez la bile », et, dans le slang parisien : « Vous me bassinez. »

— Jeter son bonnet par dessus les moulins, se dit d'une femme qui se moque de l'opinion. Cette locution s'applique aux femmes d'une vertu équivoque, amies d'une liberté d'action qui va toujours jusqu'à la licence.

Il y en a qui dénouent les brides de leur bonnet, dès qu'elles aperçoivent seulement l'ombre d'un moulin.

— Bonnet de la liberté ; calotte grecque. Castor et Pollux sont les premiers qui l'aient porté. On les désignait sous le nom de *pileati*, et le bonnet s'appelait *pileus*. Cette coiffure était une allusion à l'œuf de Léda, dont ils étaient nés ; leurs calottes représentaient les deux moitiés de cet œuf. Plus tard, le bonnet phrygien qui était la coiffure des Parthes, devint la coiffure des esclaves affranchis, et le signe de la liberté reconquise.

— Gros-bonnet, c'est-à-dire grosso tête, gros personnage.

Faire le grobis (Rabelais II, 30) : faire l'important.

Grobis venant de *gros vis* ou *visage*, s'est dit aussi pour gros fessier. C'est de *grobis* qu'est fait Rominagrobis, qui signifie Arménien à gros visage.

Bon sens. Lamartine a dit : « Le bon sens est la moyenne de l'esprit humain, dans tout l'univers et dans tous les temps. C'est certainement la qualité la plus précieuse dans la pratique de la vie ; on peut être sot avec de l'esprit, on ne l'est jamais avec du bon sens. »

L'esprit est au bon sens ce que le luxe est au nécessaire. (M. G.)
Il avait du bon sens, le reste vient après. (La Fontaine.)
Le sens commun est le génie de l'humanité. (Gœthe.)

Bonsoir, la compagnie. — Un borgne regardait jouer à la paume, lorsqu'une balle lui pocha l'œil qui lui restait ; sans s'émouvoir, il salua et dit : « Bonsoir, la compagnie... »

Bord, de l'ancien haut allemand *bort*, ancien gaélique *bord*, planche. Ce qui limite le vaisseau, d'où border (limiter).

— C'est un terme de marine, qui se prête à de nombreuses acceptions. Le bord se prend pour le navire tout entier. C'est aussi un des côtés du navire : tribord, babord, sont les deux flancs.

Signifie encore la route qu'on suit ; on court un bord dans telle direction, et les matelots disent « courir bon bord » ou « courir bordée », pour exprimer l'idée d'une escapade suivie de bombance.

— On se promène sur le bord d'une rivière, et non sur les bords.

Le colosse de Rhodes seul aurait pu se promener sur les bords du goulet où il posait les pieds.

De même on doit dire qu'on a rencontré quelqu'un dans la rue, sur le quai, plutôt que sur les quais, dans les rues.

Bordigne, dim. de *borde*, cabane.

Terme de pêche. Enceinte formée de claies, de perches, sur le bord de la mer, pour prendre du poisson ou en conserver vivant.

Bossu, jadis *bochu* ; du provençal *boche*, boule.

Celui qui a une épaule mieux faite que l'autre (?).

L'abbé de Clérembault, qui était bossu, fut nommé à l'Académie pour succéder à la Fontaine. On dit qu'il fallait Esope pour remplacer La Fontaine.

Bot (pied). En anglais *bot* signifie un corps arrondi. En suédois, il signifie tronqué.

Botte de paille, de foin ; du grec *boscô*, paître ; *botané*, d'où botanique. C'est de là qu'on dit botte de foin, d'asperges, de légumes.

— *Botte*, bouchon de paille ; signe qui indique qu'une marchandise est à vendre. Spécialement, enseigne de marchand de vins. Dans ce cas, il vient peut-être de *bottrine*, qui s'est dit pour bouteille.

Une grosse botte de ce bon vin de Languegoth (Rabelais, IV, 43.)

— Avoir du foin dans ses bottes : c'est être riche ; dans le même sens on dit qu'un cheval a de la litière jusqu'au poitrail.

Parler de loin à propos de bottes, est un jeu de mots sur les homonymes *botte*, chaussure, et *botte*, paquet.

Rabelais appelle « gens bottés de foin », des gens grossiers comme ces pauvres paysans, qui, à défaut d'autres bottes, s'en font avec du foin cordelé.

Bouc. On dit : barbu, lascif, puant comme un bouc.

— C'est le bouc émissaire : sur qui retombent toutes les peines.

A la fête des Expiations, chez les Juifs (10 septembre), le grand-prêtre chargeait la tête d'un bouc de toutes les iniquités d'Israël et proférait des imprécations contre lui. On ne le tuait pas, de crainte qu'il ne parût immolé à l'esprit infernal, mais on le chassait (*emissus*).

La fête des Expiations était une espèce d'amnistie morale.

Bouche, en latin *bucca*; en provençal *bouque*.

— Comme la bouche reçoit les aliments pour les introduire dans l'estomac, il y a plusieurs locutions qui rappellent cette fonction importante et la sensation de plaisir qui l'accompagne.

Etre à bouche-que-veux-tu : avoir abondance de tout. Etre sur sa bouche : gourmand. Faire la petite bouche : refuser une chose dont on a envie. Faire venir l'eau à la bouche : faire venir le désir de quelque chose. Garder pour la bonne bouche : réserver pour la fin une chose qui paraît la meilleure.

— En latin : *Salivam movere*. (Sénèque.)

— A la vue d'un mets, la bouche se mouille, et tout l'appareil papillaire est en titillation, depuis la pointe de la langue, jusque dans les profondeurs de l'estomac. (Brillat-Savarin.)

Grande bouche, bouche comme un four, qui semble vouloir mordre les oreilles : « Enda, vous avez mieux dit qu'un four, et si, n'avez pas la goule si grande. » (Bér. de Verv., *Moyen de parvenir*.)

On a appelé les maîtres d'hôtel des grandes maisons « les officiers de bouche ».

L'abbé de Choisy, dans son voyage à Siam, dit que la reine de ce pays fait coudre la bouche aux dames de sa cour qui parlent trop, et qu'elle la leur fait fendre jusqu'aux oreilles quand elles ne parlent pas assez.

Synonymie : *Angoulême* (argot), gueule.

Et Gargantua avait déjà engoulé cinq des pèlerins. (Rabelais.)

— La rue au pain (argot).

Bouclier. Ce mot vient de la courroie à boucle qui était derrière l'écu, et qui servait à boucler cette arme défensive au bras du combattant.

On a dit *escu bucler*.

Écu, en provençal *escu*, du latin *scutum*; a donné *écuelle*.

Boudoir, petite pièce réservée pour bouder sans témoin dans les moments d'ennui. Rabelais dit *rêvoir*.

> Tantôt sombre et rêveuse et comme en ton boudoir,
> Tu renfonçais ton gris et me montrais ton noir.
> (De Cerceau.)

Bouffon, acteur de la comédie antique, qui paraissait sur la scène avec les joues enflées, pour recevoir des soufflets, afin que le coup fit plus de bruit et excitât davantage l'hilarité du public.

Somaize, Ménage, Vossius dérivent ce mot du latin *buffo*, soufflet; d'où pouffer de rire (*puffen* en allemand), bouffée.

— En provençal, *bouffet* signifie soufflet à feu.

D'où *bouffer*, manger avidement, rendre les joues bouffies en remplissant la bouche d'aliments; et *bouffer*, souffler très fort, à joues enflées.

On a aussi *bouffi* d'orgueil.

Bouffigue signifie vessie en provençal.

Bougie. On a donné ce nom aux chandelles de cire, à la fin du XVIIe siècle, parce qu'on tirait alors beaucoup de cire de Bougie, en Afrique.

Bougre, vient de Bougrie, ancien nom de la Bulgarie.

Vers la fin du XIIe siècle, parut en Bulgarie une sorte d'hérétiques manichéens, qui se mêlèrent aux Vaudois et aux Albigeois. La malignité populaire fit peser sur eux d'absurdes accusations de bestialité. Le dictionnaire de Trévoux les appelle *sodomitæ*, c'est-à-dire non conformistes en amour.

Bougre est aujourd'hui une expression injurieuse, aussi banale et aussi vague qu'elle est basse et triviale.

Le Moyen-Âge se montra toujours intolérant pour les sectes dissidentes et les hérétiques. Juif, Arabe personnifient l'usure, l'avarice; Turc, la cruauté.

Bouillie. Faire de la bouillie pour les chats : une chose dont personne ne se soucie.

Les chats ne mangent pas la bouillie, dans la crainte de se salir les barbes (?).

Bouillon, bouillir; en latin *bullire.* du *bulla,* globule qui s'élève de l'eau agitée ou en ébullition.

— Bouillon de chien, pluie ; d'enterrement, larme ; bouillon des deux sœurs, lavement.

On dit aussi dans ce dernier sens : Bouillon qui ne donne pas d'indigestion, bouillon pointu.

— Boire un bouillon : perdre de l'argent.

— *Bouillons.* Établissements fondés vers 1860, où l'on peut ne prendre qu'un bouillon valant 20 centimes.

Boulanger, faiseur de boules, parce que les pains autrefois se faisaient ronds :

> La boulangère a des écus
> Qui ne lui coûtent guère ;
> Elle en a, oui, je les ai vus ;
> J'ai vu la boulangère aux écus,
> J'ai vu la boulangère...

(Chanson attribuée à Gallet, au commencement de la Régence.)

En Berry, *boulange,* mélange de foin et de paille, pour la nourriture des bestiaux.

Boule, du latin *bulla,* bulle d'eau. Grec *bôlos,* rond.

De là *bouleverser,* en provençal *boulegar,* remuer.

Bulletin, petit morceau de papier, billet, qui remplace la boule dans certains votes ; ce qui a donné en anglais *bill,* loi, résultat d'un vote.

Boule à jouer, bouleau, bilboquet.

— *Boule* se dit dans le langage trivial pour *tête.*

On disait à M. de Corbière que, parmi les trois cents députés qui votaient de confiance pour le gouvernement, il n'y avait pas une tête capable : « Eh ! tant mieux, dit le ministre, nous n'avons pas besoin de têtes ; il ne nous faut que des boules. »

Boulevard, barrière de défense en grosses pièces de bois ; du tudesque *bolle,* tronc, *werch,* ouvrage.

Si *boulevard* vient de *boulingrin* (*green,* vert), il faudrait l'écrire *boulevart,* pour *boulevert.*

Depuis 1860, les démolitions de Paris pourraient faire croire qu'il vient de *bouleverser.*

— La ville de Paris s'est enfin décidée, en 1865, à fixer l'orthographe, en mettant un *d* final ; jusqu'alors on lisait ici *boulevart,* là *boulevard.*

L'Académie écrit *boulevard*, avec cette mention, entre parenthèses : « Quelques-uns écrivent *boulevart*. »

Bescherelle abroge le *t* et la ville de Paris a adopté définitivement cette décision.

Du reste, l'Académie s'est bien discréditée auprès des philologues, depuis qu'elle écrit *hémoragie* (sic) au lieu de *hémorrhagie*.

Boulingrin, de l'anglais *bouling-green*, pré.

Tapis vert à rouler une boule, ce que l'on appelait en France *mail*; promenade gazonnée où l'on jouait au mail (du maillet qui servait à pousser la boule).

C'est le jeu de cricket des Anglais.

Les billards sont des boulingrins en chambre.

Boum ! Cri par lequel le garçon de café répond à la demande du consommateur.

Ce *boum* est comme une grossière parodie du bruit du canon et du carnage qui en résulte.

Boum semble crier au buveur d'absinthe : « Bois le poison qui doit t'abrutir et te tuer. »

Bouquet et **bosquet**, de l'italien *boschetto*, petit bois, bouquet d'arbres. D'où *débusquer*.

— Elle a mis le bouquet sur l'oreille, se disait autrefois d'une veuve qui annonçait, par ses allures, le désir de se remarier.

C'est une allusion peu galante à l'usage d'attacher un bouchon de paille à la tête ou à la queue d'un animal pour indiquer qu'il est à vendre.

Bourdonnement. Le bourdonnement des litanies...

Bourgeois, habitant d'un bourg, *burgus* ; allemand *burg*, par opposition aux vilains, habitants de la campagne (villa), des lieux ouverts ou non fortifiés.

De *burg* : burgrave. De *bourg* sont venus bourgade, faubourg, pour fors-bourg, bourgmestre et un très grand nombre de noms de villes : Brandebourg, Magdebourg, Strasbourg..., et de noms d'hommes : Dubourg, Maubourg.

— Dès le XIIIe siècle, l'épithète de *bourgeois* se prend en mauvaise part :

> Tex est coustume de burgeis,
> N'en verrez gaires do curieis.
> (MARIE DE FRANCE.)

Odin dit au mot *bourgeois* : sot et niais.

Dans les *Femmes savantes* (acte II, 7), Bélise dit à Chrysale :

> Est-il de petits corps un plus sot assemblage,
> Un esprit composé d'atomes plus bourgeois ?

Dans la langue des *Précieuses*, une expression commune est « du dernier bourgeois ».

— *Bourgeois* est un de ces mots amphibies, dont le sens n'est pas parfaitement défini, et qui est un éloge ou une injure, selon les circonstances.

— L'artiste appelle un homme qui a beaucoup d'argent et peu de goût, un bourgeois, c'est-à-dire un sot, un âne. Ce mot, il l'adresse d'ailleurs indistinctement à tout ce qui n'est pas initié à l'art.

Le gentilhomme de province ne reçoit ni le maire de son village, ni M. le Préfet, dont les aïeux n'ont pas pris Jérusalem. « Des bourgeois ! fi donc ! » Il donne ce nom à toutes les petites gens, à tous ceux qui ne sont pas *nés*.

— Le *bourgeois* du campagnard est le citadin. Celui du cocher de fiacre, l'individu qui monte dans sa voiture.

Le militaire appelle *bourgeois*, ou *pékin*, tout ce qui ne porte pas l'uniforme. Les étudiants allemands usent de même du mot *philistin*.

L'ouvrier, au contraire, appelle son maître *bourgeois* dans une acception respectueuse (?).

Le titre de *bourgeois* est le but auquel tendent tous les efforts du petit marchand, et l'objet de toutes ses ambitions pour le jour où il pourrait quitter sa boutique.

— En un mot, le bourgeois proprement dit, c'est l'homme qui vit de ses rentes.

Joseph Prudhomme est la charge du bourgeois du XIXe siècle, faite par H. Monnier.

Bourges. Les armes de Bourges : un âne dans un fauteuil.

Asinius Pollion, gouverneur de Bourges pour César, étant malade pendant que les Gaulois assiégeaient la ville, se fit transporter dans une chaise sur la brèche, et ses exhortations ayant animé les soldats, les ennemis furent repoussés.

Cet Asinius, favori d'Auguste, littérateur et général, fut consul, en 714 de Rome. Virgile lui a dédié sa IVe églogue.

Le nom d'Asinius dut, par la suite, se changer en *asinus*, âne.

Il existait, en effet, autrefois, à l'hôtel de ville de Bourges (ancien hôtel de Jacques Cœur), un tableau représentant un général romain porté au combat dans un fauteuil (chaire ou chaise). On y lisait cette inscription : « *Asinius in cathedra* », dont la malignité a fait *asinus*.

De sorte que, au rebours du proverbe « *Uno pro puncto caruit Martinus Asello* » : Faute d'un point Martin perdit son âne ; faute d'un *i*, la ville de Bourges en a gagné un.

Les Italiens disent : « *Arma di Catana, un asino in una cathedra.* »

Bourguignon, *burgundionen,* de *bury*, forteresse (?).

Bourguignons, boyaux de soie, ventre de velours. C'est le contraire du proverbe : habit doré, ventre de son. Ils ont pour principe qu'un bon repas est préférable à un bel habit.

— Bourguignons salés. Ce surnom viendrait des anciennes Salines de la Bourgogne ; ou, selon Bescherelle, de ce que les Bourguignons furent les premiers peuples de la Germanie qui embrassèrent le christianisme ; on leur donna, par dérision, le nom de « Bourguignons salés », à cause du sel que l'on met dans la bouche de ceux que l'on baptise (?).

Le Duchat croit que cette épithète vient de la *salade* ou *bourguignotte*, espèce de casque qu'ils portaient à la guerre, comme semble l'indiquer le dicton suivant :

>   Bourguinon salé,
>   L'épée au côté,
>   La barbe au menton,
>   Saute Bourguignon !

Cette étymologie paraît préférable aux précédentes.

Pendant la démence de Charle VII, les Bourguignons, commandés par le prince d'Orange, envahirent le Languedoc. Maître de Nîmes, de Montpellier, le prince s'empara aussi d'Aigues-Mortes. Plus tard, cette ville, assiégée par Charles de Bourbon, lui fut livrée par les habitants, pendant une nuit de janvier 1421. La garnison bourguignonne fut massacrée, et, pour prévenir les effets de la putréfaction des cadavres, on les entassa dans une des tours des remparts, sous des monceaux de sel provenant des salines voisines. De là le sobriquet de « Bourguignons salés », qui est resté aux descendants (?) des guerriers surpris à Aigues-Mortes. La tour a conservé le nom de « Tour des Bourguignons ». (Ch. Martins).

Bourrasque, vient de l'italien *burrasca*, de Boréas, le vent du Nord.

Les Grecs avaient aussi *Aëlla*, tempête, à côté du nom d'Éole.

Bourreau, en provençal *borel*, de Borel, seigneur de Bellecombe, en 1261, chargé de fournir les exécuteurs au canton.

En argot *boye*, du latin *boia*, carcan; ou du français *boyard*, fort; jadis *bourrel*, qui a donné bourreler; conscience bourrelée de remords.

Rabelais appelle le bourreau *rouard*, qui roue; ou selon Le Duchat, celui qui enroue... ceux qu'il étrangle.

En roman, *carnassier*:

> Li carnacier l'an prise.
> Son gen cors an liat.
> (*Vie de saint Honorat.*)

(Les bourreaux l'on prise, ont lié son gentil corps.)

— On appelle à Paris le bourreau *Monsieur de Paris, Charlot*, en mémoire de Charles-Henri Sanson, exécuteur des hautes-œuvres sous la Terreur, qui décapita Louis XVI, Marie-Antoinette, le duc d'Orléans, Mme Roland, Charlotte Corday, Custine, les Girondins, Bailly, la Dubarry, et les innombrables victimes de Fouquier-Tinville.

Bourrique, vient de *bourru*, frisé; ou du grec *purrhos*, roux (?) en latin *burricus*.

Dans le Berry on appelle un ânon *bourru*, à cause de son poil bourru ou frisé.

Bourru, homme d'humeur sombre, peu sociable.

Le moine bourru (de *bure*, bureau), de l'étoffe dont sont vêtus les moines. Être imaginaire, dont on effrayait les enfants.

Bourse du latin *bursa*, cuir (sac de cuir).

Autrefois se disait *bouge, bougette*; d'où budget.

En provençal, on appelle *boursoun* une petite poche, et *bourse* une poche.

En argot *bourse* se dit *bouchon*.

On disait aussi jadis *escarcelle*, du roman, *escars*.

En italien *scarso*, avare: *Escas de fag, et lares de ven.* (Allégret.) Avares de fait, larges de vent.

— Ami jusqu'à la bourse.

— Loger le diable dans sa bourse.

— Bourse de Commerce. Tite-Live rapporte que, l'an de Rome

295, sous le consulat d'Appius Claudius, furent instituées des Assemblées de marchands, qui se réunissaient dans un monument appelé *collegium mercatorum*, dont les ruines existent encore place Saint-Georges.

C'est par l'apocope de *collegium* que les Italiens on fait *loggia*, et les Marseillais la *loge* pour désigner la Bourse (?).

— Le nom moderne de *bourse* vient de Van der Burse, nom du propriétaire d'une maison de Bruges, où se tenait l'assemblée des marchands. Le nom fut employé pour la première fois en France, en 1780, dans un arrêt du Conseil d'Etat. La première bourse s'ouvrit à Toulouse, sous Henri III, en 1549, la seconde à Rouen, en 1556.

On se servait alors de la dénomination : Place au Change.

La bourse était tenue à Paris, jusqu'en 1724, dans la grande cour du Palais de Justice, appelée place au Change ; d'où l'on a appelé Pont-au-Change le pont qui va de la place du Châtelet au Palais de Justice. Le 24 septembre 1724, la bourse fut transférée à l'hôtel de Nevers, rue Vivienne.

En 1595, sous Henri IV, il y avait huit agents de change pour Paris, et trente-deux pour la province.

Ce nombre fut porté, sous Louis XIV, à soixante pour Paris.

Les agents furent supprimés en 1791, et rétablis en 1794.

— Le 24 mai 1808, on posa la première pierre de la Bourse actuelle, sur l'emplacement du couvent des Filles Saint-Thomas, et elle fut inaugurée le 4 novembre 1826. Elle a coûté dix millions souscrits par les commerçants de Paris. Pendant la construction du monument, qui dura dix-huit ans, les boursiers se tenaient sous un hangar situé dans le voisinage, et les courtiers marrons s'entassaient dans un couloir étroit qui y aboutissait. De là est venu le nom de *coulisse* et celui de *coulissiers*.

— On appelle *remisiers* des hommes d'affaires qui jouissent chez les agents de change d'une remise sur le courtage des affaires qu'ils procurent à l'étude.

Bouse, du latin *bucerda*, excrément du bœuf (?).

— De *bouse* est venu :

Bousillage, maçonnerie, ou plutôt enduit de paille hachée et de terre détrempée, ouvrage fait vite et mal.

Bousingots, nom donné aux républicains, en 1832, d'une coiffure bizarre qu'ils avaient adoptée ; anglais *bowsin*.

Bout, de *bouter*, mettre ; d'où bouton.

Synonymie : extrémité, fin.

Bout se dit de l'étendue en longueur, et suppose un autre bout. L'extrémité s'oppose au milieu, la fin au commencement.

On dit : le bout de l'allée, l'extrémité de la France, la fin de la vie.

On parcourt une chose d'un bout à l'autre ; on pénètre de ses extrémités jusqu'au centre ; on la suit depuis son origine jusqu'à sa fin.

« Au bout de l'aune faut le drap. » Tout a une fin.

« Au bout du fossé la culbute. » Les anciens disaient : *Quidquid extremum, breve.* Tout ce qui a une fin est court.

— Etre à bout… de ressources.

De là est venu *debout* : être sur ses pieds, sur le *bout* de son corps ; et *débouter*, renverser de ses prétentions.

Boutargue, italien *bottagra* (?), sorte de caviar préparé avec des œufs et du sang de muge. On broie et on sale cette pâte, qui, séchée au soleil, se mange comme hors-d'œuvre.

Bouteille, du grec *bous,* bœuf, parce qu'on mettait autrefois les liquides dans des outres ; ou de l'allemand *butte*, grand vase pour mesurer les liquides ; en provençal, *boute*, grand tonneau contenant 560 litres, ou 8 miléroles.

— *Boute* est le même mot que *botte* dans Rabelais (IV, 15) : « Par la sacré botte de sainct Benoist. »

Cette *botte* de saint Benoit était la grande tonne des bénédictins de Boulogne.

« J'ay un estomach creux comme la botte sainct Benoist, tousjours ouvert comme la gibecière d'ung advocat. »

— Les bouteilles n'ont été en usage en Europe qu'au XVe siècle. On ne trouve dans aucune peinture de l'antiquité des vases à goulot étroit semblables à nos bouteilles.

— Grande bouteille : la burette du curé de Vaugirard.

Bouter, mettre bout à bout, ajuster.

Boute-en-train : qui excite les autres à la gaîté.

Boute-feu : qui excite des querelles.

Bouton, vient de *bouter,* ou plutôt de *bout.*

Serrer le bouton : poursuivre quelqu'un de ses sollicitations.

Au propre, c'est serrer la boule de cuir qui coule le long des rênes ; c'est comme si l'on disait : serrer la bride, tenir quelqu'un en *bride.* (Voy.)

Braconner, chasser sans permission sur les terres d'autrui.

Braconnier, celui qui dirige les chiens braques ; du haut allemand *bracchs*, chien de chasse.

Borel pense que *braconnier* signifie au propre un bûcheron, un coupeur de branches.

Froissard l'emploie dans ce sens. (Voy. *brisées*.)

Braie, mot celtique désignant le vêtement des Gaulois.

Ammien Marcellin (liv. XVI), appelle les Gaulois *bracati*.

En provençal *brayes*, culottes, *embrayer*.

Le français a conservé le dim. *brayette* et *braie*.

Braise, en argot, est synonyme d'*argent*.

On a dit, en effet, *ard gens* (brûle les gens !) Mais il est plus probable que *braise* est dit par métonymie, pour signifier que l'argent procure de la braise contre le froid, et permet de passer l'hiver chaudement près de son foyer.

D'où le vieux dicton : « Qui charge braise, cherche son aise », qui signifiait : jeune homme qui épouse une vieille, ne cherche que son intérêt.

On dit aussi d'un homme riche : il n'a pas froid.

Bran, son de la farine ; ordure, excrément (aussi *bren*).

Surtout vive l'amour, et bran pour les sergents ! (Régnier.)

Branche, de *brachium*, bras ; les branches sont comme les bras de l'arbre.

S'accrocher à toutes les branches, c'est-à-dire employer tous les moyens pour réussir... (mais non pas cependant celui d'Absalon).

Brandon. Dans le centre de la France, on appelle « dimanche des brandons » le premier dimanche de carême, parce qu'on fait brûler le soir des bouchons de paille tortillés au bout d'une perche.

Le mot *brandon* vient sans doute de *brande*, ou bruyère à balai, qui remplace souvent la paille ; d'où *brandevin*, vin brûlant.

L'usage indiqué est une tradition païenne qui avait pour objet la lustration des champs, la purification des cultures. La science moderne admet que les feux allumés, et la fumée qu'ils répandent, peuvent corriger les mauvaises influences atmosphériques.

— On a appelé « brandon de discorde » la torche que la Discorde porte à la main.

Bras. La demi-aune ; de l'habitude de mesurer les étoffes avec l'avant-bras.

La *brasse* est une mesure de longueur.

Il y avait deux heures que je tendais ma demi-aune, sans pincer un radis. (Luc Bardas.)

— Avoir le bras long : pour atteindre et punir, avoir du crédit.

An nescis longas regibus esse manus (?)

Avoir une affaire sur les bras : beaucoup d'ennui sur la manche (burlesque).

— Les bras m'en tombent... des mains. Cette locution burlesque, pour exprimer un grand étonnement, est aussi bizarre que : jeter les maisons par les fenêtres.

— *Bras séculier*. Le juge ecclésiastique ne pouvait exécuter la sentence qu'il avait prononcée sur les biens des laïques, ni leur faire subir un châtiment corporel allant jusqu'à l'effusion du sang. Ces peines devaient être appliquées par la puissance civile ou laïque.

Ainsi, lorsque Jeanne d'Arc fut condamnée par le tribunal que présidait l'évêque de Beauvais, elle fut livrée au bailli, qui la fit brûler.

— Pourquoi donne-t-on le bras gauche aux dames ?

> Du côté faible une femme nous prend,
> Oui, mais jamais du bras qui se défend.

Brave, italien *bravo*, du bas latin *bravus*, sauvage.

Le sens primitif *sauvage, fougueux*, est passé à celui de *vaillant, courageux*. (Littré.)

Il y a aussi le latin *bravium*, du grec *brabeion*, prix de la victoire.

Tertullien (*Ad martyres*, C. III) dit aux martyrs : *Bonum agonem subituri estis, in quo bravium... in cælis*. (Vous allez livrer le dernier combat, dont la récompense... est au ciel.)

— Brave à trois poils ; brave comme César, comme le Cid, comme saint Georges, ...comme un lièvre.

Bravo, adj. italien qui signifie habile, excellent.

Ils claquent les vers et la prose dans toutes les séances académiques ou assemblées littéraires. Quelquefois ces battements de mains vont jusqu'à la frénésie ; on y a joint depuis quelque temps les mots *bravo, bravissimo*. On bat aussi des pieds et de la canne, tintamarre affreux, étourdissant, et qui choque cruellement. (Mercier, *Tableau de Paris*, ch. 212.)

— En style musical, *bravo* ne signifie pas plus courageux que *virtuosa* ne signifie vertueux. Il répond à une acception que *brave* avait en français au xviie siècle ; il signifiait paré. Être brave en accoutrement, signifiait être bien vêtu.

Il en est de même de l'expression musicale : air de *bravoure*, pour air de *braverie*, qui désigne un morceau de chant rempli de vocalises très difficiles à exécuter. C'est un air qui appelle les applaudissements et les bravos des spectateurs. Tel le : « Suivez-moi », que chante Arnold au quatrième acte de *Guillaume-Tell*, en agitant son épée contre les Autrichiens.

— *Bravo*, séide, sectaire, spadassin à gages, chevalier du poignard.

Le poignard, arme des traîtres, dont se servent les assassins, s'appelait *rasoir*.

Brebis, latin barbare *berbix*, de *vervex*.

Brebis comptées, le loup les mange. (La précaution est souvent inutile.)

> *Non orium curat numerum lupus.*
> (Virgile, Egl. VII.)

Quelqu'un se plaignait à Arlequin qu'on lui avait volé une bourse contenant cent écus : « — Les aviez-vous comptés ? dit Arlequin. — Oui. — Eh bien ! brebis comptées, le loup les mange. » Le sens de ce proverbe est peut-être qu'il ne faut pas compter ses brebis devant le loup, ni ses écus devant les voleurs.

Molière semble l'avoir entendu ainsi : « Comment ! j'ai assez de bien ? Ceux qui l'ont dit en ont menti. Il n'y a rien de plus faux, et ce sont des coquins qui font courir ces bruits-là. » (*Avare*, I, 5.)

— Brebis qui bêle, perd sa goulée.
— Repas de brebis : manger sans boire.

Bref, du latin *brevis*, court ; s'oppose à *prolixe*.
Bref ! pour : soyez bref, au fait !

> Soyez bref et pressé dans vos narrations.
> (Boileau.)

Dans son langage, il prenait le ton bref du latin ; il avait une simplicité d'expression, une énergie presque lapidaire...

La brièveté n'est une qualité, qu'à la condition de ne pas nuire à la clarté.

— On appelle *bref*, une lettre papale, par opposition à la *bulle*, qui est une instruction en style ample, contenant tous les développements désirables.

Breloque, bagatelle, chose de peu de valeur. C'est la corruption de *bancloque*, cloche ou beffroi.

— Battre la breloque, signifie divaguer. Se dit aussi d'une horloge qui va mal.

— La batterie de tambour appelée « la breloque » annonce les repas, les distributions.

C'est une batterie d'un rythme irrégulier, brisé à contre-temps, comme le pouls brisé par la fièvre.

— Le peuple dit *berloque* : il bat la berloque.

Génin dit que *berloque* est composé de *ban cloque*, la cloche du ban, la cloche d'alarme, sonnerie irrégulière et entrecoupée.

— *Bar* est un radical (ou plutôt un préfixe), qui ajoute un sens péjoratif. Il devient *ber* ou *bre*, comme dans *berlue* ; en italien *barlume*, lumière douteuse.

Barguigner, marchander, vient de *bar* et de *gain* ; mauvais gain.

Barbouiller. On disait *bouille* pour boue. *Bouiller*, c'était remuer la vase avec une perche, pour chasser le poisson dans les filets. Les lois de la pêche défendaient de bouiller, ou pêcher en eau trouble.

Barbotter représente la même idée.

Bredouiller (le peuple dit *berdouiller*), de *bre* et *douille*, *dolium* tonneau (?), mal articuler, dans l'ivresse, quand on est plein comme un tonneau.

> Puis, ronds comme des futailles,
> Du corps battant les murailles,
> Escortés de cent canailles
> Ils regagnent les maisons.

Bren, mot celtique ; résidu de la farine blutée.

Par métaphore on a appliqué ce mot aux résidus de la digestion, aux matières fécales de l'homme.

En provençal, *bren* a conservé le sens de *son*.

Rabelais (I, 2.) l'emploie de même : « Faisoyt de l'asne pour avoir du bren. »

> En temps de famina,
> Tant se vende lou bren coumo la farina.
> (Prov. provençal.)

— Bren de scie : sciure de bois.

Au figuré, on dit : embrené dans de mauvaises affaires.

Breneux, sali d'ordures. (*Moyen de parvenir*.)

Autant en dit un turelupin de mes livres, mais bren pour lui. (Rabelais.)

Rabelais emploie aussi le terme *chiabrena*, qui est encore plus ordurier que burlesque, et qui se comprend sans commentaire.

De *breneux*, on avait fait « Clos-Bruneau ». A Paris, chacun y allait faire ses ordures.

Bretelles, de *brette*, bâton qui sert à porter ; ou de *brachium*, bras, parce qu'on disait autrefois *brachelle* (?).

Le peuple prononce *bertelle* ; qu'on pourrait rapprocher de l'italien *bertola*, besace suspendue à l'épaule, par devant et par derrière.

— Il en a par dessus les bretelles : il est enfariné jusqu'au cou dans une mauvaise affaire.

Brigand, de *brigantes*, peuples d'Hibernie, qui, sous l'Empire romain, ravageaient la Bretagne.

D'où *brigantin*, petit navire armé en corsaire.

— Ou du celtique *briga*, d'où brigade.

— En 1356, pendant la captivité du roi Jean, la ville de Paris forma une compagnie de soldats qui furent appelés « brigands », parce qu'ils portaient un haubergeon, ou cotte de mailles, nommée « brigandine », arme défensive fort usitée à cette époque. Comme ces soldats commirent beaucoup de désordres, on donna depuis le nom de « brigands » à tous les grands malfaiteurs, voleurs de grands chemins, malandrins, etc.

C'est ainsi qu'en latin le mot *latro*, qui, dans l'origine, signifiait soldat, garde du corps, servit ensuite à désigner un voleur, parce que les soldats commettaient beaucoup d'exactions et d'abus.

— Quand je dis brigand, je l'appelle par son nom : c'est la seule chose qu'il n'ait pas volée. (A. Dumas.)

Le brigandage est une forme violente de la misère. (V. Hugo.)

Brindisi, air, chanson à boire, chœur de buveurs.

De *brinde*, coup que l'on boit à la santé de quelqu'un.

De là : il est dans les brindezingues (ivre).

Bringue, cheval mal conformé, et, par extension, femme mal faite.

Brioche, s'appelle ainsi du nom du pâtissier qui l'a inventée.

Peut-être d'un verbe *brier*, doublet de broyer (?).

— Faire une brioche, une boulette ; une bévue. Cette locution vient de ce que, à l'époque de la création de l'Opéra de Paris, les musiciens de l'orchestre condamnaient à une amende ceux d'entre eux qui faisaient une faute en exécutant, et le produit de ces amendes servait à acheter des brioches qu'ils mangeaient en commun.

Brique, du celtique *brig*, terre cuite ; ou du latin *ruber*, d'où *rubrica*, terre rouge, qui est la couleur de la brique, et, par aphérèse, *brica* (?) ; ou encore du latin *imbrex*, de *imber* : tuile faîtière (?).

— Petite pierre factice en terre grasse cuite. La brique *crue* est un mélange d'argile et de sable, pétri avec de l'eau. On le mouille et on le fait sécher lentement.

Les Romains ont emprunté aux Perses l'art de faire des briques.

Les Perses, à cause du grand usage qu'ils en faisaient, avaient donné le nom de « mois des briques » au mois pendant lequel elles séchaient au soleil. On a retrouvé ce nom de « mois des briques » sur une inscription du palais de Sennachérib.

Les murailles de Ninive avaient été construites de briques séchées au soleil ; mais on a retrouvé dans les ruines de Babel des briques cuites.

Briquet, de l'allemand *brechen*, rompre ; d'où brèche.

Le choc de l'acier et du silex produit de la chaleur, qui enflamme les petites parcelles d'acier détachées.

> ... Et tirant un *fusil* de sa poche,
> Des veines d'un caillou, qu'il frappe au même instant,
> Il fait jaillir un feu qui pétille en sortant.
> (BOILEAU, *Lutrin*.)

Brisées, terme de chasse.

Marque que laisse le veneur dans un chemin où a passé le gibier ; ce sont ordinairement des branches d'arbres qu'il brise, ou qui ont été brisées par le passage du gibier (?).

S'il advenoyt que la beste ne feust rencontrée par les brisées... (Rabelais, liv. II, prol.)

— Au figuré, aller sur les brisées de quelqu'un, c'est suivre ses traces, lui disputer quelque chose.

> De quel front aujourd'hui vient-il sur nos brisées
> Se revêtir encor de nos phrases usées ?
> (BOILEAU.)

Briser. Brisons là : se brouiller.

On dit : un caractère cassant, un esprit tranchant (qui aime mieux trancher les difficultés que de les résoudre).

Nous nous serions brouillés cent fois, sans elle. Elle était pour nous comme ces duvets qu'on glisse entre des porcelaines, pour les empêcher de se briser. (Beyle, *La Chartreuse*.)

> *Inter vos ego paries ero.*
> (Plaute.)

(Je serai comme un mur entre vous.)

— Mme de Staël disait que Cambacérès, adjoint à Siéyès et à Bonaparte, était le coton placé entre deux vases fragiles.

Broc, du grec *brokos*, vase à boire ; de *brékho*, mouiller.

— De bric et de broc : d'une manière quelconque.

— En celtique, *bric* signifie tête, *broc*, queue.

Brocanteur. Ducange définit le brocantage : un commerce d'objets de toute espèce, achetés en dehors du marché public, et revendus au détail.

Brocanteur vient de l'italien *brocator*, dont la racine est *bocca* ou *bucca*, bouche, parce que ce commerce ne peut s'exercer qu'en s'abouchant directement de vendeur à acheteur ; car les objets en vente sont de nature si hétérogène, qu'il serait impossible de traiter les affaires par correspondance ou par des tiers.

— L'r de *brocanteur* est parasite, comme dans *trésor*, de *thesaurus* ; registre, de *regestum*.

Brocard, raillerie mordante, de *broccus* ; d'où broche.

> Qu'aux brocards de chacun vous alliez vous offrir.
> (Molière, *Tartuffe*, II, 2.)

Brochette (Élever à la) : avec des soins minutieux.

La brochette est un petit morceau de bois, aminci par le bout, pour donner à manger aux petits oiseaux.

Broder, autre forme de *border*, par métathèse ; car la broderie est une bordure, du moins le plus souvent.

— Au figuré, c'est amplifier ; alors il se prend en mauvaise part, et correspond à *bourder* : dire des bourdes (?).

Bronchite, de *bronches*, et du suffixe *ite*, qui indique inflammation dans certaines maladies.

Bronches vient du grec *brogchos*, gorge, et désigne deux conduits fibro-cartilagineux, qui s'embranchent sur la trachée-artère, et s'introduisent dans les poumons, où ils se subdivisent à l'infini.

Brosse, signifiait autrefois broussailles ; latin *bruxus*, menu bois.

Cet ustensile se fit d'abord de menus brins de bois, comme sont les brosses de chiendent.

Le mot *vergette*, pour brosse, est fait de verge, *virga*, petite branche.

Brouhaha, onomatopée.

Applaudissements donnés à un acteur, « Et le moyen de connaître où le vers est beau, si le comédien ne s'y arrête et ne nous avertit par là qu'il faut faire le brouhaha (?) » (*Précieuses*, Sc. 10.)

…Voilà ce qui attire l'attention et fait faire le brouhaha. (*Impromptu.*)

Brouiller. Ménage le dérive de l'italien *brogliare*, fait de *broglio*, broussailles ; d'où imbroglio.

Ou de *brouillard* (?), car on dit : « Il y a de la brouille entre eux », c'est-à-dire un nuage, un brouillard qui les empêche de se voir.

— *Brouille*. Il y a de la brouille, ou de l'oignon : allusion aux pleurs que fait verser l'oignon.

Il y a de la brouille dans le ménage. On dit aussi : le torchon brûle ; d'où : se donner un coup de torchon, dans le sens de se battre.

Le torchon qui brûle peut allumer l'incendie à la maison.

— Se brouiller, rompre.

Le *Tintamarre* prétend que plus les œufs sont brouillés, plus ils sont liés.

Brouter, de *brout* ; provençal *brot* ; haut allemand *broz*, bourgeon.

— Les animaux sont très avides des jeunes tiges.

Bêtes broutantes : cerf, daim, chèvre, chevreuil, chamois.

— L'herbe sera bien courte, s'il ne trouve à brouter…, c'est-à-dire il tire parti de tout.

Bruine, pluie fine résultant de la condensation du brouillard.

Bruit, de *bruire*, provençal *brugir* ; ou du grec *brukhé* (?), ou plutôt de *rugire*.

Synonymie : bacchanal, boucan, tapage, sabbat, tintamarre.

— Le bruit ne fait pas de bien ; le bien ne fait pas de bruit.

Faire du bruit : se plaindre hautement.

> Le bruit est pour le fat, la plainte pour le sot.
> L'honnête homme trompé s'éloigne et ne dit mot.
> (Lanoue, *Coquette corrigée*.)

Faire du bruit dans le monde : avoir de la renommée, être fameux.

Faire plus de bruit que de besogne : « Il ressemble aux bahutiens, il fait plus de bruit que de besogne. » (Voy. la *montagne* qui accouche d'une souris.)

Brûler, provençal *bruslar*, espagnol *uslar*; du bas latin *perustulare*, de *ustum*, supin, de *urere*, brûler.

Brûler les planches, se dit de l'acteur plein de feu.

Brûler ses meubles ; déménager par la cheminée. (Mürger.)

Brûler ses vaisseaux : s'ôter volontairement tout moyen de reculer, quand on est engagé dans une affaire.

Brun, d'où brunir ; *bruni* a signifié incendie ; par suite, *bruni* a le double sens de brillant et de noirci : brillant comme le feu, et noirci par le feu.

Bruneau (Clos-), ou *clos-breneux*, était situé dans Paris, entre la rue des Noyers, la rue des Carmes et celle de Saint-Jean-de-Beauvais, qui fut même appelée longtemps rue du Clos-Bruneau. (Voy. *Bren*.)

Brutal, brute ; de *bruta*.

Se dit de l'animal muet, privé de raison, et, par analogie, de l'homme qui, oubliant la raison, s'adonne entièrement aux instincts grossiers.

Brutus, idiot.

Bête brute : d'une ignorance stupide.

Brutal se dit de l'homme qui tient de la brute par son caractère violent ; l'homme ne se distinguant de la bête que par la raison, celui qui ne s'y soumet pas est justement appelé *brute*.

— Brutal comme un bâton. (Mürger.)

Bucéphale, du grec *bous*, bœuf, *képhalé*, tête.

Cheval d'Alexandre, originaire de Thessalie ; qui avait, dit-on, une tête de bœuf. Alexandre le dompta.

Ce Bucéphale dont je fus l'Alexandre.,
(Scarron.)

Bûche, allemand *busch*, bois, forêt.

Synonyme : souche, stupide, *stupidus*, niais.

Stipes sum. (Térence.) Je suis une vraie souche.

...Objet qui pouvait seul l'émouvoir comme une souche. (Voiture.)

Bûcher, de *bûche*.

En latin se disait *bustum*, d'où le nom de *bustuarii*, donné aux gladiateurs qui se battaient à des funérailles.

Budget, mot anglais, emprunté au vieux français *bougette*, petite bourse, petite poche.

Aujourd'hui *bouge* désigne un mauvais réduit.

En anglais, *bougette* a pris le sens de « bourse du roi », trésor royal.

Il nous est revenu sous sa forme nouvelle, et a été employé officiellement, pour la première fois, dans le rapport au roi sur les finances, du 1er avril 1814.

Buée; du latin *buo*, *imbuo*, tremper, imbiber.

D'où le provençal *bugada*, *buau* (béal); buanderie.

En vieux français *débuer* (Villon.)

Buffet, armoire de salle à manger; de *buffet*, coup sur la joue, soufflet.

De là aussi *bouffer*, manger, causes qui enflent les joues. Peut-être de *buvette* (?).

Rabelais se sert de *buffeter* dans le sens de frelater le vin avec de l'eau.

Les marchands de vin étaient appelés *buffetiers* (mais aussi *buvetiers*).

Buissonnière (Faire l'école); de *buisson*, petit bois, particulièrement de *buis*. Ne pas aller travailler.

Le 6 août 1552, le Parlement rendit un arrêt contre les écoles buissonnières. On appelait ainsi les cours d'enseignement religieux que les protestants allaient suivre dans les campagnes, pour échapper aux poursuites de l'autorité.

Bulle, du latin *bulla*, petite boule d'or ou d'argent qui servait de parure aux dames romaines et aux enfants.

On a depuis appliqué ce nom aux signes de métal, en or, argent ou plomb, appelés souvent *sceaux*, que l'on attachait par un cordon à certains actes publics; d'où *bulletin*, qui signifie proprement *écrit scellé*.

— Les ordonnances des papes s'appellent bulles, brefs ou encycliques.

A Rome, *bulle*, comme en Angleterre *bill*, signifient loi, à cause de la boule de métal suspendue au parchemin où la loi est écrite.

— La *Bulle d'or* est la loi fondamentale de l'empire d'Allemagne, que Charles IV donna en 1366, à la diète de Nuremberg, afin de détruire les abus qui se produisaient à l'élection des empereurs.

Bureau, de *bure*, étoffe grossière de laine.

Il vient, comme *bourrique*, du mot grec *purrhos*, roux, de feu.

Plus tard, il s'est pris pour la table de travail recouverte de cette étoffe, et pour le cabinet qui renferme cette table.

Bureaucratie, mot hybride, grotesque, mal fait, puisqu'il soude une queue grecque à une tête française. C'est plus qu'un barbarisme ; c'est un monstre fait à l'image de certains animaux fabuleux.

Burette, pour *buirette*, de l'ancien substantif *buire*. Vase en forme d'aiguière.

Buridan (Être comme l'âne de) : irrésolu.

Locution qui date d'une époque où la philosophie s'exerçait à résoudre des questions très subtiles, telles que celles où l'on cherche à prouver qu'un âne même est doué du libre arbitre.

Jean Buridan, de Béthune, dialecticien et recteur de l'académie de Paris, supposait un âne également pressé par la faim et par la soif, placé entre un seau d'eau et une mesure d'avoine, et demandait : « Que fera cet âne ? » Si on lui répondait qu'il se tournerait d'un côté plutôt que d'un autre, Buridan concluait : « Il a donc le libre arbitre. »

> Connaissez-vous cette histoire frivole
> D'un certain âne, illustre dans l'École ?
> Dans l'écurie on vint lui présenter
> Pour son dîner deux mesures égales,
> De même forme, à pareils intervalles ;
> De deux côtés l'âne se vit tenter
> Également, et, dressant les oreilles,
> Juste au milieu des deux formes pareilles,
> De l'équilibre accomplissant les lois,
> Mourut de faim, de peur de faire un choix.
>
> (VOLTAIRE, *Pucelle*, Ch. XII, 16.)

— Dans le roman de Quentin Durward (ch. VII), un archer de la garde écossaise, doublement captivé par le son d'un luth et la cloche du dîner, ne peut se décider à prendre un parti. Il dit : « Je restais là... — Comme un âne, Couthric, lui dit son commandant, ton long nez flairant un souper, tes longues oreilles entendant la musique, et ton jugement trop court ne te permettant pas de décider à quoi tu devais donner la préférence. » (W. Scott.)

— Il y a des gens qui, moins embarrassés que l'âne de Buridan, mangent à deux picotins, ... et s'en trouvent bien.

Burlesque, en italien *burlesco*, de *burlare*, se moquer.

Littérature triviale et plaisante, inconnue des anciens, et créée par les Italiens. Elle tourne en ridicule les hommes et les choses, en parodiant les sujets sérieux. C'est une sorte de libertinage de l'esprit. Il tire ses effets de l'opposition entre la grandeur du fond et la trivialité de la forme.

Sarrazin se vantait d'en avoir usé le premier en France.

C'est sous Louis XIII et Louis XIV qu'il nous est venu d'Italie. Il eut une grande vogue, qui se changea en dégoût par l'abus qu'on en fit, et qui avait été poussé si loin, qu'en 1649 parut un livre intitulé : *La Passion de N.-S. J.-C.*, en vers burlesques.

Scarron est chez nous le prince des poètes burlesques. Il est vrai que c'est une pauvre royauté ; mais il a mis beaucoup de talent et presque du génie dans sa *Gigantomachie* et dans son *Virgile travesti*. Parmi les effets qu'Énée avait sauvés du sac de Troie, il y avait :

> La béquille de Priamus,
> Le livre de ses oremus,
> Un almanach fait par Cassandre,
> Où l'on ne pouvait rien comprendre...

Benserade mit l'histoire romaine en rondeaux. (En réalité ce sont les *Métamorphoses* d'Ovide.)

> Mais laissons le burlesque aux plaisants du Pont-Neuf.
> (Boileau.)

— La première édition d'*Atala* contenait cette phrase singulière sur le P. Aubry. « Son nez aquilin, sa longue barbe avaient quelque chose de sublime dans leur quiétude, et comme d'aspirant à la tombe par leur direction naturelle. »

— Avec l'asticot de l'ignorance on est sujet à pêcher le goujon de l'erreur dans l'océan de l'incertitude.

La modestie est une ceinture élastique, destinée à contenir l'embonpoint du talent, et à le protéger contre les enflures de l'amour-propre.

Tot capita, tot sensus : autant de capitalistes, autant de sangsues.

Castigat ridendo mores : le rideau cache les murs.

Ugolin déjeune avec sa famille. Il mange ses fils pour leur conserver un père... Il n'a pas de filles : c'est bien heureux pour elles.

Je te renie pour mon enfant, je maudis le jour où je te l'ai donné.

— Prendre ses jambes à son cou. (Amphigouri.)

Buse. On ne peut faire d'une buse un épervier, d'un cygne un oison.

La buse est un oiseau de proie qu'il est impossible de dresser pour la chasse et qui était classé parmi les oiseaux ignobles. Son air stupide, qui est devenu proverbial, est dû sans doute à la faiblesse de ses yeux, tandis que l'épervier et le faucon servent à la poursuite du gibier.

> J'ai ouy, ce n'est d'huy ne d'hier,
> Diré qu'on ne peut espervier
> En nul temps faire d'un buysard.
> (*Roman de la Rose*, 3758.)

Ce proverbe indique que l'éducation, si nécessaire à tous, ne saurait avoir d'efficacité sur un esprit borné, où la nature n'aurait pas mis des germes intellectuels.

Les Provençaux disent : « De la queue d'un porc on ne peut faire un bon panache. »

But est une autre forme de *bout* ; bas-latin *butum*.

Aller droit au but : « Je me comporte à la manière de l'artillerie : je vais droit au but. » (A. Dumas.)

D'aller de but en blanc ainsi se marier. (Legrand.)

Venir de but en blanc à l'union conjugale. (Molière, *Précieuses*.)

Butor, espèce de héron ; du latin *bos-taurus* (?) parce que quand il crie, le bec plongé dans la boue, il imite le beuglement du taureau.

La stupidité du butor sert à désigner un homme grossier, maladroit.

Molière a même employé ce mot au féminin : « Voyez donc cette maladroite,... cette butorde. (*École des maris*, III, 7.)

Byzantin, désigne un genre d'architecture dans lequel l'architrave est remplacée par un arc plus élevé que le plein-cintre romain, et où l'édifice est surmonté d'un dôme.

— L'art byzantin est la transition entre l'art ancien, qui poursuivait le beau pour la forme elle-même, et l'art chrétien, qui ne se servit de la forme que pour l'expression de l'idée... Il a brillé de tout son éclat du IIIe au VIIe siècle... Il a transformé à son usage les éléments de l'art païen, et traduit avec la langue du passé les sentiments nouveaux du christianisme.

Sous l'invasion des barbares, cet art faiblit, mais ne s'éteignit pas... Il conserva les traditions qui, transmises plus tard à l'Occident, devaient recevoir de magnifiques développements.

Cet art, soumis aux principes inflexibles du dogme, manquait de la liberté nécessaire au développement des êtres comme à celui des idées. (Domin. Papety.)

C

Ça, opposé à *là*, autrefois céans, léans.

On écrivait *cza*, avant l'usage de la cédille.

Or viens cza, que je te donne un tour de pigne. (Rabelais, II, 6.)

Cabaret, du latin *capa*, cabane, abri où l'on mange; comme taverne, de *taberna*, abri en planches.

Cabinet, du latin barbare *cavinum*, r. *cavum*, cavité, ou du kymris *caban*, maisonnette de chaume; plutôt que du latin *capio*, contenir.

Cf. caban, cappe : « Quod totum hominem capiat. » (Saint Isidore.)

Chasuble, de *casula* : « Quia instar casulæ totum hominem tegebat. »

Lieux d'aisance. Il vient alors du grec *kaptein*, cacher (?).

Dans le *Misanthrope*, Alceste dit du sonnet d'Oronte :

Franchement, il est bon à mettre au cabinet.

Le mot *cabinet*, du temps de Molière, n'avait pas quelques-unes des acceptions actuelles ; en revanche, il en avait d'autres qu'il n'a plus. Il servait à désigner un coffret ou petit meuble de bois odorant où les femmes renfermaient les bijoux, les petits vers et les mille brimborions qu'elles voulaient conserver.

Régnier dit des ouvrages futiles dont les gens sérieux dédaignaient la lecture :

Les dames, cependant, se fondent en délices,
Lisant leurs beaux écrits, et de jour et de nuict,
Les ont au cabinet sous le chevet du lict,
(Sat. II.)

Molière se souvenait sans doute des vers du poète satirique, en écrivant le sien, et il devait être d'autant plus porté à lui conserver le sens que lui donne Régnier, qu'à cette époque une société de petits rimeurs à l'eau de rose s'était formée, sous le nom de *cabinet*, dans le but avoué de parfumer le monde de leurs poésies. (Voy. La Bruyère. Edit. elzévirienne, t. I, p. 395.)

C'était aussi un meuble à tiroirs.

Caboche, tête dure, mauvaise tête, de Caboche, boucher de

Paris, sous Charles VI, qui fut chef d'une faction pour le duc de Bourgogne. Ce nom propre n'est lui-même qu'un dérivé de *caput*, et peut se rapprocher de *chabot*, poisson à grosse tête. (E.) Cf. *cabas*.

Cabotage, navigation le long des côtes.

Le petit cabotage se fait d'un port de France à un autre ; le grand, d'un port de France à un port d'Espagne ou d'Italie.

Cabotin, mauvais comédien ; d'un sieur Cabotin qui, au XVIIe siècle, était charlatan nomade, vendant ses drogues de ville en ville et jouant des farces. Son nom est devenu appellatif pour désigner un mauvais acteur. (Voy. *comédien*.)

Cabus, chou cabus ; du latin *caputus*, à grosse tête.

Fait comme le provençal *cabessa*, tête, *cabudéou*, gros peloton de fil, et *cabucéou*, couvercle de pot.

Les Allemands l'appellent *kabskraut*, herbe à tête.

Caca, excrément, ordure ; du latin *cacare*, ou du grec *kakos*, mauvais.

On dit en Berry *cacou*, pour très malade.

Cachemire, châle qui a pris le nom de la ville des Indes où on le fabrique.

« Un cachemire qui broute encore dans les plaines du Thibet. »

Cacher, du latin *succus* (?) ; ou plutôt de *coactare*.

— Péché caché est à demi pardonné. (Voy. *vice*.)

Vivre caché, c'est vivre heureux. (Voy. *ermite*.)

Trois choses qu'il faut cacher avec soin : son esprit aux sots, sa richesse aux pauvres, sa joie à ceux qui pleurent.

Cacologie, manière de parler contraire à la grammaire. Recueil de locutions vicieuses.

Cacophonie, du grec *kakos*, mauvais, *phôné*, son, voix.

> Vierge non encor née.
> (Rousseau, *Ode à la postérité*.)

> Non, il n'est rien que Nanine n'honore.
> (Voltaire.)

Un magistrat, pour faire tendre une chaîne dans une rue pendant une émeute, s'écria : « Qu'attend-on donc tant ? Que ne la tend-on là ? »

Cadavre, du latin *cadaver*.

De os, da, ver. Inscription sépulcrale signifiant par abréviation : *caro data vermibus.*

De même *charnier* serait pour *caro data neci*, chair donnée à la mort.

Cette étymologie est faite comme celle de *poltron*, donnée par Somaize : *pollex truncus*, pouce coupé. Ingénieuse sans doute, mais fausse.

On peut encore en rapprocher *miséricorde*, de *miseris cor do.*

Cadran *solaire*, du latin *quadrantem*, qui est carré.

Le premier cadran solaire fut fait à Rome par ordre de Papirius Cursor, l'an 295 avant J.-C.

INSCRIPTIONS SUR DES CADRANS SOLAIRES :

Il est toujours l'heure de bien faire.

Horas non numero, nisi serenas : Je ne marque les heures que quand le temps est serein.

Latet ultima : La dernière heure est inconnue.

Memento vivere : Souviens-toi de (bien) vivre.

Motum solis adæquat. (Observatoire de Toulon.)

Properate, fugit : Hâtez-vous, le temps fuit.

Quod ignoro, doceo : J'enseigne ce que je ne sais pas.

Vera intuere, media sequere. Sur un cadran solaire indiquant le temps vrai et le temps moyen. (Rue de Rivoli.)

Vigilate, quia nescitis diem neque horam. (Saint-Germain.)

Vulnerant omnes, ultima necat : Chaque heure fait sa plaie, et la dernière tue.

Machina, quæ bis sex tam juste dividit horas.
Justitiam servare monet, legesque tueri.

(Cadran de la tour du Palais de Justice à Paris.)

Hâtons-nous, le temps fuit et nous traîne après soi :
Le moment où je parle est déjà loin de moi.
(Boileau, ép. III.)

Prima, quæ vitam dedit, hora, carpsit. (Sénèque, *Hercule furieux*, act. III, ch. V; 874.) L'heure qui nous donne la vie l'a déjà diminuée.

...*Dum loquimur fugit invida*
Ætas; carpe diem, quam minimum credula postero.
(Horace.)

(Tandis que nous parlons, le temps jaloux s'enfuit ; saisissez le jour présent, sans trop compter sur le lendemain.)

Time is money : Le temps est de l'argent. (Maxime améric.)
Soli soli soli : Au seul soleil de la terre.
— Au-dessus d'une horloge de cabaret, on avait mis :

> Que j'aille bien ou mal, il ne t'importe pas,
> Puisque céans toute heure est celle du repas.

Cœtera (et), mots latins signifiant *et le reste*.
Le mot *pantoufle* s'y ajoute en terminant un récit ennuyeux, comme pour se dispenser de continuer.

Cafard, hypocrite; de l'arabe *cáfir*, infidèle; d'où *cafre*, nom donné par les Arabes aux habitants de l'Ethiopie, qui ne partagent pas leur croyance. Ou peut-être de *capá* (?).

Cafard signifiait au XVᵉ siècle, un moine ou un prêtre hypocrite, qui cache ses vices sous son capuchon.

Rabelais dit *caphard*, venant de *caphardum*, cape ou manteau à capuchon.

On dit encore « rire sous cape ».

Peste ne tue que les corps, mais les caphartz empoisonnent les âmes. (Rabelais.)

Café, de *Caffa*, province d'Abyssinie, son pays d'origine.
De Caffa, il a été transporté dans l'Yémen ou Arabie heureuse.
Le nom de *Moka*, donné au café provenant de cette contrée, est aussi celui du principal port.
On a dit aussi que *café* vient de l'arabe *cahoué*, qui réveille.
Il a, en effet, la propriété stimulante de retarder le sommeil.
Scribe refusa, dans une soirée, une tasse de café que lui offrait la maîtresse de la maison, et dit qu'il « boirait sa nuit ».
— Le capitaine Déclieux porta le premier pied de café aux Antilles.
L'usage du café était déjà répandu en Orient, quand il fut connu en Europe, vers le commencement du XVIIᵉ siècle.
Introduit à Venise en 1628, à Marseille en 1654, le café paraissait à Paris en 1657, et devenait à la mode une dizaine d'années après, grâce à l'initiative de l'ambassadeur ottoman, Soliman-Aga.
Vers 1673, s'ouvrirent les cafés publics, tels que celui du Florentin Procope.
On craignit un instant que le café ne produisît un mauvais effet sur la santé publique, et un mot célèbre, attribué à Mᵐᵉ de Sévigné, est resté comme l'écho des préjugés du XVIIᵉ siècle.
Au siècle suivant, ces préjugés avaient disparu, et Fontenelle, presque centenaire, disait : « Il faut avouer que le café est un

poison bien lent, car j'en bois plusieurs tasses chaque jour, depuis 80 ans, et ma santé n'est pas encore sensiblement altérée. »

L'aïeul du général Morin, propriétaire à Saint-Domingue, exigeait qu'on fît couler constamment dans sa maison une rivière de café. (Payen, *Revue*, septembre 1859.)

« Racine passera comme le café. » On attribue ce mot à Mme de Sévigné, qui se serait trompée cette fois, elle qui se trompait si rarement. En 1672, elle écrivait à sa fille : « Racine fait des comédies pour la Champmeslé, ce n'est pas pour les siècles à venir ; si jamais il cesse d'être amoureux, ce ne sera plus la même chose. Vive notre vieil ami Corneille ! » Quatre années après, elle écrit à la même : « Vous voilà bien revenue du café ; Mlle de Méry l'a aussi chassé. Après de telles disgrâces, peut-on compter sur sa fortune ? »

Voltaire s'avisa de rapprocher ces deux jugements, et dit : « Mme de Sévigné croit toujours que Racine n'ira pas loin ; elle en jugeait comme du café, dont elle disait qu'on se désabuserait bientôt. »

C'est alors que La Harpe, brochant sur le tout, lance cette phrase : « Racine passera comme le café » ; et le tour est fait, la phrase est consacrée.

Les protestations n'y font rien, et l'on répétera éternellement que Mme de Sévigné a prononcé cette phrase ; mais, quoique la prophétie soit démentie, l'opinion qu'on attribue au célèbre bas-bleu n'en était pas moins celle de son temps, où le café inspirait les plus injustes méfiances, depuis longtemps oubliées.

Aujourd'hui, le café est complètement réhabilité, et, d'après les ouvrages publiés récemment par le Dr Petit, et MM. de Gasparin et Payen, le café doit être considéré comme un aliment conservateur de la vie humaine, et dont l'usage fréquent aurait pour effet de prolonger l'existence dans la proportion de 25 à 30 0/0.

M. de Gasparin a fait une étude spéciale sur le rôle hygiénique du café. Il a observé que les ouvriers mineurs de la Belgique, qui boivent chaque jour deux litres d'infusion mélangée de 100 grammes de café et de 100 grammes de chicorée, peuvent réduire la ration habituelle de leurs aliments, sans diminuer leurs forces.

Ce fait avait été observé déjà chez les peuples grands consommateurs de café. Qui ne connait le régime des Arabes, et les abstinences prolongées des caravanes ?

En Égypte, en Italie, en Provence, l'usage du café noir est fréquent, et l'on ne sort jamais pour quelque course matinale, sans prendre du café.

C'est par suite de ces observations qu'on a adopté si avantageusement le café dans la ration du marin et du soldat en campagne.

Dans les colonies, les grands propriétaires usiniers avaient, depuis longtemps, l'habitude de faire de larges distributions de café aux ouvriers, pour maintenir leurs forces.

Le café et le thé ne facilitent pas la digestion, comme on le croit vulgairement ; ils ont, au contraire, la propriété de retarder la transformation des aliments dans l'organisme, en les empêchant de brûler trop vite et de laisser les organes vides.

Le docteur Rabuteau, en 1870, a prouvé par des expériences, que le ralentissement de la combustion vitale se manifeste par la diminution d'acide carbonique expiré, la diminution de l'urée, l'affaiblissement du pouls, qui sont les indices d'une moindre énergie dans la destruction opérée par notre flamme intérieure.

Le thé, le cacao, et surtout le coca, sont doués de propriétés semblables à celles du café.

Ce savant physiologiste pense qu'un homme pourrait vivre plusieurs mois, en faisant usage, chaque jour, de 150 grammes d'un mélange composé de 1.000 grammes de cacao, 500 grammes d'infusion de café, 200 grammes de thé infusé et 500 grammes de sucre.

Ce mélange desséché ne pèse que 1.500 grammes, et pourrait, par conséquent suffire à l'alimentation pendant dix jours.

Ces idées ont été émises par l'Académie des sciences pendant le siège de Paris, en 1871, et peuvent être appliquées en tout temps, surtout pour se préparer aux marches et aux fatigues, ou pour s'en remettre et réparer les forces épuisées par le travail.

L'analyse chimique du café démontre, il est vrai, qu'il ne contient aucun des éléments reconnus nécessaires à la nutrition, et M. Payen explique son action sur l'homme dans ce sens, qu'il diminue la somme de déperdition, et rend, par suite, moins nécessaire la réparation. Son usage procurerait ainsi, pour une dépense moindre de forces vitales un produit de forces physiques équivalentes.

Le café, d'après ces observations, arrête en quelque sorte les frais de la vie. Il agit comme le sommeil, mais en activant l'action musculaire, et produit dans les rouages de la machine une sorte d'arrêt qui nous permet, pour ainsi dire, de vivre gratis pendant un certain temps, de manger beaucoup moins sans dépérir et de prolonger agréablement la veille, sans supprimer la force ni le sommeil. Il a en outre la propriété de faire servir aux fonctions de la vie toutes sortes de matériaux qui, sans lui, seraient encombrants ou jetés au rebut.

— Voltaire, qui usait du café avec prodigalité, a vécu très vieux.

— On appelle café un lieu public où l'on boit du café. Le plus ancien de Paris fut le café Procope, en face de l'ancienne Comédie-Française. Vinrent ensuite le café de la Régence et le café de Foy, qui n'existe plus.

— Le café-concert, de création récente, a obtenu en 1868 ses grandes lettres de naturalisation. Il prend même la forme de café-théâtre.

— Café borgne, petit café mal éclairé : *Tenebricosa pina*. (Cicéron). *Obscuras tabernus*. (Horace, *Art poétique*.)

— *Latebrosi loci*. — *Latebricolæ* : piliers de café.

— On nomme *caboulot*, un café servi par des filles. (V. ordonnance de police 1861, qui exige que ces filles soient pourvues d'un livret de domestiques.)

Estaminet : Tabagie, café où l'on fume la pipe.

Pilier d'estaminet : client de café, n'en bougeant pas plus que le pilier qui en soutient le plafond. (L. Larchey.)

Cagnard, l'italien *canis*, chien, ou de l'italien *cagna*, chienne, qui cherche la chaleur comme font les chiens.

Cagnard en langue romane signifie un mur abrité du vent et exposé au soleil.

En Provence, on l'appelle « la cheminée du roi René », parce qu'on s'y chauffe l'hiver.

Cagnard a aussi signifié chenil.

« Mais en ces voyages, vous serez arresté misérablement en un caignard où tout vous manquera. »

— *Cagnarder* : montrer de la lâcheté, de la poltronnerie.

> Donc si quelque honneur vous poingt ;
> Soldars, ne cagnardez point :
> Suivez les traces de vos pères.

— En Provence, *avoir la cagne*, signifie ne pas avoir le cœur à l'ouvrage, comme l'argot *avoir la flemme*.

Cagnotte, argent prélevé sur les mises des joueurs, et réservé pour la maison où l'on joue.

Cagnotte est dit pour *gagnotte*.

La cagnotte, placée dans un petit panier, est quelquefois le lot des joueurs qui gagnent la partie : c'est alors une sorte de tontine.

Quelquefois les gains de la cagnotte sont capitalisés, pour être employés à une dépense profitable à tous les joueurs qui y ont contribué. (V. Labiche.)

Cagot, bas-latin *cagoti*, chien de goth.

C'est le nom donné, au Moyen-Age, aux Goths et aux Arabes réfugiés au pied des Pyrénées.

Peut-être vient-il de *cagoule*. Rabelais appelle ainsi les moines mendiants qui portaient la cagoule.

On donne aussi le nom de *cagots* dans le Béarn (?) à des peuplades sujettes au goitre.

— Rabelais (II, 34) fait suivre le mot *cagots* de *escargots*, comme si le premier venait du second ; c'est-à-dire moines cachés dans leur capuchon, comme les escargots dans leur coquille.

Cahier, carnet, casernet ; du roman *casern, quadern* ; du latin *quaternus*, tableau à quatre colonnes, à cause de la division quaternaire des feuilles des manuscrits (ou *codicarium* ?).

Cahin-caha, du latin *qua hinc, qua hac* : de ça de là, de mauvaise grâce.

Cet homme gaignait sa vie cahin-caha. (Rabelais.)

Cahute, mauvaise hutte ; de l'allemand *cahue* ; ou du hollandais *cajuit*, cabine de navire.

Caimand, mendiant ; mot très ancien, d'où est venu *caimander* ou *quémander*.

...Ingrato frénésie,
Puisque pauvre et caimande on voit la poésie.
(Régnier.)

Caire, mot provençal ; d'où le vieux mot *cairel*, carreau (?).

Calciner, transformation des pierres en chaux dans les fours, ou dans les incendies.

Calculer, du latin *calculus*, caillou ; diminutif de *calx*, parce qu'on s'est servi d'abord de cailloux pour compter, chez les Grecs et chez les Romains.

Calé, riche (expression populaire).

Ce mot est pour *écalé*, de *écale*, l'écorce de certains fruits, spécialement de la noix.

De même *cossu* de *cosse*, tégument de certains légumes.

Littré le fait venir plus probablement de *caler*, consolider au moyen d'un appui.

Calemar, mollusque assez semblable à la seiche, dont il diffère parce qu'il n'a pas d'os dans le dos.

On l'appelle aussi *cornet*, à cause de sa forme.

En provençal *touténo*.

Le nom vient du latin *calamarius*, encrier, parce qu'il a comme la seiche, une poche pleine d'un liquide noir (*sepia*).

— Le *calémar*, nom ancien de l'encrier, vient du latin *calamus*, roseau à écrire; c'était un étui qui contenait à la fois la bouteille et les plumes.

Calembour, du nom de l'abbé de Calemberg, personnage plaisant des contes allemands.

Au XVIe siècle, on disait *équivoque*. Jeu de mots se ressemblant par le son, différant par le sens.

Ainsi le marquis de Bièvre, équivoquant sur le mot *screin*, disait que « temps était bon à mettre en cage ».

— Les calembours dégénérèrent aisément en bouffonneries insipides. Ils furent en grande vogue à la fin du XVIIIe siècle. Le marquis de Bièvre se fit un nom par sa facilité en ce genre. Voltaire, à son retour à Paris, en 1778, fut choqué de l'abus qu'on faisait du calembour, qu'il regardait comme un fléau de la conversation. Delille l'appelle « l'esprit des sots ».

Calendes, latin *calendæ* de *calare*; en grec *kalein*, appeler.

Le jour où, à Rome, on convoquait le peuple, et où les prêtres annonçaient la nouvelle lune. C'était, chez les Romains, le premier jour du mois.

Les Grecs ne connaissaient point les calendes. C'est pourquoi renvoyer quelqu'un aux calendes grecques, équivaut à lui répondre : jamais.

Auguste, dit Suétone, au sujet de certains débiteurs devenus insolvables, dit qu'ils paieraient aux calendes grecques : *Ad calendas græcas soluturos ait*.

L'arrest sera rendu aux prochaines calendes grecques. (Rabelais.)

Calendrier, de *kalendarium*.

Avoir droit au calendrier : avoir beaucoup souffert, comme les martyrs qui y figurent.

On dit d'un grand d'Espagne, qui a ordinairement beaucoup de noms : « Ce n'est pas un homme, c'est un calendrier. »

Réformer le calendrier : critiquer tout ce qui est établi.

— Le calendrier a été inventé en Égypte 3.300 avant J.-C.

— Le calendrier grégorien, qui date de 1582, est un assemblage bizarre et incohérent de paganisme et de christianisme, qui va jusqu'au grotesque.

Ainsi, le nom des jours de la semaine est consacré en même temps à une divinité païenne et à un saint. Lundi, jour consacré à la Lune, à Vesta et à sainte Sophie ; mardi, fête de Mars et de saint Jacques, etc.

Quant aux mois, ils portent aussi des noms de divinités païennes ou d'empereurs romains, ou des noms de nombre en désaccord avec la place qu'ils occupent. Ainsi septembre, c'est-à-dire le septième mois, se trouve le neuvième ; octobre, novembre et décembre sont au 10e, au 11e, au 12e rang.

— Le calendrier républicain date de la fondation de la République française, 22 septembre 1792.

L'année y était divisée en douze mois, d'une durée égale de trente jours, après lesquels venaient cinq jours appelés « sans-culottides », et plus tard « complémentaires ». (18-22 septembre.)

Chaque mois se divisait en trois décades, dont les jours s'appelaient : primidi, quintidi, décadi.

Automne...	Vendémiaire....	23 septembre...	30 jours.
	Brumaire.......	23 octobre.....	30 »
	Frimaire.......	22 novembre...	30 »
Hiver......	Nivôse.........	22 décembre...	30 »
	Pluviôse.......	21 janvier......	30 »
	Ventôse........	20 février......	30 »
Printemps..	Germinal.......	22 mars.......	30 »
	Floréal.........	21 avril........	30 »
	Prairial........	21 mai.........	30 »
Été.......	Messidor.......	20 juin........	30 »
	Thermidor......	20 juillet.......	30 »
	Fructidor......	19 août........	30 »
Jours complémentaires........................			5 »
			365 jours.

Calepin, de *Calepin* (Antoine), moine minime italien de l'ordre de saint Augustin, auteur d'un dictionnaire polyglotte. Cet ouvrage eut une si grande vogue, que le nom de l'auteur est devenu appellatif, et qu'on dit un *calepin* pour un recueil de notes, d'extraits qu'une personne a composé pour son usage.

Calfat, de l'arabe *kalfata*, boucher, fermer.

Autrefois *gallefretier* : *Ancus Marcius gallefretier*. (Rabelais.)

La réponse vous contentera, ou j'ai le sens mal gallefreté. (Rabelais.)

Caliban, génie malfaisant emprunté par Shakespeare aux légendes écossaises.

C'est une allégorie de la force brutale en rébellion contre l'intelligence.

Homme difforme et méchant.

Calicot, de *Calicut*, ville sur la côte de Malabar.

Tissu de coton ; de même que *madapolam* a pris son nom d'une autre ville de l'Inde ; mots faits comme *cachemire*.

— On appelle *calicot*, un commis de magasin de nouveautés.

C'est le nom d'un personnage du vaudeville de Scribe joué en 1817 : *le Combat des Montagnes*.

Câlin, méticuleux (gnan-gnan).

Câliner, vivre dans l'indolence, est dit pour caniner, de *canis*, chien ; ou peut-être du grec *kalein* (?).

Calino, niais. Nom d'un personnage de vaudeville (1858), dont l'extrême naïveté a fait un type. (Voy. *Jocrisse*.)

On trouve dans Tallemant des Réaux le mot *câlin* dans le sens de naïf, niais.

— Câlino-Pitou se fait lire par un camarade une lettre de sa « payse » et lui bouche les oreilles pendant la lecture, pour qu'il ne puisse en entendre le contenu.

Calme, de l'espagnol *calma*, le chaud du jour, qui est le moment le plus calme.

S'oppose à *agitation*.

Synonyme : paix, tranquillité. On a la tranquillité en soi-même, la paix avec les autres, le calme après l'agitation.

Calme comme l'huile, comme la Méditerranée. *Oleo tranquillior*. (Plaute.)

Le calme est la plus grande des forces de la nature, c'est celle qui produit. L'agitation, c'est l'orage, qui dérange et bouleverse. (G. Sand, *Château des Désertes*.)

Le calme est la grande loi de la nature ; ce qui est violent ne peut durer, car l'effet de la violence est de tout détruire : une nuit d'anarchie est plus funeste que cent ans de tyrannie.

La mer est l'image des grandes âmes : quelque agitée qu'elle paraisse, le fond est toujours calme. (Ch. de Suède.)

Le calme qui régnait à Varsovie, sous la Restauration, était le calme de la mort…; la paix terrible de la servitude.

— Les anciens avaient empreint le calme sur le front de la divinité, comme son plus bel attribut.

Calomnier, du latin *calumnia*.

Le sens de ce mot se confond avec celui de *blasphème*, qui vient de *blaptô*, blesser, *phémé*, réputation ; d'où aussi *déblatérer* (?).

— Le nom que l'on a donné, en grec, au diable, a le sens de calomniateur : *diabolos*.

— Calomniez ! calomniez ! il en reste toujours quelque chose.

Beaumarchais (*le Barbier*), a pris cette pensée du traité de Bacon : *De la dignité et de l'accroissement des sciences*. (VIII, 2.) :

« Va, calomnie hardiment, il en restera quelque chose. »

— La calomnie est un charbon, qui noircit ce qu'il ne brûle pas.

— Dans la loi du 17 mai 1829 le mot *calomnie* a été remplacé par celui de *diffamation*.

Calorie, unité de chaleur ; quantité de calorique nécessaire pour élever d'un degré la température d'un kilogramme d'eau distillée.

Calotte, petit coup sur la tête. (Rabelais, *Pantagruel*, III, prol.)

C'est une tape amicale et inoffensive. Sorte de parodie du vieux mot *escoffion*, mauvais coup, venant d'*escoffier*, italien *scoffia*, coiffe : donner un coup sur la tête, tuer.

Calvinisme, doctrine de Calvin, qui soutient qu'il n'y a d'autre règle de foi que l'Ecriture, et nie la présence réelle dans l'Eucharistie.

Camaïeu, sorte d'onyx oriental de deux couleurs ; d'où *camée*. Peinture monochrome ; de l'hébreu *camehuia*, onyx.

Camail, arme défensive de tête (*cap de maille*).

Capuchon en mailles de fer qui recouvrait la tête et le cou, et complétait la cotte de mailles.

Camarade, du latin *camera*, chambre ; terme d'origine militaire.

Camarade de collège. (Voy. *copain*.) ?

Camarilla, coterie de personnes qui approchent le prince. Diminutif de *camara*, chambre, en espagnol.

Se prend en mauvaise part, des courtisans bas et mercenaires, qui gouvernent dans leur intérêt privé.

Caméléon. C'est un caméléon : une personne qui change souvent d'opinion.

Le caméléon est une sorte de lézard, célèbre par ses changements de couleur. Il se tient immobile sur une branche, darde sa langue gluante sur les mouches qui passent à sa portée, et s'en repait.

La peau du caméléon est transparente et change de couleur suivant certaines conditions qui lui sont propres. Il a aussi la propriété d'absorber une grande quantité d'air, et de se gonfler à volonté ; d'où Tertullien l'a appelé une peau vivante.

Faites comme le caméléon : prenez la teinte du lieu où vous êtes. (Amiral Page.)

Camelotte, du grec *kamélos,* chameau.

Étoffe grossière en poil de chameau, nommée *camelot,* dont l'usage est fort ancien. Joinville en parle dans sa *Vie de saint Louis.*

Camelotte se dit vulgairement des marchandises de pacotille et de rebut, et d'un travail peu soigné.

— *Camelot,* marchand ambulant, assimilé au chameau à cause de la balle qu'il porte et qui le fait paraître bossu.

Pour le même motif, on donne aussi ce nom aux contrebandiers.

Camérine (Mouvoir la). *Camerinam movere* (proverbe latin) : remuer une eau bourbeuse ; *camérine* venant du grec *kamèra,* sentine, égout.

« Ont meu la camerine » (Rabelais, V, 6) : ont remué l'ordure.

Camouflet, du latin *calamo flatus,* soufflé au chalumeau.

Insulte. Proprement, bouffée de fumée soufflée au nez de quelqu'un.

Camp, latin *campus ;* c'est *champ* prononcé à la picarde et qui a pris dans la langue une acception spéciale.

De *camp* vient *campagne,* expédition militaire.

— Ficher son camp, c'est-à-dire décamper, s'en aller précipitamment.

— En italien *escampare* ; en provençal *escapar* ; en latin *habere campos,* avoir la clef des champs : *Fingere fugam.* (Plauto.)

Dans cette locution, *camp* vient plutôt de *gamba,* jambe dont la racine grecque est *kampé,* courbure ; d'où gambader, ingambo (?).

— Camper quelqu'un là, ou le planter là.
Prendre de la poudre d'escampette.
Rabelais (V, 7) dit escamper, pour fuir.
En provençal, escampar signifie répandre, laisser fuir ; acamp, réunion ; acampar, amasser, entasser ; récampar, rentrer chez soi.

Campagne, expédition militaire, vient de camp.
Battre la campagne : déraisonner.
On dira des raisons qui me feront battre la campagne. (Molière, *Fourberies*.)

Camus. Synonymie : gueux de nez ; néanmoins.
En Berry, on dit dénété.
Camus comme un singe.
Camus de Lamballe ; un pied et demi de nez.
Camuse comme une carpe : le nom de la carpe en argot est camuse.

Canaille, de *canis*, chien ; ou d'après Naudet, de *canalicola*, habitants les bords du canal ; parce que les bouffons et les mimes se tenaient à Rome le long d'un canal qui traversait le forum. (Note sur Plaute.)
J. Lipse le fait venir de *canis*, race de chien, et ce sentiment est confirmé par l'ancien mot *chienaille*.
— *Racaille* est synonyme de canaille. Ce mot prend le sens de roué, débauché.
Merci ! je serai canaille tant qu'on voudra ; mais mauvais genre, jamais ! (Gavarni.)

Canapé, du grec *kônôpéion*, pavillon de lit dont se servaient les Égyptiens pour se garantir des moustiques (en grec *kônôps*). C'était donc un rideau contre les cousins.
Varron (*De re rustica*, II, 10) dit *conopeum* pour un lit d'accouchée.
Entre les précieux conopées, entre les courtines dorées. (Rabelais, III, 18.)
V. Hugo fait venir canapé de *can al pié*, chaise longue où l'on peut s'étendre et avoir son chien à ses pieds.
J. Janin le tire plaisamment de *canibus aptum*, agréable aux chiens.

Canard ; féminin cane, jadis ane de anas.
— Mensonge, tromperie.

Jadis on appelait canard un flatteur, c'est-à-dire un trompeur.

La plupart des journalistes écrivent avec une plume de canard.

— *Canard*, nouvelle fausse répandue dans le public, et à laquelle on donne une apparence vraisemblable ; récit mensonger inséré dans un journal, et qui contient la relation d'un événement inventé à plaisir.

C'est peut-être dans le même sens qu'on dit : faire des cancans, imiter le canard.

— Cornélissen, pour renchérir sur certaines nouvelles absurdes données par les journaux, fit annoncer qu'on avait fait cette expérience sur la voracité des canards. Vingt de ces animaux avaient été réunis. L'un d'eux, haché menu, avec ses plumes, fut dévoré par les dix-neuf autres. L'un de ces derniers servit à son tour immédiatement de pâture aux dix-huit restants, et ainsi de suite jusqu'au dernier, qui se trouva ainsi avoir dévoré, séance tenante, ses dix-neuf congénères.

Ce canard obtint le plus grand succès.

— Le *Dictionnaire de l'industrie* (Paris, Lecourbe, 1776) donne l'explication suivante de l'origine du mot *canard* :

« On lit dans la *Gazette d'agriculture* un procédé singulier pour prendre les canards sauvages : on fait bouillir un gland de chêne dans une décoction de séné ou de jalap ; on l'attache par le milieu à une ficelle ; on jette le gland à l'eau. Celui qui tient la ficelle doit être caché. Le gland avalé purge le premier canard, qui l'avale et le rend aussitôt. Un autre canard survient, avale le même gland et le rend de même. Un troisième, un quatrième, un cinquième s'enfilent de la même manière. »

On rapporte à ce sujet l'histoire d'un huissier du Perche, près de l'étang de Guy-de-Chaussée, qui laissa enfiler vingt canards. Ceux-ci, en s'envolant, enlevèrent l'huissier ; la corde se rompit et le chasseur eut la jambe cassée. (Lor. Larchey, *Dict. d'argot*.)

— Pendant la guerre de Sept ans, un homme paria un écu contre toutes les nouvelles qui se débitaient, et, à la fin de la guerre, il se trouva très riche, tant il avait couru de fausses nouvelles.

— Depuis le grand serpent de mer du *Constitutionnel*, l'attention malicieuse du public est en garde contre ces nouvelles invraisemblables, et il est devenu fort malaisé de faire avaler la plus petite couleuvre au lecteur le plus bénévole.

Cancan, potin, ragot.

Faire des cancans, des commérages : tenir des propos futiles.

— La prononciation de la lettre *q* causa jadis de grandes disputes dans l'Université de Paris. On prononçait le *q* comme le *k*, et l'on disait *kis* pour *quis*, *kankan* au lieu de *quanquam*.

Le célèbre professeur d'éloquence Ramus voulut donner aux lettres un son distinct; mais les docteurs de Sorbonne, piqués qu'on eût fait cette réforme sans les consulter, s'assemblèrent pour examiner le *q* et le *k*, et décidèrent en faveur du *k*. Leur opinion n'a pas prévalu.

Telle est l'origine du mot *cancan*, pour désigner une discussion frivole.

— *Cancan*, danse très libre, accompagnée de gestes indécents, avec des mouvements violents et désordonnés, ressemblant à ceux d'un ivrogne ou d'un fou furieux.

Cette danse est devenue presque nationale en France depuis 1830.

Candidat. On donnait ce nom à ceux qui, à Rome, briguaient quelque magistrature, et qui, à cet effet, se revêtaient de blanc, comme l'indique le mot *candidatus*.

Caner, expression triviale : avoir peur, reculer.

Plonger comme une cane : « Pardieu ! qui fera la cane de vous autres, je me donne au diable, si je ne le fais noyer. » (Rabelais.)

S'emploie aussi pour aller à la selle, avoir la venette, la courante, la *catarina presta* des Italiens.

Canetille, bordure de canetille. (Rabelais, I, 8.)

Sorte d'agrément encore en usage, qui a du rapport avec une plante aquatique nommée *canetille*, parce que les jeunes canards en sont friands.

Canicule, du latin *canicula*, petite chienne.

Ce mot désigne l'étoile de Sirius, qui fait partie de la constellation du grand chien. C'est le 2 août que l'on aperçoit l'étoile fixe de Sirius dans son éclat le plus brillant.

On croit généralement que le temps pendant lequel cette étoile est visible en Europe, correspond aux plus fortes chaleurs de l'année : c'est une erreur.

Anciennement (il y a 3.000 ans), cette étoile apparaissait les premiers jours de juillet, et, comme c'était le moment des fortes chaleurs, on put croire alors qu'elle exerçait une influence sur la température.

La science a démontré la fausseté de cette croyance.

D'ailleurs, par l'effet de la précession des équinoxes, le lever de

Sirius n'a lieu, depuis un grand nombre d'années, que lorsque les fortes chaleurs sont passées, du moins en Europe.

Malgré cela, la croyance populaire persistera longtemps encore.

— Les almanachs indiquent les jours caniculaires du 24 juillet au 26 août inclusivement. Ces jours se terminent, en réalité, le 22 août, où le soleil quitte le signe du Lion pour entrer dans celui de la Balance. La canicule dure tout le temps que la constellation du chien se lève et se couche avec le soleil.

— De *canicule* vient *chaleur caniculaire* : « Mais alors, disait Calino, pourquoi dit-on : un froid de chien ? »

Canne, du latin *canna*, roseau ; celtique *can*, lieu marécageux. De *Canna*, nymphe changée en roseau par le dieu Pan.

De là *cannabis*, chanvre, petit roseau, canebière ou chènevière.

— Canne, mesure agraire en Provence ; canal, canule, cannelure.

— Canif, qui sert à tailler les roseaux, dont on faisait usage pour écrire ; canon.

— En provençal *canestéou*, panier en canne.

En grec *canéphores*, porteuses de corbeilles.

— Dépôt des cannes. Lycurgue, dans une assemblée tumultueuse, eut l'œil crevé d'un coup de bâton que lui donna un jeune homme nommé Alexandre.

Depuis, les Lacédémoniens ne portèrent plus de bâtons dans leurs assemblées.

— Une ordonnance de police de 1784 défend le port des cannes à dard, sous peine de 300 francs d'amende.

— Au plus fort de la Terreur, la Comédie-Française donna *Paméla ou la Vertu récompensée*, par François de Neufchâteau. Cette pièce fut l'occasion de grands désordres et de rixes entre les modérés et les démagogues. Pour éviter le renouvellement de ces troubles, la police fit imprimer, sur l'affiche du théâtre, conformément aux ordres de la municipalité : « Le public est prévenu qu'on entrera sans cannes, bâtons, épées, et sans aucune espèce d'armes offensives. »

— Le 22 mars 1817, la représentation de *Germanicus*, tragédie d'Arnaud, fut, au Théâtre-Français, le prétexte d'une collision politique et sanglante. Les bonapartistes s'étaient donné rendez-vous pour applaudir ; une cabale royaliste s'était organisée pour siffler. Un sous-officier de la garde tira son sabre au milieu de la foule ; ce fut le signal d'une mêlée effrayante, et un grand nombre de duels furent la suite de cette soirée.

De ce jour date l'interdiction absolue des armes et des cannes dans les parterres des théâtres. (Mémoires de Véron.)

Canon, l'*ultima ratio* des rois (Richelieu), vient du grec *kanôn*, règle, dans le sens de règlement ; de *canna*, roseau, dans le sens d'arme.

Les canons ont été employés, en France, en 1338.

— Canons, objet de toilette, toile tuyautée qui flottait sur les jambes à partir du genou, et dont parle Molière :

> Et de ces grands canons, où, comme en des entraves
> On met tous les matins ses deux jambes esclaves.
> (*École des maris.*)

— Les canons de l'Église. Le mot *kanôn*, règle grammaticale, a été employé par l'école d'Alexandrie pour désigner la *liste* des auteurs dont l'exemple faisait loi, et que nous appelons *classiques*. C'est avec une acception semblable qu'il s'introduisit dans la langue ecclésiastique.

Les Conciles promulguèrent des canons, c'est-à-dire des décrets, des règles à suivre en matière de discipline ou de doctrine.

Le mot *canon*, spécialement appliqué à la Bible, est la liste arrêtée des livres qui la composent et doivent servir de règle souveraine à la croyance des fidèles.

De là est venu *canoniser*, inscrire au catalogue des saints. C'est la déclaration du pape qui commande que ceux qui se sont fait remarquer par leur sainteté, soient insérés dans le canon de la messe.

Les canons de l'Église n'ont, comme on le voit, rien de commun avec les foudres du Vatican, qui ne sont plus aussi terribles qu'autrefois. On pourrait leur appliquer le vers souvent cité :

> Les gens que vous tuez se portent assez bien.

— *Canonique*, régulier, a fait *chanoine* ; en provençal, *canonge*.

Canton, du tudesque *kant*, coin.

En provençal *cantoun* ; d'où *canteou*, chanteau de pain, morceau de pain affectant la forme d'angle ou de jante de roue.

Canton signifie aussi un morceau de territoire : *Los un cantos de la mayso.* (Hist. abr. de la Bible.)

Il a signifié aussi morceau, coin, quartier :

> Qu'al dérier cantel de l'escut
> Li trenquet.
> (Roman de Jaufre.)

(Qu'il lui tranche le dernier quartier de l'écu.)

De *canton*, morceau, est venu *échantillon*.

Cantonade, se dit, au théâtre, pour désigner le fond et les côtés de la scène.

Parler à la cantonade : s'adresser à une personne que l'on suppose dans la coulisse, hors de la vue.

Canuler (terme d'argot), de *canule*.
Comme M. de Pourceaugnac, il n'aime pas à être canulé.

Cap, du latin *caput*, doublet mérid. de chef.
De pied en cap : des pieds à la tête.

Cape, du latin *capere*, contenir. (Bien plus simplement de *cappa*.)
Faire une chose sous cape : se cacher pour faire le mal ; se cacher la tête pour n'être pas reconnu.
— Doublet : *chape*, d'où chapelle, chapelain.

Capharnaüm, lieu où l'on enferme pêle-mêle toute sorte d'objets ; lieu de désordre.
Vient du nom d'une ville de la Galilée, qui signifie en hébreu « village de consolation ». Il s'y faisait un grand commerce. Éloignée, par sa situation géographique, de Jérusalem, la capitale, cette ville était souvent exposée à des troubles, ce qui l'avait fait surnommer par Isaïe « contrée de ténèbres et d'ignorance ».
Cette idée est reproduite par saint Mathieu (IV, 14). On comprend dès lors l'acception moderne de ce mot.

Capillarité, de *capillus*, cheveu.
Propriété des liquides de s'élever au-dessus de leur niveau, dans les tubes de faible diamètre, et quand ils sont mis en contact avec des substances poreuses.

Capital, de *caput*, tête, est à peu près synonyme de principal, mais avec un degré de plus.
On dit : la ville principale d'un pays, la capitale d'un royaume.
— Capital, principal. Argent prêté, rapportant intérêt, que Papias définit : *Pecuniæ caput*, d'où capital et son doublet *cheptel*, qui signifie biens, immeubles, bestiaux... donnant un revenu.
— Capital, synonyme de fortune, a été exprimé par sort : Faire un sort à quelqu'un. (Plutôt situation.)
Le capital est, dans le corps social, l'organe important qui donne le mouvement à toutes les parties...

...L'irritabilité du capital est si grande, que la lésion qu'il éprouve sur un point se communique à tous les autres. (Mollien.)

— La vertu des filles est un capital ; c'est le capital innocence. (Alex. Dumas, 1875.)

Capitan, acteur de la comédie italienne.

Personnage fanfaron, faux brave. Il est d'origine napolitaine, toujours botté, cuirassé, ne parlant que de batailles, et fuyant devant l'ombre du danger ; il descend du *miles gloriosus* de la comédie antique. Son rôle, peu agréable, consiste à recevoir des coups de bâton, supportés très patiemment après beaucoup de bruit.

Le Matamore (Voy.) est le même rôle habillé à l'espagnole.

Le capitaine Fracasso et Scaramouche sont de la même parenté.

Capitole, latin *capitolium*, de *caput*.

On trouva une tête en creusant les fondations du temple de Jupiter. Les devins consultés prédirent que ce lieu serait un jour la capitale de l'Italie.

Le Capitole s'élevait sur le mont Capitolin, qui s'était appelé auparavant mont Saturnin, et mont Tarpéien, par suite de la trahison de Tarpéia.

De cette roche escarpée on précipitait les criminels, tandis que le Capitole était le lieu où les triomphateurs allaient recevoir le prix de leur victoire. Aussi disait-on à Rome, pour indiquer que les grandes prospérités sont souvent suivies de grandes infortunes : « Il n'y a pas loin du Capitole à la Roche Tarpéienne. »

Capitonner (se), s'envelopper la tête, dans Rabelais.

Capot. Être capot : perdre au jeu de piquet sans marquer un point ; être confus.

Une caricature de 1792 représente Louis XVI jouant aux cartes avec le fameux démocrate Hébert, surnommé le père Duchêne. Le roi dit : « J'ai écarté les cœurs ; il a les piques : je suis capot. »

Capoue. Les délices de Capoue.

Tite-Live et Pline dérivent le nom de Capoue de *campus*, plaine. *Capua a campo dicta*, à cause de la fertilité de ses terres, qui fut une source de voluptés et de délices fatales aux troupes d'Annibal.

L'ancienne Capoue n'existe plus.

— Les rois de Perse, pour conserver leur domination dans Babylone, y introduisirent des musiciens, des danseurs, des histrions et des courtisanes. Ils établirent partout des lieux de plaisir et approvisionnèrent les celliers des meilleurs vins. Les Babyloniens, énervés par la mollesse, ne songèrent jamais à se révolter.

Caprice, lubie, toquade, vertigo. Vive et subite affection. Du latin *capra*, chèvre.

Tu es mon caprice, et, puisqu'il faut sauter le pas, que du moins j'y trouve mon plaisir. (Restif de la Bret.)

Capricieux comme une jolie femme.

Capucin, moine portant une robe de bure à capuce ou capuchon. Fait comme *cafard* et *cagot* (?).

> Capucin effronté, dont la triste figure
> Et la barbe crasseuse, et le manteau de bure
> Sont donnés en spectacle à nos regards surpris,
> Quels méchants ou quels sots t'ont lancé dans Paris ?
> Es-tu le précurseur de cette vile espèce
> Qu'avec le fanatisme engendre la paresse ?
> (Viennet, vers 1840.)

Rabelais, dans la description de l'*Ile sonnante* (V, III.), les nomme *capucingaux*, et annonce leur prochaine venue. L'ordre des capucins, établi en 1525, ne tarda pas, en effet, à se propager. Le livre V de Rabelais parut en 1550, ce qui pourrait faire supposer qu'il y avait eu des éditions antérieures à celle que nous possédons (?).

Les capucins se donnèrent l'épithète de « glorieux ».

Après leur année de noviciat, ils se font appeler « frère Ange, frère Archange, frère Séraphin... »

Caque, du hollandais *kaaken*, ouïes, ôter les ouïes, puis mettre en tonneau ; d'où le tonneau même.

Petit baril de la contenance de 1/4 de muid.

La caque sent toujours le hareng...

En provençal on dit : *Lou mortié senté toujours l'ayé*. (Le mortier sent toujours l'ail.)

Manent vestigia ruris. (Horace.)

Caquer, c'est faire une incision à la gorge du poisson, soulever avec les doigts les opercules des ouïes, qu'on saisit des deux côtés et qu'on arrache avec l'estomac et l'intestin : de sorte qu'il ne reste plus dans le corps que les œufs ou la laitance... (Lamiral.)

Caquet, d'où caquetage, onomatopée du bruit que font les poules qui vont pondre.

Caquet-bon-bec, la poule à ma tante : un bavard.

> Caquet-bon-bec alors de jaser au plus dru.
> (La Fontaine, Fabl. XII, 2.)

Car, conj., autrefois, *quar*, de *quare*.

Ce monosyllabe, qui commence d'une manière si étrange le *Moyen de parvenir (ou Salmigondis)*, de Béroalde de Verville, n'est pas répété une seule fois dans tout le cours du livre.

Carabas (le marquis de) est le héros du conte de Perrault, le *Chat botté*. Ce marquis imaginaire possède des propriétés infinies.

Caractère, du grec *karaktêr*, empreinte, marque.

Conservez un caractère égal dans la mauvaise fortune.

> Æquam memento rebus in arduis
> Servare mentem...
> (Horace, *Ode III, liv. II.*)

Un prodigue vendit sa jument et dépensa l'argent. On lui appliqua le vers d'Horace en en modifiant le premier mot, *equam* au lieu de *æquam*.

— Mauvais caractère : grincheux, quinteux.

Il est des gens auxquels un caractère sec et bilieux donne toujours l'air d'avoir mangé une pomme aigre. (Sévigné.)

Diseur de bons mots, mauvais caractère. (Pascal. — La Bruyère.)

Carat, en arabe *qirat* ; grec *keration* (?), la graine du caroubier qui pèse quatre grains, et a été prise comme unité de poids : un peu moins de deux décigrammes.

Galien appelle *keratonia*, le caroubier (du grec *kéras*, corne), parce que la gousse a la forme d'une corne.

— *Carat* est un terme de comparaison pour marquer la pureté de l'or. Ainsi l'or pur est à 24 carats. Un carat de fin est un 24ᵉ degré de pureté pour un morceau d'or... Le carat pèse, en poids décimal, 206 milligrammes.

— Bête à 36 carats, est une locution hyperbolique, qui signifie une bêtise dépassant de beaucoup les limites.

Carbonaro, en italien, charbonnier.

Synonyme de démocrate.

Membre d'une société secrète fondée vers 1800, en Italie, pour le renversement de la Monarchie.

Cardinal, du latin *cardo*, gond, ce sur quoi roule une chose.

Les cardinaux sont les fondements de l'Église. Ils sont divisés en trois ordres : 6 évêques, 50 prêtres, 14 diacres ; en tout 70, qu'on appelle le Sacré-Collège.

La proclamation d'un cardinal s'appelle *préconiser*.

En 1227, sous Grégoire IX, les cardinaux prirent le costume rouge : la *pourpre romaine*. Le chapeau rouge leur a été donné en 1245 par Innocent IV, pour leur rappeler qu'ils doivent être prêts à répandre leur sang pour J.-C. (Trévoux.)

En 1630, Urbain VIII ordonna qu'à l'avenir on donnerait à ces dignitaires le titre d'Éminences (*Eminentissimi*), au lieu de celui de *Illustrissimi* qu'ils portaient avant.

— Qui entre pape au conclave, en sort cardinal.

Carême, jadis *quaresme*, de *quadragésimam*.
On dit aussi la Sainte-Quarantaine :

> *Fait ai longua quarantena*
> *Mas huei mais*
> *Sui al dijous de la Cena.*
>
> (B. DE BORN.)

(J'ai fait longue quarantaine, mais désormais je suis au jeudi de la Cène.)

> La mala quarantena o lo mal an ayatz...
>
> (P. MILES.)

(Puissiez-vous avoir le mauvais carême ou le mal an !)

Una gallina kareimal (*Cartul. de Bruges*) : une poule de carême (maigre).

— La macreuse (*macer anas*), canard maigre, est un gibier d'eau accepté comme aliment maigre par l'Église ; et les gens qui veulent mettre d'accord leur estomac et leur conscience, peuvent, sans rien compromettre, faire figurer sur leur table, les jours d'abstinence, cet aliment qui n'est ni chair ni poisson.

— Le Carême rappelle le jeûne de quarante jours que le Christ observa dans le désert. Il a lieu pendant les six semaines qui précèdent Pâques. Cet usage existe dans presque toutes les religions.

Le Rhamadan est le carême musulman.

Le Carême a été institué par les apôtres, car il n'est question de son institution dans aucun concile, et saint Augustin a dit que tout ce qui se trouve établi dans l'Église avant les Conciles, doit passer pour une institution des apôtres.

— La maigre quarantaine qui commence le mercredi des Cendres, était autrefois bien plus rigoureusement observée qu'aujourd'hui.

Le Carême, dans la primitive Église, n'était pas l'abstinence, mais la famine. On exténuait le corps presque jusqu'à l'apparence de la mort, afin de le préparer à une sorte de résurrection lorsque Pâques arrivait.

Les dévots du XIXe siècle qui suivent les prescriptions du Carême, sont bien loin des premiers chrétiens, qui ne mangeaient que des herbes crues sans aucun assaisonnement, qui ne buvaient que de l'eau croupie, et jamais à leur soif. Saint Siméon Stylite et sainte Marie l'Egyptienne ne mangeaient qu'une fois la semaine, et seulement quelques feuilles de chou.

Il y a loin de là aux austérités mondaines d'aujourd'hui.

— Un capitulaire de Charlemagne ordonne la peine de mort contre ceux qui ont mangé de la chair en Carême.

Sous Louis XIV encore, on était condamné au carcan, à la prison, à l'amende.

Heureusement il est passé, le temps où les délinquants étaient punis de mort !

— En dehors de la question du dogme et de la pratique religieuse, je crois qu'il ne faut pas se livrer à une commisération exagérée pour les austérités et l'abstinence des gens qui se condamnent à manger exclusivement du poisson pendant les jours où l'Eglise défend les aliments gras.

La prescription de se régaler de poisson en Carême, et à certains jours de la semaine, a toujours été une des plus scrupuleusement obéies par les communautés religieuses.

Cette macération rappelle un peu trop celle de ce marin de Marseille, qui, ayant fait vœu de faire le pèlerinage de Notre-Dame-de-la-Garde avec des pois chiches dans ses souliers, les fit cuire d'abord.

Loin d'être une macération, le poisson a été considéré de tout temps comme le mets le plus recherché et le plus délicat. Les Hébreux, dans le désert, le regrettaient plus encore que les oignons : « Il nous souvient des poissons que nous mangions en Egypte... » (*Nombres* XI, 5.)

Pline et Plutarque disent que, de leur temps, le poisson était la nourriture la plus chère, et ceux qui s'en abstenaient par austérité, avaient une réputation de quasi sainteté. Le grand luxe des tables romaines était de servir de beaux poissons et de les montrer vivants aux convives, avant de les faire cuire.

Les Romains faisaient grand cas des murènes, des dorades, des esturgeons, des turbots. Un surmulet (rouget) fut vendu 600 francs de notre monnaie. (Pline.)

Le luxe du poisson et l'entretien des viviers coûtaient si cher, que Martial, dans une épigramme, dit : « Gourmand, tu as vendu un esclave pour faire un bon dîner, dont la pièce principale a été un poisson rouge de quatre livres : ce n'est pas un poisson, c'est un homme que tu as mangé. »

— Au pape, qui lui reprochait de ne pas faire maigre en carême, Erasme répondit : « J'ai l'âme catholique, mais l'estomac luthérien. »

— Le poète Desbarreaux mangeait une omelette au lard un vendredi saint, quand survint un orage avec grands éclats de tonnerre. Il jeta son dîner par la fenêtre en disant : « Voilà bien du bruit pour une omelette ! »

— Un cardinal d'Yorck avait pour père un boucher. Son bouffon lui dit : « Je voudrais que vous fussiez pape, parce que, de même que saint Pierre a établi le Carême pour faire gagner ses parents, qui étaient pêcheurs, vous l'aboliriez pour enrichir les vôtres qui sont bouchers. »

— Un évêque disait au prince de Conti : « Mangez un bœuf, mais soyez honnête homme. »

— Saint Jérôme dit qu'il ne faut pas préférer le jeûne à la charité. C'est un moyen moins sûr d'être agréable à Dieu, de jeûner rigoureusement, que d'empêcher les pauvres de trop jeûner.

— Aujourd'hui, l'orthodoxie se montre moins sévère et fait de grandes concessions. Le Carnaval et le Carême paraissent s'en aller bras dessus, bras dessous ; la Providence, du reste, semble se charger d'imposer elle-même le jeûne à un grand nombre d'humains, par la cherté des subsistances.

— Arriver comme *mars en carême*, ou comme marée en carême. Une chose arrive comme marée en carême quand elle arrive bien à propos, et comme mars en carême quand elle ne manque jamais d'arriver à une certaine époque.

— Avez-vous, dit Epistémon, noté comment ce meschant et malautru fredon nous a allégué mars comme mois de ruffiennerie ? — Oui, répondit Pantagruel, toutes foys, il est toujours en quaresme, lequel ha esté institué pour macérer la chair, mortifier les appétiz sensuels et resserrer les furies vénériennes. (Rabelais, V, 29.)

Carêmentrant, ou Carême-prenant, se dit des trois derniers jours du Carnaval, et spécialement du mardi gras. Il est personnifié par les déguisements avec lesquels on court les rues en faisant mille folies.

Carence, procès-verbal de carence : acte par lequel un officier public, chargé de saisir les valeurs mobilières d'un débiteur, constate l'absence de toute valeur saisissable (de *carentem*, manquant.)

Cariatide, quelquefois *caryatide*, mot grec.

Les Grecs se servaient aussi du mot *atlantes*, pluriel de *atlas*, et les Romains de *telamones*.

Statues employées en architecture en guise de pilastres ou de colonnes, pour soutenir une corniche, une console, un balcon, un entablement.

— La ville de Caryate s'étant alliée aux Perses, fut prise par les Grecs, et les habitants furent réduits en esclavage.

Il ne fut pas permis aux femmes de qualité de quitter les longs habits et les ornements de leur condition, afin de rendre leur servitude plus honteuse.

De là vint l'usage de substituer des statues aux colonnes, ce qui fournit à l'architecture un motif nouveau de décoration.

Vitruve, qui rapporte cette origine, dans son ouvrage sur l'architecture (liv. I, ch. I), et attribue aux Grecs le mérite de cette invention, a omis de rappeler qu'on avait employé, avant cette époque, des statues en guise de colonnes, en Orient et en Egypte.

En effet, les cariatides rappellent les colosses Osiriens de l'Egypte, qui existaient sur des monuments remontant à 2.000 ans avant J.-C.

L'emploi des figures pour soutenir les édifices est antérieur à l'invasion de la Grèce par les Perses, et c'est aux temples de l'Egypte et de l'Inde que les artistes grecs les ont empruntées. (Voy. *Dorique, Ionique.*)

— L'ornement cariatidique ne convient qu'à la tyrannie; l'homme ne doit jamais être avili, même dans les fictions. (Gius. Pecchio.)

Caricature, du latin *carricare*, charger; d'où *charge* et l'italien *carricatura*.

— Ce qui distingue la caricature de Dantan (1866), c'est une précieuse qualité de l'esprit et du cœur, assez rare dans la satire : la bonté. Il n'y a ni méchanceté, ni laideur même dans ces figurines, dont les bosses bienveillantes ressortent et s'exagèrent à plaisir, reléguant dans l'ombre les saillies ou les dépressions mauvaises où percent et se cachent les instincts vicieux. Tous les personnages caricaturés par Dantan sont restés ses amis.

Carillon, du bas-latin *quadrilio*, un quadrillo, parce que le carillon se composait de quatre cloches.

Carmagnole, ville de Piémont, qui fut prise au commencement de la Révolution. Elle a donné son nom à une ronde révolutionnaire et au costume des Jacobins, en 1793.

Carmin, couleur écarlate ; de *kermès,* sorte de cochenille qui donne cette couleur.

De là aussi *cramoisi.*

Carminatif, du latin *carminare,* carder, nettoyer.

Médicament employé contre les gaz intestinaux, les flatuosités, la tympanite.

La mélisse, la sauge, les graines d'anis, le fenouil, la coriandre, sont des carminatifs.

— Scarron (*Don Japhet,* I, 5), fait dire à don Japhet :

> Depuis deux ou trois mois j'ai la tête pesante ;
> Je m'en vais exercer ma vertu caminante
> Dans les lieux d'alentour...

C'est-à-dire je vais cheminer, faire une promenade.

Dans une édition de 1775, on a imprimé par erreur « vertu carminante », ainsi que dans les *chefs-d'œuvre dramatiques* de Didot (1823).

Ch. Nodier, en 1826, a reproduit *volontairement* cette coquille.

Carn, radical de *carnem,* chair, qui se retrouve dans bon nombre de mots : carnage, carnation, carnassier, et, par changement de *c* en *ch,* dans charnel, charnier, acharné.

Carnaval, du latin *carnem,* et de *vale,* adieu, ou de *aval* (*ad vallem*), ou *carnis levamen* (!).

— Le Carnaval, qui dure depuis l'Epiphanie jusqu'au mercredi des Cendres, est une tradition (?) des Cherubs des Egyptiens, qui se célébraient en septembre ; des Bacchanales des Grecs, qui avaient lieu au solstice d'hiver ; des Saturnales des Romains, qui arrivaient en décembre, et pendant lesquelles les esclaves prenaient la place de leurs maîtres et étaient servis par eux. Aux Lupercales, on se couvrait de peaux de bêtes.

— Au Moyen-Age, la fête des fous, celle de la Mère folle de Dijon ; les carnavals de Venise et de Rome ; les mascarades du roi René, ont contribué à maintenir la tradition.

— Le Carnaval israélite coïncide cette année (1872) avec la semaine sainte, 24 au 31 mars. Cette fête se nomme en hébreu *Purim.* Ce jour-là, les enfants se déguisent, et les familles se réunissent dans un bal masqué.

Carogne, carne, sont des termes injurieux dérivés de *carnem,* mauvaise chair abandonnée aux animaux.

Carotte, du latin *carota* ; grec *krokotos*, couleur de safran.

— Tirer une carotte : tromper. Demander, en alléguant des mensonges, un argent qu'on ne rendra pas.

— Carotter : vivre d'escroqueries.

Allons, va au marché, maman, et ne me carotte pas. (Gavarni.)

Les Italiens disent : planter une carotte ; sans doute dans le jardin du voisin.

Dans l'*Enéide travestie* de Lalli (II, sonnet 24), Enée reconnaît, en arrivant chez Didon, qu'il est sur un terrain favorable à la culture des carottes ; il cherche à se rendre intéressant par le récit de ses aventures :

> *Egli, che ben conobbe al primo tratto*
> *Ch'era in un campo da piantar carote...*

Dans la description de l'Enfer, au 6ᵉ chant du *Malmantile*, de Lippi (IV, sonnet 18), se trouve un maquignon auquel, en punition de ses mensonges, on a arraché la langue et les dents, qu'on a remplacées par des carottes, par allusion à celles qu'il a tirées pendant sa vie :

> *Gli hanno a ministerio in qualle stanze vote*
> *Composto denti e lingue di carote...*

— Cette locution a dû nous venir d'Italie, à la suite de nos armées. (Ext. de F. Génin.)

Carpe, en latin *cyprinus*, de *Cypris*, Vénus, à cause de sa fécondité.

Saut de carpe : la carpe est très agile pour sauter des filets où elle est prise.

Carré, du latin *quadratus* ; d'où *équarrir*.

C'est carré comme l'hypoténuse (?).

Carré, carrément. Dire carrément sa pensée.

Faire une chose carrément, est une expression métaphorique, pour faire entendre qu'on y met de la conviction et de l'aplomb.

Tête carrée : homme entêté.

On dit aussi d'un homme qu'il est rond en affaires, par opposition à *pointilleux*.

Carreau, pour *carrel*.

Carreau des halles, jadis *carroi*, place publique ; de *carrus*, char, rue, carrière.

> Quand fut en plein carrol...
> (Marot.)

Provençal *carreiroun*, ruelle.

Carrière, du celtique *care*, pierre, rocher ; ou plutôt de la forme carrée qu'on y donne aux pierres qu'on en extrait.

— Qu'on me ramène aux carrières !

Denys l'Ancien envoya aux carrières Philoxène de Cythère, poète, musicien et gourmand célèbre (380 avant J.-C.), qui avait eu la franchise de trouver ses vers mauvais. Le tyran, espérant l'avoir corrigé, le fit venir quelque temps après, pour lui lire une de ses tragédies ; Philoxène se contenta de dire : « Qu'on me ramène aux carrières ! » Denys, cette fois, lui pardonna.

— *Carrière*, champ de courses fermé par des barrières : de *carrus*, char.

Il excelle à conduire un char dans la carrière.
(*Britannicus*, IV, 4.)

En provençal *carrière*, rue.

Carte, du latin *charta*, plaque mince de matière dure ; d'où aussi *charte*.

On traduit *charta* par *papier*, quoiqu'il n'ait pas eu cette signification, puisque le papier n'était pas connu des anciens.

Pline le Jeune, pour désigner une plaque de plomb, dit : *charta plumbea*.

De même *tôle* vient de *toile*, fer mince comme de la toile. (S'il ne vient pas plutôt de *tabula*, *taoule*, tôle et table.)

— Cartes à jouer. En Provence, les enfants les appellent *caroles*, de Charles VI, pour qui elles furent inventées.

Rabelais appelle un jeu de cartes le « livre des quatre rois ».

— Le jeu de cartes a été composé dans un sens allégorique. Le *roi*, la *dame* et le *valet* représentent le roi, la reine et leur fils.

L'*as*, qui vaut plus que le *roi*, représente l'argent, le nerf de la guerre.

Le *trèfle* indique qu'un général doit camper son armée dans des lieux abondants en fourrages.

Les *piques* et les *carreaux* sont les armes du temps ; les carreaux étaient de lourdes flèches à fer carré.

Le *cœur* indique le courage des troupes.

— Cartes vues, cartes rebattues ; cartes retournées, à redonner.

— Carte à payer : addition (du prix des consommations), le quart d'heure de Rabelais.

— Perdre la carte, ou la boussole : perdre la tête, se déconcerter ;

être désorienté, comme le voyageur qui aurait perdu sa carte routière ou son *guide*.

Cartel, appel, provocation en duel ; de l'italien *cartello* ; diminutif de *carte*

Cartésianisme, système philosophique de Descartes.
Méthode de raisonner procédant, par déductions logiques, du doute à la certitude.

Cas, en latin *casus*, de *cadere*, tomber, arriver.
En provençal *casi* signifie presque. (Vient de *quasi*.)
— Tout mauvais cas est niable. *Mala causa silenda est*. (Ovide.)
— Ne faire aucun cas d'une chose : *Pili non facio*. (Caton.)
Je n'en fais pas plus de cas que d'un cheveu.

Casaque, de *casacca*, venant lui-même de *casa*, maison.
C'est le logement du corps.
De même *chasuble* vient de *casula*, petite maison. Il a pris le sens de *cape*, de *caban*.
— Tourner casaque : changer de parti.
Cette locution vient de l'usage des anciens partis de se distinguer par des vêtements de couleurs différentes, ce qui obligeait les transfuges à changer leur casaque, ou simplement à la retourner, s'ils avaient eu la précaution de la doubler des couleurs du parti ennemi, comme faisait, dit-on, Charles-Emmanuel Ier. Son justaucorps, blanc d'un côté, rouge de l'autre, lui permettait d'endosser à volonté les couleurs de France et celles d'Espagne.

Case, petite maison ; latin *casa*, d'où casanier.

Caserne, vient du même mot (?), ainsi que *casemate* (*casa matta*) maison basse, maison folle.

Casson, nom du sucre fin quand il est en pains informes ou en gros morceaux ; d'où *cassonade*, sucre en poudre grossière.

Castille, du latin *questilla*, pour *questa*, de *queror*, se plaindre, querelle ; ou de *castellum*.
Le soleil levant vit notre castille. (Th. français.)
Autrefois *castille* désignait un combat dans une lice. Dans les tournois, on simulait des châteaux (*castilles*), que l'on attaquait d'une part et qu'on défendait de l'autre. De là, le mot prit le sens de débat, querelle.

Castor, nom populaire du chapeau.

Les chapeaux se faisaient en poil de l'animal ainsi nommé.

— Officier de marine évitant les embarquements : Le castor bâtit à terre.

Castrat, chanteur à voix de contralto ou de soprano, que l'on a mutilé dans son enfance, dans le but de lui conserver le timbre de sa voix, en empêchant la mue que subit cet organe à l'époque de la puberté.

— La *castration* sur l'homme est punie des travaux forcés à perpétuité ; de la mort, si la victime a succombé dans les quatre jours. (Art. 316 du *Code pénal*.)

On la pratique sur certains animaux, surtout pour favoriser l'engraissement. Le taureau coupé devient bœuf ; le bélier, mouton ; le verrat, cochon ; le coq, chapon ; le cheval, hongre.

— *Castrat* vient de *castratus*, de *castus* (?).

Synonyme : Eunuque.

> *Camphora per nares castrat odore mares.*
> (École de Salerne.)

Casuel, du latin *casus*, hasard.

Se dit d'un bénéfice incertain, variable, et spécialement des rétributions éventuelles accordées aux ecclésiastiques pour certaines fonctions de leur ministère.

Casuiste, théologien qui enseigne à résoudre les cas de conscience, c'est-à-dire qui décide si telle action est bonne ou mauvaise, et à quel degré.

Catachrèse, du grec *katachrèsis*, abus.

Trope par lequel un mot, détourné de son sens propre, est pris pour signifier un autre objet qui a quelque analogie avec celui qu'il désignait d'abord. Ainsi on appelle « langue » l'idiome d'un pays, parce que c'est la langue qui sert à articuler les mots.

— Ferrer d'argent un cheval ; aller à cheval sur un bâton.

— On dit une glace pour un miroir ; une feuille de papier, une plume de fer.

Catégorie, nom donné par Aristote et par la Scolastique, au Moyen-Age, aux classifications abstraites dans lesquelles se distribuaient tous les êtres, toutes les idées.

Les catégories d'Aristote sont : l'action, la passion, le lieu, la situation, le temps, la manière d'être.

Catherine (coiffer sainte). Ce mot vient du grec *katharos*, pur, qui garde sa pureté.

Ses diminutifs, *cataut* et *catin*, ont pris un sens injurieux et s'appliquent aux femmes galantes. Ils sont en contradiction avec l'étymologie.

L'expression « coiffer sainte Catherine » vient de la coutume d'orner les saints dans les églises. Le soin de coiffer sainte Catherine, vierge et martyre, patronne des demoiselles, était naturellement confié aux vieilles filles. Aujourd'hui, que les mariages sont difficiles, la sainte ne manque pas de *modistes*.

— Sainte Catherine, qui mourut vierge et martyre, l'an 312 de notre ère, fut condamnée à périr sur une roue hérissée de pointes de fer. C'était une blonde jeune fille, aussi savante qu'Origène.

C'est vers le VIIe siècle que fut trouvé le corps de cette sainte, qui, suivant une légende, fut transportée par les anges sur le mont Sinaï.

Sainte Catherine est la patronne des jeunes filles, grandes et petites, et, le 25 novembre, jour de sa fête, est l'occasion de petits goûters et de réunions intimes. Mais, si la jeune fille touche au moment où, selon l'expression populaire, elle va « coiffer sainte Catherine », son cœur se serre alors à la pensée de rester fille ; et, si sa prière s'adresse à sa patronne, c'est dans la secrète espérance qu'elle lui permettra de ne pas boire le calice jusqu'à la lie.

Pour quelques-unes, c'est l'heure des consolations intimes, propres aux généreuses natures qui se sont sacrifiées à la famille, qui ont voulu être jusqu'à la fin la joie du foyer paternel.

— Synonyme : monter en graine, se dit d'une jeune fille qui vieillit dans le célibat.

Une fille vierge martyre... du célibat.

Vieille fille attachée, comme Andromède, au rocher stérile du célibat, et attendant un Persée libérateur. (Wendel.)

A la sainte Catherine, l'hiver s'achemine ;
A la saint André, il est tout arrivé.
(Prov. provençal.)

A la sainte Catherine, l'or à l'olive.
(Prov. provençal.)

Catholique, du grec *katholikos*, universel.

Catholique à gros grains : mauvais catholique, qui ne dit de son chapelet que les *Pater*, marqués par de gros grains, et passe les *Ave*, marqués par les petits, beaucoup plus nombreux.

Le régicide Ravaillac, dans son procès criminel, se sert de cette locution pour désigner le duc d'Epernon.

— On dit aussi d'un faux dévot qu'il allonge le *Credo* en diminuant le *Confiteor*.

Caton; latin *catus*, sage, avisé.

C'est un Caton : un homme rigide dans sa sagesse.

M. Portius Cato, dit l'Ancien, élu consul, 187 avant J.-C., exerça ses fonctions avec une austérité et une sagesse devenues proverbiales. Caton d'Utique était son arrière-petit-fils.

Plutarque s'indigne du reproche fait à Caton d'avoir exilé sa femme Hortensia pour un motif d'intérêt : « Quel reproche plus absurde, ô grand Hercule, que de t'accuser de lâcheté ! »

Caucasique, se dit de la race humaine à laquelle appartient le type blanc, ou européen. On la croit originaire des montagnes du Caucase, aux environs desquelles se trouvent les Géorgiens et les Circassiens, qui en offrent les spécimens les plus purs.

Cauchemar, autrefois *cauquemar* ; du provençal *cauquier*, presser, piétiner, et d'un mot germanique *mar*, démon nocturne.

On disait jadis *chasse-mares*.

> Elle chassa les loups-garoux
> Et les chasse-mares de nuit.
> (COQUILLARD.)

— Le cauchemar est une oppression pénible que l'on ressent parfois en dormant. Mauvais rêve produit, selon l'ancienne croyance populaire, par un génie malfaisant, un *incube*, qui, pendant le sommeil, venait s'asseoir sur la poitrine et la comprimait de manière à gêner la respiration.

Les Anglais l'appellent *Nigt-mare*, cavale de nuit ; cela fait supposer que l'étymologie de ce mot, qui était féminin dans l'ancienne langue, est *calcans-mare*, cavale foulant.

— Sentant sur lui un fardeau qui l'étouffait, il crut que c'était un cauchemar. (*Don Quichotte*, I, 16.)

— C'est mon cauchemar.

Caudines (Fourches), défilé célèbre de Samnium, ainsi nommé de la vallée de Caudia, située entre Naples et Bénévent, où, en 321 avant J.-C., deux légions romaines, battues par les Samnites, furent obligées de passer sous le joug.

— Passer sous les fourches caudines signifie subir une épreuve humiliante, être obligé à des concessions très pénibles.

Cause et chose sont les doublets provenant du latin *causa*.

En provençal, *causa* signifie l'un et l'autre.

Causer. On ne cause plus dans les salons depuis qu'on a remplacé les *causeuses* par des *ganaches*, les *voltaires* par des *crapauds*, les *bergères* par des *poufs !*

Caution, du latin *cautio*, de *cavere*, prendre garde.

Il est sujet à caution : il faudrait des garanties pour se fier à lui.

Du même mot, ou plutôt de son adjectif *cautus* est venu *cauteleux*, fin, rusé, qui déguise habilement ses intentions.

Ancien français *caut*.

Cavatine, de l'italien *cavare*, sortir. Air que chantait l'acteur sortant de la coulisse pour entrer en scène.

Cédille, espagnol *cedilla*, petit, petit *c*.

Signe inventé par les Espagnols, qui se place sous le *c* devant *a*, *o*, *u*, pour lui donner le son de *s*.

Ou peut-être diminutif de *zéta*.

Autrefois, pour donner au *c* le son doux, on le faisait suivre de *z* : *leczon* pour leçon.

Cèdre. « Depuis le cèdre jusqu'à l'hysope » : du plus grand au plus petit. Cette locution est empruntée à l'Écriture.

Le cèdre est le plus grand arbre de Judée, et l'hysope est une très petite plante aromatique.

A cedro, quæ est in Libano, usque ad hyssopum, quæ egreditur de pariete. (Rois, III, V, 33.)

Ceinture, du latin *cinctura*, de *cingere*, ceindre.

Bonne renommée vaut mieux que ceinture dorée.

Melius est nomen bonum quam divitiæ multæ. (Salomon. Prov. XXII.)

L'honneur vaut mieux que l'argent : *Potior est auro fama.* (Cicéron.)

Dans cette locution, *ceinture* est pris pour richesse, bourse qui contient l'argent, et qui se portait à la ceinture, placée ordinairement sous les vêtements.

De là les expressions détrousser, coupeur de bourse. Il fallait retrousser le vêtement pour prendre la bourse.

Rabelais (I, 25) dit : « Tirant ung mezein de son baudrier... » Le baudrier était une ceinture de cuir doublée d'un autre cuir, qui servait en même temps à contenir l'argent et à supporter l'épée.

Sainte Palaye dit que cette locution vient de la ceinture d'or des chevaliers, qui, dans l'origine, était le prix du courage et de la vertu, et fut souvent accordée plus tard à l'intrigue.

On dit aussi que la reine Blanche, ayant reçu à la messe le baiser de paix, le rendit à une fille de joie, que son costume lui fit prendre pour une femme de condition honorable.

Le roi rendit alors l'ordonnance qui défendait aux courtisanes de porter des robes à queue avec des ceintures dorées.

Céladon, amant tendre et dévoué.

Nom d'un berger du roman de l'*Astrée*, publié en 1610 par H. d'Urfé. Désespéré des froideurs de sa bergère, il se précipite dans les eaux du Lignon, et en est sauvé par trois nymphes, aux charmes desquelles il reste cependant insensible. Il est devenu le type de l'amant sentimental et langoureux, mais dans un sens ridicule.

Jeune homme efféminé, affecté dans sa parure et son langage.

Céladon désigne aussi une couleur bleu-verdâtre.

Célébrité, latin *celeber*, en grec *kleos*. (*Gloria* pour *glosia*, dont on parle, renom...)

— Lorsqu'il sort, la foule se presse de tout côté, comme pour voir M. Célébrité.

— La réputation de Boërhaven était si étendue, qu'un mandarin lui écrivit de la Chine : « A l'illustre Boërhaven, médecin en Europe », et la lettre lui parvint.

— L'homme célèbre ne s'appartient pas... il est montré au doigt, tous les yeux sont fixés sur lui : le pays qu'il habite est une lanterne dont il est la chandelle. (Burlesque.)

— Aujourd'hui le talent court les rues : on marche à travers la foule des célébrités, on coudoie les renommées, on est aveuglé par la gloire.

Il y a des hommes célèbres malheureux : Ch. Colomb ne peut attacher son nom à sa découverte ; Guillotin ne peut détacher le sien de son invention.

Célérité, du latin *celer*.

Les *celeres* étaient 300 cavaliers composant la garde de Romulus. L'un d'eux tua Rémus pendant qu'on bâtissait Rome. Il s'enfuit en Toscane avec une telle rapidité, que les Romains appelèrent *celeres* les gens prompts et légers à la course. (Plutarque.)

Célibat. Scaliger dérive ce mot du grec *koitè*, lit, et *leipô*, quitter ; d'autres de *cœli beatitudo*, bonheur céleste.

Geminius Varus a dit : *Qui non litigat cœlebs est*. C'est le célibataire, qui n'a pas de querelles.

— Les éloges que Tertullien a donnés à la chasteté firent trouver une plus grande perfection dans le célibat.

Saint Paul se bornait à recommander aux évêques de n'avoir qu'une femme : *Oportet episcopum esse unius uxoris virum*. En sa *Première aux Corinthiens* (VII, 9), il donne à tous les chrétiens, même aux prêtres, le conseil de se marier : *Melius est nubere quam uri*.

Rabelais (III, 30) dit : « Mariez-vous, mon ami, car trop meilleur est soy marier que ardre au feu de concupiscence. »

— Le célibat des prêtres est si contraire à l'organisme humain et aux lois de la zoologie, qu'aucune législation ne s'est permis de l'encourager, et que la réforme introduite par Grégoire VII n'a eu pour but qu'un intérêt politique.

Le célibat des prêtres fut approuvé dans le premier Concile de Nicée; et le Concile d'Orange, en 441, ordonna la déposition des prêtres qui ne se conformaient pas à cette disposition.

Cependant le célibat ecclésiastique ne devait être universel qu'après le Concile de Trente.

— Le mont Athos est habité par des moines *caloyers* de différentes nations, suivant la règle de saint Basile, dont le vœu principal est la Charité, et qui ne souffrent sur le *monte sancto* aucune femme, ni aucune femelle des animaux domestiques.

— C'est offenser Dieu que de refaire les hommes sur des patrons de convention. Pour vouloir fabriquer des anges, on risque fort d'estropier les gens, et de ne créer que des monstres, des fous et des malheureux. (Gustave Droz.)

Une robe n'épouse pas une robe; car le prêtre est homme par nature, femme par la robe. Le costume neutralise l'espèce. (Victor Hugo, *Travailleurs*.)

Les célibataires sont ceux qui exercent le moins la vertu du célibat.

Cendre. Le mercredi des Cendres, qui est le premier jour du Carême, le prêtre marque en forme de croix le front des fidèles avec de la cendre, en prononçant les mots : *Memento, homo, quia pulvis es, et in pulverem reverteris*. (Souviens-toi, homme, que tu es poussière et redeviendras poussière.)

Cet usage se pratiquait déjà sous Grégoire le Grand, à la fin du VIe siècle; mais le Concile de Bénévent (1091) l'a rendu général et obligatoire, afin de disposer à l'esprit d'humilité et de pénitence pendant le Carême.

À Rome, le cardinal qui donne les cendres au pape, supprime par respect la formule.

— Les *cendres des grands hommes*. On se sert encore de cette expression pour désigner les restes des grands personnages, par suite de l'usage ancien de brûler les cadavres dans un suaire incombustible d'amiante, et d'en recueillir les cendres dans une urne.

La locution populaire : un homme flambé, a sans doute la même origine.

Quoique nous ne pratiquions plus la crémation ou l'incinération des morts, et que nous les enfouissions dans la terre, nous conservons la locution « les cendres de quelqu'un ». Nous le remplaçons parfois par « les restes mortels », comme s'il y en avait d'immortels !

— Lorsqu'on alla chercher, en 1830, à Sainte-Hélène, les restes de Napoléon, et qu'on eut ouvert le cercueil, on y trouva un corps entier, vêtu d'un habit vert, drapé d'un manteau bleu, et l'on dit qu'on avait reconnu les cendres du grand homme. En 1840, on les déposa aux Invalides.

Cénotaphe; du grec *kénos*, vide, *taphos*, tombeau.

Sépulcre honoraire, puisqu'il ne contient pas le corps de celui en l'honneur de qui il a été fait.

Censeur, du latin *censeo*, estimer, penser.

Celui qui compte.

Magistrat romain qui faisait tous les cinq ans le dénombrement des personnes et des biens, et établissait les taxes et droits à payer; d'où *cens*, recensement.

Il avait aussi pour attribution de réprimer les abus et les crimes.

Censoria nota : flétrissure. (Quintilien.)

— Autrefois les auteurs ajoutaient à leur signature le mot *recensui*, pour exprimer qu'ils avaient relu et corrigé leur ouvrage.

Dans Rabelais (I, 19), Janotus termine sa harangue à Gargantua par les mots : *Valete et plaudite; Calepinus recensui*, aussi plaisants que le discours lui-même.

Cent, en latin *centum*; en grec *kentein*, piquer, parce que chaque centaine se marquait d'un point.

— Monnaie de cuivre des États-Unis, valeur 5 centimes.

— *Cent* prend un *s*, s'il est précédé d'un adjectif numéral qui le multiplie, sans être suivi d'un autre : quatre cents hommes; mais quatre cent trente.

Centaurée, plante médicinale, fébrifuge. Elle porte le nom du centaure Chiron, qui ayant été blessé au pied par une flèche empoisonnée du sang de l'hydre de Lerne, ne put guérir qu'en appliquant cette plante sur sa plaie.

Centaure vient du grec *kentein*, piquer, *tauros*, taureau.

On acquiert l'habileté comme cavalier en combattant les taureaux. Tels les picadores.

Centime, pour centésime ou centième, de *centesimus*.

Centon, du latin *cento*, couverture faite de plusieurs morceaux.
Centons, vers composés de fragments de vers empruntés, rac. *kent*, piquer.

Les soldats romains se servaient de centons en guise de plastrons.

Cependant, pendant ce (temps), proposition absolue.

    Ce temps pendant, l'amour fait ses exploits
    De faire entrée en la ville de Blois.
                  (C. Marot.)

    Jeanne, ce temps pendant, me faisait un sermon...
                  (Régnier, xi.)

Le bruit, ce temps pendant... (Despériers, *Andrienne*, prol.)

Céramique, du grec *kéramos*, terre plastique, vase de terre.
Art de fabriquer et de cuire toute sorte d'objets en terre, faïence, porcelaine.

Cerbère, chien à trois têtes, qui gardait l'entrée des Enfers, et menaçait de sa triple gueule ceux qui voulaient passer.
Un cerbère: un gardien sévère.

Cercle, du latin *circulus*, dim. de *circus*, tour, rond.
Le cercle est le symbole de l'égalité et de l'éternité.
— Les Grecs écrivaient le nom des sept sages sur un cercle; les Romains faisaient de même pour leurs esclaves, afin de ne pas connaître ceux qu'ils aimaient le plus et qu'ils voulaient affranchir.
L'institution des chevaliers de la Table Ronde, était fondée sur le même principe.
— Le *cercle de Popilius*. Popilius-Lenas ayant porté des dépêches du Sénat à Antiochus le Grand, pour lui ordonner de faire partir d'Egypte son armée, le prince répondit qu'il verrait. Popilius traça autour de lui un cercle avec sa baguette et lui ordonna de répondre avant d'en sortir. Antiochus, intimidé, répondit qu'il obéirait au Sénat.
— La *quadrature du cercle* est une utopie mathématique, qui

consiste à construire un carré dont la surface soit égale à celle d'un cercle donné.

Charles-Quint promit 100.000 écus pour la solution de ce problème.

Cérémonie, de *cereris munia*, présents à Cérès, qui étaient offerts à cette déesse en grande solennité, tous les cinq ans à Éleusis, ville d'Attique. C'est ce qu'on appelait les Mystères d'Éleusis, les plus célèbres et les plus vénérés de toutes les fêtes grecques.

— Peut-être vient-il de *cerei munia*, don de cierges pour la célébration du culte (?); ou de *Cære*, où furent transportés les objets du culte lors de l'invasion de Rome par les Gaulois.

« — Venez dîner demain avec moi sans cérémonie, disait à X... un de ses amis. — J'aime mieux n'y aller qu'après-demain et que vous fassiez un peu de cérémonie. »

Sans cérémonie signifie donc sans étiquette, *à la papa*, bourgeoisement.

Cerises-Montmorency, ainsi appelées parce qu'on les cultive avec succès dans cette localité.

On dit de même familièrement : Montreuil, pour pêche ; Fontainebleau, pour raisin ; Valence, pour orange.

Cern, radical de *cerno*, voir : d'où discerner, concerner, secret, discret.

Cerne, de *cerner*, entourer ; du latin *circinus*, compas.

Rond livide qui se remarque autour des yeux ou autour de certaines plaies : yeux cernés.

On dit : il y a une cerne autour de la lune.

Cerner une place, l'ennemi.

Cerneaux, noix fraîches auxquelles on fait une cerne, une incision circulaire, pour tirer le fruit de la coque verte.

Certain, de *certus* ; provençal *certan* (suppose *certanus*).

Synonyme : sûr.

Certain se dit des choses ; *sûr*, des personnes (?).

Cette nouvelle est certaine, elle me vient de source sûre.

Cet historien est sûr de ce qu'il dit, il ne raconte rien dont il ne soit certain.

Solum ut certum sit nihil esse certi. (Si bien qu'il n'y a qu'une chose certaine, c'est qu'il n'y a rien de certain.)

Cerveau ; cerveau creux, fêlé, timbré.

Tête sans cervelle : fou.

Je me brûlerais la cervelle... si j'en avais.

César, titre que portaient les empereurs et les princes romains, quoique étrangers, depuis Néron, à la famille des Césars.

Le nom de César devint commun à Jules et aux onze princes qui héritèrent de sa puissance, et dont Suétone a écrit la vie.

— César (Caïus-Julius) le Grand, descendait d'un membre de la famille Julia, et reçut le surnom de César soit à cause de sa longue chevelure (*cæsaries*); soit parce qu'il avait tué un éléphant, appelé *césar* en langue punique; soit enfin parce qu'il avait été tiré du sein de sa mère par l'opération appelée césarienne (*cæso matris utero*).

— On a trouvé dans *César* l'anagramme de *Sacré*.

— Rendez à César ce qui appartient à César (Mathieu, XXII, 21): il faut rendre à chacun ce qui lui revient.

Réponse de J.-C. aux Hérodiens, qui lui demandaient s'il fallait payer le tribut aux Romains.

Le P. Bouhours dit que cette locution est vicieuse, parce que César n'était pas le nom propre des successeurs de Jules, mais un terme appellatif; et qu'il faut dire « au César », car il s'agit de Tibère qui régnait quand J.-C. prononça ces paroles.

Ménage est de l'avis contraire, parce que Tibère ayant été adopté par Auguste, s'appelle César par le fait de son adoption, et il soutient que ce passage de l'Évangile est bien traduit.

(Voy. Bouhours, *Remarq. nouv.* t. I.)

— *César*, qui a aujourd'hui un sens général, et qui est devenu, dans le fait, un nom commun, était chez les Romains un nom propre. Après la mort de Néron, dernier représentant de la famille des Jules, il fut pris comme titre par Galba, pour ne rien changer aux usages adoptés.

— Le nom de *César* a été donné à un grand nombre de villes et de localités:

Césarée, ville d'Asie, et aussi ville d'Afrique. (Cherchell.)

Céreste (Basses-Alpes).

Ceyreste (Bouches-du-Rhône): *Cæsaris statio.*

Tours s'appelait *Cæsarodunum*, mont de César.

Saragosse (*Cæsarea Augusta*).

Ch. Nombre de mots français ont remplacé le c dur par le son chuintant; c'est l'ordinaire dans le français propre, ou dialecte de l'Île de France, quand le c est suivi d'un a dans le mot latin.

Tels sont: château, chair, chaise, chant, cheval, chèvre, dérivés de *castellum, carnem, cathedram, cantum, caballum, capram.*

Chacun, pronom indéfini, distributif, sans pluriel, de *quisque unus*; d'abord *chascun*.

En provençal *cadun*.

Se joint quelquefois à un : un chacun, chacun avec sa chacune.

> *Et accumbit cum parte quisque sua.*
> (Ovide, *Fastes*.)

Pensant qu'il fallait à ung chascun faire droit. (Rabelais.)

> Hautement de chacun elle blâme la vie.
> (*Tartuffe*, I, 1.)

Chafouin, de *chat-fouin*.

Se dit d'une personne dont le caractère paraît tenir de celui de ces deux animaux.

Il a un petit air chafouin très déplaisant.

Chagrin. Peau rude et grenue, employée pour user, polir.

Est devenu par métaphore l'expression d'une peine qui ronge. (Littré.)

On a dit *réchin* et *aigrin*, parce que le chagrin aigrit le caractère.

On dit aussi familièrement *chiffonner*.

On a dit aussi *déchagriner*, pour consoler.

Chagrin d'autrui ne touche qu'à demi. (Prov. russe.)

La rouille ronge le fer, le chagrin ronge le cœur. (Prov. russe.)

> *Post equitem sedet atra cura.*
> (Horace, Carm. III, 1, 40.)

> Le chagrin monte en croupe et galope avec lui.
> (Boileau.)

Cent ans de chagrin ne paient pas un sou de dettes.

Non est auxilium flere. (Ovide.) Pleurer ne sert de rien.

Chaillot. A Chaillot, les gêneurs ! Expression triviale du slang parisien : vous m'ennuyez ! laissez-moi tranquille ! allez vous promener !

Cette locution, toute parisienne, sort du même moule qu'une foule d'autres, telles que : Et ta sœur ? Ohé Lambert ! etc.

Chair, du latin *caro, carnem*.

On a dit *carn, charn, char*.

Les chars salées. (Joinville.)

Avoir la chair de poule, d'où l'expression *peau ansérine* (?), qui est couverte d'aspérités comme celle d'une oie plumée.

— Les œuvres de la chair (saint Paul, *Galates*, V) sont : la concupiscence, la débauche, les impudicités, les querelles, etc.

L'esprit est prompt, mais la chair est faible. (Math. XXVI, 41. — Marc, XIV, 38.)

L'âme et le corps souvent discors.

La chair est un cheval fougueux, qu'il faut dompter par le travail et l'abstinence. (Saint-Evremond.)

Chaire et chaise. On a dit autrefois chaire (de *cathedra*), qui est resté dans chaire à prêcher, à enseigner.

Apportez-moi à ce bout de table une chaire. (Rabelais.)

— L'influence parisienne au XVIe siècle a amené parfois le changement en *s* dans tous les sens.

> Les savants ne sont bons que pour prêcher en chaise.
> (Marius.)

— Chaire ou chaise à madame. Les porteurs croisent leurs mains et serrent chacun de la main droite le poignet gauche de l'autre porteur, de sorte que les dos de leurs quatre mains forment un siège fort commode. La dame consolide sa position en passant ses bras autour du cou des porteurs.

— Les Précieuses appelaient les porteurs : mulets baptisés.

— Chaise percée : les œuvres de Cujas.

Pour les Précieuses, c'était la soucoupe inférieure.

Chaland, du grec *kalein*, appeler (?); vieux français *calant*, *chalandre*; bas latin *chelandium*, bateau plat.

— On appelait *chalands*, au XVIIIe siècle, les petits bateaux qui naviguaient sur la Seine. Les Parisiens nommaient *pain chaland* celui qui était apporté par ces bateaux ; ceux qui en achetaient étaient, par métonymie, des *chalands*.

D'où boutique achalandée, qui a beaucoup d'acheteurs.

Chaleur, du latin *calorem*.

Tous les phénomènes de mouvement et de vie qui se produisent sur le globe sont dûs à la chaleur solaire. Elle produit les vents. Elle pompe l'eau des mers, l'élève à l'état de vapeur dans l'atmosphère, où les vents la charrient dans diverses régions. Elle se condense pour retomber en pluie ou en neige, forme les glaciers qui donnent naissance aux rivières et aux fleuves.

— C'est aux dépens de la chaleur solaire que se produit toute la vie végétale, qui l'emmagasine et la rend, soit comme combustible, soit comme aliment ; et, comme la nutrition provient d'aliments végétaux, c'est en résultat la chaleur solaire qui entretient la vie animale.

— Il fait si chaud dans ce pays, que les poules pondent des œufs durs. (Burlesque.)

Chaloir, de *calere*, se soucier de, avoir intérêt.

Ne s'emploie qu'impersonnellement.

Est resté dans *nonchalant*, *nonchalance*.

Comparez l'expression : cela ne me fait ni froid ni chaud.

Chamailler, frapper avec une arme offensive sur le camail, armure de fer qui recouvrait la tête et le cou, et appelée aussi *haubert*.

Au figuré : se disputer.

...Combattant au milieu de plusieurs Macédoniens qui le chamaillaient de toute part. (Montaigne, I, 1.)

Moi, chamailler, bon Dieu !
Suis-je un Roland, mon maître ?
(Molière, *Dépit amoureux*, V, 1.)

Chameau, du latin *camelus* ; grec *kamêlos*.

Le chameau est un animal doué de rares qualités : il est sobre, doux, laborieux ; aussi quand on donne son nom à certaines gens, c'est à lui qu'on fait injure.

— On appelle, dans le langage populaire « biche d'Alger », ou « chameau », une fille de mauvaise vie.

Ce nom est donné par antiphrase, sans doute, car les femmes de cette espèce sont loin de posséder les qualités que nous avons reconnues à l'animal.

L'*Encyclopediana* fait remonter cette locution à la campagne d'Égypte, où les soldats avaient remarqué la docilité avec laquelle le chameau se couchait pour recevoir son fardeau.

Depuis l'occupation de l'Algérie, on a employé *biche*, pour biche d'Alger, synonyme poli de chameau.

— Il est plus aisé qu'un chameau passe par le trou d'une aiguille, qu'un riche entre dans le royaume des cieux. (Saint Math., XIX, 24. Trad. Le Maistre de Sacy.)

Cette figure bizarre et qui paraît absurde, à juste titre, est due à une mauvaise lecture faite par celui qui a traduit du grec en latin. Il prit pour *kamilos*, câble, *kamêlos*, chameau ; de là tout le mal.

Champ, en latin *campus*.

Avoir la clef des champs ; donner campo : le congé qu'on donne aux écoliers.

Champenois. « Quatre-vingt-dix-neuf moutons et un Champenois font cent bêtes. »

Vervecum in patria, crassoque sub aëre nasci.
(Juvénal, X, 50.)

(Naître dans une atmosphère épaisse et dans la patrie des moutons.)

L'expression *vervecum patria* était proverbiale chez les anciens.
— Les Béotiens en Grèce, et les Campaniens en Italie, passaient pour les plus sots.

Les Champenois (*Campani*, dans les Chartes du Moyen-Age), ont sans doute hérité du renom de leurs homonymes de l'antiquité.

Champi, nom des enfants trouvés, dans le Berri ; vient de *campis*.

Rabelais (III, 14) se sert du mot avec cette signification.

Le mot est dérivé comme champignon (italien *campignuolo*).

C'est dans ce sens peut-être qu'on dit aux enfants, pour répondre à leurs questions naïves et indiscrètes, qu'on les a trouvés sous un chou.

Championnet, général de la République, reçut ce nom à cause de son origine.

Le maréchal de Montluc, fils naturel d'un évêque de Valence, se nommait M. de Champis, quand il n'était que capitaine. Henri IV, en 1594, le nomma maréchal, et lui fit épouser la sœur de Gabrielle.

Chance, du latin barbare *cadentia*, de *cadere*, tomber.

Points heureux qui arrivent au jeu de dés. Hasard.

Avoir bonne chance, de la chance.

Les Grecs disaient d'un homme heureux : « Il naviguerait sur une claie. »

Il n'est chance qui ne tourne.

Chance, dans le sens actuel, est un pseudonyme dédaigneux dont on affuble le succès dû au mérite.

En réalité, la chance s'appelle travail, courage, talent.

Chandeleur. Fête de l'Eglise, célébrée le 2 février, en mémoire de la Purification de la Vierge et de la Présentation de J.-C. au Temple.

Ce nom vient des chandelles de cire, ou cierges, qu'on allumait aux processions faites ce jour-là, pour marquer que le feu purifie tout, et que J.-C. est la lumière du monde.

On attribuait encore à ces lumières la vertu de conjurer les tempêtes et les démons.

Cette fête a été instituée par Gélase, à l'imitation des Lupercales des païens, qui se célébraient en février, dans les champs, et pendant lesquelles on se couvrait de peaux de bêtes.

On lit dans un sermon d'Innocent III que la purification fut substituée aux fêtes de Cérès, où l'on faisait de grandes illuminations, et où les femmes portaient des flambeaux.

— A la Chandeleur, l'hiver passe ou prend rigueur.

— A la Chandeleur les grandes douleurs (ou les grandes rigueurs), parce qu'il fait souvent très froid à cette époque. Ce proverbe est plus pour la rime que pour la raison.

— Février court est le pire de tous.

M. Babinet (*Débats* du 30 octobre 1856), dit qu'on a observé qu'au commencement de février et vers le 5 mai, il y a pendant quelques jours un abaissement subit de la température, qu'on attribue à des nuées qui cachent alors le soleil.

Chandelle, du latin *candela*, de *candere*, être blanc, briller.

Chandelle de suif (inventée en 1830) : Bougie de Poissy, c'est-à-dire faite avec la graisse des bœufs dont le marché se tenait à Poissy.

A chaque saint sa chandelle.

Il n'y a si petit saint qui ne veuille sa chandelle.

Donner une chandelle à Dieu, et l'autre au diable.

Il doit une belle chandelle à son patron.

Le jeu n'en vaut pas la chandelle : il y a plus de peine que de profit.

— On dit des gens qui passent leur vie à des occupations futiles, qu'ils dépensent une chandelle d'un sou pour gagner deux liards.

> Et le jeu, comme on dit, n'en vaut pas la chandelle...
> (CORNEILLE.)

Si les astres qui peuplent le firmament n'étaient destinés qu'à nous égayer la vue, le jeu n'en vaudrait pas la chandelle.

— Voir trente-six chandelles. Lorsqu'on excite les nerfs spéciaux qui desservent chaque sens, on éprouve la sensation propre à chacun d'eux ; de sorte que l'éclair qui apparaît lorsqu'on comprime fortement l'œil dans l'obscurité, n'est qu'une sensation, et ne donne lieu en réalité à aucune production de lumière ; de même, lorsque les oreilles tintent, on croit percevoir un bruit, qui ne se produit pas.

Le physiologiste Müller raconte qu'un homme attaqué la nuit par des voleurs, prétendait en avoir reconnu un, grâce à la vive lumière produite par un coup qu'il avait reçu sur l'œil. Le fait, soumis à l'appréciation de la médecine légale, fut jugé impossible.

Change (prendre le) : se tromper.

Locution empruntée à la vénerie, où l'on dit qu'une meute prend le change, quand elle quitte la trace du gibier pour courir après une autre bête qui se présente sur la voie.

— Donner le change : tromper, empêcher.

> A cet amour naissant il faut donner le change.
> (Molière, Étourdi.)

— Changer son cheval borgne pour un aveugle : tomber de mal en pis.

Les anciens avaient le proverbe : *Camerinam ne moveris.* (Ne change point la Camérine.)

— Plus ça change, plus c'est la même chose. (Gavarni.)

Les Italiens disent : *Chi sta bene, non si muove.* (Qui est bien ne remue.)

— Changer d'une chose comme de chemise : souvent.

> Ah ! que j'ai de dépit que la loi n'autorise
> A changer de mari comme on fait de chemise !
> (Molière, Cocu imaginaire.)

— L'homme absurde est celui qui ne change jamais. (Barthélemy.)

> *Versipellem frugi convenit esse hominem pectus cui sapit.*
> (Plaute, Bacch., IV, 10.)

(Il convient que l'homme sage et avisé change quelquefois de peau. — *Versipellis* signifie loup-garou.)

— Laurier, député du Var, radical intransigeant avant l'élection, s'est rallié au gouvernement de combat (Broglie-Buffet, 1875). On l'a appelé l'aiguilleur du chemin de Damas.

> Le temps, qui change tout, change aussi nos humeurs :
> Chaque âge a ses plaisirs, son esprit et ses mœurs.
> (Boileau.)

> La constance n'est point la vertu d'un mortel
> Et, pour être constant, il faut être éternel.

Il y a des gens dont le caractère inégal n'est pas amusant, et qui sont doués d'une amabilité intermittente.

> *Quantum mutatus ab illo !*
> (Virgile, Énéide, II.)

(Comme il est changé !)

Chanoine, en provençal *canonge*, de *canonicum*; du grec *kanôn*, règle. Qui possède la science du droit ecclésiastique.

Vivre comme un chanoine : se prélasser dans l'abondance et l'oisiveté.

> Je n'aurai qu'à chanter, rire, boire d'autant,
> Et, comme un gros chanoine, à mon aise et content,
> Passer tranquillement sans souci, sans affaire,
> La nuit à bien dormir, et le jour sans rien faire.
> (Boileau, Satire II.)

> Les chanoines vermeils et brillants de santé,
> S'engraissent d'une longue et sainte oisiveté.
> (Boileau, Lutrin.)

Chanson, jadis *cançon* ; latin *cantio*, cantique, de *cantus*.

Le radical est resté *cant* dans les langues méridionales ; d'où cantate, cantatrice, cantilène.

> Nonque cançon no fis jour de ma vie
> So Sire Amors no m'enseigne avant.
> (Gasses, poète du temps de Saint-Louis.)

— Béranger a été l'Anacréon moderne. Comme poète national, sa gloire est plus grande que comme poète érotique ou voltairien.

Avant Béranger, la chanson française n'avait d'autre prétention que d'égayer au dessert (?). Il en a élevé le ton, et l'a rendue l'interprète des idées et des sentiments humains les plus nobles.

— C'est toujours la même chanson... la même rengaine.

> *Cantilenam hanc mihi semper insusurris.*
> (Cicéron.)

> C'est toujours le refrain qu'ils font à leur ballade.
> (Régnier, Satire II.)

C'est la chanson du ricochet. (Rabelais, III, 10.)

— On dit aussi d'une chose répétée trop souvent : c'est une vieille romance.

Appuyer sur la chanterelle : insister avec importunité. (Voy. *Litanies, rabâcher,* etc.)

— Payer en chansons, ...en monnaie de singe.

Un tailleur mélomane, à qui Farinelli devait une forte somme, lui en donna quittance, après que le célèbre virtuose eut consenti à lui chanter un air.

Chant (le) du Cygne : les derniers vers d'un poète.

On parle souvent du chant de la cigale, du grillon. Rien de plus inexact. Ces insectes ne chantent nullement ; mais on pourrait dire qu'ils jouent du violon. C'est en frottant leurs ailes et leurs pattes qu'ils produisent les sons qui ressemblent à un chant.

Chantage. Extorsion d'argent sous menace de révélations scandaleuses.

Le chantage, c'est : la bourse ou l'honneur. (Balzac.)

Action vile qui consiste à surprendre les secrets d'une personne, d'une famille, pour en tirer profit.

— Chanter, c'est être victime du chantage.

— Faire chanter, c'est rendre quelqu'un victime.

Faire chanter, dit Roqueplan (1841), signifie obtenir de l'argent de quelqu'un en lui faisant peur, par la menace de publier des choses qui pourraient nuire à sa considération, ou qu'il a, pour d'autres raisons, grand intérêt à tenir ignorées.

— La pince à effraction des voleurs est appelée « Monseigneur », devant lequel toutes les portes s'ouvrent ; et « rossignol », qui fait chanter les coffres-forts.

L'Académie a refusé d'accueillir ce mot, qui est des plus usités de l'époque.

— *Chanter*, se trouve déjà chez Furetière avec cette acception : « On dit d'un homme à qui on veut faire faire quelque chose par force, qu'on le fera chanter, qu'on l'obligera à payer. »

Génin fait venir cette locution de l'usage ancien de chanter à table, au dessert. Si l'un des convives voulait s'en dispenser, on n'admettait aucune excuse. Il finissait bon gré, mal gré, par chanter.

Chanteau de pain ; du latin *canthus*, jante de roue ; reste d'un objet arrondi, qui a été entamé ; pain rond entamé.

Il nous donnèrent de leurs chanteaux, et busmes à leurs barrils à bonne chère. (Rabelais, V, 31.)

Chantepleure, arrosoir, entonnoir percé de trous pour arroser ; qui chante et pleure en même temps, à cause du bruit que fait l'eau en s'écoulant. Voici ce qu'en dit Cailly :

> Depuis deux jours on m'entretient
> Pour savoir d'où vient chante-pleure :
> Du chagrin que j'en ai, je meure !
> Si je savais d'où ce mot vient,
> Je l'y renverrais tout à l'heure.

Une fontaine d'Italie s'appelle *aqua che favolla*.

Il y a à Paris la rue du Puits-qui-Parle.

Chanter... comme un rossignol, comme une sirène, ... comme une seringue (voy.) ; la palinodie (voy.)

Chanter faux la chanson de la vie : gaspiller sa vie.

Chanter femme sensible. (Voy.)

— La poule ne doit pas chanter devant le coq. (Molière, *Femmes savantes*.)

Molière rajeunit ici le proverbe qui se trouve dans Jean de Meung :

> C'est chose qui moult déplait,
> Quand poule parle et coq se tait.
> (*Roman de la Rose.*)

— Pour chanter un Achille, il faut être un Homère.
> Pour chanter un Auguste, il faut être un Virgile.
> (Boileau.)

C'est une imitation du vers de Virgile :

> Si canimus silvas, silvæ sint consule dignæ.

— Heureux Achille, disait Alexandre, d'avoir eu Homère pour chanter ses exploits !

Chanteur, latin *cantorem* ; féminin *cantatrice*, latin *cantatricem*.

Un 1er ténor de grand opéra, aux appointements de 100.000 francs, jouant 7 fois par mois, soit 84 par an, touche un peu plus de 11.000 francs par soirée. En supposant un rôle de 11.000 notes ou syllabes, ce sera 1 franc par syllabe.

Mme Malibran recevait à Londres, au théâtre Drury-Lane, pour chaque représentation, 150 livres sterling, 3.500 francs.

La Grisi a reçu, à New-York, pour une soirée, 400 livres, ou 10.000 francs. Elle a recueilli, à Londres, pour une seule représentation, 60.000 francs.

Adelina Patti (1867) ne joue pas à moins de 3.000 francs par soirée.

Paganini donnait des leçons de violon au prix de 2.000 francs le cachet.

On a offert à Rossini, en Italie, un million pour six mois, s'il voulait remplir lui-même le rôle de Figaro, du *Barbier*.

— Chanteurs sopranistes. (Voy. *castrats*, *virtuoses*.)

Cf. Scudo (*Revue des Deux-Mondes*).

En février 1861, est mort un chanteur italien, qui a joui pendant plus d'un demi-siècle d'une grande célébrité ; c'est Veluti, le dernier sopraniste remarquable qu'on ait entendu au théâtre. Il était né à Monterone, dans les Marches d'Ancône, en 1781. Après avoir brillé par son talent en Italie, il se rendit à Londres et y resta plusieurs années.

Caffarelli, autre chanteur sopraniste, eut à Rome un succès

inouï. On se le disputait, on se l'arrachait, on l'enlevait mystérieusement, sans consulter son goût, et il courut souvent des dangers causés par la jalousie de certains maris maussades. Enfin, le charmant *canarino* quitta Rome vers 1730, et alla porter ailleurs son ramage et ses séductions innocentes.

En France, sa latuité fut curieuse. On ne pouvait s'empêcher de rire du contraste de ses prétentions avec son état... qui pourtant n'était pas dédaigné par toutes les femmes.

Caffarelli avait fait mettre sur la façade de la maison qu'il avait bâtie à Naples, cette audacieuse inscription : « Amphion a construit Thèbes avec sa lyre, et moi cette maison. » (*Amphion Thebas, ego domum.*) Un plaisant ajouta : « *Ille cum, tu sine.* »

Farinelli et Caffarelli ont été les deux chanteurs les plus étonnants du XVIIIe siècle. Leur talent résume tout ce qu'il y a de plus merveilleux dans l'existence de ces curieux phénomènes.

— Les chanteurs castrats, connus dans l'antiquité, se montrèrent en Italie à la fin du XIIe siècle.

Le premier castrat qu'on ait entendu, dans la chapelle du pape, en 1601, s'appelait Rossi.

Cinquante ans après, les castrats jouaient sur tous les théâtres de l'Italie. Ils venaient presque tous du royaume de Naples, et surtout de la petite ville de Lecce, dans la Pouille.

La mutilation ramenait leur organe vocal à l'échelle musicale de la femme, et donnait des voix de soprano et de contralto.

L'opération se faisait vers l'âge de 10 à 12 ans, et lorsque la voix obtenue par ce sacrifice monstrueux était d'un beau timbre, l'enfant était placé sous un maître qui lui enseignait son art pendant huit ou dix ans.

Après ses débuts, et lorsqu'il était devenu célèbre en Italie, il était recherché dans toutes les cours de l'Europe, comblé de faveurs et de richesses par les femmes et les souverains. On en vit même devenir les premiers personnages de l'État, comme Farinelli, qui eut pendant un quart de siècle l'influence d'un premier ministre, en Espagne, à la cour des rois Philippe V et Ferdinand VI.

L'engouement du public pour ces pauvres victimes maladives de la sensualité musicale, leur avait composé un caractère étrange, d'humeur fantasque, de vanité puérile et d'insolence, qui se traduisait en despotisme envers les directeurs et les compositeurs, qui devaient se soumettre à tous leurs caprices.

Leurs voix étaient très étendues, éclatantes, flexibles. Doués d'une belle figure, d'une méthode savante acquise par de longues études, ils parvenaient à exprimer toutes les nuances de la passion et à émouvoir le public le plus grave.

L'action exercée par les castrats sur l'art du chant au xviiie siècle, est considérable ; elle a entraîné le mouvement musical de cette époque et l'a fait arriver rapidement, en Italie, à la plus haute perfection.

Les sopranistes italiens ont apparu dans l'opéra au milieu du xviiie siècle.

On ne sait trop à quelle époque remonte l'usage monstrueux de cette mutilation ; mais tout porte à croire que c'est à l'Église que revient l'invention de ce sacrilège. Les femmes n'étaient pas admises à chanter dans la chapelle papale ; les enfants ne pouvaient conserver le diapason qui leur est propre, que jusqu'à l'époque de la puberté ; on dut concevoir le projet de fixer cette voix juvénile. Ce qu'il y a de certain, c'est que les castrats ont été admis de très bonne heure, à la chapelle Sixtine, et que, depuis la fin du xvie siècle jusqu'à nos jours, ils n'ont cessé d'y chanter les louanges de Dieu.

— A la naissance de l'opéra, les sopranistes se jetèrent avec empressement dans la carrière dramatique ; dès le commencement du xviiie siècle, ils sont les maîtres de l'opéra italien.

Tous les grands compositeurs : Scarlati, Pergolèse, Hœndel, Glück, ont écrit pour les sopranistes.

— Les castrats se distinguent en deux classes : ceux qui ont possédé une voix élevée, dite voix de soprano, et les contraltistes, dont le diapason correspondait à la partie inférieure de la voix de la femme.

Lorsque la voix d'un enfant donnait des espérances, on se décidait à lui faire subir la cruelle mutilation, mais il arrivait que la victime succombait, ou que la voix de l'enfant changeait de caractère et perdait son charme.

— On assure que Farinelli, qui fut élevé par Porpora, fut contraint par son maître à étudier, pendant des années, une page de vocalisation, sans qu'il lui fût permis de chanter autre chose. L'élève, qui s'ennuyait de cet exercice, demanda quand il pourrait en changer : « Dans deux ans », aurait répondu Porpora. Ce temps prescrit étant écoulé : « Va, dit Porpora à Farinelli, tu peux chanter maintenant tout ce que tu voudras, tu es le premier virtuose de l'Italie. »

— Les convenances firent peu à peu disparaître les castrats de la scène. Les deux derniers qui ont été entendus en Europe, furent Crescentini et Veluti, qui chantait encore à Londres en 1826.

Rossini les remplaça par des contraltos féminins, et il se forma bientôt toute une famille de chanteuses incomparables, qui firent oublier les castrats. La Gaffonini, la Marcolini, la Mariani, Mmes Pisardini, Parta, Malibran, Alboni, furent les principaux contraltos qui exercèrent sur le talent de Rossini une influence remarquable. (V. Scudo.)

— Le Seigneur a dit : « Laissez venir à moi les petits enfants. » Mais ce n'était pas pour les dresser par des procédés barbares à chanter ses louanges dans la chapelle des papes.

Chaos, du grec *khaôs*, ouverture, abîme.

Les poètes entendent par ce mot l'assemblage confus qui a existé avant la création du monde et en a dû former les éléments.

Hésiode dit que le Chaos était le père de l'Érèbe et de la Nuit.

Chapeau, chapel, capel. Provençal *capeou*, de *caput*.

Synonymes : castor, gibus (du nom de l'inventeur du chapeau mécanique).

Bolivar, chapeau de forme évasée ou tromblon, à la mode en 1820. Il prit le nom du héros populaire qui fonda à cette époque la République de Vénézuela et détacha ce pays de la domination de l'Espagne. Les libéraux avaient adopté des chapeaux à larges bords, ou *bolivars*, tandis que les royalistes en portaient à petits bords, appelés *morillos*, du nom du général espagnol.

— Chapeau de femme : bibi, lucarne. Chapeau du temps de la Restauration, qui avait une grande saillie en avant.

Cette dénomination rappelle l'ancien proverbe : « Défiez-vous des gens qui ne voient le jour que par une fenêtre de drap » ; par comparaison du capuchon des moines avec une fenêtre.

— Comme dit Aristote... dans le *Chapitre des Chapeaux*...

Dans le *Mariage forcé*, Pancrace est outré qu'on lui ait soutenu qu'il fallait dire « la figure » au lieu de « la forme » d'un chapeau ; parce que, dit-il, la forme se dit de la disposition extérieure des objets inanimés, et la figure, de celle des objets animés, — et ce sont les termes exprès d'Aristote, dans le chapitre de la qualité.

Aristote est complètement étranger au *Chapitre des Chapeaux*, quoiqu'on le fasse souvent intervenir dans cette locution.

Dans le *Médecin malgré lui* (acte 2, scène 3), Sganarelle dit à Géronte :

« Hippocrate dit... que nous nous couvrions tous deux.

GÉRONTE. — Hippocrate dit cela ?

SGANARELLE. — Oui.

GÉRONTE. — Dans quel chapitre, s'il vous plaît ?

SGANARELLE. — Dans son chapitre... des Chapeaux. »

— Donner un coup de chapeau. (Voy. *saluer*.)

> Courtois de bouche et main au bonnet,
> Peu coûte et bon est.

La politesse est la chose qui coûte le moins, et qui rapporte le plus. C'est une monnaie qui enrichit plus celui qui la dépense que celui qui la reçoit.

Un financier passa un jour devant six personnes de sa connaissance, sans les saluer : « On voit, lui dit-on, que vous n'êtes pas, aujourd'hui, aussi intéressé qu'à l'ordinaire, puisque, pour un coup de chapeau, vous en auriez six. »

— Au comble du tumulte, dans les assemblées parlementaires, le président se couvre. Le chapeau du président est le *quos ego* des ouragans parlementaires ; devant lui, tout s'apaise.

— Être comme saint Roch en chapeaux : abondamment pourvu de quelque chose.

Diderot (*Jacques le Fataliste*) dit : « Te voilà en chirurgiens, comme saint Roch en chapeaux. » L'éditeur des œuvres complètes de Diderot (1821), pour expliquer ce pluriel, fait remarquer que saint Roch avait trois chapeaux, avec lesquels on le voit souvent représenté.

Il n'existe aucun fait iconologique de ce genre, et il est probable que l'éditeur a pris ces trois chapeaux sous son bonnet.

Aristote, s'il pouvait revoir son chapitre, ne manquerait pas d'éclaircir ce doute.

Chape-chute, bonne aubaine, occasion favorable, trouvaille profitable. (Voy. *Moyen de parvenir*, ch. 20.)

> Messer Loup attendait chape-chute à la porte.
> (LA FONTAINE.)

Ce mot signifie « chape tombée ».

Le trouvère Wace conte qu'une femme s'empara d'une chape chute et fut punie d'après les lois rigoureuses de Rollon ou Rou, duc de Normandie.

De là la locution pour désigner un objet trouvé dont on s'empare. Dans le vers de La Fontaine, le loup attend une bonne aubaine.

Chapelet, synonyme de rosaire, signifie petit chapeau ; comme rosaire, guirlande de roses.

Le chapelet, composé de 15 dizaines de grains, représente une espèce de chaîne, et Léonard de Vinci a peint dans la chapelle du Rosaire, de Milan, un tableau où le Purgatoire est représenté au fond d'un puits profond, d'où la sainte Vierge retire les âmes avec un chapelet, qui sert de chaîne.

Les Précieuses ont appelé le chapelet « une chaîne spirituelle ».

— Synonymie : Prière aux petits pois.
Dévotion à faux pois.

Chapelle, en provençal, *capelle*.

Au vıııe siècle, l'église de Saint-Martin de Tours, où se trouvait son tombeau, passait pour le lieu des Gaules le plus fécond en miracles. Les rois de France, pour s'assurer la protection divine, firent garder auprès d'eux la cape du saint. De là le nom de *chapelle* que reçut l'oratoire où elle fut déposée.

Chapelure, chapelure de pain ; du latin *capulare*, tailler, trancher.

En provençal *chaplar*, fendre, hacher ; *chaple*, massacre, carnage. D'où *chaparder* (?).

Senors, ara chaplatz.
(FIERABRAS.)

(Seigneurs, maintenant taillez.)

Par l'añan d'una ligua, an ferit et chaplat.
(FIERABRAS.)

(Pendant plus d'une lieue, ils ont frappé et taillé.)

Recomensa lo chaples de la guerra mortal...
(G. DE TUDELA.)

(Le carnage de la guerre mortelle recommença.)

Chapitre, du latin *capitulum*, dimin. de *caput*.

N'avoir pas voix au chapitre : n'avoir ni crédit, ni considération dans sa famille, dans sa compagnie.

— Les assemblées de chanoines s'appellent *chapitres* ; parce qu'elles se tiennent derrière l'autel, au chevet (*caput*) de l'église.

— Chapitrer : réprimander. Les religieux étaient réprimandés en plein chapitre.

Cette réponse ouïe, tous les bons frères soupirèrent de deuil, oyant (entendant) la bêtise de cet enfant, lequel fut condamné d'avoir le petit chapitre. (*Moyen de parvenir*, ch. 64.)

Chapon, du latin *caponem*.
Chapon de huit mois, manger de roi.
Il en porte le nom, mais n'en mange pas les chapons.

Char, du latin *carrum*.
Le char, le vaisseau de l'Etat, vieille figure devenue ridicule par abus. Elle manque moins de prétention que de noblesse, car en disant d'un souverain qu' « il conduit le char de l'Etat », elle le compare à un cocher.

Charabia, n'est pas originaire de l'Auvergne. Selon M. Pharaon, orientaliste, il vient de deux mots arabes, *chara*, achat, et *bia*, vente.

On entend par *charabia*, un langage incorrect, composé de mots imitatifs, empruntés à plusieurs idiomes : telle, la langue franque, qui est en usage dans le bassin de la Méditerranée pour les relations commerciales.

Charade, du provençal *charar*, bavarder pour passer le temps.
Charade en action : jeu où l'on exécute des scènes qui expriment le sens des diverses parties d'un mot.

— La charade est une sorte d'énigme, où l'on décompose un mot en syllabes qui forment chacune un mot particulier.

Exemples :
Mon premier est un tout semblable à mon dernier ; sans chercher, on ne peut découvrir mon entier. (*Chercher.*)
Mon premier se sert de mon second pour manger mon entier. (*Chiendent.*)
Mon premier est latin, mon second est français, mon tout italien. (*Italien.*)
Mon premier est liquide, mon second est liquide, mon tout est liquide. (*Potage.*)
Quatre membres font tout mon bien ; mon dernier vaut mon tout et mon tout ne vaut rien. (*Zéro.*)

Charbon, du latin *carbonem*.
Provençal, *carboun*.
On n'est noirci que par le charbon. (Voy. *noircir*.)
La calomnie est comme le charbon ; quand elle ne brûle pas, elle noircit. De là les locutions : dénigrer quelqu'un, le noircir, et caustique. — Ce dernier vient du grec *kaïô*, brûler.

Charbonnier, chanoine de Saint-Maur, vêtu de noir.

Charbonnier est maître chez soi : *Gallus in sterquilinio suo plurimum potest.* (Sénèque.)

François Ier s'étant éloigné de sa suite, à la chasse, entra sans se faire connaître dans la hutte d'un charbonnier. Celui-ci prit la première place à table, en disant : « Chacun est maître chez soi. » Il servit ensuite au roi un morceau de venaison, en le priant de n'en rien dire au « grand nez », c'est ainsi qu'on appelait le roi. Le lendemain, celui-ci se fit connaître, et accorda à son hôte le privilège de l'exemption du droit sur la vente des charbons, tant par eau que par terre.

Charenton. Echappé de Charenton : fou.

On dit aussi : Tous les fous ne sont pas à Charenton.

Le vent vient de Charenton. Les Romains disaient : *Naviget Anticyram* (Horace). Qu'il aille à Anticyre.

O tribus Anticyris caput insanabile !

(O tête que ne pourraient guérir tous les remèdes des trois Anticyres !)

Cela équivalait à la locution :

Il faut vous purger
Avec quatre grains d'ellébore.

(La Fontaine.)

L'ellébore, plante qui passait pour guérir la folie, croissait abondamment à Anticyre.

— Un ancien préteur, qui s'était retiré à Anticyre pour y rétablir sa santé, demanda à Caligula une prolongation de congé. L'empereur le fit tuer, disant qu'une saignée lui était nécessaire, puisque l'ellébore ne servait de rien. (Suétone, *Caligula*, 29.)

Charge, du celtique *carg*, faix ; d'où aussi *cargaison*.

Ou plutôt verbal de *charger*; en latin *carricare*, de *carrus*, char. De là aussi *caricature*.

Charriage : vol au charriage, à la mystification, à l'américaine, du vieux mot charrier, mystifier, au propre mener un chariot. (Vidocq.)

Rouler a conservé un sens analogue.

— Il faut prendre les charges avec les bénéfices.

Ubi uber, ibi tuber. (Apulée.) Pas de bien sans mal.

Charité, du latin *caritatem*, de *carus*, cher, précieux.

D'où aussi cherté, chérir.

Caritas correspond au grec *kharis*, *Kharites*, les Grâces. La grâce est, en effet, le parfum de la bonté. Les Grâces étaient chez les Grecs le symbole de cette harmonie sociale qu'établissent la bienveillance et une mutuelle sympathie.

La charité est tout le christianisme. Elle en est la devise et la formule définitive, car le Christ a, par l'Eucharistie (?) fait l'acte de charité par excellence, en sacrifiant sa vie pour sauver les hommes.

— La charité est la plus excellente des trois vertus théologales : *Major autem horum est caritas*. (Saint Paul.)

Elle consiste à aimer notre prochain comme nous-même, et par amour de Dieu. Elle comprend la piété ou la pitié, la bienveillance, la commisération, la miséricorde, en un mot, toutes les charmantes vertus du cœur et du dévouement :

Affection, amitié, amour, bienfaisance, bienveillance, bonté, civilité, clémence, complaisance, concorde, confiance, consolation, délicatesse, éducation, égards, fidélité, générosité, grâce, humanité, humilité, indulgence, modestie, piété, pitié, philanthropie, politesse, reconnaissance, résignation, sympathie.

— Auguste Comte l'appelle *altruisme*, par opposition à *égoïsme*.

— Ne pas faire à autrui ce que nous ne voudrions pas qu'on nous fît, voilà la justice ; faire pour autrui, en toute rencontre, ce que nous voudrions qu'on nous fît, voilà la charité.

— Bals, concerts, loteries de charité ; bienfaisance à la tire.

Où le plaisir moissonne, la charité a le droit de glaner.

— Trajan fut, dans l'antiquité, le créateur de l'assistance publique ; ses institutions de charité lui firent donner par ses contemporains le surnom d'*Optimus*, très bon, qu'il partageait avec Jupiter.

Par suite de cette tradition, on lit dans les prières de l'Eglise grecque : « Dieu, pardonne-lui, comme tu as pardonné à Trajan par l'intercession de saint Grégoire. »

Saint Thomas admettait le salut de Trajan, obtenu par l'intercession du pape saint Grégoire, et Dante l'a mis dans son Paradis.

— O charité ! Evangile ! religion, divine santé de l'âme, les hypocrites vous changent en poison ! Redoutez la charité des vipères.

Charitable comme saint Vincent de Paul.

Charité bien ordonnée commence... (continue et finit)... par soi : *Prima sibi caritas*. C'est la devise favorite de l'égoïsme.

Omnes sibi malle melius esse, quam alteri.
(Térence, *Andrienne*, II, 6.)

Le prêtre baptise son enfant le premier. (Proverbe antérieur au Concile de Trente, qui a imposé le célibat aux prêtres.)

— La peau nous est plus près que la chemise.

Charlatan, du celtique *charlataria*, bavardage ; ou de l'italien *ciarlatano*, de *ciarlare*, babiller.

Coiffer le casque de Mangin : parler beaucoup.

Charnière, latin *cardinaria*, de *cardo*, gond.

C'est, au propre, le pli formé par les muscles charnus et puissants qui enveloppent l'articulation de la cuisse avec le bassin, et qui est la charnière par excellence, au moyen de laquelle le corps peut se plier.

Charrier droit : se bien conduire.

> Et il fera bien, s'il me croit,
> Désormais de charrier droit.
> (Scarron, *Gig.* I.)

Chartre, tenir en chartre privée (en prison) : détenir, séquestrer ; du latin *carcerem*, prison.

> Dans une chartre un dragon le gardait.
> (La Fontaine, VI, 6.)

> Ou estre mis contre droicture,
> Comme sainct Pol, en chartre obscure.
> (*Roman de la Rose.*)

Charybde et Scylla, deux gouffres situés en face l'un de l'autre, dans le détroit de Sicile, rendaient ce passage très dangereux aux navigateurs, parce que les eaux sont constamment englouties et rejetées avec d'horribles mugissements. (Odyssée, ch. XII.)

La proximité de Charybde et de Scylla donna lieu à un proverbe qui s'applique à ceux que la peur d'un mal fait tomber dans un pire.

Incidit in Scyllam cupiens vitare Charybdim.

Ce vers est de Gauthier de Lille (XIIIe siècle) dans son *Alexandréide* (liv. V : 301).

Noël, dans son dictionnaire, édition de 1824, au mot *fièvre*, l'attribuait à Horace.

> Souvent d'un moindre mal on tombe dans un pire.
> (C. d'Harleville.)

> La vieille au lieu du coq les fit tomber par là
> De Charybde en Scylla.
> (La Fontaine.)

— Le poisson tombe de la poêle dans la braise.

Chasse, de *chasser*; latin *captiare*, poursuivre, chercher à saisir.

Châsse, boîte à mettre des reliques, vient de *capsa*; d'où aussi caisse.

> Vive la chasse et ses nobles loisirs !
> C'est le plaisir des rois et le roi des plaisirs.
> (Senilis, 1827.)

— Il n'est chasse que de vieux chiens.

Camus, évêque de Belley, disait : « Il n'est châsse que de vieux saints. »

On aurait pu lui répondre : Quel rapport du saint au chien ? « *Quæ communicatio sancto homini ad canem ?* » (Ecclésiaste, XIII, 22.)

— Chasser sur les terres d'autrui. Le duc de Longueville disait, en apprenant que les gentilshommes voisins chassaient sur ses terres : « J'aime mieux avoir des amis que des lièvres. »

Chassieux, de *chassie*; latin *cœcitia*.

Avoir les yeux chassieux : faire de la cire pour N.-D.

Chaste, du latin *castus*.

Isidore (*Orig.*, liv. X) dit qu'il vient *a castratione, sive reali, sive mentali*.

Chaste est opposé à *inceste*.

On peut être chaste même dans le mariage ; les religieux seuls font vœu de chasteté en même temps que de continence.

— On dit : chaste comme Suzanne, ...comme Joseph.

La chasteté de Joseph a été expliquée, en 1865, par le directeur du Musée égyptien du Caire. Il a prouvé par ses découvertes et par un buste du temps, que Mme Putiphar était affreusement laide et, de plus, qu'elle avait 70 ans à l'époque où elle faisait des agaceries à Joseph, ce qui explique la vertu du jeune homme.

Celle-là seule est chaste, que personne ne prie d'amour. (Ovide, *Amor*, I, 8, 43.)

La chasteté est une preuve de laideur, dit Sénèque, le grand philosophe. (*Bienfaits*, III, 16.)

« Amusez-vous, ô belles, dit la Dipsas d'Ovide ; celle-là seule est chaste, que personne ne prie ; et elle n'est point novice, c'est celle qui fait le premier pas...

Se fâcher contre une épouse adultère, quelle grossièreté !

....Si tu es sage, sois indulgent ; quitte cet air sévère, et ne revendique pas tes droits d'époux. Cultive les amis que te donnera ta femme. Honneur et crédit te viendront ainsi sans fatigue aucune. Tu seras de tous les festins de la jeunesse, et tu verras dans ta maison mille objets que tu n'y auras point apportés. » (*Amours.*)

— Avoir les yeux, les oreilles chastes : redouter les mots graveleux et obscènes.

... Et quelqu'un même des laquais cria tout haut qu'elles étaient plus chastes des oreilles que de tout le reste du corps. (Molière, *Critique.*)

Quand la vertu s'est enfuie du cœur, la pudeur se réfugie sur les lèvres. (J.-J. Rousseau.)

Garçon, courtisan, coureur, sont des mots honnêtes ; garce, courtisane, coureuse, sont des injures. Vénus est un mot charmant ; vénérien est abominable. (Voltaire, *Mélanges littéraires.*)

Chat, du latin *catus*, pour *cautus*, avisé, fin (?).

D'où agir en catimini, en cachette, à la manière des chats.

En provençal *cat*.

— Synonymes : lapin de gouttière, minet, minon.

Le vôtre n'est qu'un petit minet ; quand il aura étranglé autant de rats que le mien, il sera un chat parfait. (*Moyen de parvenir.*)

— On lit dans l'*Alcoran* que le chat naquit dans l'arche, de l'éternuement du lion.

Le chat est fidèle par intérêt, voleur par instinct, et ingrat par caractère. (Buffon.)

Le chat est l'animal qui ressemble le plus à l'homme : il est comme lui paresseux, gourmand et ingrat.

— Chat échaudé craint l'eau froide : on redoute un mal qu'on a éprouvé.

Si tu fais que mon premier ne craigne pas mon dernier, je te donne mon entier. (*Château.*)

Tranquillas etiam naufragus horret aquas.
(Ovide.)

(Celui qui a fait naufrage craint jusqu'aux eaux tranquilles.)

— Acheter chat en poche : sans voir la marchandise, comme si on achetait un chat pour un lièvre.

Acheter chat en sac. (Montaigne, III, 5.)

— Emporter le chat ; payer en chats et en rats : s'en aller sans rien dire, ou sans payer ce qu'on doit. Le chat était une monnaie. (Voy. Ducange au mot *chattus*.)

— Il est comme le chat : il retombe toujours sur ses pattes.

Ce proverbe, fondé sur l'observation, s'applique à ceux qui savent se tirer d'affaire dans les cas difficiles, avec une habileté qui fait plus d'honneur à leur adresse qu'à leur probité.

— Réveiller le chat qui dort : réveiller une haine assoupie, un danger. *Irritare crabrones.* (Plaute.) Irriter les frelons.

> N'as-tu pas tort
> De réveiller le chat qui dort ?
> (Scarron, *Virgile travesti*.)

— Tirer les marrons du feu avec la patte du chat.
Rem suam alieno periculo curare. (Salluste.)
— Amoureuse, friande comme une chatte.
A bon chat bon rat : bien attaqué, bien défendu.
Appeler chat un chat. (Voy. *appeler*.)
La nuit, tous les chats sont gris. (Voy. *nuit*.)

Château, du latin *castellum*, diminutif de *castrum*.
Faire des châteaux en Espagne, c'est-à-dire des projets chimériques, de beaux projets irréalisables : c'est un passe-temps innocent et une distraction agréable, qui fait oublier un moment au malheureux ses privations et ses souffrances.

> Lors feras chasteaux en Espagne.
> (*Roman de la Rose*.)

> Je fais des châteaux en Espagne.
> (Regnier, *Satire IX*.)

— Champcenetz disait d'un homme à projets sinistres : « Il fait des *cachots* en Espagne. »
Cette locution vient de la province de Castille, qui doit son nom aux Castillos, nombreux châteaux fortifiés qui la défendaient contre les Maures (?).

Châtier, du latin *castigare*, de *castum*, rendre pur.
Qui aime bien châtie bien : *Qui bene amat bene castigat.* Il faut, en effet, bien aimer quelqu'un pour vouloir le corriger de ses défauts.
Bien labeure qui chastoie son enfant (XIIIe siècle). (Ici *chastoie* signifie instruire.)
Celui qui aime bien son fils, lui fait souvent sentir la verge. (Salomon.)
Fer mal battu, fer mal forgé.

Châtrer (déviriliser). Voy. *castrat, chanteurs, hongre, virtuose*.

Chattemite, du latin *cata mitis*, chatte douce.

Personne qui affecte une contenance douce, humble, flatteuse, pour tromper quelqu'un.

Rapprocher cauteleux, précaution, guetter, de *cattare*, faire comme les chats.

Rabelais appelle « gros mitouard » un doucereux tout fourré de malice, qu'il marie à une chatte fourrée. *Mitouard* est l'augmentatif de *matou* (?).

Chaud, de *calidum*; d'où chauffer, *calefacere*.

Les augmentatifs (?) sont : brûlant, ardent, enflammé.

— Chaud comme braise, ...comme une caille.

Buffon dit que la caille a plus de chaleur que les autres oiseaux.

Chaud comme braise est synonyme de : ardent en amour.

> Dans les gardes françaises
> J'avais un amoureux,
> Fringant, chaud comme braise,
> Jeune, beau, vigoureux.
> (VALF.)

Voy. battre le *fer* quand il est chaud.

Chaume, nom des tiges des graminées, ce qu'on appelle vulgairement *paille*.

Voy. chômer, qu'on écrivait autrefois *chaupiner* (?) (*calamus*).

Chauve, du latin *calvus*.

— Chauve comme Eschyle, comme un genou, comme un melon, comme l'occasion, comme un œuf.

Plus chauve que Cadet-Roussel.

Un chauve tient plus à ses cheveux que ses cheveux ne tiennent à lui.

Effacez vos défauts par vos qualités, et imitez César, qui couvrait de laurier sa tête chauve. César se fit décerner une couronne de laurier, qu'il portait toujours en public, pour cacher la nudité de son crâne.

Chauvinisme, de *Chauvin*, nom d'un vieux soldat.

Se dit par ironie, de l'admiration exagérée de la gloire militaire, et du patriotisme exagéré.

Le chauvinisme est proche parent du patriotisme; mais c'est un parent ridicule.

— Jean Chauvin est la personnification du patriotisme militaire en France. Chauvin s'est battu depuis Clovis jusqu'à Napoléon, pour faire la France ce qu'elle est. Il est tout à la fois du siècle de

Charlemagne, de ceux de saint Louis et de Louis XIV. Il s'est appelé Condé, Turenne, Jean Bart, Hoche, Marceau, sur les champs de bataille, Foy à la tribune, Béranger et Scribe dans les lettres.

— Le mot *chauvinisme* a été créé après le premier Empire pour exprimer le fanatisme militaire.

Scribe dans le *Soldat laboureur*, a mis en scène un personnage nommé Chauvin, qui se livre à une admiration sans bornes pour la mémoire de son empereur.

— C'est vers 1820 que la réaction des idées impérialistes contre la Restauration, ramena les souvenirs militaires dans la littérature et au théâtre.

On a fait rimer pendant toute la Restauration *gloire* et *victoire*, *laurier* et *guerrier*, *France* et *vaillance*.

Voici, comme exemple littéraire, un échantillon des vaudevilles du temps :

> Te souviens-tu, quand la victoire
> Nous couronnait de ses lauriers ?
> Alors le temple de Mémoire
> Etait ouvert à nos guerriers.
> — Non, la valeur ne vaut pas la vaillance :
> Trente revers valent-ils un succès ?
> ...La France, vois-tu, sera toujours la France,
> Et les Français seront toujours les Français *(sic)*.

— En 1825, commença la réaction contre le chauvinisme ; c'est Charlet qui, en créant le type du conscrit chauvin, ridiculisa cet excès d'amour-propre national, et fit justice de ces niaiseries.

Chef, du latin *caput* ; d'où capitaine.

A signifié jadis *bout*, le commencement ou la fin d'une chose.

On dit encore « chef d'une toile », le bout par lequel on a commencé à la fabriquer.

On disait « venir à chef » (*chevir*), pour venir à bout, et l'on en a composé le mot *achever*. Comparez le provençal *acabar*.

Chemin, du latin *caminum*, cheminée.

En provençal *camin*.

Faire son chemin : *Fit via vi*. (Virgile.) On s'ouvre un chemin par la force.

Les rivières sont des chemins qui marchent. (Pascal.)

Et l'on dit : Où va cette rivière ?

On leur fait même quelquefois jouer un rôle actif ; on les compare en quelque sorte à des êtres animés, quand on dit : Tout chemin mène à Rome. Où va ce chemin ? Au moral, on dit de même : suivre une mauvaise voie.

Rabelais explique cette locution d'une manière burlesque, en disant qu'autrefois les chemins cheminaient réellement. On se mettait sur la route, et elle vous conduisait au but. (Liv. V, chap. 26.) Mais il se trouva des batteurs d'estrade, qui battirent tellement ces pauvres chemins, que ceux-ci ne voulurent plus marcher. Depuis lors ils sont immobiles. Mais la locution restée dans le langage atteste encore cet ancien et regrettable usage.

— *Chemins de fer*. En regardant une carte de France, le réseau des chemins de fer ressemble à une énorme toile d'araignée dont le nœud est en haut et à droite, à Paris, où toutes les lignes convergent.

— *Vieux comme les chemins*. En argot, *chemin* s'appelle *antif*. Battre l'antif signifie marcher. Antif est pour *antique*.

On dit aussi : vieux comme les rues.

Cheminée, du latin *caminata*, garni d'un foyer.

Les cheminées étaient connues des anciens. On lit dans Virgile :

Et jam summa procul villarum culmina fumant.

— Dire une chose sous le manteau de la cheminée, c'est la dire dans l'intimité, en confidence.

Cette expression vient de l'usage ancien de construire d'immenses cheminées, dont le manteau était assez élevé pour recevoir toute une réunion de famille autour du foyer.

— Faire une croix à la cheminée. (Voy. *croix*.)

Chemise, bas-latin *camisa*, en provençal *camiso* ; et *camisole*, la *compagne perpétuelle* chez les Précieuses. Vêtement intime.

— La peau nous est plus près que la chemise. (Voy. *charité*.)

— Sous Charles VI, on portait des chemises de laine ; la toile était à peine connue, et l'on citait comme un grand luxe les deux chemises de toile qu'Isabeau de Bavière avait dans sa garde-robe.

— Ta chemise ne sache ta guise : que ta chemise ne sache pas ta façon de penser.

Le sénateur Q. Métellus le Macédonique disait : « Si ma chemise savait mon secret, je la brûlerais à l'instant. »

— Porter sa chemise sale : être en deuil de sa blanchisseuse.

Retourner sa chemise sale : faire la lessive du Gascon.

Chenapan, de l'allemand *schapphahn*, happer les coqs.

On appelait *chenapans*, des partisans Westphaliens qui infestaient la frontière lorraine par une guerre de tirailleurs.

En mars 1690, M. de Boufflers, dit Dangeau, a chassé les *chenapans* de leur poste sur la frontière du Palatinat, et a détruit leurs habitations et leurs forêts.

Chenet, pour *chiennet*, petit chien couché sur le ventre.

Cheptel, provençal *captal* ; du latin *capitalem*.

Bail de bestiaux, par lequel on donne à garder et à soigner du bétail, moyennant certaines conditions par tête de bétail.

Chèque. En anglais, *check*, du verbe *check*, contrôler, vérifier.

Bon à vue détaché d'un livre à souche, et payable au porteur par le banquier qui a reçu une provision préalable.

Cher, du latin *carum*.

A la double signification de aimer, chérir, et de dépenser.

Vendre très cher ; écorcher.

Payer très cher ; être logé à l'auberge de l'étrillé.

Les voyageurs évitent les hôtels et les pays où ils sont trop exploités. Il se forme alors ce qu'on pourrait appeler la *grève des écorchés* ; et, comme l'homme de la fable, l'exploiteur tue la poule aux œufs d'or.

L'expression *salé*, pour signifier d'un prix élevé, vient de l'impôt du sel, appelé *gabelle*, un des plus odieux, et qui était très cher à acquitter. (Voy. *salé*.)

En 1541, François Ier augmenta les droits sur les sels, qui étaient déjà très lourds.

Chercher, du latin *circare* ; en provençal *cercar*, faire le tour, regarder autour.

On a dit *cercher*.

> Par trestout le pays vont la terre cerchant.
> (Berte aus grans piés, 2526.)

— Cherchez, et vous trouverez. (Saint Mathieu, VII — Luc, 11.)

Il cherche toujours, et trouve souvent.

Il n'y a point d'invention sans recherches, point de génie sans mouvement. (Bailly.)

Chercher une aiguille dans une botte de foin.

Une goutte qui cherche une autre goutte au fond de l'océan.

> *Nodum in scirpo quæris.*
> (Térence, *Andrienne*, V, 4.)

— (Chercher des nœuds dans un jonc.)

— Chercher midi à quatorze heures, se dit des esprits inquiets, difficiles à satisfaire, qui se contentent rarement de la réalité et sont toujours à la recherche d'un mieux imaginaire.

Cette locution est sans doute venue d'Italie, où les horloges portent des cadrans divisés en vingt-quatre heures.

— Voltaire fit ce quatrain pour un cadran solaire placé sur la façade d'une auberge :

> Vous qui fréquentez ces demeures,
> Etes-vous bien, tenez-vous y,
> Et n'allez pas chercher midi
> A quatorze heures.

Chère, du grec *kara* (visage), par l'intermédiaire du latin ; en roman *cara*, visage, et *carouha*, corps.

La bela cara es plus agradans à la persona entièra que la bela carouha. (Liv. de Sidrac, f° 109.) La belle face est plus convenable à la personne entière, que le beau corps (?).

— En italien, *bona ciera* signifie bonne chère et bonne mine : faire bon accueil avec un visage souriant.

Le sens primitif du mot s'est oublié pour se concentrer dans l'idée de faire un bon repas, ce qui est le signe le plus expressif du bon accueil. C'est ainsi que *bonne chère*, on est venu à signifier absolument la quantité et la qualité des mets. Il n'est pas douteux, que la ressemblance de son avec *chair* n'y ait contribué.

> *Remir vostra gentil, plazen cara.*
> (Troubadour anonyme.)

(Je contemple votre gentille, agréable figure.)

Mot li fes laia cara. (Prise de Jérus.) Lui fit très laide figure.
Vésiblament, cara a cara. (Sidrac.) Visiblement, face à face.
Javier en la penchura ab duas caras (Brev. d'amor.) Janvier en la peinture avec deux visages.

> *Ce tins vers lui la chière encline.*
> (Roman de la Rose, 3199.)

Les yeux et la chière basse, va à la messe en dévotion. (*Hist. de Jehan de Saintré.*)

Le duc de Bourgogne alla au devant de lui, et s'entrefirent grant chière. (Monstrelet, T. II.)

> Que vous ressemblez bien de chière
> Et de tout à vostre bon père !
> (Pathelin.)

Rabelais dit : « A bonne chère », pour de bon cœur.

Un vieux proverbe dit : « Belle chère vaut un mets. »

— *Chérer* signifiait se réjouir, faire des amabilités.

Chérir, qui n'en dérive pas, a un sens bien différent.

— On n'emploie plus aujourd'hui *bonne chère* au sens de visage, mais on dit : faire bon accueil, bonne mine.

Chérubin, ange du second chœur de la première hiérarchie.

En hébreu *kheroubim*.

Les chérubins sont représentés avec un visage rouge, pour exprimer l'amour de Dieu qui les enflamme ; d'où la locution : rouge comme un chérubin.

Chétif, doublet de *captif*, de *captivum*, prisonnier.

Les misérables étant souvent l'objet d'un mépris dédaigneux, il a fini par prendre le sens de vil, faible.

> En Normandie sont caitifs
> « Mis en aniaux et en gaioles.
> (*Roman de la Rose.*)

Cheval, jadis *cavalh* ; espagnol *caballo* ; du latin *caballum*, cheval de fatigue, de peu de valeur.

Au contraire, le mot allemand *ross* (cheval de luxe), a fait échange de sens avec *caballus*.

En général, les primitifs germaniques qui ont été gardés dans notre langue, ont reçu une acception défavorable. Tels : lande, lippe, etc.

— La forme *cavalh* est restée dans beaucoup de dérivés : cavalier, cavalcade, et dans l'argot *se cavaler*, s'enfuir rapidement.

— Le cheval prend, selon les cas, les noms de bidet, dada, criquet, haridelle, rossinante, roussin, etc.

Jusqu'à trois ans, le jeune s'appelle *poulain*, la femelle *pouliche*, termes de la même famille que *poulet*.

— Le cheval des romans de chevalerie est le type du courage et du dévouement. Les chevaux de bataille étaient de grands chevaux appelés *destriers, haquenées, palefrois*. (Voy.)

Le cheval de labour s'appelait *roncin* ou *roussin* ; *sommier* le cheval de fatigue.

On appelle un cheval maigre : cheval de l'Apocalypse ; ou rossinante.

Un grand cheval : coffre à avoine.

— Certaines espèces de chevaux sont nommés de leur couleur.

Cheval alezan, ou alezan brûlé (en roman *rozenc*, de couleur rosée), dont le poil est d'un roux brûlé. Le mot *alezan* signifie lui-même ardent, de l'arabe *al hazan*, cheval entier.

— Diane de Poitiers, la maîtresse de François Ier, devint à 40 ans, celle de Henri II.

Bayle dit : « C'était grand'pitié de voir un jeune prince adorer un visage décoloré, une tête qui grisonnait. »

Rabelais, qui appelle, dans son roman, Diane de Poitiers, la grande jument de Gargantua, dit : « La jument au poil alezan toustade (alezan brûlé) entrellizé de grises pommelettes » (gris pommelé), par allusion aux cheveux grisonnants de Diane.

— Cheval bai, du latin *badius*, brun, jaune fauve ; d'où *bayart*, de couleur baie.

Venrai, armat sobr'el baiart. (Bertr. de Born.) Je viendrai armé sur le cheval bai.

Cheval barbe, du Nord de l'Afrique (de Barbarie).

Cheval genêt (Rabelais), cheval d'Espagne, léger.

Cheval de Frise, gros et lourd.

Cheval Isabelle. (Voy.)

Cheval pie, changeant, tacheté, pommelé. *Pie* ne se dit plus que d'un cheval de deux couleurs, dont l'une est le blanc.

Cheval rouan, dont le poil est mêlé de gris, de blanc et de bai.

Cheval sauro, fauve.

— A cheval donné on ne regarde pas la gueule (Rabelais). Pour connaître son âge à ses dents.

Aujourd'hui nous disons : on ne regarde pas la bride. Il ne faut pas être difficile sur ce qu'on reçoit en don.

— Cela ne se trouve pas dans le pas d'un cheval.

Croit-il, le traître, que mille cinq cents livres se trouvent dans le pas d'un cheval ? (Molière, *Fourberies de Scapin*, II, 11.)

— Le cheval Beadman a rapporté 750.000 francs à son propriétaire, aux courses du Derby d'Epsom, 1858.

Il y avait 12 millions de francs engagés sur sa tête, ou plutôt sous ses pieds.

On estime à un demi-milliard le chiffre des paris faits aux courses de cette journée.

Que l'on dise après cela que l'argent ne se trouve pas dans le pas d'un cheval !

— C'est son cheval de bataille, ...son dada.

C'est être à cheval sur une idée, revenir toujours sur le même sujet.

On dit aussi : Je lui prouverai que son cheval n'est qu'une bête, c'est-à-dire que son idée ne vaut rien.

— C'est un bon cheval de trompette, il ne s'effraie pas du bruit.
E una cornaccia di campanile. C'est une corneille de clocher.

— Monter sur ses grands chevaux : se mettre en colère.
Autrefois on appelait « grands chevaux » les chevaux de bataille.

Dessus ses grands chevaux est monté mon courage.
(Molière, *Cocu imag.*)

— Il n'y a si bon cheval qui ne bronche : les plus habiles se trompent.

Qui ne fait, il ne faut.
Un cheval a quatre pieds, et si chlet.
N'est ni sage qui ne folole (ne fasse des folies).
(R. de Renart.)

Quandoque bonus dormitat Homerus.
(Horace.)

— Un membre du Parlement de Toulouse dit au roi, pour s'excuser de l'assassinat juridique de Calas : « Il n'y a si bon cheval qui ne bronche. — Passe pour un cheval, dit le roi ; mais toute une écurie ! »

— Les chevaux frux (frisques, fringants). Jeu institué à Aix par le roi René. Il consistait en chevaux figurés en carton peint, laissant un vide qui permettait au jeune cavalier de s'y introduire et de paraître monté sur le cheval. Un caparaçon pendait, pour cacher les jambes du cavalier ; quant au cheval, il était suspendu aux épaules de son cavalier par deux rubans de soie.

Le *Dictionnaire du vieux langage* de Lacombe (1766) dit, au mot *frisque* : joli, éveillé, vif.

Le provençal a fait de frisque *frux*.

— *Les chevaux de Venise.* Œuvre de Lysippe, sous Alexandre ; ils furent transportés à Rome sous Néron. Conduits en triomphe à Byzance par Constantin, ils furent apportés à Venise sous le doge Dandolo, après la prise de Constantinople. Napoléon Ier les fit transporter à Paris, d'où ils retournèrent à Venise, après les traités de 1815.

Ils sont, dit-on, en airain de Corinthe.

— Cheval-vapeur : unité pour évaluer la force des machines à vapeur. Il représente la force nécessaire pour élever un poids de 25 kilogr. à la hauteur d'un mètre, dans une seconde.

Chevalier d'industrie.
Avant la révolution de 1793, les filous et les escrocs, pour s'intro-

duire dans les salons de la haute société, prenaient habituellement les titres de comte, marquis, baron et surtout de chevalier. Aujourd'hui qu'une loi punit ces usurpations de titres, ils se contentent de s'appeler major, colonel ; mais le nom de chevalier d'industrie est resté comme une flétrissure, pour désigner ces hommes qui, sans profession, sans travail ni revenu, recourent, pour vivre, à des moyens frauduleux.

Chevau-légers, compagnies de cavalerie, avant 1793.
On dit aussi un chevau-léger, pour un cavalier de ce corps.

Chevé, verre chevé, du vieux mot *chever*, bomber, creuser.
Cependant le verre ainsi nommé est plat, recourbé seulement sur les bords, tandis que les anciens verres de montre étaient bombés en véritables calottes de sphères.

C'est une sorte d'abus de la métonymie, tel que le nom de *crinoline* donné à une jupe d'acier, d'où le crin est entièrement exclu.

De même on appelle *carton* à chapeau une boîte faite de cuir ou de bois.

Chevet, de *chef*, tête.
On a dit aussi cheveux.
Tête-bêche est pour tête béchevet ou à deux chevets. Testebeschevel (Rabelais).
Chevet est de la même origine que *cheveu*. (Il vient de *caput*.)

> Sept belL's anges dans un lit,
> Trois aux pieds, quatre aux cheveux.
> (Vieille chanson.)

A teste à teste beschevel, est un des jeux de Gargantua. (I, 22.)

Cheveu, dit pour chevel et capel ; de *capillum* (de *capitis pilus ?*).
Cheveux blancs : *Nives capitis.* (Horace.) Il a neigé sur sa tête.
Cheveux gris : poivre et sel, marguerites de cimetière.
Cheveux faux : « Vous voyez la tête de cette belle femme, si remarquable par l'édifice de sa coiffure et de ses longs cheveux flottants : vous en admirez l'élégance, la forme, le contour et la couleur... Eh bien ! ils ne lui appartiennent pas. Ils sont empruntés à des têtes de morts ; et ce qui là décore à vos yeux est la dépouille de sujets qui furent peut-être infectés de maladies affreuses et dont les noms seuls offenseraient sa délicatesse, si on osait les prononcer en sa présence. » (Mercier, *Tableau de Paris.*)

Fendre un cheveu en quatre (arguties puériles).

Chèvre, du latin *capra* ; en provençal *cabra*.

Il aimerait une chèvre coiffée : il aime toutes les femmes, quelque laides qu'elles soient. (Voy. Lévit XVII, 7. — Plutarque : *Que les bêtes usent de la raison*. — Voyez aussi l'épigramme de l'Anthologie traduite par Voltaire, et commençant par ces mots : Charmantes filles…)

— Ménager la chèvre et le chou, c'est-à-dire des intérêts opposés. Il y a des gens qui ne ménagent le chou que dans l'espoir de le mettre au pot, et la chèvre, pour la mettre à la broche.

Ce proverbe s'applique aux intrigants qui savent flatter, se rendre agréables à tous les partis au pouvoir, et parviennent ainsi à conserver leur position, et à l'améliorer.

— On suppose qu'un homme conduisant un loup, une chèvre et un chou, ne peut passer dans un petit bateau qu'un seul des trois à la fois de l'autre côté d'une rivière. Il prendra la chèvre seule au premier voyage ; au second, il prend le chou et ramène la chèvre. Puis il passe le loup auprès du chou, enfin il transporte la chèvre.

— Porter quelqu'un à la chèvre morte : sur ses épaules.

Qu'il le passast oultre l'eaue à la cabro morte sur ses espaules. (Rabelais, III, 23.)

…Et porte sur ses épaules, à la chèvre morte, mon petit neveu. (Correspondance du chevalier d'Aydie.)

On dit en provençal : porter à cabrimé, de *cabre*, cabri.

— Prendre la chèvre : se fâcher, c'est-à-dire imiter la chèvre dans ses bonds, ses emportements. (Voy. prendre la *mouche*.)

<blockquote>Notre accueil de ce matin t'a fait prendre la chèvre.
(Molière.)</blockquote>

Chèvrefeuille, *caprifolium* ; provençal *caprifuelh*, plante qui grimpe comme une chèvre.

Chez, du latin *casa*, maison.

Casa a fait *chaise, chaiz, chez*.

Vieux français : *en chies*, à la maison.

Chic, habileté, finesse, est un vieux mot roman, qui a fait aussi *chicane*, ou qui en dérive par abréviation (?).

Du Lorens fait dire à un plaideur du temps de Louis XIII :

<blockquote>J'use des mots de l'art, je mets en marge *hic* ;
J'espère, avec le temps, que j'entendrai le *chic*.
(Satire 12.)</blockquote>

<blockquote>La Discorde, qui sait le chic,
En fait faire un décret public.
(Scarron, *Énéide travestie*.)</blockquote>

— On a aussi dérivé ce mot de l'espagnol *chico*, petit, venant du gaulois, chic, parcelle, subtilité ; d'où chique, chicot, chiche, chiper (voler des niaiseries), chiquenaude, déchiqueter (?).

— *Chic* a été de nos jours employé dans des acceptions diverses. Il a signifié : le clinquant du luxe, le strass de la distinction, l'élégance personnelle, le bon goût et le luxe de la toilette et de l'ameublement.

Chic, lorsqu'il s'applique à l'art, est un éloge ou une critique.

Faire avec chic, est un éloge, c'est l'originalité prise en bonne part ; tandis que faire de chic, c'est abuser d'une facilité banale, sans distinction ni science sérieuse.

De même on distingue le chic de bon ton et le chic canaille.

Cela ne manque pas de chic, est un compliment. Mon appartement est chic.

Le mot est ainsi devenu une sorte de superlatif de l'éloge.

La langue française aime l'hyperbole ; au lieu de dire simplement qu'une chose est bonne ou mauvaise, on dit qu'elle est *chic* ou qu'elle est *infecte*, comme on disait autrefois *exécrable* ou *merveilleuse*.

Chicard, superlatif de *chic*, signifie très beau, très bon.
Th. Gautier a même créé *chicocandard*.

Chicaneur, chicane, chicaner ; du grec *sicanos*, sicilien, c'est-à-dire rusé, fourbe.

Chiche, avare ; du latin *siccus*, sec, aride (?) ; ou de *ciccum*, bagatelle.

Rabelais (I, 54) dit *chichard*, dans le sens d'avare.

En provençal, *escassamen* signifie chichement : *Cel qui semena escassamen, escassamen meysona*. Qui sème chichement, chichement moissonne. (Saint Paul, II *Corinth.*)

Chicot, ce qui reste, hors de terre, d'un tronc, d'une racine. Fragment de dent resté dans l'alvéole.

Comparez *chiquet*, d'où déchiqueter.

Chicotin, de *sycotina*, nom d'une espèce d'aloès, ainsi nommée de l'île de Sucotora (?) ; pour sycotin.

Amer comme chicotin : très amer.

Chien, du latin *canem*, picard *kien*, provençal *can*.

Ça ne vaut pas les quatre fers d'un chien... Ça ne vaut pas un chien mort : n'a aucune valeur.

— Plusieurs peuples d'Asie, d'Afrique, d'Amérique, mangent la chair du chien. Les nègres la préfèrent à celle des autres animaux. En Chine, elle est si recherchée et d'un prix si élevé, que les riches seuls peuvent en avoir sur leur table.

Hippocrate dit que les Grecs mangeaient du chien.

Les Romains en servaient dans leurs festins, et Pline dit que les jeunes chiens rôtis étaient un mets digne des dieux.

— Horace emploie le mot *canis* avec l'acception d'avare. (Liv. II, *Sat.* 2.)

— Le chien est l'ami de l'homme : « Plus j'ai connu les hommes, plus j'ai aimé le chien. » (Staël.)

— *Chien* est un terme d'amitié : mon petit chien ! mon chien-chien chéri !

Au point de vue de la fidélité, cette comparaison peut paraître flatteuse.

— Tout le monde aime les chiens et fait leur éloge, mais par une inconséquence bizarre, le nom de ce fidèle ami de l'homme a été transformé en injure. Ainsi, tandis qu'on dit par tendresse : ma poulette, mon chat, on appellera quelqu'un « chien » quand on est fâché contre lui.

Chien de chrétien ! disent les Turcs. *French dog* (chien de Français), disent les Anglais.

— Chien de cour. On appelait ainsi, dit Mercier, le sous-principal du collège des Quatre-Nations, parce que, semblable aux chiens de berger, son emploi est de contenir les élèves dans une grande cour, jusqu'au moment de l'ouverture des classes.

— C'est le chien de Jean de Nivelle.
Qui s'enfuit quand on l'appelle.
(Voy. *Nivelle.*)

Le chien de saint Roch. (Voy. *Roch.*)

— Le chien de Montargis. Sous le règne de Charles V, un nommé Aubry de Montdidier fut assassiné dans la forêt de Bondy, par le chevalier Macaire. Son chien reconnut le meurtrier parmi les courtisans du roi, lui sauta à la gorge et l'étranglait. Macaire avoua son crime avant de mourir, et, en mémoire de cet événement, on éleva à ce chien un monument sur la cheminée de la grand'salle du château de Montargis.

— Entre chien et loup : sur le soir, au crépuscule, lorsque l'on ne saurait distinguer un chien d'un loup, un fil blanc d'un fil noir. (Le crépuscule, du latin *creperus*, douteux.)

Sideribus dubiis. (Juvénal.) *Obscura jam luce.* (Liv.)

Cette locution est très ancienne, et se trouve dans Marculfe, au viie siècle : *Inter canem et lupum*.

Entre can e lop, a la fin del jorn. (Cat. del apost. de Roma.)

> Lorsqu'il n'est jour ne nuit, quand le vaillant berger,
> Si c'est un chien, un loup, ne peut au vrai juger.
> (Bin.)

Mme de Sévigné (lettre 802) a employé cette locution au pluriel, pour désigner des idées obscures : « Pour moi, j'essaie d'éclaircir mes entre-chien-et-loup autant qu'il m'est possible. » (Voy. *Patron Minet*.)

— Il est comme le chien du jardinier, il ne mange pas de choux, et ne veut pas que les autres en mangent. Le chien du jardinier est comme le dragon des Hespérides, ne laissant pas approcher des pommes d'or et n'y touchant pas.

Mais, madame, s'il vous aimait, vous n'en voudriez point, et cependant vous ne voulez pas qu'il soit à une autre. C'est faire justement comme le chien du jardinier. (Molière, *Princ. d'Élid.*, IV, 6.)

— Qui se couche avec les chiens, se lève avec les puces.

Qui chien hante, puces rapporte. (Voy. *fréquenter*.)

— Un chien regarde bien un évêque, se dit à celui qui s'offense de ce qu'on le regarde.

Un chien aboye bien à la lune, et un chien regarde bien un évêque, dont moult s'ébahit. (*Moy. de parv.* ch. LIX.)

— Rompre les chiens, terme de vénerie : faire échouer un projet.

> Mais le mari, qui se doutait du tour,
> Rompit les chiens...
> (La Fontaine, *Contes*.)

Donner sa langue aux chiens, est pour : au sphinx.

Chien hargneux a toujours l'oreille déchirée. (La Fontaine, Fables X, 9. — Voy. *hargneux*.)

Chien qui aboie ne mord pas. (Voy. *aboyer*.)

Battre le chien devant le lion. (Voy. *battre*.)

Chiffon, anciennement *chiffe*, coupure, morceau d'une chose, et spécialement d'une étoffe.

Se dit d'une petite fille. Une figure chiffonnée, c'est-à-dire enfantine.

Louis XV appelait une de ses filles *Chiffe*.

En argot *furbesque*, un petit garçon s'appelle *cifon*, pour chiffon.

Chiffonner, dans le sens de chagriner, vient du celtique *chif*, chagrin (?).

Chiffre, de l'hébreu *siphr*, nombre.

Les chiffres arabes sont les chiffres d'arithmétique de 0 à 9. Ils furent introduits en Europe par Léonard de Pise, qui était agent de commerce à Bougie. Ces chiffres et le système décimal sont d'origine indienne.

— Les chiffres romains sont les lettres numérales dont les Romains se servaient pour compter. Ces lettres sont au nombre de sept : C. D. I. L. M. V. X.

Les chiffres romains de la première dizaine furent faits à l'imitation des doigts de la main, sur lesquels on les comptait, en commençant par l'auriculaire.

V fut pris pour *cinq*, parce qu'il indique par sa figure la silhouette de la main étendue avec les cinq doigts écartés. Le mot *cinq* vient lui-même d'une racine sanscrite qui signifie main.

X, qui est formé de la réunion de deux V, vaut 10, nombre égal aux doigts des deux mains.

Dans la suite, on écrivit *quatre* en plaçant I devant V, comme quantité diminutive.

De même, on mit l'unité devant X, pour marquer la même diminution, et X, à son tour, servit à diminuer les chiffres plus forts : XL.

La lettre numérale M exprima le nombre *mille*, parce qu'elle est la première lettre du mot *millia*.

Cette lettre eut d'abord la forme CD, dont la moitié ressemble à un D qui représente *cinq cents*.

Le C est l'initiale de *centum*.

Chimère, personnage mythologique ; du grec *khimaira*.

Belle nymphe dans la partie supérieure du corps, et serpent pour le reste.

La Chimère s'était unie à Typhon, vent terrible et furieux. Elle devint mère de quatre enfants : Othos, le chien de Géryon, tué par Hercule ; Cerbère ; l'Hydre de Lerne, aux sept têtes toujours renaissantes ; une autre Chimère, qui avait la tête d'un lion, la queue d'un dragon et le corps d'une chèvre. Sa gueule béante vomissait des flammes. Elle fut tuée par Bellérophon.

— *Chimère* sert à désigner des imaginations vaines : esprit chimérique, projets chimériques ou sans fondement.

Chimie, du grec *khumos,* suc, mixtion, combinaison ; de *khéo,* verser.

D'autres font venir ce mot de *alchimie,* mot arabe de *al,* article, et d'une corruption du nom de Cham, fils de Noé, que les adeptes des sciences occultes regardaient comme l'auteur des premières recherches du grand œuvre.

TABLEAU DES DÉSINENCES ET DES PRÉFIXES EN CHIMIE :

...*ate,* sel le plus oxygéné.
Bi... ou *deuto...,* oxyde qui contient deux atomes d'oxygène.
...*é,* combinaison gazeuse de deux corps combustibles.
...*eux,* acide peu oxygéné.
Hypo..., diminutif devant les acides.
...*ique,* acide très oxygéné.
...*ite,* sel peu riche en oxygène.
Per..., oxyde le plus riche en oxygène.
Proto..., oxyde contenant un atome d'oxygène.
Sesqui..., oxyde contenant un atome et demi d'oxygène.
Trito..., oxyde contenant trois atomes d'oxygène.
...*ure,* combinaison de deux corps combustibles gazeux.

Chine, le Céleste-Empire, l'Empire du Milieu, le Pays des fleurs. Anciennement *Sina, terra sinica,* d'où sinologue.
— Le P. Alexandre de Rhodes, jésuite, missionnaire en Chine, de 1619 à 1649, écrit que l'étendue et la richesse du pays ont rendu les Chinois si orgueilleux qu'ils sont persuadés que la Chine est le plus beau pays du monde, et que, dans leurs cartes géographiques, ils dépeignent le monde circonscrit dans un carré, et mettent la Chine au milieu, entourée de mers dans lesquelles ils sèment quelques petites îles : l'Europe, l'Afrique, le Japon, etc.

Chinois. On emploie : Chinois de paravent, magot de la Chine, comme synonymes de laid et de ridicule.
Si, dans l'esprit du vulgaire, la civilisation de la Chine, aussi vieille que le monde, son génie inventif, qui a devancé l'Occident et découvert avant lui la boussole, la poudre à canon, l'imprimerie, ne sont comptés pour rien, il ne faut pas l'attribuer seulement à l'ignorance, mais au tort qu'ont les Chinois de se représenter sous des traits ridicules à un public qui ne les voit guère que sur les vases et les papiers peints qu'ils nous envoient à travers les mers, et où leur physionomie grotesque et maniérée se trouve à l'infini.
Pour nous, un Chinois est le type le plus exagéré du ridicule et

du grotesque. Il nous semble à peine appartenir à l'humanité, et nous le trouvons trop laid pour le croire notre semblable.

Voilà à quoi s'expose un peuple qui se peint en caricature. Les étrangers le prennent au mot et sont portés même à exagérer la laideur du modèle, à croire le portrait flatté.

Les Grecs, qui ont poétisé et, en quelque sorte, divinisé la beauté physique, ont laissé des idées traditionnelles d'une beauté suprême, et le type grec est encore l'expression la plus élevée de la beauté humaine.

Chiper, prendre, dérober.

Les couturières appellent *chipe* ce qu'elles gardent des étoffes de leurs clientes.

De l'Aulnaye dit, dans son glossaire de Rabelais, que les couturières appellent *chippes* ce qu'elles volent à leurs pratiques. Ces chiffes sont des rognures sans valeur.

Chique, du latin *ciccum*, qui, au Moyen-Age, signifiait un grain de grenade, et, chez les Latins, désignait la cloison qui sépare ces grains.

Au figuré : peu de chose, rien.

Eluas tu an exungare, ciccum non interduim.
(PLAUTE, Rud. II, 7.)

(Lave-toi, graisse-toi, je m'en soucie comme d'un zeste.)

De ce mot *ciccum* viennent (par chique) : chiquenaude ou nasarde, chiper, chipe, devenu chiffe et chiffon (?).

— Chipoter, chipotier viennent aussi de *ciccum*, ainsi que *chipie*, nom peu galant donné à une femme d'humeur difficile. (Voy. Génin, *Récréations*, au mot *papelard*.)

Chiquenaude, nasarde. (Voy. *croquignole*.)

Danton disait : « La guillotine est une chiquenaude sur le cou. »

Chirographe, du grec *kheir*, main, *graphô*, j'écris.

Acte passé en double entre plusieurs parties.

Voici comment on procédait. On divisait la page en deux parties, et, sur la ligne de séparation, on écrivait en grosses lettres : *chirographum*. Ensuite on écrivait l'acte en dessous de cette ligne, et on l'écrivait une seconde fois en retournant la page ; de sorte que deux personnes placées en face l'une de l'autre pouvaient écrire cet acte ou le lire en même temps.

On coupait ensuite le mot *chirographum* dans sa longueur, et l'on donnait une moitié de la feuille à chacune des parties.

Choisir. Le premier choix, l'élite, le dessus du panier, la fleur des pois.

> Devine si tu peux, et choisis si tu l'oses.
> (CORNEILLE, *Héraclius*, IV, 5.)

> A force de choisir on prend souvent le pire.
> (LEGRAND.)

Chômer, jadis *chaulmer*; de *calamus*, chaume, lieu où les paysans se reposent (ou de *calme*).

En provençal *calamo*, calanque, petit port abrité.

Chômer et *fêter*, sont dits pour *chaumer* et *faiter* (?), c'est se réunir autour du foyer.

> Avant le saint ne chômons point la fête.
> (PALAIS D'ÉGL., *Intrig.*)

Chopine, du latin *cupina*, petite coupe; allemand *schoppen* (chope); d'où aussi gobelet pour copelet.

— Chopiner : boire beaucoup ; boire pinte sur chopine.

La chopine valait une demi-pinte.

…Puis demanda qu'on le feist chopiner théologalement. (Rabelais.)

Chose, de *causam* (qui a donné aussi *cause*).

Désignation indéterminée de tout ce qui est inanimé. (Littré.)

— *Chose*, sans article, sert à désigner un homme dont on ne sait pas le nom : Monsieur Chose, comme on dirait : un particulier, un quidam, un individu.

> Il faut rire de tout ; aussi bien ne peut-on
> Changer *chose* en Virgile ou bien *l'autre* en Platon.

Chose se change en *machin* lorsqu'on veut désigner un objet inanimé, dont on ne trouve pas tout de suite le nom.

> Ma sœur, faites-nous donc ce machin au fromage.
> (AUGIER, *Gabrielle*.)

— Etre tout chose : éprouver un malaise qu'on ne peut définir, être tout ennuyé.

— C'est la même chose, *unum* et *idem*, bonnet blanc et blanc bonnet.

— *Chose* signifie aussi égards : « Si tu avais la moindre chose pour moi, tu n'agirais pas ainsi. »

Ou : audace, front, impudence ; « Ce gredin a eu la chose de me traiter de la sorte. »

Il signifie encore interdit, sot : « Mademoiselle, v'là que vous me rendez tout chose. » (Restif.)

— Ma sainte te ressemble, n'est-ce pas, Nini? — Plus souvent que j'ai un air chose comme ça! (Gavarni.)

Chou, du celtique *caul*, légume; latin *caulem*; provençal *caul*.

— *Chou*, terme d'amitié donné aux petits enfants : mon petit chou.

— Dans le Berry, le chou figure, comme l'emblème de la fécondité dans le mariage, aux réjouissances des noces.

D'où la locution berrichonne : Vertuchou, la belle noce !

Cette croyance populaire a sans doute quelque rapport avec l'explication pudique donnée aux petits enfants quand ils font sur leur origine des questions embarrassantes.

— *Chou-blanc*, se dit d'une chose qui n'a pas réussi : « Ce chasseur a fait chou-blanc. »

Chou semble être alors pour coup. (Voy. *fiasco*.)

— Chou pour chou, Aubervilliers vaut bien Paris.

Aubervilliers est un village de la plaine Saint-Denis, où l'on cultive beaucoup de choux.

— Faire ses choux gras : « Si tu savais comme je fis mes choux gras. » (Rabelais.) Bons profits.

— Bête comme chou. Cette locution nous vient des Napolitains, chez lesquels un *cavolo* est un sot, un imbécile. *Cavoleiare*, rendre chou, *embêter*.

— *Cavoler*, dit Génin, a fait chez nous *voler*, parce qu'il y a toujours manque d'esprit à se laisser voler, à être dupe, et que voler est du français moderne. Avant le XVIIe siècle, on disait rober, desrober et larronner.

Le surnom de *choucroute*, qui signifie chou à tête, chou pommé, donné aux Allemands, renferme la même idée.

Chou colossal. (Voy. *réclame*.)

— En faire des choux et des raves : disposer d'une chose à son gré.

Qu'il en fasse des choux, des raves,
Disaient quelques-uns des plus braves.
(Scarron, *Virgile travesti*.)

— Il a été trouvé sous un chou : on ignore son origine.

— Bon à ramer des choux : bon à rien. On ne rame pas les choux, parce que ramer c'est soutenir les plantes grimpantes avec des rames qui leur servent de tuteurs.

Planter ses choux : quitter les affaires pour vivre à la campagne.

O rus, quando ego te adspiciam ?
(Horace, Sat. 6 du liv. II.)

(O campagne, quand te reverrai-je ?)

Beatus ille, qui procul negotiis,
Ut prisca gens mortalium,
Paterna rura bobus exercet suis !
(Horace.)

(Heureux qui, loin du monde, et semblable aux premiers mortels, laboure l'héritage paternel avec des bœufs à lui !)

— Dioclétien abdiqua l'empire après vingt ans de règne, et se retira à Salone, sa patrie, où il cultivait son jardin. Lorsque les députés du Sénat vinrent l'inviter à reprendre le pouvoir, il leur dit, en leur montrant des choux qu'il avait plantés : « Voilà mes nouveaux sujets. »

Chouan, est dit pour *chat-huant.*

Ce nom fut donné aux royalistes vendéens qui s'insurgèrent contre la République, en 1793. *Chat-huant* se prononce ainsi dans le patois vendéen, et le cri de ralliement des blancs était le cri de la chouette. (Le mot se trouve dans Ronsard.)

Chouannerie, guerre à la façon des Chouans, par embuscades.

Chrétien, du latin *christianum* ; provençal *christian* ; en grec *khristos* ; de *Christ*, oint, consacré par l'onction sainte.

Homme qui fait profession de croire en J.-C. et de pratiquer sa doctrine.

— Le christianisme est une idée ; par conséquent il est immortel. Depuis dix-huit siècles, il est un bienfait pour l'humanité ; il a avancé la civilisation en affaiblissant les forts et en donnant de la force aux faibles, surtout en répandant une immense consolation parmi les hommes.

— *Chrétien* est pris quelquefois substantivement, et dans un sens absolu, pour homme : « Il n'y a pas un chrétien capable de soulever cette pierre. »

— On appelle « étouffe-chrétien », une pâtisserie indigeste.

— Parler chrétien, c'est parler la langue du pays où l'on vit. Les gens qui emploient cette locution diraient du pape lui-même, s'il ne parlait pas leur langue, qu'il ne parle pas chrétien.

Par la vertu-bieu ! elle ne parle pas christian. (Rabelais.)

Il faut parler chrétien, si vous voulez qu'on vous entende. (Molière.)

Parlez-nous christian, mon amy, ou langage patelinois. (Rabelais.)

Christophe, du grec *khristos, pherd.* Patron des portefaix.

— Saint Christophe de Pâques-fleuries : un âne. C'est un âne qui a porté J.-C. le jour de son entrée à Jérusalem, que nous appelons dimanche des Rameaux, ou Pâques-fleuries.

— Piron fit l'épigramme suivante contre Christophe de Beaumont, archevêque de Paris, qui refusait l'extrême-onction à ceux qui étaient suspects de jansénisme :

> Saint Christophe, de taille et gigantesque et forte,
> Portait et reportait, nous dit-on, Jésus-Christ ;
> Mais le Christophe de Paris
> Ne veut ni le porter ni souffrir qu'on le porte.

Le poète Théophile dit au duc d'Uzès, qui offrait de le porter, c'est-à-dire de le protéger :

> Monseigneur, je vous remercie :
> Tant d'honneur je n'ai mérité,
> Et, si de vous j'étais porté,
> On me prendrait pour le Messie.

Chrysocale, du grec *khrusos,* et *khalkos,* cuivre ; ou bien plutôt de *kalos,* beau : beau comme l'or.

Alliage qu'on emploie à la confection des bijoux faux. Il se compose de zinc 6, étain 6, cuivre 88.

Chut, onomatopée, comme *chuchoter.* Interjection pour imposer silence.

> Après que la reine a dit : chut !
> Chacun prit un siège et se tut.
> (Scarron, *Virgile travesti.*)

Ci, pour *ici,* adverbe de lieu.

Ciboule, du latin *cœpula,* petit oignon.

Provençal *cebo,* d'où *cipolin,* à cause de l'apparence foliacée de ce marbre.

> Marchand d'oignons se connaît en ciboules.

Cicérone, forme italienne du nom de Cicéron.

Ce nom a été choisi pour désigner une fonction qui exige une certaine faconde.

On sait que le nom de Cicéron vient de *cicer,* pois chiche ; le célèbre orateur, ou un de ses aïeux, ayant sur le nez une verrue.

C'est de même que Pison vient de *pisus,* pois ; Fabius de *faba,* fève.

Cid, chez les Maures d'Espagne signifiait chef, commandant. Arabe, caïd.

C'est le nom qui fut donné au XIe siècle à don Rodrigue Diaz, pour ses exploits, et que Corneille a popularisé par la pièce ainsi intitulée.

Cette tragédie eut un si grand succès, que Pellisson, dans son *Histoire de l'Académie,* dit qu'il était passé en proverbe de dire, pour témoigner son admiration d'une chose : « C'est beau comme le *Cid.* »

On dit aussi : Brave comme le Cid.

Cide, du radical latin *cædo,* couper, tuer.

A servi pour la composition des mots : homicide, suicide, parricide, fratricide, et même *viatricide* (?), mort causée par un accident de chemin de fer. (*Néologismes,* 1867.)

Ci-devant, locution adverbiale ancienne, qui équivaut à précédemment, auparavant.

La Révolution de 1793 a compromis ce terme en l'employant substantivement pour désigner une personne : un ci-devant (noble). Les nobles avaient été dépouillés de leurs titres par un décret de la Convention.

Ciel, du latin *cælum* ; en grec *koïlos,* creux, concave.

De là les expressions : la calotte des cieux, la voûte céleste, azurée, éthérée.

Cavernæ cœli. (Lucrèce.)

Les poètes appelaient aussi le ciel : l'empyrée (du grec *empuros,* de feu), le firmament.

— Etre au troisième, au septième ciel ; c'est-à-dire très heureux.

Digito cælum attingere. (Horace, Cicéron.)

On dit de même : être aux anges.

— Les anciens avaient imaginé sept ciels, pour expliquer les mouvements des sept planètes : la Lune, Mercure, Vénus, le Soleil, Mars, Jupiter et Saturne. Un huitième ciel, ou firmament, portait les étoiles fixes.

Ptolémée en ajouta un neuvième qu'il appela « le premier mobile », donnant le mouvement aux astres.

Alphonse en imagina deux autres : « l'empyrée » et « le séjour des dieux ».

Enfin, Eudoxe a admis 23 cieux, Aristote 47, et Fracastor 78.

Les Pères de l'Eglise, expliquant littéralement les passages de l'Écriture : *cœli cœlorum*, crurent à l'existence de plusieurs cieux.

Saint Paul se sert de l'expression de troisième ciel, et nous disons dans l'oraison dominicale : « Notre Père qui êtes aux cieux. »

On concevait alors les différents cieux comme des hémisphères concentriques qui venaient s'appuyer sur la terre. Celle-ci était plate ; le ciel formait une calotte solide, au-dessus de laquelle était le réservoir des eaux célestes.

On comptait, en théologie mystique, neuf ordres de cieux, pour atteindre la Jérusalem divine.

Saint Paul fut ravi au septième ciel pendant l'extase de sa conversion.

Béda énumère : *Aër, Œther, Olympus, Spatium igneum, Firmamentum, Cœlum angelorum, Cœlum trinitatis.*

Raban Maur les nomme : *Empyreum, Cœlum aquarum, Firmamentum, Spatium igneum, Olympum, Cœlum œthereum, Cœlum œreum.*

L'absurde autorité de ces opinions, soutenues pied à pied, comme orthodoxes, ne disparut que devant l'évidence des faits et des découvertes de Képler, d'Huyghens et de Newton.

— Selon Mahomet, il y a sept cieux ou Paradis.

Le septième est un jardin délicieux, peuplé de houris, filles si douces et si belles, que, si l'une d'elles avait craché dans la mer, l'eau n'en aurait plus d'amertume.

Les croyants seront les époux de ces houris, qui, malgré des jouissances et des plaisirs continuels, seront toujours vierges.

L'enfer consiste dans la privation de ces plaisirs, et dans quelques peines qui finiront un jour. (Voy. l'*Alcoran*.)

— Si le ciel tombait, il y aurait bien des alouettes prises.

Si les nues chéoient, les aloes sont toutes prises. (XV° siècle.)

Toutes fois on dit que les alouettes grandement redoubtent la ruine des cieulx, car les cieulx tombans, toutes seroient prinses. (Rabelais, IV, 17.)

> *Quid, si nunc cœlum ruat ?*
> (Térence, *Heautontimoroumenos*, IV, 3.)

— Les anciens supposaient que le ciel était d'une matière solide, soutenu par les épaules d'Atlas. De là le nom de *firmamentum*.

Les Gaulois croyaient aussi à la possibilité de la chute du ciel : leurs envoyés répondirent à Alexandre qu'ils ne craignaient qu'une chose, que le ciel tombât ; et encore ils se seraient efforcés de le soutenir de leurs lances.

Cierge, du latin *cereum*, de cire.

L'usage de faire brûler des cierges dans les cérémonies de l'Eglise et devant les images des saints, se rapporte naturellement à la nécessité où étaient les premiers chrétiens d'éclairer les catacombes où ils s'assemblaient.

— *Cierge pascal*, que l'on place dans le chœur, le samedi saint, et qui est allumé avec le feu nouveau.

— Le Concile de Nicée, en arrêtant la date de Pâques, d'où dépendent toutes les fêtes mobiles de l'année, prescrivit d'écrire le catalogue de ces fêtes sur un grand cierge ou colonne de cire.

C'était, en effet, l'usage, chez les anciens, d'écrire sur la cire les choses éphémères, tandis qu'ils gravaient sur la pierre ou l'airain les inscriptions destinées à durer.

— Il doit un beau cierge à son patron : il l'a échappé belle.

— Louis XI offrait, aux chapelles des saints où s'opéraient des miracles, des cierges pesant cent et même cent quarante livres. (A. Monteil, *Le Courtisan*.)

Cilice, latin *cilicium*, étoffe en poil de chèvre de Cilicie.

Ceinture de crin que l'on porte sur la peau, par mortification.

Se couvrir du cilice : faire pénitence.

— Aristote rapporte (*Histoire des animaux*, liv. VIII, chap. 28) qu'en Cilicie on tondait les chèvres, comme ailleurs les brebis.

— Les Hébreux se couvraient du cilice. Les Septante appellent ces vêtements des « sacs », et saint Jérôme traduit le mot hébreu par *cilicium*.

Saint Jean (*Apocalypse* VI, 12) dit que le soleil devint noir comme un sac de cilice :

Sol factus est niger, tanquam saccus cilicinus.

Ciment, du latin *cœmentum*, de *cœdere*, casser.

C'est avec des pierres et des briques pilées que l'on faisait le ciment, ou mortier hydraulique, susceptible d'acquérir une très grande dureté.

D'où la locution à chaux et à sable (ou à ciment).

Calce et arena. (Vitruve.)

— Au figuré : cimenter des relations d'amitié.

Etant à lui par hyménée
Conjointe à chaux et à ciment.

(Scarron, *Virgile travesti*.)

Cingler, autrefois *singler,* de *sigle,* voile ; plutôt que de *scindere.*

Il ne faut pas le confondre avec *cingler,* identique à *sangler,* qui vient de *cingere.*

Cinq, le seul mot français, avec *coq,* qui se termine par un *q.* Anciennement *cinc :*

Passat sont cinc mes e un an ! (R. de Miraval.) Il y a cinq mois et un an !

— *Cinquième* se disait *quint,* resté dans Charles-Quint.

On retrouve aussi le radical *quintus,* dans quinte au piquet, et dans quintessence (quinte essence).

Cippe, fût de colonne, dépourvu de base et de chapiteau (latin *cippus*), sur lequel on gravait autrefois des inscriptions funèbres, et que l'on plaçait sur un tombeau.

Circonstances atténuantes. La loi, très humaine, du 28 avril 1832, donne au jury le pouvoir d'accorder des circonstances atténuantes.

Cette loi, qui abaisse d'un degré la peine encourue pour un crime, est une porte de sortie pratiquée dans la conscience du jury.

C'est une expression malheureuse et révoltante dans son humanité. Ne saurait-on la remplacer par une autre qui mit un peu plus de décence à adoucir les dernières rigueurs de la loi, et qui permit aux douze jurés, qui jugent leur semblable devant Dieu et devant les hommes, d'exprimer leur répugnance à infliger la peine capitale, sans mentir à la justice et à l'évidence ; sans employer un langage qui fausse à la fois la conviction de ceux qui parlent et de ceux qui écoutent, et qui paraît faire pactiser l'indulgence avec l'impunité ?

Ciron, nom que l'on donne à certains animalcules.

Le ciron a servi longtemps de type pour désigner l'infiniment petit, et la limite extrême du règne animal ; mais, depuis l'invention du microscope, on a découvert des infusoires plusieurs millions de fois plus petits que le ciron.

Depuis le ciron jusqu'à l'éléphant : du cèdre jusqu'à l'hysope.

Cirrus, du latin *cirrus,* boucle de cheveux.

Nuage ressemblant à une touffe de cheveux crépus, ou de plumes. Il se tient à 5,000 mètres et plus au-dessus du sol, et annonce le vent.

Civet, autrefois *civé ;* de *cive* ou *civette,* espèce d'ail qui dominait autrefois dans ce ragoût.

Civilisation, de *civiliser*, de *civilis*; latin *civis*, citoyen, pour *coivis*, de *coire*, se réunir.

Quelque charme que l'on éprouve à la vie de la campagne, pendant l'été, ou au séjour d'une ville du Midi pendant l'hiver, l'on sent toujours le besoin de revenir à Paris, respirer de temps en temps l'air de la civilisation.

Clabauder, du latin *clamare*, crier; ou bien plutôt du germanique *klaeffen*.

Se dit proprement du chien courant qui donne de la voix sans être sur la trace de la bête.

Au figuré : homme qui parle beaucoup, et mal à propos.

Wallon *clabot* : clochette suspendue au cou des animaux.

Clair, du latin *clarum*; provençal *clar*.

S'est dit d'abord de la couleur, puis, par extension, des sons.

Opposé à *sourd*.

On a dit *clairté*, *déclairer*, pour clarté et déclarer.

La clairté n'esjouyt-elle toute nature? (Rabelais.)

— C'est clair comme le jour, ...comme deux et deux font quatre.

— Tirer une chose au clair : examiner une affaire avec soin, faire son possible pour obtenir tous les renseignements nécessaires.

Cette locution s'emploie dans un sens peu favorable, et donne à entendre qu'on soupçonne que les rapports que l'on a reçus ne sont ni exacts ni fidèles.

— *Clair* est synonyme de *blanc* dans *clair-obscur*, et en provençal dans *clara d'uou* (blanc d'œuf) ou albumine.

Un clair obscur qui était fort obscur et très peu clair.

Claqueur, de *claque*, qui est une onomatopée.

Synonymes : applaudisseurs à gages; entrepreneurs de succès dramatiques; chevaliers du lustre (placés au parterre, sous le lustre); Romains, parce que l'usage de frapper des mains a été mis en pratique à Rome par Licinius. (Pline, *Lettres* 11 et 14.)

Clarinette, comme *clairon*, vient de *clair*.

Elle fut inventée en 1690, par Christophe Denner.

— Clarinette invalide : chassée de tous les orchestres pour faux.

Classes (classés), marins des classes, c'est-à-dire de la flotte (?), des équipages de la flotte.

Clavecin, de *clavicymbalum*, mot tronqué.

Provençal *clau*.

Le radical *clavis*, clef, se retrouve dans bon nombre de mots : clavier, clavicule, closerie, clôture.

— Instrument qui rend des sons harmonieux quand on presse les touches d'un clavier ; ainsi nommé parce que les touches, dans l'orgue, ouvrent ou ferment les portes du vent.

Clémence, vient de *clino, mentem* (?). (Latin *clementia*.)
Vertu qui consiste à pardonner les offenses et à modérer les châtiments. C'est la vertu des puissants. Un prince clément se laisse fléchir par les prières.
La clémence est la vertu des rois. (Boursault, *Ésope à la cour*.)

Clepsydre, du grec *kleptô*, cacher, *hudôr*, eau.
Horloge dont le mécanisme consistait à laisser couler, par un petit orifice, régulièrement, une certaine quantité d'eau. L'abaissement du niveau faisait descendre un flotteur, qui communiquait le mouvement à une aiguille glissant sur une échelle extérieure graduée.

Clerc, latin *clericum*, du grec *klêros*, héritage.
Homme d'église, celui qui est le lot, le partage de Dieu, ou dont Dieu sera le partage.
Appliqué particulièrement aux membres du corps sacerdotal.
— Le clergé se divise en régulier et en séculier.
Le clergé séculier se compose des ecclésiastiques qui vivent dans le *siècle*, sans être assujettis à aucune règle de communauté.
Le clergé régulier est celui qui est soumis à une règle spéciale, vit en communauté dans les couvents.

Cliché, *clicher*, de *cliquer*, fixer ; de l'allemand *klinke*, loquet, ou de *klatschen*, claquer.

Client, du latin *clientem*, de *cluere*, entendre.
C'était, chez les Romains, un citoyen qui se mettait sous la protection d'un homme puissant, ou patron.
Aujourd'hui, le client est celui qui achète habituellement dans une maison de commerce ; ou le chaland qui est attiré par les annonces ou la réclame.

Climat, du grec *klima*, inclinaison.
Division de la terre en zones, fondée sur l'état thermométrique des diverses contrées ;
D'où *climatérique*. — Chaque septième année de la vie humaine

pendant laquelle on pensait qu'il survenait quelque changement à l'organisation du corps humain.

Les années 7, 14, 21, 28 de l'âge d'une personne, sont ses années climatériques.

Clinquant, pour *clinclan*, onomatopée du bruit que produisent ces minces feuilles de métal, quand on les froisse.

Broderie en or faux.

Alliage de cuivre et de zinc, que l'on réduit, par le battage, en feuilles très minces. (Voy. *oripeau*.)

A Malherbe, à Racan préférer Théophile,
Et le clinquant du Tasse à tout l'or de Virgile.
(Boileau, *Satire IX*.)

Clique, réunion de mauvais sujets tapageurs; du vieux mot *cliquer*, faire du bruit; d'où aussi *cliquetis*.

Cloche, allemand *glocke*, d'où *cloque* : bas latin *cloca*.

Les Romains se servaient de clochettes pour annoncer l'ouverture des marchés, des bains publics, etc. Ils les appelaient *tintinnabula*; d'où *tinter* (onomatopées).

— Paulin, évêque de Nole, en Campanie (*campana*, cloche, *campanile*, clocher en italien), passe pour avoir le premier employé les cloches, en 400, pour appeler les fidèles aux offices.

Ce n'est qu'en 605, sous le pape Sabinien, qu'elles furent officiellement adoptées.

Chez les musulmans, elles sont remplacées par des marteaux de bois.

— En 1282, le lundi de Pâques, le premier coup de cloche annonçant les vêpres, à Palerme, fut le signal du massacre des Français. Ce fait historique s'appelle les « Vêpres siciliennes ».

— La nuit du 24 août 1572, les cloches de Saint-Germain-l'Auxerrois donnèrent le signal du massacre de la Saint-Barthélemy, les « Matines françaises ».

— Étonné comme un fondeur de cloches.

...Dont il fut plus étonné qu'ung fondeur de cloches; et s'escria: Ha, Panurge, où es-tu? (Rabelais, II, 29.)

— L'opération de fondre une cloche était très difficile et très importante.

L'étonnement des fondeurs était au comble, lorsqu'elle n'avait pas réussi (?).

Jean Masson, qui fondit la grosse cloche de Rouen, appelée Georges d'Amboise, mourut de joie en voyant sa parfaite réussite.

— Fondre la cloche, se disait pour faire une opération difficile.

— Qui n'entend qu'une cloche, n'entend qu'un son.

C'est la traduction populaire de l'axiome de droit : *Testis unus, testis nullus.* (Un seul témoin ne prouve rien.)

— Aller à cloche-pied, est dit pour croche-pied, l'une des jambes formant un crochet (?).

C'est le verbe *clocher*, venant de *claudicare*, ou pris pour *cloper* ; d'où aussi clopin-clopant, éclopé. (Voir le suivant.)

Clocher : 1º boiter en marchant ; du latin *cloppus*, qui paraît tenir à l'allemand *kloppen*, frapper ; 2º campanile, tour où l'on suspend les cloches.

....L'une dit : « C'est grand'honte
Qu'il faille voir ainsi clocher ce jeune fils. »
(LA FONTAINE, Fables III, 1.)

L'usage des clochers a été généralement adopté par les églises d'Occident, tandis qu'il en existe très peu dans celles d'Orient. Ici c'est la coupole qui est le type caractéristique. On peut prendre pour modèles Sainte-Sophie de Constantinople, et Saint-Marc de Venise, pour la coupole ; les cathédrales de Strasbourg, d'Anvers, etc., pour le clocher.

— *Clocher* se prend pour pays, village, famille.

On dit d'un homme qui n'est jamais sorti de son pays : « Il n'a jamais perdu de vue son clocher. »

Il soutint jusqu'au bout l'honneur de son clocher.
(BOILEAU.)

— Il faut mettre le clocher au milieu du village : placer les objets utiles à la portée de tous les assistants ou convives.

Cloître, du latin *claustrum*, de *claudo*, fermer.

De là aussi claustral, claustration.

Le couvent est un suprême égoïsme, qui tire une vraie lettre de change sur la mort.

Au cloître, l'enfer est accepté comme avancement d'hoirie sur le paradis. (V. Hugo.)

— Le cloître des couvents chrétiens a son origine dans l'*atrium* romain, ou cour entourée de quatre portiques, qui existait dans presque toutes les maisons romaines, et que Numa avait lui-même importé d'Hatria, ville étrusque, lorsqu'il créa à Rome le cloître des Vestales, ou *Atrium de Vesta*.

Clou, de *clavus* ; provençal *clavéou*, qui ferme.

Rabelais a dit *esclouer*, pour ouvrir, faire éclore.

Clown (prononcez *kloun*), paysan bouffon, personnage burlesque de la comédie anglaise.

Clystère, lavement, *remède*; du grec *klustérion*, action de laver.

Hérodote et Galien en attribuent l'invention aux Egyptiens.

Pline (VIII, 17) dit que ceux-ci l'apprirent de l'ibis, espèce de cigogne qui se fait de pareilles injections avec son bec transformé en canule. (Voy. *animaux* nous apprennent à vivre.)

Co, col, com, con, cor, du latin *cum*, avec.

Préfixe qui entre dans un grand nombre de mots, en se modifiant, devant le radical du simple : coaccusé, compère, condisciple, confrère, conséquent, collaborer, collatéraux, collège, corriger, corroborer. Exprime la similitude d'action ou la participation commune.

Cocadrille, reptile fantastique et malfaisant qu'on suppose né d'un œuf de coq (coquard).

La cocadrille, dans le Berry, apparaît la nuit parmi les ruines des manoirs féodaux.

> Par grans serpens et par dragons gouluz,
> Par coquadrilles et par crapaux veluz,
> Devorez soient comme gens malheureuses,
> Ces gros souillars et infames Angloys !
>
> (MAISTRE, *La folye des Angloys.*)

On trouve dans le supplément du Dictionnaire de l'Académie, ainsi que dans le Dictionnaire de Trévoux : *cocatrix*, espèce de basilic, engendré dans les cavernes.

C'est aussi le nom d'une rue de Paris.

Cocadrille n'est peut-être qu'une corruption de *crocodile*, que le peuple prononce souvent mal. C'est précisément un reptile, et partant un ovipare.

Cocagne, du latin *coquere*, faire cuire ; *coquina*, cuisine.

Pays de cocagne : pays imaginaire, où tout abonde, où l'on trouve à profusion les cailles toutes rôties.

— On appelait *cocagne*, en Languedoc, un petit pain de pastel, en forme de coque ; et comme le pastel ne croît qu'en des terrains fertiles, et donne plusieurs récoltes par an, qui enrichissent rapidement ceux qui le cultivent, on a donné le nom de *cocagne* aux pays où tout est en abondance, où l'on fait grande chère. (E. Daurial, *Siècle* du 16 octobre 1858.)

> Paris est pour le riche un pays de cocagne.
> (Boileau, *Sat.* VI.)

Les descriptions du pays de cocagne sont puisées dans celles que les Grecs nous ont laissées de l'âge d'or.

— En 1560, l'italien Petrus Nobilis a donné une carte du pays de Cocagne, avec description et gravures.

On y voit un volcan de pâtes d'Italie, qui porte à son sommet une chaudière pleine de macaroni qui s'échappe à pleins bords et va roulant sur les flancs *caséeux* de la montagne, où il s'enveloppe de fromage râpé, pour se rendre dans un lac de beurre en fusion, où les habitants le recueillent à loisir. On y voit des tables dressées, sur lesquelles tombent des pluies de rôtis ; à côté sont des fontaines de malvoisie, des fleuves de vin muscat, de chypre et de malaga, des arbres à beignets, des fours naturels de pâtés chauds ; un palais du Sommeil et une prison d'État pour ceux qui sont surpris travaillant.

— Mât de cocagne. Génin tire ce mot de *coccagna*, mot napolitain dérivé du vieux français *cocquaigne*, lutte, dispute. (Voy. Ducange, au mot *cocagium*.)

Ce mot a pu être importé à Naples lors de l'expédition de Charles VIII, en 1495.

— Pendant le XVIe et le XVIIe siècle, on élevait à Naples, à l'occasion des fêtes publiques, une montagne figurant le Vésuve, d'où sortait une éruption de viandes cuites, de macaroni, etc., que le peuple se disputait avec rage ; cela s'appelait un *cocagne*.

Mais ce mot, qui représente aujourd'hui l'idée d'abondance, exprimait alors celle de lutte, puisqu'il fallait en soutenir une pour avoir part aux éruptions en miniature.

Le sens primitif reste dans notre mât de cocagne, où l'idée de lutte l'emporte évidemment sur celle d'abondance.

Il y a encore une analogie de plus, celle de hauteur, entre *mât* et *montagne*.

Ces largesses, faites au peuple pendant les réjouissances publiques, ont été de tout temps l'objet de luttes acharnées.

Le mot *graffi*, cité par Jaubert (*Glossaire du centre de la France*), vient de *graffigner*, égratigner.

Il en est de même de l'usage provençal de jeter des dragées ou de la monnaie à *tire-péous*, à tire-cheveux.

— L'idée d'abondance peut venir, comme on l'a dit plus haut, de ce que les pains de pastel avaient une forme conique, qui les faisait ressembler au Vésuve de macaroni des Napolitains.

— Les marins ont imaginé un pays de Gipoutou, qu'ils placent au 36e degré au-delà de la lune; où les cochons portent le sel dans une oreille, le poivre dans l'autre, la moutarde sous la queue, courent tout rôtis, avec une fourchette et un couteau dans le dos.

— Le premier mât de cocagne fut planté à Paris, le 1er septembre 1425, dans la rue aux Ours, en face de la rue Quincampoix.

On avait attaché au sommet un panier contenant une grasse *oe* (oie), et six blancs. (*Journal d'un bourgeois de Paris*, sous Charles VII.)

Cocardeau, galantin, pris dans un sens ridicule.

Rabelais et Gavarni ont popularisé ce mot.

Cocatrix. (Voy. *cocadrille*.)

Cocher, conducteur de coche, de *cocie*, ou de *Kotsie*, ville de Hongrie, où fut inventée cette voiture.

Synonymes : automédon, phaéton.

Rabelais (IV, 42) parle du cocher de la reine Niphleset.

— Aux coches succédèrent les carrosses ; d'où l'on a dit *carrossier* pour cocher ; mais ce dernier a prévalu, et est aujourd'hui seul en usage.

Le carrossier de Madame Veret... (D'Aubigné, *Fæneste*, I, 8.)

Cochon, celtique *cawch*, plein de boue.

Le mâle, entier, s'appelle *verrat* ; le petit, à la mamelle, *cochon de lait* ; à six mois, *porcelet* ou *goret* ; la femelle, *truie*, *laie*, et lorsqu'elle est vieille et engraissée, *coche*.

A l'état sauvage, il s'appelle *sanglier* (*sus singularis*) ; son petit, *marcassin*. A un an, c'est une *bête de campagne* ; à deux ans, un *ragot* ; à cinq, un *mire* ; à six, un *grand sanglier*.

Cochon se dit pour avare ; cochon malade : ladre.

— Le compagnon de saint Antoine ; compagnon d'Ulysse ; habillé de soie ; noble.

La magicienne Circé a fait école, et certaines femmes d'aujourd'hui ont trouvé le moyen de changer en pourceaux les compagnons d'Ulysse. On prétend que Gryllus, un des compagnons d'Ulysse, changé en pourceau par Circé, ne voulut point reprendre sa première forme.

— Sous François Ier, en 1589, on défendit de laisser les cochons errer dans les rues de Paris. Le bourreau fut chargé de saisir ceux qu'il trouverait errants, à moins qu'ils n'appartinssent aux Antonins, ou religieux de saint Antoine.

> ....Le porc de saint Antoine,
> Céleste porc, emblème de tout moine.
> (Voltaire, la *Pucelle*, XX, 229.)

— Cependant vint ung commandeur jambonnier de saint Antoine, pour faire sa queste suille. (Rabelais, 1, 17.)

Moine jambonnier, c'est-à-dire quêteur de jambons.

Suille, chair de porc.

Rabelais appelle les moines rentés et les chanoines « cochons du bon Dieu ».

— Le *Maudit*, roman satirique contre le clergé, attribué à un prêtre, vers 1865, a inspiré le quatrain suivant à M. Salles, préfet de l'Aube :

> Pour voir si l'auteur était moine,
> J'ai soulevé son capuchon ;
> Je croyais trouver saint Antoine,
> Je n'ai trouvé que son cochon.

— Les paysans provençaux appellent leurs cochons « les nobles »; en Normandie, on dit « gentilshommes ».

Le gentilhomme d'autrefois était, en effet, le seul être dans la société, qui ne travaillât pas, et il avait cela de commun avec le cochon, qui passe sa vie à manger, boire et dormir.

La nature a fait l'homme enclin à la paresse ; le travail est le châtiment auquel il se soumet, moins par goût que par nécessité.

Outre ce fait physiologique, le préjugé a fait longtemps de l'oisiveté et de l'ignorance un des signes et même un des devoirs de la noblesse, qui interdisait au gentilhomme toute profession, excepté celle des armes, sous peine de déroger.

— « Foi de demoiselle, disait ma mère pansant ses pourceaux, mon mari est aussi noble que le roi, il aime bien à ne rien faire. »

Et encore : « Le métayer ne disait-il pas vrai, voyant les pourceaux : O la belle noblesse que voilà ! » *(Moyen de parvenir.)*

La terra que porta e noyris los porcs e los grapautz aysi ben cons los reys. (V. de Vert, f° 34.) La terre qui porte et nourrit les porcs aussi bien que les rois.

La truie anoblit le cochon. (Voy. *savonnette* à vilain.)

— Cochon ! injure. On dit aussi marsouin, de *maris sus*, cochon de mer.

X... écrivit, sur la poussière qui recouvrait les meubles d'un logement de garçon malpropre, le mot cochon. « Je suis allé chez toi », dit-il à son ami, à la première rencontre. — « Je le savais, dit l'autre, tu as écrit ton nom sur les meubles. »

Quelqu'un disait plaisamment à Talleyrand, en parlant des Américains : « Ce sont de fiers cochons. — Oui, reprit-il, mais ce sont des cochons fiers. »

— Cochon de Troie. Sous les empereurs romains, un mets très recherché, c'était un cochon rôti tout entier, contenant plusieurs animaux dans son ventre.

On l'appelait ainsi par allusion au Cheval de Troie, qui, selon l'expression de Baylo, était « farci de soldats ». (Voy. Pétrone.)

— Vie de cochon : courte et bonne.

— Le jour de Saint-Thomas (21 décembre), fais tuer ton cochon gras.

Cochonnet, petite boule qu'on envoie en avant.

C'est sans doute parce qu'elle se souille comme un petit cochon, ou goret, en roulant, qu'on la nomme ainsi (?).

— Le jeu du cochonnet-va-devant, ou de la truye. (Rabelais.)

Dans ce jeu, dont parle Rabelais, le nom de *truie* avait la même origine que *cochonnet*. C'était le jeu du mail, avec lequel on poussait la petite boule, qu'on appelle aussi bouchon.

Cocodès, petit-maître, de *coco*, tête.

Le cocodès est un imbécile ayant des prétentions à l'élégance, et qui fréquente plus volontiers les femmes galantes que les femmes honnêtes.

Cocotte, féminin de *cocodès*, a remplacé *lorette*.

> Au prix où la beauté de ces dames se cote,
> Il est bien moins coûteux, pour qui solde l'écot,
> D'avoir du goût pour le coco
> Que d'en avoir pour la cocotte.
>
> (1867. Voy. *Femmes galantes*.)

Les cocottes sont les bohèmes du sentiment.

Cocu, de *coucou*, du latin *cuculum*. Le provençal *cogul* a les deux sens.

Celui dont la femme manque à la fidélité conjugale.

Coësre, chef des mendiants au Moyen-Age.

Mot probablement rapporté des Croisades, par quelque association de pèlerins marchands (coquillards), ou emprunté à la langue des

Bohémiens, et venant du persan *kosrou*, dont les Grecs ont fait *kosroès*.

Cœur, du latin *cor*; de là accord, concorde et discorde.

Trais li le cor del ventre. (G. de Cabastaing.) Lui arrache le cœur du ventre.

E l'empereire ab lo cor al talo esperonet. (Ramb. de Vaqueiras.) L'empereur éperonne avec le cœur au talon (cœur est pour volonté).

— Le roman avait des dérivés de *cœur*, qui n'ont pas d'équivalents en français: *corada*, poitrine; *corduelh*, chagrin; *baticor*, émotion, battement de cœur; *acorar*, apprendre par cœur.

Autrefois le cœur passait pour être le siège de la mémoire.

— On disait autrefois *rancœur*, dégoût. Ça fait rancœur: c'est répugnant.

Ce mot est sans doute composé de *rend cœur*, rendre ce qu'on a sur le cœur; mais il avait plutôt le sens de *rancune*, chagrin, jalousie. A moins qu'il ne vienne de *rancorem*, rancidité.

Excuse, par pitié, ma jalouse rancœur.
(Régnier.)

Dans l'estomac, jette-lui la rancœur.
(Rossard, Franciade.)

G. Colletet dit de la Charité:

Elle aime autant comme elle s'aime;
Elle est sans fiel et sans rancœur.

— *Rancœur* avait fait le verbe *rancœurer*, dégoûter, qui a fait place à *écœurer*.

— Le cœur, pour les physiologistes, est l'organe central de la circulation du sang; une machine motrice vivante, une véritable pompe aspirante et foulante; un irrigateur organique, qui distribue le liquide nourricier à toutes les parties du corps; mais le mot *cœur* est passé dans la langue des poètes et des gens du monde avec des acceptions bien différentes.

Dans le langage ordinaire, le cœur n'est pas seulement un muscle nécessaire à la vie; c'est aussi le siège et l'emblème des sentiments les plus nobles et les plus tendres.

Cette contradiction entre la science et l'art n'est qu'apparente, et Cl. Bernard, dans une étude sur la physiologie du cœur (*Revue des Deux Mondes*, 1865), développe cette idée, et démontre que les nombreuses métaphores poétiques, qui attribuent au cœur un rôle si important, dans les choses de l'esprit, sont dues aux relations physiologiques du cœur avec le cerveau, et que l'esprit a deviné *a priori* et par intuition, les propriétés mystérieuses de l'action du cœur sur le cerveau.

Le siège des passions est dans le cerveau. Le caractère des passions est l'intermittence, car l'habitude d'un sentiment tend à s'émousser; d'où il résulte que le bonheur est dans l'inconstance.

L'effet des passions est de faire naître un changement et de modifier l'état normal dans la vie organique, c'est-à-dire dans les organes de la circulation, de la respiration, etc.

Par instinct, on a toujours dit dans la langue populaire : une tête forte, bien organisée, pour exprimer une intelligence supérieure ; un bon cœur, un cœur sensible, pour indiquer la perfection du sentiment.

Les gestes eux-mêmes expriment la même idée; et, pour exprimer en langage muet l'intelligence ou l'amour, nous portons la main à la tête ou sur la région du cœur.

Le cœur est celui de tous les organes qui ressent le plus et le plus vite l'influence des excitations sensitives, déterminées par les autres centres nerveux.

Le cerveau envoie ses impressions au cœur par deux sortes de nerfs ; les ralentisseurs et les accélérateurs. Les premiers diminuent le nombre et augmentent la puissance des pulsations ; les nerfs accélérateurs agissent en sens inverse.

Tous les mouvements agréables de l'âme excitent les nerfs accélérateurs du cœur et font battre cet organe plus vite. Les expressions : le cœur palpite de joie, tressaille de joie, caractérisent ces effets des nerfs accélérateurs.

Au contraire, tous les sentiments tristes diminuent la vitesse des battements du cœur et retardent la circulation vasculaire ; d'où il résulte une sensation douloureuse, que la langue traduit par les expressions : le cœur oppressé, avoir le cœur gros. Une mauvaise nouvelle, annoncée brusquement et sans précaution, brise le cœur.

Le cœur est le premier organe qui se montre dans l'être vivant; et dans la mort successive des organes, il reste le dernier à manifester ses fonctions. *Primum vivens, ultimum moriens*, dit Haller. (Il vit le premier et meurt le dernier.) De même que son premier battement est le signe de la vie, son dernier battement est le signe de la mort.

Le cœur, qui est l'organe le plus sensible de la vie végétative, et le cerveau, l'organe le plus sensible de la vie animale, sont dans des rapports incessants d'action et de réaction, et se trouvent dans une solidarité d'action réciproque des plus intimes.

Chez l'homme, l'influence du cœur sur le cerveau se traduit par la syncope et l'émotion. La syncope est due à la suspension momentanée des fonctions cérébrales, causée par la cessation de l'arrivée du sang artériel dans le cerveau. La privation du sang au cerveau se manifeste par la pâleur du visage, tandis que l'émotion, qui est le phénomène inverse, c'est-à-dire un afflux de sang plus considérable envoyé par le cœur au cerveau, produit la rougeur.

— Les sensations violentes, en échauffant le sang, le font monter à la tête par un flux rapide, dont le reflux vers le cœur est exprimé par les proverbes :

Se fâcher tout rouge ; n'avoir pas une goutte de sang dans les veines.

De là viennent les locutions de : cœur brisé par la douleur, cœur gros, cœur serré.

— Les impressions agréables, les douces émotions, qui traversent l'esprit comme un éclair, pour atteindre le cœur, s'y manifestent par des palpitations qui le font bondir et battre plus fort.

Ainsi, dire que « l'amour fait palpiter le cœur » n'est pas seulement une expression poétique, c'est une réalité physiologique.

De même, quand on dit à quelqu'un qu'on l'aime « de tout son cœur », cela indique que la personne ou son souvenir fait réagir notre cœur, pour provoquer dans notre cerveau une émotion affective. Le phénomène physiologique ne se produit, bien entendu, que si l'aveu est sincère ; sans cela, le cœur n'éprouverait rien, et le sentiment ne serait que sur les lèvres.

— L'homme peut maîtriser son cœur et étouffer ses passions, car la volonté peut dominer certaines sensations physiques, comme la raison peut exercer le même empire sur les sentiments ; mais, plus la raison tendrait à triompher, plus le sentiment tendrait à s'éteindre.

La puissance nerveuse capable d'exercer ses violences sur l'action physiologique est moindre chez la femme que chez l'homme ; c'est ce qui lui donne la supériorité dans le domaine de la sensibilité physique et morale.

La femme, comme l'a dit Mme de Sévigné, a une fibre de moins dans la tête, et une de plus dans le cœur. C'est ce qui a fait dire qu'elle a le cœur plus tendre que l'homme.

— Avoir du cœur, être tout cœur, être plein de cœur, se dit

dans le sens de courage ; de même que plein d'esprit, d'imagination.

— Le médecin Riolan assure qu'en faisant l'autopsie de quelques personnes mélancoliques, il avait trouvé le cœur très volumineux.

— *Cor cordium* (le cœur des cœurs), épitaphe du poète Shelley, par lord Byron, son ami.

— De grand cœur : avec grand plaisir.

— Un grand cœur, se dit pour un homme plein de courage, magnanime.

Un Gascon évitait les combats parce qu'il était tout cœur : la moindre blessure, disait-il, devait lui être mortelle.

Avoir le cœur gros : être chagrin.

Avoir le cœur léger, indique une disposition contraire.

Avoir le cœur sur la main : être très franc.

> Que le Vray du Propos estoit cousin germain,
> Et qu'un chacun parlait le cœur dedans la main.
> (Régnier, *Satire* XII, 8.)

...Elle a le cœur sur la main, et elle donne la main à tout le monde.

X... a un cœur d'artichaut, il en donne une feuille à tout le monde.

Elle a un cœur d'or..., mais l'a mis au mont-de-piété.

— Avoir mal au cœur, signifie avoir des nausées, par suite d'une mauvaise digestion.

Dans cette locution, le cœur est accusé injustement d'un méfait de l'estomac. C'est par suite d'une erreur des anatomistes grecs, qui donnaient le nom de cœur à l'orifice cardiaque ou supérieur de l'estomac, que la tradition a conservé cette locution.

Ambroise Paré (I, 14) dit : « Le dit ventricule a deux orifices, à sçavoir un supérieur, nommé estomach, et vulgairement cœur, et l'autre inférieur, nommé pyloro. »

— Apprendre par cœur. Les Grecs croyaient que toutes les facultés de l'intelligence résidaient dans la poitrine.

Cette locution nous est venue d'eux, et est restée en usage, quoique la physiologie moderne nous ait enseigné que la mémoire a son siège dans le cerveau et non dans le cœur.

— Dans un monument élevé au Palais de Justice à la mémoire de Malesherbes, le sculpteur Bosio a représenté la statue de la Fidélité avec un cœur d'or sur la main.

— Avoir le cœur dur, un cœur de marbre, de bronze...

N'avoir pas de cœur : avoir le cœur froid, glacé.

> *Peponem cordis loco habere.*
>
> (Tertullien, *Marcion*.)

Mme de Sévigné (?) a dit dans le même sens : « Il a un cœur de laitue fricassée à la neige. »

Avoir des cailloux dans le cœur :

> *Scopulos in corde gestare.*
> *Silex in corde tibi stat.*
>
> (Tibulle.)

> *Illi robur et æs triplex*
> *Circa pectus erat.*
>
> (Horace, *Carm.*, I. III, 9.)

Le cœur est dur quand il est plein. (Ali.)

On s'exerce à endurcir son cœur, on cache sa pitié, de peur qu'elle ne ressemble à la faiblesse ; on s'applique à dissimuler sa compassion, sans songer qu'à force d'enfermer un bon sentiment, on étouffe le prisonnier. (Vigny.)

Il n'y a rien de si beau que l'esprit de l'homme ; il n'y a rien de si effroyable que son cœur. (De Lassay.)

— Un jour, une gentille damoiselle jeta son gant dans l'arène, où luttaient des bêtes féroces, et dit à son chevalier : « Messire, irez-vous bien chercher mon gant ? — Pourquoi non ? répondit le chevalier. — Eh bien ! messire, si vous l'osez, je vous aimerai. »

Le chevalier s'élança dans le cirque, rapporta le gant, non sans avoir couru risque de la vie, et le présentant à la dame : « Voici votre gant, mais gardez votre amour. Je méprise l'amour d'un cœur aussi dur que le vôtre. »

— Bon cœur, mauvaise tête.

Si Dieu nous a mis la tête plus haut que le cœur, c'est pour qu'elle le domine. (Vigny.)

Loin des yeux, loin du cœur. (Voy. *absent*.)

L'amitié, dit Montaigne, a les bras assez longs pour se tenir et se joindre d'un coin du monde à l'autre.

> *Quantum oculis, animo tam procul ibit amor.*
>
> (Properce, V, 21, 10.)

Pour parler au cœur, il faut parler aux yeux. (Hoffmann.)

Des yeux qui ne se voient pas, finissent par s'oublier. (Proverbe grec.)

L'œil ne pleure que celui qu'il connaît. (Proverbe nègre.)

Le cœur est comme un miroir : il ne réfléchit l'objet que lorsqu'il est présent.

L'absence n'affaiblit pas l'amitié ; elle n'agit que sur les passions brûlantes, comme l'amour et la haine.

> L'absence est à l'amour ce qu'est au feu le vent,
> Elle éteint le petit et rallume le grand.
> (B. R......)

Coffrer, mettre en prison, de coffre, *cophinum*.

> Ton affaire allait bien, le drôle était coffré.
> (Molière, *Étourdi*.)

Cognée, du latin *cuneus*, coin (*cuneata*.)
Aller au bois sans cognée : vouloir la fin sans les moyens.
Jeter le manche après la cognée : abandonner une affaire par dépit.

Coi, de *quietum*, tranquille ; jadis *quoi, quoisier, accoiser*.
Les mots savants correspondants sont : quiétude, inquiet, inquiéter.

> Si volontiers se tenait quoy,
> Je vous dirai raison pourquoy.

Enfin la rumeur commença un peu à se racoiser. (*Satire Ménippée*.)

Coiffer, de *coiffe*, du grec *képhalé* (?), ou du haut allemand *kappha*, mitre.
Habillement, ajustement de la tête.
Il est né coiffé : constamment heureux. Allusion à la membrane appelée *coiffe*, qui enveloppe la tête des enfants au moment de leur naissance, et qui a été regardée dans l'antiquité comme un présage de bonheur.
Être coiffé d'une personne, d'une opinion ; en être engoué. (Voy. c'est la *coqueluche* du quartier.)

Coin, du latin *cuneum* ; grec *gônia*, angle.
Marqué au bon coin : qui possède d'excellentes qualités.

> Toi, qui sais à quel coin se marquent les bons vers.
> (Boileau.)

Dans ces locutions, *coin* est pris dans le sens de la matrice qui sert à frapper les monnaies, et du poinçon dont on marque les bijoux.

Coing, du latin *cydonia* ; provençal *codoing*.
Si l'estomac pouvait crier, il dirait : coing ! coing ! c'est-à-dire que le coing est un fruit excellent pour l'estomac.

Colère, du grec *kholê*, bile ; latin *cholera*.

On appelle un homme colère : grognon, grincheux, quinteux.

On dit encore que c'est un *crin*, un *hérisson*.

Quand il est en colère, il semble vouloir sortir de sa peau.

La moutarde lui monte au nez.

Il est dans ses états !...

Colères blanches : très violentes. On rougit de honte, on pâlit de colère.

On dit cependant : se fâcher tout rouge ; et aussi des colères bleues, par allusion à la teinte que prend le visage, quand une vive émotion y fait affluer le sang.

> *Ira furor brevis est.*
> (Horace.)

La colère est une courte folie.

> *Ira, ut ait Ennius, est initium insaniæ.*
> (Cicéron, Tusculanes.)

Craignez la colère de la colombe : la colère rend cruels les gens les plus doux.

La fourmi aussi a sa colère : *Inest et formicæ bilis.*

Quoique votre ennemi ne paraisse pas plus qu'une fourmi, craignez-le comme un éléphant. (Max. orientale.)

Les Italiens disent : « Garde-toi du vinaigre fait avec du vin doux. »

> *Nil est super iram mulieris.*
> (Eccles., XXV, 23.)

> *Notumque furens quid femina possit.*
> (Virgile, V, 6.)

Ce que Corneille a traduit :

> Sais-tu bien ce que peut une femme en fureur ?

— C'est la colère du père Duchêne. Cette locution a signifié d'abord la colère, plus ridicule que redoutable, d'un homme facile à apaiser ; mais elle prit une nuance sinistre pendant les mauvais jours de la Révolution, lorsque le fameux démagogue Hébert publia, sous le titre de *Père Duchêne*, un journal qui avait pris pour mission de désigner à l'échafaud ses victimes.

La colère du père Duchêne était devenue alors bien redoutable, et fit verser beaucoup de sang.

Enfin, après avoir prêché le meurtre pendant près de dix-huit mois, cet homme terrible périt lui-même sur l'échafaud, où il avait fait tomber tant de têtes innocentes.

Colin-Maillard. Jean Colin, guerrier du pays de Liège, au x⁰ siècle, fut surnommé Maillard, parce qu'il se servait d'un maillet pour assommer les ennemis. Dans une action, il eut les deux yeux crevés ; mais, guidé par ses écuyers, il ne cessa pas de combattre.

On attribue à cette anecdote l'origine du jeu de Colin-Maillard.

— *Maillard* est fait comme *Maillotins*, factieux sous Charles VI, qui assommaient avec des maillets les commis des douanes.

Colin-Tampon, sobriquet donné aux Suisses par les soldats français à la bataille de Marignan, par onomatopée du bruit de leurs tambours.

On dit : Je m'en moque comme de Colin-Tampon.

Collaborateur, *cum laborare* (travailler avec).

Synonymes : binômes, copains de laboratoire à l'école Polytechnique ; allusion au binôme algébrique, qui est une quantité composée de deux termes.

Collatéral, du latin *cum* et *latus*, côté.

Parents qui ne descendent pas les uns des autres, mais seulement d'une souche commune : frère et sœur, cousin et cousine, oncle et neveu, sont collatéraux.

Collation, du latin *collatio*, de *collatus*, participe de *confero*, s'entretenir ; d'où aussi conférence.

Repas qui était accompagné, dans les couvents, d'une lecture de commentaires sur les textes saints : *Legat unus collationes*, dit la règle de saint Benoît.

Le nom de la lecture s'est appliqué au repas.

C'est ce qu'on appelle aujourd'hui *lunch*, goûter.

Collège, latin *collegium*, de *colligere*, réunir.

Collegium mercatorum, réunion des marchands, à Rome.

Collégiale, se dit d'une église ou d'un chapitre de chanoines qui ne relève pas d'un siège épiscopal.

Coller, latin *colare*, couler à travers.

On dit plus souvent filtrer, de *filtrum* ou *feltrum*, feutre, et sasser, ressasser, passer par le sas, tamis de soie.

Colmatage, de l'italien *colmare*, combler.

Opération agricole, qui consiste à exhausser le niveau d'un terrain trop bas ou marécageux, à le fertiliser par le limon d'un cours d'eau détourné à cet effet.

Colombe, du latin *columba*.

La colombe est le symbole de la douceur, de l'innocence, de la pureté, de la science supérieure. Elle personnifie l'Esprit-Saint et J.-C. lui-même.

Dans les *bestiaires* sacrés, elle joue un des rôles importants : Noé l'envoie comme messagère. Elle apporte pour Clovis la Sainte Ampoule. L'âme des martyrs retourne vers Dieu, sous la forme d'une colombe.

Isaïe semble lui attribuer le don de la méditation. *Meditabor ut columba*.

Des colombes, dans la mythologie, étaient attelées au char de Vénus.

Elle était aussi l'emblème des plaisirs sensuels.

— La colombe de l'arche. L'arche de Noé s'étant arrêtée sur le mont Ararat, lorsque les eaux du déluge eurent commencé à baisser, la colombe, envoyée par Noé, à la découverte, rapporta dans son bec un rameau d'olivier vert, gage de la paix faite par Dieu avec les hommes.

Colonel, jadis *coronel*; du latin *corona*, couronne; ou plutôt de *columna*, colonne.

Les Espagnols disent encore *coronel*.

On disait de même autrefois *corporal* pour caporal.

En provençal *corpouraù*, de *corpus*.

Le capitaine est le chef, mais le colonel est le chef suprême.

La dénomination de ces deux vostres coronels Riflandouille et Tailleboudin... (Rabelais, IV, 37.)

— Sous l'ancien régime, on achetait une charge de colonel comme un autre office.

« Cette vénalité, dit Saint-Simon, est une grande plaie dans le militaire ; c'est une gangrène, qui ronge depuis longtemps tous les ordres et toutes les parties de l'État. »

La jeunesse du candidat n'était pas un obstacle.

Le petit-fils de Mme de Sévigné devint colonel avant 18 ans ; ce qui fit dire à son aïeule : « C'est une affaire à cet âge, de commander à d'anciens officiers. » (22 janvier 1690.)

L'opinion publique protestait contre cet abus, et dans sa comédie d'*Ésope à la Cour*, représentée vers la fin du règne de Louis XIV, Boursault, introduit un de ces officiers, qui dit naïvement :

> Je ne suis point soldat, et nul ne m'a vu l'être ;
> Je suis bon colonel, et qui sers bien l'État.

Le public applaudit à la réponse d'Ésope:

Monsieur le colonel, qui n'êtes point soldat!...

Louvois combattit l'abus. On en a la preuve dans la lettre de Mme de Sévigné, du 4 février 1689:

« M. de Louvois dit l'autre jour, tout haut, à M. de Nogent: Monsieur, votre compagnie est en fort mauvais état. — Monsieur, dit-il, je ne le savais pas. — Il faut le savoir, dit M. de Louvois; l'avez-vous vue? — Non, Monsieur, dit Nogent. — Il faudrait l'avoir vue, Monsieur. — Monsieur, j'y donnerai ordre. — Il faudrait l'avoir donné; il faut prendre un parti, Monsieur, ou se déclarer courtisan, ou s'acquitter de son devoir quand on est officier. »

Colonnes d'Hercule. Après avoir mis en communication la mer Méditerranée avec l'océan Atlantique, en séparant les monts Calpé et Abyla, Hercule, dit-on, avait élevé une colonne sur chaque rive.

L'une des colonnes est le promontoire de l'extrémité méridionale de l'Andalousie, dont l'élévation est d'environ 350 mètres au-dessus de la mer. C'est le mont Calpé des anciens, sur lequel est construite la forteresse de Gibraltar.

L'autre est Ceuta, promontoire africain, éloigné de 20 kilomètres environ.

Colosse, du latin *colossus.* (Voy. *pyramide.*)

On a appliqué ce mot à des hommes, à des animaux, à des statues d'une grandeur extraordinaire.

Dame Fourmi trouva le Ciron trop petit,
Se croyant pour elle un colosse.
(LA FONTAINE, l. 7. *La Besace.*)

— Le colosse de Rhodes, placé sur deux jetées, de manière à laisser passer les navires entre ses jambes, était une statue d'Apollon en bronze repoussé. Charès, disciple de Lysippe, mit douze ans à le modeler. Il avait 70 coudées de haut, ou 35 mètres. Il avait été érigé après la levée du siège de Rhodes par Démétrius.

En 652, les Sarrazins prirent Rhodes, et vendirent le colosse à un juif, qui le mit en pièces et en chargea 900 chameaux.

— Le grand cirque de Rome, bâti par Vespasien, appelé aujourd'hui Colisée, jadis *colossée,* ou *colosseum,* avait pris ce nom d'une statue gigantesque de Néron, placée dans son voisinage. Elle avait 110 pieds ou 32 mètres de haut, et se trouvait dans la Voie Sacrée.

— Les Égyptiens avaient fait des statues colossales avant les Grecs et les Romains. Stadicrato proposa à Alexandre de tailler le mont

Athos en une statue qui tiendrait d'une main une ville peuplée de 10.000 habitants, de l'autre un fleuve.

— La statue colossale de Saint-Charles-Borromée, sur le lac Majeur, a 21 mètres de haut. Elle est en cuivre repoussé.

— La statue de Notre-Dame de France, par Bonassieux, érigée sur le mont Corneille, près de la ville du Puy, a 20 mètres 66 de haut ; elle est en fonte et pèse 100.000 kilos.

— La statue de Notre-Dame de La Garde, à Marseille, par Lequesne, placée en 1870, a 10 mètres de haut. La hauteur de la colline est de 165 mètres, celle du clocher de 45 mètres. S.. au total 220 mètres au-dessus du sol : on l'aperçoit à dix lieues en mer. Elle est en bronze doré (galvanoplastie Christophle.)

Combat, du latin *batuere*, battre, *cum*, avec.

Et le combat finit faute de combattants.
(CORNEILLE, *Cid*.)

Combien, pour *comme bien*.

Ici, *bien* signifie *beaucoup* comme dans les locutions : bien des gens ; je vous cause bien de l'embarras.

Combinaison, ou permutation, en mathématiques, consiste à arranger un nombre dans toutes les formes qu'il peut prendre.

Les combinaisons du vers suivant peuvent se faire de mille vingt-deux façons :

Tot tibi sunt dotes, virgo, quot sidera cœlo.

Prestet a trouvé que les combinaisons des 24 lettres de l'alphabet peuvent former un nombre de mots exprimé par l'unité suivie de 24 chiffres.

Comble (*cumulum*, ou verbal de *cumulare*).

Le comble est la charpente du toit, le point culminant.

Servius le fait dériver de *calamus*, chaume, dont on couvrait les maisons.

Combler, c'est remplir jusqu'au bord.

Comédie, du latin *comœdia*, traduction du grec *kômôdia*, qu'on dérive de *ôdé*, chant, et *kômé*, bourgade, ou *kômos*, festin, orgie.

Thespis et les premiers comédiens jouaient leurs essais dramatiques dans les bourgades.

— Autrefois, *comédie* était le nom générique des représentations dramatiques ; aujourd'hui, ce mot désigne spécialement les pièces du genre comique.

Mᵐᵉ de Sévigné dit encore : « J'ai été à la comédie », quoiqu'elle ait assisté à une représentation tragique.

> Une ample comédie à cent actes divers.
> (La Fontaine.)

La comédie française est une gracieuse personnification de la force intellectuelle (?).

— Tout le monde joue la comédie : *Universus mundus exercet histrioniam.* (Pétrone.)

Chaque homme, en effet, affecte un air et un costume particulier, de sorte que la nature semble distribuer elle-même les rôles à chaque personnage de la comédie humaine.

— Il y a dans chaque pays un certain nombre de spectacles populaires qui, tout en étant d'un genre très secondaire, représentent exactement certains instincts nationaux.

Tels sont, par exemple, les marionnettes, les pantomimes, les jeux de force et d'adresse, les saynètes espagnoles, les vaudevilles français, les Pupazzi, de Brescia, etc.

Comédien. Le Concile d'Arles (315) déclare les comédiens excommuniés.

La profession de comédien était infâme chez les Romains, et honorable chez les Grecs.

Chez nous, on a pensé longtemps des comédiens comme les Romains, et vécu avec eux comme les Grecs.

— Mauvais comédien : bateleur, baladin, bouffon, cabotin, histrion, jongleur, paillasse, saltimbanque, turlupin.

— *Comédien* se dit, au figuré, d'un homme hypocrite, dissimulé, qui, dans des vues intéressées, feint des sentiments qu'il n'a pas, ou cherche à donner aux autres une fausse opinion de son mérite.

Comète, du latin *cometa*, grec *komêtês*, astre chevelu.

Les comètes, que les Précieuses appelaient les « interprètes du courroux des dieux », étaient, selon la tradition antique, des présages funestes, le signe d'un grand malheur qui menaçait le monde.

Dans les temps modernes, elles prédisent de bonnes vendanges, qui apportent des consolations au lieu de calamités.

Diri cometæ. (Virgile, *Géorgiques*, I, 488.) Comètes de mauvais présage.

— Au dire de Ménage, de son temps, on a beaucoup disserté si le mot *comète* était masculin ou féminin, et un plaisant dit qu'il fallait regarder sous la queue, pour savoir si elle était mâle ou femelle.

Rabelais (IV, 27) emploie *comète* au masculin, tandis qu'il le fait féminin (au Liv. I, chap. III.)

Comique. La célèbre troupe comique du Palais-Royal était si parfaite, vers 1850, que les médecins y envoyaient les hypocondriaques pour s'y guérir.

Grassot, Ar. Tousez, Bardou, Lhéritier, Levassor, etc., ont fait, pendant vingt ans, les délices de Paris.

Un jour, J. Janin, dans le feuilleton des *Débats*, trouva la note juste en les appelant de « sublimes butors ».

— Les acteurs comiques qui réussissent le mieux à faire rire le public, sont presque tous d'un caractère triste et mélancolique. Cela rappelle cette figure d'A. Préault, dont le masque joyeux, à demi soulevé, découvre un visage sillonné de larmes.

Villars, du *Gymnase*, à Paris, et Griffith, le célèbre paillasse de Londres, se sont tous deux suicidés, en 1856.

Arnal (mort à Genève en 1872), qui n'a jamais joué que des rôles de poltrons, était dans sa jeunesse un ferrailleur. Élevé dans les pupilles, et plus tard dans la jeune garde, il avait été surnommé le « bourreau des crânes ». Arnal fut, pendant plus de quarante ans, un comique tout à fait hors ligne. C'était, à la ville, un esprit inquiet, chagrin, presque misanthrope, recherchant la solitude. Après avoir fait la joie de ses contemporains, il mourut de spleen.

Commander, du latin *commendare*.

Pour bien commander, il faut savoir obéir : « Maniez la rame avant le gouvernail. »

Ne sers pas qui a servi, et ne commande pas à qui a commandé.

Les puissants commandent, les gens d'esprit gouvernent. (Duclos.)

Comme, conjonction ; du latin *quomodo*, de quelle manière.

Commencer, de *cum initiare*, dérivé de *initium*.

Chose bien commencée est à demi achevée.

Barbe bien étuvée est à demi rasée.

Qui bien commence, bien avance.

Ce que je sais le mieux, c'est mon commencement.
(Racine. *Plaideurs.*)

Le commencement est la moitié du tout. (Rabelais, IV, 3.)

Dimidium facti qui bene cœpit habet.
(Ovide.)

Commerce, du latin *commercium*, de *merx*, marchandise : échange de marchandises.

A *merx, mercis*, correspond *Mercurius*. Mercure était le dieu des marchands (et des voleurs). On le représente avec des ailes aux talons. (Voy. *Mercure*.)

— Dans l'ancien français, *marchandise* se disait pour commerce.

— Dans le commerce, la loyauté se complète par l'habileté. La loyauté sans l'habileté, c'est le volé ; l'habileté sans la loyauté, c'est le voleur. (Em. de Girardin.)

— Certaines maisons de commerce pourraient prendre pour enseigne : maison d'escroquerie.

— On dit aussi, au figuré, d'une personne bien élevée, qu'elle est d'un commerce agréable.

La vie sociale est, en effet, un commerce dans lequel on échange de bons procédés, ou, pour le moins, des politesses, car la politesse est la monnaie la plus recherchée dans les relations mondaines.

Pour un bienfait reçu, on dit : Je vous rends grâces ; c'est-à-dire : mes bonnes grâces, ma reconnaissance, mon amitié, vous sont acquises en échange de vos bienfaits.

Balzac a dit : « Les hommes font entre eux un commerce de services : le mot reconnaissance indique un *debet*. »

— La gloire s'achète au prix du bonheur ; le plaisir au prix de la santé ; la faveur au prix de l'indépendance. Le soldat achète de l'honneur avec du courage ; l'ambitieux obtient des distinctions et de la fortune au prix de sa liberté, et quelquefois de son honneur ; le sage acquiert du bonheur en échange de la vertu ; l'amour et l'affection sont payés par le dévouement et la sympathie ; tandis que les procédés égoïstes et haineux ne reçoivent que le mépris et la vengeance.

— Le commerce le plus lucratif a toujours été de vendre du plaisir, de l'espérance et du bonheur ; c'est celui des femmes, des prêtres et des rois.

Commis, latin *commissum*, mis à la tête d'une affaire.
Commis de boutique : courtaut.
Commis d'octroi : gabelou.
Commis des droits réunis : rat-de-cave.
Commis-voyageur : chevalier errant de l'industrie.

Commode, adjectif, du latin *commodum*, d'un usage facile.

C'est l'empereur Commode : il est sans gêne.

> J'aime mieux un vice commode
> Qu'une fatigante vertu.
> (MOLIÈRE, *Amphitryon*, I, 4.)

— Substantif : meuble à tiroirs. Dans un Dictionnaire de 1760, on dit que c'est un meuble d'invention nouvelle, que sa commodité a rendu bien vite très commun.

Communisme : la religion des misérables.

Le blason du communisme pourrait être : des frelons sur champ de gueules, tâchant d'exproprier des abeilles, avec la devise : « Ote-toi de là que je m'y mette. »

Compagnon, *cumpanionem*, de *cum*, *panis* ; — aussi copain. Celui qui partage le pain avec un autre.

Qui a compagnon, a maître : *Chi a compagnone, a padrone*.

Comparaison, *comparare*, mettre en parallèle, rapprocher.

La comparaison est une sorte de lumière, dont la raison s'aide pour montrer aux autres un objet dans l'obscurité (?).

C'est une sorte de métaphore, qui sert à éclairer le discours : « Ce héros s'élance comme un lion. »

Comparaison n'est pas raison : toute comparaison cloche.

Compensation, du latin *compensare*, mettre en balance.

Tout n'est pas compensation en ce monde, comme l'a démontré un philosophe (Azaïs), dont le système est plus lu sur le dos de son livre qu'à l'intérieur.

Un vidangeur épouse une parfumeuse, ...compensation !

Complaisance. La complaisance est une monnaie de laquelle tout le monde peut, à défaut de moyens essentiels, payer son écot dans la société ; on vous en tient toujours compte. (Voltaire.)

Si vous voulez obtenir de l'autorité sans peine, soyez complaisant. (Maxime orientale.)

Compliment, doublet de *complément* ; du latin *complere*, achever, qui a donné aussi *complies*.

Achèvement, accomplissement du devoir. Paroles polies et obligeantes, pour exprimer l'estime qu'on fait d'une personne. (*Verba officiosa*.)

Plaute (*Captifs*) appelle ces vaines politesses : *Verba sine pane et pecunia*. Paroles qui ne donnent ni pain ni argent.

Ailleurs, il dit : *Argentea salus*. Un bonjour d'argent.

C'est parce que l'or est rare que l'on a inventé la dorure, qui, sans en avoir la solidité, en a le brillant. Ainsi, pour remplacer la bonté qui nous manque, nous avons inventé la politesse, qui en a toutes les apparences. (Lewis.)

— Compliments de la place Maubert : injures.

Rengainer son compliment. Locution prise du *Mariage joué*, de Molière. Sganarelle, mis en demeure de se battre, et à qui Alcidas présente deux épées, en lui disant qu'il vient lui faire « un petit compliment », prie ce dernier de rengainer « son compliment ».

Comprendre, latin *comprehendere*, saisir ensemble.
Ce doit être beau, je n'y comprends rien.

Comptable. (Voy. *compter*.)
« Tout comptable est pendable. » Mézeray, travaillant au Dictionnaire de l'Académie, avait ajouté cette phrase comme exemple, au mot *comptable*. Ses collègues n'ayant pas voulu l'admettre, il l'effaça et écrivit en marge : « Rayé quoique véritable. »

Les comptables sont comme les éponges ; il faut les presser quand elles sont pleines. (Mot de Domitien.)

Un comptable convaincu de concussion fut destitué : « On a bien tort de me chasser, dit-il ; j'ai fait mes affaires, j'allais faire celles de l'État. »

Compte, dérivé comme *comput* de *computum*, calcul ; ou substantif verbal de *compter*.
Les bons comptes font les bons amis.

Compter, du latin *computare*, peser, estimer.
Autre forme, *conter*. Rabelais (III, 2) écrit toujours de cette seconde manière : « Vendant à bon marché, je dis argent contant. »
Qui compte sans son hôte, compte deux fois.
Brebis comptées, le loup les mange.
Compter sur ses doigts.

Concert. La langue française a emprunté vers 1560, à l'italien, le mot *concerto*, qui signifiait alors conférence. Ce terme fut ensuite appliqué à l'harmonie des voix ou des instruments.

Au XVIIe siècle, on disait : concert de musique.

C'est ainsi que Molière, dans le *Bourgeois gentilhomme*, qui fut représenté en 1670, fait dire (acte II, scène I) à l'un des personnages: « Il faut qu'une personne comme vous ait un concert de musique tous les mercredis ou tous les jeudis. »

Au xviiⁿ siècle, *concert* s'emploie absolument et ce serait, aujourd'hui, un pléonasme de dire concert de musique. On dit cependant : un concert de musique religieuse.

Concis, du latin *concisum*, de *concidere*, retrancher.
Synonymes : bref, laconique.
Style concis, serré ; qui dit beaucoup en peu de mots.
Démosthène est si parfait dans sa concision, et Cicéron dans son abondance, qu'on ne peut rien retrancher à l'un, ni rien ajouter à l'autre.

Conclave, du latin *conclave*, de *cum*, *clavis*, fermé à clef.
Assemblée des cardinaux pour l'élection d'un pape. Ils sont alors enfermés dans des appartements du Vatican, dont on mure les portes jusqu'à l'élection du nouveau pape. Cet usage remonte à 1270.
Clément IV étant mort à Viterbe, en 1268, les cardinaux furent deux ans sans pouvoir s'entendre, et ils allaient se séparer sans avoir rien terminé, lorsque les habitants de Viterbe, sur les conseils de saint Bonaventure, les enfermèrent dans le palais pontifical dont ils enlevèrent la toiture et murèrent les portes. Ils les forcèrent ainsi à faire l'élection.

— Qui entre pape au conclave, en sort cardinal.
— Il n'y a point de mer si agitée qu'un conclave ; les choses y changent mille fois de face ; la situation des esprits varie à chaque instant par les intrigues et les artifices qu'on y met en usage. Souvent celui que l'opinion proclamait pape, se voit préférer un sujet moins digne.

Concordat, mot latin, accord.
Convention entre un pape et un souverain, qui se fait en matière bénéficiale, et généralement sur toutes les affaires ecclésiastiques contentieuses et obligatoires.
En 1516, Léon X fit, à Cologne, un concordat avec François Iᵉʳ, dans le but de donner au roi le pouvoir de nommer tous les évêques, abbés, prieurs de France. Il abolissait la Pragmatique Sanction et la liberté des élections canoniques, qui appartenait au clergé.
Napoléon Iᵉʳ a fait aussi un concordat avec Pie VII.

Concupiscence, du latin *concupiscentia*, désir violent.
Inclination vers les choses sensuelles.

Concussion, du latin *concussionem*.
Détournement des deniers publics par un fonctionnaire chargé de les administrer ; ou crime d'un fonctionnaire qui abuse de son auto-

rité pour extorquer de l'argent, percevant ou exigeant des droits trop forts.

Confession, du latin *confessionem*, aveu.

La confession est une opération qui consiste à se débarrasser des péchés qu'on a commis, pour faire place à ceux qu'on va commettre.

Le confessionnal, c'est la boîte aux lettres de la conscience. (Gerbet.)

Confiance, du latin *confidentiam*, qui a donné aussi *confidence*.

La confiance est la bravoure de l'âme. (Préault.)

La confiance est la première condition du succès.

Il a tant de confiance en lui-même, qu'il ne lui en reste plus pour les autres.

Ne vous confiez pas à un homme, de quelque rang qu'il soit, s'il n'est consciencieux en tous ses actes.

Confidence, autre forme du mot *confiance*.

Communication de pensées secrètes entre personnes amies.

La démangeaison de parler fait plus de confidences que l'amitié. (Coran.)

Conflagration, du latin *cum*, avec, *flagrare*, brûler.

Embrasement général, qui, selon quelques philosophes anciens et la doctrine chrétienne, doit arriver à la fin des siècles, et dans lequel la terre sera consumée par un déluge de feu.

Confondre. Exemples de confusion :

Prendre l'astronomie de Josué pour celle de Copernic; le masque pour le visage; le Manzanarès pour le Pactole; les choses futiles pour les choses utiles, etc.

Confort. Le confort est la tyrannie du corps.

Confortable, anglicisme qui signifie bien-être matériel, commodités, aisances de la vie.

Il n'y a rien de plus insupportable qu'une vie bien arrangée, confortable, qui vous permet de vous approprier les moindres parcelles de la matière et d'en faire une pulpe nourrissante et cotonneuse, brillante et propre, au sein de laquelle l'âme expire dans la jouissance. C'est l'affreuse monotonie de ce bien-être qui donne le spleen aux Anglais. (Balzac.)

Sainte-Beuve, à la fin de sa vie, disait : « La saturation, il y a un moment où cela vient, dans ce repas qu'on appelle la vie; il ne faut qu'une goutte alors pour faire déborder la coupe du dégoût. »

Congé, du latin *congiarium*, distribution de sel et d'huile faite au peuple romain par les magistrats qui célébraient leur avènement à l'édilité.

C'était une mesure appelée *congius* (environ trois pintes), qui avait donné son nom à ces distributions.

Le mot *congiarium* désigna plus tard toute espèce de dons faits au peuple.

— Le français *congé* a conservé le sens du mot latin jusqu'en 1372, époque où il prit le sens absolu de permission, par suite d'une ordonnance de Charles V.

— *Nota* : Les formes anciennes *congiet* et *conget*, et le provençal *comjat*, supposent *commeatum*, permission d'aller ; le *t* final fait rejeter *congiarium*.

— La langue ne doit jamais parler, sans congé au cœur demander.

Conjungo, nom donné au mariage dans le langage familier ; mot latin qui signifie « mettre ensemble sous le joug ».

Chez les Romains, une des cérémonies du mariage consistait à faire passer sous le joug les nouveaux époux.

Dans le mariage religieux moderne, le poêle que l'on place sur la tête des époux représente le joug, et continue ainsi la tradition de l'antiquité.

Au Moyen-Age, le ciel-de-lit s'appelait *poêle* ; le prêtre, à cette époque, encensait la chambre nuptiale, et bénissait les époux au lit.

Connaître, du latin *cognoscere*.

Connais-toi toi-même, *Nosce te ipsum*.

Traduction d'une célèbre inscription placée au fronton du temple de Delphes : « *Gnôthi seauton* », et attribuée à Chilon, l'un des Sept Sages de la Grèce.

Les Anglais disent : « Seigneur, fais que je me voie comme les autres me voient. »

« Qui se connaît, connaît aussi les autres ; car chaque homme, dit Montaigne, porte la forme entière de l'humanité. »

— Connu comme Barabbas et la Passion ; comme le loup blanc.

Connu dans l'univers et dans mille autres lieux.
(T. GAUTHIER.)

Expression ironique et plaisante dans son exagération.

— La devise de Pic de la Mirandole, qui s'offrait à soutenir des thèses sur toutes les connaissances humaines, était : *De omni re scibili*. (De toute chose qui peut se savoir.)

Un plaisant y ajouta : *et quibusdam aliis* (et de quelques autres.)

La devise est passée en proverbe, avec son supplément, pour désigner un ignorant vaniteux qui tranche toutes les questions.

— Il ne connaît pas son bonheur : il n'apprécie pas ce qu'il a.

Bien n'est connu, s'il n'est perdu. (Meurier, XVIe siècle.)

> Le bien perdu mieux on cognoist
> Qu'on ne faisoit quand on l'avoit.
> (XVIe siècle.)

Marchand d'oignons se connaît en ciboules.

Mlle Mézeray, artiste peu spirituelle, disait à Baptiste cadet, qui jouait les niais à la Comédie-Française : « Vous jouez bien les bêtes. — Votre suffrage est d'autant plus flatteur pour moi, répondit-il, que vous devez vous y connaître : votre père en faisait. »

Conquérant : *Démoboros*, mangeur de peuples. (Homère.)

Conscience, latin *conscientia, cum, scire*.

La conscience est la raison éclairée par la loi naturelle et la loi écrite ; c'est la loi des lois.

La conscience est le puits de la vérité. (De Clinchamp.)

La conscience vaut mille témoins. (Quintilien.)

La conscience est le meilleur livre de morale que nous ayons. (Pascal.)

La conscience n'est pas soumise à un arbitrage absolu : tout dépend du point de vue où se place le casuiste. Tout peut se justifier, tout peut se soutenir : Don Juan et Céladon, l'ange et la bête, la nuit et le jour, la bagatelle et le parfait amour. La vie a du bon, mais que savons-nous de la mort ?... (Cherbuliez.)

La conscience est un tribunal secret érigé dans notre cœur.

Une mauvaise conscience est un bourreau qui déchire le cœur.

L'emblème d'une mauvaise conscience est Prométhée déchiré par le vautour.

La conscience est comme une coupe remplie, dont le vice forme la lie.

— Avoir la conscience large... comme la manche d'un cordelier.

— La main sur la conscience : avec franchise.

Mais, monsieur, mettez la main sur la conscience : est-ce que vous êtes malade ? (Molière, *Malade*, I, 5.)

— Je déclare, la main sur l'*estomac*, que je préfère la bouillabaisse de Marseille à la soupe aux pidocchi de Venise. (Th. Gautier.)

Conscription, du latin *conscribere*, inscrire sur les rôles.

« L'impôt du sang », mot célèbre, créé par le général Foy, dans un discours à la Chambre, le 28 mars 1824.

— Synonymes : enrôlement, recrutement, levée, tirage au sort.

Le conscrit est le jeune soldat, aussi appelé recrue, de *recroître* : ce qui a crû, la récolte de l'année.

Conseil a deux sens : 1° assemblée ; 2° résolution.

Latin *consilium*, qui se rapporte à *consulere*, veiller à, consulter ; ou *concilium*, de *concalare*, assembler, qui a donné aussi *concile*, assemblée d'évêques réunis pour décider des questions de foi et de discipline, et *conciliabule*, assemblée de prélats irréguliers et hérétiques.

— Le conseil sert à diriger ; l'avis, à faire connaître ; l'avertissement, à éclairer, à prémunir.

Les conseils sont aussi faciles à donner que difficiles à recevoir.

Il faut conseiller aux gens de faire ce qu'ils voudront ; c'est le seul conseil qu'ils soient disposés à suivre.

— Chose faite, conseil pris.

A parti pris, point de conseil.

Il a bientôt assemblé son conseil, se dit d'un homme résolu.

On disait que la mule de Louis XI était bien forte, car elle portait le roi et son conseil.

— La nuit porte conseil.

On dit aussi : consulter l'oreiller.

Les Latins disaient : *In nocte consilium*.

<blockquote>
Dans les ténèbres de la nuit,
La raison voit plus clair que quand le jour nous luit.
</blockquote>

Il y a des surprises de l'âme comme des sens : attendez au lendemain, la réflexion est une douche morale.

Conseilleur ; radical *conseiller*.

Les conseilleurs ne sont pas les payeurs. (Proverbe.)

Les hommes les moins généreux sont toujours prodigues de conseils.

On ne donne rien si libéralement que ses conseils. (La Rochef.)

On pourrait ajouter qu'ils sont reçus ordinairement avec aussi peu d'empressement que de reconnaissance ; quoique les conseils soient donnés gratuitement, on est quelquefois tellement obsédé par les conseilleurs, qu'on les paierait volontiers pour les faire taire.

— Donner un conseil est un acte qui établit une sorte de supériorité flatteuse pour l'amour-propre, tout en blessant celui à qui on le donne.

Recevoir un conseil et en user, c'est un acte de soumission, un sacrifice qui nous humilie et nous indispose contre celui qui nous le donne.

Il est à remarquer aussi que les conseils sont souvent intéressés et ressemblent à celui de M. Josse. Il y a des gens qui voudraient vous empêcher de manger du melon parce qu'ils le redoutent.

— Les miroirs ont été appelés *conseillers* avant le temps des Précieuses.

Consentir, du latin *consentire,* être du même avis.

Qui ne dit rien, consent ; le silence implique l'assentiment.

Qui tacet, videtur consentire. (Axiome de droit.)

Conservatoire, du latin *conservare,* conserver.

Le Conservatoire de musique fut créé à Paris, en 1792, par Sarrette, capitaine d'état-major, sous le titre d'Institut national de musique ; mais le 16 thermidor, an III, Chénier, dans un rapport au nom du Comité de l'instruction publique, revendiqua ce nom pour l'Institut national des sciences et des arts, et l'école de musique prit le nom de Conservatoire.

Considérer, du latin *considerare, cum* et *sidus,* astro.

Regarder une chose avec la même attention qu'on met à examiner les astres.

Est fait comme *contempler.*

Les anciens appelaient *templum,* templo, l'espace du ciel libre, que les augures désignaient avec le bâton augural et où ils examinaient le vol des oiseaux.

Consolation, même origine que *consoler.*

La consolation des malheureux est d'avoir des semblables.

Épictète regardait cette maxime comme une preuve de la méchanceté des hommes.

— Verre de consolation. C'est l'oubli de la misère, que le pauvre cherche au fond d'un verre d'eau-de-vie.

On dit aussi, dans le langage populaire : étrangler la douleur.

Consoler, du latin *consolari* ; de *solatium,* soulagement.

Il est né consolé, se dit d'une personne peu sensible.

En vieux français : *soulas*, agrément, plaisir.

> Quand por ta desloyauté
> M'as osté
> Tout le soulas de ma vie.
>
> (A. Chartier.)

Consorts, du latin *consortes*.

Se dit, dans une affaire civile, de tous ceux qui ont un intérêt commun avec quelqu'un, et qui gagnent ou perdent leur cause avec lui.

Conspuer, du latin *cum* et *spuere*, cracher sur.

A signifié cracher sur quelque chose ; signifie aujourd'hui repousser avec mépris.

Conte, latin *computare*, orthographe ancienne de *compte*.

> Une morale nue apporte de l'ennui ;
> Le conte fait passer le précepte avec lui.
>
> (La Fontaine.)

Contes ! *fabulæ !* (Térence.) Chansons que tout cela !
Conte à dormir debout : récit ennuyeux, sornettes.
Contes de nourrice,...de ma mère l'Oie,...contes bleus.

— La bibliothèque bleue, ainsi nommée parce que les petits livres qui la composent sont recouverts en papier bleu, est un recueil de contes frivoles, publiés par Oudot, imprimeur à Troyes, vers la fin du XVIe siècle.

Contempler. (Voy. *considérer*.)

Contentement, du latin *contentus*, content.

Contentement passe richesse. Riche qui est content.

Le premier dicton présente en quelque sorte une contradiction, car si le contentement pur se trouve dans les désirs bornés, l'amour des richesses, au contraire, est insatiable et ne saurait, par suite, arriver à donner une satisfaction entière à ceux qui en sont possédés.

Contentieux, du latin *contentio*, dispute, effort.

Ce sur quoi on dispute.

Contradiction, latin *contra*, *dicere*, contredire.

> L'honneur de contredire a pour lui tant de charmes
> Qu'il prend contre lui-même assez souvent les armes ;
> Et ses vrais sentiments sont combattus par lui
> Aussitôt qu'il les voit dans la bouche d'autrui.
>
> (Molière, *Misanthrope*, II, 3.)

Je connais un homme qui ne dit jamais oui ; qui dispute toujours, qui contredit tout le monde, et qui cesse de vouloir ce qu'il veut, dès qu'un autre le veut comme lui. (Scudéri.)

Je ne pense jamais comme les autres, et quand on est de mon avis, je n'en suis plus. (Scribe.)

Contralto, mot italien.

La plus basse des voix aiguës, et la plus grave des voix de femmes, qui correspond à la voix de baryton chez l'homme et a la même étendue une octave plus haut.

Contrepéterie ou *contrepetterie*, contre et péter dans le sens de rendre un son.

Transposition de la lettre initiale de deux mots dans une phrase, de manière à changer le sens.

Hasard par lequel les lettres interverties forment un sens nouveau.

On en trouve plusieurs dans le *Moyen de parvenir* de Béroalde de Verville, et dans Rabelais, qui les appelle « équivoques » :

Un pot sale, un sot pâle ; il tiendra une vache, il viendra une tache ; fort de main, mort de faim ; goutteux, tout gueux ; tendez votre verre, vendez votre terre. Coupe gorgée et gorge coupée, sont une contrepetterie finale de Rabelais.

Contrôler, jadis *contre-rôler*.

Ronsard fut des premiers à souder les deux mots.

> Car, il contrôle tout, ce critique zélé,
> Et tout ce qu'il contrôle est fort bien contrôlé.
> (Molière, *Tartuffe*, I, 1.)

Convers, du latin *conversum*, converti.

Frère convers, sœur converse — frère lai, laïque, récemment admis, sans études, n'ayant pas reçu les ordres sacrés et remplissant les humbles offices dans la maison. Les sœurs converses de même.

Cette institution est due à Jean Gualbert, au XIe siècle. (Voy. *lai*, ordre.)

— Avant le XIe siècle, on appelait « convertis » (*conversi*), ceux qui embrassaient la vie religieuse après l'âge de raison, pour les distinguer de ceux que leurs parents y avaient destinés dès l'enfance, en les offrant à Dieu, et que l'on nommait « oblats » (*oblati*, offerts).

Conversation, de *conversari*, se trouver ensemble.

Sa conversation est un pugilat. (G. Sand.)

Voilà la conversation qui m'arrive, disait X..., en voyant entrer un visiteur aimable.

Conversion, du latin *cum* et *vertere*, tourner.

Dieu se réjouit plus de la conversion d'un pécheur que de la persévérance de cent justes.

— Les grandes et sympathiques conversions sont, aux yeux du monde, celles des grands libertins et des grands orgueilleux.

Celles de saint Paul, de saint Augustin, de Charles-Quint ; celle d'Ignace de Loyola, quand blessé grièvement à Pampelune, la pensée de l'éternité se présenta à lui tout à coup ; celle de Rancé, lassé des vanités mondaines et inventant, pour s'en punir, les austérités de la Trappe, voilà quelques unes des conversions les plus célèbres.

Convicts, du latin *convictus*, convaincu de crime.

Nom que l'on donne en Angleterre aux condamnés des deux sexes que l'on déporte à Botany-Bay.

Copeau, jadis *coupeau*, de couper.

Ung coupeau d'oignon. (Rabelais.)

Coq, mot fait par onomatopée du chant de cet animal, qui fait *coquerico*.

Borel le dérive du mot breton *coq*, rouge, à cause de la couleur de sa crête.

On le tire aussi de *calcare*, provençal *caucar*, fouler, parce qu'il coque ou coche souvent la poule. *Quod eam sæpius calcet* : idée d'oppression, de peser sur, qui se retrouve dans *cauchemar* (?).

— Le coquelicot doit son nom à sa ressemblance avec la crête du coq, dont le chant est coquerico.

— On a remarqué que ce mot, dans sa double acception, de mâle de la poule, et de cuisinier, est, avec *cinq*, le seul mot français terminé par un *q*.

— Synonyme : Pendule à plumes.

— Le *coq gaulois*, comme emblème de la France, a une origine très ancienne, qui provient tout simplement d'un jeu de mots latin : *Gallus* signifiant à la fois *coq* et *gaulois*.

Vers le xv⁰ siècle, cet emblème commença à se généraliser et servit à la France d'armes parlantes.

Sous Louis XIV, il figure souvent sur les médailles et les monnaies.

En 1789 et en 1830, la France adopta le coq gaulois pour symboliser officiellement la nation.

— De même on a adopté le peuplier comme emblème de la liberté des peuples, parce que, chez les Romains, *populus* avait la double signification de peuplier et de peuple.

— La *crête du coq* est le symbole de la fierté : lever la crête ; et la cocarde est sans doute ainsi nommée à cause de sa ressemblance avec la crête de l'animal.

— Le *coq du clocher*, coq-girouette qui surmonte le clocher des églises, est une malice innocente que se permit le Moyen-Age contre saint Pierre, qui avait tourné avec le vent et renié son maître, avant le chant du coq.

Les fidèles y voient un emblème de la vigilance des ministres de Dieu.

— *Coq* se prend pour homme : le coq du village.

La poule ne doit pas chanter devant le coq. (Voy. *chanter*.)

> C'est chose qui moult déplaist,
> Quand poule chante et coq se tait.
> (Roman de la Rose.)

— *Coq-à-l'âne*, discours où l'on passe, sans aucune transition, d'un sujet à un autre ; comme ferait celui qui passerait brusquement du coq à l'âne.

Marot a fait des satires intitulées *Coq-à-l'âne*.

Je ne vis jamais tant sauter du coq à l'âne. (*Moyen de parvenir*.)

Rabelais dit : sauter du coq à l'asne, pour passer d'une chose à une autre qui n'y a aucun rapport.

Cela justifie l'application de l'expression à certaines phrases amphigouriques, à des phrases qui n'offrent aucun sens.

Coquard. Rabelais désigne sous ce nom, un galantin, un godelureau.

Il vient de *coq*, comme *coquet*.

Coquecigrue. A la venue des coquecigrues, c'est-à-dire jamais.

Rabelais désigne sous ce nom un oiseau imaginaire : mot composé de *coq*, *cygne*, *grue*.

Coqueluche. On appelait *coqueluche* ou *capuchon* un vêtement qui couvrait la tête et les épaules.

C'est la coqueluche du quartier : il est recherché de tous.

C'est comme quand on dit : tout le monde en est coiffé.

La coqueluche des moynes. (Rabelais, II, 7.) Raillerie sur le capuchon des moines et sur leurs dévotions nocturnes, qui leur engendraient des coqueluches, sorte de mauvais rhume qui ne les quittait pas plus que leur capuchon. (Le Duchat.)

— Mézeray rapporte qu'en 1414, un étrange rhume, que l'on nommait *coqueluche*, tourmenta toute la population et rendit les voix si enrouées, que le barreau, les chaires et les collèges, en furent muets. On voit par une note, sur les registres du Parlement, du 6 mars 1413, qu'on n'a pas plaidé ce jour-là, à cause de la coqueluche.

Coquetterie, de coquet, petit coq ; qui cherche à plaire.

La coquetterie bien entendue est véritablement désir de plaire.

Ovide a dit : « Soyez aimable, et vous serez aimé », et Martial : « *Ut ameris, ama.* »

La femme la moins coquette sait qu'on est amoureux d'elle, un peu avant celui qui en devient amoureux. (Florian.)

La vertu d'une femme paye souvent les frais de sa coquetterie.

La coquetterie est une luxure platonique.

Une femme qui renonce à la coquetterie, est une reine qui abdique : elle se voit bientôt délaissée de tous ses courtisans.

Coquille, du latin *concha*; diminutif de *coque*; synonyme d'*argent*.

Marot dit de Coquillart, qui mourut de chagrin pour s'être ruiné au jeu de la mourre :

A ce méchant jeu, Coquillart
Perdit la vie et ses coquilles.

— On appelle « monnaie de Guinée », en conchyliologie, une petite coquille univalve, qui sert de monnaie aux naturels des côtes de Guinée.

Les Anglais appellent « guinée » une monnaie de compte qui vaut 25 francs.

De là peut-être est venue la locution de *coquilles*, pour argent.

— Coquilles d'imprimerie :

Contre-animal, pour contre-amiral. (Alman. Didot, 1867, p. 142.)

Les bêtes couronnées, pour têtes.

Chamailleries diplomatiques, pour chancelleries.

L'administration du port de Toulon va passer un marché pour la livraison de 600.000 litres de vin de champagne, pour campagne. Le journal de Marseille qui fait cette singulière annonce (1867), supposait sans doute que le champagne était destiné à fournir beaucoup de « mousses » à la marine.

On a volé les cuisses (caisses) des veuves.

Dans un missel : Ici le prêtre ôte sa culotte (calotte).

La compagnie a redoublé de zèle pour empocher (empêcher) des bénéfices illicites.

Belle femme (ferme) à vendre, de bon rapport, avec dépendances et terrains giboyeux.

Avec beaucoup de foin (soin) le malade a repris des forces.

L'amiral Folichon (Fourichon). (*Toulonnais*, 2 mars 1867.)

Les monstres (ministres) étaient tous à la Chambre.

Les gredins (gradins) du centre ont applaudi.

Les fonds ont été volés (votés).

Les versements se feront au piège (siège) de la société.

M. X... qui vient de mourir, est le père de ses (seize) enfants. (*Indépendance belge*, 31 janvier 1867.)

Un incendie s'est déclaré chez les sœurs (sieurs) Michaud frères.

La prima dona est soûle (seule) en scène.

Coquin, du latin *coquinus*, cuisinier.

Homme vil, méprisable.

C'est le confrère de *gueux*, venant de *coquus*.

Plaute appelle un voleur *coquus*.

— *Coquin* vient certainement de *coquus*, comme l'indique le vieux proverbe : Il n'est vie que de coquins.

C'est de même que *fripon* vient de *friper*, manger gloutonnement.

Frippe, signifie ce qu'on met sur le pain, depuis le beurre jusqu'aux confitures.

— Le coquin est comme une machine dans laquelle logerait un diable. (Gœthe.)

— On a donné le nom de Coquinville à la colonie des déportés de Cayenne.

— *Coquin* prend parfois le sens de gentil : c'est un petit coquin.

Cor, du latin *cornu*, corne.

De là cor de chasse, cornemuse, corner.

Corner aux oreilles, corner l'eau.

Cor aux pieds : excroissance cornée.

Appeler à cor et à cri. (Locution cynégétique) : poursuivre la bête en criant et en sonnant du cor.

— Un Concile défend aux prêtres de chasser *cum cornu et clamore*.

Coram populo, locution adverbiale latine : devant le peuple, en public.

Corbillon, jeu de salon, où il faut répondre en rimant et sans hésitation.

> Je prétends que ma femme, en clartés peu sublime,
> Même ne sache pas ce que c'est qu'une rime ;
> Et, s'il faut qu'avec elle on joue au corbillon,
> Et qu'on vienne à lui dire à son tour, qu'y met-on ?
> Je veux qu'elle réponde : une tarte à la crème.
> (Molière, *École des Femmes*, I, 1.)

Corde, du latin *chorda,* boyau ; par extension *corde.*

La corde a joué, jusqu'à l'invention du Dr Guillotin, un très grand rôle dans l'exécution des hautes-œuvres, et l'on remarquera que tous les proverbes faits sur ce mot sont relatifs à la pendaison :

Avoir de la corde de pendu.

Espoir de pendu : que la corde casse.

Cet habit fait peur aux voleurs : il montre la corde.

Il ne faut pas parler de corde dans la maison d'un pendu.

> *Ad restim res rediit.*
> (Térence, *Phormion*, 5-8.)

(Nous n'avons plus qu'à nous pendre.)

Gens de sac et de corde : qui méritent les châtiments de la justice.

Les Scapins, les Crispins, les Mascarilles, sont assez ordinairement gens de sac et de corde. (Sainte-Beuve.)

— Sous Charles VI, les agents de l'autorité s'emparaient des ennemis du pouvoir, et, après les avoir enfermés dans des sacs cousus ou liés par le haut, les jetaient de nuit dans la Seine, sous le pont au Change ou devant la tour de Billy.

Quant à la corde, elle jouait fréquemment son rôle à cette époque. Villon en donne la preuve.

Corde de bois. *Corder,* en roman, signifie mesurer.

...*Quel compradar puesca cordar si vol.* (Lexique roman.) Que l'acheteur puisse le mesurer, s'il le veut.

Cordelier, religieux qui a les reins ceints d'une corde.

Avoir la conscience large comme la manche d'un cordelier.

Gris comme un cordelier. (Le gris est la couleur de leur robe.)

Parler latin devant les cordeliers : parler d'une chose devant ceux qui la savent mieux que vous.

Cordial, qui vient du cœur, qui touche au cœur.

Médicament excitant, qui a la propriété d'augmenter la chaleur générale du corps et l'action du cœur, ou plutôt de l'estomac.

Cordon-bleu, signe distinctif des chevaliers de l'ordre du Saint-Esprit, institué par Henri III.

— *Cordon-bleu* : excellente cuisinière.

Le commandeur de Souvré, le comte d'Olonne et d'autres gentilshommes qui tenaient table ouverte avec distinction, étaient des cordons-bleus, c'est-à-dire chevaliers de l'ordre du Saint-Esprit, et l'on disait alors d'un bon dîner : un repas de cordon-bleu ; d'une bonne cuisinière, une cuisinière de cordon-bleu ; puis, par abréviation, un cordon-bleu.

Cordonnier, jadis *cordouanier*, qui travaille le cordouan, cuir de Cordoue.

— Les Maures d'Espagne, dont Cordoue était la capitale, travaillaient le cuir dans la perfection.

Lorsque Ferdinand les eut chassés d'Espagne, ils portèrent leur industrie au Maroc, et le cuir qu'ils y fabriquèrent s'appela « maroquin ».

En 1735, Béranger, chirurgien de marine, importa en France le procédé de fabrication des Arabes.

— Une sorte de cuir qui s'appelait « brodequin », a laissé son nom à une chaussure.

— Les cordonniers sont les plus mal chaussés.

Cette locution s'applique surtout à ceux dont les actions ne répondent pas à l'austérité de leur profession, qui ne pratiquent pas la morale qu'ils enseignent.

— Dans la classe des ouvriers, on appelle « crépins » les cordonniers (disciples de saint Crépin).

Les outils dont ils se servent, s'appellent aussi des « crépins » ; et « marchands de crépins » les fournisseurs pour cordonniers.

— Le maître cordonnier s'appelle *pontife*, l'ouvrier *gnaf*, l'apprenti *pignouf*.

Pontife vient de la mode inaugurée au commencement du XVIIᵉ siècle, de porter des souliers *à pont* :

« Les bourgeoises, non plus que les dames, ne vont nulle part maintenant, qu'avec des souliers *à pont*. (Discours nouveaux sur la mode de Paris, 1613.)

Le « baquet de science » est le seau où trempent le cuir et la poix.

Corinthe, ville célèbre autrefois par ses courtisanes, comme l'indique son nom, formé de *koré*, fille, et *anthos*, fleur : la fleur des filles.

Il n'est pas permis à tout le monde d'aller à Corinthe. (Ce n'est pas comme à Rome ; où tout chemin conduit.)

Non cuivis homini contingit adire Corinthum.
(Horace, Ep. I., 7, 36.)

A chacun n'est octroyé entrer et habiter Corinthe. (Rabelais.)

— Corinthe fut, après Athènes, la ville la plus riche, la plus polie et la plus commerçante de la Grèce antique. Sa position sur deux mers donna aux habitants le moyen d'acquérir des richesses immenses. Le luxe et les plaisirs de toute sorte faisaient de cette ville un séjour délicieux, mais coûteux.

— Le prix élevé que Laïs, courtisane de Corinthe, mettait à ses faveurs, donna lieu à la locution : « *Non licet omnibus adire Corinthum* », et au mot de Démosthènes : « Je n'achète pas si cher un repentir. »

Corne, du latin *cornu*. (Voy. *cor*.)

— Corne d'abondance (*cornu copia*) ; corne de la chèvre Amalthée.

Jupiter, qui avait été allaité par elle, dans l'île de Crète, la mit, par reconnaissance, au nombre des constellations, et donna aux nymphes qui l'avaient nourri une de ses cornes, qui avait la vertu de leur fournir tout en abondance et à souhait.

— Avoir, porter des cornes : avoir une femme infidèle.

Les cornes sont un ornement ridicule qu'on place sur le front des maris trompés, parce que le bouc souffre patiemment la rivalité d'un autre bouc.

Les Grecs appelaient « bouc » un mari trompé, et « fils de chèvre » l'enfant né de sa femme.

Les Latins avaient aussi l'expression *Vulcanus corneus*, qui répondait à « mari cornard ».

Horace dit, mais dans un autre sens :

Frons turgida cornibus.

Atque maritorum capiti non cornua desunt.
(Ovide.)

(Les têtes des maris ne manquent pas de cornes.)

Sganarelle est un nom qu'on ne me dira plus,
Et l'on m'appellera Seigneur Cornélius.
(Molière, Cocu imag., 0.)

Avant Molière, l'évêque de Belley disait à un mari qui se plaignait hantement de l'infidélité de sa femme : « Taisez-vous donc, il vaut mieux être Cornélius Tacitus que Publius Cornélius. »

On montrait au maréchal de Saxe la cheminée par laquelle le duc de Richelieu entrait chez sa femme. Il dit : « Je n'ai pas encore vu d'ouvrage à corne comme celui-là. »

Un muet demandait du bœuf à un garçon de restaurant en faisant le geste de placer deux doigts sur le front : « Que demande Monsieur ? dit la maîtresse de la maison. — Je crois, Madame, qu'il demande le patron. »

— Dans l'antiquité, les cornes étaient le symbole de la dignité, de la puissance. Jupiter Ammon, Isis, Astarté, Bacchus, Diane portaient des cornes.

— De corne en coin, signifie : de coin en coin, en diagonale.

En roman, *corn* signifie coin.

Los IV corns de la mayo. (Ev. de Nicodème.) Les quatre coins du monde.

Al dextre corn de l'altar. Au coin droit de l'autel.

— *Écorner*, c'est briser le coin ou l'angle.

— En terme d'eaux et forêts, *cornier* est un arbre désigné, dans une haute futaie, pour marquer l'angle d'une figure d'arpentage déterminant une partie du bois qui doit être coupée.

En architecture, on appelle *cornier* un pilastre placé à l'angle d'un édifice, et *cornière* une pièce de tôle, placée en angle, une corniche.

En blason, *cornière* désigne une anse de pot, qui se trouve dans plusieurs écus, entre autres celui de l'Isle-Adam.

Corner l'eau (Rabelais.)

Dans les grandes maisons, lorsque le dîner était prêt, le majordome faisait sonner du cor pour avertir les convives de venir se laver les mains avant de se mettre à table.

Cornichon, littéralement petite corne, à cause de sa forme.

On appelle *cornichon* un homme d'esprit borné, qui n'a jamais rien vu, qui est comme un cornichon dans son bocal, un empoté. (Voy. *melon*.)

— Le cornichon, de la famille des cucurbitacées, pris par le vulgaire comme l'emblème de la sottise, est un exemple de la répugnance qu'inspire la consonnance *chon* à la fin des mots.

On s'explique ainsi la susceptibilité de ceux dont le nom se termine par ce son.

Les Berrichons tiennent à être appelés Berruyers.

Les habitants du Nivernais préfèrent le nom de Nivernistes à celui de Nivernichons. Ils ont tort, car la désinence *iste* s'applique aux noms de sectes, ou de partis. Les Nivernistes seraient plutôt les partisans du duc de Nevers.

Corridor, mot espagnol ; provençal *courradour*.

Endroit où l'on passe en courant, rapidement.

— On appelait *coureau* ou *courail*, un anneau de fer, tordu en vis, enfermé dans une poignée allongée, tordue de même, et fixée à l'extérieur de la porte, comme on en voit encore dans le Midi.

On frottait fortement cet anneau contre la poignée pour appeler le portier, comme on fait avec la sonnette ou le marteau. La course de haut en bas de l'anneau sur la poignée produisait un bruit strident.

« J'en serai bien fort tenu au courail de vostre huis. » (Rabelais, IV, 6.) C'est-à-dire je serai très attaché à votre maison... et à votre personne.

Marot a employé *coureau* dans la même acception :

> D'avoir jusqu'aux coureaux
> Brisé d'airain les portes
> Et de fer les barreaux
> Rompus de ses mains fortes.
>
> (Psaume 107.)

Corriger, de *corrigere*, *cum* et *regere*, régler ; ou de *courrote*(?).

— Albutius faisait battre ses esclaves d'avance, pour les fautes à venir.

— Corriger le Magnificat : critiquer une chose parfaite.

> C'est une folie à nulle autre seconde
> De vouloir se mêler de corriger le monde.
>
> (Molière, *Misanthrope*, I, 1.)

Corsaire, de l'italien *corso*, course ; coureur de mer.

Navire armé en course, c'est-à-dire pour donner la chasse aux autres et les capturer.

Les écumeurs de mer se nomment aussi forbans, pirates, toujours en mauvaise part.

> Corsari sarazi qu'esteran aplatat
> Els escuels de la mar.
>
> (V'ie de saint Honorat.)

(Des corsaires sarrazins qui se tenaient cachés aux rochers de la mer.)

— A corsaire, corsaire et demi : on trouve toujours plus malin que soi.

La Fontaine a dit (Fables IV, 12.) :

...Corsaires à corsaires
L'un l'autre s'attaquant ne font pas leurs affaires.

On dit aussi : A chair de loup, dent de chien.

Nos aïeux disaient : « Un Roland pour un Olivier. »

Attrapi qu'attrapa, disent les Berrichons ; c'est-à-dire, attrapé qui attrape.

Fin contre fin ne peuvent servir de doublure.

Il n'y a si fin renard
Qui ne trouve plus finard.
(G. MEURIER, XVIe siècle.)

Corset, diminutif de *corps*, anciennement *cors*.
Prison, où souvent il n'y a pas de prisonniers.

Corvée. Ménage dérive ce mot de *curvare*, courbé par le travail. Mais, comme on a dit *corvagium* pour corvée, il est plus probable qu'il vient de *corv*, pour *corpus*, et de *agere* ; c'est-à-dire faire travailler personnellement, payer de son corps.

Il y a le bas-latin *corvata*, semblant venir de *corrogata*, ce qui est exigé, la tâche à exécuter pour le seigneur :

...Le créancier et la corvée
Lui font d'un malheureux la peinture achevée.
(LA FONTAINE.)

Cossu, riche, ample, luxueux ; du latin *cossus*, gros (?).
Ou bien peut-être vient-il de *cosse* (?).

Les Romains de l'empire appelaient *cossus* un ver du chêne, qu'ils faisaient servir rôti sur leurs tables, comme un mets exquis.

— *Cossu* est trivial, à moins de s'employer dans un sens comique pour désigner une personne vêtue avec un luxe de mauvais goût, couverte d'habits bien étoffés, comme les pois et les fèves.

Pline appelle *siliquatus*, un homme bien habillé.

Nous disons : vêtu comme un oignon, c'est-à-dire qui a plusieurs vêtements, comme l'oignon plusieurs pelures.

L'Académie se borne à dire au mot *cossu* : « Qui est à son aise ; riche, opulent. » Définition incomplète.

Costume, même mot que *coutume* ; du latin *consuetudinem*.
Le costume est la coutume ou habitude de se vêtir de telle manière.

Cote, jadis *quote* ; du latin *quotus*, combien, a donné aussi *quote-part*.

C'est le chiffre indiquant la quantité qui revient à chacun sur une somme.

— La cote des fonds publics.

— Se cotiser, parties aliquotes, quotidien, quotient, sont de la même famille.

— Dans la locution : cote mal taillée, *cote* vient peut-être de *cotret*, bois (?).

Côté, de *côte*, *costa* en latin.

On disait *costé* ou *cousté*.

Provençal *cousta*.

Nageoit en profonde eau, à l'endroict, à l'envers, de cousté. (Rabelais, I, 23.)

Coton, en arabe *kotton*.

— Porte-coton, épithète appliquée à un vil flatteur, capable de s'abaisser aux plus lâches complaisances.

Dans cette expression, il s'agit de coton naturel, ou ouate, du vieux mot *oûe*, qui est dit pour oie, oison.

Rabelais en loue fort les propriétés détersives, dans le célèbre chapitre XIII de son premier livre.

— Filer un mauvais coton : être bien malade.

Si le fil de la vie était en mauvais coton, il casserait vite, sans attendre les ciseaux des Parques.

— Le coton se file depuis 6.000 mètres jusqu'à 300.000 par demi-kilogramme de matière. Les divers échantillons de fil sont numérotés de n° à n° 300.

— Un général anglais, après la prise d'une ville, s'écria : « Maintenant, faites entrer les cotons ! »

Cotret, du latin *constrictum*, petit fagot lié. Ou peut-être du nom de la forêt de Villiers-Cotterets (?).

A signifié d'abord un paquet, une botte, puis un fagot.

Huile de cotret : coup de bâton. (Cendre non brûlée.)

Cotte, du celtique et de l'anglais *coat*, jupe, vêtement.

D'où cotte-de-mailles, cotillon.

Cou, latin *collum* ; anciennement *col*.

On a dit aussi *licol* avant *licou* (lie-cou).

Col s'emploie encore pour désigner la partie du vêtement qui enveloppe le cou, et dans quelques autres cas.

En un vase à long col, et d'étroite embouchure.
(La Fontaine.)

Cou de cigogne, de girafe : long et mince.

Cou-de-pied : articulation de la jambe avec le pied.

Couard, du latin *cauda, queue*; provençal *couart*.
Celui qui porte la queue basse comme les animaux qui ont peur; ou qui tient à sa queue (?).

Couart est le nom du lièvre dans le roman de Renart. (Littré.)

— Jamais couard n'eut belle amie.

Couard signifie qui traîne la queue pour s'enfuir.

— La fable des amours de Mars et Vénus montre que les femmes n'aiment que les braves.

Couchant. Chien couchant, c'est-à-dire chassant.
En provençal *couchar* signifie chasser, expulser.
Couchar leis mousquos : chasser les mouches.

— Chien couchant signifie un vil flatteur.

Coucher à la belle étoile, à l'enseigne de la lune, rue des quatre vents ; c'est-à-dire n'avoir pas de domicile.

> *Sub Jove frigido.*
> *Sub Dio.*
> (Horace.)

Théophile a dit d'un soldat en campagne :

> Et son lit ne saurait branler
> Que par un tremblement de terre.

Comme on fait son lit, on se couche.

Coucher dans son fourreau : tout habillé.

Se coucher en chien de fusil, en Z : se pelotonner dans le lit.

Coucheur, de *coucher*; latin *collocare*.
Mauvais coucheur : homme difficile à vivre.

> L'amour est un mauvais coucheur,
> Car la nuit sans cesse il frétille.
> (La Fontaine.)

Couci-couci, fait comme *cosi-cosi* des Italiens.
Ni bien, ni mal ; entre le ziste et le zeste ; tellement quellement ; cahin-caha.

Beau comme ci, riche comme ça.

— A la première représentation d'*Adélaïde du Guesclin*, de Voltaire, lorsque l'acteur dit : « Es-tu content, Couci? » un plaisant s'écria : « Couci-couci ! »

Coucou, du latin *cuculus*, onomatopée.
Oiseau qui va pondre dans le nid des autres.

Par antiphrase, il se dit pour *cocu*.

Le coucou est une espèce d'épervier qui ne fait pas de nid. Il pond un seul œuf dans le nid d'un autre oiseau, alouette ou verdon, qui le couve, le fait éclore et le nourrit.

Vossius dit qu'il a le sang trop froid pour couver lui-même ses œufs.

— Juvénal (VI, 276) appelle *curruca*, verdon (?), un mari trompé.

Coude, du latin *cubitum*; anciennement *coute*.

La partie de l'articulation du bras avec l'avant-bras, qui est opposée à la *saignée*; de là accoudé, coudoyer, coudée.

— Jouer des coudes : écarter les obstacles ou les personnes avec les coudes pour arriver à son but.

Avoir ses coudées franches : vivre sans gêne.

Il faut avoir de bons coudes pointus pour se faire jour dans la foule.

— La coudée est l'étendue du bras, du coude au bout de la main. Elle valait 1 pied 1/2.

Coudre, du latin *consuere*, même sens.

C'est bien taillé, mais il faut coudre.

Couette, aussi *coite*; du latin *culcita*, matelas.

Couillon, qui engendra Gayoffe, lequel avoyt les couillons de peuplier et le v... de cormier. (Rabelais, II, 1.)

Autres temps, autres mœurs ! dit l'abbé de Marly, commentateur de Rabelais. Aujourd'hui telle comédie de Molière ou de Dancourt ne passerait pas à la police à cause de certaines expressions qui touchent à l'obscénité. Du temps de Rabelais, les obscénités les plus crues se disaient et s'imprimaient avec privilège. Il y a plus, le mot c... n'était point autrefois obscène. Chose étonnante ! plus les hommes sont corrompus, plus ils deviennent délicats; mais cette fausse pudeur que nous affectons, n'est que l'hypocrisie de la vertu.

Couleur, du latin *colorem*, même sens.

La lumière blanche, qui nous éclaire, est composée de sept couleurs (spectre solaire) dont l'énumération forme le vers mnémonique suivant :

Violet, indigo, bleu, vert, jaune, orangé, rouge.

Quand tous les rayons qui composent un faisceau lumineux sont réfléchis, l'objet réfléchissant est blanc.

Si certains rayons sont réfléchis, les autres non, l'objet est coloré.

Si tous sont absorbés, l'objet est noir.

— Couleurs emblématiques. (Voy. *blason*.)

— Couleurs nationales françaises. Le 15 juillet 1789, la garde nationale de Paris reçut de la municipalité les couleurs de la ville (bleu et rouge). A quelques jours de là, le roi étant venu assister à la célèbre séance de l'Hôtel de ville, on ajouta, en signe d'union, la couleur blanche, qui était celle de la famille royale. Après la mort de Louis XVI, le drapeau tricolore fut adopté officiellement par les armées françaises.

— Sainte-Foix (t. II des *Essais historiques sur Paris*) dit que le bleu était la couleur de nos rois, le blanc la couleur nationale, et le rouge la couleur de la robe des rois quand ils tenaient cour plénière. C'est pourquoi la livrée royale contenait les trois couleurs.

— Les couleurs adoptées pour représenter les saisons, sont : printemps, vert tendre ; été, jaune ; automne, rouge ; hiver, blanc.

— *Couleur* s'emploie, par métaphore, pour faux prétexte :

J'inventai des couleurs, j'armai la calomnie.
(Racine, *Esther*, II)

Colores rhetorici. (Quintilien.) — Langage coloré.

Nimium ne crede colori.
(Virgile.)

(Ne vous fiez pas aux apparences.)

— La locution *sous couleur de*, est souvent employée par les classiques, avec la valeur de *sous prétexte de* :

Sous couleur de les protéger et de les défendre. (Bossuet.)

— On ne saurait disputer des goûts et des couleurs. Si l'on peut n'être pas d'accord sur les sensations, à plus forte raison sur les sentiments.

La couleur est l'impression que fait sur l'œil la lumière réfléchie par une surface.

On dit qu' « il ne faut pas disputer des couleurs », parce que l'impression que chaque individu reçoit est en raison de l'organisation de son œil, et du point de vue où il se place.

Le mot *distinguer*, qui signifie teindre de diverses couleurs, vient donner raison au proverbe.

De cette indécision, il est résulté que la langue s'est affublée d'une foule de périphrases pour désigner les nuances et les tons divers des couleurs, en les comparant à des objets colorés existant dans la nature.

M. Chevreul, en 1858, a inventé une échelle de tons, passant par toutes les nuances que peuvent prendre les couleurs en se combinant entre elles, et qui, désignant une couleur par un chiffre, a pour résultat de supprimer les locutions très variées, et souvent bien bizarres, employées jusqu'à ce jour, telles que : couleur bleue du bleuet, du ciel, lapis, d'outre-mer, de Prusse, de roi, bleuâtre, etc...

Coup, du latin *colpum*, pour *colaphum*.
Coup de grâce. (Voy. *grâce*.)
Coup de Jarnac. (Voy.)
Faire d'une pierre deux coups. (Voy. *pierre*.)
Coups de bâton : huile de cottret. Locution cruellement ironique, qui confond l'instrument avec le remède de la blessure.
Coup de pied au derrière : coup de pinceau dans la giberne.
Beaucoup, beau coup : belle quantité.
Boire un coup. Ici *coup* est une abréviation pour *coupe* (?) : une coupe profonde, comme certains vases à boire des Grecs, imités des cornes du bœuf. (*Cornu copia*, corne d'abondance.)
On disait autrefois : à planté, de *plenitatem*.

Coupe, latin *cuppam*, de *capio* (?).
De la coupe aux lèvres, il y a loin...

Couper, même origine que *coup*.
De là *coupon*, *coupure* et *copeau* (anciennement *coupeau*).
— Couper dans le pont : être dupe.
Terme de jeu, venu de l'usage qu'ont les *grecs* de pratiquer, en mêlant les cartes, une pression sur une partie du jeu de cartes. Elles sont alors soulevées en forme de pont, de sorte que le partenaire coupe à la partie soulevée.

Couplet, dérivé de *couple* ; latin *copula*.
Couplet de chanson, de vaudeville. C'est proprement la couple de vers qui termine une strophe de poésie lyrique.
— Les Anglais appellent *triplet* trois vers qui se suivent en rimant.

Coupon, dérivé de *couper*, morceau, fragment.
— Le mot *coupon* est usité en banque depuis la création de la Compagnie française des Indes, sous Louis XV.
Ce sont des bons à payer, que l'on détache (coupe) des *titres*, à époques déterminées, pour recevoir de la Compagnie les intérêts échus. Ils ont pour but de faciliter à l'actionnaire l'escompte de ses

valeurs et de le dispenser de dresser des quittances à chaque échéance.

Cour, du bas-latin *cortem*.

De là : courtille, courcelle, ...courtois, courtisan.

Espace libre attenant à une maison. Ce fut d'abord une habitation rurale, puis l'habitation rurale des seigneurs francs ; d'où les différentes acceptions : cour de maison, cour de roi, cour de justice, etc.

— Cour du souverain. Se disait en latin *aula*. A, chez nous, la même origine que la cour domestique.

Jadis, ceux qui composèrent l'entourage d'un prince, ce qu'on nomme aujourd'hui sa maison, étaient des domestiques attachés au service de la basse-cour ou de l'écurie.

— Cour de justice (en latin *curia*). On appelle, dans le centre de la France, cour de justice, étable de justice, la *fourrière* où l'on retient les animaux surpris à errer, ou abandonnés de leurs gardiens.

C'est sans doute une tradition des premiers temps de l'âge pastoral, où les cours des souverains étaient des étables et où ils rendaient la justice sous des chênes (?).

Courage, du latin *coraticum*.

S'oppose à *couardise*.

C'est une sorte d'exaltation, tandis que la bravoure est un sentiment raisonné.

Le courage du lion : courage stoïque.

La fortune aide les courageux. (Voy. *audace*.)

Durate, et vosmet rebus servate secundis.
(VIRGILE.)

Tu ne cede malis, sed contra audentior ito.
(VIRGILE.)

Fortiaque adversis opponite pectora rebus.
(HORACE.)

Courante.
De parler elle l'effraya,
Dont il eut bien fort la courante.
(SCARRON, *Virgile travesti*.)

Courbette, mouvement du cheval qui élève les deux pieds de devant en l'air.

Faire des courbettes : s'humilier devant quelqu'un, faire des bassesses.

Coureuse, de courir ; latin *currere*.

Femme débauchée.

Mulier vaga, est le nom donné par Salomon à la courtisane. (*Proverbes VII*, 9.)

> *Non est illa vagis similis collata puellis.*
> (Properce, *Élégies*, I, 5.)

(Celle-là ne ressemble point aux coureuses.)

De ce *vaga* est venu le provençal *baga*, d'où bagasse, prostituée.

> Fillo fenestrièro et trottièro
> Rarement bonne ménagière.

— Une fille inconnue qui fait le métier de coureuse. (Molière, *Fourberies*.)

La femme est toujours mineure et ne saurait se conduire seule : aussi une coureuse est une femme perdue.

Courir, du latin *currere*, aussi *courre*.

De là : cours, course, curseur, carène, de *carina*, pour *currina* (?), partie du vaisseau sur laquelle il court.

Courir les bals, les rues, les ruelles ; courir comme un Basque.

Courir à sa perte ; comme un chat maigre.

Courir la prétantaine. (Voy.)

Mieux vaut tenir que courir.

Aller à pied, comme un chat maigre. (Rabelais, II, 14.)

Il court si vite que son ombre a de la peine à le suivre. (Th. Gautier.)

> Rien ne sert de courir, il faut partir à point.
> (La Fontaine, *Fables* VI, 10.)

— Courir la poste. Cette locution est un exemple des modifications que les langues doivent subir par suite du progrès de la civilisation et des découvertes de l'industrie.

Courir la poste, qui a si longtemps rendu parfaitement l'idée de grande vitesse, n'a plus aujourd'hui de raison d'être. L'ancienne malle-poste rampait, si on la compare à la locomotive, qui elle-même ne fait sans doute que trotter...

Couronne, du latin *coronam* ; grec *koroné*, courbure.

— Les couronnes décernées aux vainqueurs dans les jeux de la Grèce étaient de diverses sortes :

Aux jeux Pythiques, de laurier et de chêne.

Aux jeux Olympiques, d'olivier sauvage et d'or.

Aux jeux Isthmiques, de pin.

Aux jeux Néméens, d'ache.

On plaçait aussi des couronnes de narcisse et d'ache sur la tête des morts.

L'ache, nom du céleri sauvage, était décernée aux vainqueurs des jeux Néméens, institués en mémoire de la mort d'Achémorus, fils du roi Lycurgue.

On en répandait sur les tombes, et l'on disait d'un malade désespéré : *apio eget*. (Il ne lui faut plus que de l'ache.)

Les chrétiens placent sur les tombeaux des couronnes d'immortelles, emblème de la vie éternelle.

Outre la couronne, les vainqueurs recevaient une palme, qu'ils portaient à la main droite.

Les Romains, pendant les festins, se couronnaient de fleurs.

César se fit décerner une couronne de laurier, qu'il portait toujours en public, pour cacher la nudité de son crâne.

— Couronne de fruits, *pomosa corona* (Properce), couronne faite de rameaux chargés de fruits, comme en portaient les Bacchantes.

— Chez les Romains, la couronne *murale* était décernée à celui qui montait le premier sur le rempart d'une ville assiégée.

La couronne *obsidionale* s'obtenait pendant un siège.

La couronne *rostrale*, ornée de proues ou d'éperons de navires, était décernée aux capitaines qui avaient vaincu dans un combat naval.

— Couronne papale. (Voy. *tiare*.)

— Couronne de fer, conservée à Monza, près Milan, est une couronne d'or, ornée de pierres précieuses.

Elle doit son nom à un petit cercle de fer, forgé d'un clou de la vraie croix. (T. Gautier.)

Courre, latin *currere*.

Se dit pour courir, en terme de chasse.

Dans la chasse *à courre* on emploie une meute de chiens pour poursuivre le gibier.

— Se retrouve dans le futur *courrai*.

Courroie, du latin *corrigia*, venu de *corium*, cuir.

Faire du cuir d'autrui large courroie : être libéral du bien d'autrui.

Vos mi pagatz d'autrui borsel. (Cercamons.)

De meo tergo degitur corium.
(Plaute.)

(Le cuir est pris sur mon dos.)

Hélinard, poète contemporain de Louis VII, dit :

> Faire son preu (profit) d'autrui dommage
> Et d'autrui cuir large correies (courroies).

Dans une fable ancienne, le Renard, médecin du Lion malade, lui ordonna de se ceindre les reins de la peau du Loup. Ayant coupé au Loup une longue et large courroie, le patient hurlait et se plaignait en disant : « Vous faites du cuir d'autrui, large courroie. »

Courtaud de *boutique* ; dérivé de *court*.

Ce mot est fait comme *courtier*, qui vient de *cursitorius* (?) (Voy. *courtier*.)

Courtaud se dit dans le sens de galopin, trottin, saute-ruisseau.

Les garçons de boutique, s'appellent courtauds parce que le maître les envoie précipitamment après l'acheteur qu'il a surfait, et qui ayant offert un prix s'en est allé. Le boutiquier attend, pour voir s'il reviendra, et quand il ne revient pas sur ses pas, il dit à son garçon : « Cours tôt après lui. » (Mercier, *Tableau de Paris*, chap. 424.)

Courte-pointe, pour *coute*; *culcita puncta*.

Culcita est un matelas, un lit de plume. Il a signifié depuis une couverture fourrée de laine et de coton, piquée (*puncta*).

Courtier, du latin *cursitorius*, qui court çà et là (?).

Rabelais donne *couvratier*. Cette forme ancienne montre que l'étymologie remonte à *curatarius*, dérivé de *curare*, avec le sens de *curator*.

Courtille, de *courtil*.

On appelait jadis *coultures* (cultures), les terrains cultivés d'une grande étendue ; et *courtilles*, les jardins maraîchers des environs de Paris. Un *courtil* était un petit jardin clos, une cour close de murs, du latin *cohors, cortem*.

— En roman, *courtille* signifie jardin, métairie :

Palais ten per cortil. (Aimeri.) Tient palais pour métairie.

> L'uis a ouvert de son courtil.
> (Rom. de Renart.)

(Il a ouvert la porte de son jardin.)

— *Courtille* est fait comme *villette*, diminutif de villa, petite ferme, petit jardin.

Courtisan, de *cohors* ou *cors, cortem*.

A l'origine, (voir *cour*), les familiers du prince étaient ses domestiques.

Courtisan, aujourd'hui, signifie : qui fréquente les cours ; comme autrefois *paladin*, qui hante le palais.

— Synonyme : porte-coton ; vil courtisan, du genre de ceux que Rabelais a personnifiés dans les seigneurs de Baisecul et de Humevesne.

Le même auteur, au prologue du livre III, appelle les courtisans *Dorophages*, mangeurs de présents, de cadeaux, comme les gens de justice, qui alors ne recevaient que des *épices*.

> *Principibus placuisse viris non ultima laus est.*
> (Horace, Épîtres I, 17.)

Rabelais traduit (Prol. du liv. IV) :

> Ce n'est louange populaire
> Aux princes avoir peu complaire.

— Un courtisan est un personnage odieux, dont le féminin est *courtisane*.

« Un courtisan doit être sans humeur et sans honneur », disait le régent d'Orléans.

Un courtisan disait : « Ne se brouille pas avec moi qui veut. »

Les courtisans qui passent leur vie auprès des grands, ressemblent aux veilles des grandes fêtes, qui supposent beaucoup de jeûnes et de mortifications.

Courtisane. Sous la Régence, on appelait ces femmes des « impures ».

— Aspasie de Milet, courtisane et sophiste célèbre, vint enseigner l'éloquence à Athènes. Périclès répudia sa femme pour l'épouser.

Son influence contribua pour une grande part à l'essor que prirent à Athènes l'éloquence, la poésie et les arts.

— Laïs, née en Sicile, courtisane à Corinthe, fut la maîtresse d'Alcibiade. Elle fut assassinée dans le temple de Vénus, par les Thessaliens, 40 av. J.-C.

— Épitaphe d'une courtisane romaine :

> *Quæso, viator, ne me tamdiu calcatam amplius calces.*
> (Revue des Deux Mondes, 1857.)

Courtiser, poursuivre une femme de ses assiduités, lui faire des déclarations exagérées comme : « Je vous aime : aimez-moi, ou je me tue ! »

Synonymes : En conter ; conter fleurettes.

En Provence, pour « courtiser une femme », on dit : lui parler.
Chez les Anglo-Américains, « conter fleurettes » se dit : flirter.

Cousin, du latin *consobrinus* ; provençal *cosin*.
Ils ne sont pas cousins : ils sont brouillés.
Tous gentilshommes sont cousins, et tous vilains compères.
Le fils d'un cousin germain est un neveu à la mode de Bretagne.

Coussin, vient de *conseil*, car on disait autrefois : la nuit porte conseil (?).
(En réalité, il vient de *culcitinum*, diminutif de *culcita*, coite.)

Couteau, du latin *cultellum* ; diminutif de *cultrum*.
— Synonyme : Eustache.
Voici d'après le *Courrier de Vaugelas*, l'étymologie de ce nom qu'on applique à certains couteaux communs :
Eustache n'est que la moitié de son nom ; pour l'avoir tout entier, il faut ajouter Dubois.
En effet, on lit ce qui suit, page 306, dans le *Manuel du coutelier*, de la collection Roret :
« Ces couteaux (les jambettes), sont connus dans une partie de la France sous le nom d'Eustache Dubois. C'est le nom d'un coutelier de Saint-Étienne, qui avait acquis une grande vogue pour cette fabrication. Pendant de longues années, ses descendants ont joui de la même réputation. »
— Le couteau de Jeannot. (Voy. *Jeannot*.)
— Donner un couteau coupe l'amitié, dit-on. C'est pour cela qu'on donne en échange une petite pièce de monnaie, de sorte que le cadeau devient une vente, et que le sort se trouve ainsi conjuré.
« Nous lui feismes présent d'ung beau petit couteau perquois (de Perche.) » (Rabelais, V, 8.)
C'est pour faire entendre que Pantagruel ne voulait conserver aucune amitié avec des hypocrites, d'après l'ancien proverbe : « Les couteaux coupent l'amitié. »

Coûter, du latin *constare* ; provençal *costar*.
A prix coûtant (à bas prix). Une femme âgée laissa en mourant son bien à un homme qu'elle aimait. Une parente de la morte, jeune et jolie, lui dit : « Vous ne l'avez pas payé cher. — Je vous le laisse à prix coûtant », répondit l'héritier.
— Une courtisane faisait vendre les bijoux qu'elle avait reçus de ses adorateurs. Des dames les trouvant trop chers : « Je vois bien à

votre humeur, leur dit la vendeuse, que vous voudriez les avoir à prix coûtant. »

— Ce qui coûte dégoûte.

Coutume, du latin *consuetudinem*.

Le même que *costume*. (Voy.)

Les bonnes coutumes sont à garder, les mauvaises à laisser.

Une fois n'est pas coutume.

Couver, du latin *cubare*, d'où aussi *incubation*.

Couver les œufs d'autrui : travailler pour les autres.

Crachat, dérivé de *cracher*.

Décoration : large expectoration de l'orgueil.

Béranger, dans ses dernières chansons (1847), a employé ce mot dans le sens propre et trivial, en faisant allusion à la noblesse créée par Napoléon, et à la légende de saint Napoléon, qu'il fit composer en cour de Rome :

> Notre Empereur, créateur au galop,
> Quand son crachat fécondait la poussière,
> Fit pour un saint, dans le ciel pris d'assaut,
> Ce qu'ici-bas il fit pour plus d'un sot.

Cracher, onomatopée du bruit que l'on fait en crachant.

Les mots *ptuô* (grec) et *spuo* (latin), sont formés aussi par onomatopée.

Cracher au bassin. (Voy. *bassin*.)

Cracher blanc : avoir soif.

Ils ne faisoient que cracher blanc comme cotton de Malthe. (Rabelais, II, 7.)

Crachoter, diminutif de *cracher*.

Lancer de petits jets de salive en parlant.

Synonymes : Ecarter la dragée ; fusiller ; envoyer des postillons ; avoir la conversation pluvieuse.

Craindre, du latin *tremere*, puis *cremere*; formé comme *geindre* de *gemere*.

> Ne va au bal qui n'aimera la danse,
> Ni sur la mer qui craindra le danger,
> Ni au festin qui ne voudra manger,
> Ni à la cour pour dire ce qu'il pense.
> (Pibrac.)

Il ne faut pas aller à la guerre, qui craint les horions.

> *Quem metuunt, oderunt.*
> (Cicéron, de *Offic.*)

(On hait celui que l'on craint.)

Au docteur Faust coulaient les heures comme une horloge, toujours en crainte de casser. (Gœthe.)

Cramoisi, de l'arabe *kermez*. Nom de l'insecte qui produit une couleur très foncée, le *carmin*.

Le *cramoisi* est moins la couleur rouge que la perfection de quelque couleur que ce soit. Ainsi, on dit : rouge cramoisi, violet cramoisi ; et ce mot, comme celui d'*écarlate* (voy.), désignait une teinture parfaite, très montée de ton.

Rabelais (V, 67) dit : « Frère Jean rime en cramoisi », c'est-à-dire à outrance.

> Vous seriez sotte en cramoisi,
> Si vous nous la donniez ainsi.
> (Scarron, *Virgile travesti.*)

Un sot cramoisi : un archisot.

Crâne, du grec *kranion*.

Ce mot s'emploie substantivement et adjectivement comme un éloge, dans le langage populaire. Il a donné *crânerie*.

Crapaud ; vieux français *crapot*. Onomatopée (?).

Peut-être du latin *crepando*, parce qu'il s'enfle tant, qu'il paraît prêt à crever (?).

Saute, crapaud, nous aurons de l'eau !

Crapuler, de *crapule* ; latin *crapulam*, ivresse.

> Et quelques-uns trop en tâtèrent,
> C'est-à-dire qu'ils crapulèrent.
> (Scarron, *Virgile travesti.*)

Craque, néologisme trivial, pour *mensonge*.

Synonyme : Nouvelles de Cracovie.

On ne sait si ce mot vient du héros de la jolie comédie de Colin d'Harleville, *Monsieur de Crac en son petit castel*, qui pousse à l'excès la manie de l'exagération ; ou si c'est le mot qui a servi à nommer le personnage.

Auprès de lui, le baron de Crac est un évangéliste.

Crasse, du latin *crassus*, épais.

Baron de la Crasse : homme très sale.

On appelle *crasseux* un homme d'une avarice sordide : *Sordida cupido*. (Horace.)

Décrasser quelqu'un : lui enseigner les belles manières.

Cratère, du grec *krater*.

Vase à boire, chez les anciens.

Par analogie, il se dit de la bouche d'un volcan.

Cratie, du grec *kratia*, de *kratos*, puissance.

Élément de composition pour nombre de mots savants : aristocratie, démocratie, ploutocratie.

Cravate. Cette partie de l'habillement fut empruntée, à l'époque de la guerre de Trente ans, aux Croates ou Cravates.

Sous Louis XIII, des Cravates ou Croates vinrent jusqu'aux portes de Paris, apportant la désolation, et... une mode nouvelle.

On imita les troupes croates, et le régiment de Royal-Cravate fut ainsi appelé, parce que la *cravate* du drapeau portait les couleurs du roi.

C'est un terme historique, comme *Brandebourg* un nom d'origine géographique.

Créancier, de *créance* ; du latin *credentiam*. Doublet de *croyance* et de *crédence*.

Synonymes : Anglais, Arabe.

Arroser ses créanciers : leur donner des acomptes pour les apaiser.

En arrosant ses créanciers, on finit par éteindre ses dettes.

Crédence, buffet-étagère ; du latin *credentiam*.

Crédit, du latin *creditum*, mot savant.

On a dit *croire* pour prêter, donner à crédit.

> Or, sire, les voulez-vous croire
> Jusques à jà quand vous viendrez ?
> (Pathelin.)

— *Accroire* se disait pour confier.

— Le crédit est le délai de libération accordé au débiteur ; il est en raison inverse du taux de l'intérêt.

Le crédit consiste à faire passer les capitaux des mains de celui qui ne sait pas, ou ne peut pas, ou ne veut pas les faire valoir, dans celles du producteur, qui s'en sert pour créer des richesses nouvelles. (Michel Chevalier.)

Le crédit mène souvent à la faillite : on achète sans compter, quand on n'achète pas au comptant.

Crédit est mort, les mauvais payeurs l'ont tué.

Cochon pris à crédit, grogne toute sa vie.

Crémaillère, du grec *krémaster* (?) ou néerlandais, *kram* (?).

Tige en fer, munie de crans, ou chaîne terminée par un crochet, qu'on fixe dans la cheminée au-dessus du foyer, pour y suspendre les marmites.

— Du mot latin *crena* (coche), d'où sont venus *cran*, *créneau* (1).
— Pendre la crémaillère : inaugurer un logement par un dîner.

Crémation, du latin *cremare*, brûler.

Crêpe, du latin *crispus*, frisé, crépu.
Étoffe qui frise naturellement. Voile long porté en signe de deuil. Boileau l'applique à la nuit.

>...Dès que l'ombre tranquille
>Viendra d'un crêpe noir envelopper la ville.
>(*Lutrin*.)

Crépin (nom de saint) ; du grec *krépis* ; latin *crepida*.
— La *krépis* était le *soccus* des Romains, sorte de chaussure lâche, qui se portait dans l'intérieur, et que nous avons traduit par *brodequin*, tandis que le *cothurne* était la chaussure d'apparat, attribuée aux seuls acteurs tragiques.
— Saint Crépin et saint Crépinien étant venus de Rome dans les Gaules, pour y prêcher le christianisme, s'arrêtèrent à Soissons, où ils exercèrent la profession de cordonnier.
Ils furent martyrisés vers l'an 287.
Les cordonniers ont pris saint Crépin pour patron, et le fêtent le 25 octobre.
— Être dans la prison de saint Crépin : dans des souliers étroits.
Porter tout son saint-crépin : tous ses outils de cordonnier, et par extension, tout le petit bagage d'un ménage pauvre, tout ce qu'on possède, particulièrement la bourse, appelée autrefois *crépine*.
On dit aussi le saint-frusquin pour le saint-crépin. (Voy. *frusquin*.)

Crépuscule, du latin *creperus* et *lux*, lumière incertaine.
Nom de deux moments de la journée, avant le lever et après le coucher du soleil. La lumière de cet astre, réfractée par les couches supérieures de l'air, éclaire la terre pendant quelque temps, bien que le soleil soit au-dessous de l'horizon.

Cresson, bas-latin *cressonem* ; du germanique *kresso*.
La santé du corps. « En effet, dit Méry, on vit très longtemps, si l'on sait manger du cresson pendant cent ans. »

Crésus, nom historique.
Crésus, roi de Lydie, était réputé pour sa richesse ; monté sur le trône 559 avant J.-C.

>*Nummus vincit, nummus regnat, nummus imperat.*

Riche comme Crésus ; c'est un Crésus.

Crétinisme. (Voy. *écrouelles*.)

Cretonne, mot historique.
Dérivé du nom d'un village de Normandie, de l'inventeur Creton, qui, au XVIIe siècle, imagina cette toile, dont la chaîne est de chanvre et la trame de coton.

Creux, trou, excavation; latin *crota*, grotte, crypte.
Provençal *crota*, cave; autrefois *crotte*.

> Ne trouve crotes qu'il ne face remplir.
> (Garin le Loherain.)

Crever, du latin *crepare*, éclater.
Quelques-uns le font venir, à tort, de *crevi*, parfait du verbe *cresco*, grandir; et le rapprochent de *cribrum*, crible, en provençal *cruvéou*, tamis.

Crever dans sa peau: être très orgueilleux, plein de soi.
Invité aux crevailles. (Rabelais, V, 17.)

Cri. Scaliger dérive *cri* de *quœritare*. C'est bien plutôt une onomatopée. (Non; mais bien le substantif verbal de *crier*, qui vient, lui, de *quiritare*.)

A cor et à cri. (Voy. *cor*.)
Pousser des cris d'aigle, des cris de paon.
En provençal, on dit: faire des cris célèbres, pour de grands cris.
— Cris de Paris, annoncé à haute voix, faite par les petits marchands ambulants de Paris, des objets qu'ils mettent en vente.
— Chaque bête fait son cri: tout a son utilité.
— On dit: le cri des animaux; le chant, le ramage des oiseaux.

DICTIONNAIRE DES CRIS DES ANIMAUX:

L'abeille bourdonne.
L'agami crépite.
L'aigle trompette, crie.
L'âne brait.
Le bélier bêle.
Le bœuf beugle, mugit.
Le buffle beugle.
Le butor butit.
La caille courcaille.
Le canard cancane, nasille.
Le cerf brame.
Le chardonneret gazouille.

Le chat miaule.
Le chat-huant hue.
Le chien aboie, clabaude, hurle.
Le petit chien jappe.
La chouette hue.
La cigale claquette.
La cigogne claquette.
Le cygne chante.
Le cochon grogne.
La colombe roucoule.
Le coq chante.
Le corbeau croasse.

La corneille croasse, babille.
Le coucou coucoule.
La crécelle crécelle.
Le cri-cri crie.
Le crocodile lamente.
Le daim râle.
Le dindon glousse.
Le dindonneau piaule.
L'éléphant barrite.
L'épervier glapit.
Le faon râle.
Le foulque flûte.
Le flamant trompette.
Le geai garrule, siffle.
La grenouille coasse.
Le grillon grésillonne.
La grue craque, trompette.
Le hibou hue.
L'hirondelle gazouille.
Le huart fait huart.
Le jars jargonne.
Le lapin glapit.
Le léopard miaule.
Le lion rugit.
Le loriot siffle.
Le loup hurle.
Le merle siffle.
La mésange pépie.

Le milan huit.
Le moineau pépie, piaille.
La mouche bourdonne.
Le mouton bêle.
Le mulet brait.
L'oie piaille, jargonne.
Le paon braille, criaille.
La perdrix cacabe.
Le perroquet parle, cause.
La pie jacasse, jase.
Le pigeon roucoule.
Le pinson frigote.
La pintade crécelle.
La poule claquette quand elle va pondre ; glousse quand elle va couver.
Le poulet piaille, piaule.
Le ramier gémit.
Le renard glapit.
Le rhinocéros barrite.
Le rossignol chante, ramage.
Le sanglier grommelle.
Le serpent siffle.
Le taureau beugle, mugit.
Le tigre rauque, miaule.
La tourterelle gémit, roucoule.
Le veau beugle.

Crible, du latin *cribrum*.

Le crible de la critique. Criblé de blessures.

Crier, du latin *quiritare*, appeler à son secours les Quirites, ou citoyens.

Crier comme un aveugle qui a perdu son bâton (Rabelais), c'est-à-dire se désoler comme un homme sans ressources.

Il est comme l'anguille de Melun, il crie avant qu'on l'écorche.

Crier haro sur quelqu'un. (Voy. *haro*.)

Crier comme un sourd. (Voy. *sourd*.)

Crime, du latin *crimen*.

Le crime fait la honte, et non pas l'échafaud.
(CORNEILLE, *Comte d'Essex*.)

Ce vers est amphibologique ; il ne dépendait que de l'auteur de dire :

> La honte vient du crime, et non de l'échafaud.

Ce vers a inspiré le distique suivant :

> L'échafaud n'est honteux que pour le criminel ;
> Quand l'innocent y monte, il devient un autel.
> (Mercier, *Tableau de Paris*.)

> Dans le crime il suffit qu'une fois on débute,
> Une chute toujours attire une autre chute.
> (Boileau, *Satire X*.)

> La crainte suit le crime, et c'est son châtiment.
> (Voltaire, *Sémiramis*, V, 1.)

> La peine suit le crime, elle arrive à pas lents.
> (Voltaire, *Oreste*, I, 4.)

> *Culpam pœna premit.*
> (Horace, *Odes*.)

Crin, du latin *crinem*.
Le radical de *crin* est le verbe grec *krinô* (?), diviser, passer au tamis. C'est en effet le crin qui sert le plus communément à faire les cribles et les tamis.
Être comme un crin : très irritable.

Crin-crin, violon. Expression populaire et imitative, employée par Molière. (*Fâcheux*, III, 7.)

> ...Monsieur, ce sont les masques,
> Qui portent des crin-crins et des tambours de basques.

Crise, du grec *krisis*, de *krinô*, juger.
Phase grave dans une maladie, et, par suite, en politique.

Cristal, latin *crystallus* ; du grec *krustallos*.
Le cristal d'une fontaine.

Criterium, mot latin dérivé du grec *kritêrion*.
Marque à laquelle on reconnaît la vérité.
L'évidence est le criterium de la vérité.

Critique, du grec *kritikê*, par l'intermédiaire du latin.
Krinô est le corrélatif du latin *cerno*, d'où discerner.
Critique sévère : démolisseur, éreintement...
Voltaire n'en reste pas moins le grand démolisseur religieux et moral du XVIIIe siècle. (Asse, cité par Larcher.)
En 1830, les romantiques « démolissaient » Corneille, « enfonçaient » Racine.

> *Dat veniam corvis, vexat censura columbas.*
> (Juvénal.)

(La critique épargne les corbeaux, et frappe les colombes.)

Au crible de la critique, le bon s'échappe, le mauvais reste.

Certains critiques malveillants ressemblent aux mouches, qui volent droit aux parties ulcérées. (Lamothe-Le Vayer.)

Un écrivain qui ne réussit pas à composer des ouvrages, devient souvent un bon critique ; d'un vin plat et insipide on peut faire d'excellent vinaigre. (Rivarol.)

Les critiques distribuent la gloire, mais n'en gardent pas pour eux.

La meilleure critique d'une œuvre, serait d'en donner une analyse et des extraits.

La critique est aisée, et l'art est difficile.
(Destouches, *Glorieux*.)

Il est aisé de me reprendre,
Difficile de faire mieux.
(Ronsard.)

Un savetier critiqua un jour la forme d'une sandale dans un tableau d'Apelle. Le peintre la corrigea aussitôt ; mais cet homme ayant aussi critiqué une jambe, il lui dit : *Ne, sutor, ultra crepidam.* (Savetier, ne critique pas plus haut que la sandale.)

Voltaire disait à André, son perruquier, qui avait composé une tragédie, et la lui avait dédiée en qualité de confrère : « Maître André, faites des perruques. »

Un « claqueur » résumait ainsi son opinion sur toutes les pièces de théâtre : « La plus belle acte, c'est la cinquième, parce qu'après on se tire des pinces. »

Felices artes, si de iis soli artifices judicarent!

Crocodile, de *crocodilus*, en grec *krokodeilos*.

Le crocodile lamente ; son cri ressemble à une lamentation.

— Larmes de crocodile : larmes d'hypocrite.

Cette locution était très usitée dans l'antiquité.

— Au Moyen-Âge, le crocodile figurait la férocité et l'insensibilité. Brunetto Latini dit qu'il pleure sa victime en la mangeant.

Ah ! crocodile, qui flattes les gens pour les étrangler ! (Molière, *G. Dandin.*)

Croire, du latin *credere*.

Croyez cela et buvez de l'eau. S'emploie pour faire entendre qu'on ne croit point à un récit. *Croyez*, équivaut alors à *avalez*, ...et buvez après, parce que c'est difficile à avaler, cela ne *passe* pas.

Peut s'appliquer aux malades qui ont une confiance aveugle aux vertus de certaines eaux minérales ou miraculeuses.

Croissant, du latin *crescentem*, de *crescere*, croître.

— La lune va toujours croissant jusqu'à son plein. A sa décroissance, la lune présente la même figure; mais alors les pointes du croissant sont tournées vers l'Occident.

— Saint-Amant a dit d'un fromage :

> Pourquoi toujours s'appetissant
> De lune, devient-il croissant?
>
> (*Le Fromage.*)

— Le croissant, à Rome, était un emblème, emprunté sans doute à l'Orient. Il est encore le symbole de la foi des Musulmans.

Les Israélites faisaient porter des croissants à leurs chameaux comme ornements.

On croit que les Chaldéens et les Égyptiens ont été les premiers à placer les astres, et particulièrement la lune, parmi leurs divinités.

— Henri II avait pris pour devise, afin de marquer son amour pour Diane de Poitiers, un croissant avec ces mots : *Donec totum impleat orbem.*

Croître, du latin *crescere*, du grec *kreas*, chair (?).

Croître comme un champignon. On pourrait dire comme cresson, car *cresson* vient, comme *croître*, de *crescere* (?). (Voy. cresson.)

Croître comme potiron. M. Flourens déduit de la durée de la gestation et de la durée de l'accroissement en longueur des os des animaux, la durée de leur vie. Cette durée est en raison directe du temps qu'ils mettent à grandir.

Mauvaise herbe croit toujours :

> Mauvaise graine est tôt venue.
>
> (LA FONTAINE.)

Les jeunes gens croissent par les dents. (Proverbe provençal.)

On dit aussi : « Jeune homme en sa croissance a un loup dans la panse. »

Croix, du latin *crucem*, d'où crucifix, crucifié.

Croix a donné *croisade*, de la croix que les chrétiens mettaient sur leurs habits pour aller combattre les infidèles.

De là aussi *croisées*.

— Croix de Saint-André, ou de Bourgogne, a la forme d'un X. On la nomme ainsi parce qu'elle fut l'instrument du martyre de saint André.

Croix de Saint-Antoine, a la forme du tau ou T majuscule. Croix dont la tête est supprimée.

Croix de Lorraine, croix à deux traverses.

Croix patriarcale, celle des Chevaliers du Temple.

— Il faut faire une croix à la cheminée; se dit d'une chose rare et à noter.

Croix est ici une corruption de *croye*, qui se dit en provençal pour *craie*. La cheminée noircie par la fumée, recevait les traits blancs de la craie, pour rappeler un évènement important.

Les Italiens disent : *Segnare col carbone bianco*. Faire une croix avec un charbon blanc.

Les Latins avaient l'expression : *Dies albo notanda lapillo*. Jour à marquer d'une pierre blanche.

— *Creta notare* : approuver. (Perse.)

— Jouer à croix ou pile : tirer au sort en faisant sauter une pièce de monnaie.

Du temps de saint Louis, les monnaies portaient une croix d'un côté; et de l'autre, deux piles ou piliers.

Une ordonnance de Henri II (8 août 1542) prescrit de remplacer sur les monnaies la croix par l'effigie du roi.

D'où l'expression « jouer à pile ou face ».

Les Romains pratiquaient aussi ce jeu, et disaient, à cause de l'effigie de leurs monnaies : *Caput aut navis*. Tête ou vaisseau.

Les Italiens disent : *Fiore o santo*. Fleur ou saint.

Les Espagnols : *Castillo y Leon*.

Les Anglais : *King, crow*. Roi ou couronne.

— Porter sa croix : avoir sa part d'afflictions.

Si quis vult me sequi, abneget semetipsum, et tollat crucem suam. (Ev. saint Marc, VIII, 34.) Celui qui veut me suivre doit renoncer à lui-même et porter sa croix.

L'expression remonte donc aux origines du christianisme.

— X…, compris dans la nouvelle distribution de croix, a adressé en ces termes à Dieu ses actions de grâces : « Seigneur, ni vous ni moi ne l'avons méritée! »

Quand nous serons à dix, nous ferons une croix. (Molière, *Étourdi*.)

Dans les chiffres romains, X vaut 10.

— Il faut l'aller chercher avec la croix et la bannière. (Voy. *bannière*.)

N'avoir ni croix ni pile; comme ni sou ni maille. (Voy.)

Voyez : Loger le *diable* dans sa bourse.

Croquant, nom historique. Homme de condition misérable.

Sous Louis XIII, les paysans de Guienne se révoltèrent contre les impôts et s'armèrent de crocs.

Le mot *croquant* est resté depuis une épithète injurieuse.

Croquemitaine, du germanique *crog,* croc, et *metjen,* petite fille (?).

Dans les pompes religieuses de l'ancienne Rome, et dans les triomphes, on portait des monstres mécaniques pour divertir et effrayer la multitude. De ce nombre était Manducus, le mangeur d'enfants, monstre à tête humaine. (Plaute, *Rudens,* II, scène 6.)

Les Grecs menaçaient les enfants de la Lamie ou de Mormo. (Varron, *Lingua latina,* liv. VII, 95.)

Dans les temps modernes, Croquemitaine s'est incarné dans Papavoine.

Croquignole, ou *nasarde.*

Coup qui se donne sur le nez, en lâchant vivement un doigt qu'on a posé sur un autre.

> A défaut de six pistoles
> Choisissez donc sans façon
> D'avoir trente croquignoles
> Ou douze coups de bâton.
>
> (Molière, *Malade imaginaire,* Intermède.)

Crosse, anciennement *croce,* du germanique *crog,* croc (?).

Bâton recourbé en croc par un bout.

Peut-être du latin *crotia* (?) croix, à cause de la ressemblance de la crosse à la croix. Les crosses anciennes avaient la forme d'une béquille, ou d'un T, croix de Saint-Antoine.

— La crosse est le bâton pastoral des évêques. C'est le symbole du pouvoir de corriger.

De là l'expression de « crosser » quelqu'un, pour le réprimander.

La crosse épiscopale est pointue par le bas et recourbée par le haut.

Curva trahit mites, pars pungit acuta rebelles.

— Évêque d'or, crosse de bois.

Coquille rapporte ainsi ce proverbe :

> Au temps passé, en l'âge d'or,
> Crosse de bois, évêque d'or ;
> En ce temps-ci sont d'autres lois :
> Crosse d'or, évêque de bois.
>
> (XVIme Siècle.)

A l'origine du christianisme, les évêques recevaient pour crosse, lorsqu'on les consacrait, une houlette en bois, *pedum.*

Dans la suite, la libéralité des empereurs chrétiens et celle des fidèles enrichit beaucoup les prélats, et détruisit la simplicité primitive. Ce qui fit naître le proverbe.

— Louis XI ayant rencontré l'évêque de Chartres monté sur un cheval richement caparaçonné : « Les évêques, dit-il, n'allaient pas ainsi autrefois. — Non, Sire, répondit l'évêque ; du temps des rois pasteurs. »

Crotale, du grec *krotalon*, grelot.

Espèce de castagnettes dont les prêtres de Cybèle jouaient en dansant ; ce que les Provençaux appellent *cascavéous*.

Clément d'Alexandrie en attribue l'invention aux Siciliens, et en défend l'usage aux chrétiens, à cause des mouvements et des gestes indécents que faisaient ceux qui en jouaient. (Voy. *grelot*.)

Crotte, du latin *crustam*, croûte.

Crotté comme un barbet. (La crotte s'attache aisément aux longs poils de ce chien.)

Poète crotté. (Voy.)

Crottés de Paris, sobriquet donné aux Parisiens par Rabelais.

Crottés de Paris ne s'en vont jamais qu'avec la pièce. (Sorel, *Histoire comique de Francion*, liv. X.)

Croupe, croupion, du bas allemand *krupen*.

Croupier, qui monte en croupe avec quelqu'un ; associé.

Agent subalterne des agents de change ; celui qui assiste le banquier dans les maisons de jeu, pour surveiller les tables, payer les gagnants, et ramasser, avec un rateau, l'argent perdu.

Croupir, de *croupe*. S'est dit pour accroupir.

Croupir dans l'ordure, dans l'ignorance.

Croûte, du latin *crustam*.

De là l'adjectif *croustillant*, le substantif *croûton*.

Crû, participe du verbe *croître*.

Produit d'un terroir. Les grands crûs de France.

Cru, du latin *crudum*.

L'opposé de *cuit*, ou de *mûr*.

De là *crudité*.

Semble se rapprocher de *cruel* (*crudelem*).

Cruauté (*crudelitatem*) se rapproche de *cruor*, sang.

Passion féroce, qui nous porte à faire le mal pour le plaisir de voir souffrir.

Haï de tous les Grecs, pressé de tous côtés
Me faudra-t-il combattre encor vos cruautés ?
(Racine, *Andromaque*, I, 1.)

A ici le sens de : rigueur en amour.

Cruche. Au figuré : c'est une cruche, c'est-à-dire un imbécile.

En provençal on dit : *broque*.

Cette locution vient de ce qu'autrefois on mettait de belles inscriptions sur certains vases de luxe, et l'on a appelé, par analogie, un savant *vas scientiæ*, vase (puits) de science.

Litterata urna. (Plaute.) Vase sur lequel sont gravées des inscriptions.

Un ignorant, au contraire, est comparé à une cruche, vase vulgaire et sans ornement.

Les vases sont des cruches. (Hugo, *Cromwell*.)

On dit « raisonner comme une cruche », en équivoquant sur *raisonner* et *résonner*.

— Les anciens appelaient *æs dodonum* un bavard, et Strabon dit que *dodone* est l'onomatopée du bruit que faisaient les fameux chaudrons quand ils étaient frappés, au moment de rendre les oracles.

— Tant va la cruche à l'eau, qu'elle se casse : on finit par succomber à un danger auquel on s'expose souvent.

Beaumarchais a modifié le proverbe :

Tant va la cruche à l'eau, qu'à la fin... — Elle s'emplit. (*Mariage de Figaro*, I, 11.)

Cuider, vieux mot, latin *cogitare*, croire.

On le retrouve dans *outrecuidant*.

Cuir, opposé à velours.

Liaison rude qu'on fait en parlant, contrairement aux règles de la grammaire.

Il va *t*à Paris est un cuir.

Il va *z*'à Paris est un velours.

Synonyme : Liaisons dangereuses.

— Cuir de laine. Drap épais et fort.

Patelin, dans la farce qui porte son nom, dit :

> Cestuy-cy est-il teinct en laine ?
> Il est fort comme un cordouen.

C'est-à-dire comme un cuir de Cordoue, de peau de chèvre, dont on faisait des dessus de souliers. (Voy. *cordonnier*.)

Cuirasse, du cuir (*corium* en latin).

Les cuirasses se faisaient anciennement en cuir.

— Le défaut de la cuirasse : toute cuirasse a son défaut, tout homme a une passion, par laquelle on le gouverne, un point vulnérable. (Voy. Talon d'Achille.)

La vanité est le défaut de la cuirasse humaine.

Cuisine, du latin *coquina*.

Cuisine de petit ménage : Pot-bouille.

« Petite cuisine agrandit la maison. » La tempérance a le double avantage de conserver la santé et la bourse ; les économies les plus sérieuses sont celles qui portent sur les dépenses de tous les jours.

On dit encore : « Grasse cuisine, de maison ruine. »

Cuisinier, autrefois *queux* (*coquus*) et *coq*, qui désigne encore un cuisinier de navire.

D'où aussi coquin, gueux, cuistre (voir ces mots).

Au même radical remontent encore : précoce, biscuit, et confitures de Cotignac dont parle Rabelais (?).

Le feu aide le queux.

Les maîtres queux souvent lardent perdrix. (Rabelais.)

Isambert était grand queux de France, sous Louis IX...

— Mauvais cuisinier : empoisonneur, gâte-sauce.

Entre un mauvais cuisinier et un empoisonneur, il n'y a de différence que dans l'intention. (Président Hénault.)

Car Mignot, c'est tout' dire, et dans le monde entier,
Jamais empoisonneur ne sut mieux son métier.
(Boileau, *Satire* III.)

— Cuisinière excellente : cordon-bleu (Voy.)

Lorsqu'une cuisinière quitte une place, elle dépose... son tablier.

Cuistre, sot, pédant ; du latin *coquistrum*.

Allez, cuistre fieffé !
(Molière, *Femm. Sav.* III, 2)

Cul, latin *culum* ; grec *kouleos*, p. *koleos*. (Voy. derrière.)

De là, les dérivés : culotte, reculer, culbuter.

En provençal se dit *taphanari*, du grec *taphos* (?).

Synonyme : face du Grand Turc. (Rabelais.)

— Dans le *Malade imaginaire*, M. Fleurant, apothicaire très brusque et insolent, vient, une seringue à la main, pour exercer son ministère. Le frère du malade, outré de ses impertinences, lui dit : « Allez, Monsieur, on voit bien que vous n'avez coutume de parler qu'à des culs. »

Cette phrase, à la première représentation, n'eut pas l'approbation du public, et Molière la modifia comme suit : « On voit bien que vous n'avez pas accoutumé de parler à des visages. »

— Cul-de-sac : rue sans issue, impasse.

Sur les réclamations de Voltaire, on a remplacé par *impasse*, le mot *cul-de-sac*.

Dans *Jacques le Fataliste*, de Diderot, Jacques dit : « Je me suis fourré dans une impasse à la Voltaire, ou vulgairement dans un cul-de-sac. »

L'éditeur (1821) ajoute en note : « Comment peut-on donner, dit Voltaire dans son Dictionnaire philosophique, le nom de cul-de-sac à l'*angiportus* des Romains ? Les Italiens ont pris le nom d'*angiporto* pour signifier *strada senza uscita*. On lui donnait autrefois le nom d'*impasse*, qui est expressif et sonore ; c'est une grossièreté énorme que le mot *cul-de-sac* ait prévalu. »

On lit encore, dans une lettre de Voltaire aux Parisiens, qui précède l'avertissement de l'*Écossaise* : « J'appelle impasse, Messieurs, ce que vous appelez cul-de-sac. Je trouve qu'une rue ne ressemble ni à un cul, ni à un sac. Je vous prie de vous servir du mot impasse, qui est noble, sonore, intelligible, nécessaire, au lieu de celui de cul, en dépit de Fréron, ci-devant jésuite. »

— Cul de basse-fosse. Nom donné avant 1793, aux oubliettes.

Ce mot, indifférent pour nous aujourd'hui, n'a plus le sens terrible qu'il avait avant que la Révolution eût aboli la chose.

— Cul-de-bœuf. Il y a, à Marseille et à Toulon, à l'extrémité du port, des ruelles resserrées qu'on appelle cul-de-bœuf. (*Cuou-debuou*.)

Cul-de-bœuf était une expression méprisante, comme l'indique le proverbe : « Il perd son alleluia, qui à cul-de-bœuf le chante. »

— Mettre à cul, à quia : réduire son adversaire à l'impuissance.

Il tint contre tous les régents et orateurs, et les mit tous à cul. (Rabelais, II, 10.) C'est-à-dire les obligea à s'asseoir sur la paille.

C'est lorsque Pantagruel, soutenant des thèses contre tous les professeurs de l'école de Paris, les eut réduits au silence par son savoir, et obligés à quitter la chaire pour s'asseoir sur la paille de la rue du Fouarre (Voy.) qui jonchait alors les écoles.

— Baiser le cul de la vieille. (Voy. *baiser*.)

— Montrer son cul : faire banqueroute.

Cette locution vient de l'ancienne coutume de Montpellier, de faire faire cession de biens aux banqueroutiers, dans l'église de Saint-Firmin, en tenant une main sur le verrou de la porte, et de l'autre montrant leur derrière avec ces mots : *Paga te aquit*.

Cette coutume était la parodie de celle des Romains, où le débiteur insolvable disait : *Cedo bona* (J'abandonne mes biens); en frappant trois fois du derrière sur la pierre du scandale, placée devant le portail du Capitole.

— Dans le jeu des « gages touchés », il y a une pénitence qui s'appelle « Trois petits pâtés, ma chemise brûle ».

Elle consiste à prononcer ces mots en frappant trois fois le derrière à terre.

C'est encore une parodie de la coutume romaine. « Ma chemise brûle » est sans doute une allusion à l'état de nudité réelle où l'on mettait le patient, en le dépouillant de tous ses biens.

— Péter plus haut que le cul : avoir des prétentions exagérées, au-dessus de son état.

Froid a le pié, qui plus l'estend que li couvertoirs n'a de lonc.

— Se trouver entre deux selles le cul à terre : manquer deux affaires à la fois.

Luy commanda s'asseoir entre deux selles le cul à terre, là préparées. (Rabelais, V, 44.)

Culotte, se dit en provençal et en roman *braia*; mot par lequel les Gaulois désignaient le vêtement qu'a remplacé la culotte, et qui est resté dans *débraillé*.

Les Anglaises rendent ce mot par *inexpressible*.

— On dit d'une femme qui commande à son mari, qu'elle « porte les culottes »; par contre, on dit du mari qu'il « se boutonne avec des épingles ».

Un proverbe dit : « Ne donnez pas la culotte à votre femme, mais aussi ne lui prenez pas la jupe. »

Aujourd'hui, on dit « la culotte »; autrefois on mettait le pluriel, en souvenir des *chausses*. Il convient de conserver le pluriel dans l'ancien proverbe, par respect pour la tradition.

— *Culotte* ou *culot*, en terme de boucherie, signifie le cul du bœuf.

— On appelait *culot*, à cause de sa ressemblance avec un croupion bien gras, un bout de chandelle, comme les écoliers en faisaient souvent chauffer pour s'en frotter les parties endommagées par le fouet.

C'est peut-être ce qu'entend Rabelais (liv. II, ch. 7) par le *culot de discipline*, titre d'un ouvrage à l'usage des moines, trouvé à la bibliothèque de l'abbaye Saint-Victor.

Le livre qui vient à la suite, dans le catalogue, est la *savate d'humilité*. Il rappelle les chaussures des moines, en même temps qu'une punition claustrale appelée *sapatade*, parce qu'on y frappait d'un soulier sur les fesses en manière de discipline.

D'où le provençal *patade*, coup sur les fesses donné à un enfant.

Cultiver, du latin *cultum*, culte.
Cultiver les arts, les lettres, l'amitié.
Il a la passion, le respect, je dirai même le culte de son art.

Cumulard, de *cumuler*; latin *cumulum*, comble.
Celui qui cumule les appointements de plusieurs emplois.
Tel employé de ministère est le soir musicien, et le matin teneur de livres. (Voy. *Maître Jacques*.)

Cumulus, nuage de dimension moyenne, arrondi irrégulièrement.

Curare, poison très actif, tiré d'un arbre.
Les Indiens d'Amérique y plongent l'extrémité de leurs flèches.
Le curare a une action très rapide, quand il est introduit dans la circulation du sang; il n'agit pas sur les voies digestives.

Cure, curé, du latin *curatum*, pour *curatorem*, qui a soin.
Même radical : incurie, procurer, sécurité.
Anciennement cure, curer, sens de nettoyer.
Curas ton oil per Deu vezer. Nettoie ton œil pour voir Dieu. (Traduction de Bède.)

— *Cure* s'est dit, avec le sens latin, pour souci, peine :

    Le meunier n'en a cure.
                      (LA FONTAINE.)

— En provençal, *curer* signifie creuser, approfondir.
— Avoir affaire au curé et aux paroissiens : aux deux partis.
C'est Gros-Jean qui en remontre à son curé. (Voy. *apprendre*.)

Curée, du latin *corium*, cuir ; anciennement *cuirée* ; ou de cœur *corata*, le cœur et les parties voisines.
— Terme de vénerie : ce qu'on donne aux chiens des dépouilles d'un cerf forcé ; c'est-à-dire, les entrailles, renfermées dans la peau ou le cuir.

Curieux, latin *curiosum*.
Curieux comme une lorgnette.
Si je ne suis pas trop curieux..., préambule de toute question indiscrète.

Curiosité, latin *curiositatem*.
Montaigne a employé *incuriosité*.
Sous Louis XIII, on appelait « curieux » un amateur de tableaux et d'antiquités, de « curiosités », comme nous disons.

Un curieux regarde tout, quoique tout ne le regarde pas.

La curiosité est une qualité, quand elle ne va pas à l'indiscrétion.

Cuver, du latin *capere uvam* (?), contenir le raisin pour la fermentation. (Vient simplement de *cuve*, latin *cupam*, qui a aussi donné *coupe*.)

Cuver son vin : s'endormir profondément dans l'ivresse.

Obdormire crapulam. (Pétrone.)

Sitôt que leur vin fut cuvé... (Scarron, *Virgile travesti*.)

Cycle, du grec *kuklos*, cercle.

Période ou révolution continue et uniforme d'un certain nombre d'années pendant lesquelles s'accomplissent les mêmes phénomènes célestes.

Le cycle solaire est de 28 ans.

Cygne, du latin *cycnus*; grec *kuknos*.

Le chant du cygne. (Voy. *chant*.) Les derniers vers d'un poète.

— Les anciens prétendaient que le cygne chantait d'une manière mélodieuse au moment de sa mort.

En réalité, le « chant » du cygne est fort désagréable, et l'on peut lui appliquer ce qui a été dit du paon : *Ut placeat, taceat.*

Ovide dit que le roi de Ligurie, ami de Phaéton, fut changé en cygne avant de mourir, et qu'il fit entendre, sur les bords de l'Éridan, un chant mélodieux.

> *Sic ubi fata vocant, udis abjectus in herbis,*
> *Ad vada Meandri concinit albus Olor.*
> (*Epist.* 7.)

Jupiter, transformé en cygne, séduisit Léda par ses accents mélodieux.

Suivant la tradition conservée par Platon, Orphée avait été changé en cygne, en vertu des lois de la métempsycose. C'est pour cela que les Grecs attribuaient au cygne un chant harmonieux.

— On appelle Virgile le « Cygne de Mantoue ».

Les musiciens et les poètes qu'on traite de cygnes auraient droit à des dommages-intérêts : le cygne est surfait. Ce palmipède lamellirostre, comme disent les savants, ne saurait faire entendre qu'une voix des plus désagréables.

Mollevaut a dit :

> Le cygne frappe l'air de ses rauques accents.

Delille, tout en faisant l'éloge du cygne, lui refuse le chant :

> Le cygne, à qui l'erreur prête des chants aimables,
> Et qui n'a pas besoin du mensonge des fables.

Malherbe espère chanter mieux qu'un cygne :

> Ce sera là que ma lyre,
> Faisant un dernier effort,
> Entreprendra de mieux dire
> Qu'un cygne près de sa mort.

On s'obstine néanmoins à qualifier de « cygnes » ceux qui ont donné les plus belles mélodies.

Cynégétique, mot grec *kunêgétikê*, qui concerne la chasse avec chiens.

Locutions cynégétiques couramment employées : Etre aux abois, braconner, revenir bredouille, aller sur les brisées, faire buisson creux, prendre le change, rompre les chiens, clabauder, chien couchant, à cor et à cri, chasse à courre, curée, en découdre, détaler, détraqué, flûté, rendre gorge, faire des gorges chaudes, harceler, hobereau, houspiller, huer, leurre, madré, être niais, donner dans le panneau, piller, piper, piste, pourchasser, etc.

Cynisme, impudence.

Nom donné à la secte des cyniques ; grec *kunikos*, de *kudn*, chien.

Le tombeau de Diogène le Cynique fut orné d'une colonne surmontée d'un chien en marbre.

Le chien, chez les Grecs, était le symbole de l'impudicité.

Le cynisme est le fumier de la franchise.

Cyprès, du latin *cupressum*, du grec *Kupros* (Chypre).

Arbre de la famille des conifères, de forme pyramidale et allongée, dont les rameaux, pressés contre la tige, sont d'un vert très foncé, presque brun. Son aspect funèbre l'a fait choisir pour orner les tombeaux.

— La Fable raconte que le jeune Cyparine tua par mégarde un cerf qu'il aimait beaucoup. Il en mourut de chagrin, et Apollon le changea en cyprès.

— Changer les myrtes en cyprès : la joie en douleur.

— Le cyprès était le symbole funèbre des Grecs et des Romains.

Il était consacré à Pluton ; on le plantait près des tombeaux, et les poètes nous ont fait part du sentiment de répulsion qui s'y attachait.

Cependant, son port, sa verdure perpétuelle, sa longue durée, l'incorruptibilité de son bois, le rendent précieux.

— Le cyprès, de forme conique très effilée, portant son ombre autour de lui comme un style de cadran solaire, servait à Eugène Fromentin, dans le Sahel, à connaître les heures.

Cythère, nom grec.
Hésiode dit que Vénus étant née de l'écume de la mer, fut portée à Cythère sur une conque marine.

D

Da, origine incertaine; anciennement *dea*; certainement, dans *oui dà*.
Ménage le dérive de *Dia*, par Jupiter (?).

D'abord, adverbe; aussitôt.
Si tu vas de ce pas, tu seras d'abord arrivé.

> Je n'en ai pas douté, d'abord que je l'ai vu.
> (Molière, *École des Femmes*, V, 9.)

Dada, mot enfantin; cheval.
C'est son dada : sa manie.

> Ainsi ce maître dada;
> Aussi grand que le mont Ida.
> (Scarron, *Virgile travesti*.)

Avoir un dada, c'est-à-dire une idée fixe, un but que l'on cherche sans cesse et vainement à atteindre. Allusion ironique à Pégase (?) que les grands génies seuls peuvent monter sans être désarçonnés.

Dagobert, nom historique.
Comme disait Dagobert à ses chiens : « Il n'y a si bonne compagnie qu'il ne faille quitter. » Se dit trivialement.
Son esprit est comme la culotte du roi Dagobert : à l'envers.

Dam, du latin *damnum*, détriment, dommage.

> Per vostre pro avez fay lo lur dam.
> (B. de Born.)

(Pour votre profit vous avez fait leur dommage.)

> Qui vont au dam d'autrui conquérir des lauriers.
> (De Laceux.)

— A *dam*, correspondent damner, damnation.
Dampnaran lo à mort. Ils le condamnèrent à mort. (Traduction du Nouveau Testament, saint Marc, X.)
Las armas que son dampnadas. Les âmes qui sont damnées. (*Brev. d'amor*, f° 24.)

Damas. Le chemin de Damas : la conversion.

Saint Paul, qui n'était alors ni saint ni Paul (car il s'appelait Saul et persécutait les chrétiens), eut, sur le chemin de Damas, une vision à la suite de laquelle il se convertit au christianisme, et devint un des apôtres les plus fervents de la religion nouvelle.

Dame, *dominum et dominam*, maître, maîtresse.

Dame se disait autrefois pour Seigneur : Dame Dieu. *Dominum Deum*.

On disait même à l'origine *Damne : Damne Deu*. (*Chanson de Roland*, st. 82.)

De là sont formés : vidame, damoiseau, dameret, et l'interjection.

Cette forme masculine s'est conservée dans certains noms géographiques : Dammartin, Dampierre, etc.

Plus tard, *dame* a pris le sens féminin de *domina*.

De mi dans sancta Maria. (De ma dame sainte Marie.)

Domina était un titre qui se donnait exclusivement aux femmes du premier rang : aux châtelaines, qui avaient un « domaine ».

De ce *domina* est venu l'espagnol *doña*, en français *duègne*.

Dominum est devenu aussi par apocope (?) *dom* ; en espagnol *don*, qui ne se place que devant le nom de baptême.

> Don Lope de Gusman, don Maurique de Lare,
> Et don Alvar de Lune, ont un mérite rare.
> (Corneille, *D. Sanche*.)

On dit absolument *Notre-Dame*, pour la sainte Vierge, la dame par excellence.

La devise des Paladins était : « Mon Dieu, mon Roi, ma dame ! »

Froissard dit qu'un chevalier a double courage, quand il est animé par les regards d'une dame belle et vertueuse.

Une des maximes des anciens chevaliers était qu'on devait tout dire à sa dame, et ne rien dire d'elle.

— *Dame !* interjection, s'emploie pour affirmer une chose dont quelqu'un doute.

Dame est explétif et affirmatif, selon qu'il s'ajoute à oui ou à non : Ah ! dame, oui. — Mais, dame, non !

— Jadis on jurait par Notre-Dame, et les jurements *dame, trédame !* sont sans doute des abréviations.

Le nom de Marie, donné à la mère du Sauveur, signifie *dame*, dit saint Jérôme ; c'est le féminin du syriaque *Mario*, seigneur.

— Dame de compagnie. Une dame russe voyageait avec trois demoiselles de compagnie : une Italienne, qui chantait à ravir ; une

Anglaise, jolie, pour le plaisir des yeux ; une Française, chargée du soin d'entretenir la conversation.

L'Anglaise fut enlevée par un Moldave, aux eaux de Carlsbad ; l'Italienne suivit un ténor rencontré à Baden ; la Française épousa un Américain.

La dame russe, dégoûtée des dames de compagnie, prit alors un médecin, un secrétaire, et un précepteur pour son fils.

— *Dameret*, petit-maître qui cherche à plaire aux dames.

<blockquote>
Peindre Caton galant, et Brutus dameret.
(BOILEAU.)
</blockquote>

Damoclès, nom historique.

L'épée de Damoclès : danger auquel on ne peut se soustraire ; menace dont l'effet ne tient qu'à peu de chose.

— Damoclès, courtisan de Denys, le tyran de Syracuse, vantait sans cesse le bonheur de ce prince. Ebloui par la magnificence de son maître, il le félicitait sans cesse. Denys l'invita à prendre un moment sa place et le fit asseoir à une table chargée des mets les plus exquis.

Damoclès reposait sur un lit d'or et d'ébène, orné de pourpre ; mais, en levant les yeux, il vit une épée suspendue au-dessus de sa tête par un crin de cheval. Epouvanté à cette vue, il comprit ce qu'était le bonheur d'un tyran, et supplia Denys de lui permettre d'abandonner une place si dangereuse. (Cicéron, *Tusculanes*.)

— Pétronius Maximus, empereur romain, ne régna que 77 jours ; la couronne lui parut trop lourde. « Heureux Damoclès ! disait-il, tu ne fus roi que pendant un repas ! »

Nota : Cet empereur (455) fut lapidé par le peuple.

— Faites rentrer au fourreau cette innocente épée de Damoclès !

<blockquote>
De Damoclès l'épée est bien connue :
En songe, à table, il m'a semblé la voir.
Sous cette épée et menaçante et nue,
Denys l'Ancien me forçait à m'asseoir.
(BÉRANGER.)
</blockquote>

Danaé, fille du roi Acrisius, fut enfermée dans une tour d'airain, par son père, à qui l'oracle avait prédit qu'il serait tué par l'enfant qui naîtrait d'elle.

Jupiter pénétra dans cette tour sous forme de pluie d'or, et séduisit Danaé. De cette union naquit Persée, qui, par accident, fut le meurtrier d'Acrisius. (Ovide, *Métamorphoses*.)

— A Paris, plus de Danaés que de Vénus.

Danaïdes. Le tonneau des Danaïdes : travail inutile.

— Les Danaïdes, filles de Danaüs, roi d'Argos, étaient au nombre de cinquante. Elles épousèrent les cinquante fils de leur oncle paternel Egyptus.

Danaüs, craignant l'accomplissement d'un oracle qui annonçait qu'il serait détrôné par un de ses gendres, ordonna à ses filles de tuer leurs maris la première nuit de leurs noces ; toutes obéirent, excepté Hypermnestre, qui épargna Lyncée.

En punition de leur crime, les coupables furent condamnées, dans le Tartare, à verser éternellement de l'eau dans des vases percés.

— Par une métaphore moins ambitieuse, mais exprimant la même idée, on appelle les prodigues des « paniers percés ».

> Jamais l'ambitieux ne voit ses vœux remplis :
> C'est le tonneau des Danaïdes.
> (LEBRUN)

— Bion disait, au sujet des Danaïdes, que leur supplice eût été plus dur, si les vases dans lesquels elles puisaient l'eau n'avaient pas été percés.

— Dans la nature, l'Océan est le puits, les nuées sont les Danaïdes. (V. Hugo, *Travailleurs*.)

Dandin, de l'hébreu *dan*, juge, *din*, jugement.

Rabelais appelle Perrin-Dandin un juge qui, assis sur un siège de pierre, se dandine, en imitant avec ses jambes pendantes, le mouvement des cloches.

Vous l'avez voulu, Georges Dandin. (Molière, acte Ier, scène 9.)

Racine a immortalisé, dans les *Plaideurs*, le nom de Perrin-Dandin, qu'il avait, comme La Fontaine, emprunté à Rabelais (liv. III, ch. 41.)

Dandy. Sous le règne de Henry VIII, on frappa, en Angleterre, une petite monnaie d'argent, de très peu de valeur, appelée Dandyprat.

Depuis, le mot *dandy* fut appliqué aux jeunes gens d'extérieur brillant, mais de peu de valeur.

Les noms de Brummel, de Dorsay, sont restés célèbres en Angleterre.

En France, pendant la Révolution, on appela, par une figure analogue, la jeunesse élégante « jeunesse dorée ».

Danger, du latin *damnarium* ; anciennement *dangier*.

L'homme pusillanime s'effraie avant le danger ; le lâche, pendant ; le brave, après. (Richter.)

— *Danger*, péril, risque. Le soldat, par point d'honneur, ne craint pas le danger, s'expose au péril, et court avec assurance tous les risques du métier.

Dans, préposition ; latin de *intus*. Provençal *dins*.

D'où *dedans*, adverbe ; provençal *dedins*.

> *Dedints las flamas grantz.*
>
> (*Vie de saint Honorat*.)

A *dans*, correspondaient *céans* et *léans*, formés aussi de *intus* (ici, là-dedans).

Danse, du vieil allemand *tanz*.

Contre-danse vient de l'anglais, *country-dance*, danse campagnarde.

— Saint Chrysostôme et saint François-de-Sales (*Vie dévote*, ch. 3.) blâment la danse et les bals comme nuisibles aux mœurs.

— Louis XIV dansa jusqu'à l'âge de 32 ans, sur le théâtre de la cour. A cette époque, il assista, à Saint-Germain, à une représentation de *Britannicus*, de Racine, et fut frappé de ces vers, que prononce Narcisse, en parlant de Néron :

> Pour toute ambition, pour vertu singulière,
> Il excelle à conduire un char dans la carrière,
> A disputer des prix indignes de ses mains,
> A se donner lui-même en spectacle aux Romains.

Dès ce jour il ne dansa plus : le poète l'avait corrigé...

— G. Vestris, qui donna à son fils le nom de *Dieu* de la danse, disait : « Si mon fils est plus fort que moi, c'est qu'il a eu pour père un Gaétan Vestris, avantage que la nature m'a refusé. »

— Mlle Cupris de Camargo entre à l'Opéra en 1726, à l'âge de 16 ans, et le quitta en 1751. Elle était d'une famille noble, et nièce du grand inquisiteur.

Après elle, sont venues Mlles Salé, Dupré, Taglioni, Elssler...

— Le *cancan* est la danse des bals publics de barrière. Il a des mouvements désordonnés et diffère totalement de la danse classique et régulière des académies.

Le cancan a pris naissance au quartier latin avec le romantisme de 1830.

> Messieurs les étudiants,
> Montez à la chaumière
> Pour y danser l'cancan
> Et la Robert-Macaire.

M. Littré (1864) définit le mot *cancan* : « Sorte de danse inconvenante des bals publics, avec des sauts exagérés et des gestes impudents, moqueurs et de mauvais ton. »

— Le *chahut*, danse populaire très indécente et immorale, qui a précédé le cancan parisien.

...Et pour se mettre en rut,
Apprennent là du peuple à danser le chahut.
(BARBIER.)

— La *chaloupe orageuse*, figure du cancan. Danse violente, agitée comme le roulis d'une chaloupe.

La *tulipe orageuse*, figure d'un cancan échevelé, où la jupe d'une danseuse qui lève la jambe à la hauteur de l'œil, tend à prendre la forme du calice d'une tulipe. De là le mot. (L. Larchey.)

— Donner une danse : battre, corriger (trivial).

— Les *danses macabres*, ou danses des morts, au Moyen-Age, n'étaient autre chose que des leçons de morale données à la société.

Dantesque, qui imite le caractère sombre et sublime que Dante a imprimé à ses poèmes. (Littré.)

Date, du latin *datum*, donné, qui se mettait avant la désignation de lieu et de temps : *Datum Romæ*... Comme on dit encore : Donne (ou fait) à Paris, le..., 18...

Daube, de *dauber*, battre, pour *tauper*, taper ; de l'allemand *dubar*.

Viandes que l'on battait, pour les attendrir, avant de les soumettre à l'action d'une douce chaleur.

Dauphin, nom historique.

En 1343, Humbert, seigneur légitime du Dauphiné, se voyant sans postérité, en céda la souveraineté à Philippe de Valois, à condition que le prince royal de la maison de France en porterait le nom et les armes écartelées avec celles de France.

Depuis Charles V, dit le Sage, les rois de France ont donné le nom de Dauphin à leurs fils aînés, héritiers présomptifs de la couronne.

Davantage, de et *avantage*, adverbe, signifie *plus*.

Avantage vient de *avant*.

Un père avantage un de ses enfants en le mettant avant les autres et lui donnant davantage.

De, latin *de*, préposition.

S'employait quelquefois d'une manière différente d'aujourd'hui : « Je n'en ai plus *de* besoin. »

> Laissez-moi ; j'aurai soin
> De vous encourager, s'il en est *de* besoin.
>
> (Molière, *Femmes sav.*, V, 2).

— Particule nobiliaire. C'est la préposition que les nobles placent devant leur nom, et qui n'est pas un signe de noblesse proprement dit.

D'après Loiseau, les plus anciennes familles de France n'ont ni article ni particule.

Considérer la particule comme un signe de noblesse, est un préjugé, une erreur bourgeoise.

Il y a en France une foule de familles nobles, qui n'ont jamais pris la particule : les Béranger, les Montmorency, les Chabot ne l'avaient pas.

De est une préposition qui, placée devant un nom, indique un rapport d'origine, de possession, de lieu :

Jean de Tavannes signifie Jean né à Tavannes, ou propriétaire, seigneur de Tavannes.

Dans certains cas aussi, on sous-entendait le mot fils, comme en latin : *Rostandus Berangerii*, Rostand (fils) de Béranger.

Les noms de famille, dans le Midi, ont souvent gardé cette désinence : Nicolaï, Aviti, Bernardi.

— Chez les Allemands, *de* est remplacé par *von*, qui devient *van* chez les Hollandais, *O'* en Écosse et *don* en Espagne.

— A ceux qui désireraient enfreindre impunément la loi qui défend d'affubler un nom roturier d'une particule usurpée, on pourrait conseiller d'appeler leur fils Vincent de Paul, car ce nom de saint ne se décompose pas.

Dé à jouer, et *dé* à coudre, s'écrivent de même.

Le premier n'a pas changé de forme; le second se disait autrefois *déel* (du latin *digitalem*), tandis que le premier vient de *datum*.

Dé, dès, dis, du *dis*, particule latine.

Ces différentes formes de la même particule initiale marquent une idée de négation, d'action opposée : défaire, déclasser, dessaler, disjoindre.

Les quatre cinquièmes des mots commençant par *d*, sont formés comme les exemples ci-dessus.

De même *en* et *em* s'ajoutent souvent à des simples.

Débander, fait sans doute du provençal *débanar*, qui signifie dévider un écheveau (?).

Bien plus probablement dérivé de *bande*, du mot allemand *band*, lien, ruban.

Débardeur, du roman *bart*, fange, boue.

En provençal *débardar*, agiter un objet dans l'eau.

Ou plutôt de *bara*, fardeau en haut allemand.

Débarquer, de *barque* ; vieux français *barge*.

S'emploie fréquemment pour : arriver à pied, à cheval.

De même on remplace la locution « avoir fait bon voyage » par « être arrivé à bon port », qui est une expression trop familière ne se disant que des ballots de marchandises (?).

Débaucher, vient de *bois*.

Signifie au propre : dégrossir un morceau de bois.

Ici, *bois* est pris pour construction, boutique.

— *Débaucher*, c'est faire sortir un ouvrier de sa boutique, le détourner de son travail; l'*embaucher*, c'est l'admettre dans un atelier.

Débaucher, dans le sens de *crapuler*, a aussi la même origine ; à moins qu'on ne veuille le rattacher à *debacchari* (?).

— Le *débauché* est celui qui est adonné aux jouissances grossières de la vie, le pourceau du troupeau d'Épicure, comme dit Horace : « *Epicuri de grege porcum.* »

— Synonymes : faire la noce, riboter, faire la vie, ...des orgies : *Vivere vitam.*

Débiter, du latin *debitum.*

Celui qui achète se rend débiteur du vendeur.

Le grand débit fait le grand profit.

Débit s'oppose à *crédit*, comme *passif* à *actif*.

Déblai, déblayer ; du latin *bladum*, blé.

C'est proprement enlever la moisson, débarrasser.

On a proposé aussi *blesta*, mèche de cheveux, écheveau très embrouillé, qu'on ne peut dévider.

Débonnaire. On a fait venir ce mot de *de bonne aire*, qui se disait, en fauconnerie, d'un oiseau de bonne race, d'un bon nid. Peut-être vient-il de *bonarius*, dérivé de *bonus* (?).

— Rabelais (V, 6) dit : « Vous ne feustes oncques de maulvaise pie couvez, puisque vous êtes de la benoiste Touraine. »

Il se moque de la croyance qu'on avait que le mot *débonnaire* signifiait *de bonne aire*, sorti de l'aire d'un faucon ou d'un aigle.

C'est pour cela que Marot qui, dans l'*Épitre au Roy, pour avoir été dérobé*, écrivait (édition de 1532) :

> Car votre argent, très débonnaire prince,
> Sans point de faulte, est subjet à la pince.

préféra, dans l'édition de 1543 :

> Car vostre argent, de très bonne aire prince.

Décamper, de *camp* ; latin *campum* : fuir rapidement, ficher son camp.

En provençal, il y a *récampar*, revenir à la maison.

Rabelais (V. 7) parlant de la fuite de l'âne, qu'on chasse à coups de fourche, dit :

> Ou trot, à peds, à bonds, à ruades,
> Au guallot, à pétarrades.

Décembre, du latin *december*, de *decem*, *dix*.

L'année des Romains commençant en mars, ce mois était le dixième.

Déchanter, du latin *cantare*.

Être déçu de ses espérances et forcé de dire ou de faire le contraire de ce qu'on voulait. (Voy. *palinodie*.)

> Tu vois qu'à chaque instant il te faut déchanter.
> (Molière, *Étourdi*.)

Déchiffrer, de *dé* et *chiffre*, pris dans le sens d'énigme, chose obscure.

Expliquer un texte obscur.

Décolleter, le contraire de *colleter*, dérivé de *collet*.

C'est l'opposé de *collet-monté*.

Se découvrir les épaules.

Discours décolleté, actions décolletées : très libres.

Des dames très décolletées... et qui avaient le droit de l'être.

Ah ! il y avait là une immodeste Sabine, décolletée, qui... Fi ! ces nudités-là sont scandaleuses pour la jeunesse. (Regnard, *Retour imprévu*, sc. 17.)

Décoration, dérivé de *décorer* (*decorare*).

Synonymes : brimborion, ferblanterie, colifichets.

Certaines décorations sont tellement prostituées que, si leur ruban n'était rouge, on le verrait rougir à la boutonnière de certains décorés.

Décorum, mot latin.

Bienséance, ce qui sied, qui convient.

Même radical que *décent*, *décence*, *décor*.

Découvrir, *dé* préfixe et *couvrir*; du latin *cooperire*.

Découvrir saint Pierre pour couvrir saint Paul : faire une dette nouvelle pour en éteindre une autre.

On dit aussi vulgairement : faire un trou pour en boucher un autre.

Décrétales. Lettres des anciens papes, réglant des points controversés de la constitution ecclésiastique.

Dédain. Le 10 mars 1872, à la Chambre, le général Changarnier, au sujet de la mise en accusation des députés Rouvier et P. Lefranc, qui avaient donné à la Commission des grâces l'épithète d' « assassins », a demandé pour eux l' « amnistie du dédain ».

En style parlementaire, synonyme de mépris.

Dédale, du grec *daidalos*, plein d'art.

— Dédale était le descendant du roi d'Athènes Erechthée.

Doué d'un génie puissant, il inventa le niveau, la cognée, la doloire, le fil à plomb, la vrille, la scie, la roue à potier, etc.

Exilé de sa patrie, il s'était réfugié en Crète, sous le règne de Minos. Il fut le confident des monstrueux désordres de la reine Pasiphaé, et construisit une vache mouvante, dans laquelle s'enfermait l'épouse plus qu'adultère, et où elle recevait invisible les caresses du taureau blanc.

Le fruit de ces clandestines amours fut le Minotaure, et c'est pour cacher ce monstre à tous les yeux que Dédale construisit le fameux labyrinthe de Crète, auquel il donna son nom.

Cette prison était formée d'allées et de contre-allées, enchevêtrées dans d'innombrables détours, de sorte que Thésée, qui y pénétra, n'aurait jamais pu en retrouver l'entrée, s'il n'avait eu la précaution de se munir du fil d'Ariane. (Voy. Virgile, *Énéide*, VI, 30.)

— On appelle *dédale*, une affaire embrouillée, pleine d'embarras, dont il est difficile de sortir.

On dit aussi d'un homme rusé, qui se tire d'une situation embarrassée, qu' « il a le fil d'Ariane ».

Les Précieuses disaient « délabyrinther » les cheveux.

Embarrasser les gens dans un fâcheux dédale.
(Molière, *Tartuffe*.)

On y voit tous les jours l'Innocence aux abois,
Errer dans les détours d'un dédale de lois.
(BOILEAU.)

Le dédale des cœurs. (LA FONTAINE, Fables, IV, 19.)

Judiciorum anfractus. (Cicéron.)

Défaut, substantif verbal de *défaillir*.

Nous plaisons plus par nos défauts que par nos qualités. (La Rochefoucauld.) C'est-à-dire qu'il y a des qualités nuisibles et des défauts profitables.

Le vice rapporte plus que la vertu.

Nous vivons avec nos défauts comme avec les odeurs que nous portons ; nous ne les sentons plus, elles n'incommodent que les autres... (Mme de Lambert.)

« On n'est pas parfait : qui n'a pas ses petits défauts ? », répondit un scélérat accusé d'avoir assassiné son père.

Défendre, du latin *defendere*.

Le fruit défendu. L'attrait du fruit défendu.

Vile est quod licet. (Pétrone.)

Quod licet ingratum est, quod non licet acrius urit.
(OVIDE, Amours, I, 19.)

(Ce qui est permis ne plaît pas ; ce qui ne l'est pas enflamme davantage.)

On ne connaît l'amertume du fruit défendu, qu'après y avoir goûté.

Chez certains peuples indiens, toute la population est nue, mais les courtisanes sont vêtues afin d'exciter les désirs. (Sainte-Foix).

La plupart des femmes passent leur vie à dépouiller de ses fruits le vieil arbre dont Ève a eu la primeur. (O. Feuillet.)

— Lamothe le Vayer, pour donner de la vogue à un de ses ouvrages qui ne se vendait pas, employa le crédit de ses amis pour le faire interdire. L'édition fut épuisée en quelques jours.

Déférence, dérivé de *déférer* (de *ferre*).

Politesse qui fait que l'on se conforme aux sentiments de ceux que l'on veut honorer.

On a de la déférence pour l'âge, pour le mérite, pour la dignité de quelqu'un ; mais il y aurait bassesse ou bêtise à sacrifier sa dignité à celle des autres.

Défiance, verbal de *défier, diffidere*.

Défiance, méfiance. La méfiance est un défaut du caractère, qui fait tout prendre en mauvaise part ; la défiance est un sentiment accidentel, qui naît de la crainte du danger qu'on veut éviter en se tenant en garde.

La défiance est mère de la sûreté ; qui se défie n'est pas trompé.

Défie-toi du bœuf par devant, de la mule par derrière, et du moine par tous les côtés.

La défiance est une qualité plus sûre que l'expérience, aussi favorable à la fortune que nuisible au sentiment.

Notre défiance justifie la tromperie d'autrui.

> Quiconque est soupçonneux invite à le trahir.
> (VOLTAIRE.)

Habita fides ipsam plerumque fidem obligat. (Tite-Live, XXII.)
La confiance que nous montrons à un autre, nous attire ordinairement la sienne.

Défunt, du latin *defunctum*, qui s'est acquitté, qui est sorti de fonction.

Töpfer a dit *défunter*, pour mourir.

Dégaîner, de *gaine* ; latin *vaginam*.
Sortir l'épée du fourreau.

Surtout ne dégaînez pas au premier mot ; vous vous feriez tirer du sang sans ordonnance du médecin... (W. Scott.)

Dégobiller et *dégueuler*, pour vomir, sont formés tous les deux de la particule *dé* ; et de *gob* (celtique souche), pour le premier, et de *gula*, gueule, pour le second.

On fait aussi venir *dégobiller* de *godebillaux*, qui, selon Rabelais, sont des petits pâtés faits avec des tripes de bœufs gras.

Godebillau a fait *godiveau* (?).

Dégoiser, de *gosier*, comme s'*égosiller*.
Dans le Berry, on dit *dégoisiller*.

> Peste, Madame la nourrice, comme vous dégoisez !
> (Molière, *Médecin malgré lui*.)

Dégoût, de *dé* et *goût*, *gustum*.
Le dégoût de la vie.

On devrait pleurer la perte d'un goût et d'une illusion ; c'est un des grands maux que les années apportent : elles nous laissent une vie aussi triste et aussi décharnée que notre corps. (De Lassay.)

Dégoûter, de et *goûter*, *gustare*.

Il est bien dégoûté : difficile.

Vous n'êtes pas dégoûté : vous aimez ce qu'il y a de meilleur.

Quand on a avalé un crapaud le matin, on est sûr de ne trouver rien de dégoûtant le reste de la journée. (De Lassay.)

Frédéric le Grand disait : « Crachez dans le plat, pour en dégoûter les autres. »

C'est dégoûtant ! Les Provençaux disent : « Ça fait vomir les cochons. »

Dégringoler, du latin *degredi* et du provençal *goular* (?).
Tomber de la hauteur d'une gargouille (?).

Déjà, adverbe, de *dès* et de *ja*, latin *jam*.
Vous n'êtes déjà pas si brave, c'est-à-dire à tout prendre.

Déjeuner, de *dé* et *jeûner* ; latin *jejunium*.
Cesser de jeûner, rompre le jeûne.

Délicat, du latin *delicatum* ; d'où aussi *délié*.
Formé de *lacere*, attirer.
A donné aussi *délice*.
Ou de *de* et *liquare*, rendre liquide : être fondu, mou, et par suite faible. (Littré.)

— Délicat et blond : difficile à contenter.

> Les délicats sont malheureux :
> Rien ne saurait les satisfaire.
> (La Fontaine.)

Les anciens donnaient à ce mot le sens d'efféminé, lascif.
Libidinosa et delicata juventus. (Cicéron à Atticus, I, 16.)

— Chez nous, la délicatesse est une charmante qualité de l'esprit et du cœur ; on l'a appelée « la fleur de la probité ».

Délire, du latin *delere*, détruire, effacer le souvenir.
Vient plutôt de *delirare*, formé de *lira*, sillon : sortir du sillon.

Delirium tremens, expression latine.
Délire avec agitation et tremblement de membres, particulier aux personnes adonnées aux boissons alcooliques.

Déliter, du latin *lectum*, lit, couché.
Dissoudre. Au propre, c'est désunir les lits, ou couches superposées des pierres, dans les carrières.

La pierre qui se délite le plus est le schiste, parce qu'elle est formée de lames qui se séparent facilement.

Le marbre *cipolin* est ainsi appelé de ce qu'il offre des couches superposées, comme celles d'un oignon (*cæpula*).

Delta, quatrième lettre de l'alphabet grec, ayant la forme d'un triangle Δ.

C'est par suite d'une ressemblance qu'on a donné ce nom aux îles formées par les branches d'un fleuve à son embouchure.

Déluge, du latin *diluvium*; provençal *diluvi*; de *diluere*, détremper.

« Après moi, le déluge ! » Peu m'importe ce qui arrivera après moi. C'est la maxime des âmes basses et égoïstes.

Il vaut mieux dire avec Horace : *Non omnis moriar*.

C'est un déluge, c'est-à-dire une grande pluie.

> On dirait que le ciel, qui se fond tout en eau,
> Veuille inonder ces lieux d'un déluge nouveau.
> (Boileau, *Satires*.)

— Remonter au déluge : prendre les choses de très loin.

A fonte repetere. (Pline le Jeune.) Voy. *ab ovo*.

Passons au déluge ! Venez au fait.

— La famille de Croy possède un tableau représentant le déluge. On y voit Noé, au moment d'entrer dans l'arche, exprimer ainsi la plus grave des préoccupations : « Sauvez les archives de la maison de Croy. »

— Le déluge universel eut lieu vers l'an 2350 avant J.-C.

Démagogie, du grec *dêmagôgos*, *dêmos*, peuple, *agô*, conduire.

Ne se prend qu'au sens péjoratif, pour désigner le funeste talent de soulever et de flatter les passions populaires.

L'art de faire déborder le ruisseau.

Demain, du latin *de* et *mane*. Provençal *demañ*.

Main, est pour *matin* (*matutinum tempus*).

Demain signifie donc proprement dès le matin; mais, par une bizarrerie du langage, on dit : je le ferai demain soir.

Demain n'existe pas, car demain sera encore demain.

> Demain est un jour qui fuit,
> Lorsque vous croyez qu'il avance ;
> Quand on croit se saisir de lui,
> On trouve que c'est aujourd'hui.

— À demain les affaires sérieuses ! Préférer les plaisirs aux affaires.

C'est une allusion à un mot d'Archias, gouverneur de Thèbes, qui fut tué pendant une orgie, par des conjurés déguisés en femmes (?) ; il avait remis au lendemain la lecture d'une lettre où le complot lui était dévoilé.

— *Sponsio corvina : cras, cras !* Promesse de corbeau : demain, demain.

On remet toujours au lendemain de faire sa conversion et son testament. (J.-P. Richter.)

<blockquote>
Ce que tu peux faire au matin,
N'attends vespre ne lendemain.
</blockquote>

Qui ne fait quand il peut, ne fait mie quand il veut.

Demander, latin *de mandare.*

Demandez et vous recevrez. (Evangile.)

En demandant on va à Rome.

Qui langue a, à Rome va.

Donner, c'est honneur ; demander, c'est douleur.

Il n'y a que les honteux qui perdent ; tel demande une place de sénateur, pour avoir un bureau de tabac.

Démanger, vient de *manger ;* latin *manducare.*

Les insectes produisent la démangeaison en rongeant notre corps.

Gratter quelqu'un où il lui démange. (Voy. *gratter.*)

Qui assez se gratte, ne démange plus !

Il le gratte par où il se démange. (Molière, *Bourgeois,* III, 4.)

Déménager, de *ménage,* pour *maisonnage.*

— Fontenelle, près de mourir, après un examen de conscience pour sa confession générale, dit : « On n'est jamais si riche que quand on déménage. »

On attribue aussi ce mot au président Hénault.

— Déménager à la ficelle : clandestinement en descendant les meubles par la fenêtre, au moyen d'une corde.

Déménager par la cheminée : brûler ses meubles.

Déménager à la cloche de bois : en tamponnant la sonnette qui avertit de l'entrée et de la sortie, dans les hôtels garnis.

Démentir, de *dé* et latin *mentiri.*

Un démenti vaut un soufflet ; un soufflet vaut un coup d'épée.

Montesquieu dit qu'on a considéré le démenti comme un affront sanglant, depuis l'institution du combat judiciaire. L'accusateur affirmait qu'un tel avait commis certain délit ; l'accusé démentait ; sur quoi le juge ordonnait le duel. D'où le proverbe.

Demeure et *demeurer,* du latin *demorari.*

Il y a péril en la demeure : *periculum in mora,* c'est-à-dire à demeurer, en demeurant.

On dit : il habite en France, demeure à Paris, loge au Louvre, et reste chez lui jusqu'à midi. (Voy. *loger, résider.*)

Demi, du latin *dimidium.*

A trompeur, trompeur et demi.

Démocratie, grec *dêmos,* peuple, *kratos,* puissance.

La démocratie des idées doit précéder celle des institutions.

Dans les démocraties, l'employé devient ministre, l'ouvrier industriel, le paysan propriétaire, le soldat général, etc.

Démodé, dérivé de *mode, modus* en latin, manière.

Synonymes : suranné, fossile, gothique, mâchoire, perruque, Pompadour (ridicule comme les modes du siècle dernier), rococo. (Voy.)

Démon, du grec *daimôn,* génie.

Le démon de Socrate.

Avoir de l'esprit comme un démon.

Synonymes : le diable, l'esprit malin, le mauvais, Satan.

Demoiselle, anciennement *damoiselle* ; latin *dominicella,* qui a fait aussi *donzelle.*

Le masculin *damoiseau* ou *damoisel* est ironique.

Demoiselle est le diminutif de *dame.* Il s'appliquait jadis aux filles nobles seulement.

— Sa figure, qui vous paraît jolie, est en vérité ce qui la distingue le moins ; et je puis vous assurer que, par son esprit, par les qualités de l'âme et par la noblesse des procédés, elle est demoiselle autant qu'aucune fille, de quelque rang qu'elle soit, puisse l'être...
— Oh ! sans doute, ajouta Valville ; et si dans le monde on s'était avisé de ne donner les titres de madame et de mademoiselle qu'au mérite de l'esprit et du cœur, ah ! qu'il y aurait de madames et de mademoiselles qui ne seraient que des Manons et des Cataux ! Mais heureusement on n'a tué ni leur père ni leur mère, et on sait qui elles sont. (Marivaux, *Vie de Marianne,* VIIe partie.).

Demoiselle signifie ici fille de qualité. C'est en quelque sorte le féminin de *gentilhomme.*

On trouve plusieurs exemples de cet emploi dans la comédie de *Georges Dandin.* (Voy. *mademoiselle.*)

Démontrer, du latin *demonstrare*. Démontrer une chose par A + B.

Démotique, du grec *dêmotikê*, du peuple, à l'usage du peuple.
Se dit de l'écriture égyptienne ordinaire, par opposition à l'écriture hiéroglyphique.

Denier, du latin *denarium*, dixième, par dix.
Le denier romain valait dix as de cuivre.
Dans les temps modernes, le denier valait la douzième partie d'un sou, et se subdivisait lui-même en deux mailles et quatre oboles.
— Jésus-Christ fut vendu trente deniers comptants par Judas.
— *Denier* se dit, en général, pour monnaie : « à beaux deniers comptants », c'est-à-dire argent comptant.
Payer de ses deniers.
— Il y avait en France des deniers d'or et d'argent.
Deniers publics s'emploie encore pour l'argent de l'État.
— Au denier cinq. Ellipse, pour : en retenant un denier sur cinq.

<blockquote>Cent francs au denier cinq, combien font-ils ? — Vingt livres.
(BOILEAU.)</blockquote>

Colbert avait fixé le taux légal de l'intérêt au denier vingt, ce qui revient au cinq pour cent ; c'est encore le taux légal de l'argent.
— Le denier de la veuve. (Marc, XII, 24 ; Luc, XXI, 2.)
— Le denier à Dieu. Pièce de monnaie qu'on donne aux serviteurs à titre d'arrhes, quand on les engage à son service, ainsi qu'aux concierges des maisons de Paris, pour arrêter un logement.
C'est un reste de l'ancien usage de donner une pièce de monnaie au vendeur, pour prendre Dieu à témoin de l'engagement contracté.

Denrée, latin *denariata*.
Provençal *denairada*, qui s'acquiert par deniers.
Était employé d'abord pour la quantité de marchandise qu'on pouvait avoir pour un denier.
Rabelais (liv. IV, ch. 33) dit : « Denrée de cresson », c'est-à-dire botte de cresson valant un denier.
— En général, toute chose vendue au détail.
— Dans le roman de la *Prise de Jérusalem* (fol. 19), Vespasien dit : « Les Juifs achetèrent Jésus-Christ trente deniers ; et moi, je

donnerai pour un denier trente Juifs. » Alors un chevalier s'adressant à l'empereur : *Ieu ne vuelh denayrada.*

> En sa main tenait un denier,
> Si commanda au tavernier,
> Que denrée de vin lui traie.
>
> (Anc. français.)

Denrée était aussi pris au propre, pour denier, argent.

> Le bon preudhomme ! et si prestoyt
> Ses denrées à qui les vouloyt.
>
> (Pathelin.)

Dent, du latin *dentes* ; racine *edo*, manger.

L'homme est omnivore. Il a des dents *incisives* pour diviser les fruits ; des *molaires* pour broyer les grains ; des *canines* pour déchirer les chairs.

— Marcus Curius *Dentatus* naquit avec toutes ses dents.

Pyrrhus, roi d'Épire, avait une mâchoire dont toutes les dents étaient soudées, de manière à ne faire qu'un seul os.

— Les Précieuses ont appelé les dents « l'ameublement de la bouche » ; d'où la locution : avoir la bouche bien meublée.

On dit aussi, depuis l'invention des rateliers : « X... a la bouche bien meublée, mais il n'est pas dans ses meubles. »

Il n'est mal de dents plus grand que quand les chiens vous tiennent aux jambes. (Rabelais.) Alors on ne souffre pas des siennes.

— Avoir une dent de lait : une vieille dent contre quelqu'un.

— Garder une dent : avoir une inimitié ancienne.

La locution « montrer les dents » est plus juste ; car, avec une seule dent, on ne peut mordre.

C'est que vous avez, mon frère, une dent de lait contre lui. (Molière, *Malade imaginaire*, III, 3.)

Venies sub dentem. (Pétrone.) Tu tomberas sous ma dent.

— Avoir du pain, des noisettes, quand on n'a plus de dents : de la fortune, quand on ne saurait plus en jouir. C'est de la moutarde après dîner.

Bien tard venu, pour néant tenu.

Exacta via, viaticum quæris. (Sénèque). A la fin du voyage, tu cherches des provisions ?

— Mentir comme un arracheur de dents.

Les dentistes se vantent d'arracher les dents sans douleur ; ils savent bien le contraire.

> Mais vous autres mentez comme arracheurs de dents.
>
> (Proverbe.)

Abbas II, shah de Perse, punit deux de ses courtisans, qui lui avaient fait un mensonge, en faisant arracher deux dents à l'un, et les faisant planter dans la tête de l'autre.

— Outil de dentiste : baume d'acier.
— Montrer les dents : menacer.

> ...Il faisait le maître
> Parmi les autres prétendants,
> Qui n'osaient lui montrer les dents.
> (SCARRON, *Virgile travesti*.)

— Savant jusqu'aux dents :

> N'étant pas de ces rats, qui les livres rongeants,
> Se font savants jusques aux dents.
> (LA FONTAINE, VIII, 9.)

Départ, du vieux verbe *départir* (*partiri*, partager).
On dit encore : se départir de quelque chose.

> Charmante Gabrielle,
> Percé de mille dards,
> Quand la gloire m'appelle
> Sous les drapeaux de Mars,
> Cruelle départie !
> Malheureux jour !
> Que ne suis-je sans vie
> Ou sans amour !
> (HENRI IV.)

Dépêcher, latin *dispedicare*, débarrasser les pieds ; comme *empêcher*, de *impedicare*, prendre par les pieds.

— Se dépêcher, synonyme d'expédier, signifie donc au propre se dégager les pieds.

Rabelais (V, 1), fait dire à Pantagruel : « Et si jeusner faut, expédient aultre n'y est, fors nous en despescher comme d'ung mauvais chemin. »

Dépenser, doublet de *dispenser* ; latin *dispensare*.
Ancien français *dépendre*, qui est le provençal *despendre*.
L'origine est *pendere*, peser.
Les anciens, avant l'usage de la monnaie, payaient avec de petits lingots de métal, qui avaient un poids déterminé.

— Mots correspondants : dispenser, dispendieux, dépendre, dépens.
— Dépenser plus qu'un évêque ne bénirait.

> *Conterere quæstum Herculis.*
> (PLAUTE.)

(Dissiper ce qu'Hercule pourrait gagner.)

Il y a plus de moyens de dépenser que d'acquérir.

> Qui plus que n'a vaillant despend,
> File la corde à quoy se pend.

Je n'aime pas l'argent, j'aime la dépense. (G. Sand.)

Il y a des gens riches, mais indifférents, qui passent pour avares, parce qu'ils n'aiment ni l'argent ni la dépense.

— Les obligations warrants des Magasins réunis (vers 1865), qui avaient pour but de reconstituer le capital par l'accumulation des intérêts, ont été appelés « l'épargne par la dépense ».

Dépit, du latin *despectum*, de *despicio*, mépriser.
En dépit de, malgré ; littéralement en mépris de.

> Tes écrits, il est vrai, sans art et languissants,
> Semblent être formés en dépit du bon sens.
> (Boileau.)

— Faire des vers, rimer en dépit d'Apollon, de Minerve : *Invita Minerva*. (Voy. *rimer*.)

Déplaire, de *dis* et *placere*.
Il déplait à Dieu et au diable.

> *Displicuit nasus.*
> (Juvénal.)

(Votre nez me déplait.)

Cælo gravis ac terris. Déplaisant aux Dieux et aux hommes.

> Ils aiment à piquer, se plaisent à déplaire.
> (Florian.)

Déportation, condamnés à la déportation.
Synonymes : Convicts, sinistres voyageurs.

Dépouiller, du latin *dispoliare*.
Déshabiller, en latin rustique ; mais *dépouiller*, dans le latin littéraire, celui de Rome. Ce qui prêta ce jeu de mots à Plaute (*Casina*, v. 662) :

> *Vir te vestiat, tu virum despolies.*

A ton mari de te vêtir, à toi de le dépouiller. (C'est un esclave qui donne des conseils à une jeune mariée.)

Dérailler, néologisme anglais.
Est bien loin de *railler*, qu'il rappelle par son orthographe.
Dérayer serait plus dans l'esprit de la langue ; mais il est formé sur *rail*, et non sur *raie*. *Rais* vaudrait mieux que *rail* ; mais *raie* vaudrait mieux que *rais*.

Dérayer serait naturellement l'opposé d'*enrayer*.

— Rabelais (I, 27) dit : « Chacun estoyt desrayé », et aussi (III, 3) : « En ce monde desrayé », c'est-à-dire sorti de la raie sur laquelle il devrait être placé.

Il valait donc mieux garder *dérayer* que d'adopter *dérailler*, qui n'a rien de français.

Déraisonner, de *de* et latin *rationem*.

Synonymes : avoir une araignée dans le plafond ; une écrevisse dans la tourte ; — les Anglais disent : une abeille dans le bonnet — ; battre la breloque ; battre la campagne.

Dernier, en latin barbare *deretronarius*.

Avoir le dernier :

Dans les discussions qu'il (Duclos) engageait, il était accoutumé à avoir, comme on dit, le dernier ; on le savait emporté, on le craignait, et on faisait place devant lui. (Sainte-Beuve.)

Les premiers seront les derniers, et les derniers seront les premiers. (*Evangile*.)

D'où la locution : Aux derniers les bons.

Dérober, de *dé* et *rober* ; anciennement *voler*.

Robe a signifié ce qui approvisionne, et vêtement.

En provençal *raubar*, voler, comme le font les gens de robe, parce qu'il est en effet, très facile de cacher ce qu'on vole, sous une robe ou sous un froc (?).

Derrière, en provençal *dernier*, anciennement *derrenier* dérivé de *derrain*, de *retranus*.

— Synonymes : Le *bas du dos*.

Le *bienséant*, ou le *séant* : ce sur quoi on s'assied.

Cadet :
> Sur un banc elle se met ;
> C'est trop haut pour son cadet.
> (Vadé.)

Face du Grand Turc : visage sans nez, c'est-à-dire nez de turquet, sorte de petit chien camus.

Le *juste milieu*.

La *lune* : La lune de Landerneau ; le cadran solaire.

> Est-ce un apothicaire
> Qui vient poser l'aiguille à mon cadran solaire ?
> (Parodie de *Zaïre*.)

Le *moutardier* : baril à la moutarde.

> Ne plante pas la hallebarde
> Dans mon réservoir à moutarde...
> (*Virgile travesti.*)

Postérieur.

Proye, prose, pour proue de vaisseau (en argot).

Filer de proye : aller à la selle, parce que les latrines, à bord des navires, sont placées à la proue, que les Provençaux appellent *proye, proi.*

De là, les marins ont dit : filer le câble de proi ; et faire des cordes, pour : aller à la selle.

Dans l'*Assemblée des Femmes,* comédie d'Aristophane, un acteur dit : « Tu fais donc de la corde ? »

Prussien. Allusion à la dysenterie qui décima les Prussiens pendant l'invasion de 1792. (L. Larcher.)

Il existe un petit volume intitulé *le Guide du Prussien,* ou Manuel de l'artilleur sournois, à l'usage des personnes constipées... (Paris, Ponthieu, 1825.)

Quelque part, signifie le derrière, dans la locution : « Je vais te donner un coup de pied quelque part. »

On dit aussi : aller quelque part, pour « aux latrines ».

Saint-Jean-le-Rond. Jadis le peuple appelait ainsi le derrière, du nom d'une église de Paris.

> Et fait à l'ennemi l'affront
> De lui montrer Saint-Jean-le-Rond,
> Id est son gros vilain derrière.
> (*Henriade travestie,* chap. VIII.)

Vezon. (Voy. vesse, cul, fesses.)

Derrière postiche (des femmes): crinoline, cul (XVIIe siècle), paniers, polisson, tournure, vertugadin.

Dès, préposition, représente les prépositions latines *de* et *ex.*
En provençal *adès.*

Désemparer, de *emparer,* lui-même formé de *parer, parare* en latin.

Rabelais se sert du mot *désemparer,* dans le sens propre de détruire, démolir les murs, les remparts ; et aussi pour séparer, quitter.

Nous ne l'employons plus qu'au participe, ou avec la préposition *sans.*

Désert, du latin *desertum,* abandonné. (Voy. *Thébaïde.*)

> Colomb n'a jamais découvert
> Lieu plus sauvage et plus désert.
> (Bois-Robert.)

Désespoir, verbal de *désespérer* (de *sperare*).

Au XVe siècle, on se servait de *désespérance*, qui n'avait pas tout à fait le même sens, et qui a été malheureusement retranché de la langue.

> Plains de douleur et de désespérance.
> (E. Deschamps.)

C'est quand on n'a plus rien à espérer, qu'il ne faut désespérer de rien. (Sénèque.)

Desgrieux, amant de cœur d'une femme galante.

Du roman de l'abbé Prévost d'Exiles, où le chevalier Desgrieux joue un double rôle... d'Alphonse et d'escroc.

De là vient la flétrissure attachée à ce nom.

L'espèce des Desgrieux ne périra pas plus que celle des Manons. (Voy. *maquereau.*)

Déshabiller, de *dés* et *habiller* (de *habitum*)

Il ne faut jamais se déshabiller avant de se coucher ; c'est-à-dire faire de son vivant l'abandon de ses biens.

— L'avidité et l'ingratitude ont toujours caractérisé les héritiers. Les anciens leur ont donné le nom de vautours, parce qu'ils s'abattent sur les successions, comme des oiseaux voraces sur des cadavres.

Désinvolture, de l'italien *desinvolto,* non enveloppé.

Tournure pleine de laisser-aller.

Désir, verbal de *désirer, desiderare.*

Le désir est un mouvement spontané de l'âme, qui aspire à la possession d'un bien.

Passion qui nous porte à vouloir une chose absente, à laquelle nous attachons une idée de plaisir.

— L'Académie écrit ce mot avec un accent aigu. *Dé* accentué au commencement d'un mot, a une valeur privative ou explétive comme dans décoller, découdre, détruire. Si l'on écrit *désir*, le mot se confond avec le vieux verbe *désirier* (ira), cesser d'être irrité.

Désir est aussi incorrect que serait *dévise*.

— Le désir s'éteint dans la possession, mais...

> ...Le désir s'accroît quand l'effet se recule.
> (Corneille, *Polyeucte,* I, 1.)

Le désir est plus vif que la jouissance, parce que la jouissance est suivie du dégoût ; il faut donc être prompt à désirer, lent à jouir.

Qui se fait *souhaiter*, se fait aimer toujours.
(Destouches.)

Les désirs naissent des passions, les souhaits de la raison. Ceux-ci sont plus vagues, ceux-là plus ardents.

Qui borne ses désirs est toujours assez riche.
(Voltaire.)

Moins on sème de désirs, plus on récolte de bonheur. (Saniel.)

Semper inops quicunque cupit.
(Horace.)

(Quiconque désire, est pauvre.)
Le meilleur moyen de devenir riche, c'est d'être pauvre de désirs. (Cléanthe.)
C'est posséder d'immenses richesses, que d'être pauvre en désirs. Qu'importe que vous n'ayez rien, si vous n'avez aucun désir ? (Charron, *de la Sagesse*, II, 6.)
On passe sa vie à désirer ce qu'on n'a pas, et à regretter ce qu'on n'a plus. (Scudéry.)

On ne peut désirer ce qu'on ne connaît pas.
(Voltaire.)

C'est la pensée latine : *Ignoti nulla cupido.*

Déjucher (au) : au matin, lorsque la volaille descend de la perche où elle était juchée la nuit. (Rabelais, III, 2.)

Chantons Noël tant au soir qu'au desjuc.
(C. Marot.)

Désolation, de *désoler* (*desolare*, de *solum*, sol) ; littéralement dépopulation du sol.
Ou du vieux mot *soulas*, de *solatium* (?).

Désopilant, de *dés* et *oppilare*, obstruer.
Se dit des remèdes qui détruisent les obstructions de la rate et du foie.
On dit plus souvent *apéritifs*.
(L'étymologie *pulè*, porte, ne rend pas compte de l'o).

Désordre, de *dés* et *ordre* ; latin *ordinem*.

Chez elle (l'ode), un beau désordre est un effet de l'art.
(Boileau.)

Le désordre précède toujours l'harmonie. On ne réunit que des choses séparées.

Désorienter, de *dés* et *orienter* ; du latin *orientem*.

Ce terme de marine remonte à l'époque antérieure à la boussole. Son acception actuelle n'est plus celle de route perdue, mais celle de désordre dans l'établissement de la voilure, qu'on *oriente* selon le vent, et qui peut faire dévier le navire.

Au figuré : troubler, déconcerter.

— Synonymes : Perdre la boussole, la carte, la tête, la tramontane.

— François Barrière a employé cette expression au propre, en disant que la princesse Beljiojoso, dans un voyage en Orient (1858), ayant pénétré dans l'intérieur des harems, et décrit d'après nature et sans les flatter, les scènes de la vie privée, avait *désorienté* le lecteur, accoutumé à un Orient de convention.

Désormais, adverbe composé de *dés, ores, mais* ; comme *dorénavant*, pour *d'ores en avant*.

Ores, qui se retrouve dans *alors*, vient de *hora* avec *s* adverbial ; *mais* vient de *magis*.

C'est donc : de maintenant plus loin ; à partir de maintenant.

Despotisme, du grec *despotès*, maître, tyran.

Pouvoir absolu.

Despote ne se prend qu'en mauvaise part.

— Le despotisme est l'abus du pouvoir souverain, exercé par un roi, un peuple, une assemblée politique.

Le despotisme substitue le droit de la force à la force du droit.

Montesquieu prend pour emblème du despotisme les sauvages de la Louisiane, qui coupent l'arbre au pied pour en avoir les fruits.

Le général Faidherbe raconte (1866), dans un article sur le Sénégal, que le roi de Cayor, en 1640, défendit à ses sujets de saler leurs aliments parce qu'il n'était pas convenable que de simples sujets se servissent d'un condiment dont le roi faisait usage.

— Quand on peut tout ce que l'on veut, il n'est pas aisé de ne vouloir que ce que l'on doit. (Louis XIV.)

Caligula disait à ses amis et à ses maîtresses : « Si je voulais, cette belle tête tomberait à l'instant. »

On ne devrait rassembler les hommes qu'à l'église ou sous les armes, parce que, là, ils ne délibèrent pas : ils écoutent et obéissent. (De Bonald.)

Dessin, même mot que *dessein*, latin *designare*.

Avoir le dessein de faire une chose, signifie proprement se faire un plan, un dessin.

Le dessin est la langue universelle.

Désigner une chose, ç'a été aussi la dessiner.

Enseignes, insignes, ont la même origine.

— Le dessin est la langue de l'industrie ; il nous aide à saisir, au moyen de quelques signes, des choses que plusieurs pages écrites ne nous feraient pas aussi bien comprendre. On devrait même enseigner le dessin proprement dit, avant cet autre dessin qu'on nomme l'*écriture*.

Avant de songer à faire des lettres, les enfants ne s'essaient-ils pas à faire des bonshommes ? Ce beau zèle, instinctif et inné chez quelques-uns, s'éteint faute d'aliment et de direction, au grand détriment de ceux qui en sont doués.

Gœthe disait : « Nous écrivons trop, nous ne dessinons pas assez. » Il avait raison, car trois lignes ajustées bout à bout, nous donneront mieux l'idée d'un triangle, que ne feraient les descriptions les plus minutieuses.

Le mérite du dessin est de parler aux yeux, là où la langue est insuffisante. C'est pour cela qu'on a appelé les peintres « des poètes muets ».

Le dessin vulgarisé serait un merveilleux outil au service de l'intelligence.

Le dessin a le privilège de saisir à la fois l'esprit et les yeux ; il nous donne le fait, l'homme tout entier, tandis que la plume de l'écrivain n'offre que des tableaux inanimés.

— C'est à Corinthe, s'il faut en croire la tradition, que prit naissance l'art du dessin. Un amant, en suivant les contours de l'ombre projetée sur la muraille, reproduisit l'image de sa maîtresse.

— Le dessin est l'ombre du relief. (Benv. Cellini.)

Le dessin est le sexe masculin de l'art, la couleur en est le sexe féminin. (Ch. Blanc.)

Il y a la même distance entre le dessin et la couleur, qu'entre le sentiment et la sensation, l'idéal et la matière.

Dessous, du latin *de subtus*.

Tombé dans le troisième dessous : complètement déchu.

A l'Opéra, on appelle « troisième dessous » la dernière cave pratiquée sous les planches, pour recevoir les trucs et les machines.

On dit, au figuré, d'une pièce sifflée, dont la chute est irrémédiable, qu' « elle est tombée dans le troisième dessous », c'est-à-dire aussi bas que possible.

Destin, ou *destinée;* du latin *destinare.*

C'est le *Fatum* des Latins, la nécessité inévitable à laquelle chacun est assujetti.

— Le Destin, divinité aveugle, était né du Chaos et de la Nuit.

Les mortels lui étaient soumis ; ses arrêts ne pouvaient être révoqués, même par Jupiter.

Les trois Parques étaient les ministres de ce dieu inexorable.

— Les souhaits ne sont que des placets que la folie de l'homme présente au Destin, et auxquels il fait si peu d'attention, qu'il ne se donne pas la peine de les lire. (Fénelon.)

Ducunt volentem fata, nolentem trahunt. (Sénèque.)

Celui qui est destiné à se pendre, ne se noie pas. (Proverbe turc.)

— Un homme avait perdu son père et son aïeul dans des naufrages ; il continuait cependant à naviguer.

On lui fit remarquer qu'il devait craindre un sort pareil : « Mais apprenez-moi comment sont morts vos parents ? répliqua le marin. — Dans leur lit. — Et comment osez-vous encore coucher dans un lit ? »

Destrier, *dextrarium,* cheval de main.

C'était le cheval de bataille, que l'écuyer tenait en main.

Opposé à *palefroi,* cheval de cérémonie.

Détaler, de *taillis.*

Le cerf détale, c'est-à-dire quitte le taillis pour fuir devant les chiens.

Détente, ancien participe de *détendre, distendere.*

Dur à la détente, c'est-à-dire serré, avare.

Il ressemble aux arbalètes de Cognac, il est dur à la détente.

Détester, du latin *de testari,* repousser une accusation avec serment, rejeter avec indignation.

Détourner, *de* et *tourner.*

Comme une femme laide, qui rencontre un miroir (?).

Détraquer, *dé* et *traquer;* germanique *trekken,* tirer, ou détourner de la trace.

Au figuré : cheval, esprit détraqué.

Détruire, du latin *destruere.*

La société perd la valeur des objets inutilement détruits. (F. Bastiat.)

— On dit, lorsque quelque poterie ou quelque verre se casse

dans un ménage : « Cela fait aller l'industrie ; il faut que tout le monde vive. »

L'industrie du potier gagnera, en effet, cinq francs pour une soupière cassée qu'il faudra remplacer ; mais, par suite de cette dépense, le bourgeois n'achètera pas un chapeau de cinq francs, et c'est l'industrie chapelière qui y perdra.

En résumé, comme le bourgeois représente la société dont il fait partie, on arrive à conclure qu'elle a perdu la valeur de la soupière cassée.

Dette, du latin *debitam,* chose due.

Dettes criardes : petites sommes qu'on doit à des artisans, à des boutiquiers. Dettes bien nommées, car rien n'est plus criard que le petit marchand qui perd sa marchandise et le profit qu'il en espérait.

Dettes vulgaires, mesquines, réclamées à grands cris.

— Les dettes qu'on paie font des trous, celles qu'on ne paie pas font des taches.

Le suicide d'un homme qui a des dettes est un vol à main armée.

— Qui paie ses dettes, s'enrichit.

Oui, qui s'acquitte s'enrichit. Ce proverbe paradoxal a été inventé par les créanciers.

Martainville, à qui on le citait, dit : « Bah ! c'est un faux bruit que les créanciers font courir. »

— ...Vos cent écus ! j'aimerais mieux vous les devoir toute ma vie, que de les nier un seul instant. (Beaumarchais, *Barbier,* III, 5.)

Le trop grand empressement qu'on a à s'acquitter d'une obligation, est une espèce d'ingratitude. (La Rochefoucauld.)

Deus ex machina. Expression latine, qui désigne le dénouement, plus heureux que vraisemblable, d'une situation dramatique.

Dans les tragédies antiques, la catastrophe se dénouait souvent par l'intervention d'un dieu, qu'une machine faisait subitement descendre sur la scène. Or, ce dieu s'appelait, dans l'argot des coulisses du temps, *Deus ex machina,* le dieu de la machine.

De là notre locution, qui sert à désigner un évènement heureux et imprévu.

Deum (Te) *laudamus !*

Comme Dieu doit être flatté de nos éloges ! (Ici ce sont plutôt des remerciements.)

— Maurice, maréchal de Saxe, était luthérien. On dit, après sa mort : « Il est fâcheux qu'on ne puisse dire un *De profundis* pour qui a fait chanter tant de *Te Deum*. »

Devant, préposition ; autrefois *davant*, de *ab ante*. Se mettait aussi pour *avant*.

> Et si devant moi vous mouriez,
> Toujours en mon cœur vivriez.
> (*Roman de la Rose*.)

— *Par-devant*, avec complément, ne s'emploie plus en français que dans le style juridique : Par-devant notaire.

En passant par-devant la chambre d'Angélique, j'ai vu... un jeune homme. (Molière, *Malade imaginaire*.)

Dévier, du latin *de* et *viam*, voie. Sortir de la voie.
Desvier s'est dit pour mourir ; *desvie* pour mort.
On disait aussi *desvé* pour fou.

> Elle courut comme desvie.
> (*Roman de la Rose*.)

(Voy. *détraquer, forligner, fourvoyer*.)

Devin, du latin *divinum*, qui prévoit l'avenir.
La divination, ou l'art de connaître l'avenir, faisait partie de la théologie païenne.
Les devins les plus célèbres de l'antiquité sont : Tirésias, Amphiaraüs, Chalcas.

> Devine si tu peux, et choisis si tu l'oses.
> (Corneille, *Héraclius*.)

Devise, de *divisare*, fréq. de *dividere*.
Devise signifie discours.
La devise est une métaphore peinte, l'emblème du caractère, de la famille ou de la condition. Les devises entrent dans les armoiries comme une partie essentielle du blason.
La devise est une pensée traduite par une image. L'image s'appelle le corps, représentant son objet ; la légende, qui explique l'objet, est l'âme de la devise.

— *Devise*, en terme de blason, se dit des chiffres, rébus, proverbes, qui servent à distinguer les diverses familles.
Le principal mérite de la devise est la brièveté.
Brevissima recta. La droite est le plus court chemin.
Plus ultra. Toujours plus loin.
Louis XIV adopta pour devise, en 1662 : *Nec pluribus impar*,

avec le soleil rayonnant, indiquant qu'il éclipsait tous les autres princes, comme le soleil efface les étoiles.

Devoir, du latin *debere*, opposé à *avoir* (C'est pour *de habere*.)

Le devoir est donc une dette, une obligation, qui nous est imposée par la loi, la coutume, la bienséance.

Il faut placer le devoir avant le droit, et non le droit avant le devoir ; car les hommes sont comme les enfants : ils se croient d'autant plus heureux, qu'ils ont moins de devoirs à remplir.

Le devoir est surtout ce qu'on désire imposer aux autres.

— *Devoir* est un substantif masculin, peu usité en pratique.

— Qui doit a tort. La loi condamne le débiteur.

Fais ce que dois, advienne que pourra. (Montaigne.) C'est la devise des maréchaux de France.

> Faisons notre devoir, les dieux feront le reste.
> (Voltaire, *Catilina*.)

> Le devoir d'une fille est dans l'obéissance.
> (Corneille, *Menteur*, V, 7.)

> Le devoir d'une femme est dans la complaisance.
> (C. d'Harleville.)

— Compagnon du devoir : *Dévorant*, pour *devoirant*.

Les trois grandes fractions du compagnonnage sont : les Enfants de maître Jacques ; les Enfants de Salomon ; les Enfants du père Soubise. (Vinçard.)

Dévot, du latin *devotum*, dévoué.

Celui qui s'est attaché par un vœu (voy. *ex-voto*), par une imprécation, une conjuration, une consécration, sans réserve, ni esprit de retour en arrière.

Les anciens dévouaient aux dieux infernaux.

— Faux dévot : mangeur de crucifix, tartufe.

> Il est de faux dévots, ainsi que de faux braves.
> (*Tartuffe*, I, 6.)

> Ah ! vous êtes dévot, et vous vous emportez !
> (Id., II, 2.)

Il y a une fausse dévotion, qui succède à l'amour des plaisirs, quand on ne peut plus les goûter, et qui devient une ressource pour certaines femmes, sans jeunesse et sans beauté.

Quand le diable devient vieux, il se fait ermite.

— Les Anglais disent qu'« il n'y a pas d'église où le diable n'ait sa chapelle ».

— Titres curieux de certains ouvrages de dévotion :
Les Allumettes du feu divin. (P. Doré, in-12, 1538.)
La Boutique de l'apothicaire spirituel.
Encensoirs fumants de pensées mystiques.
Le Brise-tête du dragon infernal.
Le Sucre spirituel.
La Douce moëlle et la sauce des O savoureux de l'Avent.
Planta vitis, par Jean Plantavit, évêque de Lodève.
Le Fouet des paillards.
Marie à la Coque (sic).
La Passion de N. S. J.-C., en vers burlesques (1649).
La Dévotion aisée, par le P. Lemoine, jésuite.

Dévouement, du verbe *dévouer, votare.*
Le pélican, en comparaison, n'est qu'un égoïste...
C'est une brave fille qui m'est toute dévouée ; on ne peut m'effleurer avec une épingle, sans qu'elle crie comme si on la poignardait. (Voy. Cherbuliez, *Revanche de J. Noirel.*)

Dia, interjection invariable.
Cri du charretier pour faire aller les chevaux à gauche.
S'oppose à *huau* ou *huaut.*
Il n'entend ni à dia ni à huaut : il ne comprend rien.

Diable, de *diabolus,* traduit du grec *diabolos,* délateur, calomniateur.
Synonymes : Asmodée (les Juifs l'appelaient aussi le Roi des démons) ; le Démon ; Lucifer ; l'Ange déchu ; Satan.
— Dans les superstitions du Moyen-Age, le Diable était la plus haute incarnation de la perversité ; car c'est le Moyen-Age qui a créé le Diable, être hideux et grotesque, fait à l'imitation des Satyres de l'antiquité païenne.
Le Malin ; le Tentateur, qui offrit à Jésus tous les biens de la terre, et Satan, l'archange déchu, le Porte-lumière, d'origine divine, — Satanaël, d'après une tradition qui existait aux premiers siècles de l'Eglise, était fils de Dieu, comme Jésus. Il se révolta, et après sa chute, créa le monde matériel et visible, dont il était le souverain maître.
— Avoir le diable au corps. Se dit d'un énergumène. N'est cependant pas la même chose qu' « être possédé du démon ».
Il se démène comme un diable dans un bénitier.
C'est le diable ! C'est le diable à confesser : chose très difficile.

Un pauvre prêtre disait : « Dire la messe, ça va tout seul ; mais prêcher, c'est le diable ! »

Au diable !... Que le diable l'emporte !... exclamations de dépit.

On dit aussi, mais ironiquement, dans le même sens : « Que le bon Dieu te bénisse ! »

Abi ad Acherontem !
(Plaute.)

Aux corbeaux ! disaient les Grecs.

— Les Génois, dont l'esprit était très remuant, offrirent à Louis XI de le reconnaître pour leur souverain. « Vous vous donnez à moi, leur dit-il, et moi je vous donne au diable. »

(Voy. *lantaire, patafiole, sacre*.)

— C'est au diable de Vauvert : très loin.

C'est le diable de Vauvert...
(Villon, Gr. Testament, Str. 169.)

Rabelais (II, 18) dit : « Diable de Valvert. »

L'abbaye de Vauvert, ou Valvert (*Vallis viridis*), se trouvait à une assez grande distance du centre de Paris ; d'où est venue la locution : aller au diable de Vauvert, pour dire une grande course ; et on a quelquefois changé *Vauvert* en *au vert*.

— La tradition rapporte que saint Louis donna à six religieux de Saint-Bruno, une maison et des terres au village de Gentilly. Ils demandèrent peu après à s'établir dans le palais de Vauvert, bâti par le roi Robert, sur les terrains où est maintenant l'Observatoire de Paris.

Ce palais avait été abandonné depuis l'excommunication de son fondateur. On le croyait habité par des démons, des revenants, des spectres traînant des chaînes, et un monstre vert, moitié homme moitié serpent.

Le roi le leur donna avec toutes ses dépendances, et dès lors les esprits ne revinrent plus.

Le nom d'Enfer resta seulement à la principale rue de ce quartier, en souvenir du tapage infernal que les diables y faisaient.

On dit encore : faire un bruit, un tapage d'enfer.

— Faire le diable à quatre : beaucoup de bruit.

On dit aussi dans un sens analogue : se mettre en quatre, crier, faire du bruit comme quatre ; manger comme quatre ; avoir de l'esprit comme quatre. (Voy. *quatre*.)

— On représentait, au Moyen-Âge, des pièces de théâtre appelées

Mystères, dans lesquelles figuraient des diables, dont le rôle consistait à tourmenter les pécheurs.

Les grandes diableries étaient des pièces où il y avait quatre diables. D'où la locution : faire le diable à quatre.

Mais la grand'diablerie à quatre personnages. (Rabelais, I, 4.)

— Il vaut mieux tuer le diable que le diable vous tue.

Cette maxime, d'un français peu correct, est passablement féroce. Pourquoi tuer le diable ? Il fait vivre plus de gens qu'il n'en tue ; il y a plus de bons diables que de mauvais. Si quelquefois nous nous battons avec le diable, c'est presque toujours nous qui commençons; en le tirant par la queue.

— Loger le diable dans sa bourse : n'avoir pas le sou.

Anciennement les monnaies portaient toutes l'image de la croix, signe redouté du diable. Cela fit dire que, si le diable voulait se glisser dans une bourse, il fallait qu'elle ne contînt aucune monnaie.

Dick Mitford m'a envoyé mille pièces d'or fort à propos, car il restait à peine quelques pièces à la croix dans nos poches, pour empêcher le diable d'y danser. (W. Scott, *Péveril du Pic*, V, 5, ch. 12.)

F. Génin tire cette locution de l'usage qu'on avait, en Italie, de peindre au fond des plats une figure hideuse de diable, qui était cachée par les aliments, et faisait la grimace quand le plat était vide. De là, on disait : le diable est dans le plat.

Un personnage de la comédie de Firenzuola, pour exprimer qu'il ne restait rien à manger, à son arrivée, dit : *Abbiamo trovato il diavolo nel catino*. Comme nous disons : la marmite est renversée.

— Quand le diable devient vieux, il se fait ermite.

Se dit d'un vieux libertin repenti, Narcisse dévot, qui fait sa prière devant une armoire à glace ; et des femmes que la vieillesse convertit à une dévotion feinte ou réelle, refuge d'une galanterie repentante. Myrtes repentis, changés en nénuphars, elles offrent à Dieu les restes du diable.

Chacun connaît la belle Madeleine :

> Qui de son temps ayant servi l'amour,
> Servit le ciel, étant sur le retour,
> Et qui pleura sa vanité mondaine.
>
> (Voltaire, *Pucelle*, IX, 205.)

Brantôme a appliqué ce proverbe à Charles-Quint, qui, après avoir bouleversé le monde, se fit moine dans sa vieillesse.

Rabelais (IV, 64) a dit au rebours : « De jeune hermitte, vieil diable. »

— Il y a des esprits malveillants qui croient apercevoir le diable sous la robe de tous les ermites.

— Tirer le diable par la queue : avoir de la peine à vivre.

Le comte de Conflans plaisantait un jour le cardinal de Luynes, de ce qu'il faisait porter sa queue par un chevalier de Saint-Louis. L'Éminence répondit que, parmi ses caudataires, il s'en était trouvé qui portaient le nom et les armoiries de Conflans. « Il n'y a rien d'étonnant à cela, dit gaiement le comte ; dans ma famille, on a été réduit plus d'une fois à tirer le diable par la queue. »

Diamant, (*adamantem*).
La Légion d'honneur des femmes.

Diane, du latin *dies*, jour ; batterie de tambour à l'aube pour éveiller les soldats.

Diantre, euphémisme pour déguiser le mot *diable* ; comme *bleu* pour *Dieu*, dans *corbleu, morbleu*.

Ménage dit aussi que ce juron s'emploie pour *diable*.

Créature du grand vilain diantre d'enfer. (Rabelais, III, 3.)
Le diantre emporte... (*Voyen de parvenir*, ch. 16.)

Diapason, du grec *dia, pasôn*, à travers toutes les notes ; équivalent du latin *octave*.

Le *diapason* est un accord de musique qui se fait par *octave*. C'est l'étendue du son que peut produire une voix ou un instrument.

— On appelle aussi *diapason*, un petit instrument dont le son invariable donne le ton du *la*, qui sert de régulateur pour accorder les instruments de musique. Il donne 870 vibrations à la seconde.

Diarrhée, du grec *dia*, à travers, *rhéô*, couler.
Synonymes : courante, foire, va-vite, venette, perdre sa clef.
Les Grecs appelaient *logodiarrhée* ce bavardage importun que nous traduisons par : un flux de paroles.
Le dévoiement occasionné par le raisin s'appelait *va-tôt*.

> N'apportez point le vin nouveau,
> Car il fait avoir le va-tost.
> (*Testament de Pathelin.*)

— Rabelais appelle ceux qui ont gagné un cours de ventre pour avoir trop mangé de raisin « des cuideurs de vendange ». (Liv. I, ch. 16.) « Et souvent cuidans péter, ils se conchient ; dont sent nommés cuideurs de vendange. » Cette plaisanterie est fondée sur la propriété laxative du raisin, nommé pour cette raison *foirard*.

Dans la *Prognostication pantagruélique*, Rabelais dit encore (chapitre de l'automne) : « Les cuidez seront de saison, car tel cuidera vessir, qui baudement fiantera. »

Dictionnaire, du latin *dictum*, diction...

L'auteur d'un dictionnaire est un lexicographe.

— Bois-Robert a fait les vers suivants, pour critiquer la lenteur que mettait l'Académie à rédiger son dictionnaire :

> Depuis dix ans dessus l'F on travaille :
> Et le destin m'aurait fort obligé,
> S'il m'avait dit : « Tu vivras jusqu'au G. »

Lebrun disait plaisamment du dictionnaire de l'Académie :

> On fait, défait, refait, ce beau dictionnaire,
> Qui, toujours très bien fait, reste toujours à faire.

— Il en est des grands dictionnaires comme de ces cathédrales gigantesques, qui sont l'œuvre d'une suite de générations, et auxquelles les plus grands artistes ont apporté leur génie.

L'autorité des dictionnaires est fondée sur la capacité de ceux qui le composent, ou sur le mérite des auteurs cités et proposés pour modèles.

Les citations d'auteurs connus sont une marque de déférence appréciée du public, qui n'aime pas à recevoir de leçons ; et les exemples tirés des bons écrivains de la langue sont le moyen de faire accepter une loi du langage, sans blesser son amour-propre.

Un dictionnaire sans citations est un squelette. (Voltaire.)

Le dictionnaire de l'Académie est le seul qui puisse se dispenser de citer : l'Académie est en quelque sorte une cour souveraine, qui a le droit de rendre des arrêts sans appel.

Dieu, du latin *Deum*, ancien français *Diex*, *Deo* ; en grec *Dios*, génitif de *Zeus*, Jupiter.

Du même radical est venu *déifier*.

Dieu est un cercle infini, dont le centre est partout, et la circonférence nulle part. (Timée de Locres.)

Platon et Pascal ont adopté cette définition.

— Jurer ses grands dieux : faire un serment solennel.

Les anciens partageaient l'Olympe en deux classes de dieux. Les grands dieux (*dii majores*) au nombre de douze. Les serments qu'on faisait en les invoquant, étaient les plus solennels. Les petits étaient les demi-dieux, les héros déifiés, tels que Hercule, Romulus, Ulysse, etc.

Varron évalue le nombre des dieux du paganisme à trente mille. Mais les douze grands dieux qui composaient le Conseil céleste, étaient : Jupiter, Junon, Neptune, Cérès, Mercure, Minerve, Cybèle, Apollon, Diane, Vénus, Mars et Vulcain.

Les dieux de la Grèce étaient le symbole des éléments de la nature. La religion païenne était, en quelque sorte, physiologique et matérielle. Le sens propre de *vénérer*, c'était honorer Vénus ; le mot *se prosterner* signifiait adorer Priape.

Les Égyptiens adoraient Osiris et sa femme Isis.

Pour perpétuer la mémoire de ces deux divinités, ils leur donnèrent pour symbole le bœuf et la vache, parce qu'ils... avaient appris d'elles l'agriculture.

Le dieu des Babyloniens était Bélus, ou le Soleil, à qui ils avaient élevé un temple magnifique : la tour de Babel.

Les Perses adoraient aussi le soleil, sous le nom de Mithra. Leurs prêtres (mages) avaient eu pour chef Zoroastre, qui avait établi la doctrine des deux principes : Oromaze (le bien) et Arimane (le mal).

Les anciens avaient aussi des dieux malfaisants.

Les Romains appelaient *Vejovis* Pluton, ou Jupiter considéré comme malfaisant. Ils lui faisaient des sacrifices, non pour lui demander aide et secours, mais pour apaiser son courroux ; tandis que *Dijovis* était une divinité protectrice : *Eo quod nos juvet et die et vita.*

— L'Inde adore un dieu en trois personnes : Brahma, pouvoir créateur ; Shiva, pouvoir destructeur ; Vishnou, pouvoir conservateur.

C'est une divinité représentée par une forme humaine à trois têtes.

— Le dieu le plus célèbre des Gaulois est Teutatès, le principe actif, l'âme du monde. Son culte se célébrait la nuit, dans les forêts ; on lui immolait des animaux, et même des victimes humaines. Ses prêtres étaient les druides.

— Le dieu de la Scandinavie était Odin, conquérant et législateur du Nord. Il adoptait pour fils tous ceux qui périssaient en combattant.

DIVINITÉS SECONDAIRES DE LA FABLE

1º Les Faunes, divinités champêtres chez les Romains.
2º Les Satyres avaient les mêmes attributions chez les Grecs, mais

on leur prêtait des passions lascives, et on les représentait poursuivant sans cesse les nymphes.

3° Les Sylvains présidaient aux forêts.

4° Les Dryades et les Hamadryades étaient les divinités des arbres.

5° Les Naïades présidaient aux sources, aux rivières.

6° Les Néréides, filles de Nérée, nymphes de l'Océan, moitié femmes, moitié poissons, suivaient le char d'Amphitrite.

7° Les Tritons, dieux marins, moitié poissons, précédaient le char de Neptune, en sonnant de leur conque.

Les noms de toutes ces divinités imaginaires sont restés dans la langue moderne.

— Les Provençaux disent toujours en parlant de Dieu : le bon Dieu.

C'est par opposition aux faux dieux, et l'on voit que la locution remonte au temps de la formation de la langue, lorsque le paganisme existait encore dans les Gaules, en concurrence avec le christianisme.

— Aimer Dieu est une expression fausse, et presque un blasphème contre la majesté du Créateur.

L'ascétisme, qui dérobe l'âme à l'amour humain, pour le porter sur Dieu, qu'il assimile à une créature, est une idolâtrie et une folie.

Sainte Thérèse était consumée de flammes terrestres, auxquelles son délire essayait de donner le change.

Cette exaltation de l'âme est une monstruosité comme tout ce qui est contre nature.

— Oh ! mon Dieu !... Plainte ou action de grâces, qui est au bout de toute espérance ou de toute misère humaine. (Murger.)

— S'il plaît à Dieu ! Locution fataliste, qui doit nous venir des musulmans.

— Les dieux s'en vont ! Le grand Pan est mort ! (Voy. *les Dieux en exil*, H. Heine, *Revue des Deux Mondes*, 1855.)

Si Dieu n'existait pas, il faudrait l'inventer.
(Voltaire.)

— Laplace, en présentant au premier consul Bonaparte son ouvrage sur la *Mécanique céleste*, lui dit : « L'hypothèse d'un dieu devient désormais inutile. »

Différer, du latin *differre*.

« Ce qui est différé n'est pas perdu. » Ce proverbe est en contradiction avec un autre bien connu : « Il faut saisir l'occasion (voy.) aux cheveux. » Il est quelque peu faux, et s'emploie souvent dans le sens d'une menace.

Difficile, de *difficilem* ; opposé à *facile*.
Il est difficile de souffler et d'avaler à la fois.

Simul flare sorbereque, haud facile.
(Plaute, *Mostellaria*.)

— Quatre choses sont difficiles : cuire un œuf, faire le lit d'un chien, enseigner un Florentin, servir un Vénitien.

— Ce qu'il y a de plus difficile est de garder un secret, de savoir employer le temps, et de souffrir les injures sans murmurer. (Chilon.)

— La difficulté, c'est la possibilité avec obstacles.

— Voilà le difficile, …le *hic*, …le chiendent.

— Difficile à contenter : délicat et blond.

Il n'est pas dégoûté, équivaut à : il est très difficile à satisfaire.

Digérer, du latin *digerere*, porter çà et là.

Les morceaux caquetés se digèrent mieux. (Piron.)

Les ris et le caquet ne nuisent pas au banquet.

On ne vit pas de ce qu'on mange, mais de ce qu'on digère. (Brillat-Savarin.)

— La digestion est la fonction la plus nécessaire à la vie ; aussi, la manière dont elle s'opère influe sur le moral de l'individu, sur son caractère, et Brillat-Savarin dit qu'on pourrait, sous ce rapport, ranger les hommes en trois catégories : les réguliers, les relâchés et les resserrés.

Prenons un exemple parmi les gens de lettres : les poètes comiques doivent être dans les réguliers ; les tragiques, dans les resserrés ; les élégiaques, dans les relâchés.

La digestion dure, en moyenne, sept heures : trois dans l'estomac et quatre dans les intestins.

Les aliments se convertissent en sang au moyen de la digestion, qui les fait passer dans l'estomac, où le suc gastrique les convertit en chyme. Le chyme passe de l'estomac dans les intestins, où la bile le sépare en deux substances : le chyle et les excréments. Le chyle est absorbé par les vaisseaux, qui le transmettent aux poumons, où il est changé en sang artériel.

— On ne peut savoir si l'on a bien dîné que le lendemain matin. (Brillat-Savarin.)

— Le 25 juillet 1772, lors du partage de la Pologne, J.-J. Rousseau écrivait au comte de Vielhorik : « Vous ne sauriez empêcher que les Russes ne vous engloutissent ; faites au moins qu'ils ne puissent vous digérer. »

— Pierre Guérin disait du peintre romain Camuccini : « Il s'est nourri des anciens, mais il n'a pu les digérer. »

— Un homme se vantait devant Aristippe, de ses vastes connaissances : « Ce n'est pas, dit Aristippe, celui qui mange le plus, mais celui qui digère le mieux, qui a la meilleure santé. »

— Il y a des esprits qui apprennent sans retenir ; c'est la digestion mécanique du canard de Vaucanson.

— On dit aussi « ruminer un sujet », dans le sens de : y réfléchir longuement.

Digne, du latin *dignum* ; du grec *deiknumi*, montrer.

Je ne suis pas digne de dénouer les cordons de ses souliers. (*Évangile*, Marc, I, 7 ; Luc, III, 16 ; Jean, I, 27.)

Dignus præbere matulam (Martial), digne de présenter le pot de chambre.

Dignus est intrare. Formule latine qui s'emploie en plaisantant ; il est digne d'entrer... dans notre société.

Ces mots forment la réponse, en vers macaroniques, chantée en chœur par les médecins, apothicaires, etc., dans le burlesque intermède du *Malade imaginaire*, de Molière.

Dignité, du latin *dignitatem*.

Mot dont le singulier et le pluriel n'ont jamais pu s'entendre.

— Les Romains appliquaient ce mot aux hommes, et réservaient aux femmes le mot *venustas*.

— La vraie dignité n'est pas dans les égards qu'on obtient, mais dans ceux qu'on observe. (Thiers.) (Voy. *gravité*.)

Dilatoire, du latin *dilatum*, même origine que *délai*.

Terme de procédure. Moyen dilatoire, qui sert à prolonger la durée d'un procès, à obtenir des délais pour le jugement.

Dilemme, mot grec : *dis*, deux fois, *lemma*, proposition.

Argument qui laisse le choix entre deux propositions contradictoires, de chacune desquelles on tire également une conclusion irréfragable. (Argument cornu.)

Diminutif, dérivé de *diminuer*, *diminution*.

— Dans les diminutifs, le suffixe indique que la chose signifiée par le primitif est considérée comme offrant des proportions moindres : bergerette est le diminutif de bergère ; boulette, celui de boule.

— Camus, évêque-romancier, disait qu'après leur mort, les papes devenaient des papillons ; les sires, des cirons ; les moines, des moineaux ; les rois, des roitelets.

— La désinence on (eron) sert souvent à exprimer la diminution : cordon, de corde ; moucheron, de mouche ; Marion, de Marie, etc.

— Les langues populaires et primitives sont les plus riches en augmentatifs et en diminutifs.

Au XVIe siècle, la langue française se trouva envahie par une avalanche de mots de cette sorte, dont heureusement elle ne tarda pas à se débarrasser. Il n'en est resté qu'un nombre assez restreint.

« Il n'a tenu qu'à la langue française d'avoir des richesses de cette nature, dit le P. Bouhours ; mais elle a mieux aimé être pauvre, que d'être riche en babioles et en colifichets. »

La langue française, en vieillissant, est devenue trop grave pour conserver les diminutifs.

L'espagnol et l'italien sont les langues de l'Europe qui en possèdent le plus.

Les Espagnols et les Italiens ont même fait des diminutifs de diminutifs. Ainsi *ucello* est la forme primitive de *ucelletto, ucellino* ; *casa* a donné *casetta, casettina* ; *bambino, bambinello, bambinelluccio*. C'est tout un peuple de Myrmidons, donnant naissance à une génération de Lilliputiens encore plus petits que leurs pères.

Nous avons en français : tonneau, tonnelet, de *tonne* ; *mante* a donné manteau, mantelet, mantille (origine étrangère).

Les suffixes *eau* (pour *el*) et *elle* ont fait : nacelle (de *navicella*), petit navire ; pucelle (pour *puella, puerula*), ficelle, parcelle, ruelle, tourelle, venelle ; morceau, de *mors*, arbrisseau, coteau, jambonneau.

Ille a fait codicille (de *codicem*), acte qui est censé de moindre étendue que le texte du testament ; anguille (de *anguis*), petit serpent ; pastille (de *pastus*), aliment ; broutille (de *brout*), jeune pousse, et faucille, flottille, peccadille, etc.

Ole, eul : malléole, cheville du pied, qui a la forme d'un petit marteau, maillet ; alvéole, auréole, gloriole ; glaïeul représente *gladiolum*, petit glaive.

Ule, ouille : grenouille (*ranuncula*), ovule (de *ovum*).

Cule : monticule, opuscule, particule, pellicule.

Chon : cornichon, petite corne ; capuchon.

In, ine : tambourin, bécassine.

Et, ot : pauvret, archet, bouquet, mauviette, noisette, angelot, goulot, vieillot.

N. B. — Notons toutefois que, sauf quelques-uns, ces suffixes ne donnent aucune forme nouvelle en français. Les mots qui les présentent remontent directement à des diminutifs latins.

Dindon, de *dinde*, pour poule d'Inde.

Le premier dindon, introduit d'Espagne en France, fut servi au dîner de noces de Charles IX, 25 novembre 1570.

Bête comme un dindon.

Être le dindon de la farce : dupe dans une affaire.

— Les pères de comédie, qui jouaient des rôles de dupes, étaient appelés autrefois « pères Dindons ».

— Dans le Berry, on dit : habillé de dindon, pour imbécile.

Dîner, du latin *decœnare*. On le dérivait autrefois du grec *deipnein*, et l'on écrivait *dipner*.

— Synonymes : grand dîner, festin de Balthazar, gala, galimafrée.

Nous avions si faim, que cette simple collation nous parut un déjeuner de Balthazar, et que nous nous attendions à voir flamboyer des écritures sur la muraille. (T. Gautier.)

Un bon dîner est un hymne à la nature, chanté à pleines joues, avec accompagnement de trente-deux dents. (Toussenel.)

> Tout se fait en dînant, dans le siècle où nous sommes,
> Et ce n'est qu'en dînant qu'on gouverne les hommes.
> (C. Delavigne.)

Qui veut vivre sain, dîne peu et soupe moins.

— Dîner avec la soupe et le bœuf (ordinaire) coûte 30 centimes dans les gargotes de Paris. Les plats en plus, ou extra, se paient à part.

> ...Souvenez-vous bien
> Qu'un dîner réchauffé ne valut jamais rien.
> (Boileau.)

Ce vers est devenu proverbe, parce qu'il exprime une vérité incontestable aux yeux de tous les gourmets.

— Le riche ne dîne qu'une fois.

Tu beatior es? bis prandis, bis cœnas. (Pétrone, *Satyricon*.) Si tu es plus heureux que moi, tu dînes et tu soupes deux fois.

Qui dort dîne...

Qui dort, il boit. (Rabelais, V, 5.)

S'engager à dîner en ville : louer son ventre.

Diogène, nom historique.
La coupe de Diogène : le creux de la main.
Diogène ayant vu un enfant boire dans le creux de sa main, jeta sa coupe, en disant que cet enfant lui apprenait à se passer du superflu.

Dire, du latin *dicere*.
On dit familièrement, pour affirmer une chose : « Je te le dis et le douze. » C'est un jeu de mots sur *dis* et *dix*.
Naudé a employé cette locution dans son *Mercuret*, et Molière lui-même a sacrifié au mauvais goût, en faisant dire à Jacqueline (*Médecin malgré lui*, acte III, scène 2) : « Je vous dis et vous douze que tous ces médecins n'y feront rien que de l'iau claire. »
Ce jeu de mots se trouve déjà au 13ᵉ s. dans le *Renart* :

> Tant qu'en Paradouze le melle,
> Deux lieues outre Paradiz
> Où nus n'est povres ne mandiz

En provençal, on dit : *Tant vóou en sin comme en siei*. Cela vaut autant en cinq (ainsi) comme en six.
— L'abus des redites, si fréquentes dans le langage populaire, est preuve d'une absence complète d'instruction et d'usage :
Il me dit, me dit-il, qu'il me dit...

Dis, préfixe latin qui marque division, diffusion.
L's finale disparaît assez souvent : diviser, divulguer ; ou s'assimile, comme dans *diffusion* ; marque la négation dans disgracieux.

Discorde, du latin *discordiam*, dissentiment.
L'opposé de *concorde*.
La pomme de discorde. (Voy. *pomme*.)
Brandon de discorde.
— La Discorde, déesse malfaisante, fut chassée du ciel par Jupiter. Irritée de n'avoir pas été invitée aux noces de Thétis et de Pélée, la Discorde jeta au milieu de l'assemblée des dieux une pomme d'or sur laquelle étaient ces mots : « A la plus belle ! » Cette pomme fatale fut la cause de la ruine de Troie et des maux de la Grèce.
— La discorde est au camp d'Agramant. (Allusion à un passage du *Roland Furieux*.)

Discret, du latin *discretum*, de *discerno*, séparer.
Discret comme les muets du sérail.

Disette, manque de vivres ; du latin *desita*, de *desino*.

Les Latins exprimaient cette idée par *penuria*, opposé à *copia*.

<blockquote>
La disette au teint blême et la triste famine
Troublent l'air d'alentour de longs gémissements.
(Boileau.)
</blockquote>

Diseurs.
Les diseurs ne sont pas les faiseurs. (Voy. *conseiller, faire*.)
Il dit cela de la bouche, mais le cœur n'y touche.

Disputer, du latin *dis* et *putare*, penser.
Disputer sur une pointe d'aiguille : sur des minuties.
Les Grecs disaient : disputer sur l'ombre d'un âne.
Cette locution provenait de l'anecdote populaire à Athènes, d'un homme qui, ayant loué un âne, voulut, au milieu du jour, se reposer à son ombre ; l'ânier s'y opposa, prétendant qu'il avait loué l'âne et non son ombre. Ce fut le sujet d'un procès.

Rixari de lana caprina. (Horace.) *Ep. I XVIII. 15*

(Disputer sur la laine de chèvre.)

Dissimuler, du latin *dissimulare*.
On a dit aussi *dissembler*.
— Celui qui ne sait dissimuler, ne sait pas régner :
Cette maxime signifie que le secret et la discrétion sont indispensables pour l'accomplissement des choses sérieuses.
Louis XI tint toujours son fils Charles VIII dans l'obscurité et l'ignorance ; il ne lui enseigna que ces mots latins : *Qui nescit dissimulare, nescit regnare.*

<blockquote>
Le plus fort est toujours celui qui dissimule.
(Fabre d'Églantine.)
</blockquote>

La parole a été donnée à l'homme pour dissimuler sa pensée. (Talleyrand.)
Fuis pour un moment l'homme colère, et pour toujours l'homme dissimulé.

Distique, du grec *dis, stichos*, ligne, vers.
Réunion de deux vers faisant un sens complet.

Distingué, du latin *distinguere*, séparer.
Les personnes les plus distinguées sont celles qui cherchent le moins à se faire distinguer. (Voy. *maniéré*.)

Divorce, du latin *divortium*, de *dis, vortere*, tourner ; de *diversitas mentium*, selon Justinien, assez bien rendu par incompatibilité d'humeur.

Les Romains avaient trois espèces de divorce : 1° Répudiation, qui se faisait par la volonté seule du mari, et malgré le refus de la femme ; 2° Le divorce qui se faisait du consentement des deux époux ; 3° La séparation, par ordre du souverain, et selon son bon plaisir.

Djinn. En Orient, sorte de farfadet, de démon, d'esprit malfaisant (Voy. *enchanté*.)

Dock, mot anglais, de *docken*, couvrir.
Bassin de débarquement, à niveau fixe, sur le rivage de la mer ou d'un cours d'eau, bordé de vastes magasins pour recevoir les marchandises et les garder en entrepôt.

Docteur, du latin *doctorem*, qui enseigne.
On appelle ainsi ceux qui ont obtenu le grade du doctorat, le plus élevé dans les facultés universitaires.
Savant.
— Docteur en soupe salée : faux connaisseur, qui fait l'entendu, et n'est même pas capable de juger si une soupe est bien salée.

> Mon docteur de menestre (soupe) en sa mine altérée,
> Avait deux fois autant de mains que Briarée.
> (Régnier, *Satire* X.)

Dodiner, dodeliner, remuer, bercer, de *dodo*.
Bercer pour endormir, faire faire dodo.
Auquel son, il (Gargantua) s'esgayait, il tressaillait, et lui-mesme se berçoit en dodelinant de la teste, monochordisant des doigts et barytonnant du cul. (Rabelais, I, 7.)

Dodone, mot historique.
Airain de Dodone. (Voy. raisonner comme une *cruche*.)
— Pausanias dit que le nom de Dodone (ancienne ville d'Épire), est l'onomatopée du son que rendait le fameux chaudron lorsqu'il était frappé pour rendre des oracles.
Les anciens se servaient de l'expression *æs dodonum* pour désigner un bavard.

Doigt, du latin *digitum* ; en grec *dactylos*.
D'où dactyle, datte, digitale.
De là, la locution : montrer au doigt, être montré au doigt, qui se prend en mauvaise part, et signifie se rendre odieux, ridicule.
Les gens qu'on montre au doigt sont ceux dont on s'éloigne, devant qui l'on se tait, qu'on indique à ses amis en clignant de l'œil, pour leur recommander la méfiance.

— Chez les anciens, montrer quelqu'un avec le doigt index, était un signe de respect pour son mérite, un hommage rendu à sa dignité. (Voy. *digne*.)

Désigner quelqu'un avec le *medius* était, au contraire, une marque de mépris; c'est pourquoi on appelait ce doigt *infamis*, *obscœnus*.

Démosthène ne put se défendre d'un mouvement de vanité à la vue d'une marchande d'herbes qui le montrait du doigt, en disant : « Tenez, voilà Démosthène ! »

Horace dit à un de ses protecteurs :

> Totum muneris hoc tui est,
> Quod monstror digito prætereuntium.

(Si les passants me montrent du doigt, c'est à vous seul que je le dois.)

> At pulchrum est digito monstrari et dicier hic est.
> (Perse, 1.)

(Il est beau d'être montré au doigt, d'entendre dire : C'est lui !)

> Vous n'oserlez après paraître en nul endroit,
> Et chacun, vous voyant, vous montrerait au doigt.
> (Molière, *Femmes Savantes*.)

— Faire claquer ses doigts. Les Romains employaient souvent ce geste, en faisant glisser vivement l'annulaire contre le pouce.

> Signaque dat medio digitis cum pollice junctis.
> (Ovide, *Fastes*, V, 433.)

Ce geste était employé pour un usage ignoble chez les jeunes débauchés, qui, dans les repas, faisaient entendre ce claquement de doigts, pour qu'on leur apportât, dans la salle même du festin, un vase qui ne devrait jamais y paraître.

> Digiti crepantis signa novit eunuchus,
> Et delicatæ suscitator urinæ,
> Domini bibentis ebrium regit penem.
> (Martial, III, 82-15.)

Les Romains se servaient aussi de ce geste, comme nous le faisons encore, pour désigner une chose futile, facile, dont on ne fait aucun cas.

— Athénée dit que le tombeau de Sardanapale, roi d'Assyrie, était orné d'une statue, dont la main droite semblait presser les doigts contre le pouce, comme pour les faire claquer. Sur le piédestal, on lisait cette inscription :

« Moi, Sardanapale, fils d'Anacyndaraxe, j'ai bâti Tarse en un jour. Mangez, buvez, jouez : tout le reste ne vaut pas cela. »

C'est-à-dire ne vaut pas le geste que je fais ; ne vaut rien.

— Compter sur ses doigts :
Computare digitis. (Pline.)
Ad digitos venire. (Pline.)
Les chiffres romains furent faits, pour la première dizaine, à l'imitation des doigts de la main. (Voy. *chiffre.*)

— Les quatre doigts et le pouce. (Voy. *main.*)

— Les cinq doigts de la main s'appellent : 1° le pouce, *pollicem*; 2° l'index ou indicateur, et aussi *salutaris*, parce que les Romains saluaient en abaissant ce doigt. Ils l'appelaient encore *digitus numerans*, le doigt qui compte; 3° le doigt du milieu, ou *médius*, *infamis, obscœnus*; 4° annulaire, *annularis*; 5° auriculaire, petit doigt.

— Mon petit doigt me l'a dit. Ce petit doigt bavard, qui raconte aux parents les grosses fautes de leurs enfants, est en rapport habituel avec l'oreille, où il remplit des fonctions de confiance ; et il profite de la faculté qu'il a de s'y introduire, pour faire sournoisement aux parents ses confidences et ses perfides rapports.

L'enfant apprend, en grandissant, que ce doigt s'appelle *auriculaire*, et qu'on l'a trompé.

Il vaudrait mieux bannir ces puérilités de l'éducation première, et dire aux enfants que vous lisez la vérité dans leurs yeux, pour les empêcher de mentir, et ne plus leur parler de Croquemitaine, ni de la petite bête qui est dans la montre, ni d'une foule de sottises qui leur faussent le jugement.

— Dans le *Malade imaginaire* (II, 11), Argan questionne la petite Louison et lui dit : « Prenez-y bien garde, au moins ; car voilà mon petit doigt, qui sait tout, et qui me dira si vous mentez. »

— Pendant la République de 1793, le général Beurnonville envoya à l'Assemblée nationale la relation d'un combat dans lequel les Autrichiens avaient perdu 1.200 hommes, tandis que de notre côté la perte se bornait au petit doigt d'un chasseur.

On fit ce quatrain :

> Quand d'Autrichiens morts on compte plus de mille,
> Nous ne perdons qu'un doigt, encor le plus petit !
> Holà ! monsieur de Beurnonville,
> Le petit doigt n'a pas tout dit.

— Savoir sur le bout du doigt : bien. Les Latins disaient : *ad unguem*.

On dit aussi : avoir de l'esprit jusqu'au bout des ongles.

— Toucher du doigt, mettre le doigt dessus : deviner.

Rem acu tetigisti.
(PLAUTE.)

— Se mettre le doigt dans l'œil : s'aveugler, se faire des illusions ; voir mal une chose, comme si l'on s'obstruait l'œil avec le doigt.

On dit aussi : être de la société du doigt sur l'œil. C'est le nom qui conviendrait à certains partis, aveuglés par l'ambition ou le fanatisme.

— Un doigt de vin : l'épaisseur d'un travers de doigt.

— Le doigt, ancienne mesure romaine, avait 18 millimètres. Il valait quatre grains, était le quart de la palme ; le seizième du pied. (Jomard et Canina.)

Toutes ces mesures étaient prises du corps humain.

— Ça, page, donne-moi à boire ; mais ne fais pas comme le laquais de Rochepaille, qui, voulant donner un doigt de vin à son maître, en versa un verre, mit le doigt dedans pour le mesurer, et, trouvant qu'il y en avait trop, le but ; mais, après qu'il remesura, il y en avait trop peu ; à la fin, il n'y avait plus guère de vin dans la bouteille : le laquais emplit sa bouche, et filait dans le verre tant que le vin monta jusqu'au doigt, d'autant que son maître n'en voulait qu'un doigt. (*Moyen de parvenir*, ch. 11.)

Dol, du latin *dolus*, ruse.
Vieux mot de jurisprudence : ruse dont on se sert pour tromper.

Dolent, du latin *dolentem*, qui s'afflige.
On disait autrefois : *se deuler*, pour s'affliger (?).
De là aussi : douleurs, doléances, deuil.

>Par cet escrit vostre ami vous salue
>Bien loin de vous, et grandement se deult,
>Que saluer de plus près ne se peut.

— *Doléance* signifie plainte, et a vieilli.
Condoléance signifie la part qu'on prend à la douleur de quelqu'un.

Dom, pour *dominum*.
Titre qu'on donnait spécialement à l'abbé, dans une maison religieuse.

Appliqué aux saints, il est entré dans la formation des noms de lieux : Domrémy, Domfront.

C'est aussi, dans certains ordres religieux, le titre d'honneur qui remplace *Père*.

Il se change en *dam* ou *damp* dans Dampierre, Dampmartin ou Dammartin. (Voy. *dame*.)

En Espagne, *dom* devient *don* : don Juan, don Quichotte. (Voy. *dame*.)

Domestique, de *domesticus*, de *domus*, maison.

Ce mot, qui a pris un sens humiliant, et qu'un décret de Robespierre avait rayé du dictionnaire, pour le remplacer par *officieux*, signifie « homme de la maison ». Il n'est pas plus humiliant aujourd'hui qu'autrefois : si le domestique travaille pour le maître, celui-ci travaille pour lui payer ses gages.

Domestique, comme *valet* (voy.), était autrefois un terme honorable ; mais le sens en a changé avec les mœurs. Il reste toutefois comme le témoin d'usages disparus.

Duclos a écrit des *Considérations sur les Mœurs*, en prenant pour base l'étude des mots transformés par l'usage.

Le travail n'a été qu'ébauché par lui, mais l'idée est féconde, et une *histoire morale* de la langue est encore à faire.

— On a autant d'ennemis que de domestiques.

Quot servi, tot hostes. (Sénèque.) Ici c'étaient des esclaves.

Rarement un valet dit du bien de son maître.
(C. D'HARLEVILLE.)

Aux vertus qu'on exige dans un domestique, Votre Excellence connait-elle beaucoup de maîtres qui fussent dignes d'être valets ? (Beaumarchais, *Barbier*, I, 2.)

Un domestique dévoué est un ami d'une espèce unique, à qui vous ne vous donnez pas la peine de plaire ; qui vous délasse de la fatigue d'avoir plu aux autres ; qui n'est, pour ainsi dire, personne pour vous, quoiqu'il n'y ait personne qui vous soit plus nécessaire. (Marivaux, *Histoire de Marianne*, première partie.)

Don, du latin *donum*. (Voy. *dam, dom.*)

Donc, conjonction, vieux français *adonc*; latin *adtunc*.

Dondon, femme très grasse.

Cependant la reine Didon
Perdait sa face de dondon.
(SCARRON, *Virgile travesti*.)

Peut-être vient-il de *dondaine*, ancien instrument fait comme une cornemuse, et qui s'applique encore au refrain de certaines chansons populaires :

Lafaridondaine, Lafaridondon.
(Voy. *Tourlourou*.)

Ils s'en repentiront dondaine ; ils s'en repentiront dondon.
(RABELAIS, V, 6.) Voy. *Lafaridondaine.*

Donjon, du latin *dominionem,* qui domine.
Ou de *domi* (?) *juncta* (jointe à un édifice), parce que donjon s'écrivait jadis *domjonct* (?).
C'était une maîtresse tour, attenante à un édifice.

Donner, du latin *donare,* avec redoublement de l'*n*.
Le français n'a conservé le radical de *dare,* que dans *date, datif.*
Donner tard, c'est refuser.

> Gratia quæ tarda est, ingrata est gratia.
> (AUSONE.)

Sénèque dit : *Bis dat, qui cito dat.* Qui donne vite, donne deux fois ; et P. Syrus : *Bis dat, qui celeriter.* La promptitude double le bienfait.

Donner l'aumône n'appauvrit pas.

Quand tu manges, donne à manger aux chiens, dussent-ils te mordre. (Zoroastre.)

Si tu es riche, donne de ton bien ; si tu es pauvre, donne de ton cœur. (Abd-el-Kader.)

— On demandait au prédicateur Barelette comment on allait au Paradis. Il répondit : *Vos quæritis a me, fratres carissimi, quomodo itur ad paradisum. Hoc dicunt vobis campanæ monasterii : dando, dando, dando.* Vous me demandez, mes très chers frères, comment on va au Paradis. Les cloches du couvent vous le disent : *dando* (en donnant).

— D'Alembert disait de l'abbé de Saint-Pierre que sa vie pouvait se résumer en ces mots : donner et pardonner.

— Lord Albermale, voyant un soir Mlle Gaucher, sa maîtresse, occupée à regarder une étoile, s'écria : « Ne la regardez pas tant, ma chère : je ne pourrais pas vous la donner. »

Le marquis de Valbelle envoya à Mme Clairon, ce quatrain sur la même idée :

> La nuit, quand, sous un ciel sans voile,
> L'heure d'amour vient à sonner,
> Ne regarde pas cette étoile,
> Car je ne puis te la donner.

Villon dit de sa maîtresse :

> ...Tant lui fus gracieux
> Que, s'elle eust dict : donne-moy de la lune,
> J'eusse entrepris de monter jusqu'aux cieux.

(Voy. *Prendre la lune.*)

— La plus belle fille du monde ne peut donner que ce qu'elle a. La morale de ce proverbe, c'est qu'on ne peut donner ce qu'on n'a pas. Cela doit s'entendre seulement des choses matérielles. Une fille donne de l'amour quand elle n'en ressent pas elle-même ; un médecin malade peut donner la santé qu'il n'a pas ; un homme riche et malheureux peut donner aux indigents le bonheur qui lui manque.

— Qui donne aux pauvres prête à Dieu :

> Qui du sien donne,
> Dieu lui redonne.
>
> (XVIe Siècle.)

Ce vieux proverbe semble assimiler l'aumône à une opération usuraire. Il y a des braves gens, qui, pour quelques gros sous jetés dans la sébille d'un malheureux, se croient en compte-courant au Paradis.

— Qui demande pour Dieu, demande pour deux.

— Les proverbes suivants indiquent assez que la charité n'est pas toujours désintéressée :

Do ut des. Donnant, donnant.

Donner un œuf pour avoir un bœuf. (Rabelais.)

Les Latins disaient : *Pileum donat, ut pallium accipiat.* Il donne un bonnet pour avoir un manteau.

Les Provençaux disent : « Donner une sardine pour avoir un thon. »

> Ne faites, s'il se peut, jamais présent ni don,
> Si ce n'est d'un chabot pour avoir un gardon.
>
> (Régnier, Sat. XIII.)

Les Arabes disent : « Qui apporte, emporte. »

Quand le pauvre donne, il demande. (Euripide.)

— Chose donnée doit être louée.

A cheval donné on ne regarde pas la bride.

A cheval donné ne doit-on les dents regarder.

Vinaigre donné vaut mieux que vin acheté.

— Je donnerais dix ans de ma vie... D'une manière burlesque, on dit : ...de la vie de mon portier.

C'est ainsi qu'une bonne paysanne, ayant vu passer le roi, s'écria dans l'ivresse de la joie, en modifiant les paroles de Siméon : « A présent, il peut mourir ; je l'ai vu ! »

> Tel donne à pleines mains, qui n'oblige personne :
> La façon de donner vaut mieux que ce qu'on donne.
>
> (Corneille.)

— Il y a des gens qui donnent d'un air de refus. (Christine de Suède.)

Il donne à manger avec la cuillère, et crève les yeux avec le manche. (Proverbe russe.)

Donner un petit rien tout neuf. (Voy. *rien*.)

Il donne la troisième moitié d'une pomme...

Dont, anciennement *dond*; du latin *de unde*, d'où.

Actuellement, ce mot est pronom; il a été longtemps adverbe de lieu, conformément à son étymologie.

Voltaire s'est reporté à l'ancien usage, quand il a dit dans *Zadig* : « Arrivé sur le haut d'une colline *dont* on voyait Babylone. » L'usage actuel est *d'où*.

Mon amy, dond viens-tu ? dit Pantagruel à l'escolier Lymosin.

Dorénavant, adverbe, pour *d'ores en avant*. (Voy. *désormais*.)

Depuis cette heure-là en avant... (Reine de Navarre, *Nouvelle* 18.)

Dorloter, traiter délicatement; du vieux mot *dorelot*, mignon. En celtique *dorlota*, mignarder, caresser avec la main, comme on fait aux petits enfants.

Dormir, latin *dormire*.

Synonymes : Être dans les bras de Morphée (expression digne des Précieuses); fermer les yeux à double tour; réciter la prière de saint Lâche; regarder en dedans.

Dormir comme un loir, une souche, un sabot, une marmotte.

— *Quod satis est dormi.* (Caton.) Ne dors que le nécessaire.

> Sept heures de sommeil, en tout temps, à tout âge,
> Satisfont la nature et suffisent au sage.

L'École de Salerne, plus sévère, n'accorde que six heures :

> *Sex horas dormire sat est juvenique senique;*
> *Vix septem pigro, nulli concedimus octo.*

Homme endormi, corps enseveli.

Qui dort longtemps, ne sera jamais savant.

Jeune qui veille et vieux qui dort, s'approchent de la mort.

— Caton l'Ancien aimait les esclaves dormeurs; il les croyait plus doux et plus aptes au travail après le repos. (Plutarque.)

— Dormir la grasse matinée (Boileau, *Épître V*) : dormir tard et longtemps.

M. de Chevallet dit que *grasse* est mis pour *grans* (grando), comme on dit « une grande journée ».

> Dormir grans matinée pour norrir en leur gresse.
> (*Recueil de nouveaux contes.*)

Dans l'origine, *grans* n'avait qu'une terminaison pour le masculin et le féminin, comme le latin *grandis*, d'où il vient. Quand on eut donné la forme ordinaire au féminin *grande*, *grans* ne pouvant plus se dire, on le changea en *grasse*. (Il n'eût pas été plus difficile d'employer *grande*.)

Pasquier dit que *grasse*, dans cette locution, est par métonymie, parce que ceux qui dorment engraissent.

C'est de là que viennent les expressions triviales : faire du lard, qui dort dîne.

In medias dies dormire. (Horace, Ep. I, 2.)

Dormire in lucem. (Horace, Ep. I, 18.)

Qui dort la grasse matinée, trotte toute la journée.

Il faut rompre avec le deuxième sommeil, qui n'a plus rien de réparateur, et qui rend lourd une partie de la journée.

In aurem utramvis dormire. (Térence.)

(Dormir sur les deux oreilles.)

In utramvis oculum dormire. (Plaute.)

— Le bien vient en dormant : à ceux qui s'y attendent le moins. *Beneficia dormientibus deferuntur.* (Cicéron, *in Verrem*.)

Louis XI donna un canonicat à un pauvre prêtre qu'il trouva endormi dans une église, afin, dit-il, de confirmer ce proverbe, que « le bien vient en dormant ».

— Qui dort, dîne. Parce que le sommeil ralentit la respiration, et qu'il entre alors moins d'oxygène dans les poumons, pour consumer les combustibles du sang. Les animaux hibernants restent ainsi cinq ou six mois sans manger. (Voy. *loir*.)

— S'endormir sur le rôti : négliger ses affaires.

Dos, du latin *dorsum* ; provençal *dors*, d'où *dorsal*.

Se laisser manger la laine sur le dos : souffrir patiemment les injures, comme les brebis, qui souffrent que les corbeaux se fixent sur leur dos (?) et leur arrachent la laine.

Dossier, liasse de papiers, de titres, réunis sous une même enveloppe, ou chemise, portant sur le dos, ou sur le plat, une étiquette.

Autrefois, les dossiers des affaires judiciaires s'appelaient *sacs*.

« Ayez confiance, dites-moi tout. Pour bien connaître une affaire, il faut que toutes les pièces se trouvent au dossier. »

Dot, du latin *dotem*, qualité.

De là aussi *dotarium*, *douaire* (portion des biens du mari dont la veuve a l'usufruit), *douairière*.

Voilà, un père aura de belles filles ; c'est vraiment une belle et digne marchandise, et toutefois il faut bailler de l'argent pour s'en défaire. (*Moyen de parvenir*, ch. 104.)

Douane, de l'italien *dogana* ; grec *dekhomai* (?).

Droit établi primitivement, à Venise, au nom du Doge, pour créer des ressources au Trésor de la République.

— *Douaner* : scruter la conduite de quelqu'un.

Doucement, de *dulcem*, et suffixe *ment*.

Qui va doucement, va longtemps. On connaît le proverbe italien.

Qui veut voyager loin, ménage sa monture.
(Racine, *Plaideurs*.)

Douceur, de *doux*, avec le suffixe *eur*.

Plus fait douceur que violence.
(La Fontaine, VI, 3.)

On prend plus de mouches avec du miel qu'avec du vinaigre.

La douceur et l'argent sont plus persuasifs
Que les raisonnements les plus démonstratifs.
(Damocrate.)

La douceur est une force irrésistible, lorsqu'elle est sincère et sans affectation. (Marc-Aurèle.)

Douleur, du latin *dolorem*, d'où deuil, doléance.

La douleur est une sensation pénible des sens ou du cœur.

Douleur profonde, muette : grande douleur.

Les petites douleurs parlent, les grandes se taisent.

Curæ leves loquuntur, ingentes stupent. (Sénèque, *Hippolyte*, II, 3.)

Il faudrait une langue qui s'écrivît avec des larmes, et se parlât avec des sanglots, pour raconter sa douleur.

— N.-D. des Sept-Douleurs (La Confrérie de) a été créée par saint Philippe-Bénizi, en mémoire des sept douleurs de la Vierge.

Doute, verbal de *douter* ; latin *dubitare*.

Synonymes : scepticisme, pyrrhonisme.

Le nihilisme est l'opinion de ceux qui nient tout (?).

Charron dit : « Je ne sais. »

Montaigne : « Que sais-je ? »

Descartes résiste au courant du scepticisme et cherche à établir la certitude.

Bossuet a atteint ce but, et fondé un système où le scepticisme n'a plus de part.

— Dans le doute, abstiens-toi. (Pythagore; Zoroastre.)

In criminalibus, humanior interpretatio accipienda est.

Semper in obscuris, quod minimum est sequimur. (Ulpien).

Douter, autrefois *doubter*; d'où *indubitable*.

Les pyrrhoniens et les sceptiques doutent de tout.

Les ignorants ne doutent de rien, parce qu'ils n'aperçoivent pas les raisons de douter.

Aristote a dit que le doute est le commencement de la science.

Descartes doute d'une vérité jusqu'à ce que son esprit lui en ait démontré l'évidence. Il aurait douté de l'infaillibilité du pape.

— On dit d'un fait douteux : c'est un problème que nous livrons à la sagacité des Somaizes futurs.

Douzaine, de *douze*, avec le suffixe *aine*.

Il n'y en a pas treize à la douzaine, se dit d'une chose rare.

Draconien. Étymologie historique; de *Dracon*, roi d'Athènes, (624 avant J.-C.)

Loi draconienne, c'est-à-dire très sévère.

— Les lois de Dracon punissaient de mort indistinctement les moindres délits et les crimes les plus énormes. Solon les fit abroger, à l'exception de celle qui punissait le meurtre.

On disait de ces lois qu' « elles avaient été écrites avec du sang ».

Dragée, du grec *trôgô* (?), ronger.

Ce mot est fait comme *fayot*, fève; du grec *phagô*, manger (?); *herbe*, du grec *pherbé*, nourriture; *pastille*, du latin *pastus*, nourriture.

— Dragées de baptême. Autrefois les bonbons étaient très rares; le sucre n'était employé que par les apothicaires, pour confectionner certains médicaments.

Au nombre des malades auxquels les sucreries étaient ordonnées par les médecins, figuraient les accouchées.

« Au temps de gésine, dit Aliénor de Poitiers, dans les *Honneurs de la cour*, la friandise est obligée; le drageoir doit toujours être ouvert et bien garni pour les commères qui viennent faire visite et tenir un de ces *Caquets* dont, sous Louis XIII, on écrivit un volume. »

De là est venu l'usage de donner aux baptêmes des dragées, dont l'accouchée a la plus belle part.

— Autrefois les dames portaient sur elles des dragées dans de petites boîtes; Henri III et les seigneurs de sa cour portaient aussi des dragées.

— Écarter la dragée, ou lancer des postillons (expression triviale) : lancer, en parlant, des jets de salive au visage de celui qui vous écoute.

On dit aussi : « Il a la conversation pluvieuse; il faut un parapluie pour l'écouter. »

— Tenir la dragée haute à quelqu'un, c'est lui offrir un appât difficile à atteindre; lui faire acheter cher un avantage ou un plaisir.

L'expression vient d'un jeu qui consiste à faire voltiger, au bout d'une ligne à pêcher, une dragée que les enfants ne doivent saisir qu'avec les lèvres et sans y porter la main.

Dragon, latin *draconen*; du grec *drakôn*.

— Le dragon, le plus ancien et le plus redouté des animaux fabuleux, est le roi des monstres, comme le lion et l'aigle sont les rois des animaux réels.

Protée dans ses diverses formes, il habite indistinctement l'air, la terre et l'eau. « Il vole, il marche, il nage », dit saint Grégoire.

— Dragon de vertu.

> Quoi! me voir le mari de ces femmes de bien,
> Ces dragons de vertu, ces honnêtes diablesses
> Se retranchant toujours dans leurs sages prouesses !
> (Molière, *École des Femmes*, IV, 8.)

— Dragon, soldat de cavalerie; du latin *dragonnarium*, dragonnaire. Nom des soldats romains qui avaient un dragon pour enseigne.

Drain, de l'anglais *to drain*, qui a la signification de dessécher, égoutter; ou du grec *draô*, s'enfuir.

> ...Sterilisque diu palus, aptaque remis,
> Vicinas urbes alit et grave sentit aratrum.
> (Horace, *Art poétique*, 65.)

(Un marais longtemps stérile et où s'agitait la rame, connaît maintenant la charrue et nourrit les villes voisines.)

Drap, du latin *trabea*; ou plutôt du bas-latin *drappus*, tissu.

— La première manufacture de draps en France fut établie à Elbeuf en 1667.

— Mettre quelqu'un dans de beaux draps : le compromettre.

Mettez un Maure dans de beaux draps *blancs*, cela le fera paraître encore plus noir. (Le Duchat.)

Drapeau, diminutif du précédent.

Étendard, pavillon, gonfalon (Voy. *labarum*.)

C'est la patrie qui marche, et l'histoire en plein vent. (Mallefille, octobre 1868.)

Le vieux drapeau fait honneur au capitaine.

— Au XIIe siècle, toute espèce d'étoffe s'appelait *drap*.

Drap-linge était une étoffe de lin. On a dit par abréviation : du linge.

On dit encore : drap de lit.

Le *drapeau* était le drap déchiré ou partagé.

— Pasquier (*Recherches*, VIII, 3) dit : « Ainsy de l'estendard, bannière ou enseigne que nous disons aujourd'huy drapeau... Cela est provenu d'une hypocrisie ambitieuse des capitaines, qui, pour paroistre avoir été aux lieux où l'on remuoit les mains, veulent représenter au public leurs enseignes déchirées, encore que peut-estre il n'en soyt rien. »

Dressoir, buffet, étagère, crédence où l'on dresse la vaisselle.

Anciennement, chez les personnes à qui leur rang et leur qualité permettait une vaisselle en or ou en argent, on en étalait les différentes pièces sur un buffet ou crédence, qui de ces pièces ainsi dressées avait pris le nom de *dressoir*. (Legrand d'Aussy, *Vie privée des Français*.)

Droit, du latin *directum*, aligné ; d'où *dreit*, droit, pris au sens moral.

Opposé à *tortum*, qui a donné *tort*.

— Le droit (*jus*), est l'ensemble des lois qui régissent la société et que l'on suit pour se conduire selon la justice... *Ars œqui et boni*.

Le droit est la part qui revient à chacun dans l'usage des forces mises à la disposition de tous par Dieu ou par la société.

Un droit, ou pouvoir, n'existe qu'en vertu d'un devoir.

On ne doit pas confondre le droit de la force et la force du droit.

— Le droit est le bon sens des siècles, renfermé dans les lois. (E. Augier.)

Pro jure contra legem. (V. Hugo.) C'est la devise du socialisme.

— Le mot *droits* se dit aussi pour impôts et redevances.

C'est dans ce sens qu'on avait appelé *droits réunis* les impôts indirects sur les boissons, les cartes à jouer, etc.

Une loi de 1804 avait donné le nom de *régie des droits réunis* à l'administration chargée de la perception des contributions indirectes.

Cette administration fut réunie à celle des douanes, en mai 1807, sous le nom d'*administration des contributions indirectes*.

— Le *droit divin* est un droit imaginaire qui fait dériver directement de Dieu la puissance des souverains.

Louis XIV le professe hautement dans ses *Mémoires* : « Celui qui a donné des rois aux hommes a voulu qu'on les respectât comme ses lieutenants, se réservant à lui seul d'examiner leur conduite. La volonté de Dieu est que quiconque est né sujet obéisse sans discernement. »

— Les souverains du *droit divin* en France emploient la formule : « Roi par la grâce de Dieu. »

Cette orgueilleuse opinion existe non seulement chez les souverains héréditaires, mais aussi chez les aventuriers de génie et leurs héritiers.

Napoléon Ier affectait de croire à sa mission providentielle, dont Louis-Napoléon s'est cru jusqu'à la fin le légitime héritier et le continuateur prédestiné.

Cette conception monstrueuse, mélange de mysticisme et d'adoration personnelle, n'est au fond que la consécration du culte du vulgaire pour les héros, qui fut l'origine de la royauté héréditaire.

Rabelais, qui fut pour son époque ce que Molière fut pour le siècle de Louis XIV, ne croyait pas au droit divin. Il suffit pour s'en convaincre, de lire le passage suivant de *Gargantua* (chap. I) :

« Je pense que plusieurs sont aujourd'huy empereurs, roys, ducs, princes et papes en la terre, lesquelz sont descendus de quelques porteurs de rogastons et de coustretz, comme au rebours plusieurs sont gueux de l'hostiaire, souffreteux et misérables, lesquelz sont descendus du sang et ligne de grands empereurs. »

— Les *Droits de l'homme* furent promulgués en 1791 par l'Assemblée constituante.

Les droits reconnus par cette déclaration sont : la liberté, la propriété, la sûreté, la résistance à l'oppression, la participation à la souveraineté nationale, la liberté de la presse, contrôle sur les actes des fonctionnaires et l'emploi des deniers de l'État.

— Droit du seigneur. (*Proelibatio*.)

Jus antiquissimum regum et magnatum, necnon dominorum in ancillas suas. (*Erotica.*)

— Droit comme un cierge, un *i*, un piquet.

Droit comme une faucille (antiphrase).

— Faire son droit.

— Le *côté droit*, la droite (*dexteram manum*).

D'où *tribord*, pour *dextri bord*, côté droit du navire.

La place d'honneur dans les cérémonies, tandis que la gauche est moins honorable : *Sede a dextris meis.* (*Psaumes.*)

— Marcher droit, charrier droit : avoir une conduite régulière.

Ad perpendicularem se habere. (Ausone.) C'est-à-dire se tenir droit comme le fil à plomb.

— Où il n'y a rien, le roi perd ses droits.

Mlle Clairon, condamnée à passer un mois au For-l'Évêque, dit à l'agent qui lui signifiait l'ordre du roi : « Le roi peut disposer de ma liberté et même de ma vie ; mais il ne peut rien sur mon honneur ! — En effet, répondit l'agent, là où il n'y a rien, le roi perd ses droits. »

Drôle, de l'anglais *to droll*, ou de l'allemand *drolling*, plaisant.

Homme ou enfant ayant l'air décidé, déluré.

— *Drôlesse*, terme de mépris : fille ou femme de mauvaise conduite.

— C'est un drôle. *Drôle*, substantif, se prend toujours en mauvaise part, désigne un mauvais sujet, un homme méprisable. Adjectivement, il a le sens de bouffon, amusant, singulier : un drôle d'homme, un drôle de corps.

— Autrefois, on appelait *drôle* un lutin ou diablotin, plus malin que méchant, à qui on attribuait toutes les espiègleries dont on ne connaissait pas l'auteur.

— En danois, *drol* signifie démon familier.

Duc, du latin *ducem*, guide, chef.

Duègne, mot espagnol, doublet de *dame* (*dominam*).

Se dit ironiquement d'une vieille femme se chargeant de messages amoureux.

— Au théâtre, rôle de femme âgée et prétentieuse.

Duel, du latin *dualem.*

Assassinat à l'amiable.

David tuant Goliath avec une fronde rappelle ce personnage de comédie qui ne se bat qu'à quinze pas, lui au pistolet, son adversaire à l'épée.

Duire (*ducere*). Vieux mot très utile, mais que l'usage a abandonné. Il signifiait : attirer, charmer, séduire.

Il est resté dans les composés : conduire, induire, réduire, produire, séduire.

Au présent, il faisait *je duis*.

Il a donné aussi le nom *douzil*, ou *doisil* (*duciculum*, canal, source). Douzil d'un tonneau.

« L'Académie, dit F. Génin, a rejeté *douzil*, qui vaudrait mieux que *robinet* (du nom de son inventeur), par la même raison que *lampe* est préférable à *quinquet* (nom d'homme).

« Si l'on s'engage dans cette voie, il n'y a pas de motif pour ne pas rayer un jour du dictionnaire *orateur* et *médecin*, et y substituer *Cicéron* et *Esculape*.

« Le rôle de l'Académie doit être de maintenir au courant de l'usage, la bonne et véritable langue française, sinon « il faudra lui tordre le douzil, et bouche close. »

Nota : En 1878, l'Académie a adopté *douzil*, comme pour donner raison à Génin.

Dugazon, rôle d'amoureuse ou de jeune première au théâtre.
Nom d'une célèbre actrice, qui excellait dans ces rôles.

Dulcinée, étymologie littéraire : maitresse, amante.
C'est le nom de la dame de Don Quichotte.
Ma dulcinée, attends-moi encore un peu. (*Docteur amoureux*.)

Dune, du latin *dunum*, hauteur ; d'un mot celtique, même sens.
Le mot sert à composer plusieurs noms de localités élevées, dominant les environs : Issoudun (Indre) ; Châteaudun (Loir-et-Cher) ; Duncaster.

Il se retrouve dans les mots latins : *Noviodunum* (Noyon), *Augustodunum* (Autun).

Dupe, étymologie incertaine.
Nom ancien de la huppe, oiseau réputé très stupide.
D'où application de ce nom à une personne aisée à tromper, dans le même sens qu'on donne aujourd'hui au mot *pigeon*. (Chevallet.)
Synonymes : actionnaire, gogo.

Duplicité, du latin *duplicem*, double.
Qui a double face.
De langue double, maint trouble.

Dur, du latin *durum*.

S'emploie métaphysiquement pour indiquer l'idée de fortement : il travaille dur.

Les temps sont durs.

Il est dur à la détente. (Voy. *détente*.)

Durant, participe présent de *durer*.

Comme *pendant, nonobstant*, il a perdu sa valeur de proposition absolue pour prendre celle de préposition.

Durant le jour, le jour durant.

E

Eau, du latin *aquam*, qui a pris les formes : *aigue, ève, (effe), aix, age* :

Aqua, comme *æquor*, signifiait la surface égale ; comme *niveau* vient de *nivem*, neige (?).

Age, signifiait jadis *eau*. On disait : être tout en age (tout en sueur). Quand le mot *age* fut démodé dans ce sens, on écrivit : être tout en nage, locution bizarre et encore courante. (Voy. Roquefort.)

> A tant s'en part sans délaier,
> L'age passe sans alargier.
> (GAUT. DE COINCY.)

Jésus leur dist : « Emplez les pots de eage. » (*Traduction de l'Evangile* citée par Roquefort.)

En roman, *ayage* signifie *arrosage* : « Puscan usar de tals ayages. » (*Statuts de Provence*.)

Aigue, signifie *eau* en provençal et en roman. De là : aiguière, Aigues-Mortes.

> Qu'il gota d'aiga que chai,
> Fer en un loc tan soren
> Que tranca la peira dura.
> (B. DE VENTADOUR.)

(Que la goutte d'eau qui tombe, frappe si souvent au même endroit, qu'elle perce la pierre dure.)

Aix, abréviation pour *aquæ Sextiæ* (eaux de Sextius). Aix-les-Bains ; Aix-la-Chapelle.

Ebbé a été dit pour *eau*.

> Tout ce qui vient d'ebbé,
> S'en retourne à flot...

Eve, d'où *évier* (souillarde), doublet de *aquarium,* conduite d'eau.

...L'ève qui couroit.
(Roman de la Rose.)

Eve a pris aussi les formes *effe, yau, yave.* Aujourd'hui inusitées, mais qu'on retrouve dans des noms de localités, tels que : Les Effes, Grandeffe, etc.

Pire est coie yavé que la rade. (L'eau tranquille est pire que l'eau courante.)

— De l'eauve bénitte le plus petit est assez. (*Prov.* XVI, 25.)

Eau bénite : eau qui se fait dans les églises avec certaines prières et cérémonies. L'usage en est très ancien, et on en attribue l'institution à saint Alexandre, martyrisé sous Hadrien.

— Eau lustrale. Rabelais appelle l'eau bénite « eau grégoriane », parce que Grégoire Ier, le Grand, s'il ne l'a pas inventée, l'a beaucoup recommandée.

Le même auteur (liv. V, ch. 27), l'appelle aussi « eau mercuriale », par assimilation de l'eau bénite à l'eau lustrale des païens, *Aqua Mercurii.*

Enfin au liv. I, chap. 18, il nomme, par opposition à eau bénite de cour, le vin : « eau bénite de cave ».

— Donner de l'eau bénite de cour : faire de belles promesses, qui ne reviennent pas plus cher que l'eau bénite.

Fari bona : dire des fariboles.

C'est recevoir un sollicteur avec une bienveillance apparente, lui donner des espérances, sans intention de les réaliser.

C'est aussi une façon polie d'adoucir ce qu'un refus a de pénible.

Fumum vendere : vendre de la fumée. (Martial.)

Phalerata verba (Térence) : paroles ornées. On appelait *phalerae* les colliers des chevaliers... et même des chevaux.

Belle chière, ment arrière.

Mieux vaut cœur en bouche que bouche en cœur.

— Eau-de-vie : alcool, esprit de vin. A reçu ce nom d'Arnaud de Villeneuve, médecin qui vivait à la fin du XIIIe siècle. Il lui attribuait la propriété de prolonger la vie, de conserver la jeunesse. On s'en frottait les membres pour leur rendre la vigueur.

Pline dit que le vin cuit, très fort en esprit, est appelé *bios,* vie.

— Rabelais appelle l'eau-de-vie « eau ardente », comme les Provençaux disent « aigue ardente ».

Le mot *eau-de-vie* se rapproche de celui d'*ambroisie,* mets d'immortalité. On semble assimiler l'alcool à la boisson (?) des dieux. Ce ne saurait être que par antiphrase.

— Il n'y a pas d'eau pire que celle qui dort.

Mézeray attribue ce proverbe à Louis XIII.

Aigue coie — Ne la croye. (XIIIᵉ siècle.)

— Mettre de l'eau dans son vin : se modérer. Ce n'est pas faire de l'abondance, ou eau rougie.

Vinum aqua temperare.
(Tibulle.)

Vinum aqua diluere.
(Perse.)

De l'eau dans le vin, c'est du platonisme dans l'amour.

Pythagore dit qu'Acheloüs, magistrat d'Étolie, apprit aux hommes à mettre de l'eau dans le vin !

C'est, dit Platon, modérer une divinité furieuse par la présence d'une divinité sobre.

Calmer les ardeurs de Bacchus par le commerce des Nymphes. (Plutarque.)

On dit que Bacchus ayant été frappé de la foudre, les Nymphes le jetèrent promptement dans l'eau pour éteindre les flammes qui le dévoraient.

— Battre l'eau : perdre sa peine.

Faire venir l'eau à la bouche.

Faire venir l'eau à son moulin.

Les méchants sont buveurs d'eau (allusion au déluge universel).

Croyez cela et buvez de l'eau : n'en croyez rien.

Se jeter dans l'eau pour la pluie. (Rabelais.) Pour éviter un inconvénient, se jeter dans un danger.

— Pour les Précieuses, un verre d'eau était un bain intérieur.

Ébaubi, dit la même chose qu'*ébahi*, mais est d'un emploi burlesque.

Je suis tout ébaubi, et je tombe des nues.
(*Tartuffe.*)

Éblouir, en roman *emblousir*, voir bleu.

N'y voir que du feu. D'où l'expression « passé au bleu », disparu (?).

Écarlate, couleur rouge très vive.

Ce mot, comme *cramoisi* (voy.), désigne moins une couleur, que la perfection d'une couleur poussée au ton le plus haut.

L'écarlate rouge était due au carmin de cochenille, mais le nom d'*écarlate* était donné par extension à toutes les autres couleurs parfaites.

Mancherons d'écarlate.
(Marot, *Diologue des deux amoureux*.)

Écarquiller, de *quartier* (?).
Quarquille désigne une *cuisse* de noix, dans le Berry.
Écarter, ouvrir tout grand.

Comme il écarquille les yeux !
(Molière, *Amphitryon*.)

Ecclésiaste, mot grec.
Ouvrage de l'Ancien Testament, attribué à Salomon, qui déduit de l'examen des diverses conditions et des plaisirs de ce beau monde, que tout est vanité.

Échange, substantif verbal de *échanger* ; bas-latin *excambiare*.
C'est la remise d'une valeur contre une autre valeur équivalente. (J. Fleury.)

— Libre échange : doctrine commerciale en faveur depuis quelques années. Il a pour but l'abolition de toutes entraves mises à la liberté du commerce entre les différents peuples.

Échapper, de *escampar* ou de *escapar*, décamper ; ou se débarrasser de sa chappe.

Écharpe, ancien allemand *sherbe*, poche.
Porter son bras en écharpe (quand il est blessé).
Chateaubriand a dit : porter son cœur en écharpe.

Échasses, de *scala*, échelle (étymologie impossible) ; ou du néerlandais *schaats*, même sens.
En roman *escasier*, estropié, béquillard.

Sitôt ne vol pretz d'orps ni d'escasiers.
(G. de Rambaud.)

(Du moins je ne veux service d'aveugles ni d'estropiés.)
Escasier a aussi signifié échasses : *Escasier porcassi*. (Durfort.)
Porcher monté sur des échasses.
Escassalier : faiseur d'échasses.

Échaudé, petit gâteau de pâte échaudée, c'est-à-dire mise dans l'eau bouillante pendant vingt minutes.

Échauffourée, de *échauffeur* (?), qui échauffe les esprits.
Émeute comprimée, entreprise téméraire avortée.
Action de se fourrer dans un lieu où l'on se bat, où ça chauffe.

Échec et **échecs**, du persan *chah*, roi.
Dommage, insuccès.
— Au jeu des échecs, dont le *roi* est la principale pièce, faire *échec et mat*, c'est mettre le roi en péril de mort, ce qui entraîne la perte de la partie.
Il faudrait dire : *échec est mat* (le roi est vaincu), ou : *échec mat* (roi vaincu).

Échelle, autrefois *échale*; du latin *scalam*.
A la même origine remontent : escalade, escalier.
— Échelles du Levant : villes du littoral de la Méditerranée, du terme de marine *escale*, port de mer : faire escale.
Ce terme s'applique aux ports de commerce de la Méditerranée soumis à la Turquie : Constantinople, Smyrne, Alep, Chypre, Alexandrie.
— Faire escale, relâcher dans un port pendant un voyage pour décharger ou prendre des marchandises, des passagers. C'est poser l'échelle à terre.
— Après cela, après lui, il faut tirer l'échelle..., c'est-à-dire on ne peut mieux faire.
Lorsqu'on menait plusieurs criminels à la potence, l'usage était d'exécuter le plus coupable en dernier lieu. Après lui, le bourreau retirait l'échelle, qui avait servi à l'exécution.
Ah ! morguenne, il faut tirer l'échelle après c'ty-là. (Molière.)
Newton est monté au plus haut : après lui il faut tirer l'échelle. (Malebranche.)

Échine, du latin *spinam*, épine dorsale; d'où *échiner*, battre sur le dos, briser l'échine.
De ces gens qui ne parlent que d'échiner. (Molière, *Fourberies de Scapin*.)

Écho, nom grec et mythologique.
Fille de l'Air et de la Terre, elle mourut de douleur parce que Narcisse ne répondait à son amour que par le mépris. Les dieux la changèrent en rocher, en ne lui laissant que la voix. (Voy. *Métamorphoses*, II.)

Échoppe, petite boutique de planches, adossée à un édifice.

Éclater, du haut allemand *skleizan*, rompre.
D'où le double sens de *brillant* et de *bruyant*.
En roman *asclar*, fendre.

Éclectique, du grec *eklektikos*, qui choisit.

Terme de philosophie. Désigne les philosophes qui, selon D. Laërte et Suidas, sans s'attacher à aucune secte, prenaient de chacune ce qu'elle avait de bon.

— L'empirisme est fondé sur l'expérience, l'observation, *empeiria*. L'empirique est le savant par expérience.

— Les dogmatiques sont comme les araignées formant des toiles sans force de la substance qu'ils tirent d'eux-mêmes.

Les empiriques, au contraire, semblables aux fourmis, amassent des matériaux et les emploient tels qu'ils les trouvent.

Les éclectiques ressemblent à l'abeille qui recueille la substance des fleurs, mais sait l'élaborer. (Bacon.)

Écluse, du latin *exclusam*, participe de *excludere*, défendre l'entrée.

Clôture faite sur un cours d'eau pour retenir ou lâcher à volonté les eaux.

Écluse, qui veut dire fermée, signifie au contraire ouverte.

Rabelais (liv. I, ch. 13) dit aussi *esclous*, pour clous, fermé :

> Le feu sainct Antoine t'ard,
> Si tous,
> Tes trous
> Esclous
> Tu ne torches avant ton départ.

— L'écluse a été inventée par Ph. de Modène, qui, en 1439, dirigeait les travaux hydrauliques du duché de Milan.

Elle a été perfectionnée par Léonard de Vinci.

École, du latin *scolam*, reproduction du grec *scholé*, loisir, temps donné à l'étude.

— Faire une école : se tromper.

Locution prise du jeu de tric-trac, où « faire une école » signifie commettre la faute de ne pas marquer les points qu'on gagne. C'est comme si l'on disait : faire une faute d'écolier, un pas de clerc. (Voy.)

— Faire l'école buissonnière.

Les protestants, proscrits par les édits de François Ier et de Henri II, tenaient des écoles dans la campagne, et souvent au milieu des bois. De là l'expression d' « écoles buissonnières ». Le Parlement les interdit par son arrêt du 9 août 1552.

Depuis lors, « faire l'école buissonnière » est passé en proverbe, et se dit des enfants qui ne se rendent pas exactement à l'école.

Écolier, dérivé du précédent.

Synonymes : Petit écolier, grimaud. Bon écolier : fort en thème, piocheur. Mauvais écolier : cancre (Voy. *fruit sec*.)

Économie, du grec *oikos*, maison, et *nomos*, règle.

L'économie est recommandée même aux riches, comme une des formes de la sagesse. Elle est un devoir étroit pour le pauvre ; devoir dur à remplir ; c'est la pratique même du stoïcisme.

L'économie doit se compléter par l'épargne, qui est le seul générateur de la richesse à la portée du pauvre.

Il y a possibilité d'épargner toutes les fois qu'il y a écart entre la recette et le besoin. L'épargne peut commencer où finit le nécessaire. (J. Simon.)

L'économie est la seconde Providence du genre humain. (Mirabeau.)

L'économie est la source de l'indépendance et de la liberté. (Mme Geoffrin.)

Économie vaut mieux que profit. (Proverbe russe.)

L'économie est fille de l'ordre et de l'assiduité. (Lewis.)

Un sou épargné est un sou gagné. (Franklin.)

Il y a plus de dignité à retrancher les petites dépenses qu'à s'abaisser aux petits gains. (Bacon.)

Qui ne laisse rien perdre, s'enrichira un jour. (Franklin.)

Il n'y a pas de gain plus sûr que celui de l'économie.

Qui veut faire une porte d'or y mette tous les jours un clou.

Un sou est le commencement d'un million.

L'avarice est insatiable, et végète au milieu du superflu ; l'économie ne se refuse rien du nécessaire, et se permet des plaisirs à peu de frais.

L'économie, vertu chez le pauvre, est un vice chez le riche.

Écorcher, du latin *excorticare*, doublet de *écorcer*, ôter l'écorce.

Excorier, c'est ôter le cuir ; *éplucher*, c'est enlever la peau ou le poil.

Boni pastoris est tondere pecus, non deglubere. (Suétone, *Vie de Tibère*, 32.) Le bon pasteur tond ses brebis : il ne les écorche pas.

Il y a des gens qui ne se contentent pas de la toison, et qui veulent avoir la peau.

Écossais, dérivé de *Écosse* : latin *Scotia*.

Fier comme un Écossais. (Destouches, *le Glorieux*.)
Fiers comme Escossoys. (Rabelais, V, 49.)

— Tissu écossais. On désigne sous ce nom des étoffes bariolées de diverses couleurs, et dont l'usage doit être bien ancien, puisque les Romains, commandés par César, et qui ignoraient leur véritable nom, les appelèrent *Picti* (peints de diverses couleurs), à cause de leur costume.

Claudien dit, dans son poème sur le troisième consulat d'Honorius :

Nec falso nomine Pictos.

(Les Pictes si bien nommés.)

Écot, du frison *scot*, contribution.
Rabelais dit : « Parler par écot », chacun à son tour.

Écouter, du latin *ausculture*; doublet de *ausculter*.

— « Frappe, mais écoute ! » Thémistocle, dans la guerre contre Xerxès, osa être d'un sentiment contraire à celui du Spartiate Eurybiade, élu général des Grecs. Celui-ci, irrité de sa résistance, le menaça de le frapper. C'est alors que Thémistocle lui adressa ces paroles.

Hélas ! presque toujours le fort frappe, mais n'écoute pas.

— Ouvre tes deux oreilles, jamais tes lèvres. (Maxime géorgienne.)

Écrevisse, vieux allemand *krebiz* (même sens).

On a cru longtemps, ainsi que le constate le proverbe, que ce crustacé marchait à reculons.

La Fontaine en a fait une fable, et l'on connaît la plaisante définition mise sur le compte de l'Académie. Voici comment on raconte l'affaire :

Un jour, le célèbre naturaliste Cuvier arriva à l'Académie pendant qu'on travaillait à la lettre E du dictionnaire. Il se fit lire l'article *écrevisse*; l'animal était ainsi défini : « Petit poisson rouge, qui marche à reculons. » Le savant dit alors : « Mes chers confrères, l'écrevisse n'est point un poisson, elle n'est point rouge, elle ne marche pas à reculons ; sauf ces légères restrictions, votre définition est parfaite. »

Ce qui a pu donner naissance à l'opinion erronée que l'écrevisse marche à reculons, c'est que, lorsqu'elle fuit le danger, elle nage en effet à reculons. Mais, lorsqu'elle cherche sa proie, ou qu'elle se promène au fond de l'eau, elle marche très bien en avant, comme les autres animaux.

Écrire, jadis *escrire* ; du latin *scribere*.

En argot : parler papier.

Les Grecs se servaient pour écrire du *scariphos*, burin. Plus tard, on se servit du *calamus* ou roseau, qui traçait les caractères sur le *papyrus* avec de l'encre ; d'où le rom an *calamar*, encrier.

Synonymes : écrire comme un chat, gribouiller, faire des pattes de mouches : écrire mal.

Écrire comme un ange : écrire bien.

— On dit indifféremment d'un homme qui a une belle écriture ou un beau style : il écrit bien. On s'expose ainsi à confondre un calligraphe et un écrivain. Pourquoi ne pas dire, en parlant de celui qui a une mauvaise écriture : il graphie mal ? On dirait alors : X... graphie aussi mal qu'il écrit bien.

— *Verba volant, scripta manent.* Les paroles s'envolent, les écrits restent.

> On ne sçet qui meurt ni qui vit.
> Pourquoy faict bon mettre en escrit.
> (XVIᵉ Siècle.)

— « Qu'on me donne deux lignes écrites avec l'intention la plus innocente, j'y trouverai de quoi faire pendre l'auteur. » On attribue ces mots à Richelieu et à Laubardemont.

— Fabio Mirto disait (XVIIᵉ siècle) : « On voit dans l'Évangile que J.-C. n'a écrit qu'une seule fois ; encore l'a-t-il fait sur le sable, pour que le vent effaçât l'écriture. »

— *Pensa molto, parla poco, scrivi meno.* (Proverbe italien.) Pense beaucoup, parle peu, écris moins encore.

Écriture, du latin *scripturam*.

Écriture autographe, chirographe ; c'est-à-dire faite par la personne même.

— On attribue l'invention de l'écriture aux Phéniciens.

> *Phœnices primi, famæ si creditur, ausi*
> *Mansuram rudibus vocem signare figuris.*
> (Lucain.)

— L'écriture apportée en Grèce par Cadmus a inspiré à Brébeuf le quatrain suivant :

> C'est de lui que nous vient cet art ingénieux
> De peindre la pensée et de parler aux yeux,
> Et par les traits divers de figures tracées,
> Donner de la couleur et du corps aux pensées.

Corneille trouvait ces vers très beaux, et aurait donné une de ces pièces pour les avoir faits. Il essaya de les imiter :

> C'est des Phéniciens que nous vient l'art d'écrire,
> Cet art ingénieux de parler sans rien dire ;
> Et, par des traits divers que notre main conduit,
> D'attacher au papier la parole qui fuit.

— L'écriture a été longtemps en France le privilège des clercs. Les gentilshommes se piquaient de ne savoir manier que l'épée. Dans les actes passés par les nobles, la formule consacrée était : « Le dit seigneur a déclaré ne savoir écrire, attendu sa qualité de gentilhomme. »

Écrivain, celui qui a la passion de l'encre et du papier. (Chateaubriand.)

Ch. Nodier appelait le XIXe siècle « l'âge du papier ».

— La *Revue de l'Instruction publique* donne une curieuse liste des pensions que Louis XIV faisait aux écrivains en 1663 :

Au sieur P. Corneille, 1er poète dramatique du monde.	2.000 liv.
Desmarets, conteur	1.200 »
Ménage, critique.	2.000 »
L'abbé de Pure, historien	1.000 »
Th. Corneille jeune, poète dramatique. . . .	1.000 »
Molière, excellent poète comique	1.000 »
Benserade, poète.	1.500 »
L'abbé Cotin, orateur	1.200 »
Racine, poète.	800 »
Chapelain, le plus grand poète qui ait jamais été.	3.000 »
L'abbé Cassaigne, poète et théologien. . . .	1.500 »
Perrault, littérateur	1.500 »
Mézeray, historien.	4.000 »

Aujourd'hui, le public paie plus généreusement que le grand roi.

Eugène Sue a vendu son roman le *Juif errant* au *Constitutionnel* pour son feuilleton 100.000 francs, et ses *Mystères de Paris* aux *Débats* 160.000 francs.

Alexandre Dumas a vendu ses romans aux journaux 1 fr. 25 la ligne.

Le premier roman de George Sand a été payé 400 francs ; *Indiana*, 1.000 francs ; la *Revue des Deux-Mondes* paie aujourd'hui à George Sand 500 francs la feuille, et ses œuvres lui rapportent annuellement 40.000 francs (1865).

Victor Hugo vend aujourd'hui ses poésies 7 francs le vers. Son premier roman *Han d'Islande* (1823) a été payé 300 francs.

Chaque feuilleton de Jules Janin aux *Débats* est payé 250 francs.

Quelques rédacteurs politiques de journaux reçoivent 12.000 francs par an.

En 1866, le *Times* a huit rédacteurs payés chacun 60.000 francs par an.

Écrouelles, du bas-latin *scrofellæ*, scrofule.

Les rois de France, pour toucher les écrouelles, glissaient un doigt sur le visage du malade, du front au menton et d'une joue à l'autre, en disant : « Dieu te guérisse ! le roi te touche. »

C'était un remède *souverain*, dit un plaisant.

Henri IV répétait ces mots, à la bataille d'Ivry, à chaque coup qu'il portait.

Richelieu avait pris un tel ascendant sur Louis XIII, qu'on dit que le roi ne s'était réservé que le pouvoir de guérir les écrouelles.

Écu, du latin *scutum*, bouclier ; provençal *escut* ; italien *scudo*.

— De la forme arrondie du bouclier-écu on a fait, par analogie, *écu* et *écusson*, qui, en blason, est le champ où l'on place les armoiries.

De là aussi on a appelé certaines pièces de monnaie *écus*, parce qu'elles portaient l'écu aux armes de France.

— *Écu*, monnaie de compte en usage dans les marchés de province et qui équivaut à l'ancien petit écu de trois livres. On compte par 10, 50, 100 écus ; mais au-delà on compte par pistoles.

— Le premier écu est plus difficile à gagner que le dernier million.

Cette maxime, qui paraît paradoxale, est attribuée à J.-J. Rousseau. Elle signifie que, pour l'homme doué du génie des affaires, le plus difficile n'est pas de faire valoir un capital, mais d'en trouver un à faire valoir.

Écuyer, celui qui porte l'écu, comme Lancelot, le valet de trèfle.

Éden, mot biblique ; en hébreu, lieu de délices.

L'Écriture rapporte que de ce jardin délicieux sortait un fleuve divisé en quatre branches. De là, on a pensé qu'il était situé en Arménie, vers les sources de l'Euphrate, du Tigre, du Phase et de l'Oxus.

Éducation, du latin *educare*, de *e* et *ducere*, tirer du néant, produire.

Le premier enseignement par l'exemple, les principes de morale et de conduite que l'enfant reçoit dans la famille.

— L'éducation de la peau (Napoléon Ier) : le savoir-vivre sans instruction.

— L'éducation est une assurance mutuelle contre les vices et les ridicules de la société.

— Celui qui est le maître de l'éducation peut changer la face du monde. (Leibnitz.)

L'éducation, c'est la famille qui la donne ; l'instruction, c'est l'État qui la doit. Le domaine de l'éducation, c'est la conscience ; le domaine de l'instruction, c'est la science : plus tard, dans l'homme fait, ces deux lumières se complètent l'une par l'autre. (V. Hugo.)

Quand on manque d'éducation, il n'y paraît jamais tant que lorsqu'on veut en montrer. (Marivaux, *Paysan*.)

Éduquer, du latin *educare*; de *educere*.
Ennoblir l'âme et l'esprit.

Voltaire a signalé ce mot comme vicieux; et le Dictionnaire de Trévoux le qualifie de « barbarisme ».

Nota : L'Académie l'a admis en 1878.

Effaré, du latin *efferatum*, rendu sauvage.
Comparez pour les changements avec *farouche*.

Effet, du latin *effectum*, autrefois *effect*.
Ce qui est produit par une cause.
Sublata causa, tollitur effectus. (Plus de cause, plus d'effet.)
Il n'y a pas d'effet sans cause.

Effleurer, du préfixe *ex* et de *fleur*.
Il nourrit sa belle intelligence des fleurs de l'esprit humain, sans rien approfondir, et sans diriger ses forces vers un but déterminé.

Effroi, vieux mot qui signifie bruit, bris de porte; d'où effraction (?)
Est en réalité le substantif verbal de *effrayer*, qui signifie glacer de terreur.
Du bas latin *frigor*.

Égal, du latin *æqualem*, correspondant à *aqua*.
— Tous les hommes sont égaux devant la loi, ...devant le malheur.

Le comte Al. de Ségur dit à un comédien qui, en 1793, prenait avec lui un ton impertinent : « Doucement, citoyen, tu oublies que nous sommes tous égaux. »

> Les mortels sont égaux ; ce n'est pas la naissance,
> C'est la seule vertu qui fait la différence.
> (VOLTAIRE, *Mahomet*.)

Par in parem nullum habet imperium. (*Argenteus.*)

Le premier acteur et l'allumeur de chandelles sont égaux à la fin de la comédie. (Bussy.)

Il est faux que l'égalité soit une loi de nature.

La nature n'a rien fait d'égal : sa loi souveraine est la subordination et la dépendance. (Vauvenargues.)

L'égalité ne consiste pas dans le nivellement des conditions : elle consiste dans le développement pour tous de leurs facultés inégales. (Louis Blanc.)

L'égalité des conditions doit tendre à allonger les vestes, et non à raccourcir les habits.

Égaliser. Voltaire voulut écarter ce mot, qui n'est que la forme *égaler* un peu alourdie.

L'usage lui a donné tort.

Égard, du vieux français *esgarder*, considérer, examiner ; attention, respect.

Égérie, nom historique : bonne conseillère.

Nymphe qui fut aimée par Numa. Ce prince la visitait souvent dans un bois voisin de Rome, et, pour que les Romains fussent plus soumis à ses lois, il leur disait qu'Égérie les avait approuvées.

Égide, du grec *aigida*, chèvre.

Bouclier de Minerve, fait de la peau de la chèvre Amalthée, nourrice de Jupiter. Minerve y ajouta la tête de Méduse qui changeait en pierre ceux qui la regardaient. (Voy. *Énéide*, VII, 354 ; *Iliade*, V.)

Se mettre sous l'égide de quelqu'un : sous sa protection.

Église, du latin *ecclesium*, traduction du grec qui signifie *assemblée*.

Réunion de personnes unies par une même croyance.

Nous disons par excellence : l'*Église catholique*, apostolique et romaine, dont le pape est le chef.

L'*Église grecque*, ou d'Orient, ne reconnaît pas l'autorité du Pape... (Non plus que certains dogmes proclamés depuis son schisme.)

L'*Église protestante*, ou réformée, diffère des deux premières sur plusieurs points, et compte elle-même de nombreuses sectes.

Ces trois églises composent la religion chrétienne.

Les doctrines de l'*Église gallicane* ont été résumées dans la *Déclaration du Clergé de France* de 1682, rédigée par Bossuet. L'Église gallicane met l'infaillibilité, non dans le pape seul, mais dans le corps épiscopal tout entier uni à son chef.

Elle établit hautement la distinction entre le pouvoir spirituel et le pouvoir temporel.

On donne, par opposition, le nom d'*ultramontains*, à ceux qui croient à l'infaillibilité absolue du pape.

Les traditions de l'Église ne s'accordent pas avec les vérités scientifiques. Elle en est restée, à cet égard, aux doctrines d'Aristote.

Elle soutient l'astronomie de Josué contre celle de Copernic.

Elle a condamné Galilée par respect pour la Bible, elle a sur les cataclysmes diluviens des notions en contradiction avec la géologie; elle croit qu'une baleine peut avaler un homme; qu'il y a des montagnes d'où la vue embrasse toute la terre.

— Prez de l'ecclise est souvent loing de Dieu. (Rabelais.)

Égoïste, du latin *ego*, moi.

Celui qui pratique le culte du *moi*.

Le *moi* est haïssable. (Pascal.)

L'égoïste est une sorte de vampire, qui veut nourrir son existence de l'existence des autres. (Ballanche.)

L'égoïste brûlerait votre maison pour faire cuire un œuf. (Chamfort.)

L'égoïsme est le plus grand mobile des actions humaines.

Si l'on fondait dans un creuset tous nos vices et nos passions, le résidu serait l'égoïsme.

A. Comte appelle la charité *altruisme*, par opposition à *égoïsme*.

Eldorado, de l'espagnol *el dorado*, le doré.

Pays imaginaire, où règnent la richesse et le bonheur.

Élément, du latin *elementum*.

Être dans son élément : comme le poisson dans l'eau.

Si vous offriez cent mille francs de rentes à un poisson pour vivre hors de l'eau, accepterait-il ?

Élever, du latin *elevare*, même sens.

La science et l'industrie nous poussent en avant; la poésie et les beaux-arts nous élèvent et nous portent à viser plus haut : *Excelsior !*

— La cathédrale de Strasbourg, avec sa flèche qui monte aux nues, est la traduction, en magnifique style lapidaire, du sublime *Sursum corda !* qui animait les religieuses populations du Moyen-Age.

— Élever les enfants. *Extollere liberos.* (Plaute.)

D'après la loi romaine, le père relevait de terre l'enfant qui venait de naître. Il le reconnaissait.

— Quiconque s'élève sera abaissé ; quiconque s'abaisse sera élevé. (*Évangile*, Mathieu, XXIII, 12 ; Luc, XIV, 11.)

Jupiter s'occupe à élever les choses basses et à rabaisser les choses hautes. (Ésope.)

> Il s'essauce, qui s'umilie.
> (*Roman de Renart.*)

> Quand on fait trop le grand, on paraît bien petit.
> (Distoches.)

Ki haut monte, de haut chiet (tombe).

Richelieu écrivait à Balzac : « En abaissant votre style, vous l'élèverez. »

Elfe, anglo-saxon *aelf.*

Esprit fantastique, génie surnaturel de la mythologie scandinave, assez semblable à nos sylphes.

Ellébore, du grec *elleboros.*

Plante dont on pulvérisait la racine pour l'administrer dans du lait, contre la folie.

> Ma commère, il faut vous purger
> Avec quatre grains d'ellébore.
> (La Fontaine.)

> Elle a besoin de deux grains d'ellébore,
> Monsieur, son esprit est tourné.
> (Molière, *Amphitryon.*)

Helleborosus : qui a besoin d'ellébore, fou. (Plaute.)

Élucubration, du latin *elucubrare,* produire à force de travailler à la lumière.

Résultat d'un long travail d'esprit.

Se dit ironiquement d'un travail d'imagination fait à force de travail et de veilles.

Nota : S'emploie surtout au pluriel.

Émanciper, du latin *emancipare ;* de *e* et de *mancipium,* esclave (*manu captus,* prisonnier de guerre).

On émancipe un enfant mineur en le mettant hors de la tutelle de ses parents, en jouissance de ses biens.

> Il faut qu'il ait le salaire
> Des mots où tout à l'heure il s'est émancipé.
> (MOLIÈRE, *Amphitryon*.)

Emblème, du grec *emblêma*, ouvrage de marqueterie.
A pris le sens de : symbole, devise.

Embonpoint, mot composé de *en bon point* (état).
Rabelais disait : bien en point, et bon en point.

Embrasser, prendre en ses bras.
Synonyme de *caresser*.
— Autran, dans ses *Poèmes de la mer*, dit de l'Italie, entourée par la Méditerranée :

> C'est bien la blonde mer, dont la vague te *presse*,
> Et qui, t'enveloppant d'une immense caresse,
> Murmure à tes deux bords un éternel amour.

— Qui trop embrasse, mal étreint.

Embûches, du vieux verbe *embûcher*; du bas-latin *boscum*; germain *busch*, forêt.
Doublet de *s'embusquer*.
Dresser des embûches : tendre des pièges.
Le mot *embuscade* remonte à la même origine.

Empaler (*palo transfixus*), du latin *palum*, pieu.
Traverser le corps d'un pal ou pieu.
Supplice en usage chez les Turcs, qui se pratiquait sous Néron, et dont Juvénal fait mention.

Empaumer, du latin *palmam*, paume.
Au propre, recevoir une balle en plein dans la paume de la main.
Au figuré, empaumer quelqu'un, c'est le tromper adroitement.
Il s'est laissé empaumer comme un sot.

Empêcher, du latin *impedicare*, embarrasser les pieds.
De même *pedicam* a donné *piège*. — Les animaux se prennent ordinairement par les pattes.

Empeser, anciennement *empoisser*, d'où *empois*; du latin *picem*, poix.
Prendre comme à la glu.
— Empesé : raide, orgueilleux.
On dirait qu'il prend tous les jours un bain d'empois.

Empêtrer, ne vient pas de *petram*, pierre.
Est la contraction de *empâturer*, c'est-à-dire mettre un pâturon, comme on met aux chevaux pour les laisser paître.

Employer, du latin *implicare*; plier, mettre dans. Provençal *emplagar*.
Doublet de *impliquer*.
— Employer le vert et le sec : tous les moyens pour réussir.
— Au lieu d'emprunter leur comparaison à l'agriculture, les Romains la tiraient de l'art de la guerre et de la navigation.
Cum hasta et scuto : avec la lance et le bouclier.
Remis velisque : avec rames et voiles.
Nous disons encore après eux : *Unguibus et rostro*. Du bec et des ongles.

Empoigner, du latin *pugnum*, poing.
Prendre dans ses poings, à la poignée.
Gendarmes, empoignez-moi M. Manuel ! (Colonel comte Foucauld, 4 mars 1823.)

Empoisonner, de *poison*; latin *potionem*.
On a dit autrefois *enherber* :

> Sous gist le frais serpent en herbe ;
> Fuyez, enfants, car il enherbe.
> (Roman de la Rose.)

Emprunter, de *emprunt, in promutuum*.
> Qui emprunte, ne choisit mie.
> (Pathelin.)

— Pour connaître le prix de l'argent, il faut être obligé d'emprunter.
Cochon emprunté grogne toute l'année.
L'emprunt est un mal dont l'amortissement est le remède. (Duc de Gaëte.)
Quand on sait se refuser à soi-même, on n'a besoin de rien emprunter aux autres.
X... emprunte à tout le monde, même à sa concierge ; mais il se contente de peu. Il doit au moins vingt mille francs... en pièces de quarante sous.

Empyrée, du grec *en*, dans, *pur*, feu.
La partie la plus élevée des cieux, selon les anciens.
Ils l'appelaient aussi le dixième ciel, et en faisaient le séjour des dieux.

En, préposition et adverbe; du latin *in* et *inde*.

Se prononce *an*.

C'est aussi un préfixe qui contribue à former un grand nombre de composés.

Devient *em* devant un *m* ou un *p*.

Enceinte, du latin négatif *in* et *cincta*.

Il est adjectif : qui ne porte pas de ceinture.

— Ou substantif : place fortifiée.

C'est alors le participe du verbe *enceindre*.

Encens, du latin *incensum*, brûlé.

On a brûlé de l'encens dans les temples de toutes les religions pour honorer la divinité. Les martyrs aimaient mieux mourir que d'encenser les idoles.

Synonymes : louanges, paroles flatteuses.

> Mais vous avez cent fois notre encens refusé.
> (La Fontaine.)

> L'encens noircit l'idole en fumant pour sa gloire.
> (Mercier.)

— Selon les gens, l'encens :

Diabolus : « *Super latrinam non debes dicere primam* »

Monachus : « *Quod vadit supra, do Deo; tibi quod vadit infra.* »

Le diable : « Tu ne dois pas dire prime aux latrines. »

Le moine : « Ce qui monte est pour Dieu; pour toi ce qui tombe. »

— Encens de caporal : tabac.

Encensoir, dérivé de *encenser*.

Donner des coups d'encensoir : louer à outrance.

> Mais un conteur novice à répandre l'encens
> Souvent à son héros, dans un bizarre ouvrage,
> Donne de l'encensoir à travers le visage.
> (Boileau.)

Enchantement, de *enchanter*; latin *incantare*, opération, formule magique (*carmen magicum*).

— Les formules étaient en vers lyriques, c'est-à-dire destinés à être chantés.

On distinguait les enchantements, les incantations, les évocations, les invocations et les imprécations.

Homère, qui, dans l'*Odyssée*, a créé l'enchanteresse Circé, suppose que ses enchantements pouvaient être détruits par d'autres enchantements.

L'Arioste et le Tasse, en créant Alcine et Armide, ont adopté la même tradition.

— Pline dit que l'empire des magiciens sur les esprits était dû à leurs connaissances en médecine, en religion, en astronomie, les trois sciences les plus estimées des hommes.

— Au Moyen-Age, la superstition avait donné naissance à un monde enchanté, *Anthropodémos*, population nombreuse d'esprits procédant du démon, ou principe du mal.

Chaque pays avait ses légendes, qui variaient suivant le climat et le caractère des habitants.

On appelait magicien, enchanteur, astrologue, sorcier, devin, nécromancien, celui à qui on attribuait un art occulte, un pouvoir délégué par les démons, pour faire des choses extraordinaires et qui semblaient au-dessus de la puissance humaine.

Citons parmi les plus célèbres : Merlin, Nostradamus, Faust, le Grand Albert, Mathieu Laensberg.

— Le peuple a toujours cru à la magie, que la religion condamne et que la philosophie méprise.

Les superstitions, les poésies légendaires, les mythologies ont créé un monde d'êtres imaginaires et fantastiques hors de la nature, comme la ménagerie héraldique du blason, où rugissent des monstres inconnus : le griffon qui n'est ni lion ni aigle ; la guivre, la licorne, etc.

Enclume, du latin *incudinem*.

Entre l'enclume et le marteau : entre deux dangers également menaçants.

> Entre l'enclume et le marteau
> Qui le doigt fourre est un vrai veau.

Super subterque premi.
(Plaute.)

Inter sacrum saxumque stare.
(Plaute, Captifs, 617.)

Hac urget lupus, hac canis.
(Horace.)

— Andrieux, de l'Académie française, avait dit que « pour bien faire une langue, il faut raisonner, mais qu'on ne peut raisonner qu'avec une langue bien faite. Il sera donc toujours impossible de raisonner, faute d'une langue bien faite, et de bien faire une langue, faute de raisonner ».

Laromiguière réfuta ainsi ce syllogisme : « Pour faire un marteau il faut une enclume, et pour faire une enclume, il faut un marteau. Donc il est impossible qu'il existe des marteaux et des enclumes. Voilà, ajouta-t-il, Andrieux entre le marteau et l'enclume. »

Encombrer, du latin *cumulum*, qui a donné *comble*.
De là vient aussi *décombres*.

Encore, adverbe ; du latin *hanc horam*, jusqu'à cette heure, jusqu'à présent.

Encre, autrefois *ancre* ; du latin *encaustum*, brûlé.

Encrier, dérivé du précédent ; autrefois *galimard* (Rabelais, I, 14) ; du latin *calamarium*, étui à mettre les plumes.
D'où le mot *calmar* ou *calamar*, désignant la seiche, à cause de la vessie pleine d'encre qui la caractérise.

Endêver, de *en* et vieux verbe *desver*, enrager (de *desipere*).

> *Qui seroit li fols, li desvez*
> *Hors de sun sens e afolez.*
> (MARIE DE FRANCE.)

Endroit, latin *in directum*.
Lieu d'habitation.
Se dit aussi pour *adroit*, *adret*.
Opposé à *envers*.

Enfant, du latin *infantem*, qui ne parle pas encore.
Infans dicitur qui non loquitur, minor septennio.
Infans a non fando, nam postquam cœperunt fari, pueri dicuntur.

— Enfant trouvé : Champi (c'est-à-dire perdu).
— Enfant du mystère. (Voy. *naturel*.)
— Synonymes : Bébé, petit enfant ; bambin ; crapaud, expression populaire ; moutard.
— Je n'aime pas les enfants : je trouve qu'ils viennent au monde trop jeunes, disait Jocrisse.

> *Maxima debetur puero reverentia.*
> (JUVÉNAL, XIV.)

(On doit être très réservé devant les enfants.)
J. Janin écrivit sur un album où on lui demandait d'écrire quelque chose : « *Maxima debetur reverentia...* au papier blanc. »
— L'usage barbare d'exposer les enfants a été pratiqué dans tous les temps. L'histoire nous montre Moïse exposé sur le Nil ; Romulus et Rémus sur le Tibre.

À Rome, au temps de l'empire, les enfants trouvés étaient déposés au pied de la colonne *Lactaria*.

Saint Vincent de Paul convoqua, en 1640, une assemblée de dames charitables pour recueillir les enfants trouvés.

— Il n'y a plus d'enfants : on a de la malice de bonne heure.

On appelle « enfants terribles » les enfants indiscrets.

— Rien n'est moins simple que la jeunesse : tous les germes de la vie future (?) se trouvent dans le cœur de l'enfant. (Scudo.)

— L'enfant est imitateur : l'exemple fait plus que la leçon. Son esprit, plus souple que la cire molle, prend toutes les formes des objets qui frappent ses regards. Son caractère, naïf et sans masque, montre à nu tous ses petits vices et ses petites vertus.

D'où le nom de « petit homme ».

— Ce qu'un enfant entend dans la chambre, il le répète à la porte.

— Les Latins disaient :

Pueri nasum rhinocerotis habent.

(Les enfants ont un nez de rhinocéros.)

Le nez était considéré comme un signe de finesse.

— Vous faites l'enfant. L'abbé Fleur, condamné à être pendu pour avoir contrefait des billets de loterie, était saisi d'effroi et refusait de monter à l'échelle. « Allons, Monsieur l'abbé, dit le bourreau, ne faites pas l'enfant ! »

Enfer, du latin *infernum*, le lieu d'en bas.

— L'Enfer des anciens (ou plutôt les Enfers), empire de Pluton, était un lieu souterrain où se rendaient les âmes des morts, pour y être heureuses ou malheureuses.

Il y avait deux régions : une, horrible, où des monstres tourmentaient les ombres des méchants ; c'était le Tartare ; l'autre, riante et paisible, séjour des âmes vertueuses : les Champs-Élysées.

Les fleuves des Enfers étaient : l'Achéron, le Cocyte, le Phlégéton, le Styx, l'Érèbe, le Léthé.

— L'enfer du christianisme est atroce et ridicule. (L. Figuier.)

— On dit : un jeu, un feu, un tapage d'enfer.

Enfin, adverbe ; du latin *in finem*.

Autrefois en deux mots : comme à la fin... en fin de compte...

Enfuir (s'), de *en* et *fuir* ; latin *fugere*.

Synonymes : décamper ; ficher son camp ; prendre la poudre d'escampette ; enfiler la venelle ; faire Gille ; montrer les talons ; plier bagage ; prendre ses jambes à son cou...

S'enfuir un pied chaussé, l'autre nu : très vite.
Qui s'enfuit, on l'ensuit.

Enganer, ancien verbe.
Synonyme : tromper.
De *Gane* ou *Ganelon*, qui livra l'arrière-garde de Charlemagne à Marsille, roi des Sarrazins, et causa la mort de Roland.
En provençal et en espagnol, *enganar* signifie tromper.

> Renart qui tost le monde engane.
> (*Roman de Renart.*)

> Bien voit qu'ils l'ont traïe et qu'elle est enganée
> (*Berte aus grans piés*, v. 463.)

Engin, du latin *ingenium* ; d'où autrefois *engeigner*.

> Les ingegniers qui ont l'engin basti.
> (*Roman de Garin.*)

Engin vaut mieux que force, — et bois qu'escorce.
Prenez-y pour enseignement qu'engin vaut mieux que force. (Rabelais, liv. I.)
Il n'y a que deux lois dans le monde : celle du plus fort et celle du plus fin.
Il n'y a que deux puissances dans le monde : le sabre et l'esprit ; à la longue, le sabre est toujours battu par l'esprit. (Napoléon.)
La sagesse unit la force à la ruse, en cousant la peau du lion à celle du renard.
Les puissants commandent, les gens d'esprit gouvernent, parce qu'ils forment l'opinion. (Duclos.)

> *Cedant arma togæ, concedat laurea linguæ.*
> (Cicéron.)

(Que les armes cèdent à la toge, le laurier à l'éloquence.)
Les idées gouvernent le monde. Emises par quelques penseurs, elles réagissent sur la multitude et l'instruisent à son insu. La Révolution de 1789, préparée par les livres, a été faite par des gens qui ne savaient pas lire.

Engouler, de *en* et *goule* ou *gueule*.
Avaler à pleine gueule.
Et avait jà engoulé cinq des pélerins. (Rabelais.)

Enivrer, du latin *ebrium*, ivre.
Enivré de vin, de gloire, d'amour, de ses succès.

> Un pédant enivré de sa vaine science.
> (Boileau.)

Il ne faut pas, comme font quelques-uns, mettre un accent sur la première syllabe.

Enjôler, de *engeoler*, de *caveola*, cage.
Attirer par de douces paroles, tromper comme font les oiseaux captifs, qui attirent par leurs chants les autres oiseaux et les font prendre au piège.

— Roquefort dérive *enjôler* de *enjoéler*, donner des joyaux.

Marie de Berry, fille du duc de Berry, fut mariée au comte de Dunois, le 23 mars 1383. Par le contrat il fut convenu que le Duc « vestiroit sa fille selon son estat, hors le lict et dans le lict »; cela s'appelait *enlinger*, fournir vêtements et linge; que le comte « li enjouèlerait », c'est-à-dire lui donnerait ses bagues et joyaux... (La Thomassière, *Histoire du Berry*.)

Enjôleur, jadis « débrideur de nonnes ».
Les caresses qu'il vous fait, ne sont que pour vous enjôler. (Molière, *Bourgeois*.)

Enlèvement, de *enlever*; latin *levare*.
En argot, *lever* signifie *voler*.
En provençal, enlever une femme se dit *raubar*.

Ennui, du grec *ania*, tristesse.
Bien plutôt du latin *in odio*, qui est en haine, odieux, déplaisant.

L'ennui naquit un jour de l'uniformité.
(Lamotte-Houdard.)

L'ennui est né un soir, à la campagne, en famille. (Lamennais.)
L'ennui est entré dans le monde par la paresse. (Voltaire.)
L'ennui est une maladie, dont le travail est le remède: le plaisir n'est qu'un palliatif. (Lewis.)

— Ennui profond: spleen.
Le remède, c'est le besoin et le travail: les Anglais pauvres n'y sont pas sujets.

— L'ennui est la maladie des gens d'esprit, et de ceux qui n'ont rien à désirer. Un sot n'est pas ennuyé, mais ennuyeux.

— Châteaubriand, dans ses *Mémoires*, a dit: « Je m'ennuie, c'est dans ma nature, et je suis comme le poisson dans l'eau. Si cependant l'eau était un peu moins profonde, je m'y plairais peut-être mieux. »

— L'ennui est un malheur imaginaire, le malheur des *heureux* dans l'acception populaire du mot.

La mélancolie qui s'empare de certaines âmes, les torture, les désespère, et fait de leur existence un perpétuel soupir. C'est le noir souci qui égare Hamlet, c'est la tristesse qui désespère René, c'est la plainte amère et navrante de Childe-Harold, c'est la superbe désolation de Manfred.

Au commencement du xix⁰ siècle, Châteaubriand en créant René, figure hautaine et rêveuse, qui est la sienne, fit naître cette maladie morale qu'il appelle « un trésor d'ennuis et de vagues tristesses ». La jeunesse se laissa gagner par cette admirable éloquence du découragement, elle se laissa entraîner par le génie séducteur de l'écrivain, vers cette rêverie énervante et douloureuse qui donne des angoisses sans nom, des tourments sans objet, un martyre sans couronne.

En 1811 parut le premier poème de Byron, et son chef-d'œuvre, où le poète se chante lui-même sous le nom de Childe-Harold et prend les traits, le geste et l'attitude qu'il gardera jusqu'à la fin : la pâleur du visage ; l'air fatal, l'anathème aux lèvres, le cœur souffrant et dévasté ; parcourant le monde en prince ténébreux, qui ne veut ni conseil ni consolation. (Castil-Blaze.)

Toute la littérature de l'Europe refléta pendant un quart de siècle l'idée créée par Châteaubriand, et le sentiment chevaleresque de ses œuvres. Il se forma une école de poètes du désespoir. Des romans nombreux peignirent, à l'imitation de *René*, des portraits de beaux ténébreux, comme l'*Adolphe* de Benjamin Constant.

Lélia désolée, pleurant ses passions éteintes et ses illusions perdues, et les grands désespérés de l'École romantique, tous se meurent du mal de l'infini et de la mélancolie, maladie épidémique de cette époque.

Ennuyer, dérivé du précédent.

On s'amuserait mieux, assis tout seul, sans lumière, au fond du puits de la Grande Pyramide. (T. Gautier.)

Nous pardonnons souvent à ceux qui nous ennuient, mais nous ne pouvons pardonner à ceux que nous ennuyons.

Ennuyeux. On appelle *ennuyeux*, ce qui ennuie toujours ; *ennuyant*, ce qui ennuie momentanément.

La sottise est ennuyeuse ; une musique peut être ennuyante.

Ennuyeux comme la pluie, ... comme les mouches.

Tous les genres sont bons, hors le genre ennuyeux.
(Voltaire.)

M™ᵉ d'Argenson, à qui l'on demandait lequel elle aimait mieux de deux personnages ennuyeux, répondit : « Quand je suis avec l'un, j'aime mieux l'autre. »

Énormité, du latin *enormis, e, norma* (règle), action très inconvenante.

Enrayer, dérivé de *radius*, rayon.
Louis XV, dont les excès avaient délabré la santé, disait à son médecin La Martinière : « Je vois bien que je ne suis plus jeune, il faut que j'enraye. — Sire, reprit-il, Votre Majesté ferait encore mieux de dételer. »

Enrhumer, du grec *rheuma*, écoulement.
Enrhumé comme un loup, …un coucou.

Enseigne, du latin *insignia*, pluriel de *insigne* (remarquable).
Tableau qui indique la nature d'une marchandise, d'un magasin.

— A bon vin, point d'enseigne : ce qui est bon n'a pas besoin d'éloge.

On dit aussi : à bon vin, il ne faut pas de bouchon. Le mot *bouchon* désigne ici le paquet de paille qui sert d'enseigne.

Les Romains, au lieu de paille, employaient le lierre, consacré à Bacchus, et disaient : *Vino vendibili suspensa hedera nihil opus*. C'est l'équivalent de notre expression.

— Avant d'être appliquées à la façade des maisons, les enseignes étaient suspendues à de grandes potences en fer, sortes de bras gigantesques, au bout desquelles elles s'agitaient à tous les vents, en produisant un grincement épouvantable.

Elles étaient pour la plupart d'un volume énorme et en relief, dit Mercier (*Tableau de Paris*). On voyait une épée de six pieds de haut ; une botte grosse comme un muid ; un éperon large comme la roue d'un carrosse ; un gant qui aurait logé un enfant de trois ans dans chaque doigt ; des têtes monstrueuses.

La ville de Paris, qui n'est plus hérissée de ces grossiers appendices, offre, pour ainsi dire, un visage poli, net et rasé. Cette amélioration est due à M. de Sartines, qui, de lieutenant de police, devint ministre de la Marine.

— L'orthographe et le style des enseignes de boutiques, dit Mercier (*Tableau de Paris*), sont extrêmement vicieux. Là, l'ignorance est gravée en lettres d'or.

Il raconte qu'un serrurier avait fait écrire sur sa boutique : « Ledru pose des sonnettes dans le cul... de sac. »

Cette enseigne eut tant de succès que tout le monde voulut avoir des sonnettes posées par Lédru. Il fit fortune.

— Aujourd'hui, les enseignes sont encore une sorte de réclame des marchands pour attirer l'attention par les moyens les plus excentriques.

On voit des enseignes dramatiques : *A la Dame blanche*; historiques : *Au Grand Condé, Au Grand Saint-Louis*; militaires : *A la Prise de Pékin*.

Il y a l'enseigne en rébus; telle l'enseigne d'un charcutier, représentant une femme sans tête, avec ces mots : « Tout en est bon. »

On voit aussi l'enseigne religieuse : *Au Cygne de la Croix*; l'enseigne géographique, politique, comique, ironique.

Enfin, sous l'impulsion du progrès, l'enseigne est montée en équipage, en char carnavalesque, affectant les formes de l'objet annoncé. Telle est la voiture *Pot-au-feu*, des pastilles colorantes Rozières; celle de l'insecticide Vicat; des allumettes du Diable, etc.

— Quelques enseignes plaisantes :

Bonnetier : *A M. Dumollet*.

Chapelier : *Aux Architectes Canadiens*, avec un tableau représentant une colonie de castors.

Charcutier : *Saucissons, crus de Lyon*.

Modiste : *A Jeanne d'Arc, Virginie X..., confection d'enfants*.

Cordonnier : *A la Pantoufle de Cendrillon; chaussures pour femmes défraîchies; cousues et chevillées*.

Écrivain public : *Au Tombeau des Secrets*.

Épicier : Un Saint-Michel peint en vert, avec ces mots : *Au Vert Michel* (vermicelle).

Éclusier, garde-champêtre : Les vers de Racine (*Athalie*) :

> Celui qui met un frein à la fureur des flots,
> Sait aussi des méchants arrêter les complots.

Liquoriste : Un tableau représente Dumanet disant à Napoléon : *On ne passe pas!* Le facétieux négociant complète la légende par ces mots : *...mais on entre*.

Pâtissier (Rouen, 1840) : *Leroy (Louis-Philippe) fait des brioches*.

Fabricant de sommiers : *A l'Union des Ménages*.

Sage-femme : *Mme Tiregosse, sage-femme*.

Marchand de vins : *Ancienne maison Soulard, Boileau successeur; Vins crus de Bourgogne, vin à 50 centimes et eau dessus*.

Vidangeur : *Aux fleurs de toute saison. Succursale de la maison Richer, place Cambronne, n° 100*.

Water-closets : *A Cambronne.*

— **Enseigne** était le nom de l'officier d'infanterie qui portait le drapeau ou enseigne.

Dans la marine, l'enseigne de vaisseau était, à l'origine, chargé de la garde du pavillon de poupe, qui indique à quelle nation appartient le navire.

Enseigner, dérivé de *enseigne.*

Expression figurée, qui signifie d'abord montrer par des signes. Se rapproche étymologiquement de *dessiner* et de *désigner* (*designare*).

Ensemble, adverbe (*in simul*). Provençal *ensens.*

Entendre, du latin *intendere,* être attentif.
Entendre à demi-mot : comprendre aisément.
Les demi-mots sont l'éloquence de la réticence. (Lamartine.)
A bon entendeur, peu de paroles.
A bon entendeur, ne faut qu'une parole. (Rabelais.)

> Ce que l'on conçoit bien s'énonce clairement,
> Et les mots pour le dire arrivent aisément.
> (Boileau.)

C'est la traduction de ce vers d'Horace :

> *Verbaque provisam rem non invita sequentur.*
> (*Art poétique*, 311.)

Il entend bien chat, sans qu'on dise minon.

> *Ah ! dictum sapienti sat est.*
> (Térence.)

(Un mot suffit au sage.)
Il y entend comme un bœuf à jouer de l'épinette. (*Moyen de parvenir.*)
Qui n'entend qu'une cloche n'entend qu'un son...

Enterrement, de *en, terre* ; action de mettre en terre.
Enterrements religieux, *enfouissements* civils (1872).

Entêtement, gros mot que nous appliquons à ceux qui ne pensent pas comme nous.
La dévotion du Turc à Mahomet est un entêtement stupide ; mais l'héroïsme des martyrs est un entêtement sublime.

Enthousiasme, du grec *enthousiasmos,* formé de *enthous,* inspiré d'un dieu, et *asthma,* souffle.
— L'enthousiasme devient ridicule quand il est exagéré.

En 1868, la cantatrice Adelina Patti a été reçue en Russie comme une reine de première classe. L'accueil a dépassé de beaucoup l'admiration des Parisiens. Ah ! vous applaudissez ! Eh bien ! nous trépignerons... Vous lui jetiez des fleurs ; nous lui flanquerons des diamants à la tête !

Entr'acte, de *entre* et *acte*.

Devrait s'écrire avec un *s*, puisqu'il désigne le temps qui s'écoule entre *deux* actes.

— Pendant l'entr'acte, l'action interrompue sur la scène est censée se continuer au dehors. Souvent, contre les règles classiques, on donne à l'entr'acte une durée idéale (?) fort exagérée. Comme le dit Boileau :

Le héros d'un spectacle grossier,
Enfant au premier acte, est barbon au dernier...

Ainsi dans *Julien*, ou vingt ans d'entr'acte ; *Trente ans*, ou la vie d'un joueur.

Entraves, du latin *in, trabs*, poutre.

Littéralement : poutre mise en travers du chemin.

On mettait les jambes des prisonniers entre deux solives que l'on rapprochait, de manière qu'ils ne pouvaient plus se déplacer.

Entravats-lo coma caval. (D. de Prades.) Entravez-le comme un cheval.

Entrée, participe de *entrer* ; latin *intrare*.

Mets par lequel on commence le repas, après le potage. On l'appelle aussi « premier service ».

Entrefaite, de *entre* et *fait*.

S'emploie généralement au pluriel : sur, ou dans ces entrefaites. Il signifie proprement le temps qui s'écoule entre deux faits. Il conviendrait donc de l'employer au singulier, comme a fait La Fontaine :

L'ennemi vient sur l'entrefaite.
(Le Vieillard et l'Âne.)

Entregent (avoir de l'), de *entre* et *gent*.

Habileté à se conduire dans le monde.

Vous êtes honnête homme, et savez l'entregent.
(Régnier.)

Entreteneur, dérivé de *entretenir* (*intra tenere*).

Le Jupiter des Danaés du quartier Bréda.

Le *roi de trèfle*, l'entreteneur d'une *cocotte*, dont l'amant préféré est le *valet de cœur*, pour employer le langage des aimables tireuses de cartes... et de carottes. (L. Larchey.)

Envi (à l'), du latin *invitum*.

C'est d'abord : agir, faire une chose malgré soi.

Puis : agir par un sentiment d'émulation qui vous oblige, en quelque sorte, à un effort contre votre volonté. Les joueurs poussent leurs enjeux en enchérissant l'un sur l'autre.

A l'envi, aujourd'hui peu usité, est ordinairement remplacé par la locution : à qui mieux mieux.

Envie, du latin *invidiam*, de *invidere* : avoir les yeux fixés sur.

L'envie est un vice qui vient de bas en haut, et s'attaque à ce qui est supérieur. (De Langsdorf.)

L'envie naquit un jour du désir et de l'impuissance. (La Harpe.)

Les envieux mourront, mais non jamais l'envie.
(*Tartuffe.*)

Le vers de Molière est la traduction de ce vieux proverbe :
« Envie en tout temps est en vie. »

Invidus alterius macrescit rebus opimis.
(Horace, *Épîtres* I, 2.)

(L'envieux maigrit de l'embonpoint d'autrui.)

Cette pensée est imitée d'un passage de l'*Anthologie grecque*, exprimant que l'envie, tout odieuse qu'elle est, punit celui qu'elle possède, en faisant son propre supplice.

— Il vaut mieux faire envie que pitié.

Il vaudrait mieux s'appliquer à ne faire ni envie ni pitié, et cacher sa vie, dans la prospérité comme dans l'adversité.

— Sidney disait : « Un homme faible se plaint des autres ; un malheureux se plaint de lui-même ; un homme sage ne se plaint ni des autres, ni de lui. »

— Envie de femme grosse. On racontait à Mme du Deffand que Mme X... avait repris la fantaisie de coucher avec son mari : « C'est peut-être une envie de femme grosse. »

Environ, du latin *gyrus*, reproduction du grec *guros*.

Adverbe et préposition, comme *à l'entour*.

A formé le substantif *environs*.

Envoûtement, du latin *in vultum*, visage.

Chez les Romains, les magiciens ou sorciers fabriquaient des figures de cire (Virgile, *Egl.* VIII) qui ressemblaient à peu près à ceux à qui on en voulait. On croyait que tout ce qu'ils leur faisaient endurer ne manquait pas de se reproduire sur les personnes représentées.

Envoyer, de *en* et *voie*, *viam*, mettre en chemin.
Envoyer quelqu'un se promener, c'est-à-dire au diable.

Éolienne, tissu léger pour robes de femmes, fabriqué à Amiens.
Synonyme : Vent tissé.

Épanouir, en vieux français *espanir*, pour *espandir* ; du latin *expandere*, déplier.
Autrefois aussi *épandre*.

> L'oriflans sia spandis.
> (Fierabras, 4, 691.)

(Que l'oriflamme soit déployée.)
Es ros espandia. (Perdigon.) Vous êtes une rose épanouie.

Épaule, du latin *spatulam*, omoplate.
Porter quelqu'un sur ses épaules : en être fatigué.
— Autrefois le vaincu portait le vainqueur sur ses épaules.

> Vehes, Pol, hodie me, si quidem hoc argentum ferre speres.
> (Plaute, Asinaire, III. 3.)

(Je chevaucherai tes épaules, si tu penses avoir cet argent.)

> Vectabor humeris tunc ego inimicis eques.
> Mecque terra cedet insolentia.
> (Horace.)

— Dès le Xᵉ siècle, les évêques, dans la cérémonie de leur intronisation, se faisaient porter sur les épaules des premiers seigneurs. De là est venu le nom de *prélat* (?).
Les Montmorency qui s'intitulaient les premiers barons de la chrétienté, étaient soumis à cette servitude envers l'évêque de Paris.

Épaves, anciennement *espave*, égaré (en parlant des bêtes) ; du latin *expavidum*.
Objets dispersés par la tempête.

Épée, du bas-latin *spatha* ; italien *spada* ; d'où *spadassin*.
On disait d'une bonne épée : faite à Ferrare, trempée à Piombino, et « bonne lame de Tolède », à cause de la qualité supérieure des épées trempées dans l'eau du Tage qui coule à Tolède.
Synonymes : tirer l'épée, dégainer, mettre flamberge au vent.
— Ne la tire pas sans motif, ne la remets pas sans honneur. (Devise des anciennes épées de Tolède.)

Les Écossais ont la patience plus courte que l'épée. (W. Scott.)

Il a la patience plus courte que l'épée; quand il querelle, il frappe; quand il frappe, il tue. (Mérimée.)

— Il était d'usage dans la chevalerie, de donner un nom particulier aux épées des chevaliers célèbres. Ainsi, l'épée de Roland s'appelle *Durandal*; celle de Charlemagne, *Joyeuse*; celle d'Olivier, *Haute-Claire*; celle de Renaud, *Flamberge*; qui dans la suite a transmis son nom à toute sorte d'épées (flamberge : épée flamboyante).

Éperon, du grec *peirô*, je pique; ou bien plutôt du vieux allemand *sporon*, pointe.

L'éperon était connu du temps de Virgile :

Quadrupedemque citum ferrata calce fatigat.

— Gagner ses éperons : mériter une distinction, se faire connaître. Allusion aux éperons dorés qu'on donnait aux chevaliers en les recevant.

Éphémères, du grec *épi héméra*, jour; qui ne dure qu'un jour.

C'est un grand honneur pour un article de journal, de défrayer la causerie du matin; si l'on en parle encore le soir, c'est presque de la gloire.

Épices, doublet de *espèces*; du latin *species*.

Synonymes : graisser la patte, pot de vin.

Épicurien, disciple d'Épicure (nom d'homme).

Se prend aujourd'hui en mauvaise part, et donne l'idée d'un homme qui ne songe qu'à son plaisir.

Epicuri de grege porcus.
(Horace.)

(C'est un franc épicurien.)

Épigramme, du grec *épi*, sur, *gramma*, inscription.

A d'abord signifié une inscription, en général.

Se dit d'une petite poésie, qui doit se terminer par une pensée vive, un trait d'esprit ou pointe.

— Les épigrammes de Martial sont les meilleures que nous aient laissées les anciens.

Les épigrammes de l'*Anthologie grecque* ont de la naïveté, mais manquent de piquant. C'est pour cela que Racan appelait potage à la grecque, un potage fade.

L'autre d'un trait piquant aiguise l'épigramme.
(Boileau.)

Imprimer une épigramme, c'est échanger une malice contre une méchanceté. (Legouvé.)

Épilogue, du grec *epi*, après, *logos*, discours.
Opposé de *prologue*.
Sorte de conclusion à un ouvrage.

Épiménide, nom d'homme.
Poète et philosophe crétois, mort en 598 avant J.-C. On lui attribuait un sommeil prodigieux de cent ans.

Épinard, dérivé de *épine*, *spinam*.
Plante à feuilles dentelées ou à pointes. Peut-être à cause de la semence, qui est contenue dans une capsule épineuse.
— Mettre du beurre dans les épinards : améliorer la position.
On les met aussi à l'huile, dans certains ateliers de paysagistes.

Épingle, de *spinicula*, petite épine ; cf. *espingole*.
Autrefois grande arbalète, à cause sans doute de sa flèche pointue.
— Donner ou recevoir des épingles : une gratification en sus du marché.
Dans cette locution, *épingle* est pris peut-être pour *pelote*, parce qu'on donnait autrefois, en Provence, une pelote aux nouvelles mariées, et le roi René faisait percevoir, à Aix, par les princes d'Amour, un droit nommé *peloto*, sur les veufs et les veuves qui se remariaient.
— Tirer son épingle du jeu : tirer du bénéfice d'une affaire.

Vous tirez sagement votre épingle du jeu.
(*Dépit amoureux*.)

Mais que j'avais tiré mon épingle du jeu.
(Molière, *Étourdi*.)

— Tiré à quatre épingles : très recherché dans sa mise.
Vient de l'usage d'attacher un fichu par quatre épingles : sur le dos, les deux épaules et la poitrine.
Peut-être *fichu* vient-il de là ?

Épistolaire (style), du latin *epistolam*, épître, venant du grec *epistellô*, j'envoie.
— Ménage appelle Balzac le « grand épistolier » de France.
— Ce qui donne un grand charme aux lettres de Mme de Sévigné, c'est qu'elles sont écrites (ordinairement) du ton simple de la conversation.

— Commencement de lettre :
Cher Monsieur,
Bien cher Monsieur,
— Fin de lettre :
Agréez l'assurance de ma constante et sincère amitié.
Adieu, ma chère perfection.
Adieu, cher bébé ; je ne t'embrasse pas, je t'étreins ; je ne t'étreins pas, je t'étouffe. (H. Vernet.)
Adieu, je vous serai attaché tout le temps de ma chienne de vie. (Voltaire.)
Adieu, gros chat, je baise mille fois vos pattes de velours. (Voltaire.)
Adieu..., je suis plus à vous qu'à moi-même.
Adieu ; mon âge augmente, ma force diminue, mais mon amitié pour vous s'accroît tous les jours. (Voltaire.)
Adieu, vous ne pouvez vous figurer avec quelle vivacité de sentiment mes vieux bras se tendent vers vous, et combien mon cœur vous aime. (Voltaire.)
Adieu, si je deviens centenaire, je t'aimerai cent ans. (Sévigné.)
Adieu ; si quelqu'un vous aime plus que moi, il vous aime trop. (Sévigné.)
Adieu, venez sans faute dîner demain, la main vous invite, le cœur vous attend.
Adieu, Monsieur le Préfet de police (Piétri) ; croyez à mon entier dévouement... à la République. (Rochefort.)
Mme Taglioni écrivit à Mlle Livry, son élève, lors de ses éclatants succès à l'Opéra : « Faites-moi oublier, mais ne m'oubliez pas. »
Ne vous voyant point, les jours me durent des années. (Henri II.)
Croyez toujours à la considération avec laquelle je suis tout à vous. (Garibaldi.)
Votre bien humble et affectionné serviteur. (Coligny 1572.)
Croyez, Monsieur, à mes sentiments les plus distingués. (Guizot.)
Agréez, Madame, l'assurance de mes respectueux hommages. (Mérimée.)
Regardez à vos pieds, vous y verrez mon admiration. (V. Hugo à G. Sand.)
— Formules latines :
Je vous aime *ex imo* (*corde*). (V. Hugo.)
Vale et me ama. (Fréret.) Portez-vous bien et aimez-moi.
Vale, scribe, ama.
Vive beatus. Vivez heureux.

Tuus, tuissimus, (A. Dumas.)

— Charades épistolaires :
Do tibi metulas, cancros imitare legendo. En lisant *metulas* à rebours, on a *salutem.* Imitez les écrevisses en lisant (à rebours).

Mitto tibi navem prora puppique carentem. Navem, sans n et sans m, revient à *ave* : bonjour.

Épitaphe, du grec *épi,* sur, *taphos,* tombeau.
Inscription qui rappelle le nom et les vertus du défunt.
C'est la dernière vanité de l'homme.
On dit d'un homme vertueux qu' « il a travaillé toute sa vie pour son épitaphe ».
— Les hommes sont parfaits, à ne consulter que leur épitaphe.
— Menteur comme une épitaphe.

Éponge, du latin *spongium.*
Boire comme une éponge.
Ragotin fit tout-à-fait bien les honneurs de la maison ; et but comme une éponge. (Scarron, *Roman comique.*)

Époux, du latin *sponsum,* fiancé, promis.

> Il faut des époux assortis
> Dans les liens du mariage.
> (Hoffmann, *Le Secret.*)

Quelle horreur ! la fille d'un perruquier épouser un coiffeur ! (Scribe.)

Équerre, de *exquadrare,* tailler à angle droit.
D'où aussi *équarrir.*

Équinoxe, de *æquus,* égal, *nox,* nuit.
Époque où la durée du jour égale celle de la nuit.
C'est le temps où, le soleil se trouvant sur l'équateur, les jours sont égaux aux nuits pour toute la terre.
Équinoxe de printemps, 20 et 21 mars ; d'automne, 22 et 23 septembre.

Équivoque, du latin *æquus,* égal, *vox,* sens.
Qui a deux sens, ambigu.
Résulte parfois d'une transposition de syllabes : Pastiche et Pistache.
— On dit : action, mérite, vertu équivoque : douteux.

Ère, du latin *æra,* pluriel de *æs,* airain, à cause de la pièce de monnaie qu'Auguste imposa par tête, à son avènement, et qui est l'époque d'où comptent les Espagnols.

L'ère est l'époque fixe, la date à partir de laquelle se comptent les années dans tel ou tel pays.

L'ère vulgaire commence à la naissance de J.-C.

Celle des Mahométans commence au jour où Mahomet s'enfuit de la Mecque (6 juillet 622).

Érèbe, nom d'un fleuve des Enfers. Signifie *noir*.

Ergot, origine inconnue.

A donné *ergoter*

— Se dresser sur ses ergots : prendre un air hautain.

Ermite, du latin *eremita* ; du grec *érémos*, désert.

Qui vit dans la retraite, comme aussi *anachorète*.

— Vivre en ermite : loin de la société.

Fuge, late, tace.

Vis avec toi-même : *Tecum habita*.

Quand le diable est devenu vieux, il s'est fait ermite.

Le diable eut tort quand il se fit ermite.
(Desoucières.)

Érotique, du grec *érôs*, amour.

Qui concerne l'amour ; poème qui a pour but la peinture de l'amour.

Errata, mot latin ; pluriel de *erratum*, faute d'impression.

— Les Elzévier étaient si désireux de rendre leurs éditions irréprochables à ce point de vue, qu'ils distribuaient les feuilles au fur et à mesure du tirage, et donnaient vingt francs pour chaque faute qu'on leur signalait.

— Le P. Vavasseur n'ayant trouvé qu'une faute dans un de ses ouvrages, demandait s'il fallait écrire *erratum* ou *errata*. « Donnez-moi le livre, dit le P. Sirmond, j'en trouverai encore une, et on mettra *errata*. »

Erreur, du latin *errorem*.

Errare humanum est.
(Térence.)

(L'homme est sujet à l'erreur.)

Horace a trouvé des fautes dans Homère.

— Les erreurs ont la vie bien dure : quand le temps ne les détruit pas, il les embaume.

Constater une erreur, c'est découvrir une vérité. (Bonin.)

Ès, ex. *Ès* est pour *en les*.

Ès ne se fait pas suivre du trait d'union : licence ès lettres.

Ex en demande toujours un : ex-ministre.

Escalier, du latin *scalam*, comme *échelle*.

C'est l'ensemble des degrés ou marches ; et l'on doit dire descendre ou monter l'escalier, non les escaliers.

Un escalier à faire reculer un clown, et qui semble s'entendre avec la chirurgie, pour lui fournir des jambes cassées. (H. Mürger.)

Escampette, de *escamper*, s'échapper.

Ah ! je vous y prends donc, Madame ma femme ! et vous faites des *escampativos* pendant que je dors. (*G. Dandin*, III, 8.)

Escarmouche, du vieil allemand *skermann*, autrefois *escarmie*.

> Car elle savait moult de l'œuvre
> Qui affiert à ceste escarmie...
> (*Roman de la Rose.*)

Escarcelle, correspond au vieux mot *eschars, escars*, qui signifiait chiche, avare.

Eschyle (chauve comme).

Un oracle ayant prédit au poète dramatique Eschyle qu'il périrait de la chute d'une maison, il se promenait toujours dans les champs. Un jour qu'il dormait au soleil, un aigle prit sa tête chauve pour un rocher et y laissa tomber une tortue, ce qui fut cause de sa mort.

C'est Pline qui a accrédité cette anecdote, mais il ne la donne que comme un bruit populaire : *Ut ferunt*.

Esclave, du bas-latin *slavi*, Slaves.

— Les Slaves menaçaient d'envahir l'Occident, et s'étaient avancés jusqu'à l'Adriatique. Charlemagne et Louis le Débonnaire les asservirent après de grandes guerres, et les prisonniers furent vendus en très grand nombre.

Depuis ce temps, le mot *slave*, ou *esclave*, devint synonyme de *serf* dans presque toute l'Europe.

— « Li plus serfs sont en Esclavonie. » (*Dit de l'Apostoille.*)

On nomme *Esclavonie* une partie de l'ancienne Illyrie, occupée par une nation d'origine slave.

— Ne sois ni le tyran ni l'esclave de personne. (Marc-Aurèle.)

Quand Jupiter réduit un homme en esclavage, il lui ôte la moitié de sa vertu. (Homère.) (Voy. *servitude*.)

Escobar, célèbre casuiste espagnol, jésuite.

On lui reproche d'avoir, dans ses écrits, excusé certaines fautes, à l'aide de distinctions subtiles que réprouve la bonne foi.

Ce nom est devenu synonyme d'hypocrite habile, et a donné *escobarderie*, c'est-à-dire tromperie.

Escompter, du latin *ex computare*.

Paiement immédiat d'une dette dont l'échéance n'est pas à terme.

— Escompter l'avenir, la renommée. Expressions empruntées à la finance, qui ne doivent pas avoir cours dans la littérature.

Escroc, allemand *skurke*, coquin.

Synonymes : chevalier d'industrie ; floueur ; faiseur ; Robert-Macaire ; major de table-d'hôte.

Espèce, du latin *speciem* ; d'où aussi épices.

Désigne un homme de rien, qui se donne des airs d'être quelque chose.

C'est un sens créé au XVIII⁰ siècle. Il s'appliquait à tout imbécile voulant jouer un rôle au-dessus de ses moyens, au malotru voulant singer l'homme du bel air.

Au pluriel, l'argent : espèces sonnantes.

— On appela *épices* les diverses *espèces* de drogues aromatiques qui servent à l'assaisonnement des mets : cannelle, muscade, girofle, poivre, etc.

Les plaideurs donnaient jadis aux juges des paquets d'épices pour se les rendre favorables.

De là cette formule qu'on trouve en marge des anciens registres du Parlement ; *Non deliberatur donec solvantur species*.

Les épices servaient alors de paiement, comme le sel à l'origine des sociétés, ce qui a amené l'expression *salaire*.

Plus tard, on convertit en argent ces cornets d'épices ; d'où : payer en espèces sonnantes.

— Le Palais de justice ayant été incendié, on fit ce quatrain :

> Certes ce fut un triste jeu,
> Quand, à Paris, Dame Justice,
> Pour avoir mangé trop d'épices,
> Se mit tout le palais en feu.

— La Révolution de 1789 a aboli la vénalité de la justice ; elle a fait d'une charge une fonction. La vénalité des charges avait fait la vénalité des juges ; comme aussi leur ignorance, puisqu'il suffisait de payer l'emploi pour en être digne.

La langue française, avec cette probité qu'on lui connaît, avait dès lors flétri cet usage par la locution « solliciter un procès ».

Il fallait être bizarre comme Alceste pour refuser de visiter ses juges. Philinte se récrie à ce refus :

— Mais qui voulez-vous donc qui pour vous sollicite ?
— Qui je veux ? la raison, mon bon droit, l'équité !

Cette réponse, qui paraissait ridicule, paraît aujourd'hui toute naturelle.

— Alexandre Sévère ne souffrit jamais qu'on vendît les charges donnant pouvoir et juridiction. « C'est une nécessité, disait-il, que celui qui achète en gros, vende en détail. »

Espérance, substantif dérivé de *espérer*, latin *sperare*.

On disait aussi *désespérance*, pour désespoir.

— Ce doux mot sert à exprimer une idée terrible dans le vers désolé du poète florentin :

Lasciate ogni speranza, voi ch'intrate.

Laissez toute espérance, vous qui entrez. (Inscription placée sur la porte de l'Enfer).

— L'espérance est le rêve des gens éveillés. (Aristote.)

— L'espérance, toute trompeuse qu'elle est, sert au moins à nous mener à la fin de la vie par un chemin agréable. (La Rochefoucauld.)

L'homme arrive au tombeau, traînant après lui la longue chaîne de ses espérances trompées. (Bossuet.)

Dum spiro, spero. Tant que je respire, j'espère. (Devise philosophique.)

Ego spem pretio non emo. (Térence, *Adelphes.*)

(Je n'achète pas l'espérance argent comptant.)

Mettez vos espérances en celui à qui on ne succède point. (Saint Augustin.)

L'espérance est quelquefois perverse. Presque toutes nos convoitises, examinées, contiennent de l'inavouable. (V. Hugo.)

De tous les marchands d'espérance, les médecins resteront les plus achalandés.

L'espérance est un clou planté le plus souvent dans une planche pourrie.

L'espérance est une usurière qui ne donne que rarement les intérêts des fonds qu'on lui confie.

Tous les jeunes gens ont un oncle d'Amérique, qui s'appelle l'avenir.

— Le travail fatigue, le plaisir use, la peine accable, le remords ronge, la misère tue, l'espérance seule console.

— Avoir des espérances... Sous-entendu : fondées sur une succession après décès d'un oncle apoplectique, d'une tante à sa dernière dent, d'un grand-père qui a déjà un pied dans la tombe, et d'une foule de parents, vénérables surtout par leur décrépitude.

Les héritages sont tellement incertains, qu'on leur donne le nom d'*espérances*; mot horriblement significatif, blasphème admis par une civilisation impie et corrompue, pour laquelle un cercueil qui se ferme est un coffre-fort qui s'ouvre ; appât souvent illusoire, appoint à la dot d'une fille, et qui exprime l'idée cynique que, par suite d'un odieux calcul, on attend la mort prochaine de parents riches dont on héritera (car l'espérance est un désir) pour augmenter son bien-être.

Espérer, en provençal, signifie attendre et désirer.

En effet, on n'espère que ce qu'on désire. (Autrement on craint.)

Dans la langue latine, *sperare* signifiait attendre, et même craindre et redouter.

>   *Trop car compra qui espera.*
>   (*Vices et Vertus.*)

(Trop cher achète qui attend.)

>   *Pero esperar fai la flos*
>   *Tornar fruy.*
>   (Fauger de Marseille.)

(Pourtant attendre fait la fleur devenir fruit.)

>   *Tan lonc temps l'ay esperat,*
>   *E nueg e jorn plantz e plorat.*
>   (*Vie de saint Alexis.*)

(Je l'ai si longtemps attendu, et plaint et pleuré jour et nuit.)

Espérer est aussi pris en français dans le sens d'attendre :

Je n'espère rien de bon de lui : je désespère de lui.

Espérons, dit-il, ce qui, dans le sens de cette locution toute méridionale, signifie simplement attendons. (George Sand, *Marquis de Villemer.*)

>   Non, ma dame m'espère,
>   La, la, sol, fa.
>   A coucher cette nuit,
>   La, sol, fa, mi.
>   (Poésie populaire citée par Ampère.)

Virgile a employé *sperare*, dans le sens de craindre.

Hunc ego si potui tantum sperare dolorem.
(Enéide, IV, 419.)

De même dans le vieux français :

Adonc fusmes tous esbahis plus que devant, et espérions estre tous en péril de mort. (Joinville, *Histoire de Saint-Louis*.)

Espiègle, origine allemande.

Un roman allemand, *Ulenspiegel* (le miroir des chouettes), traduit en français sous le titre de l'*Espiègle*, a doté la langue de ce mot.

Espoir, substantif verbal de *espérer*.

Quand on a tout perdu, que l'on n'a plus d'espoir,
La vie est un opprobre, et la mort un devoir.
(VOLTAIRE, *Mérope*.)

Esprit, du latin *spiritum*, souffle, vie.

De là aussi de nombreux dérivés ou composés : spirituel, spiritueux, aspirer, inspirer, conspirer, expirer, respirer, soupirer, etc.

L'esprit l'emporte sur la matière, est la sublimation de la matière.

Major est animi voluptas quam corporis. (Cicéron, *de Finibus*.)

La matière, en effet, étant éternellement en mouvement, passe successivement de l'état solide (d'équilibre ou d'inertie) à l'état liquide, où elle acquiert une première force de pénétration, puis à l'état gazeux, où elle s'anime d'une force appelée élasticité ; de là elle passe à l'état sphéroïdal (vapeur surchauffée), et enfin elle devient électricité, lumière, chaleur. Ces fluides sont-ils encore de la matière, sont-ils déjà de l'esprit ? qui oserait le dire ? On peut cependant conclure que la matière n'est qu'une concrétion de l'esprit, et que l'agent de transformation est le mouvement.

— Esprit de vin. Il en donne à ceux qui n'en ont pas.

Rabelais (IV, 64) dit que les Grecs avaient appelé Bacchus *Psila*, c'est-à-dire aile, parce qu'à l'aide de Bacchus, ou du vin, « sont haut élevez les esperitz des humains ; leurs corps allégez, et assoupli ce qu'en eux est terrestre ».

Le vin, qui active la flamme de l'esprit, devient à la longue l'éteignoir de l'intelligence.

— L'esprit use le corps ; la lame use le fourreau.

Il faut entretenir la vigueur du corps pour entretenir celle de l'esprit. (Vauvenargues.)

Le corps est le cheval de l'esprit ; il ne faut que des éperons et de l'avoine pour le conduire. Mais les exigences du maître sont souvent une cause de dépérissement pour les organes surmenés ; de même que le cheval peut devenir fourbu, si l'on exige trop de lui. (Mirabeau.)

Un moulin peut moudre tous les jours ; mais un cerveau qui voudrait en faire autant, ne donnerait qu'une triste farine. (About.)

L'esprit est d'en donner à ceux qui n'en ont pas. (Demoutiers.)

Il faut avoir beaucoup d'esprit pour en laisser aux autres.

L'esprit de la conversation consiste bien moins à en montrer beaucoup, qu'à en faire trouver aux autres. (La Bruyère.)

Quand on veut plaire dans le monde, il faut se résoudre à se laisser apprendre beaucoup de choses qu'on sait, par des gens qui les ignorent. (Chamfort.)

Il vaut mieux chercher le vrai soi-même, que de prouver aux autres qu'ils ont tort. Rien n'est plus propre à faire respecter le caractère d'un homme que le respect qu'il accorde lui-même aux erreurs et aux faiblesses d'autrui. (De Scudéry.)

— L'esprit est prompt, mais la chair est faible. (Mathieu, XXVI, 14 ; Marc, XIV, 38.) On résiste difficilement à ses passions.

L'esprit doit se méfier des surprises du cœur. (La Rochefoucauld.)

Ce qui coûte au cœur profite à l'esprit.

<blockquote>L'esprit qu'on veut avoir gâte celui qu'on a.
(Gresset.)</blockquote>

On peut dire de l'esprit : « Cherchez et vous ne trouverez pas. »

Quand on court après l'esprit, on attrape presque toujours la sottise. (Montesquieu.)

<blockquote>L'ignorance vaut mieux qu'un savoir affecté.
(Boileau.)</blockquote>

Rien n'empêche tant d'être naturel, que l'envie de le paraître. (La Rochefoucauld.)

Faire de l'esprit est aussi ridicule que de faire des grâces, *poser*.

Mme de Sévigné ne craignait rien tant qu'un homme qui a de l'esprit toute la journée.

Les hommes tiennent autant à avoir de l'esprit, que les femmes à avoir de la beauté.

— Avoir de l'esprit comme quatre.

Piron, passant près de l'Académie, dit : « Ils sont là quarante, qui ont de l'esprit comme quatre. »

On dit : avoir de l'esprit comme un ange, …comme un diable, …comme un démon, …jusqu'au bout des ongles.

Pour avoir de l'esprit jusqu'au bout des ongles, il faut gratter les gens où il leur démange.

— Bienheureux les pauvres d'esprit ! le royaume des cieux est à eux. (Mathieu, V, 3.)

On a beaucoup épilogué sur ce passage de l'Évangile, qui semble une apologie de la bêtise, une prime céleste offerte à la stupidité.

Dans le langage familier, on lui prête un sens malin, et bien différent de celui de l'Écriture. Il faut comprendre : ceux qui sont pauvres par l'esprit, qui sont résignés à leur pauvreté, détachés des richesses, les humbles.

Ainsi, ce passage serait un encouragement à l'humilité, une céleste consolation à la souffrance, et non une apothéose de la bêtise.

« Ce qui prouve, dit l'abbé Bautain (Sorbonne, 1858), que l'on ne doit pas interpréter ce texte littéralement, c'est que, plus loin, on trouve le correctif : Il y aura beaucoup d'appelés, et peu d'élus. »

Il est de ceux qui auront un jour une belle paire d'ailes blanches, qui leur caressera les reins pendant l'éternité (sic). (Eugène Sue.)

Stulta et infirma mundi eligit Deus. (Corinthiens, I, 27.)

— Que les gens d'esprit sont bêtes ! (Beaumarchais, *Figaro*.)

Il y a des bêtises qu'un homme d'esprit achèterait. (Voisenon.)

Les sots disent des sottises : les gens d'esprit en font.

C'est agréable d'avoir de l'esprit, disait Odry : on a toujours quelque bêtise à dire.

Un sot savant est sot plus qu'un sot ignorant.
(Molière.)

Le type de ce genre de sots que Molière bafoue dans les *Femmes savantes*, c'est Trissotin, c'est-à-dire « Triple sot ».

Il y a des savants qui savent ce que tout le monde ignore, et qui ignorent ce que tout le monde sait.

La Fontaine préférait les fables des anciens aux siennes, ce qui fit dire à Fontenelle : « La Fontaine est assez bête pour croire que les anciens ont plus d'esprit que lui. » Il disait encore du même : « Il est bien aisé d'être un homme d'esprit ou un sot ; mais être les deux et dans le plus haut degré, c'est admirable. »

Ces messieurs les gens de lettres, qui sont si savants qu'ils en sont sots... (*Moyen de parvenir.*)

Rabelais (I, 40) met dans la bouche de frère Jean ce proverbe macaronique : *Magis magnos clericos non sunt magis magnos sapientes.*

Régnier (*Sat.* VI) l'a traduit ainsi :

N'en déplaise aux docteurs, cordeliers, jacobins,
Pardieu, les plus grands clercs ne sont pas les plus fins.

L'esprit et le bon sens vont rarement d'accord.

L'esprit sans le bon sens est un ballon sans lest.

La raison est une abeille, l'esprit n'est qu'un papillon. (Joubert.)

L'esprit vit plus d'illusions que de réalités.

L'esprit convertit en monnaie courante les lingots d'or acquis par l'étude.

L'esprit consiste principalement à saisir les ressemblances; le jugement, plus utile, s'applique à saisir les différences. (Locke.)

On est plus sociable par le cœur que par l'esprit. (La Bruyère.)

— Présence d'esprit.

Il n'y a rien de si absent que la présence d'esprit. (Rivarol.)

Les intelligences méditatives possèdent rarement la présence d'esprit. (Proudhon.)

On s'aperçoit après coup qu'on aurait pu dire des choses charmantes ou très spirituelles; mais il n'est plus temps, on est déjà sorti du salon... Cela s'appelle l' « esprit de l'escalier ».

— L'*esprit* est l'opposé de la *bêtise*; l'*âme*, de la *matière*; la *raison*, de la *folie*; le *bon sens*, de la *sottise*; le *jugement*, de l'*étourderie*; la *conception*, de la *stupidité*; l'*intelligence*, de l'*incapacité*.

Esse, suffixe, du latin *itiam*.

S'ajoute au radical d'un grand nombre de substantifs, pour ajouter l'idée d'état ou de qualité. Ainsi : faiblesse, état de ce qui est faible; finesse, de ce qui est fin.

— Faire des *S* : faire du feston, marcher en zigzag, être ivre.

Il gagna l'huis, faisant des esses.
(Scarron.)

Deux gamins observaient, devant l'Institut, un vieillard qui décrivait sur le trottoir des zig-zags capricieux. « Tiens, vois donc... un académicien ! — Eh ! c'est sûrement lui qui est chargé de faire les *S* dans le dictionnaire : il étudie. »

Essence, du latin philosophique *essentiam*, de *esse*, être.

Ce qui constitue la nature d'une chose, qui est absolument nécessaire pour qu'elle soit.

« La solidité est l'essence de la matière », dit Gassendi.

— Du bois d'une bonne essence, c'est-à-dire d'une bonne espèce.

— Les essences sont des huiles odorantes extraites des produits naturels. (Voy. *quintessence*.)

Essor, substantif verbal de *essorer*; du latin *exaurare*.

Action de prendre son vol.

Rabelais appelle *essors* les oiseaux de proie, dans le sens de « libres comme l'air ».

Essorer s'emploie aussi dans le sens de : exposer à l'air libre. Essorer du linge.

Essuyer, du latin *exsuccare*, enlever l'humidité.

Au figuré : supporter, subir.

On essuie un affront, le feu de son adversaire.

Estafier, de *staffa*, haut allemand *étrier*, estafette.

Porteur de lettres, exécuteur des ordres du maître.

— Ou peut-être d'*estaffe*, qui a signifié mauvais coup.

Oudin les appelle « compagnons de la courte épée ».

Esthétique, du grec *aisthètikos*, qui touche au sentiment.

Philosophie de l'art. C'est l'étude des rapports qui existent entre la pensée de l'artiste et l'expression matérielle de cette pensée.

Le contraire est *anesthésie*, ou insensibilité. Mais le mot ne s'emploie que dans l'ordre physique.

Estimer, du latin *œstimare*; *œs*, bronze.

Déterminer la valeur d'une chose.

Autant vaut l'homme comme il s'estime. (Rabelais II, 29.)

> L'estime et le respect sont le juste tribut
> Qu'aux plus fiers ennemis attache la vertu.
> (CORNEILLE.)

> Sur quelque préférence une estime se fonde,
> Et c'est n'estimer rien, qu'estimer tout le monde.
> (MOLIÈRE.)

Il vaut mieux être aimé qu'estimé : l'estime flatte la vanité sans s'adresser au cœur.

Estoc, de l'allemand *stock*, bâton pointu et ferré.

Frapper d'estoc et de taille, c'est-à-dire de la pointe et du tranchant.

On appelait jadis *estoc* ou *estocade*, une grande épée pour les combats à pied.

Estomac, du latin *stomachum*.

Mauvais cœur, et bon estomac. Cette recette anti-sociale pour éviter les soucis, est attribuée à Fontenelle, dont la vie entière en offrit l'application.

— Le gourmand vit entre les alarmes de l'estomac et les témérités de la gourmandise.

— **Estomac d'autruche** : qui digère très facilement.

On a fait à l'autruche la réputation de digérer les cailloux et même le fer : c'est une erreur. Il est vrai que son extrême voracité lui fait souvent avaler des objets de cette nature ; mais ils ne font que traverser le tube digestif, et sont rejetés sans altération.

— Dans la langue populaire, l'*estomac* est la désignation pudique des seins.

Estompe, allemand *stump*, émoussé.

L'insomnie était écrite dans les ombres bleues qui estompaient le dessous de ses beaux yeux noirs...

Estrade, du latin *stratum*, route, devenu l'italien *strada*.

Sorte de plancher (chose étendue).

Strata viarum. (Virgile) : le pavé des rues.

Via strata. (Tite-Live) : chemin pavé.

— Du même radical est venu *stratifié*, étendu, arrangé par couches, et *prostration*.

— Battre l'estrade, battre les chemins : aller à la découverte.

— En roman, *estradier* signifie : coureur de grands chemins.

En provençal, *estra* signifie : estrade, balcon, fenêtre.

> *Viratz estar domnas az estras*
> *Per los murs et per las fenestras.*
> (Roman de Jaufre, f. 57.)

(Vous verriez les dames être aux balcons, par les murs et par les fenêtres.)

Estrapade, de l'italien *strapare*, arracher, déchirer ; d'où aussi le vieux verbe *estraper*.

— Le supplice désigné par ce mot consistait à élever assez haut le condamné au moyen d'une poulie et d'une corde qu'on lui passait sous les bras, puis à le laisser retomber jusque près du sol.

C'est la *cale* sèche, qu'on appliquait encore vers 1848 dans le Code pénal maritime.

Et, ette, désinence qui ajoute à l'idée exprimée par le radical, celle de diminution : signet, petit signe.

Étable, du latin *stabulum*, de *stare*, se tenir.

Lieu où l'on met les chevaux.

D'où connétable (*comes stabuli*).

Étalon, du germanique *stal* ; anglais *stalion*.

Cheval entier, qui se tient à l'écurie, et qui sert à perpétuer la race.

Ménage le dérive de *est talis*, modèle, type.

— En terme d'eaux et forêts, l'*étalon* désigne un arbre réservé à la dernière coupe pour faire connaître l'âge du bois.

Étamine, du latin *stamina*.
Étoffe claire, dont on fait des tamis.
D'où l'on dit : « passer par l'étamine », soumettre à une critique sévère.

— Les académiciens de la Crusca, à Florence, ont pris pour devise un tamis avec le mot *crusca* (son).

Cela indique qu'ils font passer par l'étamine tous les ouvrages, afin d'épurer la langue.

> Tout ce qui s'offre à moi passe par l'étamine.
> (Bossuet.)

Étape, de l'allemand *stappel*, amas, chantier.
A d'abord signifié : foire, marché.

— L'ordonnance de Henri II (19 novembre 1549), porte que les troupes de passage ne pourront s'approvisionner de vivres qu'à l'étape ou marché. Depuis cette époque, le mot n'a plus signifié qu'une journée de route militaire. (Ambert.)

État Civil. Avant 1792, les registres de l'état civil étaient tenus par les curés, et cela depuis 1539. Ils inscrivaient les naissances des enfants qu'ils baptisaient.

La loi du 20 septembre 1792 confia aux municipalités le soin de tenir ces registres, et d'y inscrire les naissances, les mariages et les décès, en relatant avec soin les noms et tout ce qui sert à constater l'identité de l'inscrit.

Été, du latin *æstatem*; provençal *estat*, d'où étiage.
Été, la saison qui commence aux premières feuilles vertes, et qui finit aux dernières feuilles jaunies. (Mürger.)
L'été de la Saint-Martin commence à la Toussaint.

Éteignoir, qui sert à éteindre.
Au figuré : ennemi du progrès.

Éternel, du latin *æternalem*, de *æternum*.

— Dévouement éternel. Les habitants d'une petite ville haranguèrent Jacques Ier, successeur d'Élisabeth, disant qu'ils avaient pour lui un dévouement éternel, et lui souhaitaient un règne d'une aussi longue durée que celui du soleil, de la lune et des étoiles.

Il leur répondit gaiement que, « si leurs vœux étaient exaucés, son fils serait obligé de régner à la chandelle ».

Éternité, du latin *æternitatem*.

Censorinus la définit : une durée indéfinie, qui est, qui a toujours été et sera toujours.

Platon dit que la vie est un point entre deux éternités

Pascal a reproduit cette pensée, qui est sublime, quoique fausse dans la rigueur métaphysique.

Éternuer, du latin *sternuere*, par *sternutare*.
(Voy. Dieu vous *bénisse*.)

Ethnographie, du grec *ethnos*, nation, *graphô*, je décris.

Étude des types, des mœurs et des coutumes des différentes nations : la géographie appliquée à l'humanité.

Étiage, de *æstivaticum*; ou du vieux verbe *estier*, passer l'été. Niveau d'une rivière pendant l'été. Le zéro de l'hydromètre.

L'étiage de la Seine a été établi au Pont-Royal en 1750.

On marque par un zéro le point le plus bas où soit descendue l'eau dans une période déterminée, et l'on part de là pour mesurer les crues.

Étiquette, germanique *stich*, pique.

Quelques-uns en font la contraction de *est hic quæstio*, inscription qu'on mettait sur les sacs de procès.

D'où : « juger sur l'étiquette du sac », c'est-à-dire sans approfondir, et « vider un procès... »

> On n'écouta ni les *si*, ni les *mais* :
> Sur l'étiquette on me fit mon procès.
> (P. de Cuxc.)

De re incognita judicare. (Cicéron.)

Sage est le juge, qui écoute et tard juge.

— Cérémonial des cours, qui règle les devoirs extérieurs d'après le rang.

Dans les cérémonies, les juges ont le pas sur les médecins, de même que, dans les exécutions publiques, le voleur marche devant le bourreau. (Agrippa.)

— En novembre 1863, le successeur d'Othon au trône de Grèce, fils du roi de Danemark, écrivit à son père pour lui annoncer son arrivée dans ses États. Sa lettre commença par ces mots : « Monsieur mon Frère. » Telle est l'étiquette ; avec elle, la nature perd ses droits.

— Un roi de Castille faillit mourir de soif, parce que le grand échanson n'était pas là pour lui donner à boire.

Étoile, du latin *stellam* ; d'où constellation.

Les étoiles les plus rapprochées de nous sont à une distance égale au moins à deux cent mille fois celle de la Terre au Soleil. (Chazalon.)

La lumière d'une étoile de première grandeur met au moins trois ans pour parvenir à la Terre.

La lumière des dernières étoiles visibles au télescope de six mètres, met au moins 2.700 ans pour le même trajet.

Les dernières nébuleuses, visibles dans le télescope de quarante pieds de Herschel, n'ont pu être visibles sur la Terre qu'au bout de deux millions d'années, à raison de 75.000 lieues à la seconde. (Humbold, *Cosmos*.)

— La lumière de l'étoile de la Chèvre, une des moins éloignées de la terre, met soixante-quinze ans à nous arriver.

Si nous supposons qu'un vieillard qui vient de mourir à soixante-douze ans (1866), se trouve subitement transporté dans cette étoile, et puisse voir ce qui se passe à la surface de la terre, il verrait l'Europe en 1794.

Une imagination guidée par une saine physique, pourrait édifier sur ce fait le plus ingénieux des romans : car ce vieillard pourrait reconnaître son pays, ses parents et suivre toutes les phases de sa propre existence.

— L'Étoile du Berger : la planète de Vénus.

— Coucher à la belle étoile : en plein air, *sub Dio*.

— Né sous une heureuse étoile. Location empruntée à l'astrologie. S'emploie pour exprimer qu'une personne doit être heureuse, parce qu'elle est soumise à l'influence de tel astre.

De là le mot *désastre*, privation d'astre favorable.

En provençal, on dit : *désastrat*, infortuné privé de son étoile.

— Voilà son étoile qui file. (Voy. *malotru*.)

— Nous avons vu son étoile en Orient, et nous sommes venus pour l'adorer. (Mathieu, II, 2.)

Attributa sunt singulis sidera. (Pline.)

Natus amico sidere.
(Stace.)

Astro malo natus. (Pétrone.)

— Mme de Gourville parlait un jour de son étoile devant Segrais. Il lui dit : Madame, pensez-vous avoir une étoile à vous toute seule ? Savez-vous bien qu'il n'y a que 1.025 étoiles. Voyez s'il peut y en avoir une pour tout le monde! « Il dit cela, ajoute Mᵐᵉ de Sévigné, si plaisamment, que la Gourville en fut toute déconcertée. »

— En argot de coulisses, on appelle *étoile*, une actrice en renom que l'on met en vedette sur l'affiche. Lorsqu'elle est mal accompagnée, c'est une étoile sans satellites.

Étonner, du latin *attonare*, frapper de la foudre.
Rabelais (V, 2) dit :

> Ce noble gueux m'a plus fort estonné
> Que si le ciel en automne eust tonné.

Et Marot *(Épître au Roi)* :

> Incontinent, qui fut bien estonné,
> Ce fut Marot, plus que s'il eust tonné.

— Étonné comme un fondeur de cloches.
Ce proverbe encore usité vient de ce que les fondeurs de cloches sont, en effet, très étonnés et consternés quand ils ne réussissent pas, et qu'il faut recommencer.

— Synonymes : tomber des nues, de la lune, être pétrifié.
Les bras m'en tombent : je n'en reviens pas.

— Plus étonné qu'un évêque sans mitre. (*Moyen de parvenir.*)
Il ne faut point s'étonner, qu'on ne voie sa tête au bas de ses pieds. (Id., chap. 24.)

Étouffoir, dérivé de *étouffer*. Étymologie incertaine.
Table d'hôte où l'on joue après dîner. Maison de jeu clandestine, où tout est fermé, par crainte de la police.

Étoupe, du latin *stupam*, aussi *éteuf* (balle du jeu de longue paume).
La partie de l'écorce du chanvre la plus voisine de la tige.

Étourdi, vient peut-être de *turdum*, grive.
Cet oiseau était pris comme type de la sottise, de même que l'étourneau et la linotte sont celui de la légèreté.
Étourdi comme le premier coup de matines. (Rabelais, II, 28.)
Étourdi comme un hanneton.

Être, du latin *stare*; ou bien plutôt du bas-latin *essere, stare* ayant donné *ester* (en justice).
Ce verbe est irrégulier dans la plupart des langues.
— Il faut s'efforcer d'être ce que l'on veut paraître. (Socrate.)
— Au pluriel, substantivement, les diverses parties d'une maison.
L'étymologie la moins douteuse est *âtre*, le foyer (la partie pour le tout); latin *atrium*.

Savoir les êtres d'une maison : en connaître les détours.
On l'écrivait aussi *aîtres*.

> Ils clorroyent huis et fenestre,
> Si en seroyt plus chault leur estre.
> *(Roman de la Rose.)*

> Lors s'en vint droit à la fenestre,
> Con cil qui bien en savoit l'estre.
> *(Roman de Renart.)*

Étrennes, latin *strena*, augure, présage.
Suétone dérive ce mot de *strenuus*, brave.

— Tatius, roi des Sabins, qui partageait la royauté avec Romulus, reçut comme présent, le premier jour de l'année, quelques branches vertes coupées dans le bois consacré à Strenna, déesse de la valeur. Il y vit un présage de la prospérité de Rome, et voulut que ce présent fût renouvelé tous les ans sous le nom de *Strenæ*.

— Ovide, dans ses *Fastes* ou *Calendrier poétique*, a décrit le mouvement qui se faisait à Rome au commencement de janvier. On se visitait, on se portait des cadeaux.

— Lorsque Caligula eut une fille, il annonça par un édit qu'il accepterait, au commencement de l'année, les étrennes qu'on lui donnerait, pour élever et doter cette fille.

Edixit strenas ineunte anno se recepturum. (Suétone.)

— Le premier de l'an est une charmante journée, où chacun mange des bonbons et embrasse des demoiselles.

— On appelle aujourd'hui *étrennes*, épingles, pots de vin, des gratifications pour services rendus. C'est la *bonne-main* des Italiens (la manche), le *paragantes* des Espagnols (pour les gants).

Étrier. Provençal *estrieu*, vieux français *estrief*; du vieil allemand *streban*, s'appuyer avec effort.

— Boire le coup de l'étrier : avant le départ.

En 1602, Bassompierre fut envoyé par Henri IV en ambassade à Berne, pour renouveler avec les Suisses l'alliance de 1582.

Après avoir rempli sa mission, au moment du départ, les députés des treize cantons, tenant chacun un *vidercome* de la contenance d'une bouteille, l'entourèrent, et, portant un toast à la France, vidèrent leur verre d'un trait.

Bassompierre leur rendit raison en faisant vider dans une de ses bottes treize bouteilles de vin, qu'il but à la prospérité des treize cantons.

Étriller, du latin *strigilis*, brosse dure.

Synonymes : battre, donner une volée, une râclée.

— Le *strigilis* était un instrument dont les Romains se râclaient la peau après le bain.

> Veut-il qu'à l'étriller ma main un peu s'applique ?
> (Molière, *Amphitryon*.)

— Être logé à l'hôtel de *l'Étrille* : être écorché, payer extrêmement cher ; être plumé.

Étrivières (donner les) : proprement frapper avec la courroie qui tient suspendus les étriers.

Étude, du latin *studium*.

Le jeu le plus simple exige au moins deux personnes ; l'étude trouve du plaisir dans la solitude.

Il y a des heures choisies pour étudier la Vénus et la Minerve antiques ; il y a des heures folles, que l'on consacre aux potiches, aux porcelaines et aux magots. (J. Janin.)

Étymologie, du grec *étumos*, vrai, *logos*, sens.

Cicéron l'appelle *veriloquium*, le mot propre.

— La science des étymologies consiste à analyser les mots, pour en découvrir la racine et le sens absolu.

Elle en fait connaître la signification, d'après leur origine et les éléments de leur composition.

Cette analyse a pour but de dégager l'idée primitive qui a servi à leur formation, afin de ne les employer que pour exprimer l'idée qu'ils représentent, et de pénétrer la métaphysique des langues, pour en connaître le caractère et le génie.

— Les principaux étymologistes sont : Ménage, Ducange, Somaize, Vossius, Ferrari, Casenenve, H. Estienne, Tripot, Borrel, Nicod, Roquefort, etc.

Christine de Suède disait de Ménage, auteur du *Dictionnaire des origines de la langue française* : « Il veut non seulement savoir d'où vient le mot, mais où il va. »

Les étymologistes sont exigeants : ils veulent que chaque mot ait en lui sa marque de fabrique.

L'histoire des mots français modernes est dans le français ancien, qui se parle encore dans les patois provinciaux. C'est une vérité incontestable, tellement claire et logique, qu'on s'étonne qu'elle n'ait pas été reconnue *à priori*, avant que les études philologiques modernes l'aient rendue évidente ; et qu'on ait cherché si longtemps les étymologies du français dans l'hébreu, l'indou et les autres langues, mortes depuis longtemps. C'est Renouard qui a fait le premier ces remarques, à la suite de ses études sur les langues romanes.

— Les étymologies sont de trois espèces : *historiques, philologiques, conjecturales.*

L'étymologie historique rapporte l'origine des mots à des circonstances, à des faits, et cite toutes les formes intermédiaires qu'ils ont prises avant d'arriver de la langue originaire à la langue actuelle. C'est la plus authentique. Ainsi, le mot latin *rumpere* signifie ouvrir la terre ; *rupta (terra)* est une bande défrichée dans les forêts, pour permettre le passage ; d'où l'on a fait *route, rue.*

L'étymologie philologique déduit des lois générales de dérivation des mots dans la même langue ou dans deux langues voisines, pour les appliquer aux cas particuliers.

L'étymologie conjecturale, ou de sentiment, n'a aucune base certaine. Elle fait venir arbitrairement un mot français de celui qui lui ressemble le mieux par le son, dans une autre langue. Ce n'est souvent qu'un jeu de mots, et les détracteurs de cette science ont cité ces bizarreries pour la discréditer.

F. Génin, qui s'en moque avec raison, est quelquefois tombé dans la même faute ; par exemple, quand il fait venir *papegaut*, ancien nom de perroquet, de *paper sa gaule*, parce que cet oiseau ronge la perche où il se tient.

Le dictionnaire de N. Landais s'est cru tenu de fournir toutes les étymologies, même celles qui sont complètement ignorées. Il dérive *spencer* de *sphincter.*

Mieux vaut s'abstenir, comme il vaut mieux rester débiteur d'une partie de ce qu'on doit, que de s'acquitter avec de la fausse monnaie.

« En fait d'étymologie, dit Sarrazin, les mots sont comme les cloches : on leur fait dire ce qu'on veut. » Aussi s'est-on moqué de tout temps de certaines étymologies ridicules.

— Le chevalier de Cailly s'est raillé de Ménage, dans le quatrain suivant, à propos de l'étymologie italienne d'*alfana*, jument, qu'il faisait venir de *equus* :

> *Alfana* vient d'*equus* sans doute ;
> Mais il faut avouer aussi
> Qu'en venant de là jusqu'ici
> Il a bien changé sur la route.

> — *Cabriolet*, c'est un mot drôle !
> Son origine, s'il vous plaît ?
> — Mettez un *t* à *cabriole*
> Et vous aurez *cabriolet.*

(XVIII° siècle.)

— Parmi les étymologies simplement burlesques, citons :
Canapé, de *canibus aptum*. (J. Janin.)
Célibat, de *cœli beatitudo*.
Cordonnier, qui donne des cors.
Jeunesse, âge où les jeux naissent.
Manteau, manto à eau. (Sarrazin.)

Eunuque, du grec *eunouchos*, de *eunè*, lit, *échô*, je garde.
Homme stérile (ou plutôt stérilisé).
Synonyme : éviré (blason), émasculé, castrat, châtré, chaponné, mutilé.

— L'eunuque est celui qui n'a pas la faculté d'engendrer, par impuissance ou par suite de mutilation.

En Italie, on faisait des eunuques pour obtenir des voix de soprano ; en Orient, pour garder les femmes.

Un arrêt du Parlement de 1665, dit qu'aucun eunuque ne peut se marier, en France, même du consentement des deux parties.

— Le singulier personnage d'eunuque a été créé sous le Bas-Empire. Chez les Romains, celui qui en faisait les fonctions était l'esclave *cubiculaire*. Il y avait aussi les *venerii*, sortes d'esclaves chargés du service du *venerium*, boudoir où les riches voluptueux établissaient le théâtre de leurs plaisirs.

Ces deux catégories d'esclaves étaient presque toujours du sexe masculin. Cela pourrait étonner, si l'on ne savait que, chez les Romains, comme chez tous les peuples où l'esclavage a été admis, les esclaves ne sont d'aucun sexe aux yeux de leurs maîtres : *mancipium* est du neutre.

Euphémisme, du grec *eu*, bien, *phémi*, dire.
Figure de grammaire, qui consiste à adoucir une idée désagréable au moyen d'une expression qui déguise ce qu'elle a de choquant.

Eur, du latin *orem*.
Désinence ou suffixe qui, ajouté au radical d'un verbe, sert à composer des substantifs exprimant l'action indiquée par ce verbe : crieur, chanteur, mangeur.

Eustache. (Voy. *couteau*.)

Évangile, du latin *evangelium* ; grec *eu*, bien, *angelion*, nouvelle.

Ce qu'il dit n'est pas parole d'évangile : il ment.
Vous, dist Gargantua, ne dictés paroles d'évangile. (Rabelais, I, 12.)

Éveiller, e et *veiller*; latin *vigilare*.

Éveiller le chat qui dort : renouveler un danger.

Éveillé comme un chat qu'on fesse. (*Moyen de parvenir*.)

Éveillé comme une potée de souris. (Voy. *potée*.)

Plus éveillé qu'une horloge. (Marivaux.)

Éventail, de *éventer*; latin *ventus*.

— Synonyme : zéphir. (*Dict. des Précieuses*.)

L'éventail recueille le souffle parfumé du zéphir et le porte au visage de la beauté. (Maxime arabe.)

— On attribue à Louis XVIII le quatrain suivant, qu'il envoya, accompagné d'un éventail, à Marie-Antoinette :

> Au milieu des chaleurs extrêmes,
> Heureux d'amuser vos loisirs,
> J'aurai soin près de vous d'amener les Zéphirs ;
> Les Amours y viendront d'eux-mêmes.

Évêque, de *episcopum*, venu du grec *épiskopos* (surveillant).

— Évêque des champs, qui donne la bénédiction du pied, c'est-à-dire un pendu.

> Eussions été par ces méchants
> Faits au moins évêques des champs.
> (Scarron.)

— Évêque *in partibus* (*infidelium*), c'est-à-dire dans les contrées habitées par les infidèles. Titre honorifique, qui sert à désigner des fonctions s'exerçant en dehors d'un mouvement régulier.

Cet usage date de l'époque où tous les évêques furent chassés d'Orient par les Sarrasins. Ils se retirèrent en Italie, où ils conservèrent leurs titres avec des coadjutoreries.

H. Mürger a été secrétaire *in partibus* d'un diplomate.

— Évêque d'or, crosse de bois. (Voy. *crosse*.)

— Devenir d'évêque meunier (Rabelais) : tomber d'une haute situation.

Par compensation, on a vu un gardeur de porcs devenir pape : Sixte-Quint.

Ex, *es* ou *é*, préfixe dérivé de *ex*. Marque l'extraction, la privation.

Extraire, expulser, escompter, épuiser.

Il est augmentatif (?) dans *exagération*.

Ex se dit pour « qui a été, ancien » : ex-ministre.

Dans la locution *ex-libris*, il faut sous-entendre *unus* : un des livres.

Ex est toujours suivi d'un trait d'union : ex-maire ; tandis que *ès* ne l'est jamais : docteur ès sciences.

Exactitude, du latin *exactum*.

L'exactitude est un duel avec le temps,...la politesse des rois.

L'homme exact ne se contente pas de n'être pas en retard : il est en avance.

L'exactitude est en même temps un trait de politesse et un acte de modestie.

Exagération, du latin *ex-aggerare*, amonceler.

Exagérer, c'est mentir, altérer la vérité en l'augmentant.

L'exagération est le mensonge des honnêtes gens. (J. de Maistre.)

— Diogène convenait qu'il avait mis de l'exagération dans sa philosophie. « Je fais, dit-il, comme les maîtres de chœur, je monte au-dessus du ton, pour apprendre aux autres à ne pas rester en dessous. »

Dans les arts, il faut toujours forcer le ton, attendre que la corde baisse d'elle-même... (Winckelman.)

— L'exagération d'une vertu devient un défaut : la bonté poussée à l'excès devient duperie ; l'amour exagéré devient fanatisme ; la largesse, prodigalité.

— En littérature, de nos jours, on abuse des épithètes outrées. Autrefois, pour qualifier la beauté d'une chose, on disait qu'elle était jolie, charmante ; aujourd'hui, nous disons : c'est adorable, incroyable, divin, inouï, exquis, ravissant, mirifique.

On abuse surtout du mot *fabuleux*, pour beau, grand, surprenant : un succès fabuleux ; à moins qu'on n'emploie mirobolant, épatant, écrasant.

Il y a aussi des choses pharamineuses, phénoménales, pyramidales.

Affreux est devenu *horripilant* ; et le mot *chic*, à peine introduit, a engendré chicard et chicocandard.

Excelsior, plus haut, plus élevé. Mot latin.

Titre d'une poésie de Longfellow, romancier américain, mort vers 1858.

...Dans notre abaissement, il faut répéter l'*excelsior* du poète, et pousser la génération vers tout ce qui peut purifier les cœurs et élever les âmes (1871).

— Ce mot correspond à exceller, aux expressions : Toujours plus haut ! *Sursum corda !* (Épitaphe de Gerson.)

Watterston, voyageur anglais, se vante d'avoir grimpé jusqu'à la pointe du paratonnerre qui surmonte la croix de Saint-Pierre de Rome, et d'y avoir laissé son gant.

Excès, du latin *excessum*, aller au-delà, sortir de.
L'excès en tout est un défaut.

Excrément, du latin *excrementum*, de *excernere*, séparer, évacuer.
Synonymes : fèces (médec.) de *fæx*, lie, dépôt ; fiente, excréments des animaux, particulièrement ceux des oiseaux, appelés aussi *guano* ; factionnaire, excrément humain déposé au pied de certains murs, qui semble crier : « au large ! » ; sentinelle perdue ; orphelin de muraille ; fine ; fifi ; tarte bourbonnaise.

Excuser, du latin *excusare*, mettre hors de cause.
Tel s'excuse, qui s'accuse.
— Faites excuse, je vous demande excuse (?) signifie excusez-moi. Il ne faut pas confondre avec : faites des excuses.

J'ai eu tort, excusez-moi ; les jeunes gens doivent être indulgents pour les vieilles femmes ; vous n'exigerez pourtant pas que je me mette à genoux... (G. Sand.)

— Excusez ! exclamation ironique : Ah ! vous ne voulez pas travailler ? Excusez !

Mouroso, de la Comédie-Française, à qui un parterre de province demandait des excuses pour un manque de respect, s'avança vers la rampe et dit : « Excusez ! » du ton d'un homme à qui on demande quelque chose d'exorbitant. Ce mot fut compris et très applaudi.

Il faut finir comme dans les pièces du *Théâtre de Clara Gazul* : « Excusez les fautes de l'auteur. »

Exemple, du latin *exemplum*, de *eximere*, prendre dehors.
Rabelais emploie *exempler*, et *s'exempler* : copier, prendre exemple.

Les mauvais exemples nous perdent : *Alienis perimus exemplis.* (Sénèque, *Vita beata*, I.)

La fille suit l'exemple de sa mère.

Et sequitur leviter filia matris iter.

Ce vers, d'origine inconnue, est cité par Joannes de Galendia et aussi rapporté dans les *Bigarrures* de Tabourot, chapitre des vers léonins.

Sæpe solet similis, filius esse patri,
Et sequitur leviter filia matris iter.

(Rabelais, III, 41.)

La plus utile manière de commander, c'est l'exemple.

Exergue, du grec *ex*, hors de, *ergon*, ouvrage.

C'est un petit espace réservé au bas du type d'une médaille, où se gravent le lieu et la date. L'inscription elle-même s'appelle *exergue*.

Expérience, du latin *experior*, faire l'essai, l'épreuve.

Experto crede Roberto : Crois-en Robert et son expérience.

Les illusions tombent l'une après l'autre, comme les écorces d'un fruit, et ce fruit, c'est l'expérience. (G. de Nerval.)

Ce que le temps apporte d'expérience, ne vaut pas ce qu'il emporte d'illusions. (Petit-Senn.)

L'expérience, c'est la moutarde après le dîner.

L'expérience du malheur vaut bien celle des années. (A. Radcliff.)

— L'esprit humain, aux diverses périodes de son évolution, a passé successivement par le sentiment, la raison, l'expérience.

Le sentiment créa les vérités de la foi, la mythologie.

La raison, ou philosophie, enfanta la scolastique.

L'expérience, c'est l'étude des phénomènes naturels, qui, démontrés par les vérités du monde extérieur, ne sont formulés *à priori*, ni dans le sentiment, ni dans la raison.

Dans la recherche de la vérité au moyen de l'expérience, le sentiment a toujours l'initiative, c'est l'idée *à priori*, l'intuition ; la raison développe l'idée et déduit les conséquences logiques ; mais, si le sentiment doit être éclairé par les lumières de la raison, celle-ci, à son tour, doit être guidée par l'expérience.

Faciamus experimentum in anima vili. Proverbe qui revient à : La vie d'un vilain ne compte pour rien.

Le savant A. Muret fuyant l'arrêt de la cour de Toulouse qui le condamnait au feu, tomba malade dans une ville d'Italie. Les médecins, pensant n'être pas compris, convinrent d'essayer sur lui un remède violent. Ce proverbe latin, prononcé par eux, retentit dans la tête du malade, qui, le lendemain, trouva assez de force pour échapper à l'épreuve fatale.

Expert, du latin *expertus*, expérimenté.

Désigne la science appuyée de la pratique.

Exploit, du latin *explicitum*, achevé, accompli.

En terme d'huissier, il peut avoir la même origine, ou venir de *ex placito*, par une décision du juge (?).

Extra, mot latin, hors de.

Entre dans un certain nombre de mots ou de locutions : extraordinaire, *extra muros*.

Substantivement : vin d'extra, plat d'extra, qui sort de l'ordinaire ; garçon d'extra, c'est-à-dire supplémentaire, pour aider, dans les cafés ou les restaurants, les jours de fêtes.

Extrême, du latin *extremum*, le plus éloigné.

Les extrêmes se touchent.

L'extrême science et l'extrême ignorance se touchent par l'extrême naïveté. (V. Hugo.)

Aux extrémités du règne animal et du règne végétal, se trouvent des familles entières que les botanistes et les zoologistes se disputent depuis des siècles, et dont leurs efforts combinés n'ont pu déterminer la nature ambiguë. (De Quatrefages.)

Extrémité, dérivé du précédent.

On dit d'un moribond ou d'un nécessiteux qu' « il est réduit à la dernière extrémité ».

Le mot *extrémité* dérive d'un superlatif absolu ; il n'y a ni dernière, ni avant-dernière extrémité.

Mieux vaut dire : « Il est réduit à l'extrémité », ou : « Il est à toute extrémité ».

F

Fable, du latin *fabula* (*fari*, dire).

Au même radical se rattachent : fameux, fatal, fée, affable, ineffable, enfant.

Il est la fable du quartier : la risée de tous.

Fabrique, du latin *fabrica* ; doublet populaire, *forge*.

Fèvre est resté dans *orfèvre*, ouvrier en or.

— *Fabrique*, d'abord *forge*, s'est dit, par extension, de toute espèce d'atelier.

Vitruve applique le mot *faber* à tous les ouvriers du bâtiment.

En Italie, on donne le nom de *fabrique* à tout grand édifice, particulièrement aux églises ; d'où le nom de *conseil de fabrique*, donné à la réunion des marguilliers (fabriciens) chargés d'administrer le temporel des églises paroissiales.

Face, du latin *faciem*.

Face à face; vis à vis, nez à nez.

— Un prêtre exhortait Dorat mourant à se repentir. « Vous verrez Dieu éternellement face à face, lui disait-il. — Entendez-vous? dit Dorat à ses amis. Pour un inconstant, c'est terrible ! Toujours face à face... Jamais de profil ! »

Fâcher, anciennement *fascher*. Provençal *fastigar*; du latin *fastidium*, ennui; plutôt que de *fascis*, fardeau.

Synonymes : prendre la chèvre, ...la mouche ; se gendarmer ; prendre le mors aux dents.

— Qui se fâche a tort : Il n'y a que la vérité qui offense.

Dans un dialogue de Lucien, Prométhée dit à Jupiter : « Tu prends ta foudre au lieu de répondre ; donc tu as tort. »

Dans une discussion entre deux personnes, celle qui a tort se fâche. (Diderot.)

Les injures sont les raisons de ceux qui n'en ont pas. (J.-J. Rousseau.)

Qui se fasche en la feste
Est tenu pour une beste.
(G. Meurier, XVIe siècle.)

Fâcheux, dérivé du précédent.

Ennuyeux, gêneur, ...ces infiniment petits esprits qui viennent s'imposer à vous et dévorer votre temps.

C'est le rôle d'un sot d'être importun ; un homme habile sent s'il convient ou s'il ennuie ; il sait disparaître au moment qui précède celui où il serait de trop quelque part. (La Bruyère.)

Factum, mot latin. Exposé des faits.

A l'origine, mémoire en latin, où l'on exposait une affaire aux juges. Ce mémoire commençait par le mot *factum*.

Dans la suite, on a donné ce nom aux pamphlets politiques ou littéraires.

Faculté, du latin *facultatem*, de *facere*, faire.

Les quatre facultés étaient : 1º Arts et Belles-Lettres ; 2º Médecine ; 3º Jurisprudence ; 4º Théologie.

L'Académie veut que Faculté, pris absolument, désigne la Faculté de médecine.

Un malade qui a refusé de prendre médecine est appelé dans Molière « criminel de lèse-faculté ».

...Marchant à pas comptés,
Comme un recteur suivi des quatre facultés.
(Boileau.)

Fade, fadeur, insipide ; latin *fatuum*.

Dangeau était d'une platitude et d'une fadeur à faire vomir. (Saint-Simon.)

— S'est dit pour triste, ennuyé.

> Quoy, je me sens ung petit fade:
> (*Testament de Pathelin*.)

Fagot, de *fax*, brandon, ou de *fascis*; ou de *fagus* (?).

— Conter des fagots, en conter : dire des frivolités, des faussetés, tromper.

On a dit d'abord : compter des fagots pour des coterets, c'est-à-dire tromper, parce que le coteret a plus de valeur que le fagot.

Dans une vieille farce, *la Querelle de Gautier Garguille et de Périne sa femme,* on lit : « Tu me contes des fagots et des cotrets. »

Conter avait le double sens des deux homophones actuels.

Aujourd'hui encore, le mot *débiter* se dit dans le double sens de compter et de raconter.

— M⁽ᵐᵉ⁾ de Forqueville demandait à d'Alembert quel bien les Encyclopédistes avaient fait à l'humanité. « Ils ont abattu la forêt des préjugés, qui la séparait de la vérité, dit le philosophe. — En ce cas, reprit-elle en riant, je ne suis plus surprise ; ils nous ont *débité* tant de fagots... »

— Il y a fagots et fagots. (Molière, *Médecin.*)

— Sentir le fagot. Locution qui remonte à l'époque où l'on brûlait les sorciers et les hérétiques ; surtout à la persécution contre les protestants, sous François Iᵉʳ.

Le premier hérétique qui fut brûlé vif par arrêt du Parlement, fut Jacques de Pavanes (29 mars 1525). C'est le chancelier de L'Hôpital qui fit éteindre les bûchers.

Henri II renouvela, en 1547, les édits barbares lancés contre les calvinistes par François Iᵉʳ. C'était bien commencer un règne de corruption et de dilapidation.

— Rabelais (V, 2) représente les inquisiteurs de la Chambre du Châtelet sous le nom de « chats fourrés ».

Fagoté, fagoter, fait comme un fagot ; mis sans goût.

Qui vous a fagoté comme cela ? (Molière, *Bourgeois.*)

— On appelle *fagotin,* un singe habillé que les bateleurs montrent pour amuser le public.

Faible, du latin *flebilem,* déplorable.

La chair est faible...

C'est une inconséquence très ordinaire parmi les hommes, de ne point estimer chez les femmes les faiblesses qu'ils encouragent et dont ils profitent. (O. Feuillet.)

La faiblesse est le seul défaut qu'on ne saurait corriger. (La Rochefoucauld.)

Il faut cacher sa faiblesse devant les forts. (Sévigné.)

Faillir, vient, comme *falloir*, de *fallere*, faire défaut.
— Faillir : faire une chose contre le devoir.
— *Failli* devient substantif pour désigner un négociant qui a manqué, a fait faillite, c'est-à-dire une banqueroute non frauduleuse.
— De *faillir* viennent : faute, fautif, faux.

Faim, du latin *famem*.
La faim est mauvaise conseillère. (Voy. ventre *affamé*.)
La faim fait sortir le loup du bois.

Fainéant, de *faire* et de *néant*. Italien *far niente*.
Synonymes : avaleur de frimas ; enfileur de perles ; batteur ou inspecteur des pavés ; faiseur de vieux souliers ; flâneur.
On dit aussi du paresseux qu'il a les *côtes en long*, c'est-à-dire, ne se courbe pas facilement.
Fainéant comme une couleuvre.
— Épitaphe du fainéant :

Qui semper jacuit hic jacet Hermogenes.

Ménage a fait celle-ci pour le cardinal de Retz, qui était, au contraire, très actif :

Ille inquietus hic quiescit Gondinus.

Faire, du latin *facere*, origine d'un grand nombre de dérivés et de composés.
— Bien faire. Cela commence à bien faire : cela suffit.
Mon Dieu ! aide-moy, conseille-moy ce qu'est de faire. (Rabelais, I, 29.) C'est-à-dire ce qu'il convient de faire.
Ces riz le tout sédez, consulta Gargantua avec ses genz sur ce qu'estoit de faire. (Id.)
— Faire besoin : être nécessaire.

S'il vous faisait besoin, mon bras est tout à vous.
(Molière, *Étourdi*.)

— Il fait de l'effrayé : il feint d'être effrayé.
Il fait celui qui est... malade.

— Faire son pouvoir : ce qu'on peut.

> J'ai fait mon pouvoir, Sire, et n'ai rien obtenu.
> (Corneille, *Cid*.)

— Envoyer faire lanlaire : éconduire impérieusement.
Lanlaire est une ritournelle de chanson.

> Comme à autrui bien tu feras,
> D'autrui aussi tu recevras.

— Fais à autrui, ce que tu voudrais qu'on te fît. (*Évangile*.)
Ne fais pas à autrui ce que tu ne voudrais pas qu'on te fît. (Id.)
Cette seconde maxime, négative, est moins belle que la première, qui renferme toute la charité, c'est-à-dire tout le christianisme.

— J.-J. Rousseau a dit : « Le premier pas vers le bien, est de ne pas faire le mal. »

— Fais ce que dois, advienne que pourra. (Voy. *devoir*.)
C'est, dit Duplessis, une maxime du vieux langage, dont il faut respecter la forme surannée par le même sentiment qu'on se garderait bien de faire disparaître le vert antique d'une médaille ou la teinte un peu grise d'une église gothique.

C'est encore aujourd'hui la devise de ceux qui mettent le cri de la conscience et du devoir au-dessus de toutes autres considérations.

— Qui bien fera, Dieu trouvera.

— *Age quod agis* : Faites bien attention à ce que vous faites !

— Fais ce que je dis, et non ce que je fais : avant de sermonner les autres, il faut se prêcher soi-même.

> *Video meliora, proboque; deteriora sequor.*
> (Ovide.)

(Je vois le bien, je le loue, et je fais le mal.)

Celui qui apprend les règles de la sagesse sans s'y conformer, ressemble à un homme qui labourerait sans ensemencer. (Persan.)

Un adage des Pères de l'Église dit que « ceux qui ont une conduite en contradiction avec leur doctrine, ressemblent au bluteau, qui garde le son et donne la farine ».

Un sénateur romain, connu par ses excès, faisait l'éloge de la tempérance. On dit qu' « il parlait comme Caton, et vivait comme Lucullus ».

Un vieillard avait parcouru le cirque des Jeux Olympiques sans qu'on se fût dérangé pour lui faire une place. Lorsqu'il arriva à l'endroit occupé par les Lacédémoniens, tous les jeunes gens se levèrent, et ce témoignage de respect fut applaudi par toute l'assemblée. « Grands dieux ! s'écria le vieillard, tous les Grecs connaissent la vertu; mais il n'y a que les Lacédémoniens qui la pratiquent. »

Les moralistes ne pensent pas plus à mettre en pratique toutes leurs maximes, que les cordonniers ne songent à porter tous les souliers qu'ils font.

Tel philosophe prêche aux autres la nécessité de réprimer leurs passions, pour gagner de quoi entretenir les siennes.

— Fais ce que tu dis : dis ce que tu fais.

Bien faire vaut mieux que bien dire, comme un bénéfice vaut mieux qu'une bénédiction.

Celui qui a toujours quelque chose à faire, fuit celui qui a toujours quelque chose à dire. (Mme de Villedieu.)

Il vaut mieux passer sa vie à ne rien faire, qu'à faire des riens. (Pline le Jeune.)

— Les jeunes gens disent ce qu'ils feront; les vieillards ce qu'ils ont fait; il n'y a que les sots qui disent ce qu'ils font.

— Paris ne s'est pas fait en un jour.

Fait, du latin *factum*.

— Au fait !... allez au fait ! c'est-à-dire : soyez bref.

Un avocat plaidait en recherche de paternité, et se jetait dans des digressions superflues. Le juge le rappelait sans cesse au fait. Impatienté, l'avocat termina ainsi brusquement son plaidoyer : « Le fait est un enfant de fait ; celui qu'on dit l'avoir fait, nie le fait : voilà le fait. »

— On dit aussi à quelqu'un pour l'engager à retrancher des détails inutiles : « Passons au déluge ! » (Voy. Racine, *Plaideurs*, III, 3.)

— Je mets, je pose en fait. Locution singulière que rien ne justifie. Si un fait existe, son existence est indépendante de notre volonté.

Nota : « Poser en fait » est une locution faite comme « mettre, révoquer en doute ».

Faite, latin *fastigium*, fronton.

Et monté sur le faîte, il aspire à descendre.
(Corneille, *Cinna*.)

Falbala, mot dont l'origine est attribuée à M. de Langlée, maréchal de camp sous Louis XIV.

De l'espagnol *falda*, qui signifie bord de robe, pli de vêtement, est venu *falbala*, aujourd'hui appelé *volant*; morceaux d'étoffes plissées et appliquées sur les bords des robes.

Le mot et la chose paraissent dater du mariage du petit-fils de Louis XIV avec une infante d'Espagne.

Falot, du grec *pharos*, phare ; vieux français *farot*.

Familiarité, du latin *familiaritatem*.
La familiarité engendre le mépris.
Familiaris dominus fatuum facit servum. (Saint Bernard.)
— La loi XIX du Digeste, *de Officio præsidis*, veut que les gouverneurs de province ne se familiarisent pas avec leurs administrés : « *Ex conversatione æquali, contemptio dignitatis nascitur.* »
— Duclos disait d'un grand qui le traitait comme son égal et son ami : « Il veut trop se familiariser avec moi ; je le repousse par le respect. »

Familier, latin *familiarem*.
Familier comme les épîtres de Cicéron : traduction burlesque du titre des Lettres de Cicéron : *Litteræ ad familiares.* Lettres à ses amis.
On dit d'un homme trop familier : « Il vous mangerait dans la main. »
Cela s'est dit d'abord des oiseaux de proie qu'on apprivoisait pour la chasse, et qu'on tenait sur le poing. (Régnier.)

Famille, du latin *familiam*.
Prends soin de ta famille : *Familiam cura.* (Caton.)

> Où peut-on être mieux qu'au sein de sa famille ?

Ce vers bien connu est tiré du quatuor de *Lucile*, comédie-opéra de Marmontel ; musique de Grétry (1769).
C'est sans doute le seul vers de Marmontel qui soit resté populaire, et il le doit à la musique de Grétry.
La réputation de l'auteur était discutée, littérairement parlant.

> Marmontel le soir tu prendras
> Afin de dormir longuement.
> (Bachaumont.)

— Il faut laver son linge sale en famille.
Dans les inimitiés de famille, il arrive toujours un moment où, quelles que soient les répugnances, il faut laver, ce que Napoléon appelait avec un laisser-aller pittoresque, le linge sale.
— Famille en tuyaux d'orgue : dont les nombreux enfants s'échelonnent comme les dits tuyaux.

Fanatisme, de *fanaticus*, dans le délire.

Le fanatisme est la folie de la religion ; le bigotisme en est la bêtise.

Les fanatiques étaient des forcenés qui se tenaient dans les temples, se croyaient inspirés, et prononçaient des oracles avec des gestes exagérés.

Faner, du latin *fœnum* ; anciennement *fener*, réduire en foin.

En provençal *fen*, foin : *fenière*, grenier à foin.

> L'herbe se fène, arbre et feuille périt.
> (C. Marot.)

Par extension : le soleil fane les fleurs.

Au figuré : un teint fané.

Fanfare, espagnol *fanfa*, vanterie ; ou, selon Diez, onomatopée, comme le *taratantara* des trompettes romaines, chez Ennius.

Rabelais (II, 7) et H. Estienne (*Apologie* 29) appellent « fanfares de Rome » les pompeuses cérémonies du service religieux chez les catholiques.

Rabelais (I, 23) se sert du mot *fanfarer*, pour « se présenter dans la lice avec trompettes et clairons ».

Fanfaron, dérivé du précédent.

Les vanteries du fanfaron sont comme les fanfares, que le vent emporte.

Le fanfaron est celui qui affecte une bravoure qu'il n'a pas, un faux brave.

Il y a des fanfarons de vice et des fanfarons de vertu. Louis XIV appelait le duc d'Orléans, le futur Régent, un fanfaron de vice. Les Stoïciens étaient des fanfarons de vertu.

Synonymes : âne vêtu de la peau du lion, avaleur de charrettes ferrées, bravache, brave à trois poils, capitan, fendant, fier à bras, capitaine Fracasso, gascon, hâbleur, matamore, pourfendeur, rodomont, vantard.

Faquin, de l'italien *facchino*, portefaix.

Un fat, un sot, un homme de rien...

> Que ce fut bien fait au Destin
> De ne faire en moi qu'un faquin !
> (Scarron, *Jodelet*.)

Farandole, espagnol *farandula*, danse.

Danse provençale formant une longue chaîne d'individus se tenant par la main ; introduite à Marseille par les Phocéens, elle est encore en usage dans l'archipel.

Farce, comme *farcir*, de *farcire*, bourrer.

Farcir les oreilles de quelqu'un : l'importuner.

— La farce est une comédie bouffonne : *les Farces de Tabarin, de Turlupin; la Farce de Patelin*.

— Tirez le rideau, la farce est jouée : tout est fini.

Fard, du vieil allemand *farwjaw*, teindre.

— Un ambassadeur turc se trouvant à la cour de Louis XIV, au milieu de dames extrêmement fardées, dit qu' « il ne saurait porter un jugement sur leur beauté, ne se connaissant pas en peinture ».

— Elle a un pouce de plâtre sur la figure, et ne rit jamais, de peur de s'écailler le nez.

— Le mensonge est une sorte de *couleur* qui maquille la vérité, d'où : farder la vérité.

Farfadet, sorte de lutin taquin, mais non méchant ; esprit follet auquel croient les Orientaux, et qu'on retrouve dans les légendes écossaises.

Faribole. Étymologie des plus incertaines.

Les uns tirent ce mot de *fari obcium*; d'autres de *faria*, flux de paroles; Ménage, de *frivola*, niaiseries.

On a aussi proposé *fari*, dire, *bullas*, des bulles...

> Là, jamais on n'entend de pieuses paroles :
> Ce sont propos oisifs, chansons et fariboles.
> (Molière, *Tartufe*.)

Il est homme à donner dans toutes les fariboles. (Molière, *Bourgeois*.)

> *Fabellas garrire.*
> (Horace.)

Faridondaine, sorte d'onomatopée.

Dondon, en bas-latin signifiait graisse (écrit *dondum*).

— Une *dondon* est une grosse femme.

Dondé signifie gras, engraissé.

— Nos pères introduisaient quelquefois dans leurs chansons les notes de musique, et l'on a dû dire d'abord :

> La, fa, ris, dondaine,
> La, fa, ris, dondé !
> (Ducange, au mot *dondon*.)

Une *dondaine* était une flèche courte et massive.

Jehan tendit son arbalète, mit sa dondaine en coche pour tirer. (*Lettres de rémission* de 1405.)

Farine, du latin *farinam*, de *far*, blé.

Gens de même farine (Rabelais) : de mêmes mœurs, de même espèce.

— Se dit toujours en mauvaise part, pour désigner des gens qui ont les mêmes défauts.

Les comédiens se blanchissaient le visage de farine, et c'étaient des gens peu considérés, des excommuniés.

— Cette locution est cependant antérieure au christianisme.
Omnes hi sunt ejusdem farinæ. (Sénèque.)

Fas. *Per fas et nefas.* (Locution latine.) Par tous les moyens licites ou non.

Faste, du latin *fastum*, orgueil, fierté.

Les jours de fête *(fasti)* on étalait beaucoup de magnificence.

— Les Romains appelaient *fastes* leur calendrier. Les jours fastes et les jours néfastes y étaient marqués : c'est-à-dire ceux où les affaires judiciaires étaient interrompues ou non. De *fari*, parler, plaider. (Voy. *néfaste*.)

Fastidieux, du latin *fastidiosum* (de *fastus tædium*, Cicéron).

L'ennui, le dégoût que donne le luxe ; ce que les Anglais appellent *spleen*. (Voy.)

Nous avions autrefois le verbe *attédier*, ennuyer.

Fat (sans féminin), de *fatuum*, fade, insipide.

D'où aussi : infatué, fade, fadaise.

Un fat est un homme qui n'admire et n'aime que lui.

— *Fat* est un vocable de Languedoc, et signifie non salé...; par métaphore signifie fol, niais, dépourvu de sens, esventé de cerveau. (Rabelais, V, *Prol.*)

— Tous les oripeaux de la fatuité ne servent qu'à faire mieux remarquer le mannequin qui s'en affuble. (De Clinchamp.)

Fatalisme, du latin *fatalem*, avec suffixe *isme*.

Philosophiquement, l'opinion qui consiste à nier la liberté humaine ; à supposer que les faits de l'ordre moral sont, comme ceux de l'ordre physique, le résultat de la nécessité, du destin.

L'islamisme est peu favorable au progrès. L'idée de Providence, poussée à l'excès par les Orientaux, devient un fatalisme qui détruit toute initiative.

Le mahométisme rend les peuples stationnaires.

— « S'il plaît à Dieu ! » est une locution fataliste, qui doit nous venir des musulmans.

— Le *Fors*, la *Fortuna* des anciens, la Providence des chrétiens, n'est autre chose que la Fatalité des musulmans.

Fatiguer, du latin *fatim*, abondamment, et *ago*, agir, qui ont donné *fatigare*.

Lassus tanquam caballus in clivo. (Pétrone.)

Fatigué comme un cheval à une montée.

Fatras, amas confus de choses futiles.

Et j'ai fait banqueroute à ce fatras de lois.
(Corneille, *Menteur*.)

Faubourg, pour *fors bourg* : ce qui est hors du bourg, de la place forte.

Faude ou *faulde*, du vieil allemand *faldan*, plier. Vieux mot.

— En bas-latin, *faulde* désigne toute pièce d'assemblage qui se replie sur une autre, comme les feuilles d'un paravent, les clôtures mobiles pour parquer les moutons.

Faudage désigne le droit de parquer les moutons.

— En provençal, *faude* est le siège naturel qui se forme par le pli que fait le corps avec les cuisses lorsqu'on est assis, et où la mère place son enfant.

Le tablier qui recouvre la *faudo* s'appelle *faudiou*.

Faudado, un plein tablier.

On appelle *mié faudiou*, demi tablier, l'homme qui s'occupe des soins du ménage : le tablier étant considéré comme l'insigne des cuisinières.

Faude a signifié aussi le fond d'une chaise ; d'où *faudesteuil*, fauteuil.

Ce mot correspond au français *giron* (Voy.)

Viron l'enfant que seya
Ins la fauda de Maria.
(*Ev. apocr.*)

(Ils virent l'enfant assis au giron de Marie.)

En vieux français : « Très riches mantelines venant sans plus jusqu'au-dessous des faudes. » (Oct. Saint-Gelais.)

Faune, du latin *faunum*.

Divinité champêtre des anciens.

Désigne aussi un ouvrage contenant la description des animaux sauvages d'un pays.

Fausset, italien *fossetto* ; du latin *falsum*, parce que cette voix est moins pleine que la voix de poitrine.

— On a dit qu'il fallait écrire ce mot *faucet*, parce qu'il dérive de *faucem*, gorge. Mais la voix de poitrine emprunte bien aussi le secours de la gorge.

— La voix de fausset, appelée aussi voix de tête, est un son donnant des notes aiguës, moins naturelles à l'homme que les notes graves, et qui ressemblent à la voix féminine.

C'est, par opposition à la voix naturelle, une *fausse* voix.

Faut, de *fallit*, il manque.

Il faut faire : faire manque, est nécessaire.

C'est le chasteau de *Tout y fault*. (Vieux théâtre français.)

Faute, anciennement *falte*, de *faillir* ; latin *fallere*.

Faute d'un moine, l'abbaye ne manque pas.

— Dans le sens de *délit*, se disait autrefois *coulpe (culpam)* et le coupable se disait *fautier*.

— Les fautes sont personnelles.

Le déshonneur d'un individu ne rejaillit pas sur le corps dont il fait partie. J.-C. était Dieu, il n'avait que douze apôtres, et il s'y trouva un traître, un Judas.

— Au sujet de la mort du duc d'Enghien, Fouché dit : « C'est plus qu'un crime, c'est une faute. »

Fauteuil, anciennement *faudesteul*, ou *faldesteuf*. (Voy. *faude*.)

De l'ancien allemand *falden*, plier, et *stuol*, siège.

Le fauteuil fut primitivement un siège pliant. (Littré.)

El faudesteuf sist lès le roy.
(Renart.)

Une chaise en manière de faudesteul. (*Invent. de Charles V.*)

Faux, du latin *falcem*.

La faux du temps : le Temps, Saturne, la Mort, sont représentés avec une faux, parce qu'ils semblent faucher les hommes et les choses.

— Adjectivement, *faux* vient de *falsum*. D'où aussi : faussaire, fallacieux, falsifier.

Faux comme un jeton.

Plaider le faux pour le vrai : émettre une affirmation fausse, pour se faire contredire et savoir la vérité.

— *Faux-bourdon*, musique simple à plusieurs parties sans dissonances. Composition de plain-chant, où le médium exécute le chant, tandis que les autres voix chantent en contre-point.

Faveur, du latin *favorem* (de *favere*).

Fait de *fari bona*, dire des choses agréables ; ou de *favonius*, le zéphir, appelé aussi *aura*, le vent qui pousse.

Aura popularis. (Cicéron.) La faveur populaire.

— Ruban étroit. Au temps de la chevalerie, les dames donnaient à leurs champions des rubans et autres ornements de leur costume.

On trouve dans le *Roman de Perceforest* la preuve qu'au milieu des tournois, elles jetaient des *faveurs* à leurs chevaliers.

— Grâce, marque d'amitié, de bienveillance.

Se dit particulièrement, au pluriel, des marques d'amour qu'une femme accorde à un homme : les dernières faveurs..., les plus grandes marques d'amour qu'elle puisse donner.

Fayence ou *Faïence*, de *Faenza*, ville d'Italie, où furent fabriquées au XVIᵉ siècle, les premières terres cuites recouvertes d'une glaçure stannifère.

Fèces, fécales (matières), de *fæcem*, lie.
Dépôt des liquides troubles.
Il se dit aussi des excréments, des déjections humaines.

Fée, du latin *fada* ou *fata*, qui fait des prédictions.
Être fantastique du sexe féminin, doué d'un pouvoir surnaturel.

Astruc le dérive des *deæ fatuæ* des Romains, qui étaient les femmes des faunes, et prédisaient l'avenir.

Les Romains appelaient *fatæ* ou *fadæ* les devineresses des Gaulois et des Germains.

De là : féerie, farfadet.

Il y avait des fées bienfaisantes et des fées malfaisantes.

> Il n'est pas besoin qu'on vous die
> Ce qu'était une fée en ces bienheureux temps ;
> Car je suis sûr que votre mie
> Vous l'aura dit dès vos plus jeunes ans.
> (PERRAULT.)

— Adroite comme une fée. Dans les légendes du Moyen-Age, les fées sont des êtres merveilleux, des femmes douées, comme les génies arabes, du pouvoir de créer des merveilles d'un coup de leur baguette magique. Elles sont les héroïnes de contes aimés des enfants, et de pièces de théâtre, appelées féeries, qui ont eu tant de succès de nos jours.

Féliciter, du latin *felicem*, heureux.
Balzac, pour introduire ce mot et le faire accepter par l'aréopage

de l'hôtel de Rambouillet, sollicita le suffrage de Vaugelas : « Si le mot *féliciter* n'est pas encore français, il le sera l'année qui vient; et M. de Vaugelas m'a promis de ne lui être pas contraire, quand nous solliciterons sa réception. »

Fellah, nom générique des paysans et des laboureurs, en Egypte et dans certains pays de l'Afrique du Nord. Arabe *felach*, laboureur.

Femelle, diminutif *femellam*, de *feminam*, femme.

> Le père mort, les trois femelles
> Courent au testament sans attendre plus tard...
> (LA FONTAINE, II, 20.)

> M'oses-tu bien encor parler, femelle inique !
> (MOLIÈRE, *Dépit*, I, 5.)

Femme, du latin *feminam*.

Synonymes : la plus belle moitié du genre humain, le beau sexe. Divinité visible. (*Dictionnaire des Précieuses*.)

Féminin de *hominem*. On a trouvé dans les vieux auteurs latins *hemina*, dont le *h* s'est changé en *f*.

— La femme est une idole, que l'homme encense jusqu'à ce qu'il l'ait renversée. (*Rabelaisiana*.)

La femme est une fleur : une rose... ou un souci.

L'amour des femmes, comme besoin, produit l'homme; comme sentiment, le perfectionne; comme passion, le détruit.

— Saint Augustin, dans une prière à la Vierge, appelle la femme « le sexe dévot » : *Intercede pro devoto femineo sexu*.

Nota : Il faut entendre ici les femmes consacrées à Dieu.

Sequior sexus. (Apulée.) Le sexe inférieur.

— Alexandre Dumas fils divise les femmes en trois ordres : les vestales, en haut; les matrones, au milieu; les hétaïres, en bas; la femme du temple, la femme du foyer, la femme de la rue (1872).

— Les paroles abondent sur les femmes, surtout les proverbes satiriques :

Les plus belles femmes sont en Flandre. — Ce dicton du siècle dernier ne saurait se justifier. Aucune contrée ne saurait revendiquer le privilège exclusif de la beauté. C'était l'avis d'Apelle, qui, pour modeler sa Vénus, avait pris des éléments épars, sur les plus beaux types que lui eût fournis la Grèce.

> Femme fort belle,
> Rude et rebelle.

Celui qui a femme jolie, vigne sur le grand chemin, château sur la frontière, ne manque jamais de guerre.

On passe à une jolie femme d'être sotte, à un homme d'esprit d'être laid.

> La donne e come la castagna,
> Bella di fuori e dentro ha la magagna.

Femme bonne vaut une couronne.

Une femme belle, spirituelle et bonne est le chef-d'œuvre de la création.

> Femme bonne, bon renom,
> Patrimoine sans parangon.

Une bonne femme commande à son mari en lui obéissant : *Casta ad virum matrona parendo imperat.*

Domi mansit, lanam fecit. Cette inscription placée sur la tombe d'une matrone, pouvait servir de devise à toutes les femmes laborieuses, avant que la machine eût arraché à leurs mains délicates l'aiguille et la quenouille.

Cette femme a toutes les vertus de la fourmi, et tous les charmes de la cigale.

J'ai dans l'esprit une femme comme il y en a peu, qui me préserve des femmes comme il y en a beaucoup.

On a appelé une femme bonne, une chatte sans griffes.

— A la bonne femme sans tête. — Cette enseigne satirique, dit Quitard, est due à ce que, au XVIe siècle, on disait *fame* pour *renommée*, du latin *fama*. (Cf. *mal famé*.)

> Mais la fame, qui vole et parle librement...
> (RONSARD.)

Certains marchands, qui avaient pour enseigne : *A la Renommée*, faisaient peindre sur leur boutique : *A la bonne Fame.*

Les peintres du temps ont pu, d'après Virgile (*Énéide*, IV, 177), peindre la Renommée ayant la tête voilée dans les nuages ; d'où l'erreur du vulgaire et l'interprétation maligne.

Une rue de l'île Saint-Louis porte le nom de la femme sans tête.

— Faible femme, se dit par opposition au sexe fort, ou barbu. (Le latin *mulier* correspond à *mollis*, délicat.)

> Car je suis une faible femme.
> Je n'ai su qu'aimer et souffrir ;
> Ma pauvre lyre, c'est mon âme.
> (DESBORDES-VALMORE.)

— Une femme doit être sous la garde de son père pendant son enfance, de son mari pendant sa jeunesse, et de ses fils pendant sa vieillesse ; jamais elle ne doit être indépendante. (Maxime indienne, *Hitopadesa*.)

— Femme *galante*.

Femme de la petite vertu. (*Dictionnaire des Précieuses.*)

On l'appelait à Athènes *hétaïre* ; à Rome, *meretrix*.

Les prostituées *(lupæ, fornicatrices)*, habitaient en commun dans le quartier Suburra.

Autrefois on appelait les femmes galantes : filles folles de leur corps.

> Qui de nuit met sa feme hors
> S'elle fait folle de son corps...
> (*Recueil de fables et contes.*)

> Avec un moine avait fait la folie...
> (Marot.)

— Très nombreux sont aujourd'hui les noms appliqués à ces sortes de femmes :

Biche (voy.) ; cocotte (voy.) ; coureuse ; courtisane ; dame facile ; femme du demi-monde (depuis la pièce de Dumas fils) ; fille de marbre (du titre d'une pièce de Th. Barrière) ; impure, sous la Régence ; lorette (nom donné en 1835, par N. Roqueplan, rédacteur au *Figaro*, aux femmes de mœurs équivoques du faubourg Montmartre, qui fréquentaient l'église de Notre-Dame de Lorette) ; sœur de charité du mal ; vendeuse d'amour ; Vénus au rabais ; femme perdue... dans les chemins où il y a des pierres précieuses.

— Plaute a dit de la femme galante : *Corpus alit corpore*.

Le moindre défaut d'une femme galante, est la galanterie. (La Rochefoucauld.)

— Anciennement les femmes débauchées étaient qualifiées *gores* (truies).

Les Parisiens avaient surnommé Isabeau de Bavière : la Grand' Gore.

Les femmes galantes et les prostituées sont, dit-on, nécessaires dans l'état social... Nécessaires comme les égouts, les dépotoirs. Les civilisations ont besoin de se purger, comme les individus.

Soit ! Il faut se servir quelquefois de ces choses-là, comme on prend de la magnésie ; mais il ne faudrait pas s'en nourrir exclusivement.

— D'une femme dont la vertu est entamée, on dit : elle a rôti le balai ; elle a vu le loup ; elle a fait parler d'elle ; elle a passé le Rubicon, ...jeté son bonnet par dessus les moulins.

— Parmi les femmes galantes, l'avancement ne s'obtient pas à l'ancienneté.

— Femme *honnête*.

Une honnête femme peut tout voir et tout entendre.

La plupart des honnêtes femmes sont des trésors cachés, qui ne sont en sûreté que parce qu'on ne les recherche pas. (La Rochefoucauld.)

Livie ayant aperçu un jour des hommes qui se baignaient dans le Tibre, dit qu' « aux yeux d'une honnête femme, les hommes étaient comme des statues ».

— Presque toutes les dévotes aiment à entendre dire des gaudrioles, autorisées qu'elles sont par leur grande vertu à contempler des abîmes sans y choir, et les embûches du démon sans s'y prendre.

— Duclos se mit un jour, étant chez Mme de Miropoix, à entamer une série d'histoires des plus lestes. « Prenez garde, Duclos, lui dit la comtesse de Rochefort, vous nous croyez aussi trop honnêtes femmes... »

— Un président de cour d'assises, au moment d'appeler une affaire scandaleuse, dit : « J'engage toutes les honnêtes femmes à se retirer. » Pas une ne sortit. « Huissier, reprit-il, maintenant que toutes les femmes honnêtes sont sorties, faites sortir les autres. » (1886).

— Femme *inconstante*.

Souvent femme varie ; mal habile qui s'y fie ! (François Ier.)

Les femmes ressemblent aux girouettes, elles ne se fixent que quand elles se rouillent.

Femme, fortune et vent,
Changent aussi rapidement.

Temps, vent, femme, fortune,
Changent comme la lune.

La femme c'est l'onde. (Shakespeare.)

Il ouvre des sillons dans l'onde, il sème sur le sable, il veut enfermer le vent dans ses filets, celui qui fonde ses espérances sur le cœur de la femme. (Sannazar.)

Qui se fie à la femme, se fie au voleur. (Hésiode.)

— Une femme *légère*, dit l'abbé Girard, ne s'attache pas fortement ; une *inconstante* ne s'attache pas pour longtemps ; une *volage* ne s'attache pas à un seul ; une *changeante* ne s'attache pas au même...

— Un proverbe latin dit : « Qu'y a-t-il de plus léger que la pierre ponce ? — Le liège. — Que le liège ? — La plume. — Que la plume ? — La femme. — Que la femme ? — Rien. »

— Femme *libre*. M⁽ᵐᵉ⁾ Olympe Audouard demande les droits politiques pour la femme (juin 1867). On objecte qu'une Chambre où il y aurait des femmes, serait une chambre à coucher. Mais, dans les discussions orageuses, les femmes apaiseraient le tumulte en disant : « Embrassons-nous ! »

— La femme, esclave de tous les préjugés, atteinte de toutes sortes d'hérésies morales et physiques, sera la pierre d'achoppement de tout progrès. (Bebel, 1871.)

— Femme *méchante*. Synonymes : dragon, pie-grièche, harpie, mégère.

La femme est un tyran déguisé en esclave. (Laurent Jan.)

Heureux l'homme dont la femme n'est serpent qu'à moitié. (Henri Heine.)

Tout à femme qui prie : rien à femme qui crie !

> La femme n'est qu'humeur, elle fait nos tourments ;
> Elle a pourtant deux bons moments :
> L'instant où son époux la reçoit dans ses bras
> Et le moment de son trépas.
> (Anthologie.)

Dieu s'est fait homme, soit ! Le diable s'est fait femme.
(V. Hugo, *Ruy-Blas*.)

Salomon dit que « de mille hommes, il en a trouvé un bon, et de toutes les femmes pas une ».

— Femme *d'ordre*. La femme d'ordre se devine dans l'arrangement des tiroirs de la commode de la jeune fille.

— Femme *savante* : bas-bleu, précieuse.

Il faut distinguer entre une femme de lettres et une femme lettrée. Ce sont les ignorants, qui ont peur de la supériorité d'une femme ; ce sont les imbéciles, qui demandent une compagne bornée ; ce sont les sots, qui veulent jouer le rôle de pacha, et jeter le mouchoir à des odalisques dégradées. Un homme de cœur et d'esprit veut vivre avec son égale. (G. Sand, *Jean de la Roche*.)

— Femme *sale* : gouine ; graille, sentant le graillon de cuisine.

Louis XV appliquait à une de ses filles ce nom ultra-familier : *Torchon*, sale comme un torchon de cuisine.

M⁽ᵐᵉ⁾ Adélaïde, que son royal père, Louis XV, appelait « chiffe », signait elle-même ses lettres intimes : « Madame Torchon ».

— Femme *prude* : chipie.

— Femme *révolutionnaire* : tricoteuse (1793).

— Femme *sensible*, entends-tu le ramage ? (Hoffmann.)

On dit aussi : « C'est comme si vous chantiez femme sensible sur l'air de la Codaqui. » C'est-à-dire : je ne veux pas vous écouter.

Femme rit quand elle peut, et pleure quand elle veut.

> ...Qu'une femme pleure, une autre pleurera ;
> Et toutes pleureront tant qu'il en surviendra.
> (Desrouceaux.)

> Ut flerent oculos erudiere suos.
> (Ovid.)

Les femmes, dans le partage des sexes, eurent une case de moins dans la tête et une fibre de plus dans le cœur. (Sévigné.)

— Femme *volontaire.*

Ce que femme veut, Dieu le veut.

> Ce que veut une femme est écrit dans le ciel.
> (La Coterie.)

L'entêtement des femmes est passé en proverbe, et Montaigne, à ce sujet, raconte l'anecdote de cette femme qui appelait son mari « pouilleux ». Pour la punir il la jeta à l'eau ; mais, ne voulant pas en avoir le démenti, elle élevait encore les mains au-dessus de l'eau, faisant le geste de tuer des poux.

Une femme impérieuse s'appelle *virago,* mot latin qui signifie « je fais l'homme », surnom de Minerve et de Diane.

On dit aussi qu' « elle porte les culottes ».

— La nature se trompe quelquefois, en donnant aux femmes une énergie toute virile.

Les Autrichiens appelaient Marie-Thérèse « notre Roi ».

Voici un distique qui peint bien l'opposition des caractères d'Élisabeth d'Angleterre et de son successeur Jacques :

> Rex fuit Elisabeth, nunc est regina Jacobus;
> Error naturæ sic in utroque fuit.

> Ne souffre à la femme, pour rien,
> Mettre son pied dessus le tien ;
> Le lendemain, la bonne bête
> Voudra le mettre sur ta tête.

— L'homme a une valeur numérique qui a besoin de la femme pour se décupler. Si l'homme est seul, il n'est que 1. Joignez-y la femme ; vous avez la famille, il devient 10. Mais si vous placez la femme au-dessus de l'homme, vous intervertissez l'ordre, et au lieu de 10, vous avez 0,1.

Femmelette, diminutif de *femme.*

Homme efféminé. Expression de mépris. (Voy. *petit-maître.*)

Fena, en provençal, signifie mauvais sujet.

Horace a dit, en parlant d'un homme dangereux :

Fœnum habet in cornu, longe fuge.
(Sat. I, 4.)

Cette expression s'appliquait aux médisants et aux railleurs.

Le proverbe venait de ce que, quand un bœuf était vicieux, son maître devait lui attacher aux cornes une poignée de foin, pour avertir les passants.

— O petit mignon, tu nous as baillé foin aux cornes. (Rabelais, I, 12.) C'est-à-dire : Tu t'es moqué de nous, il faut se méfier de toi.

Fendeur de naseaux. Bringuenarilles. (Rabelais.) Un coupeur de nez ; un rodomont.

Féniens, société de patriotes irlandais (1866).

De *Fénius*, chef phénicien, descendant de Magog, qui a enseigné les arts, l'écriture et la langue Erinack qui se parle encore en Irlande.

Ou du génitif *Fiona*, qui nous est arrivé sous la forme altérée de *Fingal*, nom célèbre dans les légendes (?).

Fer, du latin *ferrum*.

Le fer, par ses nombreux oxydes colorés, a été appelé « le peintre de la nature ».

— Il faut battre le fer pendant qu'il est chaud.

Il faut saisir l'occasion ; on ne fait bien les choses que si on les fait à temps, de même que le fer n'est malléable que lorsqu'il est chauffé.

Oportet ferrum tondere dum rubet. (Sénèque.)

Cel fabrega fer freg,
Qui val far ses dan son pro.
(Rambaud le Vacheiras.)

(Il forge fer froid, celui qui veut prou sans dommage.)

Férié, du latin *feria*, jour de repos, fête.

Les jours de fête, on immolait (*ferire*) des victimes.

En France, aujourd'hui, les jours fériés sont les dimanches, Noël, l'Ascension, l'Assomption, la Toussaint, Pâques, la Pentecôte et la Fête nationale.

Ferlampier, homme de rien.

De *frère lampier*, ou lampiste, chargé de l'entretien des lampes dans les couvents.

Ferme, du latin *firmare*, affirmer.

Domaine exploité par un fermier, en vertu d'un bail.

Le bailleur *affirmait* qu'il abandonnait la gestion ou exploitation au fermier pour toute la durée du bail.

Ferré, chemin ferré ; garni de cailloux, macadamisé.

> Ves un camin gran e ferrat.
> (Roman de Jaufre.)

(Vers un chemin grand et ferré.)

Férule, de *ferire*, frapper, qui a donné *ferulam*.

Sorte de plante ombellifère, dont les anciens se servaient pour corriger les écoliers.

> Ferulæque tristes, sceptra pædagogorum.
> (Martial, X, 62.)

Fesses, du latin *fissas*, fendues. Les Latins disaient *clunes*.

Le développement de cette partie charnue du corps est un des caractères distinctifs de l'homme.

Synonymes : les jumelles, les deux sœurs, les inséparables, les beautés occidentales.

— Fesse-mathieu : avare, usurier. (Voy. *mathieu*.)

— S'en battre les fesses : s'en moquer. (Ultra-trivial.)

> Le roi dit : « Je m'en bats les fesses. »
> (Scarron.)

— Les coussinets qui se mettent les premiers à table et se lèvent les derniers du lit. (Gabr. Meurier.)

Festin, du latin *festinum*, de fête.

Montmaur le parasite tirait ce mot de *festinare*, pour indiquer qu'il ne faut jamais faire attendre un dîner.

— Les festins de Trimalcion, de Balthazar, de Lucullus, les noces de Gamache, sont célèbres.

— César, après ses victoires, fit servir à dîner au peuple romain, et vingt-deux mille tables à trois lits furent dressées ; d'où il résulte que le nombre des convives devait être d'environ deux cent mille. (Plutarque.)

— Au banquet du couronnement d'Alexandre, empereur de Russie (9 septembre 1856), il y avait deux cents bœufs, vingt mille moutons, quinze cents cochons, cent cinquante mille volailles, etc.

(Voy. *gala, inauguration, régal, ripaille*.)

Festival, de *fête*, solennel.

Saint Bernard s'en est servi dans ses sermons, et on trouve au Livre des Rois : *jurs festivals*, pour jours de fête.

Al jur festival de lur pascha. (Luc, II.) Au jour solennel de leur Pâque.

— *Festival* s'est embarqué avec Guillaume le Conquérant. Tout récemment il a repassé la Manche et nous est revenu avec la signification de « fête musicale ».

Fête, du latin *festum.* (Voy. *férié.*)

— Les quatre fêtes solennelles ou canoniques de l'année : Pâques, la Pentecôte, la Toussaint et Noël, qu'on désigne sous le nom de « bonnes fêtes », dans le midi de la France.

Elles s'appelaient autrefois les « fêtes années » :

Une grande serviette de fine batiste, servant à offrir le pain bény les quatre festes années. (*Inventaire de saint Ursin de Bourges.*)

— Fêtes *mobiles* : celles qui ne se célèbrent pas tous les ans à la même date, parce qu'elles sont réglées par celle de Pâques, qui arrive le dimanche qui suit la pleine lune de mars.

Ces fêtes sont : Pâques, l'Ascension, la Pentecôte, la Fête-Dieu.

— Fête *mangeoire* se dit, dans l'ouest, pour une réunion où l'on a occasion de bien ou beaucoup manger.

En Provence, Noël est la « fête des mâchoires et du ventre ».

— Ce n'est pas tous les jours fête. *Non semper erunt saturnalia.* (Sénèque.)

Les Provençaux disent : *Es pas tout l'an calène;* ce n'est pas Noël toute l'année.

La fête de Noël, en Provence, dure trois jours, que l'on passe littéralement à table. Le 24 décembre, a lieu le « gros souper », ou réveillon, le plus grand festin de l'année, accompagné de nombreuses traditions païennes.

Faire calène, c'est célébrer Noël par la bonne chère.

— Il n'y a pas de bonne fête sans lendemain.

Ils sont passés, ces jours de fête !

(Malherbe.)

Fétichisme, du portugais *feitiso,* enchantement, sortilège ; mot importé sans doute des côtes occidentales d'Afrique.

C'est la pire de toutes les religions.

Les peuplades du centre de l'Afrique, les tribus sauvages des Amériques et de l'Océanie adorent encore au XIXe siècle leurs gris-gris, manitous, etc., idoles grotesques ou horribles, auxquelles leurs prêtres, appelés griots, etc., continuent d'immoler des victimes humaines.

Feu, du latin *focum*, âtre, foyer.

> En la grande cambre célée
> Tu fais le fus à cheminée.
> (JOUVAIX, *Glossaire*.)

— *Ur*, qui signifie *feu* en chaldéen, se retrouve dans *urere*.
— Feu de broche, d'enfer : grand feu.
— Feu de paille : chose de peu de durée.

> Mon amour est un feu de paille,
> Qui luit et meurt en un instant.
> (SARRAZIN.)

— Feu follet, chandelle des morts dans le Berry.
Flamme légère qui voltige quelquefois dans les marécages et les cimetières, et qui est due à la combustion spontanée, au contact de l'air, des gaz phosphorés qui résultent de la décomposition des matières organiques.

— Avoir le feu sacré : avoir la passion de son art.
Vesta, déesse du feu, était adorée dans un temple de forme ronde, au milieu duquel se trouvait l'autel où les Vestales entretenaient sans cesse le feu sacré. La forme arrondie du temple était le symbole de l'univers, dont le milieu, selon Pythagore, était occupé par le feu. (Plutarque.)

— L'art de se procurer le feu est le premier indice de civilisation.
Les Indiens font du feu en frottant l'un contre l'autre deux morceaux de bois dur (buis et mûrier, laurier et lierre). Ils affilent en pointe le morceau qu'ils tiennent à la main et le frottent vivement sur l'autre, de manière à y creuser une rainure. Le frottement développe le calorique latent du bois et finit par l'enflammer.

Les forgerons battent deux ou trois coups de marteau sur un morceau de fer doux, et la percussion l'échauffe au point qu'il peut embraser une allumette soufrée.

— Je le maintiens jusqu'au feu exclusivement.
Rabelais se sert souvent de cette expression familière, par allusion à l'horrible usage de brûler ceux qu'on appelait hérétiques.

— Bon à jeter au feu.
Tout arbre qui ne produira pas de fruit sera coupé et jeté au feu. (*Évangile*.)

Un ami de Malherbe avait fait écrire sur sa cheminée une mauvaise devise. Il demanda au poète ce qu'il en pensait : « Il fallait, dit Malherbe, la mettre un peu plus bas. »

— Être sans feu ni lieu : sans domicile, sans famille.

Ici, *feu* signifie famille, ménage logé dans une habitation.

De là vient la locution « rentrer dans ses foyers », qui a le même sens que « regagner ses pénates ».

— Bouche (*Histoire de Provence*) dit que les États de Provence, pour établir les tailles et les impôts d'une manière équitable, ont divisé la Provence en feux. Chaque feu contient un terrain estimé 50.000 livres, et on en compte 3.037. Si un lieu n'était estimé que 25.000 livres, il ne comptait qu'un demi-feu.

— Le feu purifie tout, c'est l'emblème de la purification.

La Chandeleur, fête chrétienne, a été instituée en mémoire de la purification de la Vierge (2 février).

Les nombreuses chandelles de cire allumées ce jour-là expliquent son origine.

— Le chancelier Voisin ayant appris qu'un grand criminel avait, par des intrigues, obtenu des lettres de grâce, dit à Louis XIV qu'il ne les signerait pas. Le roi l'ayant exigé, Voisin repoussa les sceaux en disant : « Ils sont souillés, je ne les reprends plus. » Louis XIV jeta les lettres au feu. « Je les reprends, dit le chancelier ; le feu purifie tout. »

Feu, adjectif ; du latin *fuit*, il a été.

Dans certains pays, on dit *de feu*. Rabelais écrit *feust*. (Liv. IV, c. 17.)

Feu ne se met au féminin devant un nom de ce genre, que s'il est précédé de l'article. On l'a mis quelquefois au pluriel, ce qui montre bien qu'il vient du parfait *fuit*, il fut (?).

— *Feust*, pour *feu* (qui fut) était autrefois employé pour *mourut*.

> Cy-gist, repose et dort léans
> Le feu évesque d'Orléans,
> Qui feust l'an mil cinq cent et vingt
> De la vérole qui lui vint.
> (MAROT.)

— Pour ce que ceste syllabe (mort) frappoit trop rudement leurs oreilles, ...les Romains avaient appris de l'amollir ou estendre en périphrases ; au lieu de dire : il est mort ; il a cessé de vivre, disaient-ils, il a vescu. Pourveu que ce soit vie, soit-elle passée, ils sont contens. (Montaigne, I, 20.)

Les Latins disaient *vixit*, il a vécu. Par suite de leur horreur pour la mort, le nombre XVII était réputé néfaste, parce que ce nombre, en chiffres romains, peut, si on intervertit les lettres, donner VIXI (J'ai vécu).

— On appelle *feux*, au théâtre, un supplément accordé à certains acteurs, en sus des appointements, pour chaque représentation.

Autrefois on donnait aux chanteurs de l'Opéra, aux principales fêtes de l'année, du pain et du vin, à titre de gratification. Vers la fin du XVIIIe siècle, ils demandèrent qu'elle fût remplacée par des bougies pour éclairer leurs loges. On dit alors : donner des feux.

Feuille, du latin *foliam*, pour *folium*.

La feuille de vigne. — Les docteurs mahométans disent que le fruit défendu à Adam et à Ève fut la banane, ou figue d'Inde. En ayant goûté, ils s'aperçurent de leur nudité et la voilèrent avec les feuilles de cette plante, dont les dimensions étaient aptes à l'envelopper.

Fève, du latin *fabam*; provençal *fava*.

Manjavan gros pan et fevas ain sal.
(*Vie de saint Honorat.*)

(Ils mangeaient gros pain et fèves avec du sel.)

— Le roi de la fève : roi du festin, élu par le sort.

Les Grecs se servaient de fèves pour élire leurs magistrats. La cérémonie du roi de la fève nous vient du repas des Saturnales, où les convives se partageaient un gâteau qui contenait un denier, et saluaient roi celui qui le trouvait dans sa part, en criant : « *Phœbe domine !* » comme on crie : « Le roi boit ! »

Cette invocation à Phébus s'est conservée en France jusqu'au XVIIe siècle, et de *Phœbe domine* est venu *roi de la fève* (?).

— Les anciens attribuaient à la fève de singulières propriétés. Ils croyaient que l'odeur qui s'exhale d'un champ de fèves rendait fous ceux qui la respiraient.

Les fleurs des fèves se développent au mois de juin, époque du solstice, où les chaleurs doivent agir le plus vivement sur les cerveaux faibles.

Cum faba florescit, stultorum copia crescit.

Quand les fèves sont flories,
Sotz commencent leurs folies...
(*Rabelaisiana.*)

— Pythagore défendait à ses disciples de manger des fèves, parce qu'il croyait que les âmes avaient pu passer dans ce végétal par la métempsychose.

C'est pourquoi Horace (Sat. I, 6) dit plaisamment : *Faba Pythagorœ cognata*, la fève cousine de Pythagore ; et Rabelais (*Prol. liv. V*) : Pythagore qui fut roy de la febve, tesmoing Horace ».

Février, du latin *februarium*.
Dans ce mois, les Romains célébraient des fêtes expiatoires, *februalia*, de *februare*, purifier, expier.

> *Februa Romano dixere primaria patres.*
> (Ovide, *Fastes*.)

L'Église catholique célèbre le 2 février la purification de la Vierge.
— Février, le plus court et le pire de tous.

Fi ! Interjection marquant la répulsion.
Onomatopée qui imite le souffle qu'on pousse naturellement quand une odeur puante frappe l'odorat.
On a appelé « maître fifi » le vidangeur, qui, par la nature de son état, conserve une forte odeur...

Fiacre, nom d'homme (saint irlandais).
Un nommé Sauvage obtint, en 1650, le privilège d'établir des voitures publiques à Paris. Elles se louaient au prix de cinq sous l'heure. Il s'établit à l'hôtel Saint-Fiacre.
— Le fiacre est le corbillard de la vertu des femmes.

Fiancer, du latin *fidentiam*, assurance de sa foi.
En roman *fermar* :

> *El escrit' a s'amia :*
> « *No duptes, ma fermada.* »

Il crie à son amie : « Ne craignez pas, ma fiancée. » (*Fierabras.*)

Fiasco, italien *fiasco*, flacon.
— Faire fiasco : ne pas réussir.
On pense que ce dicton est venu de ce qu'un apprenti verrier, ayant la prétention de souffler une dame-jeanne, n'a pu faire qu'un flacon. Mais l'expression n'existe pas en italien.

Ficelle, *filicellum*, diminutif de *filum*, petit fil.
— En terme d'art, procédé pour arriver au but en dehors des règles ordinaires.
— S'emploie aussi pour désigner un homme rusé, retors, un peu fripon, un chevalier d'industrie.

> Cadet-Roussel a trois garçons :
> L'un est voleur, l'autre fripon,
> Le troisième est un peu ficelle.
> (*Chanson*, 1793.)

Fidélité, de *fidelem* (*fides*, foi).
Vertu dont le deuil se porte en jaune.

> Si la fidélité s'était jamais perdue,
> C'est dans le cœur des rois qu'il la faudrait chercher.
> (LE ROI JEAN.)

Fieffé, dérivé de *fief*, bas-latin *feodum*.

Ce mot désignait autrefois quiconque tenait un droit à condition de foi et d'hommage. Le seigneur récompensait les services d'un vassal par le don d'un fief.

Un tailleur fieffé était celui qui tenait du roi le droit de tailler les monnaies.

On dit aujourd'hui dans un sens ironique : ivrogne, voleur fieffé ; comme si le personnage en question avait reçu en fief le défaut attribué.

Rabelais appelle « goutteux de franc-alleu » un ivrogne fieffé.

Fier, latin *fidere*, se fier, avoir confiance.

On dit, dans le Berry, d'un homme peu loyal, en jouant sur une demande du *Pater* (*fiat voluntas tua*) : « Il n'y a pas de *fiat* dans son *Pater*. »

Fier, adjectif ; du latin *ferum*, sauvage.

De *fier*, vient faraud, pour *fiéraud* (?) élégant, fier de ses beaux habits.

Jaubert donne cette étymologie, en faisant remarquer qu'il s'y ajoute une teinte de ridicule.

— Fier comme Artaban (voy.), comme un Castillan, comme un paon (voy.), comme un pou sur gale, comme un coq sur son fumier. (Voy. *Rodomont*.)

— Fier-à-bras, qui frappe avec le bras, pour *fiert*, 3ᵉ personne du verbe *férir*, frapper.

Guillaume Fier-à-Bras (bras de fer), frère de Robert Guiscard qui conquit la Sicile.

C'est aussi le nom d'un géant qui combattit contre Olivier.

Fier-à-Bras, lequel fut vaincu par Olivier, pair de France, compagnon de Roland. (Rabelais, II, 1.)

Au figuré : fanfaron qui veut se faire craindre par des menaces, des bravades.

Fièvre, du latin *febrim* (de *fervere*, bouillir).

Dans les campagnes on dit, comme autrefois, les fièvres.

Tes fortes fiebvres quartaines qui te puissent esponser. (Rabelais, V, 12.)

— Que la fièvre quarte t'étouffe !

La fièvre quarte, qui revient le quatrième jour, est la plus tenace de toutes les fièvres. L'imprécation ci-dessus est fort ancienne ; on en trouve de nombreux exemples dans Rabelais et dans le *Livre des quatre Dames*, d'Alain Chartier.

— Tomber de fièvre en chaud mal : de mal en pis.

Fiferlin, la cent millionième partie d'un cheveu fendu en quatre.

Quantité extrêmement petite.

On appelait *fiferlin* une monnaie qui valait le quart d'un denier.

Fignoler, raffiner, vouloir surpasser les autres par la finesse, la perfection de son travail.

Figue, du latin *ficum*.

— Faire la figue à quelqu'un. Signe de mépris qui consiste à montrer le pouce placé entre le médius et l'index.

« L'ung d'eulx, voyant le portraict papal lui fist la figue, qui est en iceluy pays signe de contemnement et dérision manifeste. » (Rabelais, IV, 45.)

Ce proverbe vient de ce que, en 1162, l'empereur Frédéric Ier ayant pris Milan, ordonna, en réparation d'un outrage fait à sa femme, que « les nobles Milanais tireraient avec les dents une figue placée au fondement d'une vieille mule ».

Sismondi nie cette origine. (Voy. *Biographie Michaud, Béatrix*.)

> Preno'l sordeis c'avien soanat,
> Aissi com fes lo Lombard de las figuas.
> (R. de Miraval.)

(Prennent la souillure qu'ils avaient méprisée, comme le Lombard fit des figues.)

C'était une grande injure de présenter aux Milanais le poing, en faisant ressortir le pouce. La locution et le geste qui l'accompagne sont encore une raillerie injurieuse.

> C'est l'ancre qui la nef arreste
> Et faict la figue à la tempeste.
> (Forcadel.)

> Qui aux quarante fait la figue.
> (Sat. Ménippée.)

Figuier, du latin *ficarium*.

Le figuier était consacré à Priape, à cause de sa grande fécondité. Son bois servait à faire des statues de ce dieu.

Olim truncus eram ficulnus.
(Horace, *Sat.* I, 8.)

— Feuille de figuier. (Voy. *feuille*.)

Figure, du latin *figuram*; de *fingo*, façonner.
— On appelle figure hétéroclite, une figure laide et bizarre; figure patibulaire, celle sur laquelle la nature a écrit : « Méfie-toi de cet homme-là »; figure de carême, un visage pâle et maigre; figure de déterré, même sens.

Fil, du latin *filum*, qui se rapproche de *hilum*, peu de chose.
— Sa vie ne tient qu'à un fil. Expression empruntée à la fable des Parques ou de l'épée suspendue à un crin sur la tête de Damoclès.

Omnia sunt hominum tenui pendentia filo.
(Ovide.)

(Toutes les choses humaines ne tiennent qu'à un fil bien mince.)
— Fil d'Ariane. Employer un moyen pour se guider sûrement dans une entreprise difficile, comme fit Thésée qui, après avoir tué le Minotaure, sortit du Labyrinthe au moyen du fil que lui avait remis Ariane.
D'où la locution : avoir le fil.
— Suis le fil : tu iras jusqu'au peloton. (Proverbe russe.)
— Fil : tranchant. Passer au fil de l'épée.
— Opposé à *morfil* : fil émoussé.

Filer des jours heureux.
Puissent les Parques vous filer des jours d'or et de soie !

Vos jours, filés d'or et de soie,
S'écouleront tous dans la joie.
(P. de Craon.)

— Filer un mauvais coton : être malade ou compromis.
— Filer doux : devenir souple et humble.

Le dieu des braves fila doux.
(Scarron, *Gigantomachie*.)

Fille, du latin *filiam*, féminin de *fils*.
— C'est un mot injurieux, pour désigner une femme qui fait de l'amour métier et marchandise.
On sera moins étonné du sens malhonnête donné à ce mot, si on se rappelle que le mot latin *puta* et son diminutif *putilla*, qu'on

trouve dans Horace (?) (Sat. II, 3, v. 216), et qui est devenu *puta* en italien, signifiait à la fois jeune fille et prostituée. *Puta* était le féminin de *putus*, le petit de l'homme, comme *pullus* le petit de l'oiseau, et *catulus* le petit du quadrupède.

Le féminin de *garçon* a aussi modifié sa signification.

De même, en Languedoc, *gouge* signifie jeune fille.

— Le nom de *filles* s'appliquait à un grand nombre de congrégations religieuses : les filles de l'Assomption ; les filles de Saint-Thomas ; du Calvaire ; dont les noms sont restés à certains quartiers de Paris. Les filles-Dieu, c'est-à-dire de l'Hôtel-Dieu, consacrées au service des hôpitaux.

— Filles de marbre : filles galantes, qui n'ont de dur que le cœur.

L'expression vient de la pièce de Lambert Thiboust et Théodore Barrière, qui porte ce titre.

C'est à Paris que les filles de marbre apprennent péniblement le métier qui les fait riches en une heure. (J. Janin.)

— On appelle filles *perdues* des femmes qu'on est sûr de retrouver tous les jours aux mêmes heures...

— La fille suit le chemin que lui trace sa mère.

Et sequitur leviter filia matris iter.
(PÉTRONE ?)

— La plus belle fille du monde ne peut donner que ce qu'elle a.

Filou, étymologie des plus douteuses.
Voleur à la tire. En anglais *pick-pocket*.

Fils, du latin *filius*.
Il y a le diminutif *fiston* et le synonyme populaire *fieu*.

Filtrer, du bas-latin *filtrum* ou *feltrum*, feutre.
Passer un liquide à travers un feutre pour le clarifier.

Fin : 1° substantif, du latin *finem*, terme, limite ; 2° adjectif, de finir, *finitus* ; délié, spirituel, rusé.

— La fin couronne l'œuvre : *Finis coronat opus*.
La fin justifie les moyens. (Maxime jésuitique.)

En toute chose il faut considérer la fin.
(LA FONTAINE.)

Le mot de la fin : le piquant, le *trait* d'une anecdote, d'un couplet satirique. Tout l'intérêt d'une lettre se trouve souvent dans le *post-scriptum*. *In cauda venenum*.

— **Fin, rusé**, prend quelquefois le sens de fripon.

Synonymes : fin à dorer, fine lame, fin matois, renard, etc.; fin comme l'ambre; fin comme Gribouille, qui se met dans l'eau pour ne pas se mouiller, ...comme une dague de plomb.

Il est trop fin pour servir de doublure.

> Fin contre fin ne vaut rien pour doublure.
> (Fables d'Églantine.)

Le vrai moyen d'être trompé, c'est de se croire plus fin que les autres. (La Rochefoucauld.)

— Plusieurs locutions se rattachent à ce mot :

A cette fin, à celle fin, à seule fin, afin que.

A la fin des fins : finalement.

On disait aussi à la parfin :

> La rose, à la parfin, devient un gratecul.
> (Ronsard.)

— **Fin fond** : le point le plus bas.

> C'est-à-dire, mon cher, au fin fond des forêts.
> (Molière, Fâcheux.)

— *Fine*, précédé de *la plus* : excrément humain.

Finance, du vieux français *finer*, de *finare*, conclure, payer. Synonyme : argent.

— *Finer* s'employait jadis pour terminer, venir à fin, et même pour payer.

Les financiers sont comme les éponges, qu'il faut presser quand elles sont pleines. (Vespasien.)

Finesse, dérivé de *fin*. En a les acceptions.

Idée d'une œuvre sortant de la main de l'ouvrier avec la perfection désirable.

— Intuition des rapports les plus délicats d'une chose.

La pénétration voit loin, la finesse voit clairement et de près.

Ces deux facultés peuvent se comparer au télescope et au microscope.

La finesse est une qualité dans l'esprit, un vice dans le caractère.

Finesse et méchanceté font l'astuce; finesse et fausseté font la ruse.

— Finesses cousues de fil blanc : finasseries. *Vitrea astutia*.

Expression ironique pour indiquer une chose faite grossièrement.

Finir, du latin *finire*, terminer, limiter.

Objet fini : travail accompli, parachevé, fait finement.

— Rien ne fait, qui ne commence et parfait.
Il ne fait rien, qui n'achève rien.
Rien n'est fait, tant qu'il reste quelque chose à faire.

Nil actum reputans si quid superesset agendum.
(Lucain.)

— Tout a une fin. *N, i, ni,* c'est fini.
Tout casse, tout passe, tout lasse.
Omnia orta cadunt. (Salluste.)

Fion, se dit familièrement pour *façon.*
Dernière main, fini donné à un ouvrage.
Donner le fion : lignoter, faire la dernière retouche, qui donne la grâce et l'élégance suprême à un objet d'art.

Firmament, mot savant, du latin *firmamentum.*
Les anciens croyaient le ciel fait d'une matière solide. Le firmament, ou huitième ciel, était de cristal... (Voy. *ciel.*)

Fixer, du latin *fixum,* planté.
Fixer quelqu'un, pour « fixer les yeux sur quelqu'un », est une expression elliptique aussi extravagante que fréquemment employée. Grosse faute. (Littré.)

Fla, radical du latin *flare,* souffler.
D'où : enfler, souffler, flûter, souffleter, gonfler.

Flacon, bas-latin *flasconem.*
Du provençal *flasqui,* bouteille de peau, sac à vin employé en voyage.
Rabelais appelle un flacon de voyage *ferrière,* pour verrière ; de *ferre,* porter, ou de *fer,* bouteille de fer blanc, moins fragile que donne le verre (?).

Lors découvrit sa ferrière :
Et sans mettre le nez dedans,
Beuvoit assez honnestement.

Le col de ces bouteilles appelées par Panurge son *vade-mecum,* était étroit : aussi y buvait-on sans y mettre le nez.
— *Flaconner,* se dit pour boire : « Et tous flaconnèrent si bien. » (Rabelais.)

Flagellation, du latin *flagellum,* fouet, fléau.
La flagellation est un grand remède contre l'impuissance, parce qu'elle excite la circulation du sang.
Meibomius a écrit un traité : *De usu flagrorum in re venerea,* traduit par Mercier de Compiègne.

Dans Rabelais (IV, 43), Panurge jure par saint Thibault, qui était ermite au XIIe siècle, et se flagella beaucoup.

Flageolet, du latin *flagellum*, petite baguette ; ou plutôt de l'ancien *flajol*, de *flautiolum*, dérivé de *flare*.

— On appelle *flageolets*, les haricots nouvellement écossés.
Ce nom présente un exemple de corruption assez plaisant.
Du latin *phaseolus*, on a eu *fayol*, *fasol*; d'où le diminutif *fasolet*. Le langage des halles changea *fasolet* en *flageolet*.

Flagrant délit (Il n'y a pas de feu sans fumée), de *flagrante delicto* : le délit est brûlant.

Flairer, c'est aspirer l'odeur ; *fleurer*, c'est l'exhaler.
C'est dans ce sens que Molière appelle son apothicaire « M. Fleurant ».
Il y a dans *fleurer*, une réminiscence de *fleur*, qui ne se trouve pas dans *flairer*.
Le peuple dit encore *fleurer* pour *flairer*.

Flamber, probablement de *flambe*, du latin *flammulam*, petite flamme.
Jeter des flammes : brûler. D'où flambeau.
— Un homme flambé : qui n'a que peu à vivre, perdu.
Vient peut-être de l'ancien usage de brûler les morts.

Flamberge. Étymologie allemande : défense du côté.
Mettre flamberge au vent : tirer l'épée pour se battre.
— L'épée de Renaud, l'un des quatre fils Aymon, s'appelait *Flamberge*, nom qui est resté longtemps à une sorte de grande épée de combat, et qui a aujourd'hui un sens ridicule.

Flanc. Étymologie incertaine. *Flaccus*, mou ?
Les deux côtés du corps, du défaut des côtes jusqu'aux hanches.
— Se battre les flancs. Le lion se bat les flancs avec sa queue pour s'exciter au combat.
— Ironiquement : faire de grands efforts pour n'arriver qu'à un maigre résultat.

Flandrin, de *Flandre*, flamand.
Sobriquet injurieux qu'on donne à un homme grand, maigre et mal tourné. C'est le *longus homo* de Catulle.
Notre grand flandrin de vicomte. (Molière.)
— Les maquignons appellent *flandrins*, les chevaux flamands, maigres et allongés.

Flatter, du vieil allemand *flat*, plat, aplatir (plutôt que du fréq. *flatare*, enfler).

— Qui flatte, gratte.

— La flatterie est une maladie de l'amitié.

Si la peste était sur le trône, les flatteurs la feraient descendre de la santé. (Napoléon.)

> Si l'empereur faisait un pet,
> Geoffroy dirait qu'il sent la rose,
> Et le Sénat aspirerait...
> A l'honneur de prouver la chose.

Quand tu rencontres un personnage puissant sur un âne, dis-lui : « Monseigneur, quel bon cheval vous avez là ! »

> Tout flatteur vit aux dépens de celui qui l'écoute.
> (La Fontaine.)

L'amour-propre puise sa force en ce qu'il nous flatte toujours.

La flatterie est comme la fausse monnaie : elle appauvrit celui qui la reçoit. (Mme Woillez.)

Le flatteur est vil, le flatté est sot.

La flatterie est un poison pour les faibles, un sujet de défiance pour les forts, un grand danger pour tous.

Asinus asinum fricat. Un âne en flatte un autre, m. à m. *gratte*. Cela se voit tous les jours, et la vieille gaîté française ne s'en plaint pas.

— Jadis, on appelait un flatteur *casnard*, qui est devenu *canard*, dans le sens de tromperie.

Fléau, du latin *flagellum*. D'abord *fléel*.

On appelle les conquérants les « fléaux de Dieu ». C'est une insulte à Dieu. Il faut dire « fléaux » tout court ; et, si l'on doit leur reconnaître une mission extra humaine, c'est « suppôts de l'enfer » qu'il faudrait les nommer.

Flegme, du grec *phlegma*, pituite (ce qui est brûlé).

Par antiphrase : esprit, caractère froid.

> Mais ce flegme, monsieur, qui raisonne si bien,
> Ce flegme pourra-t-il ne s'échauffer de rien ?
> (Molière.)

Fleur, du latin *florem* ; d'où : faire florès.

— La fleur de l'âge : la jeunesse.

— La fleur des pois : l'élite de... (ironique).

— Le plus beau fleuron de la couronne : la plus belle province.

— Qui peint la fleur, n'en peut peindre l'odeur.

Qui pingit florem, non pingit floris odorem.

Allusion aux hypocrites, dont les qualités simulées se trahissent à l'absence du parfum agréable de la vertu.

— Fleur d'orange. On a critiqué cette expression, sous prétexte que la fleur n'étant pas sur l'orange, mais sur l'oranger, il fallait dire : de la fleur d'oranger.

On peut répondre que fleur d'*orange* se dit pour fleur d'*oranger*, parce que *orange* s'est dit pour *oranger*, comme *olive* pour *olivier*, dans l'expression *Jardin des Olives*, et dans l'ancienne locution *rameau d'olive*.

On a dit aussi fleur de *grenade* pour fleur de *grenadier*.

Un bouquet de jasmin, de grenade et d'orange.
(Corneille, Menteur.)

Orange, pour oranger, nous est resté dans cette expression, qui se dira longtemps encore, quand même la locution ne serait pas justifiée, et ne fût-ce que par respect pour nos anciens, qui n'employaient pas les mots sans en connaître la valeur. Nous pouvons, sans nous compromettre, user d'une expression qu'ont employée Malherbe, Fénelon, M⁽ᵐᵉ⁾ de Sévigné et Voltaire.

Rabelais (IV, 7), dit que « les truyes en leur gésine ne sont nourries que de fleurs d'orangiers ». Il veut parler de la fleur elle-même.

Mais dans la locution *fleur d'orange* il ne s'agit pas de la fleur, mais *du* fleur, pour senteur, qui ne désigne pas *florem*, mais *odorem*.

FLEURS EMBLÉMATIQUES OU ALLÉGORIQUES :

Aloès, amertume.
Amandier, étourderie.
Amarante, immoralité.
Aubépine, espérance.
Balsamine, impatience.
Blé, richesse.
Fenouil, force.
Grenade, valeur.
Immortelle, génie.
Lierre, amitié.
Lis, majesté.
Marronnier, luxe.
Myosotis, souvenir.
Narcisse, égoïsme.
Olivier, paix.
Pâquerette, innocence.
Pavot blanc, souvenir.
Pensée, pensée.
Réséda, mérite modeste.
Rose, beauté.
Sauge, estime.
Sensitive, pudeur.
Soleil, fausse richesse.
Souci, chagrin.
Tubéreuse, ivresse.
Valériane rouge, gaîté.

— Dans l'antiquité, le buis était consacré à Cérès ; le lierre, à Bacchus ; le chêne, à Jupiter ; le myrte, à Vénus ; le laurier, à Apollon ; l'olivier, à Minerve.

Fleurette. Conter fleurette ; en latin *rosas loqui*.
Parler en style fleuri, avec des fleurs de rhétorique :
Blandiri auribus. (Pline le Jeune.) Flatter l'oreille.
Voltaire a dit : « L'oreille est le chemin du cœur..., conter fleurette, c'est tromper, séduire une femme par des propos galants, des discours flatteurs. » D'où : faire florès, obtenir des succès (?).
On trouve dans les vieux auteurs : dire, écrire fleurettes. Le mot anglais *flirt* est l'équivalent de ces escarmouches amoureuses.

Flibustier, hollandais *vrei buiter*, franc butineur.
Corsaires qui ravageaient les mers des Antilles.
Nom d'une sorte de navires anglais, sur lesquels, après s'en être emparés, les premiers aventuriers français de l'île de Saint-Domingue faisaient leurs courses.

Floc, du latin *floccum*, petite touffe qui voltige.
Dérivé de *flare*, souffler.
Le diminutif est *flocon*.

Flon-flon, refrain d'un vaudeville de 1687, dont voici un couplet rapporté par La Monnoye *(Glossaire des Noëls)* :

> Si la femme est méchante,
> Apprends-lui la chanson.
> Voici comme on la chante
> Avec un gros bâton ;
> Flon-flon, larira dondaine
> Flon-flon, larira dondon.

Floraux (Jeux). Les jeux floraux furent institués à Toulouse, en 1314, par sept amateurs de poésie. C'est la plus ancienne académie de l'Europe. Les prix décernés sont : une fleur de violette, une églantine et un souci en vermeil. La fête se célèbre le 1er mai. Celui qui remporte le 1er prix est nommé bachelier ; lorsqu'un candidat a remporté les trois prix, il est nommé docteur en gaie science.
Le premier concours eut lieu en 1324, et Arnaud Vidal, de Castelnaudary, reçut, le 3 mai, jour de la fête de Sainte-Croix, le gauc ou souci d'argent, fleur emblématique dont le nom gaulois *gauc* signifie joie, et qui servait de prix à la gaie science.
Vers 1540, une dame noble, Clémence Isaure, légua à la ville de Toulouse la plus grande partie de ses biens pour perpétuer ces jeux et fonder des prix qui devaient être distribués chaque année,

le 3 mai, sous forme de fleurs d'or et d'argent, aux auteurs des meilleures pièces envoyées au concours.

Les jeux floraux furent érigés en académie, et le nombre des membres fixé à quarante.

Flore, du latin *flora* : déesse des fleurs.

Elle épousa Zéphire, qui lui conserva sa première jeunesse, en la faisant jouir d'un printemps perpétuel.

Flot, du latin *fluctum*, flot ; d'où flotter, fluctuation.
Au pluriel et au figuré, signifie grande abondance.
Des flots de larmes, …d'éloquence

…Juvénal, de sa mordante plume,
Faisait couler des flots de fiel et d'amertume.
(Boileau.)

Flotter, de *fluctuare*.
Esprit flottant : hésitant, irrésolu.

Son cœur, toujours flottant entre mille embarras,
Ne sait ni ce qu'il veut, ni ce qu'il ne veut pas.
(Boileau.)

Flou, du latin *fluidum* (?) ; ou bien plutôt de l'allemand *flau*, faible ; d'où flouet, puis fluet.

Employé dans les arts avec la signification de lâché, peu arrêté, noyé mollement dans des tons vaporeux.

Flûte, verbal du vieux français *flaûter*, transposition pour flatuer, de *flare*, souffler.

— Accorder ses flûtes : s'entendre sur ce qu'on doit faire.

Et vous, fillons fieffés, ou je me trompe fort,
Mettez pour me jouer vos flûtes mieux d'accord.
(Molière, Étourdi.)

En argot, on appelle un juge de paix « accordeur de flûtes ou de vielles ».

Je veux qu'on me coupe la teste, si je ne vous mets d'accord avec le docteur, comme le bois de quoi on fait les vièles. (*Comédie des Proverbes.*)

— *Flûte* sert ironiquement à désigner des jambes minces, dont l'os, à peine recouvert, joue un rôle trop apparent. Cet os est, en effet, désigné chez les Latins sous le nom de *tibia*, flûte.

— Ce qui vient de la flûte retourne au tambour.

Un vieux proverbe dit : D'injuste gain, juste daim (perte).
Bien volé ou mal acquis, ne profite pas.

— Il souvient toujours à Robin de ses flûtes. (*Moyen de parvenir.*)

Pour l'origine de ce proverbe, voir la 78ᵉ des *Cent nouvelles nouvelles : La Musette*.

Flûter, boire. On dit aussi : jouer de la flûte des Allemands ; d'un verre allongé, qui contient une chopine.

   La flûte dont le dieu Mercure
  Se servit autrefois pour endormir Argus,
    Fut, par le conseil de Bacchus,
    Un verre de bonne mesure.
Argus, heureux berger, ah ! que ton sort fut doux,
    Si, profitant de l'aventure,
Pour fermer les cent yeux tu bus jusqu'à cent coups !

Flux, du latin *fluxum*, de *fluere*, couler.

Mouvement des eaux de la mer, qui se fait des tropiques vers les pôles.

Le reflux est le mouvement inverse.

Au mont Saint-Michel, le flux s'élève de 80 pieds, et, sur certains fleuves, il remonte à plus de 40 lieues dans les terres.

Le repos, d'un quart-d'heure environ, entre la marée montante et la marée descendante, s'appelle « pleine mer ».

— Synonymes de *flux* : flot, barre, mascaret, marée montante, haute mer.

Reflux : jusant, èbe, marée descendante, basse mer.

— Flux de paroles, se prend en mauvaise part ; bavardage.

Voltaire a employé l'expression *logodiarrhée*, locution créée par Athénée pour signifier : paroles que la réflexion n'a pas digérées.

On emploie *flot*, dans le style élevé ; et l'on a souvent comparé une éloquence entrainante au cours impétueux d'un fleuve.

Saint Jérôme appelle Saint Hilaire *L... inæ eloquentiæ Rhodanus*: le Rhône de l'éloquence latine. De même, Fortunat (*Vie de saint Martin*) emploie l'expression *Rhodano torrentior amplo* : plus entrainant que le grand Rhône.

Foi, du latin *fidem*, provençal *fes*.

Fes ses obre es morta. Foi sans œuvre est morte.

De *fides* viennent : fidèle, féal, se fier, confiance, fiancer, etc.

— *Foi punique* : mauvaise foi.

Fides punica. (Salluste.)

Græca fides, perfidie grecque. (Cicéron.)

N'avoir ni foi ni loi, ni frein ni lien, ni feu ni lieu : être sans religion, sans probité, sans asile.

   Qui méprise Cotin, n'estime point son roi,
  Et n'a, selon Cotin, ni Dieu, ni foi, ni loi.
        (BOILEAU.)

Les martyrs de la foi employaient ordinairement cette devise : *Potius mori quam fœdari*.

— **La foi du charbonnier.** — On entend par là une foi robuste et naïve, qui se soumet sans restriction à l'autorité de l'Église.

La légende conte que le diable, voulant tourmenter la conscience d'un pauvre charbonnier, qui vivait seul au milieu d'une forêt, lui dit : « Que crois-tu ? — Je crois ce que l'Église croit, répondit le charbonnier. — Et l'Église, que croit-elle ? — Ce que je crois. » Le diable se retira confus.

Foie, de *ficatum* (*jecur*).

Foie d'oie engraissée de figues.

Pinguibus et ficit pastum jecur anseris albi.
(Horace, *Sat.* 2.)

Ce mot, qui chez les Latins était un terme de cuisine, est devenu terme courant.

Les anciens considéraient le foie comme le siège de l'amour. (Horace, *Odes* IV, 1. — I, 25, 13.)

Foin, provençal *fen*, latin *fœnum*.

— Avoir du foin dans ses bottes : être riche.

Cette locution est l'opposé de l'expression *houspailler* (Rabelais, II, 30), qui signifiait houzé (ou botté) de paille ; misérable qui, n'ayant pas de foin à mettre dans ses bottes, et n'ayant pas même de bottes de cuir pour se garantir du froid et de la boue, s'en fait avec de la paille. Usage conservé dans certaines provinces.

X... a du foin dans ses bottes, maintenant que son oncle est mort, mais il est homme à tout manger.

— *Foin !* interjection de mépris, de dégoût, qu'on trouve chez La Fontaine et Molière.

Dans le Berry, on écrit *fouin*, venant de fouine (?), animal qui, à raison de sa mauvaise odeur, a occasionné l'expression « puer comme une fouine ».

L'interjection *foin !* se rapporte donc comme *pouah !* à l'idée de puanteur.

Foire, du latin *feria*, fête ; provençal *fièra* ; ou de *forum*, place publique, où se tiennent les marchés (?).

— La foire n'est pas sur le pont : inutile de se presser.

Une ancienne coutume autorisait les marchands, après la clôture d'une foire, à continuer leur vente une demi-journée seulement, sur le pont ou dans son voisinage.

— **Foire** : déjection ; de *foras* (aller dehors).
Il y avait un impôt sur les latrines, appelé *foricularium*.
— **Foyreux** de Bayeux. (Rabelais.)

> Suys-je des foyreux de Bayeux ?
> (Patelin.)

Folie, de *fol*, ancienne forme de *fou* (*follem*, soufflet).
— Faire des folies : des farces folâtres, cascader, faire des bamboches, faire les cent coups.
Les courtes folies sont les meilleures. (Molière, *l'Étourdi*.)

> La p'us courte folie est toujours la meilleure.
> (Charles Blis.)

Il n'y a pas de grand génie sans un grain de folie.
Si chacun doit payer tribut à la folie, heureux celui qui s'acquitte de cet impôt en peu de temps, et rachète ainsi sa liberté pour s'occuper des devoirs sérieux de la vie.
Errare humanum est, perseverare, diabolicum.
— La Folie-Beaujean, la Folie-Méricourt. Nom donné à des villas, par corruption pour *feuillée*.
Semble plutôt avoir désigné un lieu de plaisir comme dans Folies dramatiques.

Folle (vieille) : vieille femme amoureuse.
Érasme, dans son *Éloge de la folie*, dit : « Ces vieilles folles courent le jeune bouc ; elles montrent une gorge flétrie, ridée, se barbouillent le visage de céruse et de plâtre, et tâchent ainsi de réveiller la convoitise. Tout le monde crie : Oh ! les vieilles folles ! et tout le monde a raison. »

Follet, lutin.

> As folletz l'a tout e conquis
> Que l'emportavan en abis.
> (Vie de saint Honorat.)

(L'a enlevé et pris aux lutins qui l'emportaient dans l'abîme.)

Fondre, du latin *fundere*, répandre, dissoudre.
En provençal *fondre* a aussi le sens de détruire, crouler.
Las peiriers fondon las tors. (Girard de Bonneuil.) Les pierriers ruinent les tours.
En lagrimas tota fondia. Elle fondait toute en larmes. (*Passio de Maria*.)
Casteix es fondemens de peccatz. Châtiment est renversement de péché.

Fonds, terres, capital, biens fonds, domaines.

<blockquote>Mangeant le fonds avec le revenu.
(La Fontaine.)</blockquote>

Fongible, du latin *fungus*, champignon.
Ce qui se consomme ou se détruit aisément.
Terme de jurisprudence, pour désigner les biens meubles.
— Vient plutôt de *fungi*, s'acquitter de.
Les biens fongibles sont ceux qui peuvent être payés par une chose équivalente.

Font, fonts ; du latin *fontem*, fontaine.
Fonts baptismaux. L'Académie en a fait un nom masculin pluriel. C'est en réalité un nom féminin, qui a un singulier : la Chaudefont transformé en La Chaux de fond.

Fontaine, dérivé du précédent.
La Fontaine de Jouvence. (Voy.)
— Il ne faut pas dire : « Fontaine, je ne boirai pas de ton eau. » Il est imprudent d'affirmer qu'on ne fera pas une chose ; les idées et les besoins changent, et l'on s'exposerait à se donner soi-même plus tard un démenti.

Les Russes disent dans un sens analogue : « Ne crachez pas dans le puits qui peut un jour servir à vous désaltérer. »

— Une fontaine avec cette inscription : *Nil sibi*, ou : *Fundit in omnes*, est l'image de la libéralité et de la charité.

— Inscriptions sur des fontaines :

Siste, bibe, vale et redi.
Si quis sitit, veniat ad me et bibat.

Santeuil a composé celle-ci pour la fontaine des Petits-Pères :

<blockquote>*Quæ dat aquas, saxo latet hospita nympha sub imo,*
Sic ut quum dederis, dona latere velis.</blockquote>

Boquillon l'a traduite ainsi :

<blockquote>La nymphe qui donne cette eau
Au plus creux du rocher se cache ;
Suivez cet exemple si beau :
Donnez sans vouloir qu'on le sache.</blockquote>

Inscription destinée par Puget à la fontaine de son jardin d'Ollioules, et dont la statue sert aux fonts baptismaux de la paroisse :

<blockquote>*Casta placent superis : pura cum veste venite,*
Et manibus puris sumite fontis aquam.</blockquote>

Sixte-Quint ayant orné Rome d'un grand nombre de fontaines,

Pasquin parodia son titre de *Pontifex* Maximus, et en fit *Fontifex* Maximus : le grand fontainier.

Fontange, origine historique. La terre de Fontange s'appelle en latin *Fontania*.

Nœud de rubans que les femmes portaient au xvII^e siècle sur leur coiffure, un peu au-dessus du front.

Mlle de Fontange, éclatante de jeunesse et de beauté, ne brilla qu'un instant, comme une fugitive apparition du plaisir. Sa chevelure, détachée un jour par le vent, et rattachée par sa jarretière, a éternisé son nom et est devenue comme un monument fragile et impérissable de son éclat passager. (Duc de Noailles.)

For, du latin *forum*, tribunal, juridiction.

Le for intérieur, c'est le tribunal de la conscience.

— Il y avait à Paris le For-le-Roy, le For-l'Évêque.

Le For-l'Évêque, situé rue Saint-Germain-l'Auxerrois, était le tribunal de l'Évêque, et, avant Saint-Lazare et Clichy, servait de prison pour dettes et de maison de correction pour les comédiens.

Forban, de *foris*, hors de, et *ban* : qui combat hors de la bannière ; corsaire qui exerce la piraterie sans lettres de marque, et attaque également les amis et les ennemis de sa nation.

Force, du bas-latin *forgia*, devenu *forcia*.

La force unie à l'arbitraire enfante, à la surface, le silence ; au dedans, le mépris et la haine. (Jules Favre, 1867.)

Forcené, pour *forsené*, de *for* et *sens*, hors du sens.

Forêt, de *foresta*, extérieur.

Une forêt de Bondy, la forêt Noire : lieu où l'on vole comme dans un bois.

> Ami, si vous voulez m'en croire,
> N'allez pas à la forêt Noire.
> (Refrain.)

Un décret du 13 novembre 1859 porte que la forêt de Bondy, située sur les territoires de Livry et de Bondy, contenant 1.160 hectares, sera vendue par le Domaine, au profit du Trésor.

Forfait, de *foris factum*, fait en dehors des règles de l'équité.

Forfaire à l'honneur.

— *A forfait*, du vieux mot *feur*, qui a signifié prix.

Marché par lequel une des parties s'oblige à faire ou à fournir quelque chose à l'autre, moyennant un prix fixé à l'avance et qui ne pourra être dépassé.

Forfanterie, de *fortia fari*.
Fortia dicta ; paroles pleines de jactance. (Properce.)
Ou de l'italien *furfante*, hâblerie.

Forger, du latin *fabricare*, devenu *faurcare*.
— En forgeant on devient forgeron : en faisant, on apprend.
Plutarque dit qu'Apelle ne laissait jamais passer un jour sans manier le pinceau : *Nulla dies sine linea*.

Forligner, de *foris* et de *lineam*. Sortir de la bonne voie.
Dégénérer des vertus de ses ancêtres. Se disait au propre du noble qui se mésalliait.
Es deu gardar de forlignar : Il se doit garder de forligner.
Je l'étranglerais de mes mains, s'il fallait qu'elle forlignât. (Molière, *Georges Dandin*.)

Forme, du latin *formam*, moule ; grec *morphê*.
De là : formule, fromage, réformer, conforme, uniforme, etc.

Fort, du latin *fortem*, de *fero*.
D'où : fort de la halle ; fort comme un Turc ; il assommerait un boucher d'un coup de poing ; il n'est pas manchot.

<blockquote>La raison du plus fort est toujours la meilleure.
(La Fontaine.)</blockquote>

— Force passe droit. Dans les sociétés naissantes, c'est le droit du plus fort qui règne ; chez les civilisés, c'est le droit du plus fin.
Contre la force, point de résistance ; et mieux : contre la résistance, il n'y a pas de force ; demandez à la femme.
Où est la force, là est la justice : *Id æquius quod validius*. (Tacite.)
Les *gros* poissons mangent les petits.
Synonymes : fier (un fier coup) ; carabiné ; rude (un rude lapin).
— Trop fort : c'est trop fort de café, ou de chicorée.
Le café, trop fort, irrite le système nerveux ; la chicorée, qui n'a pas la même vertu, paraît avoir voulu continuer son rôle frauduleux, en s'introduisant dans la locution. (L. Larchey.)

Fortune, du latin *fortunam* ; de *fors*, hasard.
Déesse aveugle et capricieuse des païens.
Nous avons détourné ce mot de son sens primitif, pour lui donner celui de richesse. C'est ainsi que Scribe l'a employé dans sa devise

en mauvais latin : *Inde fortuna et libertas*, accompagnée d'un encrier avec deux plumes en sautoir.

Les Latins l'employaient aussi quelquefois dans ce sens, surtout au pluriel ; mais le mot *fortuna* signifiait la bonne ou la mauvaise fortune, comme quand nous disons : « faire contre fortune bon cœur » ; et surtout dans l'expression : « à la fortune du pot ».

Les chrétiens rapportent tout à la Providence ; mais, dans le malheur, n'osant se plaindre directement de Dieu, ils s'en prennent à la fortune, au hasard, au destin, à la chance, des maux dont ils sont souvent eux-mêmes la cause.

La Fontaine s'est moqué de cette ridicule manie :

> Elle (la Fortune) est prise à garant de toutes aventures :
> Est-on sot, étourdi, prend-on mal ses mesures,
> On pense en être quitte en accusant son sort.
> Bref, la Fortune a toujours tort.
> (*Fables* V, 11.)

> Le bien, nous le faisons ; le mal, c'est la Fortune.
> (*Id.*, VII, 14.)

— On dit : fortune brillante, aveugle, inconstante.

Pacuvius l'appelle *bruta*, stupide.

Un bandeau aveugla la Fortune ; mais la cassette a de beaux yeux.

Non solum ipsa Fortuna cœca est, sed etiam cœcos efficit... (Cicéron.)

— La fortune est femme, elle aime les jeunes, et ne se montre aveugle et insensible que pour la vieillesse.

> *Fortuna vitrea est : tum quum splendet frangitur.*
> (P. Syrus.)

Godeau, évêque de Vence, et Corneille, dans *Polyeucte*, ont traduit :

> Et comme elle a l'éclat du verre
> Elle en a la fragilité.

— Fortune honnête ; c'est-à-dire honorable, qui permet de vivre honorablement, de faire honneur à ses affaires.

Edmond About a dit : « On l'appelle honnête, sans doute parce qu'elle nous dispense de faire des bassesses, et qu'elle nous permet de faire des honnêtetés à nos amis. »

Une fortune honnête n'est pas toujours une fortune honorable ; mais rien ne rend vertueux comme cent mille francs de rentes, honnêtement acquis ou non.

Balzac (*la Peau de chagrin*) dit : « Cent mille francs de rentes sont un bien joli commentaire du catéchisme, et nous aident merveilleusement à mettre la morale en actions. »

— La fortune aide les courageux. *Audentes fortuna juvat.* (Virg.).

Étymologiquement *fortune* répond à *fort* (?), et le courage semble même être supérieur à la destinée.

C'est ce qui faisait dire à César, pour rassurer son pilote pendant la tempête : « Que crains-tu ? tu portes César et sa fortune. »

Chacun est l'artisan de sa fortune : *Faber est quisque fortunæ.* (Salluste.)

Plaute (*Trinummus*) : *Sapiens,... Pol, ipse fingit fortunam sibi.*

Nous disons moins poétiquement : « Comme on fait son lit on se couche. »

Ce proverbe, comme tant d'autres, a sa contre-partie : « La fortune vient en dormant » ; phrase peu régulière au point de vue de la langue actuelle : la fortune serait somnambule.

— La fortune est inconstante. L'emblème de la fortune est une roue qui tourne ; et quelques étymologistes font venir son nom de *verto*, je tourne.

Le monument de la Douane, à Venise, est surmonté de la statue de la Fortune, un pied posé sur le globe du monde, et tournant à tout vent, comme pour montrer aux commerçants l'inconstance de la déesse qu'ils adorent.

Alors je vous verrai, sur la mouvante roue,
Tantôt au firmament, et tantôt dans la boue.

Temps, vent, femme, fortune
Changent comme la lune.

— Une grande fortune est une grande servitude. (Bouhours.) *Magna servitus magna fortuna.* (Sénèque.)

Fossette, diminutif de *fosse*, du latin *fossam*, creux.

Petit creux aux joues ou au menton.

Les statues grecques n'ont pas de fossettes, mais les Romains en faisaient cas, puisque Varron nomme la fossette du menton « un agrément imprimé par le doigt de l'Amour ».

— L'abbé de Bernis, surnommé Babet la Bouquetière, à cause de son style fleuri, dut sa faveur auprès de Mme de Pompadour, à sa pièce intitulée *Les Petits trous*. Il suppose, dans ces vers, que l'Amour vit la jeune Pompadour endormie, et que, prenant ses joues pour une rose, il y porta une main hardie :

L'empreinte de ses doigts forma ces jolis trous,
Séjour aimable du sourire
Dont les plus sages seraient fous.

Fou, autrefois *fol*, du latin *follem*, soufflet.
Dont la tête est vide comme un soufflet.

Synonymes : échappé de Charenton, ou des Petites-Maisons ; lunatique, piqué de la tarentule, tête fêlée, timbré, toqué.

On dit aussi trivialement : avoir une araignée dans le plafond ; une écrevisse dans la tourte ; avoir une toquade.

— Le nombre des fous est infini. (Salomon.)
Maniæ infinitæ sunt species. (Avicenne.)

> La Grèce, si féconde en fameux personnages
> Que l'on vante tant parmi nous,
> Ne put jamais trouver chez elle que sept sages.
> Jugez du nombre de ses fous.
> (Grécourt.)

> Tous les hommes sont fous ; il faut pour n'en pas voir,
> S'enfermer dans sa chambre et casser son miroir.
> (Marquis de Sade.)

La légèreté d'esprit chez certains vieillards et la gravité précoce de certains enfants, prouvent que la folie est de tous les âges.

— Rire comme un fou.

Plus on est de fous, plus on rit.

> Entrez, entrez, enfants de la folle ;
> Plus on est de fous, plus on rit.
> (A. Goffé.)

Pour réussir dans le monde, il faut avoir l'air fou, et être sage. (Montesquieu.)

Selon Fontenelle, le rire ne serait qu'un accès passager de folie. D'où : gaîté folle, rire fou...

Salomon a dit : « Le rire du sage se voit et ne s'entend pas ; et le rire du fou ressemble au bruit que font les épines en brûlant sous la marmite : *sicut vox spinarum sub olla, ita risus stultorum.* » (*Ecclésiastique*, VII, 7.)

> De continuel ris,
> Peu de sens et d'avis.

Pense avec le sage, ris avec le fou.

— Un fou avise un sage : « Ung fol enseigne bien ung saige. » (Rabelais, I, 37.)

Fouarre, ancien mot signifiant paille.
Escholes de feurre (Rabelais, II, 17) : écoles de paille, parce que les écoles publiques, situées rue du Fouarre, à Paris, n'avaient pas d'autres sièges que de la paille.

Foudre, du latin *fulgur*; d'où *folre, foldre*.

Ce nom est féminin au propre, masculin au figuré.

Lancer la foudre ; un foudre de guerre.

Les foudres de l'Église : excommunication.

Avec la rapidité de la foudre : *Fulminis icta modo.* (Virgile.)

— L'électricité, qui est identique avec la foudre, n'était pas connue des anciens, et la comparaison dont ils se servaient était prise de l'observation de la foudre, dont l'éclair sillonne une vaste étendue en un clin d'œil.

— Je veux que la foudre m'écrase si... Locution venue des païens, qui croyaient que Jupiter ne lançait la foudre sur les hommes que pour les punir de leurs crimes, et privaient de sépulture ceux qui en étaient frappés.

— Turgot a fait, pour être gravé sur le buste de Franklin, le vers suivant, qui rappelle l'invention du paratonnerre et l'affranchissement de l'Amérique :

Eripuit cœlo fulmen, sceptrumque tyrannis.

(Il arracha la foudre au ciel, et le sceptre aux tyrans.)

Imitation d'un vers de l'*Anti-Lucrèce* du cardinal de Polignac.

Eripuitque Jovi fulmen, Phœboque sagittas.

Foudre, grand tonneau ; de l'allemand *füder* ; masculin.

Fouet, du vieux français *fou,* hêtre ; latin *fagum.*

Les fouets se faisaient d'une baguette de hêtre, comme la houssine d'une branche de houx.

— Faire claquer son fouet : se faire valoir.

> Tout Picard que j'étais, j'étais un bon apôtre,
> Et je faisais claquer mon fouet tout comme un autre.
> (RACINE.)

Foule, de *fouler,* presser ; d'un radical qui se trouve dans *fullo*, foulon, et dans *fulcire,* appuyer (Littré) ; ou du gaulois *gefula,* abondance, troupe.

Tout le monde et personne.

Four, insuccès. Une pièce de théâtre fait four lorsque les loges sont vides de spectateurs et ressemblent à la gueule noire d'un four.

Four signifie aussi erreur dans se *fourvoyer* ; de *foris,* être hors du chemin.

Fourche, du latin *furcam* : d'où bifurcation.

— Fourches patibulaires. C'étaient, dans l'origine, deux fourches plantées en terre, qui soutenaient une pièce de bois posée en travers, et à laquelle pendait une corde pour les criminels.

Plus tard, on érigea hors des villes des piliers en maçonnerie pour remplacer les fourches, dans les lieux où le seigneur avait droit de justice (*jus gladii*), et le nombre des piliers était réglé par l'importance de la seigneurie. Le gibet de Montfaucon, près Paris, avait seize piliers.

Le pilori, pilier en maçonnerie pour exposer les coupables, se dressait sur la place publique.

— Passer sous les fourches caudines : subir une humiliation ; passer sous le joug ; être soumis à quelqu'un.

Les Fourches Caudines, gorges des montagnes du Samnium, étaient ainsi nommées de la vallée de Caudia, située entre Naples et Bénévent, où, 321 avant J.-C., deux légions, commandées par Sp. Posthumus, furent battues et obligées à passer sous le joug.

Dans le monde, un homme intelligent et instruit est pressé par une telle foule de sots, que, bon gré mal gré, il lui faut capituler et passer sous les fourches caudines des opinions banales et des erreurs en crédit.

Fourchette, diminutif du précédent.

Le sceptre de la gourmandise.

— En argot, bête à cornes : les anciennes fourchettes n'avaient que deux dents.

Se servir de la fourchette du père Adam : expression familière, se servir de ses doigts. Les Arabes emploient toujours ce moyen primitif de porter les aliments à la bouche, qui a été en usage chez nous jusqu'à la fin du XIVe siècle.

Fourmi, du latin *formica* (*ferre micam ?*).

Jadis *formi* était du masculin.

« Le formi est ainsi nommé pour ce qu'il porte les grains. »

<pre>
          Un escarpion
        Combattait un frelon
       A cheval sur une chèvre.
   (Chanson satirique de 1577. — Coq-à-l'âne de Sancerre.)
</pre>

Fourrer, comme fourreau, goth. *fodr* (gaine).

Au propre, c'est mettre une enveloppe, et, comme un fourreau est creux, *fourrer* a pris au XVIe siècle, le sens de mettre dans, faire pénétrer. Dans l'ancien français il avait le sens de fourrager, aller au feurre (ou paille).

Fourrier, jadis fourrager : soldat qui va au fourrage.

Aujourd'hui, sous-officier qui va en avant préparer les logements des troupes. Il est distributeur-comptable-écrivain. Les soldats l'appellent *gratte-papier* et rogneur (de portions).

— Mauvais fourrier, indique une personne qui sert très bien les autres et ne garde rien pour elle.

Fourrière, jadis forrière, champ destiné à la pâture des bestiaux.

On appelle, dans le Berry, fourrière, le ratelier où l'on met le fourrage pour le bétail.

— Mettre en fourrière : mettre un animal domestique dans une écurie, où il est nourri à tant par jour, aux dépens de son propriétaire, jusqu'à ce que le dégât commis par l'animal ait été réparé.

Fourrure : une peau qui change de bête.

Fourvoyer, de *fors et voie* ; mettre hors de la voie, hors du bon chemin.

Foutre. Foutre le camp ; Jean foutre.

F. Génin explique ces locutions par les mots *féal* et *féauté*, qui prenait les formes *feuté et fouté*, signifiant foi jurée, serment prêté au souverain.

Il y avait aussi l'adjectif *foutu*, pour désigner celui qui avait trahi ce serment. (V. Ducange, *Fidelitas*.)

Ce mot était la plus sanglante injure, car, sous le régime féodal, la fidélité était la seule garantie sociale : « Barthélemy Gentil, qui estoit un faulx, mauvais, traistre, fautif et foutu chevalier. » (1410).

Aujourd'hui l'injure est devenue banale. On dit : « un foutu savetier, un foutu gredin », sans y attacher d'autre idée que celle de mépris.

— Foutre le camp, s'est dit d'un soldat qui abandonne l'armée pour passer à l'ennemi ou pour déserter.

Comme les déserteurs s'enfuient au plus vite, on a dit, pour renvoyer quelqu'un : fous le camp ; fous-moi ton camp, où l'adjectif possessif *ton* ajoute à la précision de l'idée, constate mieux la trahison.

— Un Jean-foutre est un homme qui joint l'hypocrisie à la lâcheté. Il se vante, fait le brave, mais fuit au premier danger.

Le peuple estropie quelquefois les mots, parce qu'il est ignorant ; mais il n'estropie jamais l'idée ; et, malgré l'erreur où l'on est sur la véritable racine de ce mot, il a su maintenir la vraie direction du sens original. (Génin, *Récréations*.)

Foyer, du latin *focarius*, dérivé de *focus*, feu.
La paix, les vertus du foyer : — domestiques.
S'armer pour la défense de son foyer.
Dans ces expressions, foyer est pris pour la famille, dont il est le centre et la vie.
— Foyer du théâtre. Marivaux l'appelle « chauffoir ».

Fracasser, radical *frac* ; latin *frango, fractum*.
Le capitaine Fracasso, acteur de la comédie italienne.

Frais, adjectif ; vieil allemand *frise* : qui est entre le chaud et le froid.
S'oppose à *flétri* et *fané*, parce que le froid préserve les matières de la décomposition.
— Frais comme l'ail, se dit du poisson qui sort de l'eau.
Frais comme un épinard brouillé. (Locution provençale.)

Frais, substantif pluriel : dépenses, du bas-latin *fredum*, amende.
Condamné aux frais et dépens.
Ménage dit que ce mot vient de l'allemand *freid*, paix, tranquillité, et que l'on a dit *fredum*, pour signifier une somme d'argent payée aux juges pour se racheter d'une faute ; dans le même sens que s'*acquitter* a été fait de *quietus*, tranquille.
— Se mettre en frais : faire de la dépense.
Il ne fait pas ses frais : il courtise sans succès.
J'en obtins un rendez-vous, et, quoi qu'il arrive maintenant..., j'ai fait mes frais. (Eugène Sue.)
— Arrêter les frais : interrompre une action onéreuse. Terme emprunté au jeu de billard.

Franc, du latin *Francus*, nom du peuple qui asservit la Gaule. S'est pris adjectivement, par opposition à *servus*, que les vainqueurs donnaient aux peuples asservis. Il devint une qualification pour indiquer la bonne et libre origine.
— *Franc* a les acceptions de : libre, exempt, sincère, véritable.
On dit : avoir son franc parler ; parler franc.
Mais l'Académie et l'usage autorisent l'adjonction de *franc* (vrai, pur) comme épithète à des expressions injurieuses : un franc coquin, c'est-à-dire un vrai fourbe, un pur intrigant. On sent qu'il

est déraisonnable de vouloir accorder des mots naturellement si opposés, à moins qu'on ne le prenne dans le sens d'entier, comme dans : trois jours francs, avoir ses coudées franches.

L'homme franc ne saurait dissimuler; l'homme sincère ne saurait tromper; tous deux parlent comme ils pensent. La sincérité observe mieux les ménagements qu'on doit aux autres; la franchise *franchit* souvent les limites des convenances, devient indiscrète et offensante.

La franchise ne consiste pas à dire tout ce qu'on pense, mais à penser tout ce qu'on dit. (Livry.)

La franchise, qui entretient l'amitié, tue l'amour.

— Franc comme l'osier.

> Le fier et brave Montausier
> Dont le cœur est franc comme osier.
> (Voiture.)

— On appelle *port franc*, celui qui est affranchi des droits de douane.

— *Franc*, monnaie. En 1360, le roi Jean fut représenté sur la monnaie qui fut nommée « franc à cheval », à cause de la devise *francorum rex*. Il y eut aussi le « franc à pied ».

Français, dérivé de France, *Francia*.

— *Français* s'écrivait autrefois et se prononçait *François*.

La prononciation et l'orthographe de ce mot, et de beaucoup d'autres, furent modifiées par l'influence de Catherine de Médicis, qui introduisit en France la prononciation italienne, de sorte qu'on en vint à dire *Francès*, à l'imitation des Italiens, qui disent *Francesi*.

C'est Voltaire qui a consacré définitivement cette orthographe, en changeant les *oi* en *ai*.

— Les Français, à la suite de leur occupation de Naples, au XVe siècle, ont reçu le surnom de « oui! oui! », parce que le peuple italien avait remarqué le fréquent retour de cette affirmation dans la bouche des soldats. « Oui, oui » est devenu « gui, gui », dans le patois napolitain.

On dit aussi à Naples que « les cochons parlent français » : *Il porco parla francesi*, parce que « oui, oui » rappelle le grognement du cochon.

Les Espagnols ont remarqué notre *dis donc*, qui revient souvent dans la conversation, et nous ont appelés Didons (*los Didons*).

Les Anglais sont un peuple de boutiquiers, dit Joseph Prudhomme.

A cela John Bull répond que « les Français sont un peuple de saltimbanques ».

— Il n'y a rien de changé en France : il n'y a qu'un Français de plus.

Cette phrase attribuée au comte d'Artois, à sa rentrée à Paris, en 1815, n'est jamais sortie de sa bouche. Il s'était servi d'un style beaucoup moins élégant, et avait balbutié ces mots : « Je suis Français,...vous êtes Français,...nous sommes Français! » Beugnot, ministre de l'Intérieur, se garda bien d'envoyer ce galimatias au *Moniteur*; il substitua la phrase qui eut un grand succès et est devenue historique.

— On dit : les Français, pour la « Comédie-Française ».

Cette expression vient du temps où il n'y avait à Paris que le Théâtre de Molière et la Comédie Italienne. On disait alors, en prenant les acteurs pour le théâtre : les Français, les Italiens. La tradition s'en est conservée.

Franque (langue). Langage corrompu, mêlé d'italien, d'espagnol, de portugais, etc., qu'on parle dans les États barbaresques, et dans lequel les verbes sont employés à l'infinitif seulement, comme dans le jargon des nègres des colonies.

Molière en a donné un exemple dans la cérémonie turque du *Bourgeois gentilhomme* (IV, 8) :

Se ti sabir,	Si tu sais,
Ti respondir;	Réponds;
Si non sabir,	Si tu ne sais pas,
Tazir, tazir.	Tais-toi, tais-toi.

Franquette (à la bonne) : franchement, sans façon.

Hé ! tétigué ! ne lantiponez pas davantage, et confessez à la bonne franquette que vous êtes médecin. (Molière, *Médecin*, I, 6.)

Frappant, adjectif dérivé de *frapper*; bas allemand, *frappen*. Employé au figuré depuis 1789, il a déjà vieilli; mais on dit encore : un portrait frappant (de ressemblance); une vérité frappante.

Le mot *saisissant* est plus récent et plus à la mode; mais les dilettanti commencent à le remplacer par *empoignant*, qui présente à l'esprit une idée de violence désagréable.

Frasque, italien *frasca*, baliverne, embarras (Ménage.) Mauvais tour joué à quelqu'un, extravagance imprévue.

Fredonner, du latin *fritinnire*, gazouiller.

...Ronsard, sur ses pipeaux rustiques,
Vint encor fredonner ses idylles gothiques.
(BOILEAU, *Art poétique*.)

Freluquet, de *freluche*, petite houppe de soie servant de parure ; de l'italien *fanfaluca*, fanfreluche.

> Car aujourd'huy de deux freluques
> De cheveux, d'un petit morceau,
> Il semble qu'il y en ait jusques
> Au collet, et plein un boisseau.
> (COQUILLART.)

Fréquenter, du latin *frequentare*.

Dis-moi qui tu fréquentes, je te dirai qui tu es ; c'est-à-dire on prend les mœurs de ceux avec qui l'on vit, ou : il vaut mieux être seul qu'en mauvaise compagnie.

Qui chiens hante, puces remporte.

Fréquente les bons : *Cum bonis ambula*. (Caton.)

Celui qui fréquente les cuisines, ne sent pas bon : *Non bene olet, qui in culina habitat*. (Pétrone.)

« Es-tu de l'ambre ? disait un sage à un morceau de terre odoriférante. Tu me charmes par ton parfum. — Je ne suis qu'une terre vile ; mais j'ai longtemps fréquenté la rose. »

On reprochait à Diogène de fréquenter des lieux ignobles : « Le soleil, dit-il, pénètre dans les lieux les plus impurs. »

Frère, du latin *frater* ; provençal *fraire*.

Celui qui soutient la sœur.

C'est le second degré de la parenté.

Les frères sont *germains*, quand ils ont même père et même mère ; *consanguins*, quand ils sont du même père seulement ; *utérins*, s'ils n'ont que leur mère commune.

> Un frère est un ami donné par la nature.
> (HAUZON, 1784.)

Ce vers, reproduit par Legouvé, dans la *Mort d'Abel* (1792), est un non sens dans sa tragédie, parce que du vivant de Caïn et d'Abel, il ne pouvait y avoir d'autres amis que des frères.

Fresque, de l'italien *fresco*, frais.

Peinture exécutée sur un endroit encore frais, de chaux et de sable mélangés, et au moyen de couleurs détrempées dans l'eau. (Voy. *aquarelle*.)

Fricassée, dérivé de *fricare*, frire.

Il n'a pas de bonheur en fricassée : il n'attrape que les os. (Oudin.)

Frime, du vieux mot *frimousse* (?) figure.

En argot, *frimousser* signifie voler au jeu.

Ou de *frimas*, comme *brouille* vient de *brouillard* (?).
Pourquoi toutes ces fraimes-là ! (Molière, *Médecin malgré lui*.)

Fringant, du vieux français *fringuer*, sautiller.
Semble remonter à une racine *fring*; d'où *fringilla*, pinson.

Fripe, du vieux verbe *friper*, gâter, détruire.
Ragoût, toute chose qui se mange sur le pain.
En Anjou, *fripe* est l'accompagnement du pain, depuis le beurre jusqu'aux confitures.
— Robe fripée : souillée, chiffonnée.
D'où : fripier, marchand de vieilles hardes ; et fripon, voleur de vêtements.

Fripon, de *friper*, dans le sens de manger avidement.
D'où fripe-sauce, appliqué aux parasites.
— *Friper*, avait pris le sens de dérober, prendre en cachette, comme font les enfants pour les friandises.
— Un œil fripon est celui qui dérobe les cœurs.

Frire, du latin *frigere*; provençal *freyir*.
De là : friture, fricassée, fricot, friandise, friand.
Frigere est l'onomatopée du bruit produit par la chute d'un corps froid dans l'huile bouillante.
— Être frit : être perdu, mort.
Le comédien Poisson étant sur le point de mourir, dit au prêtre qui lui apportait l'extrême-onction : « Remportez votre huile, je suis frit ! »

Frison, de *frise*; origine incertaine. En provençal *copeau*.
Boucle de cheveux frisés :

> Son père qui la regarde,
> Qui regarde son frison :
> Ah ! ma fille, que tu z'es belle !
> (Vieille chanson.)

Froc, provençal *floc*, de *floccus*, habit de moine.
Jeter le froc aux orties : quitter le froc...pour le frac.

Froid, du latin *frigidum*.
Un grand froid pique, pince, mord.

> *Matutina parum cautos jam frigora mordent.*
> (Horace.)

On dit : un froid noir, un froid de loup, un froid de chien.

> De saint André vient-il le jour,
> Le froid te dit : Me voilà de retour.
> (30 novembre.)

Froid noir : d'où le nom de *bise* donné au vent du Nord, du celtique *bis* (noir). Le vent des tempêtes couvre, en effet, le ciel de nuages épais et noirs.

A brebis tondue, Dieu mesure le froid (XVI° siècle) : Dieu aide les mal vêtus.

— Battre froid à quelqu'un : lui faire mauvais accueil, le recevoir froidement.

M°° de Tracy dit : fraîchement.

M°° de Sévigné avait pris pour devise : « Le froid me chasse » ; juste expression de son cœur aimant.

— Être en froid.

Fromage, autrefois *formage* ; de *formaticum*.

Le lait caillé placé dans une forme où il s'égoutte, s'épaissit, a amené ce nom.

— Fromage, pain et vin, repas de vilain.

Fromage sans yeux, pain qui ait des yeux, vin qui saute aux yeux.

Fromage est bien sain, qui vient de chiche main :

Caseus ille bonus, quem dat avara manus.
(École de Salerne.)

De femme et de fromage, qui en prend moins est plus sage.

Entre la poire et le fromage : au dessert, en mangeant.

Le fromage est le complément d'un dîner, comme élément digestif, et Brillat-Savarin a dit : « Un dessert sans fromage est une belle femme à laquelle il manque un œil. »

Froment, du latin *frumentum*, pour *frugimentum*.

D'où fromentée, bouillie de farine de froment ; ou froment crevé dans du lait. C'était le *couscoussou* des tribus celtiques.

Sur la fin offroient ris, gruau, fromentée. (Rabelais, IV, 60.)

Frondeur, de *fronde* ; latin *fundam*.

Le conseiller Bachaumont donna, en 1648, le nom de *Fronde*, à un parti formé dans le Parlement, en opposition au gouvernement du ministre Mazarin.

Le mot *frondeur* est resté pour désigner un critique systématique.

— La rue des Frondeurs (Palais-Royal) doit son nom aux amateurs du jeu de paume, qui se livraient autrefois à ce jeu dangereux dans ce lieu, alors isolé, et voisin du rempart. La police s'y opposait ; mais ils s'en moquaient, ou *frondaient* les agents.

Front, du latin *frontem* ; d'où effronté.

— Front d'airain : qui ne sait pas rougir, *frons ferrata*.

— Avoir le front (le toupet), c'est-à-dire la hardiesse.

> Quoi ! vous avez le front de trouver cela beau ?
> (Molière, *Misanthrope*.)

> ...Je ne suis point de ces femmes hardies
> Qui, goûtant dans le crime une tranquille paix,
> Ont su se faire un front qui ne rougit jamais.
> (Racine, *Phèdre*.)

— *Frons illi periit* : il a perdu toute honte. (Perse.)

> Son front large est armé de cornes menaçantes.
> (Racine, *Phèdre*.)

Cette expression de « large front » a été souvent employée dans la littérature moderne, pour désigner un homme de génie, depuis que Gall a inventé la science des protubérances crâniennes ; science qui n'a rien d'absolu.

Mais on a voulu renchérir, en disant « un vaste front », sans réfléchir que *vaste* signifie *vide*, et que « vaste front » équivaut à « tête sans cervelle ».

Frotter, de *frictare*, fréquentatif de *fricare*.

En provençal *frustar*.

— Qui s'y frotte, s'y pique.

— Le frottement produit l'électricité et la chaleur. Au point extrême arrive la lumière.

Fruit, du latin *fructum*, de *frui*, jouir.

Jouir du fruit de ses économies : avoir gardé une poire pour sa soif.

De *fructus* viennent : frugal, fructueux, fructifier et frugivore.

— D'une pyramide de fruits, Balzac ne laissait pas un pour conter des nouvelles de leur défaite.

— Fruit défendu.

> Quod licet, ingratum est ; quod non licet, acrius urit.
> (Ovide.)

— Fruit sec : raté, flétri sur la planche de la médiocrité.

Tous les « forts-en-thème » ne sont pas destinés à être plus tard des imbéciles, ainsi que le prétendent les « cancres », pour se consoler de leurs insuccès.

C'est un fruit sec ; être dans les fruits secs, se dit des élèves d'une école qui, par insuffisance d'instruction aux examens de sortie, se trouvent exclus de la liste des admis.

F. Génin raconte ainsi l'origine de cette locution : Un élève venu à l'école Polytechnique, d'une province du Midi, où son père faisait le commerce des fruits secs, travaillait peu ; et, lorsque ses camarades lui disaient qu'il s'exposait à perdre sa carrière, il répondait : « Eh bien ! je serai dans les fruits secs avec mon père ! »

L'expression est restée, et s'emploie au pluriel : « C'est un fruits secs (?). »

— En argot de nouveautés, la marchandise démodée, appelée autrefois *rossignol*, s'appelle aujourd'hui *fruge*, par ironie ou antiphrase, car *fruge* signifie gains, profit. Ce serait ici un fruit sec.

Frusquin, ou *Saint Frusquin* (Rabelais) : avoir, pécule, bourse, le fruit du travail, le bagage.

En argot *pelures*, c'est-à-dire la peau, ce que l'on a de plus précieux, à quoi on tient le plus.

Fumée, dérivé de *fumer*, du latin *fumum*.

Il n'y a pas de fumée sans feu : *Nemo gratis malus præsumitur*.

Fumier, du latin *fimarium* ; autrefois *femier*.

Trouver des perles dans un fumier. Virgile disait qu'il n'y avait pas de lecture qui n'eût quelque profit ; et en lisant le vieux poète Ennius, il tirait de l'or de son fumier.

Rotrou a écrit environ trente pièces de théâtre. *Saint-Genest* et *Venceslas* sont les perles de ce fumier littéraire (?).

Funambule, de *funis*, corde, *ambulo*, marcher ; qui marche sur la corde. Comme acrobate, qui marche en l'air, danseur de corde.

Somaize a trouvé dans un vieux manuscrit cette énigme sur les funambules :

Vidi hominem pendere cum via,
Cui latior erat planta quam semita.

(J'ai vu un homme suspendu en l'air avec son chemin, et dont la plante des pieds était plus large que la route.)

Fur (à mesure). Le sens de ce mot s'étant obscurci, on y a ajouté l'expression synonyme « à mesure » ; ce qui constitue un pléonasme.

Fureter, de *furet*, vieux français *furon*.

Chercher à la manière des furets.

...Qui furètent de tous côtés pour voir s'il n'y a rien à voler. (Molière, *l'Avare*.)

Fureur, du latin *furorem*.

Fureur exprime l'agitation de l'âme; *furie*, l'action violente du corps.

On dit : fureur martiale, la furie des combats.

Furies, *Furiæ*, divinités infernales, ministres de la vengeance des dieux; étaient filles de la Discorde.

Leurs compagnes étaient la Terreur, la Rage, la Pâleur et la Mort.

On les représente les cheveux entrelacés de serpents, tenant d'une main une torche enflammée, et de l'autre un poignard ou un fouet.

Elles étaient trois : Alecto, Tisiphone, Mégère.

Le nom de Mégère est resté dans la langue avec le sens de femme méchante et irascible, comme Harpie.

Leur nom grec est *Érinnyes*, ou, par antiphrase, les Euménides (bienveillantes). Aussi appelées Manies, Ménades.

Fusil, de l'italien *focile, fucile*; du latin *focus* : pierre à feu.

Le fusil à pierre est au fusil à aiguille, ce que l'écriture est à la sténographie.

Nos fusils Chassepot ont fait merveille. (Rapport du général de Failly après le combat de Mentana.) Mot horrible ! Y avez-vous pensé, général ?

Fusil de guerre : clarinette de cinq pieds.

Futaie, du latin *fustem*, bâton. S'est dit pour arbre.

— Bois de haute futaie : qu'on laisse parvenir à la plus haute croissance. On l'appelle de « haut revenu », quand il atteint l'âge de quarante ans.

— Au mot *futaie* correspond *fût*, pour désigner la partie principale de la colonne, entre la base et le chapiteau.

Dieu li dist : Manguez de chescun fust de Paradis, si ne manguez de fust de science... (*Genèse*, citation de Roquefort.)

Fûté, rusé, fin, adroit ; dérivé de *fût*.

S'est dit d'abord des chasseurs habiles à l'affût.

G

Gabelle, origine germanique; anglais *gavel*.

D'après quelques-uns, du chaldéen *gab*, impôt, ou de *Gabélus*.

Ce mot désignait, à l'origine, toute espèce d'impôt; plus tard, il s'appliqua exclusivement à celui du sel, le plus odieux de tous.

Le sel se vendait 1 fr. 10 le kilo, et chaque habitant était obligé de s'approvisionner d'une quantité de sel déterminée par les règlements, sous les peines corporelles les plus rigoureuses.

Les percepteurs des gabelles s'appelaient *gabelous*, nom qui a conservé un sens injurieux dans le langage populaire, pour désigner les agents des octrois et de la douane. (Voy. *salé*.)

Gabier, matelot manœuvrier; de *gabia*, cage.

Les vedettes se tenaient dans une sorte de demi-lune ou de cage placée au sommet des mâts.

Gallion a trois gabbies. (Rabelais.)

Gadoue, matières fécales qu'on retire des fosses d'aisance, et qu'on utilise comme engrais.

Gagne-petit, mot composé, invariable au pluriel.

Rabelais (V, 16) appelle *guigne-beaucoup*, un procureur.

Gai, du vieil allemand *gabri*, prompt, vif.

Synonymes: joyeux, rigolo.

— *Gai* s'emploie au figuré dans les arts mécaniques. Il se dit d'une pièce bien ajustée, qui se manœuvre facilement.

On dit aussi: cette pièce a du jeu, ce verrou joue bien.

— Gaie science: le *gay saber*, la science des troubadours, l'art des vers et des chansons.

Gaillard, ancien français *galer*, se réjouir.

— Scaliger et Vossius le dérivent de *gaillardus*, coq hardi.

Borel prétend que *ard* est un mot gaulois qui signifie « naturel ». *Gaillard* signifierait « naturellement gai ».

— *Gaillard* se dit surtout au sens de galant (même origine).

Il a signifié autrefois *coureur*: Brive-la-Gaillarde signifie ville, ou pont, sur la *Coureuse* ou Corrèze.

— Un conte gaillard, une chanson gaillarde: trop libres.

Un gaillard de bon appétit : un homme sain et délibéré.

Un gaillard se prend parfois pour : un homme robuste.

— Henri IV, un jour, en dînant, fit venir un homme très facétieux : « Comment vous appelez-vous ? — Sire, je m'appelle Gaillard. — Eh bien ! quelle différence y a-t-il entre un gaillard et un paillard ? — Elle n'est pas grande, Sire, il n'y a que la table entre les deux. »

Gaine, du latin *vaginam*, étui, fourreau ; d'où vagin.

De là le verbe *dégaîner*.

Gaîté ou *gaieté*, dérivé de *gai*.

— La gaîté est le premier des biens. (Sénèque.)

Le bonheur est sérieux, la douleur est silencieuse, la gaîté est un état intermédiaire, produit par une excitation factice, et, en quelque sorte, névralgique. (G. Sand.)

Il n'y a rien de triste comme la gaîté des sots. (Scribe.)

Une gaîté qui n'offense pas la tristesse. (Béranger.)

> Celui qui en misère vit,
> Se croit offensé quand on rit.

Gala, du vieux français *galler*, se réjouir.

Réjouissance, fête de cour.

> Il y aura beu et gallé,
> Chez moi, ains que vous en allez.
> (Patelin.)

Galant, du vieux mot *galler*.

> A vous compains de galles.
> (Villon.)

On l'a fait venir aussi de *valentem*, vaillant, parce qu'au XVIe siècle on disait *valentin*, pour *galantin*.

Rabelais lui-même l'a dit : « Le dimanche des brandons (1er du Carême) on élisait à chaque fille un valentin, galant ou prétendu, et la fille était sa valentine. Il était tenu de faire un présent avant la Mi-Carême, faute de quoi la fille brûlait un fagot de sarments, et l'accord était rompu. »

Il se conduit en galant homme, c'est-à-dire en honnête homme.

Il est galant avec les dames. Dans ce sens il paraît venir de *gallus*, coq (?) ; prévenant et empressé près des femmes, comme le coq auprès des poules.

La Fontaine emploie souvent le mot *galant* (et même le féminin *galande*), dans le sens de rusé, perfide, qui est tout l'opposé de galant homme.

Galanterie, compliment côté des hommes; devient injurieux appliqué aux femmes.

Être galante, en terme de préciosité, se traduisait : être de la petite vertu.

Un galant homme n'est pas toujours un homme galant.

C'est un mérite d'être galant auprès des femmes, pourvu que ce ne soit pas auprès des femmes galantes.

La galanterie est le mensonge de l'amour.

— La galanterie d'Auber, en 1867, fait penser à Panseron, qui portait lunettes pour faire croire qu'il avait un nez.

Galère, anciennement *galée*, du latin *galea* (?), casque retourné.

Un casque était représenté à la proue :

A picta casside nomen habet.

Ou encore l'*espadon*, auquel on a comparé la galère.

De là : galion, grand vaisseau faisant les voyages d'Espagne en Amérique pour le transport de l'or, et galiote, petite galère.

— Que diable allait-il faire dans cette galère? Cette phrase devenue proverbe, et que Géronte répète jusqu'à six fois dans la même scène (*Fourberies*), a été empruntée par Molière au *Pédant joué*, de Cyrano de Bergerac, — auquel il avait collaboré.

— Et vogue la galère! (*Moyen de parvenir*, ch. 64.)

Galérien, criminel condamné à ramer sur les galères.

La Constituante remplaça les galères par les travaux forcés ; d'où le nom de *forçats* donné aux condamnés employés au service des travaux des ports, dans des établissements appelés *bagnes*.

Synonymes : Être aux galères ; faucher le grand pré.

Je vous trouverai très heureux, si l'on ne vous condamne pas à faucher le grand pré. (*Gil Blas*, II, 5.)

Émoucher la mer avec un éventail de vingt pieds. (Id.)

Galette, étymologie celtique (?), *gal*, caillou, correspond à *galet*.

Gâteau plat et rond.

Galimatias, étymologie historique ?

Discours embrouillé, confus, obscur.

Espèce d'amphigouri ne signifiant rien au fond : fatras, pathos, phœbus.

Un avocat plaidait en latin au sujet d'un coq appartenant à un nommé Mathias. Il répéta si souvent les mots *Gallus* et *Mathias*, que la langue lui fourcha, et, au lieu de dire *Gallus Mathiæ*, il dit *Galli Mathias*. D'où l'expression.

Et votre galimathias ne m'a pas tantôt ébloui. (Molière, *G. Dandin*.)

Le galimatias double est celui qui n'est entendu ni de l'auteur, ni de l'auditeur. Exemple : Pantagruel trouva Geoffroy à la grand dent, grand-père du beau cousin de la sœur aisnée de la tante... (Rabelais, II, 5.)

— Voltaire avait créé le mot *Galithomas*; mais le mérite de Thomas a empêché le mot de passer.

— Lycophron, poète grec, affectait une telle obscurité dans ses ouvrages, que son nom était devenu appellatif pour désigner un auteur obscur.

Son poème de la *Prophétie de Cassandre*, a été comparé à ces souterrains où les flambeaux s'éteignent.

— L'obscurité du style de Tertullien est comme la noirceur de l'ébène, qui jette un grand éclat. (Balzac.)

Gallefretier, homme de rien, va-nu-pieds qui n'a ni feu ni lieu.

Galon, vieux français *gale*, *galer*, faire de la dépense.

> Quand on prend du galon, on n'en saurait trop prendre.

C'est-à-dire : il faut profiter de tous ses avantages.
Quinault (*Roland*, II, 5) avait dit :

> Quand on prend de l'amour, on n'en saurait trop prendre.

Galopin, de *galoper*; gothique *hlaupan*, courir.
C'est le nom que l'on donnait aux petits marmitons.
C'était aussi une mesure contenant un demi-setier.

Gambade, d'une vieille prononciation *gambe*, pour jambe, à la Picarde.

Gamin, origine inconnue.
Mot imprimé pour la première fois en 1834, dans *Claude Gueux*, de V. Hugo, et adopté dans le langage familier.
Synonymes : moutard, crapaud (espèce de grenouille des ruisseaux de Paris); Gavroche (type des *Misérables* de V. Hugo), titi.

Gamme, de *gamma*, troisième lettre de l'alphabet grec.
La gamme est la succession des sept degrés du son de la voix humaine, du plus aigu au plus grave.

— Gui d'Arezzo, qui a inventé cette échelle, en 1024, après avoir exprimé les six premiers sons par les lettres *a, b, c, d, e, f*, prit le *gamma*, pour exprimer le septième. (Voy. *tablature*.)

— Changer de gamme, de ton, de note: d'opinion. (V. *palinodie*.)

Chanter une gamme à quelqu'un; le réprimander. Quand on fait des reproches à quelqu'un, on hausse progressivement le ton, comme en chantant la gamme.

Ganache, de l'italien *ganascia*, du latin *gena*, mâchoire, joue.

Est synonyme de fauteuil; un plaisant y voyait une allusion à l'Académie.

— Napoléon, dans un moment de dépit, dit à Marie-Louise: « Votre père est une ganache! »

L'impératrice, ignorant la valeur de ce mot, demanda à une personne présente ce qu'il signifiait: « Cela veut dire un homme sage et expérimenté », répondit le courtisan.

Quelques jours après, Marie-Louise, voulant faire un compliment à Cambacérès, lui dit: « Je vous considère comme la première ganache de l'Empire. »

Gandin, mot créé par Alb. Second, vers 1850.

Sorte de petit-maître, niais et bien mis, qui paie chez les filles qu'il fréquente.

— Le boulevard de Gand était le côté droit du boulevard des Italiens; ce nom de fantaisie fut créé pendant les Cent Jours, parce que les royalistes qui n'avaient pas suivi Louis XVIII à Gand, se réunissaient là pour conspirer et se communiquer les nouvelles politiques.

Pendant la Terreur, et le Directoire, ce même endroit portait le nom de boulevard de Coblentz.

Gant, du tudesque *wante*; bas-latin *wantus*, moufle.

Les anciens gants étaient des moufles en peau, pour la main entière, sans séparation pour les doigts.

— Jeter, relever le gant: défier ou accepter un défi.

— Se donner les gants d'une chose: s'en attribuer le mérite.

Les Espagnols emploient l'expression: donner des gants, dans le sens de gratification, pourboire (la bonne main des Italiens).

— Pour certain monde, les gens sans gants sont des va-nu-pieds.

— Une femme du demi-monde, qui allait danser avec X..., lui dit: « Mais, vous n'avez pas de gants? — Ça ne fait rien, reprit-il; je me laverai les mains après. »

Ganymède, nom historique, ou mythologique.

Fils de Troa, roi de Troie, il était d'une beauté si remarquable, que Jupiter le fit enlever par son aigle, et en fit son échanson à la place d'Hébé.

Garantir, de *garant* ; vieux français *warant*, de l'allemand *waren*, cautionner, garantir.

De là, l'exclamation *gare !* (*cave*) et le substantif *gare*, lieu où l'on est garanti des accidents.

En roman, *garra* signifie observer, prendre garde :

> Gara m' d'infern, del fuoc arden...
> (*Passio de Maria.*)

Garce, féminin, du suivant ; vieux mot qui, autrefois, désignait une fille innocente ; d'où garçonnière, qui fréquente les garçons.

Il est devenu une grosse injure, dont les femmes de Paris ne s'offensent pas. Elles y répondent que c'est le nom d'une jolie femme.

Garce a été aussi employé autrefois dans le sens de maîtresse : « Un œil malin eût plustôt jugé qu'elle était sa garce. » (Saint François de Sales.)

> Et si au chef lui trouves attaché
> Chapeau de fleurs, qu'il lui soit arraché,
> Car il n'affiert à garces diffamées
> User des droits des vierges bien famées.
> (Marot, *Élégie*, I, 11.)

Garçon, dérivé de *gars* ; origine inconnue.

La prononciation usuelle de *gars* est *gâ*.

Garçon est un mot honnête, *garce* est une injure.

Garde, substantif du verbe *garder* ; du germanique *warten*, veiller sur.

— Monter, descendre la garde, sont une tradition de la féodalité, où les châteaux-forts étaient construits sur des hauteurs.

— Garde nationale. La création en fut proposée par le Dr Guillotin, en 1789. Elle fut reconstituée en 1830.

L'Académie et l'usage disent : des gardes nationaux. On devrait dire : des garde-nationale, formule elliptique signifiant des hommes qui font partie de la garde nationale. De l'aveu de l'Académie, on écrit : des garde-française. (Voir sur cette remarque de Génin, Littré au mot *garde*, et rapprocher gardes nationaux de gardes municipaux, etc.)

> Dans les garde-française
> J'avais un amoureux
> Ardent, chaud comme braise...

— S'en donner jusqu'aux gardes : manger trop.
La Rancune s'en donna jusqu'aux gardes. (Scarron, *Roman Com.*)

Gare ! exclamation. Impératif de *garer*, autre forme de *guérir* ?
Il m'a frappé sans crier gare ! (Scarron, *Jodelet duelliste*.)

Gargariser, latin *gargarisare*, traduit du grec *gargarizein*.
Baile, que je gargarise. (Rabelais, I.)

Gargote, de *gargoter*; ancien français *gargate*, gosier.
Le radical *garg*, sens de *gosier*, a donné le nom de *Gargantua*, héros de Rabelais.
Gargouille vient de ce même radical (?).

Gargouille. Étymologie peu certaine.
Tuyaux pour la descente des eaux des toits.
Gargouilles et *gargousses* étaient aussi le nom de grosses bouteilles; d'où *gargoulette*, bouteille en terre poreuse.

> De gros jambons, de verres et gargouilles.
> (C. Marot.)

Garnement. En provençal *garnimen*; du verbe *garnir*.
Ce qui garnit, orne ou défend.
Après s'être appliqué aux personnes, ce mot a pris le sens de mauvais sujet, vaurien, proprement un homme mal garni, mal vêtu.
On appelle en provençal un mauvais sujet : *mari gouvert*, mal couvert.
Rabelais (II, 12) se sert, dans le même sens, du mot *maulgouvert*.

> Belle robe et beau garnement
> Amendent les gens rarement.
> (*Roman de la Rose.*)

> ...Vous prenez tout l'air d'un mauvais garnement.
> (Molière, *Tartuffe*.)

Garnir, du latin *granire*, pourvoir de grains (?).
Ou plutôt du germanique *warnen*, prémunir.

Garouille (chercher) : chercher querelle. Vient de *loup-garou*; dont il faut se garer (?).

Gascon, du latin *Vasconem*, nom d'un peuple voisin des Pyrénées.
Hâbleur, fanfaron.
— La lessive du Gascon : retourner sa chemise sale.

Gastronomie, du grec *gaster*, ventre; *nomos*, règle.

Gastronomie est la cause ; **gastralgie**, l'effet.
— La gastronomie engendre aisément la gastrolâtrie.

Gâteau, vieux français *gastel* ; du germanique *wastel*, gâter, à cause de la dépense qu'ils causent (?).
Dans la Flandre française, il y a un gâteau appelé « pain perdu ».
— Avoir part au gâteau : sa part de bénéfice.

Chacun d'eux eut part au gâteau.
(La Fontaine, *Fables*, VIII, 7.)

— Papa, maman gâteau. Expression familière pour désigner les parents qui gâtent leurs enfants. Semble réunir à la fois l'idée de *gâter* et celle de *gâteau*, à cause des friandises trop nombreuses données aux enfants.

Gâter, anciennement *guaster* ; du latin *vastare*, endommager. Rabelais emploie *dégaster*. (Cf. *dégât*.)

Gâteux, admis par l'Académie, 1878 ; pour *gâteur*.
Malade qui se gâte, idiot incurable.

Gauche, du grec *gausos*, oblique ; ou du germanique *welk*, faible ; vieux français *galk*.
— La Gauche et la Droite. Dans les assemblées législatives françaises, depuis la Constituante, on appelle la Gauche, la fraction des députés qui se placent à la gauche du président, et qui réclament les réformes libérales, auxquelles la Droite s'oppose.

Gaudeamus, mot latin : réjouissons-nous.
Chant de réjouissance, opposé à *requiem*, chant de deuil.

Gaudriole, du vieux verbe *se gaudir*, se réjouir.

Gaulois, dérivé de *Gaule* ; latin *Galliam*.
Les Gaulois, nos ancêtres, s'appelaient en latin *Galli*, qui signifiait aussi *coqs*. C'est à cause de ce jeu de mots que le coq a été choisi anciennement comme emblème de la France.

Gaupe, origine incertaine. On a proposé le néerlandais *welp*, petite chienne, et le mot latin *gausape*, manteau sur lequel couchaient les soldats gaulois.
Gaupe signifierait couchette, ou, comme dit Vadé, paillasse à soldat.

Marchons, gaupe, marchons !
(Molière, *Tartuffe*.)

Gazan signifie, en provençal, bien, avoir ; du latin *gaza*, trésor.
Mange-gazan signifie dissipateur.

Gaze, de *Gaza* (?), ville de Syrie, où se fabriquait primitivement ce léger tissu.

Textilis ventus. (Pétrone.)

Gazette, de l'italien *gazzetta*, pièce de monnaie, ou de l'italien *gazza*, pie; les gazettes étant indiscrètes comme des pies.

— Vers 1563, les Vénitiens publièrent une feuille de nouvelles, intitulée *Notizie scritte*, que l'on payait une *gazzetta*, d'où la feuille prit son nom. C'est le plus ancien journal qui ait paru en Europe.

La *Gazette de France*, premier journal imprimé en France, fut publiée par Renaudot, médecin de Paris, et parut le 29 mai 1631, avec privilège du roi Louis XIII.

L'auteur dit que sa feuille sera un trésor de nouvelles et tire son étymologie de *gaza*, trésor.

L'usage des journaux existe en Grèce de temps immémorial.

Les Grecs avaient leurs *éphémérides*. Selon Aulu-Gelle, les Romains avaient, outre leurs *annales*, un *Diarium*, et les *Acta diurna*, où ils consignaient les faits journaliers. (Voy. *journal*.)

— C'est la gazette du quartier: un grand bavard.

Geler, provençal *gelar*; du latin *gelare*.

— Geler à pierre fendre. L'eau qui s'infiltre dans les pierres se congèle dans les grands froids; et, comme l'eau se dilate avant sa congélation, elle acquiert une force d'expansion assez considérable pour fendre les pierres. Cette force est évaluée à plus de mille atmosphères. L'eau qui se trouve emprisonnée en nappes entre les couches de rochers, les soulève pendant la congélation, et, lorsque le dégel arrive, il peut se produire des avalanches de rochers susceptibles de causer d'horribles cataclysmes.

Telle fut, en 1806, la catastrophe de Goldan, dans le canton de Schwitz, en Suisse. Les terrains rocheux qui glissèrent du mont Ruffi, avaient une longueur de plus de quatre kilomètres et trente mètres de haut.

Ces gigantesques décombres ensevelirent cinq villages et plus de cinq cents habitants.

— On a fait des expériences curieuses sur des canons de fer très épais, remplis d'eau. Exposés à la gelée, ils ont éclaté de toutes parts.

Et cum tristis hiems etiamnunc frigore saxa
Rumperet...

(Virgile, *Géorgiques*, IV.)

— La gelée n'est bonne que pour les choux.
— Il y a trois sortes de gelées blanches : 1° la rosée gelée ; 2° le givre ; 3° le verglas.
— On préserve les végétaux de la gelée blanche en les couvrant d'un abri quelconque, qui suffit pour arrêter le rayonnement du calorique.

Gémonies, du latin *gemoniæ*, lieu de pleurs et de gémissements ; *gemoniæ scalæ*, à Rome, escalier du mont Aventin, par lequel on tirait les condamnés jusqu'au Tibre.
— Traîner aux gémonies : couvrir d'opprobre.

Gendarme, substantif composé.
La morale en action
Synonymes : grippe-Jésus (Vidocq). Les gendarmes sont supposés n'attraper que les innocents. Les voleurs se comparant à Jésus ; c'est un bel hommage du vice à la vertu.
Hirondelle de potence (argot maritime).
Marchand de lacets (allusion aux menottes).
Pandore (nom mis en vogue par Nadaud).
Autrefois nom de tout soldat armé par les seigneurs.
Appliqué à un corps spécial sous Charles VII (1453).
— Se gendarmer : se fâcher, se mettre sur la défensive.

> Est-ce qu'au simple aveu d'un amoureux transport
> Il faut que notre honneur se gendarme si fort ?
> (Molière, *Tartuffe*.)

Gendre, du latin *generum* (même sens).
Amitié de gendre, soleil d'hiver.
Qui trouve un bon gendre, trouve un fils ; qui en trouve un mauvais, perd sa fille. (Démocrite.)

Gêne, du mot biblique *gehenna*, l'enfer ; (non de *gemere*).
Ce mot, inconnu des anciens, est employé dans l'Évangile.
— D'après saint Jérôme, *Gehennom* ou *géia hinnom*, vallée de Hennom, se trouvait près de Jérusalem. Les Israélites idolâtres y avaient offert leurs enfants au dieu Moloch.
De là vint le sens de : damnation éternelle, d'enfer, donné à ce mot dans la Bible.

> ...Non, non; l'enfer n'a point de gêne
> Qui ne soit pour ton crime une trop douce peine.
> (Molière.)

— Peine, situation pénible : la gêne domestique.

Haud facile emergunt, quorum virtutibus obstat
Res angusta domi.
(JUVÉNAL, III, 165.)

Général, du latin *generalem*. Sous-entendu : officier.
Qui commande en chef.
Généralissime est un mot créé par Richelieu.

Généreux, du latin *generosum*, de bonne race.
— Généreux : libéral. Généreux comme un enfant.
Beaucoup de gens ne donnent pas leur bien, mais semblent le jeter. Je n'appelle pas généreux l'homme qui agit comme s'il était en colère contre son argent. (Sénèque.)
La libéralité consiste moins à donner qu'à donner à propos.
— Vin généreux : d'un bon cru, de bonne qualité, de bon plant. *Vitis generosa.* (Columelle.)

Genèse, du grec *génésis*, production, génération.

Génie, du latin *genius*, démon familier.
Tous les génies sont frères, et forment à travers les siècles une famille rayonnante et sacrée. (Th. Gautier.)
La science s'acquiert, le sentiment se perfectionne ; le génie vient de Dieu.
On confond à tort le génie et le talent. Le talent est commun ; le génie est rare. Le talent est relatif ; le génie est absolu. Un homme de génie peut manquer de talent ; quantité d'hommes de talent sont dépourvus de génie.
Le génie est la plus haute puissance à laquelle puissent s'élever les facultés humaines, dans quelque ordre de choses que ce soit.
— Le *genius*, chez les anciens, correspondait à ce que nous appelons : ange gardien, bon génie. Divinité subalterne.
— L'esprit de l'homme de génie éclaire le monde longtemps après sa mort ; comme les étoiles les plus éloignées brillent pour nous pendant des siècles après qu'elles sont éteintes au ciel.
Les hommes de génie, au milieu de la foule qui les entoure, sont des Gullivers égarés dans un Lilliput. Tout ce qui n'est pas génie, se perd dans la foule.
— Il n'y a pas de génie sans un grain de folie.
Nullum est magnum ingenium, sine mixtura dementiæ. (Sénèque.)

Tous les grands hommes ont toujours des caprices, quelque petit grain de folie à leur science. (Molière, *Médecin*.)

L'attrait, le piquant, l'originalité de certaines œuvres sont dûs au germe d'une maladie mentale : la perle aussi est le résultat d'une maladie.

Tous les hommes ont leur démon, comme Socrate.

Il est bon, au dire de Voltaire, d'avoir le diable au corps.

Ce que Voltaire appelle le diable, Socrate l'appelle le dieu. C'est cette puissance intérieure d'inspiration qui illumine l'esprit, que Platon appelle « une folie supérieure à la raison ».

Choyer son bon génie (*indulgere genio*) : se livrer à ses goûts, à ses penchants.

— Chez les Orientaux, les génies sont des esprits qui jouent le rôle de nos fées, mais avec un sexe différent.

— *Génie* désigne aussi chez nous l'art de l'ingénieur, ou le corps des ingénieurs.

Génitif, du latin *genitivum*.

Forme particulière du nom, qui indique la possession ou la filiation.

Petri liber. Petri est un génitif de *possession*.

Gens, pluriel du mot *gent*, de *gentem*, nation, famille.

Gens est resté avec ce sens dans : le droit des gens.

— Il n'y a ni bêtes ni gens, c'est-à-dire ni hommes.

C'est sur la place au Foin de Toulon que descendent bêtes et gens. (Baude.)

— *Gent* a été aussi pris adjectivement, pour gentil.

Auront flétri son corps gent... Gente demoiselle.

— Sens de nation :

> De cette gent farouche adoucira les mœurs.
> (Segrais, *Énéide*, V.)

> Oh ! combien lors aura de veuves
> La gent qui porte le turban !
> (Malherbe.)

Gentil, du latin *gentilem*, de bonne race.

Se retrouve dans *gentilhomme* ; autrefois *gentil femme*. (Montaigne.)

Signifie aujourd'hui joli, aimable. Dans ce sens il a remplacé l'ancien adjectif *gent, gente*.

> Dieu gard' ma maîtresse et régente
> Gente de corps et de façon !
> (Marot.)

Bon conselh ves don e gen. (Peyrols.)

Tan com seras laitz a te, seras gens a Dieu. Autant tu seras laid pour toi, autant tu seras *gentil* pour Dieu. (Bède.)

Gentleman, mot anglais : gentilhomme, homme du monde, galant homme.

Georges (saint), monté comme un saint Georges : bien monté, et aussi bien mis.

Saint Georges, né en Cappadoce, pays réputé pour ses chevaux, est toujours représenté sur un beau cheval, armé de toutes pièces, et triomphant du démon. Il figure dans les insignes de l'ordre de la Jarretière. Fête 23 avril.

Gésine, du vieux verbe *gésir*, être couché.

Les couches de la femme ; les couches.

Une laie était en gésine.
(LA FONTAINE.)

Geste, du latin *gesta* ; autrefois exploit, action ; (féminin).

Un geste est un mouvement d'une partie du corps, dont on accompagne ses paroles pour leur donner de la force.

— Un geste éloquent, connu du monde entier, consiste à glisser à plusieurs reprises le pouce sur l'index, pour imiter quelqu'un qui compte de l'argent.

— De *geste* est venu *gesticuler*.

Gesticuler comme un télégraphe.

Gifle, ancien français *giffe*, joue.

A pris un *l* comme *joufflu*, pour jouffu.

Les vents s'éboulfent à souffler,
Ce qui fait leurs gifles enfler.
(SCARRON, *Virgile travesti.*)

Gille. Personnage de la Comédie italienne, qui joue à peu près le même rôle que Pierrot, dont il porte aussi le costume blanc.

— Faire Gille : s'enfuir, faire banqueroute, tromper.

Quelques-uns le dérivent de : faire l'agile (?).

Saint Gille, dit la légende, s'enfuit de Grèce, où il était né près du trône, et se retira dans un ermitage voisin de Marseille.

« Mais, avant de passer outre, dit le bonhomme Scaliger, pourquoi est-ce que quand quelqu'un s'en est fui, on dit : Il a fait Gille ?
— C'est, répond Protagoras, parce que saint Gilles s'enfuit de son pays et se cacha de peur d'être roi. » (*Moyen de parvenir.*)

Giron, vieux français *géron* et *gron*.

GIR

Du latin *gyrum*, rond, tournant ; d'où girouette (?).

— Le giron est la partie du corps comprise entre la ceinture et les genoux, quand on est assis.

Cet enfant dormait sur le giron de sa mère, ou sur le sein. (Voy. *faude*).

— Le giron de l'Église. Mgr Dupanloup, évêque d'Orléans, a dit, en 1868, au sujet de l'enseignement laïque supérieur des filles, décrété par le ministre Duruy, que « les filles devaient être élevées sur le giron de l'Église ».

Girouette, du latin *girare*, tourner ; grec, *gyros*.

Lame en feuille de tôle, dont un des bords est roulé en tuyau, destiné à tourner autour d'une tige de fer.

On fixe au bas de la tige les quatre lettres N. S. E. O. pour indiquer exactement la direction du vent.

Quelquefois on prolonge jusqu'au sol le pivot de la girouette, et, à l'aide d'une aiguille placée parallèlement à la girouette, on peut lire la direction du vent sur une figure placée dans l'appartement.

La vitesse du vent se mesure au moyen de l'*anémomètre*.

— On appelle *pennon* une girouette formée de petites plumes montées sur du liège enfilé le long d'une corde, et qu'on laisse flotter au gré du vent, pour en connaître la direction. Elle est placée, sur les navires, auprès du timonier de service à la barre.

— Andronic de Cyrrha fit élever à Athènes une tour octogone, et fit graver sur les côtés le nom des huit vents principaux. Un triton d'airain tournait sur un pivot au haut de la tour, et indiquait, avec une baguette qu'il tenait à la main, d'où soufflait le vent.

— La girouette est l'emblème de l'inconstance. Une personne qui manque de volonté est une girouette.

> Il change à tout moment d'esprit comme de mode,
> Il tourne au moindre vent, il tombe au moindre choc :
> Aujourd'hui dans un casque, et demain dans un froc.
> (BOILEAU.)

> *Vidi avem' sine plumis*
> *In arbore sine ramis*
> *Quæ dicebat sine lingua*
> *Ex qua parte flabat aura.*
> (Énigme sur *Girouette*.)

— Autrefois, en France, il n'était permis qu'aux nobles de placer des girouettes sur leurs maisons ; d'ordinaire elles représentaient les armoiries de la famille.

On lit dans les *Mémoires de l'ancienne chevalerie* (t. I, f° 561) :
« ...Les gentilshommes ont seuls droit d'avoir des girouettes sur leurs maisons ; elles sont en pointes, comme les pennons, pour les simples chevaliers, et carrées, comme les bannières, pour les chevaliers-bannerets. »

Givre, origine inconnue ; gelée blanche, congélation de la rosée dans les nuits froides.

En terme de blason, pour *guivre* (*viperam*), serpent.

Glace, du latin *glaciem*.
Martial appelle la glace *aqua sicca*, eau sèche.
— Glacé, au figuré, froid : accueil glacé.
Son sérieux me glace. Son abord glace les gens.

> Ses froids embrassements ont glacé ma tendresse.
> (Racine, *Phèdre*.)

Glaner, bas-latin *gelina*, gerbe.
Quelques-uns le dérivent *a glandibus colligendis*, recueillir des glands (?) ; d'où le sens aurait été étendu aux épis recueillis après la récolte.
— Au figuré : faire un petit gain dans une affaire, où d'autres en ont déjà recueilli d'importants.

Glas, de *classicum*, son de la trompette, puis son des cloches.
Tintement lugubre, lent et uniforme d'une cloche, pour annoncer une agonie ou une mort.

Glisser, allemand *glitschen*, même sens.
Il est plus dangereux de glisser sur le gazon que sur la glace. (Scribe et Delavigne.)

> Sur un mince cristal l'hiver conduit leurs pas ;
> Le précipice est sous la glace ;
> Telle est de vos plaisirs la légère surface !
> Glissez, mortels, n'appuyez pas.

(Vers de Roy au bas d'une gravure de Larmessin, représentant des patineurs.)

Gloire, du latin *gloriam*, renommée ; grec *glossa*, langue.
La gloire suit la vertu comme une ombre : *Gloria sicut umbra virtutem sequitur.* (Cicéron.)
Gloria umbra virtutis est. (Sénèque.)
Il est aussi honnête d'être glorieux avec soi-même, qu'il est ridicule de l'être avec les autres.

Disparaître à propos de la vie, est une des conditions de la gloire (Châteaubriand.)

Glose, du grec *glossa*, langue.

Une glose a pour but de rendre plus intelligible, au moyen d'un commentaire, un mot ou un passage obscur.

— C'est la glose d'Orléans, plus obscure que le texte.

Ce proverbe est très ancien, mais on n'en connait pas l'origine.

— Rabelais (II, 3) a comparé les *gloses marginales du droit*, par Accurse, à une belle robe bordée de m...; c'est-à-dire que le texte est excellent, et que la glose ne vaut rien.

— *Gloser* se prend comme synonyme de médire, critiquer.

Que trouvez-vous à gloser là-dessus ?

Glouglou. Onomatopée.

Bruit que fait un liquide en s'écoulant par un goulot étroit.

> Qu'ils sont doux, bouteille ma mie,
> Qu'ils sont doux, vos petits glouglous !
> (Molière, *Médecin malgré lui.*)

Gluckistes et *Piccinistes*.

Glück et Piccini, à la fin du XVIIIe siècle, ont donné à l'Opéra de Paris leurs chefs-d'œuvre, et produit la grande révolution musicale qui changea le système lyrique en France.

Glück représentait la musique allemande, et était soutenu par Marie-Antoinette ; Piccini, la musique italienne, et était soutenu par Mme Dubarry (1778).

Glück, génie méthodique, sacrifie l'élément musical à l'élément dramatique ; il déclame trop et ne chante pas assez. Piccini, de nature tendre et délicate, laisse dominer la raison du philosophe par le sentiment de l'artiste, et sacrifie la logique à la grâce de l'harmonie.

L'opposition de ces deux génies ressemble à celle des dessinateurs et des coloristes, c'est-à-dire à ces deux grandes familles d'esprits dont Aristote et Platon, Bossuet et Fénelon, Voltaire et Rousseau, sont les immortels représentants.

L'antagonisme qui se produisit, au XVIIIe siècle entre ces deux virtuoses, souleva quelque temps les passions de l'Europe, et fut une des questions les plus animées et les plus intéressantes.

Gluten, du latin *gluten* ou *glutem*, colle, glu.

Substance azotée, molle, membraneuse, élastique, insoluble dans l'eau, et qu'on trouve dans la farine de froment. Son nom indique ses propriétés agglutinantes.

Gnan-gnan, onomatopée, mot imagé pour désigner une personne sans énergie; lambin; homme ou femme qui geint sans cesse.

Littré pense que c'est un mimologisme, un terme pour imiter la voix et la prononciation d'une personne qui, pour cause de souffrance habituelle ou d'indolence, traîne sur la finale de certains mots, notamment de ceux qui se terminent en *ant* ou en *ent*.

Gnome, semble venir du grec *gnômé*, intelligence.

Petit génie auquel on donnait la forme d'un nain, et que l'on croyait préposé, dans les profondeurs de la terre, à la garde des trésors et des mines.

Go (tout de), anciennement *gob*, verbal de *gober*.

Tout d'un trait.

J'entrai tout de go dans la taverne. (*Don Quichotte*.)

Gobelin, bas-latin *gobelinus*, se rattachant au grec *kobalos*.

Esprit follet, sorte de lutin. (A vieilli.)

Esprit familier auquel les marins donnent pour habitation la cale du navire.

— Les Gobelins étaient une famille de teinturiers déjà célèbre au XV° siècle, et dont plusieurs membres furent anoblis. Leur établissement, acheté par Louis XIV, garda leur nom. (Voy. *Diable vert*.)

Le marquis de Brinvilliers était, de son nom, Antoine Gobelin.

Gober, d'un radical celtique signifiant *bouche*.

Godailler, boire beaucoup. Origine incertaine.

Godelureau. Origine incertaine.

Qui fait le galant auprès des femmes.

Selon Le Duchat, *godelureau* est le diminutif de *godelu*, qui s'est dit d'un moine encapuchonné, *encoqueluché*.

Un godelu est, au propre, un gros moine réjoui; un godelureau, c'est un jeune moine propre à séduire certaines femmes.

— Peut-être que *goguenard* vient de la même source.

Gogo (à), réduplication du celtique *go*, beaucoup (?).

Ou de *gaudium*, joie.

Avoir tout à gogo : en abondance.

> J'ai du bon brouet et du rôt
> Dont à gogo j'emplis ma panse.
> (Le Noble.)

Gogo, du vieux mot *goguer*, railler (?).

« Monsieur Gogo » personnifie l'actionnaire niais, que les faiseurs d'affaires véreuses allèchent par l'appât des dividendes.

Goguenard, du celtique *gogue*, raillerie.

Mauvais plaisant.

Goguette, dérivé de *gogue*, plaisanterie, joyeuseté.

Pique-nique où l'on chante au dessert.

Conter goguettes, c'est dire librement à table tout ce qu'on veut.

Gond, anciennement *gonf*; du latin *gomphum*; grec *gomphos*.

Ce seroit assez pour me faire trespasser hors des gonds de patience. (Rabelais, III, 9.)

Gordien (nœud); origine historique.

Trancher le nœud gordien : se tirer violemment d'un embarras.

De là, trancher une difficulté, *décider* une question.

— Gordius, roi de Phrygie, avait consacré dans le temple de Jupiter, son char, dont le joug était rattaché au timon par un nœud qu'il était impossible de délier. On croyait que l'oracle avait promis l'empire de l'Asie à celui qui parviendrait à le dénouer. Alexandre, passant à Gordium, coupa le nœud avec son épée, et prétendit avoir ainsi accompli la prédiction.

Gorge, du latin *gurgitem*, gouffre (latin populaire *gorja*).

A ce mot se rattache *ingurgiter*.

— Gorge-chaude : gibier fraîchement tué qu'on donne aux oiseaux de proie, et dont ils sont très friands.

— Rendre gorge : au figuré, restituer un bien mal acquis.

— Regorger : surabonder.

— On appelle *gorge*, en fauconnerie, la mangeaille de l'oiseau de proie. Lorsqu'on veut faire chasser l'oiseau, on lui arrache cette mangeaille du jabot.

— Se rengorger : se pavaner, faire le beau.

Rabelais emploie *se gorgiasser*, étaler sa gorge.

On appelait *gorgias* ou *gorgerette*, un tour de gorge.

> Tétin qui t'enfles et repousses
> Ton gorgias de deux bons pouces.
> (Marot.)

Gorgones, nom propre grec, mythologique.

Les Gorgones étaient trois sœurs : Méduse, Euryale et Sthéno, qui avaient le pouvoir de frapper de mort et même de pétrifier ceux qui les regardaient. Ce pouvoir était attribué surtout à Méduse. (Voy.)

Gosier, origine inconnue ; d'où : dégoiser, égosiller.
Synonymes : avaloir (Vidocq) ; rue au pain ; gargamelle (Rabelais) ; vallée d'Angoulême (jeu de mots sur *avaler* et *engouler*).

Gothique, étymologie historique.
Les Goths, peuple germain, ravagèrent et asservirent une partie de l'empire romain, au ve siècle.
C'est en souvenir du mal qu'ils ont fait, que les Italiens ont employé, pendant la Renaissance, le mot *gothique*, comme épithète flétrissante, exprimant leur dédain pour les monuments du Moyen-Age, qui n'avaient aucun rapport avec les Goths.
Gothique devint synonyme de *suranné*, de mauvais goût.
Le vrai nom de l'architecture appelée à tort *gothique*, est *ogivale*. Elle fleurit du viiie au xve siècle.

Gouge, anciennement jeune fille.
Gargamelle, fille du roy des Parpaillons, belle gouge et de bonne troigne. (Rabelais, I, 3.)
Depuis Rabelais le sens de *gouge* a bien changé ; il signifie femme de la plus basse prostitution ; la femelle du goujat, valet de soldats.

Gouine semble dérivé de la même origine que *gouge* et *goujat*.
Femme de mauvaise vie.

Goujat, correspond à *gouge*.
Valet d'armée, homme très grossier.

Goujon, du latin *gobionem* ; provençal *gobi*.
Avaler le goujon : gober l'hameçon (*hamum vorare*).
Être très crédule, se laisser attirer comme le goujon, qui est très vorace, et avale aisément l'hameçon présenté.
Molière (*Pourceaugnac*) a dit : « Tous deux également sont propres à gober tous les hameçons qu'on veut leur tendre. »

Goule, du latin *gulam*.
Espèce de larve, de stryge.
Femme vouée aux mauvais esprits, qui se repait de cadavres.

Goullafre, dérivé de *gueule*, *gulam* (populaire).
Grand mangeur, âpre à la gueule.
Le proverbe : « Brebis qui bêle perd sa goulée », ne saurait leur

être appliqué, car les gourmands de ce genre font en bien mangeant l'éloge des morceaux, et ne parlent pas.

Goupillon, du vieux mot *goupil*, renard.

Petit pinceau de poils pour jeter l'eau bénite, et qui ressembla d'abord à une queue de renard.

Gourd, du latin *gurdum*, grossier, sot.

A donné : engourdi, dégourdi, gourdin.

Mains gourdes ; eau dégourdie (tiède).

Piastre gourde, c'est-à-dire lourde, plus forte que la piastre ordinaire.

> Il s'en allait, enfonçant son chapeau,
> Mettre l'alarme en tout le voisinage,
> Battre sa femme et dire au peintre rage,
> Et témoigner qu'il n'avait les bras gourds.
> (La Fontaine, *Les Rémois*.)

Gourde, provençal *cougourde*, qui est, en effet, composée de deux parties renflées et lourdes, séparées par un étranglement ou espèce de cou (?).

— En réalité, le mot n'est point composé, mais dérive du latin *cucurbitam* ; ancien français : *cougourde*, *goourde*.

Ung vaisseau crystallin en forme de coucourde, ou ung urinal. (Rabelais, *Pantagruel*, V, 4.)

Gourmand, autrefois *safre*, origine incertaine.

Synonymies : licheur, gourmet, gastrolâtre.

Gulæ parens, qui obéit à son ventre ; esclave de son ventre.

Un gourmand n'est pas un homme : c'est un estomac. (Balzac.)

Le gourmet goûte, le gourmand avale.

L'estomac est, pour le gourmand, le premier devoir à remplir. (Jos. Prudhomme.)

Le gourmand est placé entre les craintes de l'estomac et les témérités de la gourmandise.

— Il y avait trois frères, célèbres gourmands, du nom d'Apicius. L'un d'eux publia un traité de l'art d'aiguiser l'appétit : *De gulæ irritamentis*.

— Gourmande comme une chatte.

Gourmander, origine inconnue, mais radical commun avec *gourmette*.

Gourmander un cheval, le tirer durement par la gourmette.

D'où, au figuré : réprimander durement. Gourmade.

Gourmandise : l'esprit du palais.

Brillat-Savarin, qui était magistrat, a publié sous le voile de l'anonyme, l'apologie de la gourmandise : *Physiologie du goût*. Nul mieux que lui n'a su décrire les finesses de l'esprit du palais.

Goût, du latin *gustum*.

Le goût est celui de nos sens qui perçoit les saveurs.

Ce qui est agréable au goût est savoureux.

— Le bon goût, au figuré, est la conscience du beau. C'est un jugement prompt des défauts et des beautés dans tous les arts. C'est, étymologiquement, savoir : *sapere*, avoir du goût.

— Le goût dans l'art, est ce que le tact est dans les relations, le coup d'œil dans les affaires. (J.-J. Ampère.)

La Rochefoucauld a dit : « Le goût vient plus du jugement que de l'esprit. » Le goût et le jugement ont, en effet, la même aptitude pour découvrir le beau ; mais le goût est distinct du jugement, car il agit spontanément, à la première impression ; tandis que le jugement agit par raisonnement et par comparaison.

— Dans les affaires, le jugement est plus nécessaire que le goût ; le goût est un luxe que seuls les gens de loisir peuvent se donner.

Les artistes et les bons écrivains forment le goût du public, qui, à son tour, gouverne les auteurs.

Puisque le goût est un sentiment naturel et indépendant de l'instruction acquise, on ne doit pas dire : se former le goût ; mais tout au plus perfectionner son goût, ou plutôt son jugement.

Il ne faut disputer des goûts ni des couleurs.
(Lacussa, *l'Aveugle clairvoyant*.)

— Tous les goûts sont dans la nature.

Cela est évident pour les goûts sensuels et les répugnances physiques ; mais le goût dans les arts est absolu, et on doit le discuter, pour chercher à convaincre ceux qui nient le beau où il se trouve, parce qu'ils ne l'aperçoivent pas, ou que leur organisation ne leur permet pas de le reconnaître.

Cette tâche n'est pas toujours facile, car Tieck a défini le beau : « un rayon de clarté céleste qui, en passant à travers le prisme des imaginations diverses, se décompose de mille manières ».

Winckelmann le définit : « l'unité dans la variété ».

— Tous les goûts sont discutables, mais le goût ne se discute pas.

Goûter, latin *gustare*. Provençal *tastar*.

Prendre un tant soit peu, un tantinet, *tantillum*.

D'où : goûter, petit repas qui se fait entre le dîner et le souper. S'appelait autrefois *ressie*, dérivé de *rasseoir*.

Lorsque les commères entrent, elles desjeunent, elles disnent, elles mangent à raassier. (*Les Quinze joyes.*)

Rabelais (IV, 4) emploie *ressiner* (comme déjeuner, dîner) : « Il n'est desjeuner que d'eschole, disner que d'advocats, ressiner que de vignerons, souper que de marchans. »

Goutte, du latin *guttam*.
La goutte d'eau perce la roche.

> *Saxa cavantur aqua.*
> (Ovide.)

> *Gutta cavat lapidem, non vi, sed sæpe cadendo.*
> (Ovide.)

> L'eau qui tombe goutte à goutte
> Perce le plus dur rocher.
> (Quinault, *Atys.*)

— *Goutte*, maladie des petites articulations, a la même origine : on l'attribuait à des gouttes d'humeur viciées qui arrivaient aux articulations.

> Au mal de goutte
> Le mire n'y voit goutte.

> *Tollere nodosam nescit medicina podagram.*
> (Ovide.)

> ...Goutte bien tracassée
> Est, dit-on, à demi pansée.
> (La Fontaine, III, 8.)

Pour guérir la goutte, il faut vivre avec douze sous par jour et les gagner. (Laurence.)

La goutte vient de la fillette ou de la feuillette. (Mézeray.)

Gouverner, du latin *gubernare*.
Ad gubernacula reipublicæ sedere. (Cicéron.)

— Toute constitution sociale, tout gouvernement se résume toujours dans cinq hommes : un bailleur de fonds ; un entrepreneur, sous le nom de propriétaire terrien, ou d'industriel ; un ouvrier agricole ; un commerçant ; un fonctionnaire civil ; c'est-à-dire : la propriété foncière, la propriété mobilière, l'agriculture, le commerce et l'administration.

Pour les différentes formes, voir les mots : aristocratie, autocratie, démocratie, démagogie, oligarchie, république ou gouvernement du pays par lui-même, que les Anglais appellent *self-governement* : ploutocratie, théocratie, tyrannie.

Ces noms indiquent en quelle personne ou en quelle catégorie de personnes réside le pouvoir.

— Dans un gouvernement constitutionnel, le roi règne et ne gouverne pas. (Thiers.)

Graal (Saint). Selon la tradition du Moyen-Age, le Saint Graal était un vase précieux, où Joseph d'Arimathie avait recueilli le sang qui sortait des plaies de Jésus-Christ.

Ce mot paraît formé de *sang-réal* (royal).

— Les anciens romans de chevalerie représentent Arthur et les chevaliers de la Table-Ronde poursuivant la conquête du Saint Graal, qui, selon la légende, avait été transporté au Cathay.

On reconnaît dans ces légendes l'esprit des Croisades.

— *Sangraal* était une espèce de calice, qu'on croyait taillé dans une émeraude, mais qui n'était que de verre vert, et se gardait à Gênes, sous le nom de *Sacro catino*. On y voyait aussi le ciboire dont s'était servi Jésus-Christ le jour de la Cène. (Rabelais.)

Grâce, du latin *gratiam* (*gratus*, agréable).

— Dans la religion sensuelle des Grecs, les *Grâces* ou *Kharites* étaient trois jeunes filles sveltes, nues et dansant en rond, compagnes inséparables de Vénus (Ausone, *Epigr.* 121), et résumant dans un seul groupe toutes les perfections de la beauté humaine. On les appelait : Aglaé (lumière), Euphrosyne (sagesse), Thalie (fleur). On en connaissait trois autres : Anyo, Comasia, Gelasia. Les trois Grâces étaient filles de Bacchus et de Vénus. Leur pouvoir s'étendait à tous les agréments de la vie : elles dispensaient aux hommes la grâce, la gaieté, la libéralité, et présidaient à la bienfaisance et à la reconnaissance.

Marot leur donne leur nom grec de *Kharites* :

> Je viens pour chanter la tienne
> Sur la corde, Dorimène,
> Des Charites ennoblies.

Le Christ a emprunté cette ravissante fiction du paganisme (?) en donnant à la vertu fondamentale de sa doctrine le nom de *Charité*.

— En théologie, la grâce est le don surnaturel et gratuit que Dieu fait à l'homme pour lui inspirer les saints désirs, les résolutions louables, et le conduire à sa fin ; et sans lequel il ne peut être sauvé.

La difficulté de concilier l'action de la grâce avec le libre arbitre, a donné lieu à un grand nombre d'hérésies : Pélagiens, Sociniens, etc.

— *Grâce* se prend dans les diverses acceptions : d'élégance, de faveur, de pardon, de remerciement.

La grâce est la beauté en mouvement. (Lessing.)

La beauté sans la grâce est un hameçon sans appât. (Ninon.)

> Et la grâce, plus belle encor que la beauté.
> (La Fontaine.)

— Sacrifier aux grâces. Platon en faisait souvent la recommandation à Xénocrate, dont les mœurs étaient grossières.

— Bonnes grâces : faveur, amitié.

Accorder une grâce à quelqu'un, c'est donner à titre gratuit, sans idée d'intérêt. Escompter un bienfait, assimilerait la charité à une opération usuraire.

Le plaisir qu'on a de faire le bien doit suffire comme récompense, l'obligé se montrât-il ingrat.

— Donner le coup de grâce : achever de perdre.

Terrible antiphrase, qui se rattache à l'ancien supplice de la roue. Le bourreau donnait au patient un dernier coup sur la poitrine, afin d'abréger ses souffrances.

De même, dans les combats singuliers, le vainqueur achevait son adversaire lorsqu'il criait : merci ! Le poignard dont il se servait s'appelait « miséricorde ».

— Faire grâce : pardonner.

On dit de même trouver grâce : être pardonné.

— Rendre grâce : remercier, savoir gré.

— Grâces, prière après le repas.

> Après grâces... ils demandent à boire.
> (Régnier.)

— Les grâces du Lombard, trois dés sur la table.

Gracieux, dérivé de *grâce*. Dû à Malherbe (?).

Les gens de bien sont toujours gracieux.

Graillon, du vieux français *graille*, pour gril (?).

Goût, odeur de graisse et de viande brûlée.

Graillonner, cracher avec des efforts de toux qui imitent le cri de la corneille, appelée jadis *graille*.

Graisser la patte à quelqu'un : gagner sa confiance par des présents.

Autrefois, les solliciteurs donnaient du lard aux personnes qu'ils voulaient se rendre favorables. Aujourd'hui, le lard est démodé et remplacé par des chapons du Mans, etc.

— Un fonctionnaire ayant reçu d'un solliciteur une balle de café, dit au porteur : « Prévenez votre maître que je ne prends pas mon café sans sucre. »

— Rabelais (IV. 35), parlant de la graisse de baleine, qui rapporte beaucoup d'argent, dit : « Ils cueillent la gresse des roignons, laquelle ils disoyent estre fort utile et nécessaire à la guérison de certaine maladie qu'ils nommoyent faulte d'argent. »

Grammaire, du grec *grammatikos* (par le latin).

Le gendarme de la littérature.

— La grammaire est l'art de parler et d'écrire correctement. (Lhomond.)

Définition mauvaise, car l'Académie définit l'*art* la méthode de faire quelque chose selon les règles ; et la *science*, un ensemble de connaissances.

Avant de parler et d'écrire correctement, c'est-à-dire selon les règles de l'art, il faut connaitre les éléments et les règles du langage. La grammaire est donc une science plutôt qu'un art, et je préfère la définition de Perron : « La grammaire est la science des éléments et des règles du langage. »

Grammairien, dérivé du précédent.

Rivarol disait du célèbre grammairien Beauzée :

> Entre les deux supins, ô sort digne d'envie !
> Grammaticalement il consuma sa vie...

Le jésuite Bouhours, célèbre grammairien, dit, au moment de mourir : « Je vais, ou je vas, bientôt mourir ; l'un et l'autre se dit, ou se disent. »

Grand, du latin *grandem*.

Il a ses augmentatifs : colossal, pyramidal, monstre. (Voy. *exagération*.)

— En roman *gran* est commun aux deux genres :

> De passe en gran, et de gran en maior.
> (Aimeric de Péguilhan.)

Cependant les troubadours l'ont employé au féminin, mais rarement :

> Sa beutat es tan granda.
> (A. Daniel.)

— *Grand* a conservé sa forme commune dans grand'mère, grand'messe, grand'rue, qu'on écrit aujourd'hui avec une apostrophe, comme s'il y avait eu élision.

Le Petit Chaperon rouge va voir sa mère-grand, qui est malade.

— De grand cœur. On écrivait jadis : de gréant cœur (de cœur qui agrée).

— A grande montée, grande descente.

Deposuit potentes de sede, et exaltavit humiles. (Magnificat.)
Il a déposé les puissants, et élevé les humbles.

— Service de grands n'est pas héritage : qui sert les grands, serf devient.

Ce n'est pas un petit mérite que de plaire aux grands.

Principibus placuisse viris non ultima laus est.
(Horace.)

Traite les grands comme le feu ; n'en sois jamais ni trop éloigné ni trop près. (Diogène.)

— Un pamphlétaire avait dit, pendant la Révolution : « Les grands ne sont grands que parce que nous les portons sur nos épaules ; nous n'avons qu'à les secouer pour en joncher la terre. »

Prudhomme, dans son *Recueil des Révolutions de Paris*, a arrangé ces paroles comme il suit : « Les grands ne sont grands que parce que nous sommes à genoux : levons-nous ! »

— Une grande vie est une pensée de jeunesse exécutée dans l'âge mûr. (A. Comte.)

Grandeur, dérivé du précédent.

Sa Grandeur, titre honorifique donné aux évêques.

On dit aussi : Sa Hautesse le Sultan, Son Altesse.

Ces titres ne prouvent pas que les princes sont haut, mais que les hommes sont bas.

— Un tailleur ayant fait une culotte trop étroite pour Mgr de la Ferronays, évêque de Lisieux, lui dit : « Je vois bien, Monseigneur, qu'elle est trop petite pour le derrière de Votre Grandeur. — Dites plutôt pour la grandeur de mon derrière. »

— Les grandeurs nous forcent à baisser la tête sous toutes les portes.

Gras, du latin *crassum,* épais, grossier.

Gras à lard, gras comme un chanoine,...comme un clou.

Et je les voy comme jongleurs
Plus gras qu'abbez ne que prieurs.
(Roman de la Rose.)

— Pour engraisser, buvez beaucoup, mangez beaucoup de pain et d'aliments amylacés, fatiguez peu.

Pour maigrir, buvez du vin pur en petite quantité, mangez peu de pain, peu d'aliments gras, dormez peu, fatiguez.

— Gras et maigre : asperge et potiron ; le duo du bilboquet, la boule et le manche s'en allant de compagnie, avec la ficelle de l'amitié ; ronde-bosse et bas-relief.

— L'antagonisme entre les gras et les maigres a été de tout temps la cause des révolutions. En Angleterre, où il existe une opulence monstrueuse, les maigres commencent à s'apercevoir qu'il n'y a pas assez de pommes de terre dans leur assiette.

— Parler gras : tenir un langage grossier et obscène ; dire des mots graveleux ; se servir d'expressions libres, grivoises, licencieuses. Style gaulois ; propos libres ; gros mots.

C'est, en un mot, appeler les choses par leur nom, éviter les fades périphrases des bourgeois et des prudes.

— Rabelais parle souvent de livres et de bréviaires de « haulte gresse ». Il entendait par là, peut-être, les bréviaires qu'on a tant maniés, que la couverture et les feuillets en sont graisseux. Mais il l'entendait plus probablement des propos libres et graveleux qu'ils contenaient, et comme on en trouve dans le sien.

— Les jours gras, qui terminent le Carnaval, correspondent aux Saturnales des Romains.

Le Mardi-Gras, les clercs de la Basoche plaidaient une cause qui prêtait aux paroles licencieuses.

Martin Husson, dans son *Traité de l'avocat*, désapprouve cet usage de plaider des causes grasses, qui s'était répandu dans quelques provinces.

— Les Romains appelaient *fescennina carmina* (vers fescenniens) ceux où la pudeur n'était pas ménagée.

C'est ce qu'Horace appelle *fescennina licentia*, du nom de *Fescennia*, en Étrurie, où se firent les premiers vers nuptiaux ou épithalames.

— Dormir la grasse matinée. On disait autrefois : la grand matinée.

Grappiller, de *grappe*, bas-latin *crampa*.

Expression familière : faire de petits vols ; prendre ce que laissent les autres. Métaphore empruntée aux vendanges : les grappilleurs passent après la vendange, comme les glaneuses après la moisson.

Gratification, de *gratiam* et *facere*.

Synonymes : la bonne main, épingles, gants, pot-de-vin, denier à Dieu, pourboire.

Gratis, mot latin : pour rien.
Synonymes : à l'œil (au commandement, pour au doigt et à l'œil); gratis *pro Deo* ; pour le roi de Prusse.

Gratter, origine germanique ; bas-latin *cratare*.
Se gratter où il ne démange pas (Rabelais) : feindre.
Qui flatte, gratte.
Gratter quelqu'un où il lui démange, c'est-à-dire le flatter.
Un âne en gratte un autre : *Asinus asinum fricat*. Ancien proverbe, souvent cité. La Fontaine s'en est souvenu.

> Ces ânes, non contents de s'être ainsi grattés,
> S'en allèrent dans les elles
> L'un l'autre se prôner...
> (*Fables* II, 3.)

De même C. Marot, quand il écrivait :

> ...Huet et Sagon se jouent
> Par escrit, l'un l'autre se louent,
> Et semblent (tant ils s'entreflattent)
> Deux vieux ânes qui s'entregrattent.

— Trop gratter cuit, trop parler nuit.

Gravier, dérivé probable de *grève*, comme *gravois*; plutôt que de *gravis*, comme veulent quelques-uns, sous prétexte qu'on s'en sert pour lester les navires. *Suburra navem gravare*. (Tite-Live.)

Gravité, de *gravem*, lourd.
La gravité est le refuge des sots.
La gravité qu'affectent certains hommes sérieux, n'est souvent que le masque imposant de la sottise. La gravité est une cuirasse contre les traits légers de la moquerie. Certaines intelligences creuses cherchent ainsi à se donner les dehors de la solidité ; le poids qui leur manque, ils y suppléent par la pesanteur. Le sérieux est pour eux cette base de plomb qui tient en équilibre des diablotins de sureau.

Grec, nom historique : *Græcum*.
— Voleur au jeu (*græca fides*).
Il n'y eut jamais grec, de malice net.

> *Timeo Danaos et dona ferentes.*
> (Virgile.)

— Les Grecs du Bas-Empire étaient des Orientaux agglomérés

autour du Bosphore, à la suite du transfert de l'Empire à Constantinople. Ils n'avaient rien de commun avec les Grecs de l'antiquité, dont ils n'acceptaient même pas le nom, puisqu'ils s'appelaient *Rômaioi* (Romains).

S'ils parlaient grec, c'est parce que cet idiome était alors la langue universelle, en Orient.

Qui nous délivrera des Grecs et des Romains ?
(Berchoux.)

— Le génie de la langue française est peu propre à former des mots qui expriment avec précision des idées complexes. Aussi a-t-elle emprunté au grec quantité de termes d'arts et de sciences.

Vers le XIIe siècle, on commença à introduire dans le français quelques termes tirés de la philosophie d'Aristote, et ce fut vers le XVIe siècle que la médecine se servit de mots grecs.

Quand on dit « les anciens », il faut entendre les Grecs et les Romains.

La Grèce antique se résume dans Athènes, Sparte, Corinthe, Syracuse. Ses trois grands historiens sont : Hérodote, Thucydide, Xénophon.

...*Exemplaria græca*
Nocturna versate manu, versate diurna.
(Horace.)

(Feuilletez jour et nuit les modèles grecs.)

— Bossuet lisait souvent Homère en grec et disait : « J'allume mon flambeau aux rayons du génie... »

— A. Dacier, savant latiniste, ayant épousé Mlle Lefèvre, traductrice d'Homère, on dit : « C'est l'union du grec et du latin. »

— La Grèce antique a jeté au vent sa science, dans son art et sa poésie, que s'est partagés, comme un héritage sublime, le reste du monde. (A. Dumas.)

— Trois peuples de l'antiquité ont légué aux modernes ce qu'ils possèdent de plus solide. Les Grecs nous ont donné la science et l'art ; les Romains, le droit et la politique ; les Juifs, la religion.

Gredin, origine incertaine ; peut-être gothique *gredags*, affamé. Est synonyme de fripon, mauvais garnement.

— Désigne aussi un petit chien de race anglaise, à longs poils noirs, très propre à quêter et à piller.

Greffer, dérivé de *greffe*; latin *graphium*. Anciennement *enter*.

Rabelais (I, 24) dit *adultérer*.

Adulteratur amygdalina nuce. (Pline.)

— La greffe est un bourgeon que l'on enlève à un arbre cultivé, pour l'implanter sur un autre arbre, sauvage ou cultivé, que l'on veut améliorer.

Grège, origine incertaine.

Se dit de la soie telle que le ver l'a produite, mise dans l'eau bouillante et dévidée d'autant de cocons qu'on veut obtenir de brins par fil.

Grêlé, origine incertaine.

Marqué de la petite vérole.

Synonymes : vacciné à coups de pioche, écumoire, râpe à sucre, M. des grêlons.

Grelot, latin *crotalum* (?); d'où grelotter, trembler comme un grelot.

Trembler le grelot. (Saint-Gelais.)

— Attacher le grelot : faire les premiers pas dans une entreprise difficile. (La Fontaine, *Fables*; II, 1.)

Grenadier, de *grenade* ; *mala granata*.

Pline dit : *Est circa Carthaginem punicum malum... aliqui granatum appellant.*

De là viennent les mots ponceau (*punicum*) et grenat (*granatum*).

— En provençal, la grenade s'appelle *migrane* (mille grains), à cause du grand nombre de ses graines.

Migraine, couleur écarlate. (Rabelais, I, 58.)

— L'écorce du grenadier est très chargée de tannin : elle est purgative et vermifuge.

— Soldats d'élite, ainsi nommés de ce qu'ils portaient des grenades, qu'ils lançaient avec la main. L'institution des grenadiers date de 1667, où l'on plaça quatre grenadiers dans chaque compagnie du Royal-Infanterie.

Aujourd'hui on appelle grenadiers les soldats d'élite de la 1re compagnie de chaque bataillon. Ils portent des épaulettes rouges et des grenades sur leur uniforme.

Grenouille, autrefois *ranouille*; latin *ranunculum*.

La grenouille coasse. Il paraît que pour nos pères elle chantait, comme l'indique le nom de la rue Chantereine (pour *raine*, d'où *rainette*), située dans le quartier de la Grange-Batelière.

> *Ans que chant la granoilla.*
> (G. DE BERGUEDAN.)

(Avant que chante la grenouille.)

> *La rana chant el vivier.*
> (MARCABRUS.)

(La grenouille chante au vivier.)

> *Peire d'Alvernhe a tal votz*
> *Que chante cum granolh en potz.*
> (P. D'ALVERGNE.)

(Pierre d'Auvergne a telle voix qu'il chante comme grenouille en puits.)

> Encore que le bray d'un asne ou la chanson
> D'une importune rane ait beaucoup plus doux son.
> (DU BELLAY.)

Vocales ranæ ultra solitum, signa tempestatis sunt. (Pline.)
Quand les grenouilles coassent plus fort qu'à l'ordinaire, c'est signe d'orage.

— Tout le monde connait l'emploi de la rainette en guise de baromètre.

— Il n'est pas cause que les grenouilles n'ont pas de queue. Se dit d'un pauvre d'esprit.

— Manger la grenouille. Se dit d'un caissier infidèle, qui vole une association.

Grève, du celtique *graé* (?) gravier.

— Se mettre en grève, faire grève : cesser de travailler.

Se dit des ouvriers qui refusent de travailler si on n'augmente leur salaire ou le prix de la main-d'œuvre.

Cette locution vient de ce que la place de l'Hôtel-de-Ville de Paris, autrefois place de Grève, était le lieu de réunion des ouvriers sans travail, où les patrons allaient les embaucher, et où ils retournaient pour se procurer un emploi, s'ils en manquaient.

— En temps de révolution, le capital fait grève.

Gribouille, semble venir du verbe *gribouiller*.

Fin comme Gribouille, qui se jette à l'eau par crainte de la pluie.

Allusion plaisante à ceux qui se mettent dans un grand embarras pour éviter un petit désagrément.

Peut-être *Gribouille* est-il le nom d'un niais de farce ou de comédie, de la famille des Jocrisse et des Cadet-Roussel.

Grièche. Pie-grièche : *picam græcam* (pie grecque).
Se dit d'une femme criarde et revêche.

Griffon, du latin *gryphum*; grec *grups*.
Animal fabuleux, qui a quatre pattes, deux ailes, un bec d'oiseau, la partie supérieure de l'aigle, et la partie inférieure du lion.
Moins terrible que le dragon, il tient du quadrupède et de l'oiseau.
C'est non seulement un être fabuleux, mais un être naturellement impossible. Il ressemble beaucoup à la Chimère, dont le nom sert à désigner les rêves d'une imagination en délire.
L'idée du griffon a été empruntée aux Égyptiens, dans l'écriture desquels il représentait les héros, par l'assemblage de l'aigle et du lion, les plus nobles des animaux.

Grigou, origine inconnue. (Populaire.)
Avare, ladre. En vieux français *grigue-miette*.

Grimaud, de *grammatius*, petit écolier (?).
Ou bien plutôt de *grim* (?) qui a donné : grimer, grimace.
Écolier ; par extension, pédant.

> Allez, petit grimaud, barbouilleur de papier.
> (Molière, *Femmes savantes*.)

Grimoire, pour *gramoire*, variation de *grammaire*.
La grammaire étant inintelligible pour le vulgaire, *gramoire* ou *grimoire* a désigné les ouvrages en caractères cabalistiques dont se servent les sorciers.

Grincheux, forme dialectique pour *grinceur* (picard grincher); revêche, maussade.

Gris, allemand *greis*, vieillard, homme à cheveux argentés.
Gris comme un cordelier, soûl comme une grive : très ivre.
— Au Moyen-Age, parmi les divers synonymes de *grec*, tels que *grais*, *grieux*, *grégeois*, le plus usité était *gris*; et, comme les Grecs, avaient conservé la réputation que mentionne Horace :

> *Vel Romana fatigat*
> *Militia assuetum Græcari.*
> (Sat. II, 3.)

(L'exercice à la romaine est trop pénible pour un homme habitué à se griser) — et qui depuis est passée aux Templiers et aux Polonais; — on a donné à *gris* le sens de : à demi-ivre.
— M. Génin a aussi fait remarquer que *gris* est dit pour *grec* dans les vieux auteurs, et signifie ivrogne, acception qu'il a conservée dans le langage familier.

De là on nomma *grive* l'oiseau qui se grise dans les vignes, et qui s'appelait autrefois *mauvis*.

De là aussi est venu l'adjectif *grivois*, et le nom de *Saint-Gris*, le vin (?), qui semble avoir été canonisé par la corporation des ivrognes.

On lit dans le *Roman d'Alexandre* :

> Et fut bien escouté d'Alexandre et des Gris.

Mais comment le mot *gris* est-il arrivé à désigner la couleur grise ? Peut-être parce qu'on tirait du Levant quelque étoffe de cette nuance ; de même qu'on appelait *inde* l'indigo. En vieux français, le mot usité est *liart*.

— Ventre-Saint-Gris. Ce saint manque au calendrier, dans le savant traité des Bollandistes, et dans tous les Martyrologes. C'était par lui qu'aimait à jurer Henri IV ; sans doute par réminiscence de son ancienne religion.

Ventre-Saint-Gris d'hiver, quel enfant ! (N. du Fail.)

— Saint-Gris est peut-être Saint-François d'Assise, appelé ainsi à cause de la couleur de son capuchon, et ceint d'une corde (calembour pour *ceint gris*) ?

— Il y avait dans la commune de Cours-les-Barres (Cher) une communauté religieuse appelée Saint-Gris.

Le nom venait de la couleur de l'habit.

— Villehardouin emploie l'expression « moine blanc » :

> « Et ne vous émerveillez mie se laïc gent estoient en discorde, quand li blanc moine i estoient. »

— Peut-être encore Saint-Gris est-il pour Saint-Graal. (Voy.)

Grisette, diminutif de *gris*.

Désignait, au XII° siècle, une étoffe grise, commune.

> Ab capa griseta ses pel.
> (G. D'AUTPOUL.)

(Avec cape de grisette sans poil.)

On a appelé par métonymie *grisettes*, les jeunes ouvrières qui usent plus particulièrement de cette étoffe. Les femmes de la bourgeoisie affectaient de se vêtir de brun et de gris, et ne portaient le blanc et le noir que dans les grandes occasions.

Dans l'*École des Maris*, Sganarelle dit qu'il veut que sa femme soit toujours vêtue de gris.

> Si les femmes blanches et bises
> Hantaient volontiers les églises...
> (MATHEOLUS.)

Dans la vie imprimée de M** de Hautefort (xviie siècle), il est dit qu'elle se déguisa en grisette.

— On a appelé *solitaire*, la couleur enfumée du froc des moines.

On appelait aussi *brunette*, une étoffe teinte, dont on faisait des cotillons.

> Aussi bien sont amourettes,
> Sous bureau que sous brunette.
> (*Roman de la Rose.*)

Grivois. Étymologie douteuse.
Bon compagnon, qui aime à boire; soldat maraudeur.
— Propos grivois : gais, mais immodestes.

Grogner, latin *grunnire* (comme *groin* et *grognard*).
C'est, au propre, le cri du cochon.
— Se dit, au figuré, d'un homme qui exprime sa mauvaise humeur par un bruit inarticulé.
Plus poliment : gronder.

Gros, du bas latin, *grossum*.
Gros comme un muid, comme une tonne ; pain de suif.
Un gaillard qui se porte si bien, …qu'il ne peut se porter.
Un bel exemple de dilatation de la peau humaine.

Gros-Jean, qui en remontre à son curé. (Voy.)
Gros-Jean est un personnage de comédie en proverbe. C'est un cabaretier qui porte ce nom dans la pièce.

Grosse. Expédition au créancier d'une obligation, ou d'un contrat en sa faveur, dont la minute reste en l'étude de l'officier public. Appelée *grosse* parce qu'elle est écrite en gros caractères, tandis que la minute l'est en caractères *menus* (*minutus*).

Grossier, opposé à : fin, délié, délicat.
Chemise de toile grossière.
Grossier comme du pain d'orge.

Grosso modo, expression adverbiale en latin peu classique.
Signifie « à la grosse », sans s'occuper des détails.

Grotesque, de l'italien *grotesco*, grotte ; grec *kruptos*.
Ce nom vient des peintures trouvées dans les grottes ou ruines, notamment dans les Thermes à Rome. Le sujet ni le dessin ne sont bouffons. C'est par un sens détourné qu'on a donné le nom de *grotesques* à des figures outrées, comme celles de Callot.
— Les grotesques ou arabesques, sont des sortes d'ornements

dont on s'est servi à Rome à l'époque de la décadence, et qui avaient été empruntés à l'art byzantin ou arabe.

Ils venaient de l'Orient, où on les employait, dans la plus haute antiquité, à décorer les salles souterraines de Persépolis, de Ninive, et d'Égypte.

— Le genre grotesque, dans les arts, est le mélange du sublime et du bouffon.

On remarque dans l'architecture gothique des détails grotesques dans les ornements des églises les plus imposantes. Par exemple : un cochon jouant du violon, sur un des portails de la cathédrale de Rouen.

Ailleurs, on a représenté des moines à forme d'animaux immondes. Quelquefois même le grotesque y tombe dans l'obscénité. C'est le même mélange du sacré et du profane qui a produit la fête de l'âne et celle des fous.

Grue, du latin *grus, gruem* ; en grec *géranos*.

— Faire le pied de grue : attendre longtemps (sur ses pieds).

Les grues font sentinelle à tour de rôle, pour éviter les surprises, et gardent une patte levée, où elles tiennent un caillou dont la chute les éveille.

Guelfe, nom historique.

Parti politique qui, au Moyen-Âge, soutenait les papes contre les empereurs d'Allemagne.

Les Gibelins, parti opposé, représentèrent l'empire et l'aristocratie.

Dante, d'abord Guelfe, banni par son parti, devint Gibelin.

Les Capulet, roturiers, marchands enrichis, parents de Juliette, étaient Guelfes ; les Montaigu, nobles patriciens de Vérone, parents de Roméo, étaient Gibelins.

— Dans le langage symbolique de Dante, les Gibelins sont toujours représentés par des chiens, les Guelfes par des loups.

— Ni Guelfe ni Gibelin : qui n'est d'aucun parti.

Montaigne s'étant retiré dans ses terres, pour se soustraire aux vexations des guerres civiles, dit : « Au Gibelin j'étais Guelfe ; et au Guelfe, Gibelin. » (Voy. *neutre*.)

Guère, adverbe ; vieil allemand *weigaro*, beaucoup.

Ne s'emploie plus aujourd'hui qu'avec la négation, exprimée ou supposée, pour signifier « peu ».

De là est venu *naguère* : il n'y a guère de temps.

Cependant la signification première est restée dans certaines locutions : « Il a disparu sans qu'on sache guère ce qu'il est devenu. » (En réalité, *sans* est négatif et équivaut à : mais on ne sait guère...)

— *Pas guère* est un pléonasme, qui devrait signifier beaucoup (?). Dans les langues du Midi qui ont gardé le sens ancien de ce mot, il signifie « très peu ».

En provençal, *n'ai pas gairé* signifie : je n'en ai pas beaucoup.

Et si n'y aurait pas guères à faire. (B. Despériers, *Cymbalum.*) (Et cependant il n'y aurait pas beaucoup à faire.)

Guérir, vieux français *warir, guarir* ; gothique *warjan*, garantir.

E David s'en fuid, et Deu la nuit le guarid. (Livre des Rois.) (*Et David fugit, et salvatus est nocte illa.*)

Plus tard, le sens se restreignit à : délivrer d'une maladie.

Guerre, vieil allemand *werra*, dispute, querelle.
Épidémie artificielle.

— Synonymes : chouannerie, guérillas (guerre d'embuscade).

— *Guerre* est dicte en latin *belle*, non par antiphrase, ainsi comme ont cuydé nos antiques rapetasseurs de vieilles ferrailles latines, parce que en guerre, guères de beauté ne voyent, mais absolument, par raison que en guerre apparoisse toute espèce de bien et de beau… que ainsy le roy saige et pacifle Salomon n'a sceu mieulx représenter la perfection indicible de la sapience divine que la comparant à l'ordonnance d'une armée en camp bien équipée et ordonnée. (Rabelais, III, *prologue?*)

La plus juste guerre est détestable. (Saint Augustin, *Cité de Dieu.*)

Le traité de Brétigny commence ainsi : « Comme par la guerre sont advenues batailles mortelles, occisions de gens, déshonorations de femmes mariées et de veuves, déflorations de pucelles et de vierges… »

— La guerre a deux dénouements : la défaite et le triomphe. La première amène l'invasion ; le second le despotisme.

— L'esclave seul a le droit de faire la guerre aux tyrans ; c'est le seul cas où je crois la guerre permise. (Garibaldi, 1867.)

Le canon, à force de se perfectionner, finira par tuer la guerre… (V. Hugo, *Les Misérables.*)

La guerre est un champ de misère, où l'on moissonne la mort. (Eschyle.)

Tant qu'on se battra en Europe, ce sera une guerre civile. (Napoléon.)

— Le grand Condé appelait les émeutes populaires « une guerre de pots de chambre ».

La guerre civile est pire que la tyrannie ou un gouvernement injuste. (Plutarque, *Vie de Brutus*.)

Guet-apens, autrefois *guet-appensé* (ou *prémédité*) ; de *guet*, allemand *wacht*, et *appenser*, pour penser ; d'où *apens*.

Embuscade préparée par une personne pour en surprendre une autre et lui nuire.

<blockquote>Mès ge mettrai tout mon apens (attention).
(*Roman de la Rose*.)</blockquote>

— D'après d'autres, *guet* et *guetter* viendraient du latin *cattare*, voir, épier comme le chat.

Gueule, du latin *gulam*.

On a appelé la cuisine l'« art de la gueule » ; d'où le nom de « fines gueules » appliqué aux gourmands.

— Gueuler, gueulard (trivial), fort en gueule : idée de crier fort.

<blockquote>...Vous êtes, ma mie, une fille suivante
Un peu trop forte en gueule.
(Molière, *Tartuffe*.)</blockquote>

— L'argot *bagou* d'où *débagouler*, vient aussi de *gueule*, dans le sens de « parler beaucoup ».

Gueux, forme particulière de *queux* ; du latin *coquus*, bien plutôt que de *quæsitor*, mendiant.

Jusqu'au XVᵉ siècle, il a gardé la signification de cuisinier ; il a pris finalement celle de coquin, misérable.

On appelait les mendiants *gueux*, parce qu'ils fréquentaient les cuisines des moines, pour qu'on y remplît leur écuelle.

L'ancienne locution « gueux de l'hostière » signifiait gueux de l'hospice.

Rabelais appelle les gueux *guenaulx*. Les guenaulx des Saints Innocents étaient réputés pour leur gueuserie.

— Gueux comme un peintre ; comme un rat d'église.

<blockquote>Mais la plupart sont gueux comme des rats d'église.</blockquote>

Guignon, du verbe *guigner* (?), regarder du coin de l'œil.

Regarder de travers portait malheur, dans la croyance antique.

— Porter guignon, avoir du guignon.

<blockquote>C'est, malheureuse, toi qui me portes guignon.
(Régnier, *Satire X*.)</blockquote>

Napoléon disait d'un homme constamment malheureux : « Il tomberait sur le dos, qu'il se casserait le nez. »

— Ce mot a pour synonyme populaire *guigne*. C'est la petite monnaie du malheur ; le diminutif de la fatalité.

Guilledou (courir le), origine inconnue.
Courir les aventures galantes.

> Car souvent, moins sage que fou,
> Il va courir le guilledou.
> (SCARRON, *Typhon*.)

Guiller, vieux mot ; anglais *wile*, tromper.
— Qui croit guiller Guillot, Guillot le guille.
Le célèbre poète Villon, qui s'appelait Corbueil, reçut ce surnom, dérivé de *guille*, tromperie, à cause de ses friponneries qui faillirent le mener au gibet (?).

Guilleret, étymologie inconnue.
D'une gaîté un peu libre.
Se rapproche de *Guilleri*.

Guillotine, étymologie historique.
La guillotine est le *palladium* de la société. (H. Samson, *Mémoires*.)
Cet instrument était connu en Allemagne et en Angleterre dès le XVe siècle.
— Le 1er décembre 1789, le Dr Guillotin présenta à l'Assemblée Nationale l'invention d'un instrument propre à exécuter les hautes œuvres. « Avec cet instrument, dit-il, je vous fais sauter la tête d'un coup d'œil, et vous ne souffrez point. » L'Assemblée se mit à rire.
— Danton disait : « C'est une chiquenaude sur le cou. »
— Synonymes : rasoir national ; lucarne de l'éternité ; raccourcissement patriotique ; bois de justice ; la veuve.
—. La guillotine, et la potence qui l'a précédée, ont été souvent comparées à une femme.
Être guillotiné, c'est « épouser la veuve » ; on appelait « mariage » la corde du gibet. La guillotine, en effet, ne contracte qu'une union passagère avec ses conjoints.
Cette sinistre métaphore se retrouve dans la « toilette » que subit le condamné... avant d'épouser la veuve.

Guimpe, du latin *nimbum*, voile de mariée (?).
Ou plutôt du vieil allemand *wimpal*, habit léger.
On a vu dans *guimpe*, une corruption de *grympe*, le voile de

sainte Agathe. Les religieuses conservent ce voile, parce qu'elles sont regardées comme les épouses de Jésus-Christ.

Guingois (de), origine inconnue.
Aller de guingois : aller de travers.
Viendrait-il de *gigue*, jambe, et du provençal *goi*, boiteux?

Guinguette, origine inconnue.
On a proposé *guinguet*, vin sans force ; ou *giguer* devenu *guinguer*, jouer des jambes, danser.
Pasquier dit qu'en 1554 on ne recueillit que des vins faibles et verts, que l'on appela *guinguets*.

Guirlande, du germanique *wiara*, couronne, avec un suffixe qui se retrouve dans *girande*, d'où *girandole*.
— En 1641, le duc de Montausier offrit, le jour de la Sainte Julie, à la reine des Précieuses, Julie d'Angenne, un bouquet allégorique, la *Guirlande de Julie*.
C'était un volume où l'on avait peint vingt-neuf fleurs et écrit soixante madrigaux. Jouy, le célèbre calligraphe, avait écrit le texte, et Le Gacon avait relié le volume.
Tallemant des Réaux, qui a écrit l'histoire de Julie d'Angenne, a composé le madrigal sur le *lis*, l'une des fleurs de la guirlande.

> Devant vous je perds la victoire
> Que ma blancheur me fit donner,
> Et ne prétends plus d'autre gloire
> Que celle de vous couronner.

Desmaretz composa le quatrain de la *violette*:

> Modeste est ma couleur, modeste est mon séjour,
> Franche d'ambition, je me cache sous l'herbe ;
> Mais si sur votre front je puis me voir un jour,
> La plus humble des fleurs sera la plus superbe.

Guise, de l'allemand *weisa*, mode, manière.
A donné *déguiser* : faire à sa guise.

Gymnase, du grec *gymnos*, nu.
On se mettait nu pour les exercices du gymnase.
— La gymnastique est la statuaire animée : elle sculpte la matière vivante.
La décadence de la race entraîne celle de l'art ; faites des modèles, vous aurez des chefs-d'œuvre ; les gymnasiarques ont autant de part que Phidias dans les chefs-d'œuvre de l'art grec.

Gynécée, du grec *gunaika*, femme.

Appartement des femmes dans l'antiquité grecque. (Voy. *harem*, *sérail*.)

Gyrie, de *gyrum* ? Plainte hypocrite, jérémiade ridicule.

H

Habeas corpus, expression latine : Sois maître de ta personne.

Premiers mots d'une loi anglaise, écrite en latin, qui donne à tout prévenu le droit d'attendre en liberté son jugement, moyennant caution. C'est, en Angleterre, le palladium de la liberté individuelle.

Habileté, de *habilem*, habile.
L'habileté est l'esprit en action. (Maxime persane.)

Habillé, dérivé de *habitum*, manière d'être.
Synonymes : bien ou mal ficelé ; pimpant ; tout battant neuf ; pavoisé ; sur son trente et un.
Les Précieuses disaient : être sous les armes.

Habit, du latin *habitum*, qui avait parfois en latin le sens de vêtement.
Habitus solemnis : habit de cérémonie. (Tite-Live.)
De la même racine viennent : habiter, habile.
— Habit doré, ventre de son. (Voy. *Bourguignon*.)
L'habit ne fait pas le moine. (*Roman de la Rose* ; Rabelais) ; c'est-à-dire il ne faut pas juger sur l'extérieur.

> Tel ha robe religieuse,
> Doncques il est religieux ;
> Cet argument est vicieux
> Et ne vaut une vieille guaine,
> Car la robe ne fait le moyne.
> (*Roman de la Rose*.)

Les Latins disaient : *Isiacum linostolia non facit.* (La robe de lin ne fait pas le prêtre d'Isis.)

> On honore communément
> Ceux qui ont beaux habillements.

— On reçoit un homme selon l'habit qu'il porte ; on le reconduit selon l'esprit qu'il a montré.

Il y a des sottises bien habillées, comme il y a des sots bien vêtus. (Chamfort.)

> D'un magistrat ignorant
> C'est la robe qu'on salue.
> (La Fontaine.)

> Ma foi, les beaux habits servent fort à la mine.
> (Régnier.)

Un tailleur fait plus d'un grand seigneur. (Proverbe hollandais.)
Un mors doré ne rend pas le cheval meilleur.

— Un peintre, voulant rivaliser avec Apelle, fit une Vénus couverte d'or et de riches habits. « Tu l'as faite riche, lui dit Apelle, n'ayant pu la faire belle. »

— ...Oh! oh! dis-je en moi-même, il faut prendre garde à vous, monsieur La Vallée, et tâcher de parler bon français. Vous êtes vêtu en enfant de famille ; soutenez l'honneur du justaucorps, et que votre maintien réponde à votre figure... (Marivaux, *Paysan parvenu*.)

— L'Athénien Cimon ayant fait prisonniers des Perses de distinction, exposa séparément les hommes et leurs habits. Comme ceux-ci étaient très riches, ils se vendirent cher, mais il ne se trouva personne pour acheter les hommes.

— Cet habit fait peur aux voleurs, il montre la corde.

— Les habits sont comme les maîtresses : il faut les quitter avant qu'ils ne nous quittent.

Vous entrez dans une boutique de fripier, qui vend des vieux habits dans des magasins mal éclairés, dont les vitres sont enduites d'une crasse lucrative, et où les taches et les couleurs disparaissent. ...Quand vous êtes au grand jour, vous croyez avoir acheté un habit noir : il est vert, violet et marqueté comme un léopard. (Mercier.)

Habitude, du latin *habitudinem*.

L'habitude est une seconde nature. (Cardan.) Fontenelle demandait quelle était la première.

L'usage fait la mode ; la mode, la coutume ; cette dernière, l'habitude. Ainsi l'habitude devient une seconde nature, après avoir passé par toutes ces transformations, qui l'ont sanctionnée et, en quelque sorte, naturalisée.

> Tant va l'âne au moulin,
> Qu'il en sait le chemin.

...Depuis trente ans qu'il remplit ces humbles fonctions d'employé avec la régularité d'une machine, il tourne dans le même manège, de façon à rendre jaloux un cheval aveugle.

Haillon, du vieil allemand *hadil*, lambeau.
Synonymes : loque, guenille.

Haine, comme le suivant. Anciennement *haïne*.
On a de la haine pour le vice ; de l'aversion pour ce qui est nuisible ou désagréable ; de l'antipathie pour ce qu'on ne peut souffrir ; de la répugnance pour ce qui dégoûte.

La haine et le mépris sont des erreurs de notre esprit, qui prennent leur source dans un vieux préjugé. On hait un méchant, on méprise un lâche, sans se demander s'il était en leur pouvoir d'être bon ou courageux. Les hommes, comme les animaux, sont ce que la nature et l'éducation les ont faits. Est-ce qu'on méprise un lièvre ? est-ce qu'on hait un loup ?...

Haïr, anciennement *hadir*, du gothique *hatan*.
(On ne saurait le dériver du latin *iram*.)
Je hais, tu hais, il hait, et impératif hais, s'écrivent sans tréma.
Synonymes : abominer (argot parisien) ; avoir quelqu'un dans le nez ; ne pouvoir sentir quelqu'un.

Haïssez et attendez. (Devise de Catherine de Médicis.)

> Tant que l'on hait beaucoup, on aime encore un peu.
> (Desnoiresterres.)

C'est-à-dire : la haine est plus près de l'amour que l'indifférence.

> L'amour est mal guéri quand il l'est par la haine ;
> L'indifférence est plus certaine ;
> On revient aisément de la haine à l'amour.
> (Th. Corneille.)

Il faut être bien malheureux pour n'avoir pas d'ennemi : *Miserrima fortuna est, quæ inimico caret.*

Les haines et les querelles ont encore quelque chose de familier et de réciproque. Elles annoncent une communauté d'intérêts et d'existence ; elles prouvent l'ancienneté des relations, et partent d'un sentiment qui n'est pas sans rapport avec l'amitié.

Haire, ancien allemand *haria*, crin.
Chemise faite de crin ou de poil de chèvre non foulé, que l'on porte sur la peau par esprit de pénitence et de mortification. (Voy. *cilice*.)

> Laurent, serrez ma haire avec ma discipline !
> (Molière, *Tartuffe*.)

Hallali, onomatopée.

Terme de chasse. Cri qui annonce que le cerf est forcé. Fanfare particulière qu'on sonne alors.

Hanap, du germanique *hnap*, vase.

> Ces gens ont des hanaps trop grands,
> Notre nectar veut d'autres verres.
>
> (La Fontaine.)

Hangar, origine inconnue.

Toiture suspendue sur des piliers ou des poteaux.

Peut-être se rapproche-t-il de *angere*, resserrer, embarrasser, parce qu'un hangar est un lieu destiné à remiser les objets encombrants ?

Hanicroche, ancienne orthographe d'*anicroche*, de *hani* (?) et de *croy* (celtique), croc.

Rabelais (*Prol.* liv. III) emploie ce mot comme désignant au propre une arme, une sorte de hallebarde dont le fer était recourbé en crochet ; d'où l'expression figurée *anicroche*, pour accroc, retardement, obstacle.

Hanter. Littré propose l'étymologie *habitare*.

Visiter souvent, fréquenter.

— Dis-moi qui tu hantes, je te dirai qui tu es. On peut juger les gens par leurs amis. L'intimité suppose conformité dans les qualités et dans les défauts.

Un autre proverbe dit : Qui se ressemble s'assemble.

Haquenée, du latin *equina*, jument.

(Semble plutôt dérivé du néerlandais *hakkenei*, petit cheval.)

Le vieux français avait *haque*, bidet.

On donnait ce nom, au Moyen-Age, à un cheval doux au montoir, de petite taille, destiné spécialement aux dames et aux prélats. *Haquet*, signifiait petite jument ; aujourd'hui petite charrette.

Harasser, origine inconnue.

D'après Ducange, en latin barbare *hara* signifiait étable, et *harassé* se disait au propre du cheval qui s'est trop fatigué dans le haras.

Harceler, anciennement *herseler*, diminutif de *herser* (*hirpicem*), vexer, stimuler.

Suivant Génin, *harceler* vient de *harcelle*, baguette d'osier, dont on peut taquiner, agacer, sans faire de mal. Il tire *harcelle* de *archal*, à cause de la flexibilité des deux objets.

> Un avorton de mouche en cent lieux le harcèle.
> (LA FONTAINE.)

Hardes, de *hart*, lien.
On a dit autrefois *fardes*.
Une harde de charrette.

Hardi, du haut allemand *harti*, fort, dur ; non de *ardens*.
Hardi comme un page ; comme un coq...
Hardi comme la chemise du meunier, qui prend tous les matins un larron au collet. (Vieux dicton.)

Harem, mot arabe : chose défendue.
Galerie de tableaux... vivants.

Hareng, du latin *halec* (?), ou du haut allemand *haring*.
Synonymes : gendarme ; côtelette de carême.

> Milla arencs et cinq cens .erlus.
> (DOAT.)

— La caque sent toujours le hareng.
— Charles-Quint fit élever une statue à G. Bukel, qui a inventé le procédé pour encaquer les harengs.
— Hareng saur, du roman *saure*, blond.
Un cheval saur. (*Roman de Gérard de Roussillon*.)

Hargneux, haut allemand *harmjan*, injurier, quereller.

> Chien hargneux a toujours l'oreille déchirée.
> (LA FONTAINE, X, 9.)

Haricot, du vieux mot *haricoter*, couper par morceaux ; dérivé peut-être du latin *aliquot* ; d'où aussi le nom de *haricoteur* donné autrefois à celui qui écartelait les condamnés.
Dans le Berry, on appelle les haricots bourre-coquins ; et bridegueule, les haricots verts dont on n'a pas enlevé les filaments.
En provençal, *fayols*, *flageolets*.
A ce propos une foule de jeux de mots : musiciens, légume indiscret, pétard.
— Le haricot de mouton, cher à Harpagon, est un ragoût fait de petits morceaux de mouton et de navets.
Peut-être ce mot a-t-il quelque rapport avec *Arlequin*, nom d'un personnage de la Comédie italienne dont le costume est composé de petits morceaux d'étoffes de diverses couleurs.

Haridelle, origine inconnue ; *aridus* (?).

Mauvais cheval, vieille rosse.

Haro, du germanique *harey*, crier. Crier haro sur quelqu'un serait alors un pléonasme.

D'autres y voient la contraction de *ah ! Raoul*, du nom du premier duc de Normandie, dont on implorait ainsi l'assistance.

Ah ! Rollon, était aussi un terme de palais dont on se servait pour faire arrêter quelqu'un.

> A ces mots, on cria haro sur le baudet.
> (LA FONTAINE.)

De *haro* on a fait *hourra* et *héraut* (?).

Harpagon, origine littéraire.

Type de l'avare dans Molière. Peut-être emprunté au grec *arpax*, ravisseur.

Synonymes : ladre, pingre, rapiat (populaire), grippe-sou, pince-maille, fesse-mathieu.

— Le nom d'Harpagon, donné par Molière au personnage principal de l'*Avare*, et qui est resté dans la langue comme nom appellatif, se trouve dans le supplément de l'*Avare* (la *Marmite*), de Plaute, par Codrus Urceus.

Louis Grotto est le premier qui se soit servi du nom d'Harpagon pour signifier avare, dans *la Emilia*.

Dans Plaute, l'avare s'appelle *Euclio*.

Harpies, nom mythologique ; du grec *harpyia*.

Chez Virgile, monstres mythologiques à forme d'oiseaux, ayant des têtes de femme, des pieds et des mains crochus et un flux de ventre dégoûtant, le visage livide et famélique.

Attirées par l'odeur d'un repas, les harpies s'abattaient sur la table, dévoraient avidement ou souillaient les mets.

Elles étaient filles de l'Océan et de la Terre. (*Énéide*, liv. III.)

A cause de cela elles habitaient une île. Hésiode en nomme trois ; Virgile une seule, *Céléno*.

— On donne le nom de *harpie* à une femme âpre au gain, un harpagon femelle ; ou à une femme criarde et acariâtre. (Voy. *mégère*.)

Hart, origine inconnue ; lien menu, flexible. (Voy. *harceler*.)

On appelait *hardeau* un arbuste produisant ces liens.

La corde qui sert à pendre un condamné.

> Sentant la hart de cent pas à la ronde.
> (Marot.)

Hasard; l'origine semble être l'arabe, où il désignerait une sorte de jeu de dés; plutôt que le grec *as* (?).

Au XVe siècle, *ludus azari*; le mot *azari* désignait un nombre difficile à amener avec trois dés.

Objet de hasard : d'occasion, de rencontre.

— *Hasard* devrait toujours impliquer l'idée de bonheur, puisqu'au jeu de dés c'est le coup qui fait gagner. Mais l'idée d'incertitude a prévalu sur celle de gain, et l'a supplantée.

> A table, hier, par un triste hasard.
> J'étais assis près d'un maître cafard.
> (Voltaire.)

Cœco casu (Cicéron); par hasard. Les mots latins *casus* et *occasio*, qui signifient hasard, viennent tous deux de *cadere*, tomber; la chance des dés.

— On dit plaisamment : c'est un hasard qui vaut du neuf, c'est-à-dire une bonne occasion.

— Hasard providentiel est une locution contradictoire. Le hasard, c'est l'imprévu : la Providence prévoit tout.

On doit dire : effet providentiel.

Il n'y a que les incrédules qui disent : « Le hasard est l'homme d'affaires du bon Dieu. »

Si un homme se sauve d'un naufrage où tout l'équipage a péri, il dit que c'est par un hasard providentiel. Mais la même Providence qui l'a sauvé, a fait périr les autres. C'est une façon de voir contraire à toutes les idées qu'on se fait de la Providence, et qui prend sa source dans une vanité et un égoïsme féroces.

— Ce qu'art ne peut, hasard l'achève. (Montaigne, I, 33.)

Le chef-d'œuvre de Protogène, rival d'Apelle, était un tableau d'Ialysus, chasseur célèbre, fils du Soleil. Le peintre avait passé sept ans à le faire, mais, il n'était pas satisfait d'un chien, qu'il voulait représenter la gueule pleine d'écume. De dépit, il jeta sur la toile l'éponge qui lui servait à effacer les couleurs. Et cette écume que le pinceau avait été impuissant à imiter, le hasard la représenta. (Pline, *Hist. nat.*, XXXV, 10.)

Depuis Protogène, le chapitre du hasard enfantant des merveilles, avec le concours du génie, s'est augmenté.

— Dans tout ce que l'on entreprend, il faut donner les deux tiers à la raison, l'autre au hasard. Augmentez la première fraction, vous serez pusillanime ; augmentez la seconde, vous serez téméraire. (Napoléon.)

Le hasard est le guide des imbéciles.

Le hasard laisse tomber une couronne royale sur la tête d'un idiot, ou une tortue sur la tête d'Eschyle. (Alf. de Musset.)

Hâter, du frison *hast* (?). Selon d'autres, du fréquentatif latin *actitare* (?).

— Hâtez-vous lentement. Vieux proverbe, qui nous vient des Grecs par les Romains.

> Hâtez-vous lentement, et sans perdre courage,
> Vingt fois sur le métier remettez votre ouvrage.
> (Boileau, *Art poétique*, I.)

Se hâter lentement, c'est aller avec persévérance et prudence vers le but qu'on veut atteindre. Ce proverbe a été mis en action dans la fable *le Lièvre et la Tortue*.

> Un savant philosophe a dit élégamment :
> Dans tout ce que tu fais, hâte-toi lentement.
> (Regnard.)

— *Festina lente*. Proverbe qu'Auguste répétait souvent, et qu'Érasme appelle « le roi des proverbes ».

— De ycelles hiéroglyphes avez veu la devise de Monseigneur l'admiral en ung ancre, instrument très poisant, et ung dauphin, poisson légier sur tous animaulx du monde, voulant désigner : haste-toi lentement, fays diligence paresseuse, c'est-à-dire expédie, rien ne laissant du nécessaire. (Rabelais.)

Cet amiral est Philippe Chabot, mort en 1515.

> Qui trop se hâte, reste en chemin.
> (Platon.)

Pense lentement, et agis vite.

> Rien ne sert de *courir*, il faut partir à point.
> (La Fontaine, VI, 10.)

Haubert, anciennement *halberg* ; germanique *halsberg*, protection du cou.

Cotte de mailles qui descendait jusqu'aux genoux.

On le dérive aussi de *hall ber*, haut baron, parce que cette armure défensive appartenait exclusivement à la noblesse. La cotte d'armes plus courte des soldats s'appelait *hoqueton*.

— Le *jaque* de mailles allait du cou aux genoux.

On en a dérivé *jaquette* et *jaquemart*.

Haut, du latin *altum* (a pris un *h* au XVIᵉ siècle).
Qui haut monte, de haut descend.

Hautbois, haute-contre.
Haut est pris ici pour élevé, aigu.
Le hautbois est un instrument de musique monté à la quinte au-dessus du violon.
Haute-contre, s'oppose à *basse-taille*, et désigne une voix d'homme aiguë.

Hébreu, du latin *hebræum*.
Nom primitif du peuple juif, qui porta ensuite celui d'israélite.
Le nom de *juif* date de la captivité de Babylone, parce que la tribu de Juda ne fut soumise que la dernière.

C'est de l'hébreu pour moi.
(Molière, *Étourdi*.)

Hécatombe, du grec *hécaton*, cent, *bous*, bœuf. Sacrifice de cent bœufs.
Strabon dit que les cent villes de la Laconie sacrifiaient chacune un bœuf, pour rendre les dieux favorables au pays.
D'après d'autres, il faudrait remplacer *bous* par *pous*, et l'hécatombe ne serait que le sacrifice de vingt-cinq bêtes à quatre pieds.
— Les hécatombes révolutionnaires.

Hégire, de l'arabe *hedjira*. fuite.
Ère des mahométans. Elle part du 6 juillet 622, et rappelle la fuite de Mahomet de la Mecque à Médine.

Hélas ! composé de *hé* et de *las*, malheureux.
Autrefois il s'écrivait en deux mots, et *las* prenait le féminin.
Hé lasse ! moi dolente, dit Isabel. (*Le petit Jehan de Saintré*.)

M'aviatz grand gaug donat,
Ai ! lassa, can pauc m'a durat !

(Roman de Jaufre, f° 86.)

(Vous m'aviez donné grande joie, hélas ! combien peu elle m'a duré !)

Héler, paraît emprunté de l'anglais *hail* (même sens).
En marine, *héler* est synonyme d'appeler : héler un navire.
C'est une sorte d'onomatopée du cri que l'on fait pour attirer l'attention d'une personne éloignée.

Hem. Onomatopée.

Sorte d'interrogation familière : n'est-ce pas ?
Sert aussi à appeler.

Hémistiche, des mots grecs *hémi*, *stichos*, moitié d'un vers.
Il doit y avoir césure à l'hémistiche dans les grands vers, de dix à douze syllabes.

> Que toujours dans vos vers le sens coupant les mots,
> Suspende l'hémistiche, en marque le repos.
> (BOILEAU.)

Il peut y avoir des césures ailleurs qu'à l'hémistiche.

> Tiens, le voilà ! marchons. Il est à nous, viens, frappe !
> (VOLTAIRE.)

Hémorrhoïdes, du grec *haima*, sang, *rhéô*, couler.
Synonyme : caque-sangue des Lombards. (Rabelais, I, 13.)

Héraclite et *Démocrite* : Jean qui pleure et Jean qui rit.
Démocrite, philosophe grec, né à Abdère, vers 490 avant Jésus-Christ, fut un précurseur d'Épicure. Il mettait le souverain bien dans la satisfaction que donne la quiétude de l'âme.
Héraclite d'Éphèse, florissait vers 500 avant Jésus-Christ. Il est resté le type des pessimistes. Il se laissa mourir de faim, à l'âge de 60 ans, par ressentiment de l'ingratitude humaine. Sa doctrine est une des plus profondes conceptions de l'antiquité grecque, et a donné, plus tard, naissance au stoïcisme.
Les anciens riaient de tout, comme nous, et ils nous ont transmis sur le compte de ces deux philosophes des légendes qui tendent à les ridiculiser, en imaginant le contraste de Démocrite et d'Héraclite l'un riant et l'autre pleurant toujours.

Héraut, de l'allemand *hérald*, gendarme ; d'où : art héraldique, qui traite du blason, des anciens jeux militaires, fêtes et tournois, qui étaient réglés par des hérauts. (Les Romains avaient les Féciaux.)
Chez les Grecs, Stentor avait une voix plus forte que cinquante hommes réunis.

> Le héraut du printemps lui demande la vie.
> (LA FONTAINE.)

Herbe, du latin *herbam*.
— Manger son blé en herbe. (Voy. *manger*.)
Mauvaise herbe croît toujours.
Les Espagnols disent : « A mauvaise herbe la gelée ne nuit point. »

— Employer toutes les herbes de la Saint Jean : beaucoup de moyens.

— La Saint Jean (24 juin) est l'époque où les fleurs et les plantes aromatiques se développent, et le peuple, dans le Midi, pense que si elles sont cueillies ce jour-là, avant le lever du soleil, elles sont propres à guérir tous les maux.

Hercule, nom mythologique ; grec *Héraclès* ; latin *Hercules*. D'où : les Héraclides.

— Un travail d'Hercule : très pénible.

Les travaux qui ont rendu célèbre ce héros sont ses victoires sur le lion de Némée, l'hydre de Lerne, les chevaux anthropophages de Diomède, et les monstres ou les brigands qui ravageaient la terre durant les siècles primitifs.

Diagoras se trouvant un jour sans bois, jeta au feu une statue d'Hercule en disant : « Fais bouillir notre marmite, ce sera le dernier de tes travaux. »

— Les colonnes d'Hercule ou d'Alcide : Les monts Calpé, en Espagne, et Abyla, en Afrique, séparés par le détroit de Gibraltar.

Hère, du latin *herum*, ou de l'allemand *herr*, maître.

On ne l'emploie que précédé de « pauvre », comme on dit aussi : un pauvre sire.

Je plains le pauvre hère. (Molière, *Dépit*.)

Héritier, du latin *hœreditarium*, de *herus æris*, maître de l'argent (?).

Autrefois on employait *hoir*, du latin *hœrem*, pour *hœredem*.

— On ne doit pas faire hériter son médecin.

Male suum agit æger medicum qui hœredem facit.

— Les Espagnols lèguent souvent de grosses sommes au clergé pour faire dire des messes. Ils appellent cela « faire son âme héritière ».

— L'héritage est la main du père tendue aux enfants à travers le mur du tombeau.

— Le mort saisit le vif, c'est-à-dire son plus proche parent, son héritier naturel.

Hermaphrodite, nom mythologique ; de *Hermès* (Mercure) et *Aphrodite* (Vénus).

Hermaphrodite se dit généralement de tout être qui réunit en lui les deux sexes ; en botanique par exemple.

Spécialement : individu qui réunit les deux sexes.
Synonyme de androgyne.

> Équivoque, des mots bizarre hermaphrodite.
> (Boileau.)

— Chez les Grecs, l'hermaphrodite était un symbole religieux. Fils de Mercure et de Vénus, il devait représenter la beauté unie à l'esprit, et le type primitif n'avait rien de commun avec les androgynes, êtres monstrueux et rebutants, créés par l'imagination des artistes.

Platon pense que la personnification de l'androgyne n'a été imaginée que pour rendre raison des différents penchants amoureux de l'homme et de la femme, soit pour un sexe différent, selon le vœu de la nature, soit pour leur propre sexe, selon une aberration trop commune chez les anciens.

— Ovide a composé un récit plein de charme sur l'aventure de Salmacis et d'Hermaphrodite. (*Métam.*, IV, 285.)

Hermaphrodite fut aimé par la nymphe Salmacis, dont il dédaigna l'amour. Salmacis, l'ayant vu se baigner dans une fontaine, s'élança dans les eaux à côté de lui, priant les dieux de les unir de sorte qu'ils ne fussent jamais séparés. Sa prière fut exaucée et la fontaine Salmacis conserva la propriété d'opérer le même prodige sur tous ceux qui s'y baigneraient.

Une épigramme de Martial résume l'épisode en deux vers :

> *Masculus intravit fontes, emersit utrumque :*
> *Pars est una patris, cætera matris habet.*
> (*Ep.*, XIV, 174.)

— Plus tard, les arts plastiques multiplièrent les figures hermaphrodites, et le sujet, d'abord religieux, se transforma en image lascive, faite pour exciter des sens énervés, des imaginations blasées. C'est sans doute à cela qu'est due la répétition si fréquente des figures androgynes trouvées dans les fouilles.

— L'impératrice Eugénie, en décorant Rosa Bonheur (1860), a fait de l'étoile des braves une décoration hermaphrodite.

Hermétique, du nom de son inventeur, Hermès Trismégiste.
L'art hermétique : l'alchimie.
Hermétiquement fermé se dit en souvenir du *lutage* dont on se sert pour clore les vases.

Hermine, pour *armine*, arménienne.
L'hermine, animal voisin de la belette, se trouve dans le Nord de

la Sibérie. Sa fourrure, fauve-pâle en été, devient, en hiver, d'un blanc éblouissant, d'où : blanc comme l'hermine.

« L'hermine, si blanche, si attentive à ne pas souiller sa robe éclatante, apprend au chevalier qu'il doit garder son honneur intact et sans tache. »

> Bell'e blanca plus c'us hermis.
> (CHACAMOS.)

En blason, l'hermine est la couleur blanche, opposée au sable (noir).

— On a usé et abusé de l'hermine en poésie. Si vous enlevez la blancheur à l'hermine, vous cassez le cou à 20.000 vers au moins. Eh bien ! l'hermine n'est blanche que l'hiver. Dans certains pays, elle ne l'est jamais complètement. Quant à son horreur des taches, il suffit de dire qu'elle se creuse des terriers...

Hérode, nom historique.

Vieux comme Hérode. Les Hérodes sont une dynastie de rois juifs, dont le premier est appelé le vieux Hérode.

Héros, mot grec devenu latin, *heros*, que Platon dérive de *eros*, amour.

— *H*, aspirée dans *héros*, ne l'est point dans ses dérivés.

— *Héros* est synonyme de *guerrier*. Cependant Boileau a dit judicieusement :

> On peut être un héros sans ravager la terre.

Le grand homme, en effet, se trouve dans tous les états ; et le grand homme et le héros pris ensemble, ne valent pas un homme de bien.

Les grands hommes ne doivent être vus qu'en grand. (Clément XIV.)

Tel est miraculeux dans le monde, à qui sa femme et son valet n'ont rien vu seulement de remarquable. (Montaigne.)

Hétaïre, du grec *hétaira*, courtisane.

Dans l'origine, c'était une femme libre qui s'attachait à un soldat et le suivait à la guerre.

Hétéroclite, du grec *hétéros*, autre, *klinein*, fléchir.

Qui s'écarte des règles ordinaires, en grammaire.

Hêtre, néerlandais *heester*.

Autrefois *fau* ou *fou*, *fagus*.

> Tityre, tu, patulæ recubans sub tegmine fagi.
> (VIRG.)

Heur, du latin *augurjum*, anciennement *aür, eür, eur*.

Heur, dit La Bruyère, se plaçait dans le vers où *bonheur* ne peut entrer... *Heur* a fait *heureux*, qui est si français, et il a cessé de l'être... (Voy. *bonheur*.)

> O paix, ô toi que tout heur accompagne !
> (La Fontaine.)

> Vous deviez bénir l'heur de votre destinée.
> (Molière, *École des Femmes*.)

— Il n'y a qu'heur et malheur dans ce monde.

Dans ce vieux dicton, *heur*, dans son acception ancienne, a le sens étymologique. *Bonheur* était inutile à faire, et constitue un pléonasme.

Heure, du latin *horam*, saison, heure.

Les Heures étaient les divinités qui présidaient aux saisons.

Celeres deæ (Ovide) : les déesses rapides. Elles étaient filles de Jupiter et de Thémis ; leur mission était d'ouvrir et de fermer les portes du jour. (Voy. *quart-d'heure de Rabelais*.)

— Heures, ou livre d'heures. Heures canoniales.

L'Église a divisé la journée en quatre termes, de trois heures chacun : *prime*, 6 heures du matin ; *tierce*, 9 heures ; *none*, à midi ; *vêpres*, de 3 à 6 heures.

Par extension, on appela *heures* les prières vocales qui se disaient à ces heures du jour, et le livre qui contient ces prières, instituées par les « canons ».

Elles sont au nombre de sept, conformément aux paroles du Psalmiste : « Sept fois chaque jour j'ai chanté tes louanges. » (Ps. XVIII.) — Matines, laudes, prime, tierce, sexte, none, vêpres. (Voy. *nocturnes*.)

Je avoie deux chapelains avec moi, qui me disoient mes hores. (Joinville.)

— Heure du berger : le moment propice en amour.

> Lorsque le temps que l'Amour donne
> N'est pas employé prudemment,
> Ce dieu pardonne rarement.
> Amants, l'heure du berger sonne,
> Mais ne sonne qu'un moment.
> (Collé.)

Heureux, dérivé de *heur*.

Synonymes : chançard, veinard, né sous une bonne étoile.

Heureux ceux qui croient l'être !

Pour être heureux, il ne faut pas regarder au-dessus de soi avec jalousie, en se plaignant du sort ; mais au-dessous, avec reconnaissance, en remerciant Dieu. (H. Rigaud.)

— Heureux comme le poisson dans l'eau,…comme un roi…

Heurter, anciennement *hurter*, origine incertaine.

On se heurte toujours où l'on a mal. Le moindre choc est très douloureux sur une partie déjà malade, tandis qu'il est sans effet sur une partie saine.

Hiatus, du latin *hiare*, bâiller.

Cacophonie produite par la rencontre de deux voyelles : « Il alla à Athènes. »

Boileau, après Malherbe, le proscrit en ces termes :

> Gardez qu'une voyelle, à courir trop hâtée,
> Ne soit d'une voyelle en son chemin heurtée.

Hic, adverbe latin ; ici, là.

Voilà le *hic* : la difficulté.

> Hoc opus, hic labor est,
> (Virgile, *Énéide*, VI.)

Hier, du latin *heri*, adverbe, même sens.

D'où : avant-hier.

Souvent *monosyllabe* chez les anciens poètes.

— Il est né d'hier : il est sans expérience.

Hiérarchie, du grec *hieros*, sacré, *arkhê*, pouvoir.

Ordre et subordination des neuf chœurs des anges.

— On appelait *hiérarchie*, dans l'origine, le gouvernement de l'Église chrétienne, la subordination de tous les degrés de l'état ecclésiastique, depuis le pape jusqu'aux simples clercs.

Aujourd'hui ce nom s'applique à l'ensemble des pouvoirs civils, subordonnés les uns aux autres, selon l'importance du grade de chacun.

Hières, ville de Provence (Var) ; du grec *Hiéros* (?).

— On dit communément, dans le Nord de la France, que les malades vont, pour rétablir leur santé, aux îles d'Hières. C'est une erreur, due sans doute à la célébrité dont ces îles jouissaient dans l'antiquité, par leur position dans la Méditerranée.

Les îles d'Hières sont des rochers presque inhabités et battus par tous les vents, et c'est dans la ville d'Hières, située sur le continent, à quatre lieues de Toulon, et qui se trouve abritée du mistral et garantie du froid par la montagne du château de Fenouillet, des Fourches, et le grand angle du Coudon, que sont envoyés les malades de toutes les contrées de l'Europe. Ils y trouvent un printemps perpétuel.

Des cures merveilleuses sont dues à cette heureuse disposition du pays et à sa température.

Le thermomètre n'y descend pas à plus de 1 ou 2 centigrades au-dessous de zéro.

— Rabelais, au frontispice du IVe livre, se donne le titre de « caloyer des isles Hières ». Il avait, à l'époque de cette publication, 69 ans (1552). Il était alors curé de Meudon et avait été dans sa jeunesse moine cordelier. Hières avait un couvent de cordeliers.

Nota. — Caloyer des îles Hières, c'est-à-dire moine des îles d'Hières, semble être seulement un bon souvenir adressé par Rabelais à ces îles où il avait fait un petit voyage, comme la plupart des étudiants de Montpellier. (Voy. Noël, *Rabelais et son œuvre.*)

Hilaria, fêtes de Cybèle appelées ainsi parce que, après de courts simulacres de deuil, elles se célébraient avec de grandes explosions de joie.

Hippocrate, nom grec.

Célèbre médecin, appelé souvent « le Père de la Médecine »; vivait vers le ve siècle avant Jésus-Christ.

Hippocrate dit oui, mais Galien dit non.
(Regnard, *Folies.*)

Alter ait, alter negat (Cicéron) : l'un dit oui, l'autre dit non.

Regnard a popularisé ce proverbe en le transportant dans les *Folies amoureuses*, et il est devenu, en quelque sorte, la devise de la médecine, car il est rare de trouver deux médecins d'accord.

— On pourrait supposer que ces deux médecins étaient contemporains de MM. Tant-pis et Tant-mieux, se contrariant mutuellement, comme les Allopathes, les Homœopathes et les Hydropathes : il n'en est rien. Hippocrate était Grec, Galien était Romain, et ils n'ont pas vécu à la même époque. Hippocrate était né à Cos, au ve siècle avant Jésus-Christ ; Galien, né à Pergame, en 131, fut médecin de Marc-Aurèle et de Commode.

Hippocrate employait peu de médicaments ; ses moyens curatifs étaient empruntés à la diététique et à l'hygiène. Il croyait que les maladies tendaient d'elles-mêmes à la guérison, grâce à la nature, dont le médecin doit favoriser le travail par un régime approprié.

Galien croyait à la nécessité d'admettre beaucoup de remèdes. Il repousse la médecine expectante d'Hippocrate, pour y substituer l'usage abondant des drogues et des électuaires, et fut l'inventeur de la polypharmacie, qui consiste à attribuer à un amalgame de plusieurs drogues la vertu de guérir.

— Quand Hippocrate escrit, il n'escrit pas de musique. (Montaigne.)

Hirondelle, autrefois *aronde*, et *arondelle*; du latin *hirundinem*.

Les arondelles volent vistement et hautement. (Saint François de Sales.)

— Une hirondelle ne fait pas le printemps : on ne peut rien conclure d'un fait isolé.

Ce proverbe est traduit littéralement du grec.

On dit de même : une fois n'est pas coutume.

— Une hirondelle avec ces mots : « le froid me chasse » est la devise d'un cœur aimant ; c'était celle de Mme de Sévigné.

C'est à l'imitation des hirondelles, des cigognes et des grues, que se font, aux approches de l'hiver, ces nombreuses migrations vers les villes du Midi.

Les hirondelles quittent la Provence du 1er au 10 septembre, aux premières atteintes du froid. Elles vont en Grèce, en Égypte, et même jusqu'au Sénégal, en se reposant dans les îles qui se trouvent sur leur route.

<pre>
   Quand l'hirondelle à tire-d'aile
     Vole en rasant la terre et l'eau,
   Le mauvais temps viendra bientôt.
</pre>

Les hirondelles rasent la terre en volant, lorsque la pluie approche, parce que les insectes qu'elles recherchent pour se nourrir, sont descendus des régions refroidies de l'air supérieur, dans l'air plus chaud qui avoisine le sol.

Histoire, du latin *historiam*, grec *histôr*, qui sait.

L'histoire est la conscience du genre humain. (Lamartine.)

— Pour bien connaître l'histoire d'un peuple, il faut plonger profondément dans son passé. Il faut jeter pêle-mêle dans la fournaise tous les débris de misère et de gloire, de deuil et de grandeur : armure de chevalier, chaîne de serf, crosse d'évêque, sceptre de roi, et les larmes, et la sueur, et le sang, pour en retirer rayonnante la statue de la patrie. (J.-J. Ampère, 1833.)

<pre>
   Et voilà justement comme on écrit l'histoire.
                                    (VOLTAIRE.)
</pre>

Mirabeau a dit à M. de Brézé : « Nous sommes ici par la volonté du peuple, et nous n'en sortirons que la baïonnette dans le ventre », et non : « par la force des baïonnettes ».

Pourquoi y a-t-il toujours derrière un grand homme un petit rhéteur qui gâte ses mots, sous prétexte de les arranger ? C'est ce même rhéteur qui se trouvait derrière Cambronne à Waterloo. (A. Dumas.)

— Que d'histoires ! c'est-à-dire que d'embarras.

Histrion, du latin *histrionem*.
Farceur, bouffon.
Terme de mépris pour désigner un mauvais comédien.
Selon Plutarque, viendrait d'*Hister*, danseur étrusque.

Hobereau, ancien français *hobe*, petit oiseau de proie.
Oiseau de leurre pour prendre les petits oiseaux. On l'appelle aussi *falquet*, ou *petit faucon*. Il n'est pas plus gros que la grive, et c'est le plus petit des oiseaux de proie.

— On appelle *hobereaux*, dit Buffon, les petits seigneurs qui tyrannisent leurs paysans. On donnait aussi ce nom aux gentilshommes trop pauvres pour entretenir des faucons, et qui se servaient d'un hobereau pour chasser.

On a dit dans le même sens « un tiercelet de gentilhomme » pour « un hobereau », parce que cet oiseau est un des plus petits oiseaux de proie.

Ainsi nos pauvres aïeux, victimes continuellement de la rapacité des nobles, dit Johanneau, les comparaient, dans leur langage naïf, à des oiseaux de proie.

Hoc, mot latin, ceci.
Ab hoc et ab hac : à tort et à travers.

> Et se pendrait plutôt que de ne pas parler,
> Mais ab hoc et ab hac...
> (Corneille, *Partisan dupé*.)

Il en prend ab hoc et ab hac, se dit d'un homme peu scrupuleux quant à l'argent. (H. Estienne.)

Hochet, de *hocher*, mouvoir, bouger.
La plupart des hommes meurent un hochet à la main. (Diderot.)

Holà ! Interjection pour appeler. De *ho* et *là*.
S'emploie aussi pour faire taire : mettre le holà.

> Un clerc, pour quinze sous, sans craindre le holà,
> Peut aller au parterre attaquer *Attila*.
> (Boileau.)

Homélie, du grec *homilia*, entretien.

Sermon familier, conférence. Discours pour expliquer les matières religieuses, principalement l'Évangile.

Les homélies de saint Chrysostome, de saint Augustin, …de l'archevêque de Grenade.

Homicide, de *homicidam* et de *homicidium*.

L'homicide avec préméditation : guet-apens, assassinat. Sans préméditation : meurtre. Par imprudence : accident. Homicide en cas de légitime défense.

Tels sont les quatre cas que distingue la loi.

Homme, du latin *hominem*. (Voy. *on*.)

Homo se rapproche de *humus* ; l'homme a été fait d'argile.

— *A liai hom donarai un besan.* (P. Cardinal.) Au loyal homme je donnerai un besant.

Le cas sujet *on* est resté comme pronom indéfini, qui peut même garder l'article : *l'on*.

— Vous êtes un homme : vous avez du courage. *Homo es.* (Plaute.)

— Je suis votre homme, sort à provoquer. Autrefois, il impliquait l'idée d'hommage :

> Vostre om sui en totas sazos.
> (G. Faidit.)

(Je suis votre homme en toute saison.)

> Je sui vostre hom, et ves mes sire.
> (Roman de Renart.)

Cf. la locution : rendre hommage.

> *Homo sum, humani a me nihil alienum puto.*
> (Térence.)

(Je suis homme, tout ce qui tient à l'homme me touche.)

— Autant vaut l'homme comme il s'estime. (Rabelais, II, 29.)

Il faut avoir la conscience de sa force, mais il ne faut pas s'en vanter ; car on remarque que tout homme manque surtout de la qualité dont il se vante le plus.

L'abbé Maury disait : « Je crois valoir peu, quand je me considère, beaucoup quand je me compare. »

> Un homme en vaut un autre, à moins que, par malheur,
> L'un d'eux n'ait corrompu son esprit et son cœur.
> (Destouches.)

> De Paris au Pérou, du Japon jusqu'à Rome,
> Le plus sot animal, à mon avis, c'est l'homme.
> (Boileau.)

Il faut prendre les hommes comme ils sont. (Térence.)

— Un homme de rien était, au Moyen-Age, celui qui n'était seigneur d'aucune terre.

Un homme comme il faut, est un homme bien élevé, riche, honnête ; enfin comme il les faudrait tous.

Un homme honnête a de la politesse ; un honnête homme a de la probité.

Un homme de paille est un prête-nom, celui qui est complètement étranger aux choses, ordinairement peu propres, dont il prend la responsabilité.

Il est plus aisé de connaitre les hommes en général, qu'un homme en particulier. (La Rochefoucauld.)

— Salomon et Job ont le mieux connu l'homme : l'un, le plus heureux des hommes ; l'autre, le plus malheureux. L'un connaissait la vanité du plaisir par l'expérience, l'autre la réalité des maux. (Pascal.)

Homœopathie, du grec *homoios*, semblable, et *pathos*, affection maladive.

Traitement des maladies par des agents doués de la propriété de produire sur l'homme sain des symptômes semblables à ceux qu'on veut combattre.

L'axiome des homœopathes est : *Similia similibus curantur*, qu'ils opposent à l'aphorisme d'Hippocrate et des allopathes : *Contraria contrariis curantur*.

C'est Henneman qui a créé l'homœopathie, en 1791.

Homonyme, du grec *homoios*, semblable, *onoma*, nom.

Homonyme s'applique aux choses qui ont un nom semblable, quoiqu'elles soient de nature différente, même quand les noms ne sont pas de même orthographe, s'ils ont la même prononciation : *tain, teint, thym*.

Il serait préférable de se servir du mot *homophone*, en réservant *homonyme* pour les mots dont l'orthographe et la prononciation sont les mêmes ; *limon*, par exemple.

— C'est au moyen des homonymes que se font les calembours :

J'ai vu *cinq* moines, *sains* de corps et d'esprit, *ceints* de leur cordon, et portant sur leur *sein* le *seing* du *Saint*-Père.

Le général Decaen, n'étant encore qu'aide-de-camp de son frère, fut arrêté par la gendarmerie. « Comment vous nommez-vous ? — Decaen. — D'où êtes-vous ? — De Caen. — Qu'êtes-vous ? — Aidedo-camp. — De qui? — Du général Decaen. — Où allez-vous? — Au camp. » L'aide-de-camp fut mis au violon, où il passa la nuit sur un lit-de-camp.

— Certains homonymes expriment à la fois une idée générale et une idée particulière. Il faut éviter de les employer sans tenir compte de la différence.

Il ne faut pas dire : « En allant à la Bourse, j'ai perdu la mienne. — En revenant de l'église, je pensais aux persécutions qu'elle a souffertes sous Néron. »

Ces expressions rappellent certains jeux de mots burlesques, tels que : « Viens ce soir de bonne heure, le mien sera de te voir. — J'ai trouvé des vers dans ces fruits, mais j'ai lu les vôtres avec plaisir », etc.

Vers 1805, il se produisit une épidémie dans le langage parisien. On n'entendait que des phrases dans ce goût : « Je *crains* de cheval qu'on ne me *trompe* d'éléphant. »

Hongre, ancienne forme de *hongrois*.

Cheval châtré, plus docile que le cheval entier.

On tirait autrefois ces chevaux de Hongrie.

Honnête, du latin *honestum*.

Ce n'est pas tout d'être poli, il faut encore être honnête.

— Honnête homme, qui signifie aujourd'hui homme probe et moral, a signifié, au XVIIe siècle, et encore au siècle dernier, homme de bonne compagnie.

On entendait par là un homme charmant, possédant les manières délicates du commerce entre gens de condition; mais l'honnête homme ainsi compris pouvait impunément offenser la morale et la probité. Son code l'autorisait à ne pas payer ses dettes, à tricher au jeu, à prendre la femme de son ami.

Ce mot présente aujourd'hui à l'esprit une idée tout opposée. Ce n'est pas sa faute, mais celle des mœurs.

Honneur, du latin *honorem*.

— On a fait sur *honor*, le jeu de mots suivant :

Divitias et opes « hon » lingua hebræa vocabat,
Gallica gens aurum « or »; Indeque venit honor.

— Aller à l'honneur par le chemin de la vertu.

Marcellus fit bâtir à Rome deux temples consacrés à l'Honneur et à la Vertu, et disposés de telle sorte qu'on ne pouvait entrer dans celui de l'Honneur, qu'en passant par l'autre.

HONNEUR (Explanation, nouvelle XVII) dit :

« Il y a longtemps que les anciens nous ont painct que, pour venir au temple de Renommée, il falloit passer par celuy de la Vertu. »

Alimentum virtutis honor. (Val. Max.) La gloire est l'aliment de la vertu.

Honos alit artes. (Cicéron.)

Gloria virtutem tanquam umbra sequitur. (Cicéron.)

— J'ai l'honneur d'être votre très humble serviteur ; formule épistolaire qui, sous prétexte de politesse, est souverainement ridicule. L'état de servitude n'a jamais été un honneur pour personne ; ...au contraire.

— Tout est perdu, fors l'honneur. (François Ier.)

— *Honneur* est un des rares vocables dont le sens change au pluriel. On peut être misérable, et homme d'honneur ; un homme sans honneur peut être couvert d'honneurs.

Mai d'honnour que d'honnours. Devise provençale des Grimaldi.

> L'honneur est comme une île escarpée et sans bords :
> On n'y peut plus rentrer, dès qu'on en est dehors.
> (Boileau.)

— Les honneurs changent le caractère.

Honores mutant homines, et non saepe in melius.

Plutarque dit que ce proverbe fut fait pour Sylla, qui était doux dans sa jeunesse, et devint un cruel dictateur.

— Philippe II disait que « peu d'estomacs sont capables de digérer une grande fortune ».

— *Honneur* avait souvent le sens de pudicité, virginité ; c'est dans ce sens qu'on dit : ravir l'honneur, et déshonorer...

Honnir, de l'allemand *hohnen*, se moquer.

— Honni soit qui mal y pense : il ne faut pas supposer le mal.

Édouard III, roi d'Angleterre, releva dans un bal, la jarretière que la belle comtesse de Salisbury avait laissée tomber. Comme cela excita le rire de quelques courtisans : « Honni soit qui mal y pense ! » dit le roi, et ces paroles furent prises pour la devise de l'ordre de la Jarretière, qu'il institua à cette occasion (1349).

Le duc d'Orléans (Égalité) avait fait écrire cette devise dans ses écuries, en la modifiant ainsi : « Honni soit qui mal y panse. »

Honoraires. Salaire donné aux personnes de profession libérale.

Habere honorem medico. (Cicéron.) Payer au médecin ses honoraires.

Honte, de l'allemand *hohnen*, se moquer; autrefois *hontage*, affront, déshonneur.

La honte est une pudeur rétrospective.

— Avoir toute honte bue.

Génin trouve l'origine de cette locution dans une idée poétique de Hugues de Méry, qui publia, en 1240, un poème intitulé : *le Tournoyement de l'Antechrist*.

L'Antechrist ayant rassemblé tous les vices de l'enfer, pour livrer bataille à toutes les vertus du ciel, conduites par Jésus-Christ, se trouve dans la ville de « Désespérance », où il donne un grand banquet à son armée. Après avoir servi à ses convives des plats vraiment infernaux : hérétiques à la broche; langues d'avocats sautées dans la malice et frites dans le tort qu'ils ont fait; de vieilles courtisanes en guise de fromage; il fait apporter au dessert des dragées de vices, qui embrasent les gosiers des convives. Ceux-ci ne font que crier : « A boire ! à boire ! » Pour les désaltérer, les échansons vont versant à pleins brocs la honte. On apporte ensuite une friture merveilleuse de péchés contre nature, pour laquelle il faut épuiser une tonne de honte; car ceux qui en ont mangé crèveraient s'ils ne buvaient toute honte.

L'auteur ajoute plus loin : « Le vin, aux noces de Cana, fut prodigué avec moins d'abondance; ils avaient de la honte à discrétion. »

Il est digne de remarque, dit Génin, que l'expression est restée dans la forme précise où l'avait employée le poète : honte bue; et qu'on ne dit pas : boire sa honte; et que cette métaphore poétique pénétra bien profondément dans le goût de la nation, puisque, après six cents ans, elle nous est arrivée intacte.

Honteux, dérivé du précédent.

Synonymes : penaud, et péteux (trivial).

— Il n'y a que les honteux qui se pendent. La timidité et la défiance de soi-même empêchent beaucoup de bons esprits de se produire.

Le proverbe contraire est : La fortune aide les audacieux.

Hop ! interjection (onomatopée ?) : allons, courage !
S'emploie surtout pour exciter les chevaux.

Horion, origine inconnue.
Vieux mot qui a signifié une tasse à boire, un casque, et enfin un coup violent sur la tête.

Hors, adverbe ; autrefois *fors* ; latin *foris*. Provençal *fouare*.
Tout est perdu, fors l'honneur.
De là : hormis, de lors et de mis.

Hors-d'œuvre, mot composé du précédent et de *œuvre*.
En architecture : pièce d'ornementation qui est en saillie, et ne fait pas partie de l'ordonnance générale.
— S'emploie surtout en cuisine.

Hôte, autrefois *hoste* ; du latin *hospitem*, étranger.
De là : hôtel et hôpital, hospitalité.
Provençal *hostau*.
Hôte a à la fois le sens actif et le sens passif.
L'étranger c'était l'ennemi, *hospitem* se rapproche de *hostem*.
Rabelais emploie le mot *ost* dans le sens d'armée, et dans le sens de « maison » et de « porte de maison ».
D'où *ostage*, qui, en roman, signifie à la fois maison, et hôte (sens d'ennemi).
— Qui compte sans son hôte, compte deux fois.
Loisel, dans les *Institutions coutumières*, dit : « Qui compte seul, compte deux fois, comme celui qui compte sans son hôte. »
Cela signifie qu'un compte ne peut être en règle définitivement, que du consentement des deux parties intéressées.

Hôtel, du latin *hospitalem* ; d'où aussi la forme *hôpital*.
Appartements destinés aux étrangers.
— Hôtel des haricots : prison de la garde nationale à Paris.
C'est un jeu de mots sur le nom du général baron Darricau, qui commandait les fédérés de Paris pendant les Cent Jours. On appela « Darricau » la prison où il envoyait cette milice indisciplinée, et le nom resta, sous la Restauration, lors de la formation de la garde nationale, qui remplaça les fédérés sous les verrous.
Plus tard, le nom du général étant oublié, et quelque loustic aidant, sans doute, la prison devint « l'hôtel des Haricots ».

Hou ! interjection et onomatopée. Sert à huer quelqu'un.

Houille, origine incertaine.
D'un nommé Houilleux, qui en découvrit l'usage en 1193 (?)
Théophraste désigne la houille sous le nom de *lithanthrax*, charbon de pierre.
On admet, en géologie, que les plantes fossiles, qui ont formé les mines de houille, ont besoin, pour leur croissance, d'une tempé-

rature moyenne de 20° cent. Or, elle est actuellement de 10°. Par des expériences faites sur le refroidissement des laves et des basaltes en fusion, on a conclu que, pour produire l'abaissement de température en question, il n'a pas fallu moins de neuf millions d'années. (*Athenœum*, 1855.)

Houppelande, de *Upeland*, province de Suède d'où nous vient ce vêtement.

> Mais dans sa houppelande
> Logeait le cœur d'un dangereux coquin.
> (Scarron.)

Hourra ! mot slave ; cri de guerre ou d'enthousiasme, dont la racine est : *Hu-ras*, en paradis ! Ces peuples croient que les guerriers qui meurent en combattant, vont en paradis. (*Athenœum*, 1855, page 714.)

Huer, semble être une onomatopée, plutôt qu'une contraction de *ululare*, qui donna *hurler*.

Désigne, en vènerie, la battue pour chasser le loup.

Huguenot, altération du mot germanique *eidgenossen* (confédéré) sous l'influence de Hugues, nom de celui qui avait négocié l'alliance des quatre cantons avec les partisans de la liberté à Genève.

Le *Moyen de parvenir* le tire du grec : bien connaître (l'évangile.)

Huile, du latin *oleum* ; provençal *oli*.

Jeter de l'huile sur le feu : exciter, irriter.

> Oleum addere camino.
> (Horace.)

Huis, du latin *ostium* : provençal *hus*, porte, ouverture.

Marcabrus dit que l'*hus non es clus*.

Huis clos : porte fermée.

A huis clos, s'oppose à *publiquement*.

De *huis* est venu *huissier* : serviteur qui ouvre et ferme la porte.

Huit, du latin *octo*.

De là viennent aussi : octave et octobre.

Huître, du latin *ostream*.

Mollusque acéphale, hermaphrodite.

Les Romains estimaient beaucoup les huîtres du lac Lucrin.

> Nor ... Lucrina javerint conchylia.
> (Horace, Odes, II, 5.)

— C'est une huître ; un homme stupide.

X... a dans son salon un vrai tableau de Greuze ; il est si bête qu'il ne s'en doute pas. C'est une perle dans une écaille d'huître.

Humanité, du latin *humanitatem*.

On doit beaucoup au mot *humanité*, que les écrivains ne se sont pas lassés de reproduire sous toutes les formes.

Par le mot *charité*, on n'entendait que l'aumône seule (?). Par *humanité*, les devoirs vont plus loin, et les idées de bienfaisance universelle se sont étendues. (Mercier, *Tableau de Paris*.)

Ce mot, peu usité avant 1789, a été prodigué depuis.

— Lorsque Molière fait dire à Don Juan qu' « il donne l'aumône par amour de l'humanité », il étonne les esprits de son époque ; mais les révolutions dans les idées font les révolutions dans la langue, et aujourd'hui le mot *humanité* a fait le mot ridicule *humanitaire*, comme *pauvre* a fait *paupérisme*, en attendant *paupériste* (?).

Dans le *Don Juan*, on supprima, après la première représentation, le passage, qui parut scandaleux.

C'est cependant à peu près la même idée que Térence a mise dans la bouche d'un de ses personnages.

Homo sum, humani a me nihil alienum puto.

— On appelle *humanités* les études classiques qui font suite à celles de grammaire, de la 3ᵉ à la rhétorique.

Le nom latin : *humaniores litteræ*, indique que ces études ont pour but de former l'homme, en développant son esprit et son cœur.

— Le vrai talent littéraire a pour base les solides connaissances que l'on a décorées du nom si beau et si profond d'humanités, car le but de l'instruction est de faire des hommes, c'est-à-dire de les perfectionner. (Duruy.)

— La culture des lettres avait répandu chez les Romains, vers la fin de la République, une vertu nouvelle dont le nom revient souvent dans les ouvrages de Cicéron, l'*humanité*, c'est-à-dire cette culture d'esprit qui rend les âmes plus douces.

Humilité, du latin *humilitatem*, abaissement.

Il s'essauce, qui s'umilie.
(*Roman de Renart*.)

L'homme modeste ressemble souvent à une balance, qui ne s'abaisse d'un côté que pour s'élever de l'autre.

La devise des Borromée était : *Humilitas*.

L'humilité est un artifice de l'orgueil qui s'abaisse pour se relever. (Rochefort.)

Le refus de la louange est le désir d'être loué deux fois. (La Rochefoucauld.)

Humour, mot emprunté à l'anglais.

Qualité particulière à certains écrivains, et qui consiste en une heureuse disposition d'esprit ; gaîté fine et légèrement satirique.

Cette qualité se trouve chez Sterne, Swift, J.-P. Richter, P.-L. Courier.

L'écrivain humoriste affecte l'originalité, quelquefois même la bizarrerie. L'humour anglais répond assez à la fantaisie française. C'est le caprice substitué à la règle.

Huppé, dérivé de *huppe*, aussi *houppe* ; du latin *upupam*, oiseau.

Riche, bien mis (trivial).

Allusion aux plumets que portent certains personnages dans leur costume d'apparat.

La huppe ou houppe est un ornement militaire formé des plumes d'un oiseau nommé *égret*.

> Il trouve à se fourrer parmi les plus huppés.
> (Maltbrочну.)

Hurler, anciennement *uller* ; du latin *ululare*.

> On apprend à hurler, dit l'autre, avec les loups.
> (Racine.)

Il y a des mots qui hurlent quand ils se rencontrent. La *Maîtresse légitime* (Odéon 1875) est un titre dont les mots hurlent.

Huluberlu, origine incertaine.

Personne extravagante : Mon grant huluberlu. (Rabelais.)

Hybride, du latin *hybridam* ; en grec *hybris*.

Animal qui provient de deux espèces différentes.

En grammaire, un mot hybride est composé de radicaux pris dans des langues différentes. Tels sont : bureaucratie, anormal, etc.

En botanique, les variétés hybrides sont des fleurs obtenues en mariant les plantes, c'est-à-dire en portant sur le pistil d'une plante le pollen d'une autre.

Hydre, du latin *hydra*, transcrit du grec.

L'hydre de Lerne était un serpent monstrueux, ayant plusieurs têtes qui repoussaient à mesure qu'on les coupait, à moins qu'on les abattît toutes d'un seul coup.

La destruction de ce monstre fut un des travaux d'Hercule. On pense que l'hydre n'était qu'un marais pestilentiel qu'Hercule parvint à dessécher.

On en a pris l'expression : l'hydre de l'anarchie.

Hydromel, du grec *hydôr* et *méli*.

Boisson faite avec de l'eau et du miel, qu'on laissait fermenter plusieurs jours, et à laquelle on ajoutait du vin ou de l'alcool, ou des plantes aromatiques.

Hyères. (Voy. *Hières*.)

Hymen, du grec *hymén*, membrane de la virginité ; ou de *Hymenœus*, jeune Phrygien qui ramena les filles d'Athènes enlevées par des pirates, et en épousa une.

Hygiène, du grec *hygiaina* (relatif à la santé).

L'hygiène est l'art de conserver la santé, de prévenir les maladies, et d'amener l'organisme à son plus grand développement. (Royer-Collard.)

L'hygiène est la mère de la santé. (Dupuytren.)

Hypallage, du grec *hypallagê*, interversion.

Figure de style qui consiste dans le changement de construction d'une phrase, ce qui amène un renversement dans la relation des idées.

Exemple : rendre quelqu'un à la vie, pour rendre la vie à quelqu'un.

Hyperbole, du grec *hyperbolé*.

Figure de rhétorique, qui consiste à outrer les choses pour faire plus d'impression sur l'esprit. Mais il y a des limites dans lesquelles l'exagération doit se renfermer, sous peine de tomber dans le ridicule.

Ainsi l'Arioste dépasse toutes les bornes quand il dit qu' « un de ses héros, sans s'apercevoir qu'il était tué, continua à combattre tout mort qu'il était ».

Verser des torrents de larmes, fondre en larmes.

Je suis mouillé jusqu'aux os, dit un Français qui vient de recevoir une ondée. Un Anglais dira avec plus d'exactitude : je suis mouillé jusqu'à la peau.

— Pleurer ses yeux : *Deflere oculos* (Apulée).

La poutre dans l'œil est une hyperbole évangélique un peu forte.
— Les Gascons ont, en matière d'hyperbole, une réputation bien établie.

Hyperboréen, du grec *hyperboréos*.
Se dit des pays les plus septentrionaux, des peuples, des animaux, des plantes qui avoisinent le pôle.

Hypertrophie, du grec *hyper*, et *trophé*, nourriture.
Accroissement excessif d'un organe.
Contraire de *atrophie*.

Hypocras, étymologie contestée.
Les uns le dérivent de *Hippocrate* (Mélange) ; d'autres le font venir du grec *hypocraton*, mélange. Il y aurait eu confusion amenée par la ressemblance des mots.
Mélange de vin, de miel, d'épices, d'aromates, qui se buvait à jeun.

Hypocrite, du latin *hypocritam*, comédien ; transcrit du grec.
L'hypocrisie est, en effet, la comédie de la vertu.
C'est le mensonge en action.
L'hypocrisie est personnifiée dans Tartuffe et dans Basile : l'audace et la bassesse.
L'hypocrisie est la pudeur du vice.

Qui Curios simulant et Bacchanalia vivunt.
(JUVÉNAL, III, 3.)

— L'hypocrisie est bien dépeinte dans le proverbe italien :
Melle in bocca e rasorio a citola.

— Synonymes : cafard, cagot, jésuite, papelard, tartuffe.

Hypothèse, grec *hypothésis*.
Terme de philosophie. Supposition dont on tire une conséquence.
C'est une gibelotte sans lapin.

Hysope, grec *hyssôpos*.
Petite plante aromatique, de la famille des labiées.
L'Écriture entend par ce mot une plante très petite.
« Depuis le cèdre jusqu'à l'hysope. »
Mes petites affaires me paraissent de l'hysope, en comparaison de vos grands cèdres. (Sévigné, 597.)

Hystérie, du grec *hystéra*, matrice.
Maladie chronique, particulière aux femmes, résultant de

...système nerveux. Elle se manifeste sous des formes variées.

— On prend souvent ce mot dans une acception fausse, pour *érotomanie* ou *nymphomanie*.

L'hystérie est produite par un manque d'équilibre dans le système nerveux.

L'érotomanie est l'amour platonique dégénéré en aberration : c'est l'amour de Don Quichotte pour Dulcinée.

La nymphomanie chez les femmes, le satyriasis chez les hommes, c'est le déchaînement des passions sensuelles dans ce qu'elles ont de plus violent.

I

I. Impératif latin, qui signifie *va*. On l'a conservé en Provence pour exciter les chevaux à marcher.

Une remarque curieuse est que tous les termes employés, en Provence, par les paysans et les rouliers, pour conduire leurs bêtes d'attelage, figurent dans leur première lettre le commandement qu'ils font.

Ainsi *i*, qui est tout droit, indique la direction en avant ; *jha*, ayant le jambage tourné à gauche, leur commande de prendre cette direction ; tandis que *ri* les fait tourner à droite. *O*, qui représente un point fixe (?), est l'ordre d'arrêter.

— Mettre les points sur les *i* : entrer dans de minutieux détails.

Avant l'adoption des caractères gothiques, on ne mettait pas de point sur l'*i* ; mais alors, comme deux *i* se confondaient avec un *u*, on les distingua par des accents tirés de gauche à droite.

Au commencement du XVIe siècle, les accents furent remplacés par des points. Cet usage parut vétilleux à quelques personnes, et c'est de là qu'est venue la locution.

Ici, adverbe, est formé de *ecce hic* (proprement *voici ici*).

Ici a donné *ci*, pour lequel on l'employait souvent, comme fait encore le peuple ; cet homme ici.

Emprisonnez ces trois ici. *(Ancien théâtre.)*

On employait jadis, au lieu de *ici* et *là*, *céans* et *léans* : ici, là-dedans ; *ci ens*.

Aristote n'a point d'autorité céans.
(RACINE.)

Iconoclaste, du grec *eikôn*, image, *klaô*, briser.

Les Iconoclastes étaient des hérétiques qui détruisaient toutes les représentations de Dieu et des saints.

Léon l'Isaurien, empereur d'Orient, en fut le chef. Maimbourg a écrit leur histoire.

Les Iconoclastes brisaient les œuvres d'art par fanatisme, les Vandales par ignorance.

Idée, du latin *idea*, transcrit du grec.

L'idée est la perception de l'âme par l'organe des sens ; la notion que l'esprit humain se fait d'une chose.

— Du mot *idée* dérive le mot *idéal*.

Beauté idéale ou absolue, s'oppose à beauté réelle ou relative.

Marchez à la tête des idées de votre siècle, ces idées vous suivent et vous soutiennent ; marchez à leur suite, elles vous entraînent ; marchez contre elles, elles vous renversent. (L. Napoléon, *Fragments historiques*.)

C'est la traduction (libre) de cette maxime de Sénèque : *Ducunt volentem fata, nolentem trahunt*.

— L'idéal est une forme trompeuse, qui cesse d'être dès qu'on y touche. (A. de Pontmartin.)

— Il ne suffit pas à une idée d'être ingénieuse : il faut encore qu'elle soit rationnelle et pratique.

Idiot, du grec *idiotês*.

Signifie, au propre, celui qui manque d'esprit par défaut de culture.

Il s'est dit, à l'origine, de celui qui ne savait pas l'idiome de son pays.

Idiotês signifie qui a une nature propre, et par suite est incapable de comprendre les choses étrangères.

Synonymie : Outre les anciens équivalents *imbécile* et *niais*, on a adopté depuis quelque temps les épithètes malpropres de : gâteux, infect, goitreux, ramolli.

— Le hideux accouplement de la misère et de la débauche au plus profond des bouges les plus infects, cause ordinairement cet effroyable abrutissement de l'espèce, appelé idiotisme. (E. Sue.)

Ien, latin *ianum* ; nom de *sciens* ; suffixe marquant la profession. Académicien, musicien.

Ier, du latin *arium* ; suffixe marquant la production ou la profession ; on pourrait l'appeler « multiplicatif ».

Poirier, olivier, coutelier, menuisier.

if (ive), latin *ivum*; désinence qui marque l'aptitude; on pourrait l'appeler « facultative ».

Purgatif, incisif, apéritif...

Ignorance, du latin *ignorare*, ne pas savoir.

Il y a trois sortes d'ignorance : ne rien savoir, savoir mal ce qu'on sait, savoir autre chose que ce qu'on doit savoir. (Duclos.)

Tout vice est issu d'ânerie. (Montaigne.)

L'oisiveté de l'esprit engendre les vices, mais l'ignorance les accrédite et les perpétue. (Brueys.)

> Rien n'est si dangereux qu'un ignorant ami ;
> Mieux vaudrait un sage ennemi.
> (La Fontaine.)

— Montesquieu, au sujet de l'ignorance profonde dans laquelle le clergé grec plongea les peuples, après la chute de l'empire romain, le compare à ces Scythes dont parle Hérodote, qui crevaient les yeux à leurs esclaves, afin que rien ne pût les distraire pendant qu'ils battaient leur lait.

— Depuis la loi de 1833, qui a décrété les institutions primaires, l'ignorance est traitée en France comme la petite vérole, et le diplôme de bachelier est presque imposé à tous, comme le certificat de vaccine. (Véron.)

Les seules conquêtes utiles et qui ne laissent aucun regret, sont celles qu'on fait sur l'ignorance. (Napoléon.)

Ignorant... comme une carpe, comme un maître d'école ; ne savoir ni *a* ni *b*.

Les ignorants trouvent la cause de tout, parlent de tout.

Qui ne sait rien, de rien ne doute. (G. Meurier, XVIe siècle.)

On ne croit savoir quelque chose que quand on sait peu ; avec la science augmente le doute. (Gœthe.)

Plus on est ignorant, moins on s'en aperçoit.

Il n'y a personne de moins curieux d'apprendre, que les gens qui ne savent rien. (Suard.)

Illico, adverbe latin : sur-le-champ.

On dit aussi *hic et nunc*.

Vous allez me payer illico.

Illusion, du latin *illudere* : se jouer.

Les illusions sont la fausse monnaie du bonheur.

Toute illusion engendre une déception.

Illustration, du latin *illustrationem* (*in, lustrare*).

On donnait ce nom autrefois aux ornements coloriés et aux miniatures des monuments. Aujourd'hui, il s'applique aux dessins gravés sur bois, intercalés dans le texte d'un livre.

Illustré, appliqué au texte d'une publication, signifie que le dessin est comme une lumière qui éclaire le texte. Mais l'abus qu'on a fait de ce mot l'a discrédité et a fait dire des livres illustrés, comme des hommes illustres :

> Rien n'est si commun que le nom,
> Rien n'est plus rare que la chose.
>
> (La Fontaine.)

Il y a des livres, plus illustrés qu'illustres, dont les auteurs feraient naufrage, s'ils n'avaient, comme Dorat, la ressource de se sauver de planche en planche. (Grimm.)

Dorat avait dépensé sa fortune à faire graver des vignettes pour orner ses volumes de poésies.

Illustre. Cette épithète, que Rabelais donne aux buveurs, est une allusion aux *rubis* qui illuminent leur face.

Ilote, du latin *ilota*, transcrit du grec *eilôtês*.

Autrefois *hillot* signifiait valet : (Peut-être pour *fillot* ?)

> Ce vénérable hillot fut adverti
> De quelque argent que m'aviez desparti.
>
> (Marot.)

Ce mot *ilote*, qui désigne les esclaves des Lacédémoniens, s'applique aujourd'hui à un homme réduit au dernier degré de l'abjection et de l'ignorance.

Image, du latin *imaginem*.

Représentation d'un corps produite en relief, ou sur une surface, à l'aide de clairs et d'ombres.

L'esprit de l'homme est comme un réservoir vide, dont les yeux sont les ouvertures. En venant au monde, il ne sait rien : pour apprendre, il faut qu'il regarde.

C'est ce qui explique l'amour des enfants pour les images.

Les mots des langues ne sont eux-mêmes que les images des objets qu'ils servent à désigner. Enseigner, c'est instruire par des signes ou images.

Imagination, du latin *imaginationem*.

L'imagination est la folle du logis. (Sainte Thérèse.)

L'imagination est un pays très vaste, où l'on s'égare aisément, si l'on se prend la raison pour guide. (Proverbe indien.)

L'imagination est une fée malfaisante, qui se plaît à détruire son propre ouvrage. (A. de Pontmartin.)

Imbécile, du latin *imbecillum*, sans bâton, faible.

C'est le corrélatif d'*infirme*. L'infirme manque de la force nécessaire pour se bien porter. Anciennement *imbécile* avait un sens analogue.

Le sexe imbécile est le sexe faible.

De « faible de corps », *imbécile* a passé au sens de « faible d'esprit ».

— L'infirme souffre personnellement, l'imbécile fait souffrir les autres. L'imbécile n'est pas ennuyé, mais ennuyeux.

— Gardez-vous des méchants, et que Dieu vous garde des imbéciles.

Imbu, du latin *imbutum*. Provençal *embus*.

Pénétré, imbibé de faux principes.

On appelait jadis *embubaire* un charlatan.

Immédiat, ement, du latin *in* et *medius*; sans intermédiaire.

En provençal *ades*. (Voy. *illico*.)

Et tout adez en regardant...
(*Roman de la Rose.*)

Car cette lame adez le faisoit jouer mal à point. (A. Chartier.)

Immense, du latin *immensum*, sans mesure.

Immense se rattache à l'idée d'étendue ; *innombrable*, à l'idée de quantité, de nombre.

On lit cependant sur le socle de l'obélisque de Louqsor, qu'il a été érigé... aux applaudissements d'un peuple *immense*.

Innombrable eût été plus juste ; et il est à craindre que la postérité ne s'imagine que les Parisiens du XIXe étaient un peuple de Patagons.

Immortalité, du latin *in*, négatif, *mortalis*, mortel.

Aller à l'immortalité, s'immortaliser : se rendre célèbre.

— La devise de l'Académie française est une couronne de laurier avec les mots : A l'immortalité !

Celle de l'Académie des Inscriptions et Belles-Lettres, est : *Vetat mori*, empruntée à Horace qui a dit aussi :

Non omnis moriar.

Sont-ils morts tout entiers avec leurs grands desseins ?
(Corneille.)

> *Voulez-vous, de la gloire éteignant le flambeau,*
> *Ne laisser aucun nom et mourir tout entier ?*
>
> (Racine.)

A. Chénier, en montant à l'échafaud, dit en se touchant le front : « J'avais quelque chose là. »

Marot avait pris pour épigraphe de ses œuvres : « La mort n'y mord. »

Vita brevis est, gloriæ cursus sempiternus. (Cicéron.)

Post cineres decus. (Martial.)

(Gloire tardive, qui ne vient qu'après la mort.)

La mort est le sacre du génie. (Balzac.)

La gloire réchauffe le cercueil du poète… Folies et sottises que tout cela ! Mieux valent pour nous réchauffer les lourdes caresses d'une vachère amoureuse. Mieux vaut aussi pour nous réchauffer les entrailles, mieux vaut boire largement du vin chaud, du punch et du grog, même au fond des plus ignobles tavernes, au milieu des voleurs et des vagabonds échappés à la potence, que d'être, aux bords du Styx, un chef des ombres, fût-ce même un des héros qu'a célébrés Homère. (H. Heine.)

— Les noms de Périclès, d'Auguste, de Léon X, de Louis XIV, devenus immortels, sont appellatifs des siècles où ces hommes ont vécu.

— Des routes très diverses conduisent à l'immortalité :

Erostrate met le feu au temple de Diane, qu'on avait mis 200 ans à bâtir : il s'immortalise.

Homère s'est immortalisé par ses poèmes; Alexandre, par ses victoires; Lycurgue, par sa législation; Thersite, par sa laideur; Cartouche, par ses crimes.

La victoire de Lucullus sur Mithridate s'efface devant sa réputation de gourmandise; en cherchant bien, on trouverait sans doute que ce qui le charma le plus dans cette expédition, ce fut la conquête du cerisier qu'il rapporta de Cérasonte.

— L'immortalité, c'est souvent le résultat d'une inconséquence. Voyez Gribouille : il se jette à l'eau pour éviter la pluie, le voilà immortel.

— Il y a des lieux qui ne doivent leur célébrité qu'à des faits mémorables. Florus dit que Cannes, ville de la Pouille, n'était pas connue avant la défaite des Romains : *Cannæ, Apuliæ ignobilis vicus, sed magnitudine cladis emersit.*

Thelden (XXI, 4.) de suti : Ae *habitantes* *vieds romana* Cannes, *augente fato, profecti sunt*, Pressés par le destin, ils partirent pour ennoblir Cannes par le désastre des Romains.

D'autres lieux subissent un sort contraire. Telle l'antique Six-Fours, en Provence, célèbre au Moyen-Age ; ce nid d'aigles, aujourd'hui déserté, n'est plus que le perchoir de l'ennui.

— Certains noms d'hommes sont appellatifs, et personnifient les grandes vertus, les grands vices ou les ridicules qui les ont illustrés ; que ce soient les noms de personnages historiques ou de types créés par les poètes, ou le peuple.

Aristarque personnifie la critique éclairée ; Achille et Alexandre, la bravoure ; Don Quichotte, la bravoure peu raisonnée ; Escobar, la morale relâchée ; etc.

Impair, du latin *imparem*, inégal.
Tout nombre qui ne peut être divisé par deux sans laisser une fraction, est impair.

Numero deus impare gaudet.
(Virgile, Egl., VIII.)

(Le nombre impair est aimé des dieux.)

— Pythagore regardait le nombre impair comme plus parfait que le nombre pair, en ce que, après qu'on l'a partagé, il laisse toujours une quantité qui est commune aux deux membres de la division. Ainsi il le tenait pour le symbole de l'union, du mariage et de la famille, dont la formule est : le père, la mère, l'enfant, une trinité.

— Le nombre des coups de knout administrés, doit toujours être impair, en vertu d'un ukase de Pierre-le-Grand.

Impayable, *in* négatif, et *payable*, de payer, *pacare*.
Il y a des objets d'art, des traits d'esprit impayables.

Ah ! que ce « quoi qu'on die » est d'un goût admirable !
C'est, à mon sentiment, un endroit impayable.
(Molière.)

Importun, du latin *importunum*.
Synonymes : boulet, crampon, fâcheux (autrefois), gêneur, monsieur de Trop.

Imposer, *in*, sur, et *poser*.
L'homme qui impose est imposant ; celui qui en impose est un imposteur.

Impossible, du latin *impossibilem*.
A l'impossible nul n'est tenu.

— Exemples de choses impossibles :

On ne saurait blanchir un Ethiopien. (Rabelais, V, 22.) *Æthiopem lavare.*

Écrire sur parchemin velu. (Rabelais.)

Ferrer les cigales. (Rabelais.)

C'est tenter l'impossible, que chercher à rompre une andouille sur le genouil. (Rabelais).

Tirer de l'eau d'une pierre ponce. *Aquam a pumice postulare.* (Plaute.)

Écrire sur l'eau et le vent :

In vento et rapida scribere oportet aqua.
(Catulle.)

Prendre la lune aux dents, …le vent au filet.

Trouver un merle blanc, un cygne noir, un trèfle à cinq feuilles.

Souder le vif argent. (Proverbe espagnol.)

Tirer des pets d'un âne mort.

Traire les boucs. *Mulgere hircos.* (Virgile.)

— On dit d'une chose impossible : Il n'y a pas mèche. Allusion à la mèche de l'occasion (?) ou à une lampe, qu'il serait difficile d'allumer sans la mèche.

Rien n'est impossible aux hommes. *Nil mortalibus arduum.*

A cœur vaillant, rien d'impossible. (Devise de J. Cœur.)

— Le mot *impossible* n'est pas français, disait un général à son aide-de-camp.

Je ferai l'impossible pour vous être agréable, dit-on par galanterie à une femme.

— Le ministre Calonne répondit à Mme Dubarry qui le sollicitait : « Si c'est impossible, cela se fera ; si ce n'est que difficile, c'est déjà fait. »

Cette réponse d'un ministre à une femme, pour laquelle il ne pouvait avoir aucune estime, indique plus la basse servilité d'un courtisan, que l'esprit et la fierté d'un grand seigneur.

Impôt, du latin *impositum.*

A l'origine de notre société, les peuples ont dû offrir volontairement aux chefs, des dons annuels, qui ont laissé l'expression de « dons gratuits ». Viennent ensuite les mots : aide, subvention, contribution.

Le mot *imposition* n'a plus le même sens ; il exprime l'idée de joug de l'autorité fiscale.

On a créé le mot maltôte pour protester contre les exigences des traitants et du fisc.

Le plus odieux et le plus vexatoire des impôts modernes, est celui des contributions indirectes, quels que soient le nom adopté et la forme employée.

La *taille*, de l'ancien régime, a été remplacée en 1793, par les « contributions foncière et personnelle » ; les *aides* et *gabelles* sont devenues les « droits réunis ».

L'impôt proportionnel est injuste ; l'impôt progressif seul est raisonnable. (Proudhon.)

Chacun ayant des besoins égaux, on ne doit taxer que l'excédent ; taxer le nécessaire, c'est détruire... (Montesquieu.)

Tout impôt sur la consommation est un impôt contre le travail ; parce qu'en diminuant la consommation, on diminue le travail.

L'impôt sur le tabac, l'alcool, est un impôt hygiénique.

— Le 8 janvier 1869, Charles III, prince de Monaco, supprime dans sa principauté les contributions foncière, personnelle et mobilière, ainsi que l'impôt des patentes.

Cet exemple sans précédent n'aura probablement jamais d'imitateurs.

Imprimerie, du verbe latin *imprimere*.

Connue en Chine en 933, inventée en Europe par Gutenberg, Fust et Schœffer, en 1438, elle a été illustrée par les Aldes, les Elzéviers, les Estiennes.

— Fournier a établi une nomenclature générale des différents *caractères* employés par l'imprimerie, et de leurs grandeurs respectives. Il a imaginé une échelle de 2 pouces, divisée en 24 lignes, chaque ligne étant de 6 points, nommés typographiques.

Voici le nom et la grandeur respective des caractères employés :

La Parisienne....	5 points.	Le Gros romain ...	18 points.
La Non-pareille....	6 —	Le Petit parangon .	20 —
La Mignonne......	7 —	Le Gros parangon .	22 —
Le Petit texte....	8 —	La Palestine.......	24 —
La Gaillarde......	9 —	Le Petit canon	28 —
Le Petit romain ...	10 —	Le Trismégiste....	36 —
La Philosophie....	11 —	Le Double canon ..	36 —
Le Cicéro	12 —	Le Gros canon	44 —
Le Saint Augustin.	14 —	Le Triple canon ...	72 —
Le Gros texte.....	16 —	La Grosse nompareille.	96 —

Impure, nom que, sous le Directoire, on donnait aux femmes légères qui, à l'exemple de M⁽ᵐᵉ⁾ Tallien, s'habillaient à peine.

In, préposition et particule négative en latin.

In signifie *en*, *dans* : incision, invasion ; mais, le plus souvent, il exprime la négation, comme *a* en grec. Ainsi, dans : incertain, incapable, *in* nie la qualité exprimée par l'adjectif simple.

N final de *in* se supprime ou se modifie par attraction : ignorant (mot tiré du latin), illégal, immédiat, irrégulier.

Les mots commençant par *in* sont très nombreux.

Inauguration, latin *in* et *augurium*.

Consulter les augures en commençant une action.

Cérémonie qui avait lieu, chez les Romains, lorsque l'État consultait le collège des augures sur le choix du lieu où devait s'élever un monument.

Aujourd'hui, ce mot signifie dédicace, consécration, ouverture d'une entreprise, réception officielle d'un monument qu'on livre au public ; toutes choses qui s'accomplissent avec de grandes cérémonies, précédées de discours, et souvent suivies de banquets.

Chez les Romains, les inaugurations étaient déjà accompagnées de festins : *Cœnæ augurales* (Cicéron), repas donnés par les augures à leur installation.

Incertain ; *in*, négatif et *certain*.

Entre le ziste et le zeste.

> *Grammatici certant, et adhuc sub judice lis est.*
> (Horace.)

Incessamment ; *in*, *cessant*, *ment*.

Signifiait d'abord : sans cesse, perpétuellement.

A pris le sens de bientôt, dans un bref délai. Je partirai incessamment. La première aura lieu incessamment.

Inceste, latin *incestum* (*non castum*.)

Au propre : *sine cesto*, sans ceinture. (Juvénal, V, 2.)

Millin (*Antiquités nationales*, t. III, art. 28) dit qu'on voyait au milieu de la nef de la collégiale d'Écouis, une plaque de marbre sur laquelle se lisait cette singulière épitaphe :

> Ci-gît l'enfant, ci-gît le père,
> Ci-gît la sœur, ci-gît le frère,
> Ci-gît la femme et le mari,
> Et ne sont que deux corps ici.

La tradition qui explique cette sorte d'énigme, est qu'un fils de

[...] de sa mère, sans la connaître et sans en être reconnu, une fille nommée Cécile ; il épousa ensuite cette Cécile, qui avait grandi en Lorraine, auprès de la duchesse de Bar. Ainsi Cécile était fille et sœur de son mari. Ils furent enterrés dans le même tombeau, en 1512.

Cette aventure singulière fait le sujet de la XXXᵉ Nouvelle de l'*Heptaméron*, sous le titre : « Un jeune gentilhomme âgé de quatorze ans, pensant coucher avec l'une des demoiselles de sa mère, coucha avec elle-même, qui, au bout de huict moys, accoucha du faict de son fils, d'une fille, que douze ou treize ans après, il espousa, ne sçachant qu'elle fust sa fille et sa sœur, ny elle qu'il fust son père et son frère. »

Incomplet ; *in,* négatif et *complet,* de *completum.*
Par exemple : un papillon sans ailes, une fleur sans parfum.

Incongru, latin *incongruum,* qui ne convient pas.
Ce qui n'est pas conforme aux usages reçus.

Inconnu ; *in* et *connu.*
Synonyme : X, qui en algèbre désigne l'inconnue.
Inconnu comme les sources du Nil.

Inconstance, du latin *in, constantiam.*
Fourier réhabilite l'inconstance ; il en fait une vertu qu'il appelle « la papillonne ».
La Fontaine disait :
    Diversité, c'est ma devise.
Un autre :
    L'ennui naquit un jour de l'uniformité.

On disait d'un esprit inventif, mais inconstant et qui abandonnait le lendemain le projet de la veille : « Il a la fécondité de l'avortement. »

Il n'a pas changé, il n'est fidèle qu'à l'inconstance.

Inconstant, même origine.
Synonymes : girouette, sauteur.

Incrédule, de *in, credulus,* qui ne croit pas.
Incrédule comme saint Thomas.

Inde, du latin *Indiam.*
Inde a fait *indienne,* toile de coton peinte ou imprimée, venant d'abord de Masulipatan et de Surate, devenue commune en France,

depuis sa fabrication à Jouy par Oberkamp, sous le premier Empire; fabriques à Mulhouse et à Rouen.

Coq d'Inde, poule d'Inde ; puis dinde, dindon.

Indécis, du latin *indecisum*, non tranché.

Un gamin de Paris apostrophe ainsi un bourgeois planté au milieu d'une rue et paraissant indécis : « Eh bien ! bourgeois, à quoi nous décidons-nous ? »

Index, mot latin ; le doigt qui sert à montrer.

On appelle *index* le catalogue des livres prohibés par la congrégation du Saint-Office à Rome. Un livre mis à l'index est un livre condamné par cette congrégation.

Indiscret ; *in*, négatif et *discret*.

Synonyme : touche à tout.

Un homme indiscret est une lettre décachetée, que tout le monde peut lire.

L'oreille de l'indiscret est un filtre qui se vide par la bouche.

D'une confidence à une indiscrétion, il n'y a que la distance de l'oreille à la bouche. (Petit-Senn.)

Individu, du latin *individuus*, non partageable.

Un individu, un particulier, un quidam, c'est-à-dire un personnage sans importance, le premier venu.

Expression familière et méprisante.

On dit aussi : un cadet, un paroissien.

Indulgence, du latin *indulgentiam*.

Vertu par laquelle on pardonne aisément. C'est la vertu de ceux qui en ont le moins besoin pour eux-mêmes.

Quand les belles âmes sont arrivées à comprendre le mal et l'ingratitude, leur indulgence pour l'humanité est le dernier degré du mépris.

Industrie, du latin *industriam*.

C'est l'intelligence intérieure qui conduit la main dans les arts mécaniques.

L'industrie a affranchi l'intelligence par l'intelligence ; car, à l'origine, quand il n'y avait pas de moulin, il fallait bien qu'il y eût un homme contraint de tourner la meule. Cet homme était une machine condamnée à ne jamais connaître son intelligence ; de là l'esclavage. (E. Pelletan.)

La division du travail est un signe de progrès en industrie. Le

[...illisible...] le comble de la [...] dix personnes concourent à fabriquer une épingle. (J.-J. Ampère.)

Dans presque toutes les industries, la main-d'œuvre est presque tout, et la matière presque rien. Deux kilos de poils de chèvre suffisent pour un cachemire français de 4 à 5.000 francs. Un bien moindre poids de cuivre et d'acier suffira pour fabriquer un chronomètre, une montre de Bréguet, qui vaudront de 2.000 à 6.000 francs. Tout le reste sera la main-d'œuvre. (Ch. Dupin.)

Inéluctable; *in eluctabilem*, contre quoi on ne peut lutter.
Néologisme de Ballanche ou de C. Delavigne, absent du Dictionnaire de l'Académie.
Nota. — Se trouve, au XVIᵉ siècle, chez O. de Saint-Gelais. L'Académie l'a adopté en 1878.

Inévitable, qui ne peut s'éviter.
Synonyme : fatal.

Infanterie, l'ensemble des troupes à pied.
Vient de ce qu'une infante d'Espagne vainquit les Maures, en se mettant à la tête des troupes de pied.
Ou de *fantassin* (italien *fantaccino*), fante, jeune serviteur, valet de pied (?).

Infanticide, du latin *infanticida*, tueur d'enfants.
Synonyme : faiseuse d'anges.

Infidélités conjugales.
Synonyme : duel à coups de canif.
On dit aussi : donner des coups de canif dans le contrat.
Accommoder au safran.

Infinitif, latin *infinitivum*.
Mode du verbe indiquant l'action d'une manière indéterminée : aimer, partir.

Ingénieur, du verbe *ingénier* ; vieux français *ingeygnière*.
Engeigner signifiait tromper, être habile. (Cf. *engin*.)

Les ingigniers qui ont l'engin basti.
(*Roman de Garin.*)

Les maistres ingénieux. (Rabelais, IV, 40.)

Ingénu, du latin *ingenuum*, né libre.
S'opposait, chez les Romains, à *affranchi*.
Au théâtre, *ingénue* désigne un rôle de fille naïve : Agnès.

L'ingratitude est la fille de l'orgueil.

L'orgueil ne veut pas devoir ; l'amour-propre ne veut pas payer. (La Rochefoucauld.)

L'ingratitude est le seul vice dont on ne se vante pas. (G. de Nerval.)

Le cœur de l'ingrat ressemble à un désert, qui boit avidement la pluie tombée, l'engloutit et ne produit rien. (Maxime indienne.)

L'ingratitude est l'indépendance du cœur, ...la banqueroute du cœur.

On ne trouve guère d'ingrats, tant qu'on est en état de faire du bien. (La Rochefoucauld.)

Supprimez le bienfait, il n'y a plus d'ingratitude. (La Palisse.)

Il y a des reconnaissances pires que l'ingratitude ; on voit souvent un grand service rendu recevoir une récompense ridicule et dérisoire.

Injure, latin *injuriam*, injustice.

Synonymes : compliments de la place Maubert ; coups de boutoir ; gros mots ; style peu parlementaire.

Quand l'injure est sanglante, elle s'appelle sarcasme (qui brûle la chair).

Apostropher les gens : agonir (d'injures).

Dire ses patenôtres à l'envers.

Débagouler : « Elle vint à débagouler mille injures contre le Roy. » (Brantôme.)

Les injures sont les raisons de ceux qui n'en ont pas.

Ni les menaces ni l'injure n'affaiblissent un ennemi, mais les unes l'avertissent de se tenir en garde, l'autre ne fait qu'accroître sa haine, et le rend plus industrieux dans les moyens de nuire. (Machiavel.)

S'irriter des injures, c'est les reconnaître justes ; les dédaigner, c'est les condamner à l'oubli.

Convicia, si irascare, œqua videntur; spreta exolescunt. (Tacite, *Annales*, IV, 34.)

Tout le monde peut injurier ; n'offense pas qui veut.

Vos injures, Messieurs, n'arriveront jamais à la hauteur de mon dédain. (Guizot.)

On doit mépriser les injures des êtres vils.

— Une bordée d'injures. (Voy. *vomir* des injures.)

Les Latins disaient : *plaustra injuriarum* (des charretées d'injuifs, [...] l'usage de parcourir les rues pendant les saturnales, dans des chariots, et de chanter des chansons satiriques, censure des mœurs de l'époque.

— Une injustice faite à un seul, est une menace faite à tous. (Montesquieu.)

Innocent, du latin *in, nocentem*, qui ne nuit pas.

Dans le Midi de la France, *innocent* signifie idiot, imbécile.

Dans le Berry, il a le sens d'ignorant. « J'en suis innocent » équivaut à « je n'en ai point connaissance ».

L'innocence, c'est la vertu sans le savoir.

— Donner les innocents.

Au jeu des innocents, les jeunes filles un peu novices qu'on surprend au lit, reçoivent des claques sur le derrière, et sont même exposées à quelque chose de plus.

On appelait cela : donner les innocents.

Dans Rabelais (V, 12), on lit : « Y serez bien innocentez » et au chapitre suivant : « Veu qu'innocence n'y est poinct en seureté et que le diable y chante messe. »

Dans l'*Heptaméron*, la Nouvelle 45 est intitulée : « Un mari donnant les innocents à sa servante, trompe la simplicité de sa femme. » (Imité par La Fontaine.)

— Aux innocents les mains pleines. Le contraire serait plus vrai.

— Le massacre des Innocents. (Mathieu, II, 16.)

À l'avènement de Louis XVI, l'abbé Terray et trois autres ministres impopulaires furent remplacés. On dit que c'était une Saint-Barthélemy de ministres. « Dans tous les cas, répliqua l'ambassadeur d'Espagne, ce n'est pas le massacre des Innocents. »

(Voy. *jeux innocents*.)

Inouï, du latin *in, auditum*.

On entend dire : une beauté inouïe ; c'est attribuer à la vue la faculté de l'ouïe, prétendre qu'on voit par l'oreille. À la rigueur, on peut supposer que cela signifie une beauté dont on n'a pas entendu parler.

In pace, expression latine signifiant « en paix ».

Cachot où étaient abandonnés, dans les couvents, les moines condamnés à mort.

Avant de replacer sur eux la pierre sépulcrale, on prononçait la formule : *Vade in pace* ; d'où le nom donné à ces oubliettes.

Inscription, du latin *inscriptionem*.

Les inscriptions latines sur des monuments français, inintelligibles pour le grand nombre, prêtent souvent au ridicule. Le peuple s'en moque, en traduisant *Ludovico Magno* par « Porte Saint-Denis ».

Au-dessus de la porte de la prison pour dettes, à Florence, on lisait cette inscription : *Oportet misereri* (il faut avoir pitié), que le peuple traduisait « Porte des misères ».

Richelio signifie « à Richelieu »; *Moliero*, « à Molière ».

D'après ce principe, il faudrait écrire : Lannes, *Asinus*; Belluue, *pulchra luna*.

Napoléon est traduit *Napolio* sur la fontaine de l'école de Médecine; *Napoleo* sur le tombeau de Richelieu; *Neapolio* sur le socle de la colonne Vendôme.

Insensé, de *in*, et de *sens* ; à l'imitation du latin *insensatum*.
Privé de sens, c'est-à-dire de raison.
C'est pour l'esprit l'état de maladie, comme le bon sens est l'état de santé : *Sapientia est sanitas animi*. (Cicéron, *Tusculanes*.)

Insolent, du latin *insolentem*, insolite.
Insolent comme un page, ...comme le valet du bourreau.
L'insolence et l'arrogance sont les marques de la bassesse.

Instant (à l') : illico, dare dare, tout de go.

Instar (à l'), du latin *ad instar*, à la manière de.

Instinct, du latin *instinctum*, impulsion.
L'instinct est commun à l'homme et à l'animal. Chez l'animal, il reste immuable ; chez l'homme, il grandit et devient intelligence.
C'est une faculté native qui s'exerce sans le concours de la raison ou de la réflexion. L'intelligence est la faculté d'une pensée libre, communiquée à l'animal par la volonté ou l'éducation. (Flourens.)

Instruction, du latin *instruère, instructionem*.
L'instruction est un trésor dont le travail est la clef.
Il ne faut pas la confondre avec l'éducation ou civilisation.
La civilisation donne une certaine tendresse humaine, une amabilité générale, qui est un trait d'union entre les peuples, même ennemis, et ouvre les cœurs à tous les épanchements de l'attraction.
Toutes les institutions sociales doivent avoir pour but l'amélioration morale, intellectuelle et physique de la classe la plus nombreuse et la plus pauvre. (Condorcet.)
Il est donc permis d'instruire les ignorants malgré eux, et de répandre la civilisation à coups de canon.

L'instruction première reste toujours dans la vie comme un fonds qui, tôt ou tard, produit un intérêt. (L. Bleinye.)

— L'instruction élémentaire, les quatre règles, dit-on, c'est assez pour vivre. C'est même trop à la rigueur, car on peut vivre sans savoir ni *a* ni *b*, comme on peut manger sans fourchette. Mais ce n'est pas assez pour savoir vivre, c'est-à-dire pour aimer la vie, pour en comprendre les merveilles et en bénir l'auteur.

— L'ouverture d'une école fait fermer une prison et dix cabarets(?).

— L'instruction supérieure des filles, instituée à la Sorbonne (vers 1867) par M. Duruy, a mécontenté tous les J. Prudhommes et a fait pousser les hauts cris au clergé.

Quelle folie ! disait-on. Est-ce que nos filles ont besoin d'un enseignement si élevé ? Il suffit, comme au temps de Molière,

> Que la capacité de *leur* esprit se hausse
> A connaître un pourpoint d'avec un haut-de-chausse.

Mgr Dupanloup, évêque d'Orléans, laissa alors échapper un mot maladroit, qui eut un immense succès de rire : « Les filles doivent être élevées sur les genoux de l'Église. »

...Une instruction plus sévère relèvera la dignité de l'épouse, accroîtra l'autorité de la mère, et agrandira la légitime influence de l'honnête femme dans la société. (Duruy, 26 octobre 1868.)

La France a soif d'instruction ; mais l'instruction du peuple ne convient pas à l'Église (1872). Il faut à la France la séparation de l'Église et de l'État ; sinon elle descendra au niveau de la Pologne, de l'Irlande, de l'Espagne, qui ont subi le joug du clergé.

Insulter, du latin *insultare*, faire assaut contre.

Les lièvres mêmes insultent au lion mort : *Mortuo leoni lepores insultant*.

> Arbres, que dans nos jeux j'insultais autrefois.
> (Lamartine.)

> Et les noyers souvent du passant insultés.
> (Boileau.)

Les deux poètes emploient le mot dans le sens de : assaillir à coups de pierres.

— L'insulte qui s'adresse à une honnête femme glisse sur elle, comme le lâche projectile, qui s'écrase en frappant le marbre d'une statue.

Intendant militaire : Mr Riz-pain-sel.

Intention, du latin *intentionem*.

— La bonne intention est réputée pour le fait.

Cette maxime n'est pas toujours juste, elle a son corrélatif dans ce proverbe espagnol : « L'enfer est pavé de bonnes intentions. »

Bossuet, prêchant contre toutes les vertus équivoques, dit : « Toutes ces vertus dont l'enfer est pavé. »

— Une bonne intention peut excuser, mais non justifier une mauvaise action... (Saint-Évremont.)

M. Viennet a dit de ceux qui, au jugement dernier, n'auront à faire valoir que de bonnes intentions, qu' « ils passeront une mauvaise éternité ».

Intercaler, du latin *intercalare* (*calare*, crier).

Insinuer une chose dans une autre.

Feuille intercalaire : celle que l'on place entre deux autres.

Cale de vaisseau, plan incliné placé entre le sol horizontal et la quille du vaisseau, pour faciliter son lancement.

D'où *calade*, nom de trois rues de Marseille, en forte pente, comme la cale d'un vaisseau (?).

— *Intercaler* se dit, au propre, du jour ajouté, tous les quatre ans, au mois de février : jour intercalaire.

C'est par extension qu'on l'a appliqué à l'introduction d'une feuille dans un cahier, d'un mot dans une phrase, etc.

Intérêt, du latin *interest*, il importe.

Le lien social, mais souvent aussi ce qui sépare.

C'est, en effet, dans le sens de dommage, préjudice, qu'il était pris autrefois.

Quel intérest encourez-vous ? (Rabelais, III, 16), c'est-à-dire quel risque ?

Au livre I, 8, en parlant de la braguette de Gargantua, il dit : « Elle ne ressembloyt pas à ces hypocriptiques braguettes d'ung tas de muguetz, qui ne sont pleines que de vent, au grand intérest du sexe féminin. »

— Dans le sens le plus moral, l'intérêt est la part que l'on prend à ce qui touche son semblable ; c'est la charité. Mais l'acception la plus générale et la plus pratique, c'est l'intérêt personnel, ou égoïsme. On consulte ordinairement son intérêt avant celui des autres.

L'intérêt met en œuvre toute sorte de vertus et de vices. (La Rochefoucauld.)

La conscience parle, mais l'intérêt crie.

Il est impossible de faire entendre raison à ceux qui ont adopté une façon de voir conforme à leurs intérêts. (Clément XIV.)

Dans toutes les affaires litigieuses, il faut élever les questions jusqu'aux principes, et non les rabaisser jusqu'aux intérêts.

— Le haut intérêt de l'argent est le signe infaillible de la prospérité publique. (Voltaire.)

Interjection, du latin *interjectionem*.

Partie du discours qui est le plus souvent une exclamation monosyllabique isolée, un cri exprimant un sentiment, un désir, un ordre.

Les interjections tiennent à la langue primitive, c'est-à-dire à ce langage que la nature inspire à tous les hommes, et qui est une action de l'âme sur les organes.

Ce ne sont point des mots proprement dits, mais, en quelque sorte, des cris de l'âme, qui expriment spontanément une impression produite sur l'organisme.

— Nous avons une seule interjection de forme germanique : *holà !* Les autres ont la forme latine.

— Les interjections sont ordinairement accompagnées d'un mot qui en précise le sens et en augmente l'énergie :

Ah ! Dieu. Fi donc !

Hélas ! est fait de cette façon, et s'écrivait autrefois *hé ! las*, qu'on mettait même au féminin.

Quelquefois on mettait un pronom entre l'interjection et l'adjectif *las :* « Eh ! mi las ! Eh ! moi malheureux ! »

Les Italiens disent : *Oimè, lasso !* Les Provençaux : *oimé !*

— Les mots : *bon ! paix ! chut ! courage !* ne sont pas des interjections, mais des propositions elliptiques.

— *Ah !* et *ha !* est la manifestation un peu théâtrale d'une grande douleur : Ah ! suis-je assez malheureux ?

Ah ! marque aussi la joie et les affections vives.

La surprise, l'étonnement prennent de préférence *ha !*

Aïe, cri de souffrance : Aïe ! vous me faites mal.

Aïe, aïe ! à l'aide ! (Molière, *Étourdi*, II, 9.)

Semble une forme ancienne du verbe *aider*.

Alerte ! de l'italien *all'erta :* garde à vous !

Bast ! bah ! exprime l'étonnement, l'incrédulité.

Boum ! cri du limonadier : Oui, bon !

Brr... ! exprime l'horreur... et le froid.

Chut ! s'emploie pour imposer silence.

Da, souvent joint à *oui* : certainement.

Dame! marque la surprise ou l'affirmation.

Eh! bien. Interjection interrogative, négative ou approbative : Eh! bien, qu'a-t-il répondu? Eh! bien, non. Eh! bien, soit.

Évahé! interjection de joie, employée chez les Latins dans les Bacchanales.

Fi! exclamation de dégoût.

Foin! la répulsion.

Gare! prenez garde! cri pour avertir.

Ha! exprime la surprise, l'étonnement, l'admiration.

Heu! son produit par le gémissement; onomatopée du cri de la douleur humaine, exprimant l'abattement ou la pitié.

Heu! heu! réponse évasive.

Ho! sert à appeler.

O, devant le vocatif, signe de l'apostrophe.

Oh! exprime joie, douleur ou surprise.

Ouais! exclamation de surprise fréquente chez Molière.

Ouf! exprime le soulagement.

Paix! impose silence.

Peuh! marque le dédain.

Pouah! exprime le dégoût.

Sus! (debout), latin *sursum*.

Ut! hors d'ici, va-t'en! Se dit dans le Berry à un chien, ou même à une personne en signe de mépris.

Ut vient du mot anglais *out*, sorte de cri de bataille que les habitants du centre de la France ont dû entendre souvent avec terreur, et qui resta gravé dans leur mémoire, après les ravages que les Anglais exercèrent à plusieurs reprises dans leur pays. Les deux vers suivant de Wace (*Roman de Rou*) affirment l'origine de ce mot :

> La gent Englesche : *Ut!* s'écrie;
> Normanz escrient : *Diex aïe!* (Dieu aide!)

Ut, précédé de *z* euphonique, a pu donner naissance à l'exclamation *zut!* qui, dans l'argot populaire, signifie : Tu m'ennuies, va te promener.

A moins qu'on ne tire ce mot de *zeste*.

Zou! interjection provençale : Allons! vite!

Les Latins avaient l'interjection *Væ!* malheur!

Interlope, de l'anglais *to interlope*, faire un métier furtif; de l'allemand *inter*, sous, entre, *laufen*, courir.

Se dit du commerce maritime fait en fraude, dans un pays où il est interdit.

Signifie donc à peu près la même chose que contrebande, commerce illicite, tel que la traite des nègres.

Se dit, au figuré, des personnes de réputation douteuse qui se glissent en contrebande dans une société honnête. Le monde interlope des débauchés, chevaliers d'industrie, femmes galantes, etc.

Intermède, de l'italien *intermedio* ; latin *intermedium*.

— On disait autrefois « entremets ».

On lit dans les *Mémoires de l'ancienne chevalerie*, au mot *entremets* (t. I, f° 246) :

« Le mot *entremets* s'est dit longtemps au lieu de celui d'*intermède*, dans une pièce de théâtre.

« Il signifiait une espèce de spectacle muet, où l'on voyait des hommes et des bêtes exprimer une action ; quelquefois des bateleurs y faisaient des tours. Ces divertissements avaient été imaginés pour les convives dans l'intervalle des services d'un grand festin ; d'où le mot *entremets*. L'usage de ces anciens plaisirs s'était conservé dans les cours, comme on le voit dans la description du banquet donné en 1600 à Florence, pour le mariage de Marie de Médicis avec Henri IV. »

Interpoler, du latin *interpolare*, entremêler.

Insérer, par ignorance ou par fraude, dans un texte, un acte ou un document, des mots ou des passages qui n'appartiennent pas à la pièce originale, soit pour compléter, soit pour dénaturer le texte.

Intervalle, du latin *intervallum*.
En roman *entreval*.

Intolérance ; *in*, négatif et tolérer, *tolerare*.

Le zèle ardent de Voltaire en faveur de la tolérance, a créé tard le mot *intolérance*, pour désigner un abus invétéré, que la philosophie du xviiiᵉ siècle avait à cœur de combattre.

— L'intolérance est la fille des faux dieux.

Intolérants comme les Pharisiens.

Rome est la capitale de l'intolérance (1865).

Intrigue, de l'italien *intrigo*.
Synonymes : manigance, mic-mac.

Inutile, latin *in* et *utilem*.

Faire une chose inutile : perdre son temps.
Laver une brique (pour lui faire perdre sa couleur).

Inventaire, dérivé du suivant.

— Croire une chose sous bénéfice d'inventaire. Le bénéfice d'inventaire est le droit de n'user d'un héritage que jusqu'à concurrence des biens inventoriés, dans le cas où la succession se trouverait endettée.

D'où l'axiome de droit : *Nemo hæres invitus, sufficit abstinuisse.*

Inventer, du latin *inventum,* trouver.

Les inventions humaines marchent du composé au simple, et le simple est toujours la perfection.

— Il n'a pas inventé la poudre, ...le fil à couper le beurre ; il n'est pas cause que les grenouilles n'ont pas de queue : il manque d'intelligence.

Inviter, du latin *invitare.*

Dans certaines contrées, il y a *éviter* employé comme opposé de *inviter.*

Jean a été invité à la noce, et j'ai été évité.

Invoquer, du latin *invocare ;* anciennement *envocher.*

On dit improprement : invoquer le secours, le bénéfice, la rigueur des lois.

Voltaire dit que « ceux qui s'expriment ainsi devaient invoquer le dieu du goût ».

Ique. Désinence indiquant un malade affecté de telle ou telle maladie : paralytique, phtisique, hydropique.

> Les mots terminés en *ique*
> Font au médecin la nique.

Ironie, latin *ironiam ;* du grec *eironeia.*

Figure par laquelle, sous un faux semblant d'ignorance ou de naïveté, on dit le contraire de ce qu'on veut faire entendre.

L'ironie est une espèce de raillerie, et tient surtout du comique, quoique la tragédie l'ait quelquefois employée.

> Je le déclare donc : Quinault est un Virgile ;
> Boursault comme un soleil en nos ans a paru.
> (Boileau.)

Irriter, du latin *irritare ;* correspond à *ira,* colère.

S'irriter : être comme un crin, un hérisson.

Isabelle, étymologie historique.

Couleur isabelle : d'un jaune pâle.

— Nom ancien d'une étoffe de couleur moyenne entre le blanc et le jaune.

Les isabelles pâles et dorées sont teintes avec un peu de raucourt. (*Règlement sur les teintures*, 1669, Littré.)

— On dit que l'archiduchesse Isabelle, fille de Philippe II, gouvernante des Pays-Bas, fit vœu, lors du siège d'Ostende (1601-1604), de ne changer de linge qu'après la prise de la ville. Le siège dura trois ans et trois mois. La chemise qu'elle quitta alors fut suspendue en grande pompe, comme ex-voto, dans la chapelle de la Vierge. Elle avait contracté, on le comprend, cette teinte fauve que prend le linge trop longtemps porté, et qui fait le mérite de certains chevaux.

Cette couleur prit alors le nom qu'elle a conservé jusqu'à nos jours.

Si le vœu de la fille du terrible roi d'Espagne avait son côté grandiose, au point de vue du patriotisme, il laissait fort à désirer à celui de la propreté. On se demande quelle nuance eût eue la chemise de la princesse, si le siège eût duré dix ans, comme à Troie.

Isis, déesse égyptienne, sœur et épouse d'Osiris.

Les Mystères d'Isis sont représentés sur la table Isiaque, qui fut trouvée au sac de Rome, en 1525, et qui est conservée à Turin.

Isis avait la bouche scellée et tenait à la main une clef, comme pour fermer à l'homme la science de la nature.

Iste, latin *ista*.

Suffixe qui ajoute aux radicaux auxquels on l'adapte, le sens de profession : artiste, chimiste, dentiste.

Issir, latin *exire*, vieux mot : sortir.

De là le mot *issue*.

Item, mot latin. D'où *itou* (populaire).

De même, pareillement.

« Le gros Thomas aime à batifoler ; et moi, je batifole itou. » (Molière, *Festin de Pierre*.)

Ivre, latin *ebrium* ; d'où ébriété et sobriété : *sine ebrietate* (?).

Être ivre. Synonymes : avoir son jeune homme, c'est-à-dire avoir bu le broc de quatre litres que les marchands de vin appellent « le petit homme noir » ; avoir son plumet ; être dans les brindezingues ; faire des S ; faire du feston ; être gris ; être pochard (avoir rempli sa poche?); être en ribotte; être rond; être soûl; tituber; être en train; être dans les vignes du Seigneur.

Ivresse, dérivé de *ivre*; suffixe *esse*.
L'ivresse ouvre la porte à l'adultère, et l'adultère à tous les vices.

Ivrogne, dérivé de *ivre*.
Qui a l'habitude de s'enivrer.

J

Ja, adverbe; latin *jam*, a formé *jadis* et *jamais*.
Ja a été remplacé par *déjà*, qui signifie maintenant, dès à présent.

> Quand tel ribaud serait pendu,
> Ce ne serait ja grand dommage.
> (VOITURE.)

Jabot, semble venir de *gibba*, bosse.
On appelle parfois *jabot* la partie de la chemise qui couvre la poitrine de l'homme, et qui sert de poche et même de panier dans certains cas, par exemple pour recueillir les fruits.

Jaboter: jacasser, caqueter, babiller, blaguer.

Jadis, adverbe; de *jam*, *diu*. Il y a longtemps déjà.

Jachère, anciennement *jaschière*; origine incertaine.
État d'une terre labourable qu'on laisse reposer un certain temps avant de l'ensemencer de nouveau.

Jacobins, au propre, religieux de saint Dominique, qui s'établirent à Paris, rue Saint-Jacques. (*Jacobus*.)
Ce mot est devenu synonyme d'ardent révolutionnaire, parce que le premier club qui se forma à Paris, en 1793, s'établit au couvent des Jacobins de la rue Saint-Honoré, et y professa les doctrines sanguinaires qui firent régner la terreur par toute l'Europe.

Jacquerie, nom d'une association de paysans révoltés contre les seigneurs, qui se forma en Picardie, en 1358, pour exterminer les nobles et piller les châteaux. C'était pendant la captivité du roi Jean.
— Le mot *Jacquerie* vient de ce que les nobles appelaient, par dérision, les paysans « Jacques Bonhomme »,

Le nom est analogue à John Bull (Jean Bœuf) en Angleterre.

— *Jacquerie* se dit encore d'un pillage général et qui semble organisé.

Jacques (maître). Homme qui sert à toutes fins, comme ces sacristains, bedeaux, sonneurs, suisses, chantres, fossoyeurs de village.

— Locution empruntée de l'*Avare* de Molière, où Maître Jacques est à la fois cocher et cuisinier d'Harpagon.

Est-ce à votre cocher, Monsieur, ou à votre cuisinier, que vous voulez parler?... (III, 5.)

Jalousie, dérivé de *jaloux*.

Fermeture mobile des fenêtres, faite de lames inclinées, qui empêche d'être vu du dehors, tout en permettant de voir du dedans.

Les Italiens, qui nous l'ont donnée, l'avaient reçue de la Perse, d'où le nom de *persienne*.

Jaloux, du latin *zelosum*.

Jaloux comme un tigre; jaloux de son ombre.

Qui non zelat, non amat. (Saint Augustin.) Qui n'est point jaloux, n'aime point.

La jalousie est sœur de l'amour.

La jalousie est une façon ingénieuse de jeter le mépris sur ce qu'on aime et sur soi. (M. G.)

Il y a dans la jalousie plus d'amour-propre que d'amour. (La Rochefoucauld.)

L'amour-propre fait naître la jalousie; l'orgueil nous empêche d'avouer que nous sommes jaloux.

Un galant homme n'est pas jaloux: pour les honnêtes femmes, ce serait une injure; pour les autres, ce serait trop d'honneur.

On est jaloux comme Othello ou comme Sganarelle: cruel ou ridicule.

Un avare est plus malheureux qu'un pauvre, et un jaloux qu'un cocu. (Charron.)

L'envie et la jalousie ne sont ni des vertus ni des vices: ce sont des peines. (Bentham.)

Jamais, adverbe; de *jam* et *magis*.

Le sens primitif se retrouve dans les locutions: à jamais, à tout jamais, pour jamais: pour toujours.

N'est négatif qu'autant qu'il se joint à la négation.

Synonymes dans ce sens : aux calendes grecques ; la semaine des trois jeudis ; quand les poules auront des dents ; à la venue des coquecigrues.

Cent ans, ce n'est guère ; mais jamais, c'est beaucoup.

> Jamais ! ah ! que ce mot est cruel quand on aime !
> (RENARD.)

Ironiquement : demain,...dimanche, quand il tombera du boudin.

Jambe, latin populaire *gamba*, qui correspond au grec *kampé*, courbure. Provençal *camba*.

De là : gambader, ingambe, regimber.

Synonymes : échasses, coterets, flûtes (jambes longues et maigres).

Jambes faites au tour,...en manches de veste.

Faire la belle jambe : se promener, se montrer.

Lever la jambe (trivial) : danser le cancan.

> Au bal, Fille-de-l'Air, en plus d'une rencontre,
> Sans immoralité,
> Elève jusqu'aux cieux toute sa jambe, et montre...
> Sa grande agilité.
> (TH. DE BANVILLE.)

Jambon, dérivé de *jambe*. Provençal *cambajon*.

On trouve dans le livre des délibérations du chapitre de Saint-Sauveur d'Aix : « *Die mercurii, 16 junii 1495, vigilia Corporis Christi, domini de capitulo ordinaverunt pro collatione medium mutonem, duos cambajones, et aliquot fructus.* » Le mercredi 16 juin 1495, veille de la Fête-Dieu, MM. du chapitre ont ordonné pour la collation la moitié d'un mouton, deux jambons et quelques fruits.

Janissaires, turc *iéni tcheri*, nouvelle milice.

Corps d'infanterie qui servait à la garde du Grand Seigneur. Ce corps d'élite devint redoutable et insubordonné, comme autrefois les prétoriens à Rome.

A l'occasion d'une insurrection, en 1826, le sultan Mahmoud II les réunit dans une enceinte et les fit tous massacrer.

Les janissaires avaient existé pendant près de 500 ans.

Jansénisme, nom historique.

C. Jansen (1585-1628), évêque d'Ypres, est l'auteur d'un commentaire du livre de saint Augustin sur la Grâce. Les jansénistes, ses disciples, soutenaient que l'homme a perdu son libre arbitre depuis la chute d'Adam. Le dogme de la liberté se trouvait compromis.

— Claude appelle les jansénistes *gens sinistres*, de même qu'on avait fait contre les jésuites ce jeu de mots : *Vos qui cum Jesu itis, non ite cum jesuitis.*

Jante, de *gambita* (?).

Pièce de bois recourbée en arc de cercle, qui forme une partie de la circonférence d'une roue.

Janus, personnage mythologique, à double visage.

C'est une tête de Janus, qui ne lit rien dans le passé, et ne voit rien dans l'avenir.

Janvier, du latin *januarium*, mois de Janus, divinité à deux faces.

Ce mois fut ajouté à l'année par Numa Pompilius.

L'année des Romains commençait au mois de mars.

Soleil de janvier : qui n'a ni force ni vertu.

Janvier d'eau chiche fait le paysan riche.

Jaque, origine incertaine ; peut-être de *Jacques* ?

Casaque militaire qui se mettait sous le haubert et ne descendait pas au-dessous du genou. Elle était composée de plusieurs peaux de cerf cousues ensemble.

A donné *jaquette*, redingote courte.

> Si avoit un jake par dessus son haubert.
> (Roman de Duguesclin.)

Jaquemart, nom propre, dérivé de *Jacques*.

Figure humaine en fer, vêtue d'un jaque, et tenant un marteau pour frapper les heures sur le timbre d'un clocher.

Mart semble un suffixe populaire, encore employé dans l'argot.

Jardin, de l'allemand *garten*.

Le jardin français fut créé par Le Nôtre pour Louis XIV. La nature asservie subit le despotisme du grand roi, à Marly et à Versailles, où les ormes et les charmes étaient taillés en colonnades, en galeries, et condamnés à la rigidité de la pierre, assujettis aux caprices de la mode, pour représenter des vases, des boules et des animaux. L'if, le plus courtisan de tous les arbres, a servi à nommer les supports des lampions dans les fêtes officielles.

Quant à l'art de dessiner un jardin anglais, il se borne à enivrer son jardinier et à suivre sa trace.

— Jeter une pierre dans le jardin de quelqu'un, c'est l'attaquer indirectement.

Jardinier, dérivé du précédent.

— C'est le chien du jardinier, qui ne mauge pas de choux, et ne veut pas que les autres en mangent.

Jargon, origine inconnue. Langage corrompu.

Peut-être de *græcus*. On appelait jadis les Grecs *grégous*, qui s'est changé en *gergou*, qu'on disait pour *jargon* (?).

Jarnac (coup de). Étymologie historique.

Coup perfide, action déloyale et imprévue.

— Le 10 juillet 1547, eut lieu à Saint-Germain, en présence de la cour, un duel entre Guy Chabot de Jarnac et La Châtaigneraie. Jarnac tua son adversaire par un coup imprévu qui lui fendit le jarret.

Jarnicoton, origine anecdotique.

Henri IV jurait souvent par cette expression : Jarnidieu! (je renie Dieu). Son confesseur, le jésuite Coton, lui en fit des reproches, et le roi dit depuis : Jarnicoton !

On disait d'Henri IV, à cause de son confesseur : « Il aime la vérité; c'est dommage qu'il a du *coton* dans les oreilles. »

Lors de l'assassinat d'Henri IV, les jésuites furent accusés d'avoir provoqué le crime. Le P. Coton publia une justification, qui fut suivie d'une réponse appelée l'*Anti-Coton*, où se trouvait l'anagramme de Pierre Coton : *Perce ton roi*.

— On trouve dans Rabelais *jarnibiou* (je renie Dieu).

Jarret, du celtique *garr*, jambe.

Partie de la jambe située derrière l'articulation du genou.

Avoir du jarret, le jarret solide : de bonnes jambes.

Jaser, origine inconnue; peut-être de l'italien *gazza*, pie.

Jaser comme une pie borgne.

De là l'argot *jaspiner*.

Ils jaspinaient argot encore mieux que français. (Grandval.)

Jauger, origine inconnue : mesurer.

Jaugeage (droit de), redevance au seigneur pour chaque mesure de vin que l'on vendait.

Javanais, sorte d'argot, où la syllabe *va*, jetée après chaque syllabe, hache le son des mots, et permet de s'entretenir sans être compris des profanes. C'est un idiome hiéroglyphique du monde des filles, qui leur permet de se parler à l'oreille… tout haut. (Goncourt.)

On dira par exemple : Javannavet, pour Jeannet.

Jean, du latin *Johannem*, qui vient de l'hébreu *Jéhova*, les quatre premières lettres qui sortent de la bouche humaine, et qui ont été consacrées à glorifier Dieu.

— Ce prénom très répandu, devient souvent, quand il est suivi d'un autre nom, un sobriquet méprisant. La malignité a doté le prénom de Jean d'une foule d'épithètes satiriques, d'acceptions injurieuses ou plaisantes :

Jean-bête, Jean-farine, Jean-fesse, Jean-f..., Jean-Jean, Jean-Jeudi, Jean de Nivelles, Gros-Jean, Jean des Vignes.

Va-t'en voir s'ils viennent, Jean.
(Refrain de vieille chanson.)

Jean a fait *Jeannot* et *Zani*, personnage bouffon et niais de la comédie italienne.

Jean ! que dira de Jean ? C'est un terrible nom
Que jamais n'accompagne une épithète honnête.
Jean-des-Vignes, Jean-Lorgne... Où vais-je ? Trouvez bon
Qu'en si beau chemin je m'arrête.
(Deshoulières.)

Quand Jean-Bête est mort, il a laissé bien des héritiers.

Jean-farine (un niais), sans doute à cause du masque de farine que prend le Pierrot dans la comédie italienne.

Gros-Jean, nom burlesque pour désigner un homme de rien.

Je suis Gros-Jean comme devant.
(La Fontaine.)

Après cela, ce n'est que de la Saint-Jean. (Voy. *échelle*.)
On y a employé toutes les herbes de la Saint-Jean. (Voy. *herbe*.)

— Les feux de la Saint-Jean. Feux de joie qui sont une tradition des païens. Ils allumaient des feux au solstice d'été et commençaient ainsi le renouvellement de leur année par un sacrifice aux dieux, en leur adressant des vœux et des prières pour la prospérité des biens de la terre.

Plusieurs siècles après, quand le solstice d'été ne fut plus considéré comme l'ouverture de l'année, on continua par habitude, et la tradition a perpétué ces feux jusqu'à notre époque.

La fête de saint Jean est le 24 juin.

Jeannot, diminutif moqueur de *Jean*.

Synonymes : Jean-Jean, niais.

— Le couteau de Jeannot. Locution empruntée à une scène de : *Les battus paieront l'amende*, farce de d'Orvigny, qui eut le plus grand succès, et dont le principal personnage, Jeannot, est devenu un type du théâtre moderne.

Dans cette pièce, jouée aux Variétés, Suson se plaint à Jeannot d'avoir perdu un petit couteau qu'il lui avait donné. Il la console en lui en promettant un autre : « Un véritable couteau de Langue (Langres), tout ce qu'il y a de pus meilleur. Vous n'en verrez pas la fin, de celui-là ; il m'a déjà usé deux manches et trois lames ; c'est toujours le même. »

(Vidocq appelle *lingre*, *lingriot*, un petit couteau de Langres, ville renommée pour sa coutellerie.)

— Le Jeannotisme, ou langage à la Jeannot, est un langage niais qui consiste à établir entre les mots des relations bizarres, comme : « Je viens chercher du bouillon pour ma mère qui est malade dans ce petit pot. »

En parlant de couteau, dit Jeannot dans la pièce citée plus haut, c'est feu mon père qui en avait un beau, devant Dieu soit son âme ! pendu à sa ceinture, dans une gaîne, avec quoi il faisait sa cuisine.

J'ai fait une tache sur mon habit de graisse.

Il a mis son chapeau sur sa tête à trois cornes.

J'ai tué un lapin avec mon fusil de garenne.

— Sans parler des annonces :

Bains à quatre sous pour femmes à fond de bois.

Tabliers pour nourrices en caoutchouc.

Jehovah. Terme hébreu qui signifie Dieu.

Triangle rayonnant qui renferme ce mot en hébreu.

Ce nom est souvent donné à Dieu dans la Genèse. Il signifie, en hébreu, celui qui existe par lui-même, et il est composé des cinq voyelles, sans lesquelles il n'y aurait pas de parole, de verbe.

Jérémiades. (Les thrènes ou lamentations de *Jérémie*.)

Par suite : plaintes, doléances.

— *Les lamentations de Jérémie*, qui se trouvent à la suite de ses prophéties, sont considérées comme le chef-d'œuvre de la poésie élégiaque chez les Juifs. Jérémie y déplore les crimes et les malheurs de Jérusalem, dans un style plein de la plus sublime mélancolie.

— Lefranc de Pompignan et Arnaud Baculard ont fait l'un et l'autre une traduction de Jérémie. Le quatrain suivant, attribué à Voltaire, ou à Piron, prouve que ces traductions étaient médiocres :

Savez-vous pourquoi Jérémie
Se lamenta toute sa vie ?
C'est qu'en prophète il prévoyait
Que { Pompignan } le traduirait.
     { Baculard }

Jésuite, dérivé de *Jésus*.

Synonyme : dindon. Les Jésuites l'ont introduit en Europe.

— Nom des membres réguliers de la Compagnie de Jésus, fondée par saint Ignace de Loyola, en 1534, et confirmée par Paul III, en 1540.

Les Jésuites furent expulsés de France en 1764, supprimés par le pape Clément XIV, le 21 juillet 1773, et rétablis par le pape Pie VII.

— *Jésuite* se disait d'abord *Jésuiste*.

Quand, en l'an 1564, je plaiday la cause de l'Université de Paris contre les Jésuistes, depuis appelés Jésuites… (Pasquier, *Recherches*.)

— La devise des Jésuites est : *Ad majorem Dei gloriam*, ou en abrégé A. M. D. G.

Ils ont divisé le monde en provinces. Le provincial, son *socius*, secrétaire qui est aussi un espion, et le gouverneur de la province, correspondent avec le supérieur général, qui réside à Rome, et qu'on appelle le *pape noir*.

Depuis 1541, l'ordre des Jésuites a eu 21 généraux : 11 Italiens, 4 Espagnols, 2 Belges, 1 Allemand, 1 Bohémien, 1 Polonais, 1 Hollandais, 0 Français.

— Le jésuitisme est une épée dont la garde est à Rome, et la pointe partout. (Dupin aîné, 1825.)

Dans le langage familier, est synonyme de Tartuffe, hypocrite dont il faut se défier.

Les Jésuites laissent toujours à leur suite une trace de sang ou de poison. (Napoléon, *Entretiens de la Malmaison*.)

Jésus, nom hébreu, qui signifie « sauveur ».

Jésus-Christ, le tribun des peuples.

On a fait ces deux vers sur l'*Imitation de Jésus-Christ* :

Livre obscur et sans nom, humble vase d'argile,
Mais rempli jusqu'aux bords des sucs de l'Évangile.

— Papier Jésus. Ainsi appelé parce que sa marque était le monogramme de Jésus : I. H. S.

Jeter, du latin *jactare*, anciennement *jetter* et *jiter*.

Quand la dame le vit venir,
Dès elle a jité un soupir ;
Amor li a jité un dard.
(*Guillaume au Faucon*.)

Jeter son bonnet par dessus les moulins. (Voy. *bonnet*.)

Jeter le froc aux orties : abandonner la vie religieuse.

Jeter le manche après la cognée.

Jeton, dérivé de *jeter*; anciennement avec le sens de rejeton.

L'usage des jetons remonte au xiv° siècle; on les appela d'abord *getteurs, gettoins*, dont on a fait *jeton* au xvii° siècle.

Il vient de *jeter* dans le sens de compter; on s'en servait, en effet, pour compter.

Les plus anciens portent la date du règne de Charles VII.

On lit sur quelques-uns : gardez-vous de mescompte. *Calculi ad numerandum*.

Qui bien jettera, son compte trouvera.

Aujourd'hui l'usage des jetons pour le calcul est restreint aux tables de jeu.

— Faux comme un jeton. *Distant vera lupinis*. (Horace.)

Jeu, du latin *jocum*; d'où aussi jouer, jouet, etc.

Une distraction, dont les oisifs ont le talent de se faire un travail.

Ne pas marquer au jeu : être capot; bredouille; faire chou blanc; baiser le cul de la vieille. (Voy. *martingale, paroli*.)

Maison de jeu : étouffoir, tripot.

Voleur au jeu : aigrefin, escroc, étouffeur, floueur, frimousseur (qui se donne les figures), grec, pripeur, tricheur, roustisseur.

— Jeu de mains, jeu de vilains.

— Le jeu n'en vaut pas la chandelle.

L'amour du gain prend moins souvent sa source dans l'intérêt que dans l'amour-propre. Gagner, c'est imposer à autrui, c'est faire acte de pouvoir et se donner le droit de mépriser la faiblesse de son adversaire.

— Jeux innocents. (Voy.) Jadis, le jour des Saints Innocents (28 décembre), lorsqu'on pouvait surprendre, au matin, une jeune fille au lit, on se permettait de lui donner des claques sur le derrière, et l'on appelait cela « donner les innocents ».

Marot fait allusion à cette coutume bizarre, dans l'épigramme qui commence ainsi :

> Très chère sœur, si je scavoye où couche
> Votre personne au jour des Innocents;
> De bon matin, j'iroye à vostre couche
> Voir ce gent cors, que j'aime entre cinq cents.

(Voy. *Jeux floraux*.)

Jeudi, provençal *dijous (jovis diem.)*

— La semaine des trois jeudis : jamais.

Rabelais (II, 1) remontant aux origines de Pantagruel, dit qu'il y eut une année « très fertile en nèfles; pendant laquelle le moys de mars faillit en Caresme, et fent la mi-août en may, et fent la sepmaine tant renommée par les annales qu'on nomme la sepmaine des trois jeudys ».

On peut, en quelque sorte, supposer une semaine des trois jeudis. C'est la première de janvier de l'année qui commence un siècle, car le jeudi de cette semaine sera le jeudi de la première semaine du mois, de la première de l'année et de la première du siècle (?).

Jeune, jeunesse ; latin *juvenem* ; provençal *joven*.

C'est l'âge où l'on commence à se rendre utile, à aider son semblable.

— Jeunesse : beauté du diable ; printemps de la vie.

— Les Romains faisaient si grand cas de la jeunesse, qu'ils la prolongeaient au-delà des limites raisonnables.

« Le jeune Crassus », disait Cicéron, de Crassus âgé de 38 ans.

« Un tout jeune homme, *adolescentulus* », dit Salluste, de César à 33 ans.

« Ces jeunes gens », disait Cicéron, de Brutus et de Cassius. Ils avaient 40 ans. (J. Janin.)

— Si jeunesse savait, si vieillesse pouvait.

Le fruit de l'âge mûr dans une fleur de jeunesse. (Pétrarque.)

La jeunesse est une espérance, la vieillesse un regret.

L'expérience acquise à la fin de la vie, et le regret de ne l'avoir pas possédée plus tôt, est un argument en faveur de la *gérontocratie*. C'est la raison du respect que les jeunes gens bien élevés témoignent aux vieillards, et du pouvoir que tous les peuples, toutes les institutions ont accordé aux hommes âgés.

— Le mot « seigneur » et le nom donné aux prêtres dans presque toutes les langues signifient « vieillard ».

— Il faut que jeunesse se passe, et que vieillesse s'en passe.

Jeunesse sensuelle, vieillesse douloureuse.

On paie le soir les folies du matin.

Qui jeune est fol, vieil a le frisson.

> Qui joue des reins en jeunesse,
> Tremble des mains en vieillesse.
> (*Moyen de parvenir.*)

— Avoir son jeune homme : être ivre.

En Alsace on se sert d'un pot de bière contenant quatre canettes, qu'on appelle un *jeune homme*.

Jeûne, dérivé de *jeûner* ; latin *jejunare*.

— Le jeûne consiste proprement à ne faire qu'un repas dans le jour; on y doit joindre l'abstinence, ou abstention des aliments gras.

Double jeûne, double morceau.

Le jeûne, ou la demi-diète, a pour résultat hygiénique d'affamer les organes de la digestion et de les forcer à consommer l'excès de sang et de bile produit par un excès d'aliments gras.

Job, nom biblique : qui gémit.

Pauvre comme Job.

— Job, patriarche iduméen, célèbre par sa patience, vivait vers 1400 avant Jésus-Christ, quelque temps avant Moïse. Dieu, voulant éprouver sa vertu, le soumit à de cruelles épreuves. Il permit à Satan de lui enlever en un seul jour ses enfants et tous ses biens. Il tomba de l'opulence dans une si grande misère qu'il fut réduit, malade, couvert d'ulcères, à faire sa couche d'un tas de fumier. Néanmoins, il n'exhala pas une plainte, et Dieu le récompensa de sa résignation, en lui rendant une famille et des biens doubles de ceux qu'il avait perdus.

— *Job* s'oppose à *Crésus*.

Jobard, de l'ancien français *jobe*, d'origine inconnue.

Niais, homme crédule.

Jobe et *jobelin* ont précédé *jobard*, qui s'est formé du premier, au moyen du suffixe *ard*, lequel ajoute toujours un sens péjoratif.

Jobelin était autrefois l'argot des mendiants, des jobs.

— Battre Job signifie, en argot, faire le niais, feindre des infirmités, comme font les mendiants, pour exciter la pitié publique.

Jockey, mot anglais ; diminutif de *jack*.

Jeune domestique, cocher anglais.

Celui qui monte les chevaux de courses.

Jocrisse, nom d'un personnage de théâtre.

— Jocrisse, qui mène les poules pisser, et les ramène sans...

De tous les oiseaux, il n'y a que l'autruche qui urine.

— Les descendants de Jocrisse sont : Gribouille, Lapalisse, Calino ; mais le plus célèbre de cette famille de queues-rouges, c'est Cadet-Roussel, héros d'une chanson populaire.

Jocrisse-Calino, le type actuel de la niaiserie, disait : « Je vivrais bien tranquille, si j'étais mort. »

Joie, du latin populaire *gaudiam*.

Anciennement, on employait *liesse*, de *lætitiam*.

De joie sont dérivés : joyeux, réjoui, etc.

...La femme se pâmait avec des convulsions atroces, et des ouvertures de mâchoires formidables. On n'a jamais rien vu de si hideux que cette grosse joie de vachère. (O. Feuillet.)

Joie démuselée : rire à gorge déployée.

Joli, anciennement *jolif*, d'où *joliveté*; germanique *jol*, fête. Provençal *pouli*, pour poli.

Le joli est une beauté de second ordre, que quelques esprits chagrins regardent comme le premier degré de la laideur.

Jonc, du latin *juncum*.

D'où joncher, jonchée : une jonchée de cadavres.

Jonc s'appliquant à une famille de végétaux, *joncher* signifia d'abord jeter du jonc, puis des herbes et toute autre chose.

De flors l'enjonchon la via. (Un vieux troubadour.)

Ils lui jonchent de fleurs son chemin.

Josse. Vous êtes orfèvre, monsieur Josse : vos conseils sont dictés par l'intérêt.

Dans l'*Amour médecin*, M. Josse est joaillier. Consulté par Sganarelle sur ce qu'il faut faire pour guérir sa fille, il conseille de lui acheter une belle garniture de diamants, de rubis et d'émeraudes. Il reçoit la réponse devenue proverbe.

Joue, du latin *gavatam*, devenu *gautam* (jatte).

Bourgeoise d'Aubervilliers, les joues lui passent le nez.

Jouer, du latin *jocare*.

Le meilleur coup de dés est de ne pas jouer.

Quand on ne jouerait que la fièvre quarte, tout le monde voudrait gagner.

Je ne joue jamais : je ne suis pas assez riche pour pouvoir perdre, ni assez pauvre pour vouloir gagner.

— Jouer à découvert, opposé à jouer au comptant, c'est spéculer à la Bourse sur des valeurs qu'on n'a réellement pas les moyens d'acheter ni de vendre.

Joueur, dérivé de *jouer*.

Joueur comme les cartes : joueur enragé.

Joueur maladroit : mazette.

...Sa poche est un trésor ;
Sous ses heureuses mains le cuivre devient or.
(Regnard, *le Joueur*.)

Joug, du latin *jugum* (idée de joindre).
Au figuré : servitude.

Jour, du latin *diurnum*.
La transformation de *diurnum* en *jour* s'explique par le caractère du *j*, semi-voyelle, et la chute de *n* final, comme dans *carnem*, *chair*.

On doit aussi à *diurnum* : diurne, diurnal, journal, et l'italien *giorno*, éclairage à giorno.

Uns sols dias me dura cen.
(B. de Ventadour.)

— Le radical *di* est entré dans le nom de tous les jours de la semaine, ainsi que dans *midi*.

— A la Sainte-Luce, le jour croit du saut d'une puce.
A Nau (Noël), du pas d'un gau (coq).
A la Saint-Antoine, d'un pas de moine. (Proverbe berrichon.)
A la Saint-Thomas, les jours sont au plus bas.
A la mi-septembre, les jours et les nuits se ressemblent.
A Saint-Barnabé, les longs jours d'été.

— Indigne de voir le jour. Le maréchal de Boufflers faisait souvent lever plusieurs fois dans une nuit ses aides-de-camp. Une nuit, M. de Louville, très fatigué, refusa de se lever, et, comme on vint lui dire que le maréchal était très irrité contre lui : « Oh ! s'écria-t-il, je ne suis pas digne de voir le jour ; fermez les rideaux ! »

— Les jours se suivent, et ne se ressemblent pas.

— Érasme a traduit ainsi un vers d'Hésiode :

Ipsa dies quandoque parens, quandoque noverca est.

(Le jour est pour nous tantôt une mère, tantôt une marâtre.)

— A chaque jour suffit sa peine. (Mathieu, VI, 24.)

— Les Cent Jours. On a donné ce nom à l'époque historique qui va du 20 mars 1815, date de la rentrée à Paris de Napoléon, au 8 juillet de la même année, que Louis XVIII reprit possession de Paris.

Le jour de cette rentrée, le comte de Chabrol, préfet de la Seine, alla au-devant du roi jusqu'à Saint-Denis, et lui adressa un discours qui commençait ainsi : « Cent jours se sont écoulés depuis que Votre Majesté... »

Tel fut le baptême du gouvernement qui venait de tomber. En réalité, il s'était écoulé cent dix jours.

Journal, du latin *diurnalem* (acta diurna).
Les journaux sont comme l'histoire vivante de l'humanité.

Le mot *journaliste* date de l'Empire. Auparavant, on disait : *gazetier, feuilliste*.

On emploie encore, avec une acception injurieuse, le mot *folliculaire*.

Journalisme est né sous la Restauration ; *feuilletonisme*, avec le premier feuilleton, publié dans la *Presse*, en 1837.

— En 1631, le 30 mai, parut la *Gazette de France* (politique).

En 1665, le *Journal des Savants*.

En 1672, le *Mercure Galant*.

En 1697, le *Mercure de France* (littéraire).

Joute, substantif verbal de *jouter* ; bas-latin *juxtare* ; anciennement *jouxte*, conformément à.

D'où les mots : juste, ajusté, ajustement (?).

Ajouter, mettre bout à bout.

En provençal, la joute s'appelle la *targo*, de *targe*, bouclier.

Jouvence, anciennement *jouvente* ; du latin *juventa*.

— Fontaine de Jouvence.

On voit dans le roman de *Huon de Bordeaux*, que cette fontaine venait du Nil et du Paradis terrestre. Elle avait la propriété merveilleuse de guérir ceux qui buvaient de son eau, et de ramener à l'âge de trente ans les vieillards les plus décrépits.

— D'Herbelot, dans la *Bibliothèque Orientale*, dit que cette fable nous est venue des romans des Orientaux, dans lesquels la fontaine est appelée Elie, ou de l'immortalité.

— On disait de Laferrière, mort à 80 ans, et qui jouait encore les jeunes premiers, qu'il avait été « baptisé à la fontaine de Jouvence ».

Juan (don). Voy. *Lovelace*.

Jubé, mot latin ; impératif du verbe *jubere*, ordonner.

D'où la locution : venir à jubé (se soumettre).

Le jubé est, dans une église, une tribune élevée, d'où le diacre, au commencement des Complies, demande au célébrant sa bénédiction par cette formule : *Jube, Domine, benedicere*.

Jubilé, du latin *jubilare*, de l'hébreu *jobel* (son du cor).

On annonçait, chez les Juifs, cette fête à son de trompe.

Jucher, origine inconnue ; provençal, *s'ajouquar*.

Les volailles se placent pour dormir sur des perches, ou *jucs*. (Voy. *matin*.)

— La commune de Jouques (Bouches-du-Rhône) a des armes

parlantes, qui sont de gueules à un coq d'or à dextre et une poule d'argent à sénestre.

— *Jouques* vient de *s'ajouquar*.

Judaïque, du latin *judaicum*.

La loi judaïque; interprétation judaïque: celle qui s'attache étroitement à la lettre.

Judas, nom évangélique.

Baiser de Judas, c'est-à-dire de traître (Judas vendit son maître).

Juge, du latin *judicem*.

Le juge est une loi parlante, et la loi un juge muet. (Montesquieu.)

Coupable absous, juge coupable.

Il y a autant d'inhumanité à laisser un coupable impuni, qu'à punir un innocent. (Cicéron.)

— Il y a encore des juges à Berlin. Allusion au *Meunier Sans-Souci*, d'Andrieux.

On se sert de cette locution pour menacer de la justice un homme puissant par lequel on est inquiété.

Jugement, dérivé de *juger*.

L'esprit consiste à saisir les ressemblances; le jugement, plus utile, s'applique à trouver les différences. (Locke.)

On est quelquefois un sot avec de l'esprit, on ne l'est jamais avec du jugement. (La Rochefoucauld.)

Le jugement qu'on a en soi n'est pas la justice. Le jugement, c'est le relatif; la justice, c'est l'absolu. Réfléchissez à la différence entre un juge et un juste. (V. Hugo, *l'Homme qui rit*.)

Nos jugements sur autrui sont des plaidoyers en notre faveur.

   Rarement un juge ment
   Quand il rend un jugement.
      (*Complainte de Fualdès*.)

— Jugement qui ne rappelle que de très loin celui de Salomon.

Juger, latin *judicare* (*jus dicere*).

Juger sur l'étiquette du sac; sur les apparences.

Juger d'une chose comme un aveugle des couleurs.

  Grammatici certant, et adhuc sub judice lis est.
      (Horace.)

C'est jugé: la décision est irrévocable.

— *Res judicata pro veritate habetur*: la chose jugée est acceptée comme la vérité même.

Le prononcé d'un jugement s'appelle arrêt, ou verdict (*verum dictum*, la parole vraie qui condamne irrévocablement).

Juif, de *judœum*; anciennement *juieu*. Féminin *juive*.

Enfant de Juda. La tribu de Juda devint la plus considérable des douze tribus de ce peuple, qui porta successivement divers noms : les Hébreux, les Israélites, et enfin les Juifs.

Leur histoire commence à Abraham, 1921 avant Jésus-Christ, et se termine sous Adrien, qui les dispersa l'an 135 de notre ère.

Depuis lors, ils sont répandus sur toute la surface du globe.

Juif-Errant. Personnage légendaire, condamné à marcher jusqu'à la fin des siècles, en punition de ce qu'il empêcha Jésus-Christ de se reposer, lorsqu'il portait sa croix.

C'est une allégorie qui représente la nation juive dispersée dans le monde entier.

— C'est un juif-errant, c'est-à-dire un homme qui voyage beaucoup, qui ne peut rester en place.

Juillet, du latin *Julium*, avec l'influence du mot *juin*. Ancien français, *jugnet*.

— On donna le nom de Jules César à ce mois, qui s'appelait auparavant *Quintilis* (le 5e), car l'année romaine commençait le 1er mars. C'est pour cela que nos quatre derniers mois, 9e à 12e, portent les noms de septembre-décembre (7e à 10e).

Juin, du latin *junium*, de *Juno* (?).

Juin doit son nom à Junon, dont on célébrait à Rome une fête le 1er juin.

Au livre V des *Fastes*, Ovide fait dire à cette déesse :

Junius a nostro nomine nomen habet.

— On a aussi dérivé ce mot de *juniores*, mois consacré à la Jeunesse ; comme mai, de *majores*.

— Juin, juillet, août, ni femme, ni chou.

A cause des chaleurs de cette saison, et parce que les choux ne viennent qu'en hiver (?).

Julien. L'hospitalité de saint Julien : un bon gîte.

Saint Julien, qui avait fait vœu de recevoir chez lui tous les passants, et qui a mérité le surnom d'Hospitalier, est devenu le patron des voyageurs.

— Convier quelqu'un, c'est se charger de son bonheur pendant tout le temps qu'il est sous notre toit. (Brillat-Savarin.)

Jumeau, du latin *gemellum* ; anciennement *gémeau*.
Son frère jumeau, sa sœur jumelle.
En Provence : *besson*.

Jurande, dérivé de *jurer* (*jurare*.)
Charge des anciens jurés. Ouvriers des corporations qui avaient fait les serments prescrits par la maîtrise, et veillaient à l'observation des statuts.

Jurer, latin *jurare* ; rattaché à la racine *ju*, lier.
Prendre, par serment, Dieu, ou quelqu'un, ou quelque chose, à témoin.
D'où : jurement, juron.

Jurare in verba magistri.
(Horace.)

Jurer sur la parole du maître.
— Jurer ses grands dieux ; jurer par le Styx, serment fatal, inéluctable.
— Vous ne jurerez pas le saint nom de Dieu. (Écriture.)
— Les peines terribles infligées autrefois aux blasphémateurs ont donné lieu à une foule de jurons déguisés : cadédis, parbleu, etc.
— Jurer entre cuir et chair (*Dictionnaire des Précieuses*) : sans oser s'emporter.
— Sac... mille tonnerres ! est une formule hygiénique, qui donne issue à la colère, et lui permet d'exhaler l'excès d'énergie. C'est un soulagement analogue à celui du *ahan* que poussent les geindres et les bûcherons.
La réduplication de l'r, la plus rude de l'alphabet, et une sorte d'onomatopée, dans *tonnerre*, produit l'effet de la foudre, qui, en éclatant pendant l'orage, ramène le calme et le beau temps.
— Par la reine des andouilles ! (Rabelais.)
Je veux que l'arc-en-ciel me serve de cravate !
— Bagasso ! juron provençal.
Bigre ! interjection de dépit, adoucissement de *bougre*.
Ah ! bigre ! se dit comme : Ah ! diable.
Mille bombes !
Cadédis ! cap de bious ! (Rabelais.) Juron gascon : tête-Dieu.
Caramba ! juron espagnol, exclamation d'admiration, d'étonnement, de surprise... selon l'intonation.
Dame ! trédame ! abréviation pour Dame Dieu (Seigneur Dieu).
Par tous les diables ! (Rabelais.)

De par cinq cent mille et millions de charretées de diables ! (Rabelais.)

Diantre ! forme adoucie de diable : le diantre emporte ! (*Moyen de parvenir.*)

Mon Dieu ! que Dieu m'aide !

Par Dieu !

Aydez-moy, de par Dieu ! puisque de par l'autre ne voulez. (Rabelais.) *Par l'autre* désigne le diable. Au rebours, dans la *Farce de Patelin*, Guillemette dit au drapier :

> Allez-vous-en de par le diable !
> Puisque de par Dieu ne peut estre...

C'est l'idée du vers de Virgile (*Énéide VII*) :

> Flectere si nequeo Superos, Acheronta movebo.

Peste Dieu ! juron de Bayard.

Les chrétiens jurent par leur foi. Ma foi ! Par ma foi !

Que le feu saint Antoine arde le boyau culier !... (Rabelais.)

Fichtre ! que la foudre m'écrase !

Goddam ! que Dieu me damne ! juron anglais.

Par saint Gris ! par le saint Graal ! (Rabelais.)

Jarnidieu ! jarnicoton ! (Voy.)

Jour de Dieu !

Par sainte Mamye (Rabelais) mon amie ! (la Vierge.)

Par sainte Marie la gente. (Rabelais.)

Mordieu ! morbleu ! mordienne ! (par la mort de Dieu !)

Nom d'un chien ! On dit aussi : mâtin !

Palsambleu, par le sang de Dieu !

Pâques de Soles (Rabelais) : Pâques de dimanche, jour plus solennel que Pâques du lundi ou du mardi, car cette fête durait trois jours.

— Peste ! malepeste !

Sabre de bois ! sac à papier !

Sacredieu ! sacrebleu ! sacrelotte ! sacristi !

Sacré nom... ! sont des jurons qui expriment tour à tour la colère, la surprise, la joie, etc.

— Sacré chien ! est une antiphrase, comme « une bonne fièvre », comme *auri sacra fames*, de Virgile, qui signifie : désir exécrable de l'or. Les Gaulois, qui avaient emprunté aux Latins cette expression, avec sa signification détournée, disaient pour maudire quelqu'un : *sacer esto*.

On dit aussi : crebleu !...

On prenait autrefois Dieu et les choses à témoin.

Sacré nom d'un petit bonhomme ! s'adresse à l'enfant Jésus.

Aujourd'hui, on prononce ces jurons à tort et à travers, sans penser à leur signification primitive, et sans intention de blasphémer. (L. Larchey.)

Tron de Diou ! juron provençal. (Tonnerre de Dieu ! ou trône de Dieu !) *Ego dico vobis non jurare, neque per cœlum, quia est thronus Dei.* (Mathieu, XXIV.)

Saperlotte ! et son diminutif saperlipopette !

Ventre saint Gris ! (Voy. *gris.*)

Ventrebleu ! (pour Dieu.)

Ventre de biche !

Ventre saint Antoine ! (Rabelais.)

Ventre saint Jacques ! que boyrons-nous ? (Rabelais, I, 27.) Allusion à la gourde des pèlerins de saint Jacques.

Vertubleu ! — Vert et bleu, dit Épistémon. (Rabelais, III, 17.) Le même auteur donne *vertubieu* et *vertubœuf.*

— L'ancien français, après avoir employé les expressions : par Dieu ! mort Dieu ! etc., les changea en : parbleu ! morbleu !

L'habitude invétérée des jurements amena ces modifications par crainte des peines portées contre ceux qui juraient le nom de Dieu. (Cf. Raynouard, *Lexique roman.*)

— Brantôme a fait le quatrain suivant sur les jurons des rois de France :

> Quand Pâsques-Dieu (Louis XI) décéda,
> Par le jour-Dieu (Charles VIII) lui succéda,
> Diable m'emporte (Louis XII) s'en tint près,
> Foi de gentilhomme (François Iᵉʳ) vint après.

— Jurer comme un païen.

Per Bacco ! (italien : par Bacchus, jurement transmis par les Latins.)

Me Castor ! par Castor : jurement des femmes romaines.

Per deos ! par les dieux. (Cicéron.)

Me Hercule ! par Hercule ! (Térence.)

Pol ! (Horace). *Œdepol !* par Pollux, par le temple de Pollux.

Eliogabale jurait : *Per testiculos Veneris !*

Jusque, adverbe ; du latin *deusque.*

Sa forme ancienne est *dusque.*

De s'ajoutait souvent devant les prépositions ou adverbes classiques. Il en est résulté parfois un *j*.

Juste, du latin *justum* (*jus*, droit.)
On se lassera d'entendre appeler le Juste, cet Aristide.

Justice, du latin *justitium*.

— Le Palais de justice s'appelle « temple de Thémis », ou « de la Loi », car *Thémis*, en grec, signifie *droit*.

— Le Christ en croix, placé dans les salles où l'on juge, semble protester contre la justice humaine. Il faudrait changer de place cette image, et la mettre sous les yeux des juges, plutôt que sous ceux de l'accusé. Ce n'est pas une leçon utile pour eux, que l'emblème d'un innocent assassiné, dont le sang crie encore. (C. Nodier.)

— Henri IV gémissait des abus de la magistrature, et disait : « Que ne puis-je changer les fleurs de lys semées sur le siège des juges qui se laissent corrompre, en autant de clous aigus et de rasoirs tranchants ! »

— Rabelais (V, 2) représente la Justice sous les traits d'une vieille femme tenant à la main droite une faucille, en guise d'épée, et à la gauche des balances dont les plateaux sont des gibecières. « Tel est le pourtraict de la justice grippeminaudière. »

— On dit : rendre la justice et rendre justice ; juger et être juste. Si on la rend, c'est qu'on la doit.
On dit aussi : rendre une loi, un arrêt, une ordonnance ; rendre ses devoirs ; rendre les honneurs à qui de droit.

— Rendre un service, lorsqu'il s'agit d'obliger quelqu'un à qui on ne doit rien, s'explique par la loi chrétienne, qui prescrit d'obliger son semblable. C'est ce que la morale appelle un devoir de charité.

— La justice à la turque. Voilà deux mots qui jurent de se voir accouplés : en Turquie, la justice, c'est l'arbitraire le plus absolu.

— Être sous la main de la justice. Le symbole appelé « main de justice » est une main gauche ayant les doigts étendus. (Ici, l'expression signifie simplement : au pouvoir de...)
On lit dans la description de la fête d'Isis par Apulée (*Métamorphose*, livre X) : « Un quatrième portait le symbole de la Justice. C'était une main gauche toute grande ouverte, laquelle étant moins alerte et moins agissante que la droite, n'en est que plus propre à caractériser la Justice. »

— L'extrême justice est une extrême injustice.
Summum jus, summa injuria. (Cicéron, *Offices*, I, 10.)

Summum jus, summa crux. (Columelle.)

Jus summum, sæpe summa est malitia.
(Isénard.)

Une extrême justice est souvent une injure.
(Racine, *Thébaïde*, IV, 3.)

— La justice ne doit pas être trop sévère : elle doit tenir compte des faiblesses de l'homme.

La civilisation moderne tend à *humaniser* la société, et, si l'on n'a pas encore aboli la peine de mort, en France, on ne l'applique que rarement.

— Lit de justice. Séance du Parlement où le roi était assis sur un siège surmonté d'un dais, qui s'appelait « lit ».

K

K. Cette lettre est souvent l'équivalent de *c* dur et de *q*.

Keepsake (prononcez *kip-seke*) *to keep*, garder, *sake*, affection. Littéralement : souvenir d'amitié.

Album contenant des dessins, des gravures fines.

Knout, mot russe : supplice du fouet.

Le knout, ou fouet qui sert à appliquer les châtiments corporels, en Russie, est une longue et étroite lanière de cuir, recuite dans une essence et fortement enduite de limaille métallique.

Ainsi préparée, la lanière acquiert une pesanteur et une rigidité très grandes. Ses bords, amincis à dessein, sont repliés en cornières et conservent cette forme en séchant. L'extrémité de la lanière reste souple pour s'enrouler autour du poignet du bourreau. A l'autre bout est fixé un crochet de fer.

Le knout tombe sur le dos du patient du côté concave, et les bords amincis de la rainure coupent les chairs. L'exécuteur ne la relève pas, mais la retire horizontalement, ramenant, au moyen du crochet et par longues bandelettes, les parties détachées de la peau humaine.

Le supplicié perd connaissance au troisième coup, et quelquefois expire dès le cinquième.

Un ukase de Pierre-le-Grand a fixé le maximum des coups à cent un, et le nombre doit toujours être impair.

Après avoir reçu le knout, le patient doit subir le supplice de la marque. Ce sont les lettres вор. (voleur, malfaiteur), taillées en pointes de fer sur un cachet, que le bourreau lui enfonce dans le front et dans les deux joues.

Pendant que le sang coule, on enduit les plaies d'une essence noire dans la composition de laquelle entre de la poudre de chasse.

Ces plaies guéries, la marque prend une teinte bleuâtre qui reste toute la vie. (J. Klaczko, Polonais déporté en Sibérie, *Revue des Deux-Mondes*, 1862.)

Kyrielle, du grec *Kyrie*, Seigneur.

Kyrie eleison, premier mot d'une prière qu'on chante plusieurs fois de suite à la messe : Seigneur ayez pitié.

— *Kyrielle*, qui a signifié d'abord *litanie*, sert aujourd'hui à désigner une longue suite de choses ennuyeuses et monotones, comme est le bourdonnement des litanies.

Une kyrielle de reproches.

Se rapproche souvent comme sens de : ribambelle, ritournelle, séquelle.

(Voy. *litanies, rengaine, scie*.)

L

La, article et pronom féminin ; du latin *illam*.

— Sert, dans certaines provinces, à désigner une femme de condition inférieure, tandis qu'on réserve les noms de « dame » et « demoiselle » pour les femmes de condition élevée : la Jeanne, la Catherine.

Les femmes mariées sont désignées par le nom de leur mari avec une désinence féminine : la Peirole, la femme de Peirol.

— L'article *le* ne s'emploie pas ainsi ; mais on l'emploie souvent devant « homme », pour appeler quelqu'un dont on ignore le nom : Eh ! l'homme ! indiquez-moi mon chemin.

— *La*, devant un nom de saint, suppose l'ellipse des mots *fête de* : la Saint-Michel, la Sainte-Marie.

Labyrinthe, du grec *labyrinthos*. (Voy. *Dédale*.)

Nom donné au palais construit par Dédale, en Crète.

— Il est fait mention de trois autres Labyrinthes : celui

d'Égypte, celui de Lemnos, et celui que Porsenna, roi d'Étrurie, fit construire pour lui servir de tombeau.

Lâche, adjectif verbal de *lâcher*; latin *laxare*, devenu *lascare*.

Synonymes : caner, faire le plongeon comme la cane (argot); avoir la cagne (locution provenant du vieux mot *cagne*, mauvaise chienne); saigner du nez.

X... a l'âme d'un lâche, et l'esprit d'un sycophante.

Laconisme, du grec *laconismos*, manière de parler des Laconiens. Langage concis, propre aux Lacédémoniens.

Exemples : Léonidas répond à Xerxès qui lui demandait de rendre les armes : « Viens les prendre. »

Une mère spartiate, en remettant le bouclier à son fils, lui dit ces deux mots : « Dessus ou dessous ! »

On peut citer encore le mot de César : « *Veni, vidi, vici.* »

La réponse du dernier général des jésuites : « *Sint ut sunt, aut non sint.* »

Faut-il rappeler le mot de Cambronne?

L'ambassadeur d'une île de l'Archipel fut envoyé à Sparte pour obtenir des secours pendant une famine. Il fit une longue harangue, et les Spartiates le renvoyèrent, en disant : « Nous n'avons rien compris à votre discours, et quand vous avez terminé, nous avions oublié le début. » Un autre envoyé fut plus concis. Ouvrant un sac devant l'assemblée, il ne dit que ces mots : « Il est vide, remplissez-le. » On le renvoya avec des provisions, lui faisant toutefois remarquer qu'il eût dû se contenter de montrer son sac vide.

« Serrez! serrez votre discours, disait un président à un avocat. — Je ne puis cependant pas, reprit-il, me borner à dire au tribunal : Moi raison, lui tort, vous bons juges. »

— Le laconisme est fréquent dans les proverbes, les devises d'armoiries, les inscriptions monumentales.

L'écueil de ce style est l'obscurité. (Voy. *bref, concis.*)

Lacs, du latin *laqueus*, filet, piège. Radical *lacere*, prendre par artifice.

Le diminutif est *lacet*.

En provençal, on désigne sous le nom de *lèque* un piège à prendre les oiseaux.

Lacune, latin *lacunam*, fosse; d'où vient aussi, par l'italien, *lagune*.

Lacustre, mot forgé par les savants, sur *lac*.

Cités lacustres : bâties sur pilotis à quelque distance de la rive des lacs, par des populations qui ont précédé les Celtes. On en trouve des traces en Savoie et en Suisse.

Ladre, autre forme de *Lazare* (*Lazarum*).

Personnage de l'Évangile, tout couvert d'ulcères.

Son nom a désigné, au Moyen-Âge, les lépreux. D'où le nom de *ladreries* donné aux léproseries.

— Dans le sens d'*avare*, il indiquerait que l'avarice est une lèpre morale.

> Car enfin en vrai ladre il a toujours vécu ;
> Il se ferait fesser pour moins d'un quart d'écu.
> (Molière, *Étourdi*, I, 2.)

Lady, titre qu'autrefois on ne donnait, en Angleterre, qu'aux femmes des lords et des baronnets, mais qui s'applique aujourd'hui à toutes les dames de la bonne société.

Lætare, mot latin : réjouis-toi.

Le quatrième dimanche de Carême est ainsi désigné des mots *Lætare Jerusalem*, qui sont les premiers de l'introït de la messe du jour.

Fête canonique instituée par Grégoire XIII.

Elle a été inspirée par une homélie que fit Innocent III pour préparer les fidèles à la joie universelle que doit faire naître la fête de Pâques.

— Des esprits accommodants ont traduit ce mot littéralement et en ont pris prétexte pour célébrer la mi-carême bien autrement que par des réjouissances religieuses.

— Un auteur qui ignorait sans doute la véritable origine, a écrit cette boutade humoristique :

« Le nom de cette fête signifie-t-il qu'il faut se réjouir ce jour-là, sous peine de manquer à ses devoirs de chrétien ? Je serais tenté de le croire, car Grégoire XIII s'appelait *buon compagnone*, nom assez jovial ; et c'est peut-être de lui que la chanson dit :

> Moi, je pense comme Grégoire :
> J'aime mieux boire.

Lætare ! voilà un impertinent impératif. Cela ressemble assez aux ordres de Schahabaham, dans l'*Ours et le Pacha*, de Scribe (Sc. VIII), où Schahabaham dit : « Ainsi donc, il est censé que nous sommes ici pour nous amuser ; en conséquence, je déclare que le premier qui ne s'amusera pas, sera empalé tout de suite. »

— À Rome, le jour de *Lætare* s'appelle le « Dimanche de la

Rose », parce que le pape porte, à l'office, une rose d'or à la main. Après la messe, il l'envoie à un personnage de son choix, recommandable par ses vertus exemplaires.

En 1868, la rose d'or fut envoyée à la reine d'Espagne Isabelle, qui perdit son trône en septembre de la même année.

Les Romains célébraient les *Hilaria* (les Joyeuses), fêtes de Cybèle, qui répondaient à nos *jours gras*. (Voy. *jubilé*.)

Lai, anciennement *laïc*; du latin *laïcum* (du peuple, du monde).

— Frère lai, religieux séculier, opposé à *régulier*. Il n'est pas dans les ordres.

Les frères lais faisaient seulement vœu de stabilité et d'obéissance. C'étaient ordinairement des soldats invalides, que le roi plaçait dans des abbayes pour y être entretenus. (Voy. *ordre*.)

— *Lai*, kymrique, *llais*, mélodie. Petit poème, au Moyen-Age.

Laid, du vieil allemand *leid*, désagréable, plutôt que de *læsus*, endommagé.

Laid comme une chenille, ...comme un marsouin, ...comme un pou, ...comme un singe, ...comme le péché mortel.

— On dit d'un homme laid : fait avec les rognures de l'Apollon, ...fait à coup de serpe, ...digne des pinceaux de Courbet.

Gaillargue disait de Pellisson qu'il abusait de la permission qu'ont les hommes d'être laids. (Sévigné.)

— On dit d'une femme laide, que c'est un remède d'amour; qu'elle est faite à mâchicoulis, le haut défendant le bas.

Les Précieuses ont dit : belle à faire peur.

— Pour protéger l'honneur des femmes, un peu de laideur vaut mieux que beaucoup de vertu.

La décence commence où finit la beauté. (A. Karr.)

Il y a en Angleterre des vieilles filles intrépides, qui font seules leur tour d'Europe, sous la triple garde de leurs cheveux gris, de leurs bésicles et de leurs quarante ans.

— On a dit : « Il n'y a pas de laides amours, car la beauté, la grâce, l'esprit et toutes les charmantes vertus du cœur, sont, aussi bien que la beauté physique, de puissants attraits. »

Les qualités du cœur rachetaient sa laideur, et, à cause de sa bonté, on lui donnait volontiers quittance de son visage. (H. Beyle.)

Laideur, dérivé du précédent.

Laideur repoussante, indécente. (Th. Gautier.)

Indecens nasus. (Martial.)

Indecenter luscu. (Id.)

M. et Mme X... forment un couple tellement laid, qu'on se demande avec stupeur, en les voyant, lequel des deux a commencé.

— La laideur est une mauvaise recommandation.

Philopœmen, étant général des Achéens, arriva seul, sous un costume très simple, dans une maison de Mégare, qu'on avait préparée pour le recevoir. L'hôtesse, l'ayant pris pour un valet, l'occupa à fendre du bois. Quand ses lieutenants arrivèrent : « Vous voyez, leur dit-il, je paie l'intérêt de ma mauvaise mine. »

Laie, de *leda, leia*; en flamand *leyde*, voie, passage, route forestière.

Layer des bois a signifié y tracer des routes.

Saint-Germain-en-Laye signifie Saint-Germain en forêt.

Laine, du latin *lanam*.

Se laisser manger la laine sur le dos : souffrir tout sans se défendre, comme les brebis qui se laissent enlever la laine par les corbeaux.

— Ton manteau est mangé aux vers, tu ne l'as donc pas porté?
— Si, je l'ai porté... au Mont-de-Piété; et, si je l'avais gardé, cela ne me serait pas arrivé, car je ne me laisse jamais manger la laine sur le dos. (Burlesque.)

Laise, ancienne mesure de longueur. (Voy. *lé*.)

Six arpens de prés à la grande laise. (Rabelais, II, 12.)

Laisser, du latin *laxare*, devenu *lascare*.

Lâcher, abandonner les rênes ou la corde qui tient les chiens.

Lait. Les Chinois l'appellent sang blanc.

Lambin, peut-être du nom de Denis Lambin? (XVIe siècle).

Ce savant, auteur d'un *Commentaire sur Horace*, était professeur au Collège de France, réputé pour sa lenteur. Ses ouvrages sont d'une lecture fatigante.

De Cailly a ainsi traduit une épigramme de Martial à propos d'un barbier :

> Lambin, mon barbier et le vôtre,
> Rase avec tant de gravité
> Que tandis qu'il rase un côté,
> La barbe repousse de l'autre.

— Lambiner, faire une chose lentement, lanterner, lantiponer.

Lame, du latin *laminam*.

La lame use le fourreau. Au figuré, cela signifie que le travail excessif de l'esprit épuise le corps. L'esprit et la matière doivent, en effet, agir chacun à son tour, pour qu'aucune faculté de la vie ne soit absorbée.

Chez certains lymphatiques, c'est, au contraire, le fourreau qui use la lame.

Lamie, du latin *lamiam*.

Monstres mystérieux, à qui les anciens donnaient des formes changeantes.

On représente d'ordinaire les lamies avec un buste de femme et un corps de serpent. Elles se montraient sous la forme séduisante d'une belle femme, pour attirer les jeunes gens, qu'elles tuaient, et dont elles buvaient le sang.

Land. Radical tiré d'un mot allemand, signifiant terre, pays.

De là : Landes, landgrave (seigneur d'une terre), lansquenet (valet d'une terre), landman (campagnard), Irlande (terre d'Érin).

De là aussi le provençal *landar*, courir.

Landerneau, nom géographique.

Il y aura du bruit dans Landerneau ! Cancans de petite ville.

Cette locution ironique est tirée de la pièce d'Alexandre Duval, *les Héritiers* (scène 18), dont l'action se passe à Landerneau. La phrase s'y reproduit plusieurs fois avec un effet comique, par l'organe du domestique Alain : « Oh ! le bon tour ! je ne dirai rien ; mais cela fera du bruit dans Landerneau. »

Quant à la « lune de Landerneau », c'était un grand disque de cuivre, représentant la lune, qui se trouvait au haut du clocher de l'église de Saint-Houardon.

Landier, origine inconnue ; autrefois *andier*.

On a dit landier à chenet, pour landier orné de têtes de petits chiens (grand chenet de fer qui sert de support aux broches).

Landore, qui se trouve dans Rabelais, avec le sens de fainéant, semble venir de *landier*. Celui qui ne quitte jamais le coin du feu.

Langage, dérivé de *langue* ; latin *linguam*.

Le langage des dieux : la poésie.

> Moi, qui parle si bien le langage des dieux.
> (Poisson.)

> Le langage des yeux
> Est un charmant langage,
> Et le seul dont l'usage
> Est de mode en tous lieux.
> (La Suze, *Poésies*.)

Langue. L'interprète de l'âme (*Dictionnaire des Précieuses*).

Une langue est une végétation lente, fécondée par le temps et le génie des nations, et se rattachant à une souche antique, dont elle est comme un rameau.

— Les langues anciennes, appelées langues mortes, sont les langues immortelles.

— Le besoin crée les langues, le temps les forme, le talent les perfectionne, le génie les fixe. (Roquefort.)

— La langue française, au Moyen-Age, était divisée en : langue d'*oc*, au sud de la Loire, et langue d'*oïl*, au nord ; ainsi nommées des mots qui marquent l'affirmation dans chacune. Elles eurent l'une et l'autre une littérature : celle des *troubadours* et celle des *trouvères*.

La langue française moderne est formée d'un mélange équilibré d'assez de consonnes pour être prononcées par les peuples du Nord, et d'assez de voyelles pour être prononcées par les peuples du Midi, ce qui en fait un instrument merveilleux de civilisation et de vulgarisation du progrès.

— Langue de vipère : méchante langue.

Un coup de langue est pire qu'un coup de lance.

Un auteur satirique s'empoisonna. « Il s'est sans doute mordu la langue », dit un plaisant.

— Il faut tourner sept fois sa langue dans sa bouche avant de parler.

Parler sans penser, c'est tirer sans viser.

Pensez deux fois avant de parler, vous en parlerez deux fois mieux. (Proverbe oriental.)

— Il passe son temps à regarder sa langue : se croit bien malade.

— Jeter sa langue aux chiens : renoncer à deviner une chose.

— Langue d'État.

Les Romains, après leurs conquêtes, imposaient aux provinces l'usage du latin pour les actes publics, parce que les idiomes des différents peuples étaient trop nombreux pour que les ordres de Rome fussent compris.

Après la chute de l'Empire, les divers souverains qui s'en partagèrent les lambeaux, faisaient rédiger les actes publics en latin. Cet usage continua jusqu'à François Ier.

Lorsque Charles-Quint, en 1516, réunit sur sa tête toutes les couronnes de l'Espagne unifiée, il trouva le castillan tout formé et le choisit comme langue officielle.

En Italie, de nombreux dialectes divisaient le pays en petites fractions, qui rendaient les relations difficiles, lorsqu'en 1582, fut créée, à Florence, l'Académie de la Crusca, qui publia la première édition de son Dictionnaire en 1612.

Dante avait dit que « pour donner à l'Italie une langue vulgaire illustre, il fallait un crible où l'on jetterait les mots, afin de ne retenir que les plus nobles ». Cette idée fut fécondée par les académiciens de la Crusca, qui prirent pour devise un bluteau, avec ces mots: *Il più bel fior ne coglie.* (J'en cueille la plus belle fleur.)

Cette Académie est, par ordre de date, la troisième en Europe.

C'est ainsi que la langue florentine devint la langue vulgaire de l'Italie.

En France, la langue, perfectionnée par d'illustres écrivains, fut fixée (?) par l'Académie et les Précieuses de Rambouillet, qui s'occupèrent pendant trente ans de la purifier. L'idiome de Paris devint la langue française, qui, par sa clarté, est la langue universelle et l'organe diplomatique du monde entier.

— Langues irrégulières. (Voy. *argot, franque, macaronique.*)

Lanlaire. Allez vous faire... lanlaire!

Un jour, le cardinal Dubois, ennuyé des obsessions de la princesse d'Auvergne, oublia sa dignité et le rang de la solliciteuse jusqu'à l'envoyer se faire...

Elle courut se plaindre au Régent, qui lui répondit: « Eh! madame, le cardinal est quelquefois de bon conseil. »

(Voy. *au diable ! paître, patafiole, promener.*)

Lanterne, du latin *laternam,* devenu *lanternam;* du verbe *latere,* être caché, parce que la lumière est comme cachée dans une boîte transparente.

Somaise le dérive de *lata,* puisqu'on la porte.

Pezron le fait venir du celtique *latern,* lumière.

— Prendre des vessies pour des lanternes : se tromper grossièrement.

> Me voulez-vous faire entendant
> De vessies qui sont lanternes ?
>
> (*Farce de Patelin.*)

Le marquis de Bièvre dit, en parlant du chirurgien Daran, inventeur des sondes, dites bougies, qu'on introduit dans la vessie:

« Cet homme prend les vessies pour des lanternes. »

Martial (liv. XIV, ép. 61, *la Lanterne et la Vessie*), fait dire à celle-ci :

> *Cornea si non sum, numquid sum fuscior, aut me*
> *Vesicam contra qui venit, esse putat ?*

(Pour n'être pas de corne, en suis-je plus obscure, et celui qui vient à moi me prend-il pour une vessie ?)

Ce qui montre qu'autrefois les vessies ont servi à faire des lanternes.

Lanterner, dérivé de *lanterne*.
Tarder, différer, être lent ou lambin.

> Ah ! c'est trop lanterner, je veux qu'on me le die.
> (Scarron, *Jodelet duelliste*.)

— Le Concile de Trente fut assemblé pour la réformation de la discipline et des mœurs. Rabelais (IV, 5) appelle ce Concile le « pays des Lanternois », et « lanternes » les prélats et théologiens qui composaient l'assemblée.

Au lieu d'éclairer les peuples, comme leur mission semblait les y obliger, ils consacraient beaucoup de temps à *lanterner*, et ne remplirent qu'imparfaitement leur mandat.

— Les *lanternistes* étaient des académiciens de Toulouse, qui s'assemblaient de nuit aux lanternes.

Lantiponner, origine inconnue.
Synonyme de *lanterner* et de *lambiner*.
Eh ! tétigué ! ne lantiponnez pas davantage. (Molière, *Médecin*.)

Lantimèche, pour l'*anti-mèche*.
Allumeur de réverbères à gaz, qui n'use pas de mèches.

Lanturlu. Refrain d'une chanson du temps de Richelieu.
Signifie un refus, une réponse évasive.
Je lui parle d'affaires sérieuses ; il me répond lanturlu.

Laquais ; espagnol *lacayo*, d'origine incertaine.
Domestique à gages.

> Je l'ai connu laquais, avant qu'il fût commis.
> (Boileau.)

Du temps de Henri IV, on les appelait *naquets*, puis *laquets*.

Lares (les dieux) : du latin *larem*.

> Des lares paternels un jour se trouva soûl.
> (La Fontaine.)

Large, du latin *largum*, abondant.

Au figuré, celui qui donne beaucoup, fait des largesses.

— Large... des épaules : chiche, avare. (Équivoque sur les deux sens de *large*.)

Large donare (Cicéron) : donner généreusement.

Larigot (boire à tire) ; du grec *laruggos*, gosier (?).

Ancienne flûte ou flageolet, qu'imite un des registres de l'orgue, dit : jeu de larigot.

> Si bien que le grand Polyphème,
> Buvant à tire larigot...
> (Scarron, *Virgile travesti*.)

> ...Margot,
> Qui fait danser ses bœufs au son de larigot.
> (Ronsard, *Églogue des Pasteurs*.)

Boire à tire larigot serait donc boire comme un joueur de flûte.

— D'après d'autres étymologistes, Odon Rigaud, 36e archevêque de Rouen, mort en 1257, laissa à son église de quoi faire une cloche, à laquelle on donna son nom. Cette cloche étant très lourde, les sonneurs avaient beaucoup de peine à la tirer, et s'abreuvaient abondamment. D'où : boire à tire la Rigaud.

— Rabelais donne l'étymologie burlesque que voici : « Après que Clovis eut vaincu Alaric, roi des Goths, les Francs, pour se réjouir, buvaient en disant : Je bé a ti, ro Alaric Goth. » (Je bois à toi, roi Alaric Goth.)

Larme, du latin *lacrymam*.

Bouillon d'enterrement.

La dernière chose que versent les actionnaires. (Robert Macaire.)

Les larmes sont filles de la douleur et de la joie. (*Précieuses*.)

Les larmes sont la rosée du cœur.

Verser des torrents de larmes, fondre en larmes.

> *Effluere in lacrymas.*
> (Lucrèce.)

> *Lacrymas effundere.*
> (Lucrèce.)

> *It lacrimans, guttisque humectat grandibus ora.*
> (Virgile.)

Je lisais cela dans mon bain, et l'émotion fut telle, et je me mis à pleurer si fort, que je craignis de faire déborder ma baignoire. (Villemessant.)

Les larmes perdent de leur amertume, dès que l'amitié les essuie. (Le Brun.)

Ne faites pas couler les larmes : Dieu les compte. (Rollin.)
(Voy. larmes de *crocodile*.)

— Verser de douces larmes. Cette locution, quoique française, est affectée et fausse, au propre comme au figuré. Les anciens donnaient aux larmes les épithètes d'amères et de salées ; mais des « larmes douces » est presque aussi niais que des « larmes sucrées ». Les « douces larmes » sont de fausses larmes, des larmes hypocrites, qui ne sauraient venir du cœur.

Nota. — Que dire alors du sourire sous les larmes, *dakruoen gelasasa* d'Homère ?

Larmier, dérivé de *larme*. Terme d'architecture.
Petite corniche en saillie au haut d'un édifice, pour préserver les murs de la chute des eaux pluviales.

Larron, du latin *latronem*, qui, à l'origine, a signifié soldat, satellite, garde du corps, *laterensis*.
La licence des troupes indisciplinées et l'abus qu'elles firent de leurs armes aux époques barbares, ont fait passer *latro* de ce sens primitif à celui de voleur, malfaiteur ; de même que *latrocinium* a donné *larcin*.
(Voy. *brigand, ogre, pandour, ribaud*.)

— C'est le Christ entre deux larrons. (Voy. Luc, XXXIII.)
Un homme près de mourir dit à deux procureurs qui étaient près de lui : « Placez-vous l'un à ma droite et l'autre à ma gauche : que je meure comme Notre Seigneur Jésus-Christ, entre deux larrons. »

— S'entendre comme larrons en foire : être d'intelligence pour faire le mal.

Elles s'entendent mieux que deux larrons en foire.
(Boss-Rousur, *la Belle Plaideuse*.)

Ils s'entendent tous deux comme larrons en foire...
(Molière, *Dépit*, III, 8.)

Lascar, matelot de race indienne, qui navigue sur des bâtiments européens.

Latere (a), du côté. Expression latine.
Le légat *a latere*, cardinal qui quitte la place qu'il occupait auprès du pape, pour aller remplir une mission extraordinaire. (Cf. *collatéral*).

Latin (*latinum*.)
Le latin des auteurs classiques était, en quelque sorte, une langue aristocratique, qui ne se parlait qu'à Rome. Son origine et son

génie étaient grecs, comme les fondateurs de Rome. Primitivement composée du grec et des nombreux éléments italiens, sabins, toscans, etc., elle resta imparfaite et à demi barbare jusqu'à Plaute, mort en 183 avant Jésus-Christ.

La langue grammaticale de Rome fut ébauchée par Plaute, et fixée, dans ses règles essentielles, un quart de siècle plus tard, par Térence.

On peut dire que Plaute fut le Ronsard de la langue latine, et que Térence en fut le Malherbe, dit Granier de Cassagnac. (*Histoire des Origines de la langue française*, ch. II, p. 446.)

Plaute et Térence ferment la période du vieux latin, qui avait été sans vocabulaire fixe et sans grammaire bien déterminée.

Peu après, les rhéteurs grecs donnèrent l'impulsion aux études littéraires à Rome, et le mouvement s'accéléra pour arriver au grand siècle, où la langue romaine atteignit son apogée. Il faut le compter de la mort de Sylla à la mort d'Auguste.

Le latin littéraire était destiné à disparaître, parce qu'il était devenu une langue étrangère aux populations de l'Italie. On y avait introduit récemment près de 3.000 mots grecs, et l'on sait qu'une langue, même littéraire, n'a guère que 5 à 6.000 mots primitifs fondamentaux.

Elle n'était parlée et comprise qu'à Rome, ou, pour préciser encore davantage, dans la société riche, cultivée, où elle était l'idiome de la famille, et se transmettait naturellement de père en fils. Vienne un cataclysme social, qui emporte et disperse cette société d'élite, et la langue latine disparaîtra.

Ce fut Alaric qui prit Rome le premier, puis vient Genséric, et enfin Totila.

A partir de ce jour, il n'y a plus rien de la Rome antique, ni de la vieille aristocratie lettrée. Tout y devient italien, les mœurs et la langue.

Ainsi, la société élégante, lettrée, de Rome, a disparu, dispersée pour toujours par le vent de l'invasion. Plus de corporations savantes, plus de tribune, plus de bibliothèques enrichies des manuscrits de la Grèce, plus de portiques hantés par les beaux esprits, plus d'écoles modelant la langue latine sur le type d'Athènes, plus de femmes s'étudiant avec langueur aux élégances de l'accent ionique.

Peuplée des seuls habitants que pouvaient tenter ses ruines, Sabins, Marses, Étrusques, Rome n'entendait plus résonner cette langue, élégante mais artificielle, qui était devenue par l'art des grammairiens un véritable dialecte grec, c'est-à-dire un idiome d'un génie étrange, isolé et perdu au milieu des dialectes nationaux de l'Italie.

L'unité philologique, brisée depuis Plaute, se trouvait rétablie.

— Presque tous les termes latins relatifs à la justice, au commerce, aux arts, ont trait à la vie rustique et pastorale des premiers habitants du Latium. Ainsi, le trésor public est une corbeille de joncs (*fiscus*); l'argent, c'est le troupeau (*pecunia*); l'amende, c'est ce qu'une vache donne de lait quand on la trait (*mulcta*, de *mulgere*); stipuler, c'est rompre une paille (*stipula*), dont chaque intéressé emporte une moitié, etc.

— Latin de cuisine : mauvais latin, latin macaronique.

Le latin macaronique est une langue bizarre, faite de mots vulgaires et de mots burlesquement latinisés.

— Théophile Folengo, moine bénédictin de Mantoue, mort en 1544, a écrit *la Macaronée*, qu'il a signée « Merlin Coccaie ». Il passe pour l'inventeur de ce genre.

Il a fait aussi (?) un poëme sur la mort de Michel Morin, où se trouve le vers si connu :

De brancha in brancham degringolat, et faciens pouf...

— Antonius de Arena, Provensalis (Arène de Solliès) est chez nous le premier représentant du genre.

Dans un poème macaronique *De bello hugonotico*, il peint ainsi les cruautés des huguenots à l'égard des moines :

Deque illis faciunt saucissas atque bodinos.
Nunquam visa fuit canailla brigandior ista.

— La réception du *Malade imaginaire* est écrite en latin macaronique, comme la cérémonie du *Bourgeois gentilhomme* est en langue franque.

— Beaumarchais avait mis à l'entrée de sa salle à manger cette devise en latin macaronique :

Exegi templum à Bacchus
Amicisque gourmandibus.

Similiter suis solido post. Six militaires suisses solides au poste.

— *Felix son por tua; sel ni mi, versi mi, son por gata.*

— Y perdre son latin : ne pouvoir venir à bout d'une chose. Cicéron y perdrait son latin.

— Être au bout de son latin : à court d'expédients.

— Autrefois *latin* était synonyme de *langage* :

> Qui a florin, roussin, latin,
> Partout il trouve son chemin.
> (Vieux proverbe.)

> Et ma philosophie y perd tout son latin.
> (Régnier.)

— Le latin, c'est long et difficile à apprendre. Si les Romains avaient été obligés d'apprendre d'abord le latin, ils n'auraient pas eu du temps de reste pour conquérir le monde. (H. Heine, *Histoire du tambour Legrand*.)

— Les « races latines » sont formées des descendants des Romains. Elles comprennent les Français, les Espagnols, les Italiens ; ceux qu'on appelle aussi les « néo-latins ».

Latrines, de *laterinum* (de *latere*, être caché).

Synonymes : privés, water-closet, retrait, chalet de nécessité, c'est ici, n° 100.

On dit aussi : aller où le roi va à pied, aller quelque part.

Les Précieuses appelaient la chaise percée, soucoupe inférieure, lucarne des antipodes.

— A propos de la locution : aller où le roi va à pied, Rabelais (V, 23) dit que « la reine Quintessence ne mangeoyt qu'après que ses manitères (masticateurs) avoyent masché ses aliments... Par mesme raison nous fut dict qu'elle ne fiantoyt, sinon par procuration. »

Laurier, du latin *laurum*, avec suffixe *ier*.

Aucun arbre n'a été plus célèbre dans l'antiquité, ni plus souvent chanté par les poètes. Il était consacré à Apollon, à cause du malheureux amour de ce dieu pour Daphné, la première mortelle qu'il aima pendant son exil sur la terre. Poursuivie par son amant, elle implora la protection des dieux, qui la métamorphosèrent en laurier (*Daphné* en grec). Apollon désespéré détacha un rameau, dont il se fit une couronne, voulant que le laurier lui fût désormais consacré, et servit de récompense aux poètes.

Le laurier était aussi le symbole de la victoire. On en couronnait les vainqueurs et les faisceaux des consuls victorieux.

— Le laurier est un bel arbre, mais il ne porte pas de fruits. (Auguste.)

— Les lauriers de la victoire, plante arrosée de sang, produisent une gloire stérile.

Un commis d'octroi s'apprêtait à visiter une voiture qui entrait dans Paris. Ayant reconnu le maréchal de Saxe, il lui dit : « Excusez-moi, monseigneur, les lauriers ne paient pas d'octroi. »

— César a rendu célèbre la couronne de laurier, qu'il portait toujours pour dissimuler sa calvitie.

— Se reposer sur ses lauriers. Après la victoire de Villariciosa (1710), Philippe V dit à M. de Vendôme, qu'il avait un extrême besoin de repos. « Sire, lui dit le duc, je vais vous faire dresser le plus beau lit que roi ait jamais eu. » Il fit placer sous un arbre les drapeaux qu'on venait de prendre à l'ennemi, et le roi y dormit quatre ou cinq heures.

— Pline appelle *baccalia* le laurier qui porte des bajes.

Bacca et *laurus* ont formé *baccalauréat*, couronne de laurier en fruits.

Au Moyen-Age, l'Université récompensait les artistes d'une couronne de laurier, d'où le nom de *lauréat* (*laureatus*), donné à ceux qui remportaient les prix académiques.

Lavement, de *laver*, latin *lavare*.

Injection d'un liquide dans le gros intestin.

Louis XIV en usait beaucoup, et c'est sous son règne que le mot *clystère*, seul usité jusqu'alors, fut remplacé par « lavement » ou « remède ».

Selon Hérodote, Pline et Galien, les Égyptiens furent, après les ibis, les inventeurs du lavement.

On dit aussi : bouillon pointu, ...qui ne donne pas d'indigestion.

...Dieu ! qu'est-ce que je sens ?
L'APOTHICAIRE (*poussant sa pointe*).
C'est le bouillon pointu.
(Parodie de *Zaïre*.)

Pour les Précieuses, c'était le « bouillon des deux sœurs ».

Il affectionnait trop le remède que M. de Pourceaugnac avait tant en horreur.

Laver, comme le précédent.

— Laver la tête à quelqu'un ; lui donner un savon : le réprimander.

A laver la tête d'un âne, on perd son savon.

— Benserade parlant du déluge, dit que :

Dieu lava bien la tête à son image.

Cette expression a paru indécente (elle est surtout de mauvais goût) dans la bouche d'un poète chrétien.

Tertullien est encore plus blâmable d'avoir dit que « le déluge fut la lessive du genre humain ».

> Va trouver cette grosse bête,
> Et me lui lave bien la tête.
>
> (Scarron, *Gigantom.*, 1.)

— Je m'en lave les mains. (Voy. *main*.)
— Laver son linge sale en famille. (Voy. *sale*.)

Layetier, de *layette* ; flamand *laeye*, caisse.
Celui qui fait des layettes, ou coffres en bois.

Lazaret, de *Lazare*, patron des lépreux. (Voy. *ladre*.)
Nom donné, au Moyen-Age, aux hôpitaux réservés aux lépreux. On les appelait aussi : léproseries, ladreries ou maladreries.

D'où *malandrins*, bandes de lépreux et de brigands qui, au XIVe siècle, ravagèrent la France (?).

Aujourd'hui, les lazarets sont des établissements sanitaires destinés à mettre en quarantaine les navires provenant de pays où règnent des maladies contagieuses.

Lazzarone, mot italien dérivé de *lazarum*.
Mendiant napolitain. Les Napolitains ont toujours été enclins à la paresse. Le lazzarone est pauvre mais paresseux.

> *Otiosa Neapolis.*
>
> (Horace.)

> ...*In otia natam*
> *Parthenopen.*
>
> (Ovide, *Métam.*, XV.)

Lé, latin *latum*, large. Substantif masculin, *largeur*.

> Quand je fus un peu long allé
> Je vis un vergier long et lé.
>
> (*Roman de la Rose*.)

Tout de long et du lé : en long et en large. (Architecture.)

Légat, du latin *legatum*, envoyé. (Voy. *latere*.)
Cardinal envoyé pour gouverner une province des Etats du Pape, ou légation.

On appelle légat *a latere*, le cardinal envoyé par le pape pour le représenter auprès des souverains, des Conciles.

Léger, anciennement *légier*, bas-latin *leviarium*, pour *levem*.
Une femme légère, dit l'abbé Girard, ne s'attache pas fortement ; une inconstante ne s'attache pas pour longtemps ; une volage ne s'attache pas à un seul ; une changeante ne s'attache pas au même.

Les hommes sont ordinairement plus légers et plus inconstants que les femmes ; mais celles-ci sont plus volages et plus changeantes que les hommes. Les premiers pèchent par un fonds d'indifférence qui fait cesser leur attachement ; les secondes, par un fonds d'amour qui leur fait souhaiter de nouveaux attachements.

(Voy. *femme* légère, *inconstance*.)

Légion, du latin *legionem* (de *legere*).

L'unité militaire chez les Romains. On choisissait, pour former la légion, des citoyens aptes au service, et uniquement des citoyens. La légion était composée d'infanterie, avec un dixième de cavalerie, au nombre total de 6.000 hommes divisés en cohortes et centuries.

— *Légion d'honneur*. Bonaparte, premier Consul, créa en 1802, l'ordre de la Légion d'honneur.

Dans l'exposé des motifs du projet de loi, lu au Corps Législatif par le conseiller d'État Rœderer, il est dit que « le but de cette institution était de donner de la force et de l'activité à ce ressort de l'honneur qui meut si puissamment la nation française..., de créer une nouvelle monnaie, d'une bien autre valeur que celle du Trésor public ; une monnaie dont le titre est inaltérable, et dont la mine ne peut être épuisée, puisqu'elle réside dans le cœur français ».

Lent, du latin *lentum*, flexible.

Synonymes : clampin, fainéant, gnan-gnan, indolent, lambin, musard, paresseux ; lanterner, lantiponer.

Lentille, de *lentem*, diminutif *lenticulam* ; d'où l'adjectif *lenticulaire*.

Les anciens, au rapport de Pline, connaissaient la propriété qu'ont les boules de verre, de condenser les rayons solaires ; et c'est au moyen de ces lentilles convexes, que les Romains rallumaient le feu du temple de Vesta, lorsque la négligence l'avait laissé éteindre. Ils s'en servaient aussi, à défaut de pierre infernale, pour brûler les chairs malades. (Arago, *Astronomie populaire*.)

Léonin, de *leonem*, lion.

— Contrat léonin : celui où l'une des parties s'est fait la part du lion ; s'est attribué les plus grands avantages.

Expression empruntée à la fable si connue.

— Vers léonins. Ainsi nommés du moine Léon, qui les a inventés ou perfectionnés vers 1150 (?).

Les, lez, du latin *latus* (à côté de).

La véritable orthographe est *lez*.

Plessis-lez-Tours : auprès de Tours.

> Les tourelles sont lez à lez,
> Qui sont richement bataillez.

— Jusqu'à l'église Saint-Germain-des-Prés, lez les murs de Paris.

Lésiner, de *lésine*, avarice sordide. Origine inconnue.

> La famélique et honteuse lésine.
> (Boileau, Satire X, v. 250.)

— On devrait peut-être dire *alésine*, de l'italien *alesina*, alène, parce que, à la fin du XVIe siècle, Viallardi composa une satire de l'avarice et des avares, intitulée : *Della famosissima Compagnia della Lesina* (ou *Alesina*).

L'ouvrage cité fut traduit en français, en 1604, sous le titre : *La fameuse Compagnie de la Lésine*. Le mot n'aurait pas d'autre origine.

Les membres de cette fameuse Compagnie, choisis parmi les plus avares, raccommodaient eux-mêmes leurs souliers, et se servaient à cet effet, d'une alène, ou *alesina*.

Les statuts de la Compagnie obligeaient les membres à porter la même chemise aussi longtemps qu'il fallait à Auguste pour recevoir des nouvelles d'Égypte, c'est-à-dire quarante-cinq jours ; à ne pas mettre de points sur les i, pour économiser l'encre ; à tenir les bras éloignés du corps pour ne pas user les vêtements par le frottement ; à mettre les canards à la broche sans les vider, pour ne rien perdre.

Ils aimaient mieux prêter leur femme qu'un petit écu, et les femmes se servaient des maris des autres, pour ne pas user les leurs.

— Bonne ménagère est cette personne, qui, s'étant torché le c..., serre le papier dans sa pochette, le gardant pour une autre fois, ou pour empaqueter des confitures à donner aux mignards. (*Moyen de parvenir*, ch. VI.)

Léthé, mot grec : oubli (*lanthanō*, être caché).

Un des fleuves des Enfers ; le fleuve de l'Oubli, parce que ses eaux avaient la propriété de faire oublier à ceux qui en buvaient, les épreuves de la vie. Les âmes qui devaient habiter de nouveaux corps, s'y désaltéraient, et buvaient ainsi l'oubli des épreuves subies, avant d'en courir d'autres.

Cette croyance favorisait le système de la métempsychose.

> C'est auprès de ces lieux qu'en un large canal
> Léthès, parmi ses eaux, roule un oubli fatal.
> (Brébeuf.)

Lettre, du latin *litteram*.

— Lettres de l'alphabet : les noires filles de Cadmus. (Ausone.)

— Lettres dominicales : celles qui marquent, dans le calendrier, les dimanches pour toute l'année.

— Lettres onciales : celles qui, dans les inscriptions, avaient la douzième partie du pied romain ; latin *uncia*.

— Lettres ramistes : le V et le J, inventées par Ramus, en 1559 (semi-voyelles).

— Lettre de cachet. Ordre scellé du sceau royal, en vertu duquel une personne pouvait être envoyée arbitrairement en prison. Ces lettres furent imaginées par le P. Joseph, capucin, espion de Richelieu. Comme les *lettres closes*, qui les avaient précédées, c'étaient des lettres fermées, contenant des ordres de diverse nature ; mais, comme on en abusa pour exiler ou emprisonner, elles acquirent une triste célébrité. Elles furent considérées comme une des violations les plus odieuses de la liberté individuelle.

— Il ne reste plus aujourd'hui que la *lettre de cachet médicale*, qui autorise une famille à faire enfermer un de ses membres atteint de folie.

La loi sur les aliénés permet, en effet, la séquestration sur le rapport d'un médecin. C'est ainsi que furent détenus, plusieurs années, Commerson et Sandon, sous prétexte de délit d'injures ; le premier, contre Guizot, le second contre Billaud, ministre du second Empire. Cela, en vertu d'une loi qui fait de Charenton une succursale de la vieille Bastille, et met, mal à propos, la pathologie au service de la politique.

— Lettre close : chose qu'on ne sait pas. Les sciences sont lettre close pour les ignorants.

Au propre, ce sont des lettres d'Etat, qu'on ne peut lire sans briser le cachet, par opposition à *lettres patentes*, qui sont délivrées non cachetées, *patentes*, ouvertes.

Le fond de cette intrigue est pour moi lettre close.
(Molière, *Dépit*, II, 4.)

Leurre, anciennement *loire*, du vieil allemand *luoder*.
Tromperie.
Terme de fauconnerie. Poupée en cuir rouge, en forme d'oiseau, à laquelle on attache un morceau de chair, et dont se servent les fauconniers pour dresser les oiseaux de proie.

Levant, du latin *levare, levantem*.

L'Orient, le côté où le soleil se lève, par opposition au Ponant, ou Occident, ou Couchant.

On appelle *Échelles du Levant* les différentes stations des navires dans ces contrées.

Levée, participe passé du verbe *lever*.

Main qu'on a levée au jeu de cartes. Pli.

Ceux qui disent : « J'ai fait un levé », parlent bien... comme au temps de François Ier.

Pour ce jeu, nous ne volerons pas, car j'ay faict ung levé. (Rabelais, I, 5.)

Lévite, du latin *levitam*.

Chez les anciens juifs, membre de la tribu de Lévi, laquelle fournissait tous les ministres du culte.

Ce mot a désigné un vêtement d'homme, à pans très longs. Synonyme de *redingote*.

— Le *Lévitique* (3e livre de *Pentateuque*), traite du culte et des attributions des Lévites.

Lez, de *latus*, à côté, proche. (Voy. *les*.)

Liard, étymologie incertaine.

On a proposé le nom de Jean Liard, viennois, qui l'inventa, en 1430. Le liard valait le quart d'un sou, ou trois deniers.

D'autres le font synonyme de *noir*, à cause de la couleur de la monnaie de billon, par opposition à la monnaie blanche d'argent.

On dit aussi que *liard* (roman *ardit*) serait une contraction de Philippe le Hardi.

Paga un ardit de pontage.

(Paie un liard pour le passage.)

— En Provence, jusque vers 1840, on s'est servi d'une pièce de billon valant deux liards, anciennement six deniers, et appelée *dardenne*, d'un Marseillais de ce nom, qui fut chargé par Louis XIII de fondre quelques vieux canons de cuivre pour les convertir en monnaie.

— N'avoir pas un rouge liard : être sans aucune ressource.

Liardeur, qui liarde, lésine sur tout; qui entasse liard sur liard.

Libation, du latin *libationem*.

Cérémonie religieuse qui consistait à verser du vin, du lait ou autres liquides, en l'honneur d'une divinité.

Il a fait d'amples libations : il a trop bu.

Libéral, du latin *liberalem*, noble, généreux.

On a donné ce nom, sous la Restauration, à un parti dont la tendance était le triomphe des principes posés par la Constituante, en 1789. Les chefs de ce parti étaient Foy, Casimir Périer, Benjamin Constant, etc.

Libéré, du latin *liberare*, délivrer.

Un forçat libéré.

Liberté, du latin *libertatem*.

État où l'on ne subit pas de contrainte.

— On appelait, à Rome, *liberi*, les enfants de condition libre ; *libertini*, les fils d'affranchis.

— La liberté est le droit pour chacun de faire ce qui ne porte préjudice à personne.

La liberté de chacun s'arrête où celle du voisin est compromise. (Convention nationale.)

La liberté, c'est le droit limité par le devoir. (De Champagny.)

Tout homme tient de la nature le droit, le devoir et le pouvoir d'être libre. L'État n'a de délégation que pour maintenir l'ordre. (J. Simon.)

La Justice et la Liberté sont faites pour s'entendre. La liberté est juste, et la justice est libre. (Victor Hugo, 1832, procès de *le Roi s'amuse*.)

Loisir et liberté. (Devise de Bonav. Despériers.)

L'oiseau en liberté est mieux qu'en cage dorée. (Proverbe russe.)

— Bonnet de la liberté. Castor et Pollux étaient représentés coiffés d'un bonnet ayant la forme de la moitié d'un œuf : l'œuf de Léda, dont ils étaient sortis. Les Spartiates, qui se disaient descendants de ces héros, avaient adopté leur coiffure. Ce bonnet, qui était l'attribut caractéristique de la déesse de la Liberté, devenait la coiffure des esclaves affranchis.

— La fameuse devise de la Révolution française : « Liberté, Égalité, Fraternité », avec l'option sinistre « ou la Mort », qui se lit encore à demi effacée sur quelques vieilles murailles, a été complètement rayée du Code. La Liberté a servi à couvrir la France de prisons et de casernes ; l'Égalité, à multiplier les titres et les décorations ; la Fraternité, à nous diviser ; la Mort seule a réussi (1869).

L'Inquisition espagnole disant à l'hérétique : « La vérité ou la mort », n'est pas plus odieuse que le terroriste français disant à mon grand-père : « La Liberté, la Fraternité, ou la Mort ». (Duc d'Aumale, congrès de Malines, 1863.)

— En 1871, la Commune de Paris a remplacé le mot « Fraternité » par celui de « Solidarité ».

Libertin, du latin *libertinum*, affranchi.

Synonyme : polisson.

Propos libertins : horreurs.

Quand les bégueules ont des masques, elles raffolent des horreurs. (Cité par L. Larchey.)

A Rome, les esclaves affranchies, *libertinæ*, se faisaient courtisanes, et ces deux mots se confondaient sous la même acception. (Naudet, *Plaute*.)

Il y a un libertinage d'esprit qui use l'âme, comme la débauche use le corps. (Lamartine.)

Lice, origine incertaine.

Lieu préparé pour des courses ou un tournoi.

Champ clos où combattaient les anciens chevaliers.

De *lissiæ*, palissade.

On a aussi appelé *lices* les promenades qui règnent autour des villes.

— Entrer en lice : s'apprêter au combat.

Licence, du latin *licentiam*, permission.

D'où licencieux, *licentiosus*, qui abuse du droit ; fait comme *libertinus*, qui abuse de la liberté, comme *libidinosus*, qui abuse des plaisirs.

— Prendre des licences : des libertés, des privautés.

Non omne quod licet honestum est. (Saint Paul, *Romains*.)

— La tyrannie vaut mieux que la licence ; elle nous dégoûte de l'esclavage, tandis que la licence nous dégoûte de la liberté.

— Dans l'Université, la licence était, à l'origine, la permission d'enseigner. C'est aujourd'hui le second grade universitaire, entre le baccalauréat et le doctorat.

L'Université délivre des diplômes pour les lettres, les sciences, le droit et la théologie.

— *Licences poétiques* : on appelle ainsi les dérogations aux règles.

Horace (*Art poétique*) a dit :

...Pictoribus atque poetis
Quidlibet audendi semper fuit æqua potestas.

(Les peintres et les poètes ont toujours eu le droit de tout oser.)

(*Œqua* ne signifie pas égal, mais juste, équitable.) (Patin.)

Rabelais (II, 5) traduit : « Les peintres et les poëtes ont la liberté de peindre ce qu'ils veulent. »

La licence poétique (?) qui attribue au cygne un chant mélodieux, est une des plus fortes qu'aient osées les poëtes.

— Le Caystre, rivière de l'Asie Mineure, en Ionie, coule assez près du Méandre, très sinueux comme lui. Homère dit que ses bords sont fréquentés par de nombreuses troupes d'oies, de grues et de cygnes...

Ménage remarque que M. du Loir se plaint de n'avoir pas vu de cygnes sur les bords du Caystre. Il suffit qu'Homère ait dit qu'il y en avait, pour autoriser les poëtes à le dire après lui. Le père de la poésie avait bien le droit d'établir une tradition poétique. (Bruzen de la Martinière.)

Les poëtes font vivre dans le feu la salamandre ; ils font parler les poissons.

Nota : « La licence, dit Marmontel, est une incorrection, une irrégularité permise en faveur du nombre, de l'harmonie, de la rime ou de l'élégance du vers. »

« Nous distinguerons trois espèces de licences poétiques : celles qui ont rapport 1° à l'orthographe, 2° à l'arrangement des mots, 3° à la grammaire. » (Quicherat, *Traité de versification*, 2° édition, p. 84.)

Licher (Grandval), très populaire : boire.

Et puis, il lich' tout' la bouteille ;
Rien n'est sacré pour un sapeur.
(Hersson.)

Licitation, du latin *licitare*, renchérir.

Vente aux enchères d'un bien appartenant à plusieurs héritiers ou co-propriétaires.

Licorne, altération de *unicornis*, qui n'a qu'une corne.

Animal fabuleux, qu'on représente sous la forme d'un petit cheval avec une longue corne au milieu du front.

Très usité en blason, il varie quelquefois de forme, mais porte toujours cette corne merveilleuse, qui faisait reconnaître les poisons, car la licorne était l'ennemie du venin et des choses impures.

Lien, du latin *ligamen*, anciennement *leiem*, lien.

La forme savante se retrouve dans *ligament* (*ligamentum*).

Lierre. Autrefois *ierre* ; du latin *hederam*, et non de *ligare*, lier.

Provençal *hierri*.

On remarque que dans les patois, c'est-à-dire dans la langue populaire, la forme latine est conservée; tandis que dans le français les transformations successives ont éloigné le mot de sa physionomie première.

On écrivit d'abord *ierre*, l'ierre; puis l'article se souda avec le substantif, et l'on dit le *lierre*, ce qui est un barbarisme.

— Le mot *en demain* a subi le même sort, et est devenu le *lendemain*.

Évier, de *aquarium*, est devenu pour bien des gens le *lévier*, quand ils ne disent pas le *lavier*.

Lingot, vient de l'anglais *ingot*.

Le *loriot* s'appelait régulièrement l'*auriol*, du latin *aureolum*, à cause du plumage doré de cet oiseau.

La *luette*, est pour l'*uette*, du latin *uvita*, diminutif de *uva* : la petite grappe.

C'est par un abus semblable qu'on a dit *ma mie* pour *m'amie*.

> Mieulx vault ormeau estre à la vigne
> Que garder l'hierre de ruine.
> (XVIᵉ Siècle.)

> J'ai pour maison un antre en un rocher ouvert,
> De lambrusche sauvage et d'hierre couvert.
> (Ronsard.)

Unis comme le lierre et l'ormeau.

— Certains noms de pays ont été modifiés d'une manière analogue. De la Bruzze (*Bruttium*) on a fait l'Abruzze, la Pouille est pour l'Apouille (*Apuliam*).

Lieu, du latin *locum*.

Provençal *loc, luec*.

D'où : local, loyer, colloquer.

— Lieux d'aisances, et simplement lieux.

Synonymes : cabinets, latrines. (Voy.)

Aller aux lieux d'aisances : où le roi va à pied.

Les Italiens disent : aller où le pape ne peut envoyer d'ambassadeur.

Lieue, du latin *leucam*, mot emprunté au gaulois.

Quelques-uns le font remonter au grec *leukos*, blanc, parce que les lieues étaient marquées par une borne ou pierre blanche.

Ad vicesimum lapidem (Tite-Live) : à vingt milles.

Lièvre, du latin *leporem* (*levipes* ?)

Le lièvre est le plus estimé des animaux de petite venaison. Les meilleurs lièvres sont ceux des montagnes et des lieux secs.
Les anciens en estimaient beaucoup la chair :

> *Inter quadrupedes mattea prima lepus.*
> (Martial, XIII, 92.)

— Courir comme un lièvre.
— Courir deux lièvres à la fois : conduire de front deux affaires.
Duos qui sequitur lepores, neutrum capit.

> Oh ! damé ! on ne court pas deux lièvres à la fois.
> (Racine, *Plaideurs*.)

— Pline dit que, quand on mange du lièvre, on est plus beau durant sept jours.
Ce proverbe, reproduit par Martial (V, 39), provient d'une équivoque sur les mots *lepus*, lièvre, et *lepos*, charme, grâce. Peut-être aussi parce qu'il était consacré à Vénus.
Chez nous, il est l'emblème de la timidité et de la peur.

Ligne, du latin *lineam*, fil de lin.
La ligne est le symbole de la pensée et sert à rendre visibles tous les sentiments de l'âme. Un dessin n'est qu'une combinaison de traits, une sorte d'alphabet sans limites, qui sert à manifester, à vulgariser la plus noble fonction de l'intelligence humaine. (M. G.)
— La ligne droite est le plus court chemin d'un point à un autre. C'est l'emblème de l'égalité. Elle est engendrée par le niveau d'eau, qui donne l'horizontalité parfaite.
La ligne perpendiculaire donne avec l'horizontale l'équerre, qui est la combinaison de deux lignes droites dans les conditions d'équilibre.
— Il pêche ses paroles à la ligne : il s'exprime difficilement.
— Une ligne à pêcher est le plus court chemin d'une bête à une autre ; ou, un instrument qui commence par un hameçon, et finit par un cornichon.
— Ligne, lignée, lignage : race, descendance.

> *Mil cavalier de gran linatge...*
> (Guillaume de Béziers.)

> *Deslivrar d'enfern traslot l'human linhatge.*
> (*Vie de saint Honorat*.)

(Délivrer d'enfer tout l'humain lignage.)

Limbes, du latin *limbus inferorum* : la limite de l'enfer.
Lieu où étaient les âmes des justes avant la venue du Christ.

Jésus-Christ y descendit après sa mort, et en tira les patriarches et les prophètes.

Limon, bas-latin *limonem*, pour *limum*.

Terre grasse, que Dieu employa pour faire Adam. (*Adam* signifie terre rouge.)

Les précepteurs de Tibère disaient qu'il était formé de boue pétrie avec du sang.

> On dirait que le ciel est soumis à sa loi,
> Et que Dieu l'a pétri d'autre limon que moi.
> (Boileau.)

> Mais ceux que la nature a formés comme nous
> D'un limon moins grossier que le limon vulgaire.
> (Deshoulières.)

Lin, du latin *linum*.

De là : linge, linceul, linon, linot (oiseau friand des graines du lin).

Plusieurs tissus et étoffes provenant originairement de l'Inde, portent le nom des pays de fabrique.

Linceul, du latin *linteolum*, toile de lin.

Le plus riche n'emporte qu'un linceul.

Je suis arrivé nu sur la terre, je m'en irai nu dans son sein. (Lucien.)

> ...Perpetuus nulli datur usus, et hæres
> Hæredem alterius velut unda supervenit undam.
> (Horace, *Épitres* II, 2, 175.)

On ne jouit pas perpétuellement des biens de la terre. Un héritier succède à un autre, comme un flot est poussé par un flot.

Saladin en mourant (1192), voulut qu'on arborât devant la porte de son palais le linceul où l'on devait l'ensevelir, et qu'un héraut criât : « Voilà tout ce que Saladin, vainqueur de l'Orient, emporte de ses conquêtes. » C'était le proverbe mis en action d'une manière éloquente.

La pompe des enterrements intéresse plus la vanité des vivants que la mémoire des morts. (La Rochefoucauld.)

Linon, dérivé diminutif de *lin*.

Toile de lin très claire, ayant de l'analogie avec la batiste, mais plus apprêtée.

Lion, du latin *leonem*.

On reprochait à la lionne de ne mettre au jour qu'un petit : « Oui, répondit-elle ; mais c'est un lion. » (Ésope.)

— A la griffe on connaît le lion : *Ex ungue leonem*.

Cette maxime morale, qui signifie qu'on juge de l'habileté de l'ouvrier par la perfection de son ouvrage, a été d'abord prise dans le sens propre et matériel.

— Phidias avait reconstitué dans toutes ses proportions naturelles un lion dont il ne connaissait que l'ongle, parce qu'il avait observé que le lion a pour unité de mesure son ongle le plus long, celui qui répond au médius de l'homme ; c'est-à-dire que la longueur de cet ongle est la dix-neuvième partie de la longueur de l'animal accroupi.

— Le courage du lion. Le docteur Livingstone dit que les peintres et les poëtes ont inventé un lion qui n'existe pas, et qu'il n'a rencontré que des lions timides qui fuyaient à l'approche de l'homme. Jules Gérard, en ennemi généreux, s'est récrié sur cette calomnie. Si le docteur s'est mépris de la sorte, c'est qu'il n'a vu que le lion de l'Afrique du Sud, où l'on ne trouve que la race dégénérée. Qu'on médise de ceux-là, il le veut bien ; qu'on les appelle de faux lions, des boules-dogues, c'est justice ; mais traiter mal le lion de Numidie, le lion de l'Atlas ! Celui-là est le roi des animaux, au moral comme au physique. (1858.)

— Les moutons s'attroupent, les lions s'isolent.

— Les lions de marbre placés sur la terrasse des Tuileries ont la crinière si bien arrangée, qu'ils semblent sortir de chez le coiffeur.

— On a établi le dialogue suivant entre un passant et un des lions de bronze de la fontaine de l'Institut :

— Que fais-tu dans ce lieu, souverain du désert ?
— Je suis de l'Institut, tu vois mon habit vert.
— Et quels sont tes travaux et les moyens de plaire ?
— Ami, je fais, comme eux, nuit et jour de l'eau claire.

— On a désigné sous le nom de *lions* certains petits-maîtres. C'est sans doute par une amère ironie qu'on a donné ce nom à de jeunes oisifs, qui dévorent leur patrimoine dans les tripots, et se font une gloire de ruiner leur famille et leur santé.

(Voy. *Androclès*.)

Lippe, de l'allemand *lippe*, lèvre.
Mot employé par dérision, et qui signifie « grosse lèvre ».
Faire la lippe : la moue.
De là : lippée, lippu.

Lire, du latin *legere*, cueillir, choisir.
Les yeux cueillent les lettres et les mots.
De là : cueillir, collège, collecte, etc.

Lire beaucoup : déjeuner de Rabelais et souper de Racine.
La mère en permettra la lecture à sa fille.
(PIRON, *Métromanie*.)

Lis, anciennement *tils, lis*; du latin *lilium*.

Les lis ne filent pas : les femmes ne règnent pas en France.

C'est un jeu de mots sur la loi salique qui interdit aux femmes la couronne de France, ornée de fleurs de lis; et un passage de l'Évangile de saint Mathieu (VI, 23) : *Considerate lilia agri, non laborant, neque nent.* Considérez les lis des champs : ils ne travaillent pas, ils ne filent pas.

C'est de même qu'on a dit que la couronne de France ne peut tomber en quenouille.

— Les fleurs de lis remplacèrent les abeilles dans les armoiries de France, sous Louis-le-Jeune. Ce prince, à cause de sa beauté, fut surnommé *Florus*; et l'on a pensé que le nom de *Fleur*, joint à celui de *Loïs* (Louis), a, par une ressemblance de son, déterminé l'adoption de cet emblème.

Lit, du latin *lectum*, du latin *allicere* (?) parce qu'il attire, invite au repos.

Synonymes : dodo, portefeuille (trivial).

— Comme on fait son lit, on se couche.

Litanie, du latin ecclésiastique *litaniam*; grec *litaneia*, prière.

Prière adressée à Dieu, à Jésus, à Marie ou aux saints, que l'on invoque en énumérant leurs mérites ou leurs attributs, et en répétant comme refrain : *Miserere nobis, ora pro nobis, exaudi nos.*

On en attribue l'institution à saint Mamert, évêque de Vienne, en 469.

— Une longue litanie. (Voy. *séquelle, kyrielle.*)

— Les Bollandistes (mois de juin, t. II, p. 579) disent que *litanie* signifie une certaine formule d'invocation des saints, que l'on chante dans les processions, et qui commence par *Kyrie, eleison*.

Littérature; l'ancien français populaire était *letreüre*; du latin *litteraturam*.

— Par les lettres, nous développons les sentiments affectueux, les idées morales, l'imagination, le goût et l'expérience de la vie. Par les sciences, nous faisons contrepoids aux facultés de sentiment et d'indignation, dont il faut modérer l'essor; nous plions l'esprit à une discipline sévère, et nous entrons dans la voie austère et rude qui conduit à la vérité. (Duruy, 1864.)

— Les lettres conduisent à tout, à condition de les quitter. (Villemain.)

— Chez les Romains, il y avait les esclaves lettrés ; nous avons la domesticité littéraire.

— Balzac appelle « littérature ruminante » celle qui publie de vieilles choses sous des titres nouveaux, et nourrit sans cesse le public des mêmes aliments.

— Littérature érotique : pornographique, malsaine.

Liturgie, du grec *leitourgia*, service public, latinisé au Moyen-Age en *liturgia*.

Ordre du service divin, ensemble des cérémonies religieuses et des prières ordonnées par l'autorité ecclésiastique, et dont les officiants ne peuvent s'écarter.

Livre, du latin *librum*, écorce des arbres, sur laquelle les anciens écrivaient. (Voy. *volume, papier*.)

Evolvere librum (Cicéron) : lire, dérouler un livre.

— Les livres étaient pour les Précieuses, les maitres muets.

Il parle comme un livre, et raisonne comme la couverture.

On ferait un beau livre de ce qu'il ne sait pas.

Un bon livre est un bon ami. (B. de Saint-Pierre.)

Un bon livre est le meilleur de nos amis : il ne révèle pas nos secrets, et nous enseigne la sagesse. (Maxime orientale.)

Un livre est bon, si l'auteur dit tout ce qu'il faut, rien que ce qu'il faut, et comme il faut. (Aristote.)

Il y a des livres qu'il faut seulement goûter ; d'autres qu'il faut mâcher et digérer. (Bacon.)

Les mauvais livres sont des poisons pour le cœur ; ils causent la fièvre des désirs, le délire des sens, et amènent l'agonie de la raison. (De Clinchamp.)

Un grand livre est un grand mal. (Callimaque, bibliothécaire d'Alexandrie.)

Quelques lignes suffisent souvent à résumer tout l'esprit contenu dans un gros livre, comme quelques tablettes de bouillon peuvent contenir toute la substance nutritive d'un bœuf.

... Habent sua fata libelli.
(Terentius Maurus.)

Il en est des livres comme des gâteaux : plus ils sont lourds, moins ils sont feuilletés. (Duvert.)

Livre (monnaie), de *libram*, qui, chez les Romains, signifiait balance et unité de poids (livre), parce qu'avant qu'on eût frappé des monnaies, on pesait la matière qui servait d'échange, comme font encore les Chinois.

De là *équilibre*.

La première monnaie usitée à Rome fut l'*as*, disque de cuivre sans empreinte, et du poids d'une livre, et on appela *livre* la monnaie de compte.

Plus tard, Servius Tullius fit frapper des as avec l'empreinte d'une brebis, *pecus*, d'où la dénomination de *pecunia*, et *as signatus* (d'où assignat).

Au Moyen-Age, on régla aussi l'unité de monnaie sur l'unité de poids, de façon qu'un certain nombre de pièces de monnaie formait en même temps l'unité de poids (livre), et l'unité de compte qu'on appelait également livre.

— Livre *tournois*, livre *parisis* : monnaies fabriquées à Tours ou à Paris.

— Un avocat, à qui la maison Didot avait envoyé pour honoraires le *Thesourus Græcæ linguæ*, dit : « Aujourd'hui on ne paie plus en *livres*, mais en *francs*. »

Livrée, dérivé de *livrer*.

Vêtement livré, donné. Au Moyen-Age, à certains jours de fête, ou à titre de récompense, les rois et les seigneurs livraient des robes à leurs serviteurs ou à leurs courtisans. De là est venu le nom appliqué aux vêtements des gens de service.

Livrer, du latin *liberare*; d'où aussi *libérer*.

Livrer une marchandise. Le sens est : affranchir, détacher une chose pour la remettre à quelqu'un.

Locutions vicieuses.

Le peuple garde longtemps le langage qui lui est transmis; il conserve les mots eux-mêmes, mais il en altère plus ou moins le son, le sens et les formes grammaticales. Ces altérations sont le résultat de diverses modifications, telles que : la permutation, la transposition, l'addition, la soustraction, la substitution.

1º Permutation : *gigier* pour gésier, *pipie* pour pépie, *secoupe* pour soucoupe, etc.

2º Transposition : *berloque* pour breloque, *cocodrille* pour crocodile.

3º Addition : *esquelette* pour squelette, *estatue* pour statue.

4° **Soustraction** : *onchets* pour jonchets, *mam'selle* pour mademoiselle, *flème* pour flegme.

5° **Substitution de mots.** Elle résulte le plus souvent de ce que, ne comprenant pas certains mots, on en forge d'autres qui ont quelque ressemblance avec les premiers : *tête* d'oreiller pour taie, *clou de porte* pour cloporte, *casuel* pour cassant, etc.

La rue aux Oues (aux oies, aux rôtisseurs) est devenue la rue aux Ours ; la rue Pute-y-musse (qui cache des filles) est devenue du Petit-Musc ; la rue Trousse-Nonnain s'est changée en Transnonnain.

Les Allemands ont traduit le mot latin *centaurea*, que nous appelons *centaurée*, par une périphrase qui signifie herbe aux cent écus (*centum aurea*). Cela ressemble fort à la traduction burlesque de *Marcus Tullius Cicero* par marchand de toiles cirées.

D'autres mots, enfin, ont été altérés par substitution ; mais l'on ne saurait les recueillir, tant ils sont nombreux et bizarres. Ils ont été, en quelque sorte, créés pour les besoins du moment, par d'ingénieux réfractaires du langage.

Tels sont : *pour tout tripotage*, au lieu de pour tout potage, *Chinoises* pour Génoises, rue *agaçante* pour adjacente, etc.

— Outre ces locutions frelatées du bas langage, il existe certaines expressions dont on ne saurait préciser le sens, et qui reviennent à tout propos dans la conversation sous la forme interjective. Tels sont : Plus souvent ! Pour changer… Maladie !… Signalons aussi l'abus des redites, des *dit-il*, des *qu'il dit*.

Ce sont façons de parler ridicules, agaçantes, et qui dénotent une absence complète d'instruction.

— Le petit vocabulaire suivant, où l'on a réuni un certain nombre de locutions vicieuses, avec la correction en regard, est destiné aux personnes dont l'éducation a été négligée et qui voudraient se corriger de ces fautes grossières de langage. On peut nous objecter qu'il y a des grammaires et des dictionnaires, pour apprendre à parler correctement ; mais il s'agit ici moins d'apprendre à bien parler, que de désapprendre à parler mal. Il suffit de connaître les fautes pour apprendre à les éviter, et c'est ce que les livres classiques ne sauraient enseigner.

Dites ou écrivez :	Et non :
Aimer à lire.	Aimer lire.
Acheter.	Ageter.
Aéré.	Airé.

Dites ou écrivez :	Et non :
A notre âge.	A nos âges.
Il a mal agi.	Il en a mal agi.
Un aigle affamé.	Une aigle affamée.
L'aigle impériale.	L'aigle impérial.
Aiguiser.	Réguiser.
Aimable.	Aimabe.
Il s'en est allé.	Il s'est en allé.
Almanach.	Armana.
Alors.	Pour lors.
Angora.	Angola.
Arc de triomphe.	Arche de triomphe.
Armoire.	Ormoire.
D'arrache-pied.	D'errache-pied.
Arrhes.	Errhes.
En arrière.	En errière.
Article.	Artique.
Artiste.	Artisse.
Assassin.	Assassineur.
Commettre un assassinat.	Commettre un assassin.
Assieds-toi.	Assis-toi.
Je vous assure que...	Je vous promets que...
Atteindre un but.	Remplir un but.
Aube-épine.	Noble-épine.
Aujourd'hui.	Au jour d'aujourd'hui.
Au lieu de...	Au lieur de...
Avant-hier.	Ayanz-hier.
Avoisiné.	Envoisiné.
Le babil des enfants.	Le babillage...
Balafre.	Balafe.
Barbouilleur.	Barbouilleux.
Bientôt.	Incessamment.
Bisbille.	Bisbi.
Boucle.	Blouque.
Breloque.	Berloque.
Buffleteries.	Buffeteries.
Cacophonie.	Cacaphonie.
Caleçon.	Caneçon.
Carreler.	Carler.
Cassant (fragile).	Casuel.

Dites ou écrivez :	Et non :
Cassonade.	Castonade.
Un centime.	Une centime.
Cérébrale (fièvre).	Célébrale.
Il ne cesse pas.	Il ne décesse pas.
Cinq francs chacun.	Cinq francs chaque.
Changer.	Sanger.
Chercher quelqu'un.	Chercher après quelqu'un.
Chipotier.	Chipoteur.
Chirurgien.	Cirurgien.
Ce mois-ci.	Ce mois ici.
Cible.	Cibe.
Clarinette.	Clairinette.
Cloporte.	Clou de porte.
Homme colère.	...coléreux.
Somme considérable.	Somme conséquente.
Contracter une maladie.	Gagner une maladie.
Contremander un dîner.	Décommander...
Corridor.	Collidor.
Couvercle.	Couverque.
Cueillir des fleurs.	Cueiller...
Dangereux.	Dangéreux.
Dépêchez-vous.	Dépêchez-vous vite.
Depuis.	De depuis.
Denier à Dieu	Dernier à Dieu.
Descendre.	Descendre en bas.
Deux.	Deusse.
Diligence.	Déligence.
Une dinde.	Un dinde.
J'ai dix personnes à dîner.	...dix personnes à manger.
Dis-le leur.	Dis-leuz-y.
Disparition.	Disparution.
Le livre dont j'ai besoin.	...que j'ai besoin.
Édredon.	Aigledon.
Bien élevé.	...éduqué.
Ensuite.	Puis ensuite.
Un entre-côte.	Une entre-côte.
Épine-vinette.	Pine-vinette.
Époumonner.	Épomoner.
Érésipèle.	Résipèle.

Dites ou écrivez :	Et non :
Descendre l'escalier.	...les escaliers.
Évier.	Lévier ou lavier.
Faire des excuses.	Demander excuse.
Suivre l'exemple.	Imiter l'exemple.
Fainéant.	Feignant.
Un et un font deux.	...sont deux.
Fanfreluches.	Fanferluches.
Projets fatals.	Projets fataux.
C'est la fin.	...la fin finale.
Fixer les yeux sur quelqu'un.	Fixer quelqu'un.
Cela fleure bon.	...flaire bon.
Frelaté.	Ferlaté.
Freluquet.	Ferluquet.
Fromage de gruyère.	...de gruère.
Vieux garçon.	Vieux jeune homme.
Gargotte.	Gargot.
En général.	En thèse générale.
Le gésier.	Le gigier.
Girofle.	Gérofle.
Goudronner.	Godronner.
Ça n'est pas de mon goût.	Ça ne me goûte pas.
Grandissime.	Grandécime.
Griffonnage.	Gribouillage.
Herboriste.	Arborisse.
Une heure.	Une heure de temps.
De bonne heure.	A bonne heure.
Une horloge.	Un horloge.
Houppe de soie.	Huppe de soie.
Huppe de plumes.	Houppe de plumes.
Une impasse.	Un impasse.
Une faute d'inattention.	Une faute d'attention.
Inutile.	Énutile.
Jet-d'eau.	Jeu d'eau.
Jeu de jonchets.	Jeu de honchets.
Jeune fille.	Jeunesse.
La lettre ci-jointe.	La lettre ci-joint.
Ci-joint la lettre.	Ci-jointe la lettre.
Comme il est juste.	Comme de juste.
C'est là que je vais.	C'est là où je vais.

Dites ou écrivez :	Et non :
Lèchefrite.	Lichefrite.
Lentilles.	Nentilles.
Je leur ai dit.	Je leurs ai dit.
Liard.	Iard.
Mairie.	Mairerie.
Je viens d'être malade.	Je sors d'être…
Poire de messire-Jean.	…mi-sergent.
Métal.	Métail.
Midi est sonné.	Midi sont sonnés.
Miracle.	Miraque.
Menez-y-moi.	Menez-moi-z-y.
Donnez-le-moi.	Donnez-moi-le.
Moineau.	Moigneau.
Mathusalem.	Mathieu salé.
Monter.	Monter en haut.
Montmorency.	Mémorency.
Montparnasse.	Montpernasse.
Mouron.	Moiron, moron.
Mufle.	Muffe.
Nèfle.	Nèfe.
Sainte-Nitouche.	Sainte-Mitouche.
J'ai reçu la nouvelle.	J'ai reçu l'annonce.
Numéro.	Liméro.
Je vous fais observer.	Je vous observe.
Obstiné.	Ostiné.
Une belle oie.	Un bel oie.
Eau de fleur d'orange.	Eau de fleur d'oranger.
Où est-ce que ?	Ousque ?
Pantoufle.	Pantoufe.
Parbleu.	Parbleuve.
Partout.	Tout partout.
Rue passante.	Rue passagère.
Pépie.	Pipie.
Pépinière.	Pipinière.
Dans peu.	Avant peu.
Un peu.	Un petit peu.
Un pétale.	Une pétale.
Phtisique.	Tisique.
Tant pis.	Tant pire.

Dites ou écrivez :	Et non :
De plain pied.	De plein-pied.
Plain-chant.	Plein chant.
Plier une étoffe.	Ployer une étoffe.
Ployer une branche.	Plier une branche.
Passer les ponts.	Traverser les ponts.
Potiron.	Poturon.
Poudreux.	Poussiéreux.
Prenez garde de tomber.	...de ne pas tomber.
Prévoir.	Prévoir d'avance.
Primo.	Primo d'abord.
La semaine prochaine.	La semaine qui vient.
Je vais me promener.	Je vais promener.
Propriétaire.	Propilliétaire.
Pulmonique.	Poumonique.
Pupitre	Pipitre.
Quant à cela.	Tant qu'à cela.
Quel est le quantième du mois ?	Combien sommes-nous du mois ?
Aussi grand que moi.	Aussi grand comme moi.
C'est là que je demeure.	...là où je demeure.
C'est à vous que je pense.	...à vous à qui je pense.
C'est de cela qu'il s'agit.	...de cela dont il s'agit.
Cela arrive quelquefois.	Il y a des fois que cela arrive.
C'est moi qui ai.	C'est moi qui a.
Quincaillier.	Clincaillier.
Rachitique.	Rachétique.
Reculer.	Reculer en arrière.
Rémoulade.	Rémoulade.
Renoncement aux vanités.	Renonciation aux vanités.
Renonciation aux droits.	Renoncement aux droits.
Revanche.	Revange.
Au revoir.	A revoir.
Saigner du nez.	Saigner au nez.
Salsifis.	Sersifis.
Avoir une mauvaise santé.	Jouir d'une mauvaise santé.
Faire savoir.	Faire à savoir.
Scandale.	Escandale.
Scorsonère.	Corsonère.
Remplir le seau.	Remplir le siau ou le séau.
Seigneurie.	Seigneurerie.

Dites ou écrivez :	Et non :
Sens dessus dessous.	Sans dessus...
Sensible.	Sensibe.
Une serre.	Une resserre.
Sobriquet.	Soubriquet.
Socle.	Soque.
Soucoupe.	Secoupe.
Sous la table.	Dessous la table.
Squelette.	Esquelette.
Statue.	Estatue.
Voix de stentor.	Voix de centaure.
Stylet.	Estilet.
Prenez du sucre.	Sucrez-vous.
Tâchez de...	Tâchez moyen de...
Tarte au pommes.	Tartre...
Taie d'oreiller.	Tête d'oreiller.
Trier des lettres.	Trayer des lettres.
Ça s'use trop.	C'est trop usurier.
Varlope.	Verlope.
Vésicatoire.	Vessicatoire.
Je viens d'être malade.	Je sors d'être malade.
Voilà.	V'là.
Faire la vole.	Faire la volte.
Voyez.	Voyez voir.

Loge, loger, du latin *locare*, placer.

Ou plutôt du vieil allemand *laubja* ; vieux français *loige*.

N'a rien de commun avec le grec *logos*, discours.

— Au théâtre, les loges sont des compartiments séparés.

— Loges du Vatican. Ateliers particuliers dans lesquels chaque concurrent pour les prix de Rome, à l'École des Beaux-Arts, reste enfermé sans communication avec l'extérieur, pendant qu'il exécute sa composition.

— La fête des loges, à Saint-Germain, doit son nom aux petites boutiques mobiles en bois, qu'on établissait en plein air pour la durée de la foire, le premier dimanche de septembre.

Au XVIe siècle, l'emplacement occupé aujourd'hui par la succursale de la Maison de Saint-Denis, était un rendez-vous de chasse; on y tenait des animaux en loge.

Plus tard, on construisit une abbaye où l'on allait en pèlerinage, au commencement de septembre. De cet usage pieux résultèrent des promenades mondaines et des fêtes champêtres, qui ont survécu aux fêtes religieuses. (Voy. *Longchamp*.)

Loi, du latin *legem*; provençal *lei*.

On lisait (*legere*) la loi au peuple pour lui en donner connaissance.

La loi est l'expression de la volonté générale. (J.-J. Rousseau.)

Lex est ratio honesta imperans, prohibensque contraria. (Cicéron, *Philippiques*, 3.)

La loi n'oblige que si elle est juste. (Saint Augustin.)

> Les hommes font les lois, les femmes font les mœurs.
> (GUIBERT.)

— C'est la loi et les prophètes : une chose indiscutable.

— La loi naturelle est l'ensemble des sentiments de justice et de bienveillance que Dieu a gravés dans le cœur de l'homme, et des règles de conduite que nous dicte la raison d'accord avec ces sentiments.

Suis les lois de la nature, tu ne seras jamais pauvre ; suis les lois du monde, tu ne seras jamais riche.

— Les lois ressemblent aux toiles d'araignée : elles arrêtent les faibles, et les forts passent au travers. (Solon.)

Le monde, en général, est assez indulgent pour les forts ; il est sans pitié pour les faibles.

Au livre V, ch. 12 de Rabelais, Grippeminaud dit : « Nos loix sont comme toiles d'araignes, les simples moucherons et petits papillons y sont prins, les gros taons malfaisants les rompent et passent à travers. »

Dans le recueil de Pierre Gronet, imprimeur, vers 1536, on lit ce dialogue d'un légiste et d'un ermite :

> — Homme, que fais-tu dans ce boys ?
> Au moins parle à moy, si tu daignes.
> — Je regarde ces fils d'araignes,
> Qui sont semblables à vos droicts.
> Grosses mouches en tous endroicts
> Y passent, menues sont prises ;
> Pauvres gens sont subjects aux loys,
> Et les grans en font à leurs guises.

— Nul n'est censé ignorer la loi. Formule terrible, mais inexorable ; tant pis pour ceux qui l'ignorent.

En effet, que l'enfant se brûle au feu, le feu ne tiendra pas compte de son innocence ; il le brûlera, parce qu'il ne dépend pas de lui de l'épargner. Ainsi des poisons, ainsi du vice, agents aveugles de la loi fatale que l'homme doit connaître ou subir, dans l'ordre moral et dans l'ordre social.

— Loi draconienne : très sévère.

Souvenir de Dracon, roi d'Athènes, dont toutes les lois avaient pour sanction la peine de mort.

Loin, du latin *longe*.

Loin des yeux, loin du cœur : les absents ont tort.

Loisir, ancien infinitif, du latin *licere*, d'où *loisible*.

On disait jadis *il loist* (licet) : il est permis.

Loisir a signifié d'abord permission, possibilité.

Long, du latin *longum*.

On dit d'un homme de haute taille qu'il est très grand ; il serait plus juste de dire très long ; comme on a dit : Philippe le Long.

— Long comme le carême, …comme un jour sans pain.

— C'est plus long que large, se dit d'une chose qui traîne en longueur.

Longchamp. Il est de l'abbaye de Longchamp, il tient des dames.

Longchamp était autrefois un couvent de femmes, situé vers le Bois de Boulogne. Les religieuses de cette maison étaient renommées pour la beauté de leurs voix, et le public allait à Longchamp, pendant la semaine sainte, pour les entendre. Ce pèlerinage devint plus tard une promenade où les élégants des deux sexes étalaient leurs équipages et leurs brillantes toilettes printanières.

Voici ce qu'en dit Mercier (*Tableau de Paris*, ch. 77) :

« Le mercredi, le jeudi et le vendredi saint, sous l'ancien prétexte d'aller entendre l'office des ténèbres à Longchamp, petit village à quatre milles de Paris, tout le monde sort de la ville. C'est à qui étalera la plus magnifique voiture, les chevaux les plus fringants, la livrée la plus belle.

« Les femmes couvertes de pierreries s'y font voir ; car l'existence d'une femme, à Paris, consiste surtout à être regardée. Les carrosses à la file offrent tous les états, allant, reculant, roulant dans ces allées sèches ou fangeuses du bois de Boulogne.

« La courtisane s'y distingue par un plus grand faste ; les princes y font voir les dernières inventions des selliers les plus habiles, et guident quelquefois eux-mêmes les coursiers. Les hommes lorgnent toutes les femmes, le peuple boit, et c'est ainsi qu'on pleure la passion de Jésus-Christ.

« Autrefois, on y courait à cause de la musique. L'archevêque, en l'interdisant, crut rompre la promenade ; il se trompa ; les fidèles promeneurs continuent à traverser le bois de Boulogne pour se rendre à la porte de l'église, où ils n'entrent pas. »

Lorette, nom d'un bourg d'Italie (marche d'Ancône) célèbre par une statue et un sanctuaire de la Vierge.

— Femme galante, à cause du voisinage de l'église Notre-Dame-de-Lorette.

Lorgner, du vieil allemand *lanern*, regarder du coin de l'œil ; ou du vieux mot *lorgne*, qui signifiait louche.

— En langage trivial, celui qui a mauvaise vue s'appelle *calorgne*, *caliborgne*. Il y a aussi *Jean Lorgne*.

— La lorgnette a pris naissance à Paris, vers 1650. Le mot vient de l'usage de pratiquer, au milieu de l'éventail, une ouverture garnie d'un verre au moyen duquel les dames voyaient sans être vues.

Lors, du vieux français *lores*, de l'article et de *ores*.

Lores signifiait : à cette heure.

A formé *alors*, *lorsque*.

Losange (voy. *louange*).

Losange et *losanger* se sont dits pour *louange* et *louer*.

Loterie, de *lot* ; de l'allemand *hlos*, ou *leud*.

— Cracher au bassin. (Rabelais, *prologue du liv. IV.*)

Contribuer malgré soi à certaines dépenses.

Allusion à certaines aumônes que la vanité ou le respect humain obligent à faire en certains cas.

— La première loterie royale fut tirée, en France, en 1660, à l'occasion du mariage de Louis XIV.

Supprimée en 1793, elle fut rétablie sous l'Empire et la Restauration, et abolie définitivement sous Louis-Philippe, 1er janvier 1839.

— Loteries de charité : bienfaisance à la tire.

Lotir, dérivé de *lot*.

La voilà bien lotie ! se dit ironiquement d'une fille mal mariée.

Piron écrivit au bas d'une gravure représentant Loth et ses filles : « Les voilà bien loties ! »

Boufflers a fait ainsi l'épitaphe de Loth :

> Il but,
> Il devint tendre,
> Et puis il fut
> Son gendre.

Louange, dérivé de *louer*; latin *laudare*.

Losange s'est dit autrefois pour *louange*.

Losanger signifiait flatter, louer avec intention de duper; il se rapproche de *blasonner*, qui signifiait louer et blâmer.

Losange appartient à la langue provençale où le *d* se change en *s*; *laudare, lausar*.

> Par dons anciens, ne pour losanges.
> (GUIART.)

> Lausangiers ni mal parlaire.
> (R. DE MAHANAL.)

— Lalande disait : « Je suis une toile cirée pour les injures, et une éponge pour les louanges. »

Le refus de la louange est le désir d'être loué deux fois. (La Rochefoucauld.)

Venari laudem modestiæ. (*Ad Herennium.*) Pourchasser les éloges par une feinte modestie.

— Savourer la louange : boire du lait (trivial).

— On louait quelqu'un de plusieurs vertus qu'il n'avait pas : « Je ferai mon possible, dit-il, pour vous empêcher de mentir. »

Louche, du latin *luscum*; d'où loucher.

Synonyme : Regarder en Picardie pour voir si la Champagne brûle.

Les anciens disaient : Tourner un œil en Carie et l'autre en Chalcédoine. (Aristophane, *Chevaliers*.)

— Une affaire louche.

Louer, du latin *laudare*.

Intus sibi canere (Cicéron) : Se chanter ses propres louanges.

> Aimez qu'on vous conseille, et non pas qu'on vous loue.
> (BOILEAU.)

Qui se loue, s'emboue : *laus propria sordet*.

Autrefois *gorrer*, se louer; faire acte de porc (gorret).

On a dit *desloer* pour *blâmer*.

> Che que tu as loé avant,
> Ne va pas aprez desloant;
> Car chinz est fols qui cose loe
> Et puis après si le desloe.
> (*Distiques de Caton*.)

— Dieu soit loué ! exclamation d'actions de grâces.

— Louer à bail (du latin *locare*, et non de *loier*, pour lier, se lier par contrat : *ligare*).

Autrefois loer, loyer.

Loup, du latin *lupum*.

De *lupum* est venu *lupanar*, mauvais lieu ; tandis que *louve* a donné *Louvre* (?).

De là *loupeur*, fainéant adonné aux mauvais penchants.

— Espèce sauvage, du genre chien, à museau allongé, à oreilles droites.

Cet animal, par la guerre qu'il fait à nos bergeries, a toujours été très redouté. Le soin de le détruire était confié autrefois à certain grand officier de la couronne, appelé grand louvetier ; charge supprimée en 1769, et qui est aujourd'hui dans les attributions de l'administration forestière. Il est accordé par chaque tête de loup, des primes variant de 12 à 18 francs.

— Le loup, le seul carnassier de nos forêts, doit sa détestable réputation moins à sa férocité réelle qu'à son privilège d'exercer son emploi sans partage. Si la Providence l'avait pourvu de deux ou trois doublures, l'opinion publique cesserait de le voir en vedette sur l'affiche des réfractaires de la civilisation.

Le haro contre le loup est unanime et date de loin. L'antipathie dont il est l'objet a donné lieu à une foule de proverbes assez curieux.

En revanche, il était en grande vénération chez les Égyptiens. A Lycopolis, ville de la Thébaïde, sur la rive gauche du Nil (aujourd'hui Syouth), on l'honorait parce qu'Isis avait pris la forme de cet animal pour combattre contre Typhon.

Chez les païens, le loup était consacré à Apollon et à Mars. Il fut longtemps sur les enseignes des Romains, et la louve était le symbole de Rome, qui faisait frapper son effigie sur les monnaies.

— On retrouve le mot *loup* dans *leu* et *lu*.

A la queue leu leu, c'est-à-dire en marchant à la file, loup après loup.

Huluberlu est probablement composé de *hurle loup* et *berlue*.

L'argot *marlou*, pour marloup (loup mâle), proxénète, entretenu par la louve ou prostituée (Desgrieux de bas étage).

Loubet, Louvel, Heurteloup, Dupanloup, Pasdeloup, sont autant de composés de *loup*.

— Manger comme un loup. Le loup est, en effet, un des grands mangeurs de la création. Mais il faudrait dire, par compensation : jeûner comme un loup ; car, si son estomac peut absorber beaucoup, il a aussi la faculté de s'abstenir plusieurs jours de tout aliment.

On dit, dans le Berry, que le loup est neuf jours *bridé et neuf jours barré* : ce qui signifie que pendant neuf jours, il a la mâchoire libre, et mange tout ce qu'il trouve, et que, pendant les neuf jours suivants, il ne peut desserrer les dents et se trouve obligé de jeûner.

De là l'expression : faire un repas de loup, c'est-à-dire manger beaucoup, manger pour neuf jours. (Laisnel de la Salle.)

— Les loups ne se mangent pas entre eux. Ce proverbe ment, comme tant d'autres, car les loups se mangent les uns les autres.

Les hommes en font autant d'une autre façon : *Homo homini lupus*.

Le chien se conduit mieux : *Canis caninam non est*. Le chien ne mange pas de chair de chien. (Varron.)

— La faim fait sortir le loup du bois. C'est très exact. Le seul moyen de l'empêcher de sortir, serait de lui porter son dîner.

Le besoin de vivre est le plus impérieux de tous ; il contraint l'homme à travailler.

Les anciens disaient : *Venter ingenii largitor*. Nécessité l'ingénieuse.

— Qui se fait brebis, le loup le mange ; vérité peu honorable pour notre espèce.

— Qui se fait brebis, le loup le ravit. (G. Meurier, XVIe siècle.)

Il ne faut pas imiter la brebis, timide et sans énergie, et par cela même, victime de la méchanceté du loup. La bonté doit s'appuyer sur la force ; il ne faut manger personne ; mais il ne faut pas non plus, par faiblesse, se laisser manger.

— Brebis comptées, le loup les mange. Il mange encore plus certainement celles qu'on ne compte pas.

Ce proverbe se trouve dans les anciens recueils, sous une forme plus juste : « De brebis comptées en mange bien le loup. » Cela veut dire que, malgré l'ordre que l'on met dans ses comptes, il y a encore bien de l'imprévu.

— Enrhumé comme un loup. Dans le Berry, on croit que si le loup qui vient enlever un mouton voit la bergère avant d'en être vu, à l'instant même la voix de la bergère devient rauque. Il n'en est rien si elle aperçoit le loup la première. C'était un préjugé romain. (Virgile, *Églogue*, III.)

...Vox quoque Moerim
Jam fugit ipsa : lupi Moerim videre priores.

— Il faut hurler avec les loups. Il faut faire comme ceux avec qui l'on vit.

Il faut se garder de prendre ce conseil à la lettre ; il serait mauvais. Mais il s'agit ici simplement de se conformer aux usages, aux mœurs ; de ne pas heurter les opinions, même les préjugés, des gens avec qui l'on est obligé de vivre. Il est, en effet, beaucoup plus simple et plus facile de s'accommoder aux manières des autres que de les plier aux siennes.

Les hommes faibles hurlent avec les loups, braient avec les ânes, et bêlent avec les moutons.

— Enfermer le loup dans la bergerie.

On peut affirmer qu'au sens propre, le fait ne s'est pas produit souvent ; il n'en est pas de même au figuré.

Ovem lupo commisisti.
(Térence, *Eunuque.*)

Thomas disait de Florian : « J'aimerais assez ses bergeries, s'il y mettait des loups. »

— Connu comme le loup blanc. Un loup blanc est un vieux loup, que ses nombreux méfaits ont rendu célèbre depuis longtemps.

— Il ne faut qu'un coup pour tuer le loup.

— Entre chien et loup. Proverbe réaliste qui signifie que, si le chien rentre quand le jour tombe, le loup attend, pour quitter sa tanière, que les ténèbres soient épaisses. C'est le moment du crépuscule, où l'on ne saurait distinguer un chien d'un loup, un fil blanc d'un fil noir.

Obscura jam luce. (Tite-Live.)

La locution, très ancienne, se trouve dans Marculfe, au VIIe siècle : *Inter canem et lupum.*

Lorsqu'il n'est jour ne nuit, quand le vaillant berger,
Si c'est un chien ou loup ne peut au vrai juger.
(Baïf, *Francine*, 1.)

— Jamais loup n'a connu son père. Ce proverbe se rapporte à la locution : à la queue leu leu.

(*Leu* est la prononciation picarde de *loup*. L'église Saint-Leu, à Amiens, comme à Paris, est dédiée à saint Loup.)

On prétend que, lorsqu'une louve est en chaleur, tous les loups qu'elle rencontre la suivent, en se plaçant à la queue l'un de l'autre. A la fin, elle se livre au plus laid, qui est dévoré par les autres.

— Quand on parle du loup, on en voit la queue. Proverbe trivial, qui s'applique à l'arrivée subite d'une personne qui faisait le sujet d'une conversation.

En lupus in fabula.
(Térence, *Adelphes*, IV, 1.)

(C'est le loup dans la conversation.) Cela signifiait qu'en parlant du loup, on s'exposait à le voir paraître.

Aujourd'hui, lorsqu'on veut être poli, on dit : « Quand on parle du soleil, on en voit les rayons. »

— Tenir le loup par les oreilles. Les anciens supposaient au loup les côtes placées en long, ce qui l'empêchait, croyaient-ils, de se replier sur lui-même. Ils en concluaient qu'on ne pouvait être mordu en le tenant de la sorte.

Il est plus prudent de ne pas tenter l'épreuve.

Le passage suivant de Térence semble indiquer que les anciens donnaient à ce proverbe le sens de craindre le péril de tout côté.

> *Immo, id quod aiunt, auribus teneo lupum,*
> *Nam neque quomodo a me amittam invenio,*
> *Neque uti retineam scio.*
> (*Phormion*, III, 2.)

(Oui, je tiens, comme on dit, le loup par les oreilles, également en peine de le lâcher ou de le retenir.)

Pourtant ne m'est pareil estrif, comme si le loup tenoys par les aureilles, sans espoir de secours aulcun. (Rabelais.)

— Avoir vu le loup. Dire d'une jeune fille qu' « elle a vu le loup », équivaut à dire qu'elle est une louve.

Les Romains appelaient *lupa*, une femme prostituée, et *lupanar* la maison qu'elle habitait.

N'avez-vous jamais vu le loup ? (Théâtre italien, *Attendez-moi sous l'orme*.)

Loup-garou, de l'anglo-saxon *vere wolf*, homme loup; vieux français *garol*.

Au figuré, homme bourru et fantasque, qui vit seul.

Le loup-garou est un être imaginaire, auquel le peuple attribue des instincts malfaisants. Il ne se montre que la nuit.

Pline se moque de ceux qui croient aux loups-garous.

Les médecins appellent *lycanthropie* la monomanie qui consiste à se croire transformé en loup.

Fincelius raconte qu'en 1541, un homme qui avait été arrêté comme dangereux, soutint obstinément qu'il était loup. Seulement, ajoutait-il, le poil de la bête est en dedans.

Les Latins appelaient *versipellis* les sorciers qui avaient le pouvoir de changer de peau. (Vendel-Helmo, *Revue des Deux-Mondes*, 1861.)

— Meneux de loups. Sorcier qui a la puissance de fasciner les loups, qui s'en fait suivre et les convoque aux cérémonies magiques dans les carrefours des forêts.

Le meneux de loups est très redouté dans les campagnes. (Croyances populaires dans le Berry.)

Loustic, de l'allemand *lustig*, gai, jovial.

Lovelace, origine littéraire; de l'anglais *love*, amour, *lace*, filet. Élégant séducteur de femmes.

— Lovelace, le héros du roman *Clarisse Harlowe*, de Richardson, est devenu le type de tous les séducteurs qui jouent un si grand rôle dans les romans de la fin du XVIIIe siècle. Richardson avait dessiné ce caractère d'après le Don Juan de Molière, qui, lui-même, s'était inspiré d'un drame espagnol de Gabriel Tellez, qui publia ses œuvres sous le pseudonyme de Tirso de Molina.

— Lauzun, Richelieu... sont les types de la galanterie française au XVIIIe siècle.

Lubin (frère), sobriquet donné par les huguenots aux moines.

Lubricité, du latin *lubricum*, glissant, lascif; ardeur amoureuse.

> Son œil blanchit et s'illumine
> Et son flanc plein de volupté,
> Surpasse en ardeur Messaline
> Et l'antique lubricité.
> (A. Barbier.)

Luce (A la sainte).

> A la sainte Luce (13 décembre)
> Les jours croissent du saut d'une puce.
> (Proverbe du XVIe siècle.)

— L'année solaire se compose de 365 jours 6 heures, moins 11 minutes. Dans la correction du calendrier, sous Jules-César, on négligea ces 11 minutes, qui, en 1582, avaient formé 10 jours en excès. Le réformateur du calendrier, Grégoire XIII, fit supprimer ces 10 jours, du 5 au 15 octobre de l'année 1582, qui fut surnommée la « petite année », parce qu'elle n'eut que 355 jours.

Avant cette suppression, les jours diminuaient jusqu'au 11 décembre, dont la nuit était la plus longue de l'année; ils augmentaient le 13, qui correspondait à notre 23. Le proverbe se trouve donc faux depuis cette époque, puisque les jours ne commencent à croître que le 23.

— La fête de sainte Luce avait été placée à l'époque de l'année où les jours commencent à grandir, à cause de l'analogie de son nom avec le mot latin *lux*, lumière; par la même raison, sans doute, qui fait « présider les accouchements, chez les Romains, par *Lucine*.

— Voici une épigramme de l'*Anthologie*, qui attribue au 11 décembre la plus courte durée :

Nupsisti undecimo sur, Pontiliana, Decembri ?
Nulla magis nox est longa, diesque brevis.

Dans le fort de l'hiver, l'onzième de décembre,
L'hymen introduisit un époux dans ta chambre,
Pontilienne. Eh quoi ! quelqu'un t'avait donc dit
Que c'est le plus court jour, et la plus longue nuit ?

Heureux jour de sainte Luce,
Qui crois du saut d'une puce,
Raccourcissant les ennuis
Qu'apportent les longues nuits !

(Pasquart.)

Chez les peuples russes, polonais, qui n'ont pas adopté le calendrier grégorien, le proverbe est encore vrai.

Lui, de *illi huic*. Provençal *li*.

Il me dist qu'il estoit venu à li, et li avoit dit que il vouloit parler à li. (Joinville, p. 14.)

Féminin *elle*, *la*; en roman *lies*, *lei*.

Cant el era per lies joios. (R. Vidal.)

(Quand il était par elle joyeux.)

Lumière, du bas-latin *luminaria*, lampe.

A donné : luminaire, lumineux, illuminé, etc. (Voy. *allumer*.)

— Le premier jour de la création (*Genèse*), Dieu créa la lumière, ...et, le quatrième jour seulement, il créa le soleil et la lune. Ce qui paraît illogique.

La lumière artificielle, ou éclairage, qui nous sert à y voir pendant la nuit, double en quelque sorte notre vie ; sans elle, les longues nuits d'hiver auraient un aspect (?) lugubre.

On doute pour quelle raison
Les destins, si hors de saison,
De ce monde l'ont rappelée.
Mais leur prétexte le plus beau,
C'est que la terre était brûlée,
S'ils n'eussent tué ce flambeau.

(Malherbe.)

— Mettre la lumière sous le boisseau. (Évangile.)

On appelle *éteignoirs* ceux qui s'opposent au progrès, au développement de l'intelligence humaine. Ils disent, pour défendre leur système, que le hibou est représenté aux pieds de Minerve, et en concluent que la sagesse ne peut exister que dans les ténèbres de l'ignorance ; et que les sociétés se perdent en s'éclairant.

Le soleil ne doit pas cesser de briller parce que l'éclat de sa lumière blesse les yeux des oiseaux de nuit.

Il y a pis que de mettre la lumière sous le boisseau, c'est de la souffler.

Lune, du latin *lunam* (*lucinam*, Diane).

Satellite qui tourne autour de la terre, et l'éclaire durant la nuit. Elle est 49 fois plus petite que la terre, dont elle fait le tour en 27 jours 7 heures 43 minutes. Cet espace de temps s'appelle *lunaison*.

Synonymes : l'astre des nuits ; Phœbé.

— Dans la fable grecque, *Io* est une personnification de la Lune, dont Jupiter s'éprit, mais que Junon, jalouse, fit espionner par Argus aux cent yeux (le ciel étoilé).

Mercure, dieu du crépuscule, parvint toutefois à endormir le vigilant gardien.

— La lune, comme Io, est l'astre errant sans cesse.

Les cornes de la génisse rappellent le croissant.

— La lune de miel : le premier mois du mariage.

Astre qui se lève et se couche dans un ciel de lit.

La lune de miel n'est que la dernière phase des illusions de l'amour. (De Clinchamp.)

La lune de miel se transforme quelquefois en croissant avec des cornes menaçantes.

— Lune rousse. Celle qui commence en avril.

Les gelées de la lune rousse
De la plante brûlent les pousses.

Elle est ainsi nommée parce que les gelées donnent aux bourgeons une teinte rousse. Wels et Arago ont disculpé la lune rousse de ce méfait : on doit penser que les accidents qui lui sont imputés, sont dus aux variations météorologiques qui se produisent à cette époque.

— Aboyer à la lune : faire des menaces impuissantes.

Les anciens disaient : *Luna tuta a lupis*. La lune n'a rien à craindre des loups.

— Changeant comme la lune. Cette réputation d'inconstance de la lune est fondée sur ce qu'elle change d'aspect tous les jours.

De même qu'on a attribué à la lune une influence sur l'atmosphère, on a placé sous son patronage les gens fantasques, les lunatiques. Ce sont là de vieux préjugés, qui ont résisté au temps et à la science, et prouvent que l'erreur a la vie dure.

La lune, un jour, pria sa mère de lui faire un manteau qui allât juste à sa taille. « Comment le pourrais-je ? dit la mère : tu changes de taille toutes les semaines. » (Plutarque.)

— Faire un trou à la lune : partir à la dérobée, pour fuir ses créanciers ; faire banqueroute.

— Poltron comme la lune. Sans doute parce qu'elle se cache derrière les nuages. Du moins elle n'a jamais reculé, et le soleil n'en peut dire autant.

— Prendre la lune avec les dents : tenter l'impossible. (Rabelais, II, 12.)

Lunette, diminutif du précédent.

L'invention des lunettes (bésicles) remonte au XII° ou au XIII° siècle. On l'attribue à Roger Bacon, à Alexandre Spina, ou à Salvina degli Armati.

— En 1609, Jacques Metza, hollandais, inventa la lunette d'approche, ou longue-vue ; en 1610, Galilée inventa la lunette astronomique, ou télescope ; en 1611, Képler la lunette à deux verres concaves. Enfin, au XVII° siècle, Rheita trouva la combinaison des lentilles pour redresser les objets.

— Bonjour, lunettes ; adieu, fillettes. On dit aussi : lunettes sont quittances d'amour.

Mettez vos lunettes ! se dit à quelqu'un qui ne comprend rien à une affaire.

Un teinturier ayant levé la main devant un tribunal, pour prêter serment, le juge lui dit d'ôter ses gants. Le teinturier répondit : « Monsieur, mettez vos lunettes. »

Lupercales, du latin *lupercalia*. (*Lupos arceo,* j'écarte les loups.)

Fêtes en l'honneur de Pan, chez les Romains. On lui immolait un loup (?). Elles se célébraient en février, avec beaucoup de licence. (Voy. Juvénal, II, 140.)

Luron, étymologie très incertaine.

Au propre, le petit d'une levrette.

Semble se rapprocher de *godelureau,* joyeux luron (?).

Jeune homme leste et sans souci.

— *Luronne,* femme que rien n'intimide.

Lustre, du latin *lustrum*.

Nom commun, chez les Romains, aux solennités expiatoires qui se célébraient tous les cinq ans, et à l'intervalle de cinq ans qui les séparait.

On purifiait les maisons, les champs, les personnes (*lustrare*), comme on aspergeait les nouveau-nés avec de l'eau *lustrale*.

> Onze lustres complets surchargés de trois ans.
> (Boileau.)

— A la même étymologie, ou à la même idée de briller, se rattachent les sens de brillant d'une étoffe et de luminaire suspendu, à plusieurs branches.

Lutin, anciennement *luiton* et *nuiton*.

Revenant, dame blanche, sorte de démon nocturne, nain noctambule, qui lutinait, tourmentait.

> Notre ami, Monsieur le Luiton.
> (La Fontaine.)

Peut-être dérive-t-il de *ludio*, faiseur de tours (?), parce qu'on attribuait au lutin un caractère malicieux plutôt que méchant. Ses méfaits étaient des espiègleries ; d'où *lutiner*.

— On appelle *lutins*, les enfants turbulents, bruyants.

> Je vais comme un lutin, de çà de là courant.
> (Regnard.)

Luxe, du latin *luxum*.

Le luxe est le beau ajouté à l'utile.

La luxure est la fille naturelle du luxe.

Le luxe est à l'esprit ce que la luxure est au corps : tous deux luxent, énervent, détruisent. Le luxe corrompt les esprits, la luxure détruit les corps. L'excès de confortable conduit au spleen, la maladie des gens blasés. C'est ce que Baudelaire appelle les « Paradis artificiels » : on s'en fatigue vite.

— La tendance au luxe est la résultante des cinq passions sensitives. (Fourier.)

— Les Spartiates chassaient de leur ville les parfumeurs, parce qu'ils gâtaient l'huile, et les teinturiers, parce qu'ils salissaient la laine, en lui ôtant sa couleur naturelle.

— Les gouvernements, au Moyen-Age, au XVIe et au XVIIe siècle, ont eu une tendance constante à réprimer le luxe des habits et des maisons. N'était-ce pas tarir les sources du commerce et de l'industrie ?

George Sand paraît répondre à cette question, quand elle dit : « C'est le préjugé du pauvre, de croire que le luxe du riche le nourrit ; il ne s'est jamais rendu compte de ce qu'il lui coûte. »

En 1603, Henri IV fit une ordonnance contre le luxe, où il est dit : « Faisons défense de porter ni or, ni argent sur les habits, excepté aux filles de joie et aux filous, à qui nous ne portons pas assez d'intérêt pour nous occuper de leur conduite. »

Sous Louis XIII (1613-1634), parurent deux ordonnances sur la réforme des habits. Une gravure du temps représente un marchand s'arrachant les cheveux et foulant aux pieds des broderies, avec ces mots :

Que fait-on publier ? Que venons-nous d'entendre ?
Mettons bas la boutique, et de nos passements
Faisons des cordes pour nous pendre.

— Dupin aîné, dans un discours au Sénat (juillet 1865), véritable coup de boutoir contre le luxe des femmes, a attaché le grelot à la question alarmante du luxe « effréné » des femmes. Il a, dans une saillie étincelante, stigmatisé et « cautérisé » les exagérations ridicules de la mode et du luxe.

Peu après, certains conseils généraux ont demandé que le gouvernement s'occupât de la prostitution clandestine, pour arrêter le développement de ce choléra-morbus de la morale, car la luxure est fille du luxe.

Mais les cordons sanitaires et les moyens de répression sont impuissants. Revenir à la ceinture dorée du temps de saint Louis ; fermer l'accès des lieux publics à la « bicherie », et la parquer dans une sorte de lazaret, est une utopie. Couper l'arbre, ne détruit pas les racines, et ici les racines sont les mœurs publiques, qu'on ne réforme pas par autorité de justice.

— Le peuple se laisse plus aisément retrancher le nécessaire, que les riches leur superflu. (Frédéric le Grand.)

— Tertullien a dit : « On étale dans un petit écrin un immense patrimoine ; on met dans un collier des millions de sesterces ; une tête frêle et délicate porte le prix des forêts et des îles ; de fines oreilles demandent le revenu d'un mois ; la vanité donne à un seul corps de femme la force de porter un capital énorme. »

— Le luxe est chose relative aux temps et aux pays. Le superflu d'un prince du XVᵉ siècle, n'est que le nécessaire d'un bourgeois d'aujourd'hui.

— Luxe asiatique : très grand luxe.

— La condition du luxe est de croître jusqu'à épuisement complet des ressources.

Louis XII disait de ses courtisans, qui se ruinaient en chevaux et en meutes, qu'ils étaient comme Actéon et Diomède, mangés par leurs chiens et leurs chevaux.

Guillaume du Bellay dit, au sujet du luxe et de la magnificence qu'étalèrent, en 1520, au Camp du drap d'or, les courtisans de François Ier et ceux de Henri VIII, que « plusieurs y portèrent leurs moulins, leurs forêts et leurs prés sur leurs épaules ».

Luxurieux, latin *luxuriosum*.

Adonné au péché de la chair, mal dont il n'y a de remède que dans le jeûne et l'abstinence.

Absque Baccho et Cerere, friget Venus.

Lycée, du grec *lukeion*, par le latin *lyceum*.

Lieu voisin d'Athènes, qui servait de gymnase, et où l'on s'exerçait. C'est là qu'Aristote enseignait la philosophie, et le nom de *Lycée* est resté à l'école Péripatéticienne.

Lynch (loi du); du nom de John Lynch, à qui on en attribue l'institution.

Justice sommaire, en usage chez les Américains.

— A donné le verbe *lyncher*.

Lynx, du grec *lugx*, par le latin *lynx*.

Yeux de lynx : vue très perçante.

> Lynx envers nos pareils, et taupes envers nous,
> Nous nous pardonnons tout, et rien aux autres hommes.
> (LA FONTAINE.)

> *Linx no fo par en gardadura.*
> (PALAYS DE SAPIENZA.)

(Lynx ne fut pareil pour la vue.)

— Un des Argonautes, Lyncée, avait, à ce que dit la Fable, une vue si subtile, qu'il voyait jusqu'aux enfers.

De là, sans doute, est venue la croyance qui attribue une vue si perçante au lynx, ou loup-cervier, qui est un quadrupède moins gros que le loup. C'est une grande espèce du genre chat. Il a la peau tachetée comme un cerf; d'où l'épithète de *cervier*. D'anciens auteurs lui attribuaient, comme au *Lyncée* de la Fable, une vue assez perçante pour pénétrer les corps opaques. C'est une exagération; mais, en réalité, cet animal a une vue excellente.

— Au xv⁰ siècle, quelques savants fondèrent, en Italie, l'Académie du Lynx. Le titre indiquait que leurs recherches ne s'arrêteraient point à la surface, mais qu'ils approfondiraient toutes les questions.

FIN DU TOME PREMIER